苍山方言志

钱曾怡 岳立静 主编
王晓军 田家成 马春时 著

齊魯書社

《苍山方言志》编辑委员会

主　任　张闻宇　王晓军　薛　峰

副主任　刘连栋　李善东　刘茜堂　翟玉才　田家成
　　　　宋庆华　高久军　高思圣　赵可义

委　员　陈秀文　李玉廷　张　林　杨振广　赵加合
　　　　王胜永　王荣修　陈建新　苏云涛　张步志
　　　　孟祥宏　杨茂峰　李玉坤　王景亮　卞艳林
　　　　马新华　王　翰　赵　华　宋家贤　张玉荣
　　　　赵福荣　王胜起　刘云峰　王凌晓　陈永亮
　　　　孙晨钟　刘贵彬　马春时　宋家志

副主编　王凌晓　宋家志

编　辑　孙晨钟　纪文元　杜广建　李瑜昌　张立民

出版说明

山东方言具有丰富的特色，在汉语发展中影响深广，历来受到相关学者的注意。改革开放以来，山东方言研究有了更大的发展，取得了显著的成绩。除去相继出版了济南、曲阜、长岛、临清、莒县等多个县市的方言志和《山东省志·方言志》、《山东方言研究》、多种方言词典以及针对当地方言指导各地人民学习普通话的教材以外，还发表了各种各样的调查报告和研究性论文。

本丛书是上述成果的重要组成部分，出版以来，受到同行学者的高度重视，国内外已有多篇文章专题评介，至于被列为参考书目、被引用的内容更是不计其数。这套丛书规定有大体统一的编写体例，要求在有限的字数内最大限度地记录方言事实、突出方言特点。在布点上，力求能够照顾到山东方言各区片的平衡，能够全面反映山东方言的整体面貌。

学术著作出版难，加以方言学著作排版难，又受到读者面的限制，本丛书的出版所经历的坎坷自不待言，但是我们还是得到了有识之士多方面的关心和支持。由衷感谢语文出版社、齐鲁书社、吉林人民出版社、中国文史出版社、时代文艺出版社！还要特别感谢罗福腾同志，虽然他已经离开母校，却仍然始终如一地记挂着这套丛书的组稿、编撰、出版等等诸多事宜。

本丛书由已故著名语言学家李荣先生写序，谢谢李老师！

惟有继续坚持求实探新的精神，争取达到更高的质量要求，才是对上述支持者的最好的回报。我们将尽力！

钱曾怡

2010年8月改定于山东大学

序

山东的方言研究工作，从50年代的方言普查起，一直做得不错。1982年，山东方言研究会成立。1984年9月，《山东省方言调查提纲》出版。这几年的工作进展顺利，已写成三十五种方言志和一部《山东人学习普通话指南》。

《山东人学习普通话指南》已由山东大学出版社出版[①]，颇受读者欢迎。书中罗列山东话语音、词汇、语法的特点，指出山东人学习普通话的要点，叙事详明，切合实际，充分反映出山东方言研究的水平。这里就字音和句法选些例子来说。

一般的说，山东话和北京话声韵调的对应关系相当整齐。可是有些地方有些字音对应关系与众不同，学习时要个别记忆。书中（110～113 面）《山东人容易读错的字》举出一百五十一个字，现在转录十九个字：

	山东有些方言	北京话
猫	阳平	阴平
他	上声	阴平
放假的“假”	上声	去声
泥腻鸟	m-	n-

① 钱曾怡主编，曹志耘、罗福腾、武传涛编著，1988年9月第1版第1次印刷。

忘望	m-	w-
族	c-	z-
缩所森	sh-	s-
蛇	-a	-e
做	-u ，-ou	-uo
农	-u	-ong
龙垄	-iong	-ong
倾	-iong	-ing
横	-un ，-ong	-eng

刚才说的一百五十一个字是就全省方言立论，要个别记忆的字各地多寡不同。山东各地教学普通话，不妨把那一百五十一个字检查一遍，把本地要注意的字都摘出来，分别造成句子反复练习，预计会有效果。

平常都说汉语方言之间，尤其是官话方言之间，语法的差别不大。其实就山东方言而言，句法颇有特色，《山东人学习普通话指南》（196～210 面）一共举了五项，现在只转录一项比较句的例子。青岛、烟台、威海、潍坊、淄博、新泰等大片地区最常见的比较句用“起”字，跟北京话对比如下：

青岛等地方言	**北京话**
一天强起一天	一天比一天好
一天热起一天	一天比一天热
他长得不高起我	他长得不比我高
	他长得没我高
这本书不好看起那本	这本书不比那本好看
	这本书没那本好看
论手艺他不差起你	论手艺他不比你差

全班儿没聪明起他	全班没有比他再聪明的了
我不知道起你？（反问）	我不比你知道吗？

这种成套格式的对比，对语言教学（包括推广普通话）很有参考价值。

近年来，全国各地都在编地方志，语言调查为国情调查的重要内容之一，方言志为地方志不可缺少的部分。山东已写成的方言志可分为两类，一类十万字左右，可以作为单行本出版；一类字数在两万到五万之间，可以作为方志的一部分或单独出版。我只看过其中两部的稿本。总的印象是体例符合方言志以记录事实为主的原则，并且报告了一些新鲜的事实，水平跟《山东人学习普通话指南》差不多。各地发行的方言志日渐增加，方言志的出版还是不容易。好在山东省各地区、市、县已经筹措了一些出版费，《山东方言志丛书》即将陆续问世，令人欣慰。是为序。

李　荣

1989 年春

《苍山方言志》序

中华民族的语言文化源远流长，是人类文明史上一颗璀璨的明珠，是人类精神财富中一宗无价的瑰宝。方言作为一种地方语言，它不止是语言交流的工具，更是地域文化的载体。每一种方言都存在有别于他地的、描写当地习俗的独特词语，形成了庞大而丰富的地域文化格调，封存和传承着本地的乡土风情，虽历经时代变迁，但还始终保持着通俗、淳朴，弥漫着泥土的芳香。方言有非常的表现力，对于挖掘研究人们生活、民俗和社会变迁，无疑是一个丰富的矿藏。

笔者曾辗转多地工作，接触过不少不同地区的方言，虽然有些语言从字面到发音等似乎差不多，但苍山方言自字面赋予的内容及发出的特有的语音韵味是其他地方所没有的。她是一代又一代苍山人在悠久历史文化积淀中的语言结晶，积累了大量描绘事物、动作、性状等生动细腻的词语，有其扎实稳定的基础和深厚的文化底蕴，是一笔极其丰富的文化遗产，是用声音塑造的一座文字宝塔，是一枚见证了几千年苍山地域语言文化繁荣的活化石。考证明代惊世骇俗的《金瓶梅》的作者兰陵笑笑生是山东兰陵（今苍山）人，其重要依据就是镶嵌在作品中的鲜活的苍山方言，这些方言为史学家提供了断定的佐证。因此可以说，苍山方言在中国文学史上产生过重要影响，做出过重大贡献。苍山方言值得与其他苍山民间艺术一起，作为非物质文化遗产加以珍视、保护和传承。

随着开放程度的不断提高，对外交流的不断增多，加之我国基础教育的普及，各地方言倍受冲击，苍山方言也不例外。好在苍山的语言文化爱好者对家乡的方言倍加珍爱，并为方言的现状担忧，更意识到记录和保护本土方言对传承本地文化的重要意义，经过多年努力，克服重重困难，编写了此书。

值此《苍山方言志》付梓之际，谨以为序。

王晓军

2011年8月

目　录

第一章　绪　言

一　地理人口

苍山县位于山东省南部苏鲁交界处，地处东经 117°41′～118°18′、北纬 34°37′～35°06′ 之间。东南部与郯城县相连，东北部与罗庄区、兰山区接壤，北部与费县交界，西部同枣庄市峄城区为邻，南部与江苏省邳州市毗邻。县城位于县境中部偏东，处东经 118°02′、北纬 34°41′ 交汇处。

县境东西最大横距 55 公里，南北最大纵距 48 公里，总面积 1800 平方公里。全县共辖 15 个镇、1 个乡、1 个办事处、1 个经济开发区，1024 个行政村。

全县总人口 114.4 万，有 23 个民族，分别为汉、回、满、苗、蒙古、彝、朝鲜、布依、哈尼、傣、壮、畲、黎、纳西、达斡尔、水、瑶、侗、土、拉祜、珞巴、佤、土家族，其中，汉族人口占全县总人口的 99.61%；回族次之，以磨山、尚岩、大仲村等镇居住比较集中，其中磨山镇最多，有 2 个回民村，2941 人；其他民族以插花状分布。全县各族人民都以汉语为主要交际工具。

二　历史沿革

苍山县历史悠久。早在夏代王杼在位五年（公元前 2053 年）时，即封曲烈为鄫，有向（今向城）、次室（今兰陵）诸邑。公元前 567 年，鄫国为莒国所灭，后莒国被鲁国灭，鄫地为鲁国所辖，鲁国设有向、次室、鄫（今车辋）诸邑。公元前 487

年，兰陵为吴国属地。公元前468年，兰陵为越国属地。公元前261年，楚国占领兰陵，为控制其北疆，置兰陵县。直至公元前221年，县境分属兰陵、襄贲两县。唐贞观元年(公元627年)，县境分属河南道沂州之临沂县。明清两代，县境分属沂州府兰山县、费县、郯城县。民国二年（公元1913年）府制取消，复设临沂县，县境分属临沂县六、七、八区，郯城县四、五区，费县二、七区。1939年2月，改称临郯费峄四县边区联合办事处。1941年3月28日，成立临郯费峄四县边区政府，简称“边联县”。1943年春天，中共鲁南区委决定建立兰陵办事处，次年3月复称兰陵县。1944年春，边联县改称赵镈县；1947年春，为纪念1933年中国共产党领导的“苍山暴动”，将赵镈县东半部析出置县，命名苍山县。1950年5月11日，赵镈县撤销，1953年兰陵县撤销，其辖区部分并入苍山县。现苍山县隶属山东省临沂市。

三　方言简述

（一）苍山方言的区属及主要特点

苍山方言在汉语官话方言中属于中原官话，在山东方言的分区中属于西区西鲁片。苍山方言除了符合中原官话和山东西鲁片方言的总体特点以外，还有自己的一些特点，这些特点存在于语音、词汇、语法等各个方面，尤其是语音的特点更为明显，以下简略说明（为便于说明语音特点之所在，必要时与普通话进行对比）。

声母方面：有成套的唇齿声母 pf（猪庄）、pf‘（初窗）、f（书双）、v（弱容）和舌根浊擦音 ɣ（安恩）。分尖团，如“精经、清轻、星兴”三对字不同音，“精清星”的声母是 ts、ts‘、s，“经轻兴”的声母是 tɕ、tɕ‘、ɕ 。

韵母方面：有一个 iɛ 韵母，与 ɛ、uɛ 配套，如“爱、挨、怪”三字分别读 ɛ、iɛ、uɛ。曾摄开口一等、三等庄组和梗摄开口二等入声字，如“伯客黑摘”四个字，苍山都读 ei 韵母，普通话则分别读为 o、ɤ、ei、ai 四个韵母。苍山有两套八个鼻化元音韵母 ã、iã、uã、yã 和 ẽ、iẽ、uẽ、yẽ，在普通话中是舌尖中鼻辅音韵尾 n，如“安烟碗渊”和“恩音温晕”，普通话读 an、ian、uan、yan 和 ən、in、uən、yn。单元音韵母相对较多，普通话的 ai（uai）、au（iau）两组韵母，如“爱（歪）”和“袄（腰）”，苍山为 ɛ（uɛ）和 ɔ（iɔ）韵母。

声调方面：从调类来说，古清声母和次浊声母入声字读阴平，是中原官话的总体特点，苍山方言也不例外，如古清声母入声字“八急骨客”和次浊入声字“日立木律”，前四字普通话读为阴平、阳平、上声、去声四个调，后四字普通话都读去声，而苍山话都读阴平。从调值来说，普通话的四个声调调值分别是 55、35、214、51，苍山话则是 213、53、55、31～312。

苍山方言词汇和语法也有自己的一些特点，简述如下。

词汇方面：长期的历史及特有的自然环境和生活习惯，使苍山方言形成了大量当地特有的词语，本书所收集的 10000 余条词语，足以说明苍山方言词汇的丰富。苍山方言词汇的丰富现象之一，是同义词较多，以称谓为例，称父亲有“答tɑ^{213}、达tɑ^{53}、大大、爹、爷、爸爸新”，称妻子有“媳子、办饭的、家来的、家里的、暖脚的、做伴儿的、那口子、小孩儿娘”，指连襟有“连襟、两乔、两来拽、对鼻子”，称大伯子有“大伯哥、老大伯、大伯头子、小孩儿大爷”，称未婚女青年有“丫头、妮子、姐妹团（或姊妹团、姊妹班）、识字班”，等等。

语法方面：“子”缀词丰富；表示形容词程度，除了前加程度副词“透、太、忒、怪、满”等修饰一般形容词以外，还可用“挺、溜、宁（或精）、魑、稀、焦、煞、风、邪、酷、瞎、乔”等修饰特定的形容词；被动句的介词用“叫”。这些特点，具体情况详见下文，此处不再一一述说。

（二）苍山方言的内部差异

苍山县境原为郯城、临沂、费县、枣庄边区，与江苏邳州为邻，境内方言存在地域差异；由于语言自身的演变，尤其是受普通话和周围方言的影响，苍山方言也存在新派和老派的不同。下面根据苍山境内 28 个方言点的调查材料，说明成系统的语音差异。

1. 尖团分不分

上文说到，苍山方言是分尖团的，但这只是就苍山方言的代表点莲子汪（金陵镇）而言的。从苍山境内 28 个方言点的调查材料来看，各乡镇分尖团的情况并不一致。总体来看，苍山大部分乡镇不分尖团，都读 tɕ、tɕʻ、ɕ，即：酒＝九 ᶜtɕiou、秋＝丘 ꜀tɕʻiou、修＝休 ꜀ɕiou，主要分布在程村（南桥镇）、姚村（长城镇）、兰陵西北圩（兰陵镇）、卢家楼（新兴镇）、毛家埠（鲁城镇）、米裕子（下村乡）等西北部、西南部和中西部地区，共有 14 个方言点；分尖团的方言主要集中在东部地区，尖音读 ts、tsʻ、s，团音读 tɕ、tɕʻ、ɕ，即：酒 ᶜtsiou≠九 ᶜtɕiou、秋 ꜀tsʻiou≠丘 ꜀tɕʻiou、修 ꜀siou≠休 ꜀ɕiou，如西大埠（金陵镇）、莲子汪（金陵镇）、殷家馆（大仲村镇）等 5 个代表点；中部以及东北、东南部分方言点，存在不同程度的尖音字声母读 tɕ、tɕʻ、ɕ，与团音字读音合流的情况，而且读 tɕ、tɕʻ、ɕ 的尖音字的数量自东向西逐渐增多，如马湾（庄坞镇）、柞城（卞庄镇）、薛南（矿坑镇）等地，除“修”等个别尖音字声母读 tɕ 组外，大部分尖音字声母仍读 ts 组，而到前银厂（车辋镇）、双山屯（新兴镇）等地就只剩下“酒”或“秋”等个别常用尖音字的声母不读 tɕ 组了。

具体情况详见“苍山方言地图（一）”。

苍山方言的尖团分混，表现出由分到混的过渡性特点。从历时角度看，在苍山县城等分尖团的方言中，精组细音字声母读音有新、老派的区分，新派读 tɕ 组，老派读 ts 组，在这些地点的部分年轻人口语中常存在 ts 组和 tɕ 组两读的现象，这说明新派正处于由分尖团向不分尖团的过渡。从苍山周边方言读音情况来看，苍山以东相邻的兰山、罗庄、郯城等地都分尖团，而西部、北部、南部与之相邻的枣庄、费县和江苏邳州则都不分尖团，在地域上，整个苍山方言自东向西由分尖团向不分尖团发展，呈现过渡性特点。

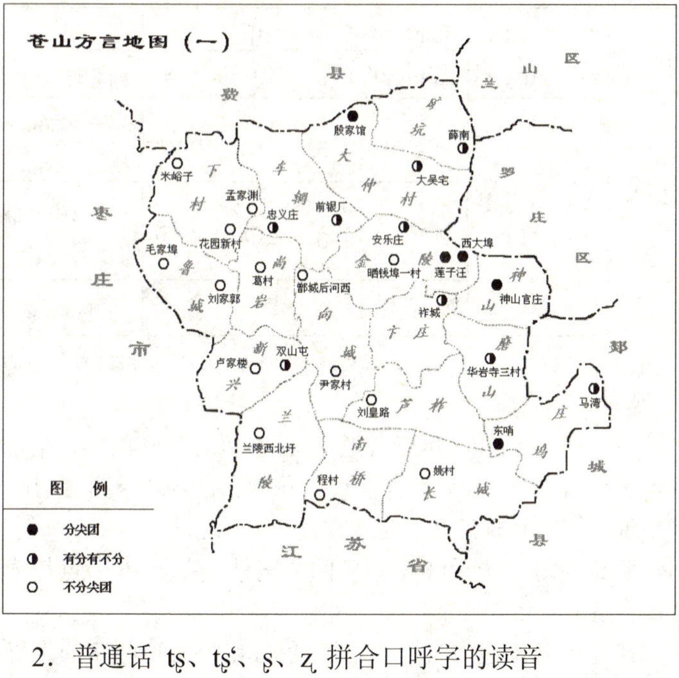

苍山方言地图（一）

2. 普通话 tʂ、tʂʻ、ʂ、ʐ 拼合口呼字的读音

普通话 tʂ、tʂʻ、ʂ、ʐ 拼合口呼的字（如“猪庄、初窗、

书双、入容”等），以苍山莲子汪（金陵镇）为代表的方言内部有新、老派的读音差异，新派读音为 tʃ、tʃʻ、f、ʒ，老派读音为 pf、pfʻ、f、v；这种差异也存在于不同地域，北部和西部主要读为 v（pf）、pfʻ、f、v，南部和东部主要读 tʃ tʃʻ f ʒ。新老、地域两种差异交结，苍山28点方言大体可以归为两大类型，详见下表和“苍山方言地图（二）”。

普通话 tʂ tʂʻ ʂ ʐ 声母拼合口呼的字在苍山方言中的读音及分布情况

<table>
<tr><th colspan="3">类型</th><th>代表点</th></tr>
<tr><td>pf 组</td><td colspan="2">v pf 葛村（尚岩镇） pfʻ f v</td><td>孟家渊（下村镇）
卢家楼（新兴镇）</td></tr>
<tr><td rowspan="5">pf 组老
tʃ 组新</td><td rowspan="2">老pf pfʻ f v
新tʃ tʃʻ ʃ ʒ</td><td>老 pf pfʻ f v 新tʃ tʃʻ ○ ʒ</td><td>莲子汪（金陵镇）</td></tr>
<tr><td>老 pf pfʻ f ○ 新tʃ tʃʻ ʃ ʒ</td><td>西北圩（兰陵镇）</td></tr>
<tr><td rowspan="3">新tʃ tʃʻ ʃ ʒ
老○ ○ f v</td><td>新 tʃ tʃʻ ○ ʒ多 老○○ f v少</td><td>东哨（庄坞镇）
姚村（长城镇）</td></tr>
<tr><td>新 tʃ tʃʻ ○ ʒ 老○ ○ f ○</td><td>神山官庄（神山镇）
西大埠（金陵镇）</td></tr>
<tr><td>新 tʃ tʃʻ ʃ少 ʒ 老○ ○ f多 ○</td><td>马湾（庄坞镇）</td></tr>
</table>

说明：“新”表示新派，“老”表示老派；“○”表示没有相对应的新派或老派读音。

由此可以看出，尽管普通话 tʂ 组拼合口呼的字，在苍山境内的读音总体差异较大，但仅就普通话的声母 ʂ 拼合口呼的字来说，在苍山却有很强的一致性，除西北圩（兰陵镇）、马湾（庄坞镇）两点声母有读舌叶擦音 ʃ 的情况外，其余 26 个点都读唇齿擦音 f。

在苍山县周边方言中，普通话 tʂ 组拼合口呼字的声母读音情况也有较大差别，与苍山县西部和北部相邻的枣庄、费县方言都读唇齿音 pf、pf‘、f、v，而与东部、南部相邻的兰山、罗庄、郯城和江苏邳州一般不读唇齿音，多读为舌尖后音 tʂ、tʂ‘、ʂ、ʐ 或舌叶音 tʃ、tʃ‘、ʃ、ʒ 等。在地域上，苍山正处于读唇齿音和读舌尖、舌叶音方言的交界地带，普通话 tʂ 组拼合口呼字的声母在苍山方言中读音复杂、多样的状况，正是周边方言不同语音特征接触的结果。

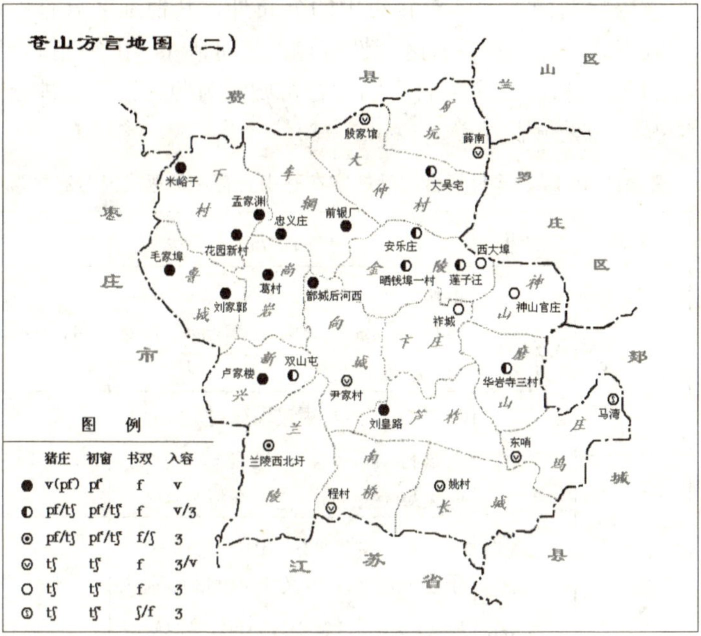

3．普通话 ts、ts‘、s 拼合口呼字的读音

普通话 ts、ts‘、s 拼合口呼的字（如“租粗苏、左错锁、最脆碎、钻窜蒜、尊村孙、宗葱送”等），苍山县城等多数地区也读 ts、ts‘、s 拼合口呼（u uə uei uã uẽ uŋ），但县西南地区跟西邻的枣庄相同，读 tɕ、tɕ‘、ɕ 拼撮口呼（y yə yei yã yẽ yŋ）。具体说来，28 个调查点中，tɕ、tɕ‘、ɕ 拼撮口呼现象表

现突出的有米裕子（下村乡）、西北圩（兰陵镇）、姚村（长城镇）、刘皇路（芦柞镇）、卢家楼（新兴镇）等 5 点；另有程村（南桥镇）、晒钱埠一村（金陵镇）、尹家村（向城镇）、大吴宅（大仲村镇）、西大埠（金陵镇）、花园新村（下村乡）6 点同时存在 ts、ts‘、s 拼合口呼和 tç、tç‘、ç 拼撮口呼两种读音。从地域分布来看，把普通话 ts、ts‘、s 拼合口呼的字读为 tç、tç‘、ç 拼撮口呼的现象，苍山境内除西南部地区有较集中的分布外，其他地区只有零星的散点式分布，不具有区域性特点。普通话 ts 组声母拼合口呼的字在苍山 28 个方言点的读音可归纳为两类读音三种分布情况，详见下表。

普通话 ts ts‘ s 声母拼合口呼的字在苍山方言中的读音及分布情况

声母	韵母	分布情况	分布特点
tç tç‘ ç	y yə yei yã yẽ yŋ	米裕子（下村乡）、西北圩（兰陵镇）、姚村（长城镇）、刘皇路（芦柞镇）、卢家楼（新兴镇）	撮口突出
tç tç‘ ç / ts ts‘ s	y yə yei yã yẽ yŋ / u uə uei uã uẽ uŋ	程村（南桥镇）、晒钱埠一村（金陵镇）、尹家村（向城镇）、大吴宅（大仲村镇）、西大埠（金陵镇）、花园新村（下村乡）	撮合并存
ts ts‘ s	u uə uei uã uẽ uŋ	殷家馆（大仲村镇）、东哨（庄坞镇）、安乐庄（金陵镇）、忠义庄（车辋镇）、前银厂（车辋镇）、薛南（矿坑镇）、柞城（卞庄镇）、莲子汪（金陵镇）、孟家渊（下村乡）、鄫城后河西（向城镇）、双山屯（新兴镇）、葛村（尚岩镇）、刘家郭（鲁城镇）、毛家埠（鲁城镇）、神山官庄（神山镇）、华岩寺三村（磨山镇）、马湾（庄坞镇）	无撮口

4．普通话 tɕ、tɕ‘、ɕ 拼撮口呼字的读音

中古精组合口细音今普通话读 tɕ、tɕ‘、ɕ 拼撮口呼的字（如“聚婴徐、绝雀薛、全选、俊旬”等），在苍山方言中普遍存在 ts、ts‘、s（少数是 tθ、tθ‘、θ）拼合口呼的情况，纯粹没有这种现象的方言点实际只有西北圩（兰陵镇）和程村（南桥镇）两点。普通话 tɕ 组声母拼撮口呼在苍山 28 个方言点的读音可以归纳为两类，其中双山屯（新兴镇）等 19 点存在两类读音并存的现象。详见下表。

普通话 tɕ tɕ‘ ɕ 声母拼撮口呼的字在苍山方言中的读音及分布情况

<table>
<tr><th>声母</th><th>韵母</th><th>分布区域</th><th>分布特点</th></tr>
<tr><td rowspan="2">ts/tθ
ts‘/tθ‘
s /θ</td><td rowspan="2">u uə
uã uẽ</td><td>大吴宅（大仲村镇）、姚村（长城镇）、神山官庄（神山镇）、华岩寺三村（磨山镇）、晒钱埠一村（金陵镇）、花园新村（下村乡）、毛家埠（鲁城镇）</td><td>合口突出</td></tr>
<tr><td rowspan="2">双山屯（新兴镇）、鄫城后河西（向城镇）、前银厂（车辋镇）、晒钱埠一村（金陵镇）、尹家村（向城镇）、薛南（矿坑镇）、殷家馆（大仲村镇）、葛村（尚岩镇）、祚城（卞庄镇）、刘家郭（鲁城镇）、莲子汪（金陵镇）、卢家楼（新兴镇）、忠义庄（车辋镇）、安乐庄（金陵镇）、孟家渊（下村镇）、东哨（庄坞镇）、刘皇路（芦柞镇）、米裕子（下村镇）、马湾（庄坞镇）</td><td rowspan="2">合撮并存</td></tr>
<tr><td rowspan="2">tɕ/ts
tɕ‘/ts‘
ɕ/s</td><td rowspan="2">y yə
yã yẽ</td></tr>
<tr><td>西北圩（兰陵镇）、程村（南桥镇）</td><td>无合口</td></tr>
</table>

据调查，临沂市所辖区域其他县区内，只有沂南和郯城部分方言中存在这种现象，而郯城也只限于南部地区。从苍山方言中这类现象的普遍程度来看，苍山方言的这一特点应不是周边方言影响所致。

5．普通话 uei 韵母拼 t、tʻ 声母字的读音

中古蟹摄、止摄合口普通话读 uei 韵母拼 t、tʻ 声母的字（如“对队、推退”等），苍山境内韵母读音有读 ei 和 uei 的不同，有些代表点还有新老读音的差异，ei 为老派读音，uei 为新派读音。读 ei 韵母的情况在地域上呈现为由东南向西北逐渐减弱的趋势，西北部 10 个方言点没有这种现象。详见“苍山方言地图（三）”。

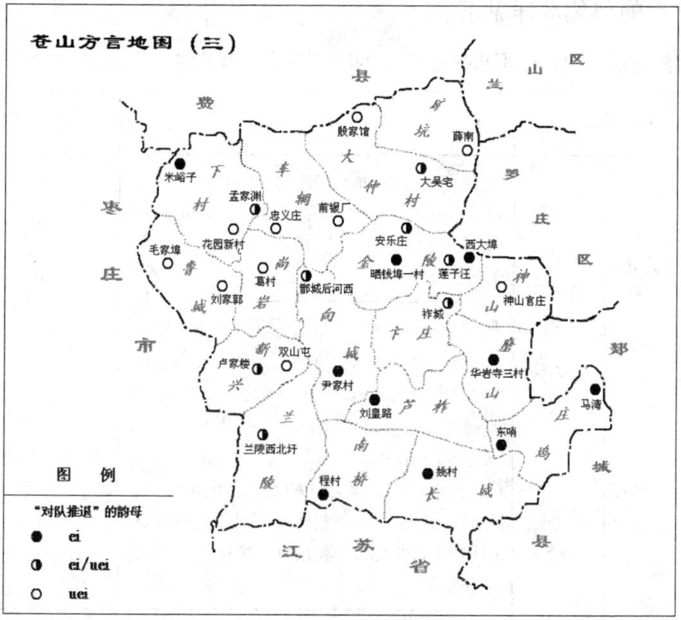

6．普通话 ei、en 韵母拼 m、n 声母字的读音

普通话 ei、en 韵母拼 m、n 声母的字（如“媒眉霉妹麦默”、“门闷”、“内”、“您”等），由于受鼻音声母的影响，苍山各地方言普遍存在着韵母的顺同化、顺异化音变现象，即：或“媒妹内”韵母读同“门闷您”韵母（ei→ẽ），或“门闷

您”韵母读同“媒妹内”韵母（ẽ→ei）。这两种音变力量作用于苍山境内的不同方言，虽然各地发生音变的具体字和数量不尽相同，但音变特征遍布全县。具体可以归纳为三种情况：东部和南部以鼻音化（ei→ẽ）音变为主；西北部以元音化（ẽ→ei）音变为主；中间区域两种音变现象（ẽ→ei、ei→ẽ）相互穿插，具体到某个人读音有时也不稳定，常常自由变读，

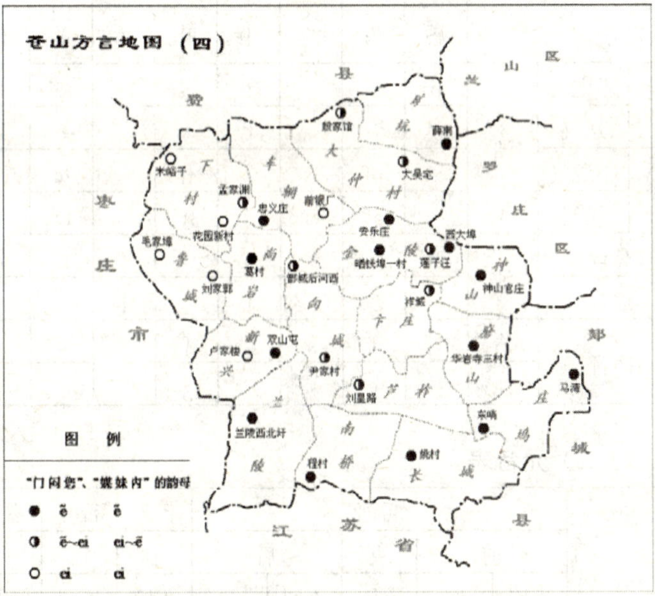

有混合性音变的特点。详见“苍山方言地图（四）”。

除以上内部地域差异外，还有一些小范围的差异，比如与江苏邳州接壤的程村（南桥镇）方言，声调调值就与苍山县其他地区的方言调值明显不同，其中除阴平与其他地区相同都读 213 外，阳平不读 53，读 55；上声不读 55，读 24；去声不读 312，读 53。类似的情况因涉及范围很小，本文不再一一列举。

四　记音符号

本书采用国际音标注音。

（一）辅音表

发音方法＼发音部位			双唇	唇齿	舌尖前	舌尖中	舌叶	舌尖后	舌面前	舌根
塞音	不送气	清	p			t				k
	送气		p‘			t‘				k‘
塞擦音	不送气			pf	ts		tʃ		tɕ	
	送气			pf‘	ts‘		tʃ‘		tɕ‘	
鼻音		浊	m			n			ȵ	ŋ
边音						l		ɭ		
擦音		清		f	s		ʃ		ɕ	x
		浊		v			ʒ			ɣ

（二）元音表

	舌面					舌尖	舌叶	卷舌
	前		央	后		前	前	央
	不圆	圆	不圆	不圆	圆	不圆	不圆	不圆
高	i	y			u	ɿ	ʅ	
半高	e			ɤ	o			
中			ə					ər
半低	ɛ				ɔ			
低	a			ɑ				

说明：“ʅ”在国际音标中是舌尖后元音，因为国际音标没有专设舌叶元音，本书用“ʅ”代替舌叶元音，拼在舌叶声母 tʃ、tʃ‘、ʃ 之后。

（三）声调符号

本书声调采用五度制标注法，用 5、4、3、2、1 五个数字分别表示相对音高的高、半高、中、半低、低。单字调的调值标在音标的右上角，变调值标在本调右边，中间用“-”连接；轻声音节不标调值，在音标右上角标轻声符号“·”，例如宪法 çiã^{31}fɑ^{213}、苍山 ts'ɑŋ̃$^{213-24}$ʃa^{213}、天上 t'iã$^{213-31}$ʃɑŋ$^{\cdot}$ 等。

（四）其他符号

ø，零声母符号。

r，卷舌元音符号，标在元音之后。

～，鼻化元音符号，标在元音之上。

五　发音合作人

本书以记录苍山金陵镇莲子汪方言的老派读音为主。

1. 主要发音人

颜成德，男，1943 年生，金陵镇莲子汪村（位于县城正北偏东 4 公里）人，会计，世居本村，自幼未外出居住。

2. 其他发音人

方言点	姓名	性别	出生年	文化程度	职业
马西于村向城镇	马春时	男	1952 年	本科	中学教师
东北圩村兰陵镇	王善付	男	1948 年	小学	农民
西北圩村兰陵镇	黄明福	男	1946 年	初中	原文化站站长
华岩寺三村磨山镇	张庆礼	男	1950 年	中专	原文化站站长
双山屯村新兴镇	高继端	男	1944 年	高中	农民
忠义庄村车辋镇	李瑜昌	男	1951 年	高中	退休职工
程村南桥镇	程凤胜	男	1952 年	中专	退休干部

方言点	姓名	性别	出生年	文化程度	职业
东哨村层山镇	赵廷勇	男	1961年	初中	农民
殷家馆村大仲村镇	吴庆龙	男	1962年	高中	农民
大吴宅村大仲村镇	高永良	男	1949年	高中	退休干部
安乐庄村金陵镇	李洪振	男	1977年	中专	《苍山县志》编辑
晒钱埠一村贾庄镇	冷　慧	女	1992年	初中	县政府招待所职工
姚村长城镇	张宗利	男	1966年	高中	文化站站长
神山官庄村神山镇	王连增	男	1958年	初中	退休职工
薛南村矿坑镇	王贞宏	男	1947年	中专	退休干部
葛村尚岩镇	徐廷合	男	1954年	中专	村农业合作社经理
祚城村卞庄镇	张付礼	男	1952年	初中	农民
西大埠村金陵镇	王凌晓	男	1958年	中专	县史志办副主任
孟家渊村下村镇	田家成	男	1955年	本科	县人大副主任
鄫城后向城镇	赵　艳	女	1990年	初中	县政府招待所职工
前银厂村车辋镇	孙明华	男	1988年	初中	县政府招待所职工
刘皇路村芦柞镇	刘明才	男	1962年	本科	苍山县报编辑
尹家村向城镇	尹芳利	男	1963年	本科	文化站站长
刘家郭村鲁城镇	刘文娜	女	1989年	专科	县政府招待所职工
卢家楼村新兴镇	卢克雨	男	1962年	中专	干部
米裕子村下村镇	孙建华	男	1955年	本科	村党支部书记
马湾村庄坞镇	焦子栋	男	1955年	专科	中学教师
花园新村下村镇	范银华	男	1959年	专科	县残联副理事长
毛家埠村鲁城镇	魏永霞	女	1950年	小学	农民
卞庄二村镇	杨守义	男	1932年	小学	原村会计
安乐庄村金陵镇	程　前	男	1988年	初中	县政府招待所职工
东埝头卞庄镇	闫文静	女	1992年	初中	县政府招待所职工
东埝头卞庄镇	宋建强	男	1983年	高中	县政府招待所职工

第二章　语　音

一　单字音系

（一）声母 28 个（含零声母）

p 玻白	pʻ 坡皮	m 麻米			
pf 桌庄	pfʻ 出窗		f 方双	v 如软	
ts 资挤	tsʻ 雌漆		s 思西		
t 刀达	tʻ 掏逃	n 拿奴			l 来里
tʃ 知支	tʃʻ 吃翅		ʃ 失诗	ʒ 日人	ɭ 儿二
tɕ 基极	tɕʻ 期其	ȵ 泥女	ɕ 希畦		
k 归跪	kʻ 亏葵		x 火活	ɣ 鹅袄	
ø 衣五					

说明：

① 舌叶音 tʃ、tʃʻ、ʃ、ʒ 与普通话的舌尖后音 tʂ、tʂʻ、ʂ、ʐ 近似，但是并不卷舌，而普通话的 tʂ、tʂʻ、ʂ、ʐ 卷舌明显。

② pf、pfʻ带有舌叶色彩。

③“儿耳二”等字的声母舌尖后边音 ɭ，音节发音时 ɭ 本音拉长，最后带出央元音 ə 。

（二）韵母 36 个

ɿ 资雌丝			
ʅ 知齿诗	i 衣低基	u 乌骨驴	y 迂区女
ɑ 啊拿抓	iɑ 呀加下	uɑ 蛙瓜跨	

ə 鹅玻二	iə 耶铁歇	uə 窝多罗	yə 约缺决
ɛ 哀来拽	iɛ 挨街鞋	uɛ 歪怪快	
ei 北墨客		uei 威对追	
ɔ 熬包刀	iɔ 腰刁交		
ou 欧走周	iou 忧丢九		
ã 安班软	iã 烟边天	uã 弯端官	yã 冤捐
ẽ 恩人春	iẽ 因民今	uẽ 温吞滚	yẽ 晕君
ɑŋ 昂帮庄	iɑŋ 央良江	uɑŋ 汪光筐	
əŋ 哼能荣	iŋ 英平顶	uŋ 东公红	yŋ 雍兄

（三）声调4个

阴平	213	安衣八骨日
阳平	53	移鱼爬盘别
上声	55	跑主马米可
去声	31～312	抱跪对骂大

说明：去声31和312两可，强调时多读312，本书一般记为31。

（四）声韵调拼合表（见下页）

	ɿ				ʅ				ɑ				ə			
	阴	阳	上	去	阴	阳	上	去	阴	阳	上	去	阴	阳	上	去
p									八	拔	靶	霸	剥	薄	簸	簸
p‘									趴	爬		怕	泼	婆		破
m									妈	麻	马	骂	摸	膜	抹	磨
pf									抓				捉	镯		
pf‘											欻		焯	戳		
f									法	乏			说	勺	所	硕
v													弱			
t									答	达	打	大				
t‘									塌		他			特		
n									纳	拿	哪	那				
l									拉	啦	喇	剌				
ts	姿		子	字					咂	杂	咋		责	泽		
ts‘	刺	慈	跐	次					擦				册			
s	思		死	四					仨		洒					
tʃ					之	直	指	智	扎	铡	闸	炸	折	辙	者	这
tʃ‘					吃	迟	齿	翅	插	茶	蹅	岔	车		扯	澈
ʃ					湿	时	使	事	沙	啥	傻	厦	赊	舌	舍	社
ʒ					日								热		惹	
ɭ														儿	耳	二
tɕ																
tɕ‘																
ȵ																
ɕ																
k									割	尕	嘎		各	硌		个
k‘									磕		咔		克		可	课
x									哈	合			喝	和		贺
ɣ									腌				恶	鹅	恶	饿
ø																

	ɛ				ei				ɔ				ou			
	阴	阳	上	去	阴	阳	上	去	阴	阳	上	去	阴	阳	上	去
p			摆	拜	北	白		背	包	薄	饱	报				
p‘	俳	排		派	拍	陪		佩	抛	袍	跑	炮				
m		埋	买	卖					毦	毛	卯	帽				
f	衰		甩	帅	飞	肥	匪	费			否					
pf	拽		跩	拽	追			缀								
pf‘	搋		揣	踹	吹	垂										
v																
t	呆		逮	待	德				刀		捣	道	都		陡	豆
t‘	态	台		太					掏	桃		套	偷	头		透
n			奶	耐			馁	内	孬	挠	脑	闹				
l		来		赖	肋	雷	垒	累		捞	老	涝		楼	搂	漏
ts	栽		崽	在	则	贼			糟		早	造			走	揍
ts‘	猜	才	采	菜					操	曹	草	肏		楱		凑
s	腮			赛	塞				骚		嫂	臊	搜		擞	
tʃ	斋	宅		寨	摘	宅			召		找	照	粥	轴	搁	宙
tʃ‘	钗	柴	踩		拆				超	朝	炒	趠	抽	仇	瞅	臭
ʃ	筛			晒	色		谁		烧	绍	少	潲	收		手	受
ʒ										饶	绕		鞣	柔		肉
ɭ																
tɕ																
tɕ‘																
ȵ																
ɕ																
k	该		改	盖	隔	给			高		膏	告	沟		狗	够
k‘	开		凯		客	剋					考	靠	抠	怐	口	扣
x		孩	海	害	黑				薅	耗	好	浩	齁	猴		后
ɣ	哀		矮	爱		额			爊	熬	袄	傲	沤		藕	怄
ø																

	ã				ẽ				ɑŋ				əŋ			
	阴	阳	上	去	阴	阳	上	去	阴	阳	上	去	阴	阳	上	去
p	班		板	办	锛		本	笨	帮		榜	棒	崩			蹦
p‘	攀	盘		盼	喷	盆		喷		旁	耪	胖	烹	朋	捧	碰
m		蛮	满	漫	麦	门	美	闷	牤	忙	莽		蒙	盟	猛	梦
pf	专		转	赚	谆		准		庄		奘	壮	中		肿	重
pf‘	川	船	喘	串	春	纯	蠢		窗	床	闯	创	充	虫	宠	冲
f	翻	凡	反	饭	分	坟	粉	奋	方	房	芳	放	丰	缝		凤
v			软											荣		
t	丹		胆	但					当		党	荡	灯		等	邓
t‘	贪	谈	坦	探					汤	糖	躺	烫	熥	腾		
n		男		难			您			馕	攮	齉		能		弄
l		蓝	栏	烂						狼	朗	浪			冷	棱
ts	簪		攒	赞			怎		脏			葬	增			赠
ts‘	餐	蚕	惨	灿					苍	藏		伧	噌	层		蹭
s	三		伞	散					桑		嗓	丧	僧			
tʃ	沾		展	站	真		珍	镇	章		掌	账	蒸		整	挣
tʃ‘	掺	馋	产	颤	深	晨	嗔	衬	昌	常	厂	唱	撑	呈		秤
ʃ	山		闪	扇	身	神	沈	渗	伤		赏	尚	生	绳	省	胜
ʒ		然	染			人	忍	认	让	瓤	嚷	让	扔	仍		
ɭ																
tɕ																
tɕ‘																
ȵ																
ɕ																
k	甘		感	干	跟		艮	亘	刚		港	杠	耕		梗	更
k‘	堪		砍	看			恳	掯	康			抗	坑			
x	憨	含	喊	汗		痕	很	恨	夯	航			哼	衡		横
ɣ	安		俺	案	恩			摁	肮		昂					
ø																

	i				iɑ				iə				iɛ			
	阴	阳	上	去	阴	阳	上	去	阴	阳	上	去	阴	阳	上	去
p	屄	鼻	比	闭					憋	别	瘪					
p‘	匹	皮	痞	屁					撇							
m	蜜	迷	米						灭	乜						
pf																
pf‘																
f																
v																
t	低	笛	底	地					爹	迭	嗲					
t‘	踢	提	体	替					贴							
n																
l	力	厘	理	利			俩		裂		挒	趔				
ts	积	集	挤	际					节	截	姐	借				
ts‘	七	齐		砌					切			怯				
s	西	习	洗	细					揳	斜	写	谢				
tʃ																
tʃ‘																
ʃ																
ʒ																
ɭ																
tɕ	吉	及	几	季	甲		假	架	结	杰			街		解	界
tɕ‘	期	旗	起	弃	掐		卡	洽	趄	茄		怯			谴	遣
ȵ		泥	你	逆					捏			孽				
ɕ	稀	畦	喜	戏	虾	霞		下	血	携				鞋	蟹	械
k																
k‘																
x																
ɣ																
ø	一	移	椅	易	压	牙	哑	轧	叶	爷	也	夜		挨	矮	唉

	iɔ				iou				iã				iẽ			
	阴	阳	上	去	阴	阳	上	去	阴	阳	上	去	阴	阳	上	去
p	标		表	摽					边		匾	变	宾			鬓
p‘	飘	瓢	瞟	票					篇	便	谝	片	拼	频	品	聘
m	喵	苗	秒	妙				谬		棉	免	面		民	皿	赁
pf																
pf‘																
f																
v																
t	刁			钓	丢				颠		点	电				
t‘	挑	条	挑	眺					天	甜	舔					
n																
l		缭	燎	料	遛	留	柳	溜		连	脸	恋	拎	林	凛	吝
ts	焦				揪		酒	就	尖		剪	渐			尽	进
ts‘	缲	瞧		俏	秋	囚			千	前	浅		亲	秦	寝	吣
s	宵		小	笑	休			秀	先			线	心	寻		信
tʃ																
tʃ‘																
ʃ																
ʒ																
ɭ																
tɕ	交		搅	叫	纠		久	救	坚		俭	见	金		紧	劲
tɕ‘	敲	桥	巧	翘	丘	求	糗		谦	钳		欠	钦	勤	寝	沁
ȵ			鸟	尿	妞	牛	扭	拗	蔫	年	捻	念				
ɕ	嚣		晓	校	休		朽	嗅	锨	闲	显	县	心	寻		芯
k																
k‘																
x																
ɣ																
ø	腰	遥	咬	要	优	油	友	幼	烟	檐	眼	雁	音	银	引	印

	iaŋ				iŋ				u				uɑ			
	阴	阳	上	去	阴	阳	上	去	阴	阳	上	去	阴	阳	上	去
p					冰		柄	并	不		补	布				
p‘					乒	平			扑	葡	谱	铺				
m						明		命	木	谋	母	目				
pf									猪	逐	煮	注	抓	摣	爪	
pf‘									初	锄	储	怵		摣	欻	
f									夫	伏	府	富				
v									入	如	乳					
t					丁		顶	定	督	独	读	度				
t‘					听	停	挺		突	途	土	兔				
n										奴	努	怒				
l		梁	两	亮		零	领	令	撸	炉	鲁	路				
ts	浆		奖	匠	精		井	净	足	卒	祖					
ts‘	呛	墙	抢	戗	清	情	请	亲	粗			猝				
s	箱	祥	想	像	星		醒	性	苏	俗		素				
tʃ									竹	逐	主	注	抓		爪	
tʃ‘									出	除	楚	处			欻	
ʃ									书	熟	鼠	树	刷		耍	
ʒ									入	如	乳					
ɭ																
tɕ	江		讲	降	京		景	敬								
tɕ‘	腔	强			轻	擎	苘	庆								
ȵ		娘		酿		宁		宁								
ɕ	香	享	响	向	兴	形		杏								
k									姑		鼓	顾				
k‘									窟		苦	裤				
x									呼	胡	虎	护				
ɣ																
ø	央	阳	养	漾	英	营	影	硬	屋	无	五	务	挖	娃	瓦	洼

	uə				uɛ				uei				uã			
	阴	阳	上	去	阴	阳	上	去	阴	阳	上	去	阴	阳	上	去
p																
p‘																
m																
pf																
pf‘																
f																
v																
t	多	夺	躲	剁								对	端		短	段
t‘	脱	砣	妥	拓					推	颓	腿	退		团	疃	
n	搦	挪		糯											暖	
l	落	罗	裸	摞										峦	卵	乱
ts	作	昨	左	做					堆		嘴	最	钻		纂	攥
ts‘	搓	矬		措					崔		璀	脆	窜	泉		篡
s	梭	穴	索						虽	随		穗	酸		选	算
tʃ	捉	浊			拽		跩	拽	追			缀	专		转	赚
tʃ‘	绰	戳		辍	搋		揣	搋	吹	垂			川	传	喘	串
ʃ	说	勺	所	硕	衰		甩	帅			水	睡	拴			涮
ʒ	弱										蕊	瑞			软	
ɭ																
tɕ																
tɕ‘																
ȵ																
ɕ																
k	锅	国	裹	过	乖		拐	怪	归		轨	贵	官		管	冠
k‘	阔						㧟	快	亏	奎	傀	愧	宽		款	
x	攉	活	火	货		怀		坏	灰	回	毁	惠	欢	环	缓	换
ɣ																
ø	窝		我	卧	歪	竵	顡	外	威	围	伟	位	弯	完	碗	万

	uẽ				uaŋ				uŋ				y			
	阴	阳	上	去	阴	阳	上	去	阴	阳	上	去	阴	阳	上	去
p																
p‘																
m																
pf																
pf‘																
f																
v																
t	敦		盹	顿					东		懂	动				
t‘	吞	屯							通	同	桶	痛				
n										农		弄				
l	抡	轮		论						龙	拢		绿	驴	捋	滤
ts	尊		撙	俊					宗		总	纵	足			聚
ts‘	村	存		寸					聪	从			蹴		取	趣
s	孙		笋						松			颂	须	徐		叙
tʃ			准		装		奘	壮	中		肿	众				
tʃ‘	春	纯	蠢		窗	床	闯	创	充	虫	宠	铳				
ʃ			吮	顺	双		爽									
ʒ				润						荣						
ɭ																
tɕ													驹	局	举	具
tɕ‘													曲	渠	取	去
ȵ															女	
ɕ													虚	徐	许	煦
k			滚	棍	光		广	逛	工		巩	共				
k‘	坤		捆	困	筐	狂		况	空		孔	控				
x	婚	魂		混	荒	皇	幌	晃	轰	红	哄	横				
ɣ																
ø	温	文	稳	问	汪	王	网	旺	翁				淤	鱼	雨	玉

	yə				yã				yẽ				yŋ			
	阴	阳	上	去	阴	阳	上	去	阴	阳	上	去	阴	阳	上	去
p																
p‘																
m																
pf																
pf‘																
f																
v																
t																
t‘																
n	虐															
l																
ts																
ts‘																
s																
tʃ																
tʃ‘																
ʃ																
ʒ																
ɭ																
tɕ					捐		卷	倦	君			郡	炯			
tɕ‘	缺	瘸	搉		圈	权	犬	劝		群			倾	穷		
ȵ																
ɕ	靴	学		谑	轩	悬	选	楦	熏	巡		训	兄	雄		
k																
k‘																
x																
ɣ																
ø	月		哕	跃	渊	圆	远	院	晕	云		运	拥		永	用

二　同音字汇

凡 例

1．本字汇共收入苍山方言常用字 15000 余个，形同音不同的字，有几个音算几个字，全部按韵母、声母、声调的顺序排列。

2．以收录单字的老派读音为主，一个字如果存在新、老读音自由变读，则两种读音都收入字汇；不能单独念的字，则收连读音。

3．写不出本字的音节用同音字代替，其下用“·”标注，实在没有同音字代替的用“□”表示。

4．有歧义或需要解释的字，在字后用小字进行释义、举例，例子里的“～”代替本字。

5．字的右下角括号内的“新、老、又”，分别表示“新派读音、老派读音、又读音”；字下加“－”表示“白读音”，加“＝”表示“文读音”。

ɿ

ts　（阴）资姿咨滋吱
　　（上）紫姊子耔
　　（去）自字恣渍
　　（轻）罪（又）得～人

ts‘　（阴）刺动词：～激呲泚
　　（阳）雌此慈磁辞词祠瓷
　　（上）跐
　　（去）赐疵刺名词：～儿次厕伺～候

s　（阴）斯厮撕嘶私司丝思咝
　　（上）死
　　（去）赐四肆伺～机似祀巳司～机寺饲嗣

ʅ

tʃ （阴）知蜘支枝肢栀雉脂指之芝汁质织职掷只稚蔗甘~

（阳）侄直值殖植置

（上）执指纸止趾址旨

（去）制智致至痔治志痣秩~序

tʃʻ （阴）眵匙钥~尺吃赤痴哧

（阳）滞池驰弛匙汤~迟持

（上）耻嗤齿

（去）翅斥嗜叱

ʃ （阴）施师狮尸诗湿虱失室识式饰适释澌

（阳）时十拾食蚀石实

（上）屎使史驶始

（去）世势誓逝是氏示视士仕柿事试市侍牸

（轻）酾递~豉豆~什家~

ʒ （阴）日

i

p （阴）避（又）~在门后屄必（又）~须毕（又）~业

（阳）鼻毙逼必

（上）譬比

（去）必毕蔽敝弊币闭蓖辈背动词箅笼~陛避篦碧璧壁辟复~

pʻ （阴）批披庇坯僻辟劈

（阳）皮疲琵裴痹脾（又）痞地~

（上）彼癖痞（又）~子劈擗脾

（去）屁

m （阴）密蜜秘泌眯咪觅

（阳）迷泥弥摊~量谜~语篾（又）竹~子

（上）米

（去）昧吃~心食

t （阴）堤低滴嘀扺~蒜薹

（阳）嫡笛敌狄籴荻

（上）底抵的目~

（去）帝弟第递地

t‘ （阴）梯踢剔屉

（阳）提蹄啼堤

（上）题体

（去）替剃涕痛哭流~

（轻）涕鼻~

n （阳）泥

l （阴）璃立笠粒栗力劙

（阳）犁利（又）麻~地去吧梨厘黎篱膂蠡藜狸

（上）礼李里理鲤娌

（去）例厉励丽隶离荔利痢吏历俐詈雳

（轻）笠斗~

ts （阴）积迹脊绩寂鹡瘠叽~咕

（阳）济集疾籍藉即鲫

（上）挤

（去）祭际穄荠剂系~鞋带

（轻）璃玻~

ts‘ （阴）妻缉~鞋口子七漆戚凄沏

（阳）齐脐

（去）砌

（轻）呇牙~

s （阴）西犀悉膝息熄媳惜昔夕锡析妻

（阳）习席席

（上）洗玺袭

（去）细

tɕ （阴）鸡稽急缉级吉戟击激圾基己机箕讥饥几饥今（又）

（阳）及极

（上）肌虮几~个

（去）记计继忌技妓季寄冀既髻纪给~养

（轻）家（又）王~；人~稼庄~

tɕ‘ （阴）欺箕泣期湆~湿曝~干

（阳）奇骑岐企祁祈棋旗杞岂畦讫乞辑

（上）其启起

（去）去下~器弃气汽

（轻）箕簸~

ȵ （阴）妮

（阳）尼泥~坯

（上）你

（去）腻匿溺逆

ç （阴）牺熙希稀吸

（阳）溪畦菜~子

（上）嬉喜禧

（去）系戏吸（又）~铁石

（轻）下底~

ø （阴）医一衣依揖

（阳）倪宜仪移夷姨疑胰遗贻怡饴沂逸疫谊

（上）蚁倚椅已以尾~巴乙

（去）意义臆溢缢抑艺议易异毅忆亿翼益亦译疫役蜴易逆~风

（轻）爷老~

u

p （阴）不扑（又）卜姓

（阳）脯~肋子垺~土饽（又）面~醭鹁~鸽

（上）补捕拨（又）~拉

（去）布怖部簿步埠

（轻）巴（又）尾~八（又）王~

p‘ （阴）铺~设扑仆~倒捕

（阳）仆~人葡

（上）谱普浦蒲菩脯胸~剖~开朴蹼圃瀑

（去）铺店~

m （阴）没（又）沉~木

（阳）模（又）~子谋

（上）某亩牡母拇姆

（去）暮慕墓募幕目穆牧没

（轻）蟆蛤~麻（又）芝~

pf （阴）猪（老）烛（老）嘱（老）触（老）诸（老）诛（老）蛛（老）株（老）朱（老）珠（老）竹（老）筑（老）祝（老）

（阳）轴妯箸~笼子

（上）阻（老）煮（老）拄（老）

（去）助（老）著（老）柱（老）驻（老）注（老）住（老）蛀（老）

pf‘ （阴）初（老）输（又；老）出（老）楚（老）畜（老）缩（老）

（阳）除（老）储（老）锄（老）厨（老）橱（老）雏（老）殊（老）
（上）础（老）基~处（老）相~鼠（老）
（去）处（老）帚（老）搐（老）怵（老）

f （阴）梳疏蔬书舒夫肤麸束输妇复福幅蝠复腹覆复叔
（阳）敷浮俘孵符扶芙抚腐附辅佛服伏蜀属术述秫熟沸
（上）暑黍署薯府腑俯甫斧釜数动词
（去）付赋傅父数名词竖树漱~口富副负赴缚帚（又；老）
（轻）发（又）头~

v （阴）入（老）
（阳）如（老）
（上）乳（老）孺（老）汝（老）儒（老）

t （阴）都~城督嘟豚~子
（阳）独椟毒
（上）堵赌睹肚猪~读
（去）妒杜肚腹肚度渡镀吐（又）~出来

t‘ （阴）突秃
（阳）徒屠途涂图唾
（上）土吐
（去）兔菟

n （阳）农奴努
（去）怒

l （阴）绿录律率鹿禄撸碌
（阳）蝼炉驴庐
（上）卢芦鲁橹虏卤庐履（老）吕（老）铝（老）捋（老）缕（老）旅（老）屡（老）
（去）路赂露~水虑（老）滤（老）陆

ts （阴）租组足
（阳）卒族
（上）祖诅阻（新）

ts‘ （阴）粗促猝
（去）醋

s （阴）需（老）须（老）宿（老）戌（老）恤（老）肃（老）苏酥粟速鳃~蓝
（阳）徐俗
（去）素诉塑嗉序叙绪絮续朔
（轻）婿（老）女~

tʃ （阴）粥（老）猪（新）烛（新）嘱（新）诸（新）诛（新）

蛛（新）株（新）朱（新）珠（新）竹（新）筑（新）祝（新）

（阳）轴妯～娌

（上）阻（新）煮（新）拄（新）主（新）逐（新）

（去）助（新）著（新）柱（新）驻（新）注（新）住（新）蛀（新）

tʃ‘ （阴）初（新）输（又；新）出（新）楚（新）畜（又）缩（新）

（阳）除（新）储（新）锄（新）橱（新）厨（新）雏（新）殊（新）

（上）础（新）处（新）相～鼠（新）

（去）处（新）～所帚（新）矗怵搐触（新）

ʒ （阴）入（新）

（阳）如（新）

（上）乳（新）擩（新）汝儒（新）

（去）褥

k （阴）姑孤箍辜鸹鸪咕菇蛄骨谷公（又；老）～母俩

（上）古估牯轱股鼓臌

（去）故固锢雇顾

k‘ （阴）窟哭

（上）枯苦酷

（去）库裤

x （阴）呼乎搰互忽烀

（阳）壶囫湖蝴葫糊煳胡核（又）枣～子惑

（上）狐虎浒

（去）户沪护瓠获

（轻）候（又）

ø （阴）乌呜屋坞污巫诬侮戊机

（阳）吴蜈无芜

（上）五午捂伍武舞鹉

（去）误痦焐悟梧恶可～务雾物勿戊

y

l （上）履（新）吕（新）铝（新）捋（新）缕（新）旅（新）屡（新）

（去）虑（新）滤（新）

ts （去）聚铸

ts‘ （阴）蛆黢～黑蹴

（上）取娶

（去）趣

s （阴）须（新）需（新）宿（新）戌（新）恤（新）肃（新）

（轻）婿（新）

tɕ（阴）车～马炮拘驹足（又）满～锔橘桔苣

（阳）菊局

（上）举鞠

（去）居据锯剧剧炬巨拒距矩俱具惧句聚

tɕʻ（阴）岖躯区驱曲屈蛐曲趋

（阳）渠瞿

（去）趣去醋（又）

ȵ（上）女

ɕ（阴）墟虚嘘焌畜牲～蓄储～

（上）许

ø（阴）狱欲浴于淤裕域峪揄～弯

（阳）鱼渔与余馀愚寓（又）公～于盂榆禹

（上）语雨宇羽

（去）御誉预豫娱遇愉芋愈喻郁育玉寓驭

ɑ

p（阴）巴芭疤八扒捌

（阳）爸拔雹（又）～子

（上）把～握；刀～儿

（去）霸坝堤耙罢把

（轻）琶吧

pʻ（阴）趴啪

（阳）爬钯耙筢

（去）怕

m（阴）妈麻（又）～利地蚂抹（又）～布

（阳）麻痳蔴嬷

（上）马蚂码

（去）骂

（轻）吗么（又）什～

pf（阴）鬔～鬆抓

（阳）摣

pfʻ（阳）摣

（上）欻

f（阴）法刷发

（阳）伐筏罚乏阀垡

（上）耍

t（阴）答搭耷褡嗒瘩打（又）一～袜子

（阳）跶沓达

（上）打

（去）大

tʻ（阴）塔塌榻蹋铴遢褟溻

（上）他她它牠

n （阴）纳捺呐
（阳）拿
（上）哪
（去）那
l （阴）拉腊蜡辣垃邋欕
（阳）旯落（又）拉（又）
（上）喇
（去）剌
ts （阴）臜咂
（阳）杂砸
tsʻ （阴）擦礤
s （阴）仨靸撒（又）楔
（上）洒撒萨拉～
tʃ （阴）蚱喳餷揸拃楂渣踏
扎扎轧
（阳）炸（又）铡眨
（上）闸
（去）诈榨炸乍挓
tʃʻ （阴）叉锸差插察馇
（阳）碴叉（又）～上篱笆茶搽
茬查
（上）碴衩镲喳
（去）岔杈
ʃ （阴）沙纱杀砂刹～车
（阳）蛇啥
（上）傻
（去）渗（又）～水沙（又）～耙厦
出～
k （阴）割轧旮～旯
（阳）尕钆嘎尜
（上）嘎（又）真～
kʻ （阴）磕（又）～倒咔～出来
（上）咔（又）大米～了；～上
公章；～上锅盖
x （阴）哈
（阳）合（又）～眼
ɣ （阴）啊腌□～灰

iɑ

tɕ （阴）加痂嘉稼家佳夹
甲胛挟角（又）牛～
眨～眼
（上）假贾假
（去）架驾嫁价
tɕʻ （阴）拤掐洽恰
（上）卡
ȵ （阴）煎（又）～饼

ɕ （阴）虾瞎哈（又）～腰
（阳）霞瑕狭峡侠匣辖
（去）吓下夏
ø （阴）鸦丫桠鸭呀押压
（阳）牙芽衙蚜
（上）雅哑
（去）亚讶压轧

uɑ

tʃ （上）爪～子
k （阴）瓜刮～风鸹
（阳）剐（又）～住
（上）寡剐刮（又）～胡子
（去）挂卦
k‘ （阴）夸
（上）侉垮
（去）跨挎胯
x （阴）花哗
（阳）华划（又）～破铧桦滑猾
（去）化画话划
ø （阴）挖袜哇搲用指甲抓
（阳）蛙娃
（上）瓦搲～面
（去）瓦动词洼凹

ə

p （阴）波菠跛玻钵拨博泊剥驳播搏箔
（阳）薄勃鹁
（上）簸动词
（去）簸～箕薄～荷
（轻）卜萝～
p‘ （阴）颇坡泼
（阳）婆
（去）破
（轻）卜（又）萝～
m （阴）末沫莫寞摸陌
（阳）魔磨动词～刀摩馍模摹膜
（上）抹
（去）磨名词
（轻）么
pf （阴）桌（老）拙（老）卓（老）捉（老）
（阳）浊（老）镯（老）着（老）～火；睡～
pf‘ （阴）踔（老）焯（老）把菜放在开水里～～
（阳）戳（老）
f （阴）说（老）
（阳）勺芍～药
（上）所
（去）搠
v （阴）若（老）弱（老）

t （阴）得（新）德（新）
t‘ （阳）特（新）
ts （阴）则（新）责（新）
（阳）择（新）泽（新）
ts‘ （阴）册（新）策（新）测（新）
s （去）色（新）
tʃ （阴）遮蔗折褶哲蜇浙䇆
（阳）辙蛰埑
（上）者
（去）这
tʃ‘ （阴）车彻
（上）扯
（去）撤澈
ʃ （阴）赊
（阳）舌折（又）~秤
（上）舍动词涉设
（去）射麝赦舍名词社
ʒ （阴）热
（上）惹
ɭ （阳）儿
（上）尔而耳饵
（去）二贰
k （阴）割各阁搁胳饹骼葛戈哥隔（新）鸽格（新）革旮~旯
（阳）硌蛤~蜊
（去）个
k‘ （阴）科棵（新）咳磕渴刻（新）克壳蝌坷颗（新）瞌颏下巴~
（上）可
（去）课嗑客（新）
x （阴）喝鹤郝姓霍藿赫
（阳）和禾虾（又）~蟆河何荷合核盒活
（去）贺
（轻）荷（又）薄~
ɣ （阴）恶屙
（阳）讹娥蛾鹅俄阿鄂萼呃
（上）恶扼（新）额（新）
（去）饿

iə

p （阴）鳖憋
（阳）别
（上）瘪秕~谷
p‘ （阴）撇
（上）瞥
m （阴）灭蔑篾
（阳）乜
t （阴）爹跌
（阳）叠碟牒蝶谍迭喋
（上）嗲

t‘ （阴）帖贴铁

l （阴）猎列烈裂劣

（上）挒

（去）趔

ts （阴）接节疖

（阳）截

（上）姐

（去）借褯

ts‘ （阴）且切

（去）妾（老）窃（老）怯（老）

s （阴）揳～橛子

（阳）邪斜

（上）些写

（去）泻卸谢泄

（轻）涎咧～

tɕ （阴）揭结洁

（阳）劫杰捷

tɕ‘ （阴）趄

（阳）茄

（去）妾（新）窃（新）怯（新）畏～契

ȵ （阴）聂镊蹑摄孽捏

ɕ （阴）歇蝎血

（阳）谐携胁协

（上）襭～怀

ø （阴）掖叶页业孽噎

（阳）爷

（上）野耶也

（去）夜液腋

uə

t （阴）多哆饽（又）菜～～

（阳）铎夺

（上）朵躲

（去）剁惰垛舵跺

t‘ （阴）庹拖托脱

（阳）陀砣驮驼

（上）妥脱（又）～不了挨批椭

（去）柝木～

n （阴）搦～干水

（阳）挪

（去）懦糯诺喏

l （阴）落烙洛络乐略掠

（阳）骡螺腡手指纹啰罗锣箩骆摞

（上）裸

（去）摞（又）

ts （阴）作柞

（阳）昨绝掘凿爵嚼琢

（上）左佐捽撮（又）

（去）坐座做

ts‘ （阴）搓撮一～米雀鹊

（阳）矬挫～工分

（去）挫锉措错
s （阴）蓑梭唆薛嗦雪削嗽（老）咳～
（阳）□围：～箝子忩脾气暴漩穴（老）～位；～地
（上）锁琐索
tʃ （阴）桌（新）拙（新）卓（新）捉（新）
（阳）着（新）～火；睡～浊（新）镯（新）
tʃʻ （阴）踔（新）焯（新）把菜放在开水里～～
（阳）戳（新）
ʃ （阴）说（新）
ʒ （阴）若（新）弱（新）
k （阴）锅郭过（又）超越
（上）国果裹馃括包～
（去）过
kʻ （阴）棵（老）颗（老）一～珠阔廓扩
（去）阔富裕
x （阴）擢～水豁劐用刀～开
（阳）活或
（上）火伙
（去）货祸获惑
ø （阴）窝蜗握沃莴涡挼踒
（上）我
（去）卧饿

yə

n （阴）虐
tɕ （阴）决诀脚镢镢觉角
（阳）掘嚼橛噘
（轻）苣
tɕʻ （阴）缺却确搉捣击：～蒜泥雀鹊
（阳）瘸
（上）撅～断
ɕ （阴）靴雪
（阳）学穴（新）～位
（去）矞老～□刀～
ø （阴）悦阅月虐疟约药钥～匙岳乐越曰粤
（阳）篗收丝器
（上）哕呕吐
（去）跃

ɛ

p （阳）白（新）别（又）～走
（上）摆
（去）拜败稗～子
pʻ （阴）俳猛地坐下

（阳）牌排
（上）□用脚踹
（去）派
m （阳）埋
（上）买
（去）脉卖麦迈～步
（轻）吗（又）么（又）你拿的什～
pf （阴）拽（老）扔
（上）跩（老）鸭子～着走 转（老；又）～二流子
（去）拽（老）拉；拖
pfʻ （阴）搋（老）～面；～打
（上）揣（老）～在怀里
（去）踹舂（老）
f （阴）摔
（上）甩
（去）帅率蟀
t （阴）呆
（上）逮歹在（又）你～哪里的
（去）戴贷待怠殆代袋带大（又）
（轻）担（又）扁～
tʻ （阴）胎苔态汰太（又）这事～好了
（阳）台抬苔薹
（去）太泰
n （上）乃奶
（去）耐奈
l （阳）来莱唻
（去）赖癞
ts （阴）灾栽
（上）宰载年～；～重
（去）再在载
tsʻ （阴）猜
（阳）才材财裁
（上）彩采睬
（去）菜蔡
s （阴）腮鳃
（上）噻～话人
（去）赛
tʃ （阴）斋
（去）债寨梩～子濯再洗
tʃʻ （阴）钗差出～
（阳）豺柴
（上）䟕碾碎了的豆子、玉米等踩
ʃ （阴）酾～酒筛
（上）攦甩
（去）晒
k （阴）该
（上）改
（去）概溉盖丐钙
kʻ （阴）开
（上）凯慨楷
x （阳）孩还核

（上）海

（去）害亥骇

ɣ （阴）哀挨

（阳）挨

（上）癌蔼矮

（去）爱碍艾隘唉哎

iɛ

tɕ （阴）皆阶秸街

（上）解

（去）介界芥疥届戒诫解（又）押～

tɕʻ （上）谴～责遣

（去）遣（又）

ɕ （阳）鞋

（上）蟹

（去）械解（又）～不透懈陷（又）天塌地～

ø （阴）挨～近

（阳）埃挨～骂研～墨崖

（上）矮也（又）我～去

（去）唉呻吟声

uɛ

n （阳）□肉～的

tʃ （阴）拽（新）扔

（上）跩（新）鸭子～着走转（新）～文

（去）拽（新）拉；拖

tʃʻ （阴）搋（新）～面；～打

（上）揣（新）～怀里

（去）春（新）

k （阴）乖耪碰着

（阳）耪（又）划

（上）拐

（去）怪

kʻ （上）扻～痒

（去）会～计蒯块快筷脍侩

x （阳）怀槐淮踝

（上）咶嚜～人

（去）坏

ø （阴）歪咥齐声胡乱说话

（阳）躏肢体不能行走靠屁股移动蛙～子

（上）顡量词：一～屎崴针～断了歪（又）～了脚

（去）外

（轻）猬（又）刺～

ei

p （阴）杯碑悲笔弼北百柏伯褙袼～擘用手～开
（阳）白
（上）拨（又）～拉算盘珠子
（去）贝辈祖祖～～背名词倍背～着被臂备
（轻）壁（又）映～墙布（又）影～旗

p‘ （阴）拍帕手～儿
（阳）培陪赔
（上）胚丕迫魄
（去）沛配佩
（轻）臂（又）胳～

m （阴）墨默脉谜泼～
（阳）梅枚媒煤眉楣霉每
（上）美
（去）没妹昧

pf （阴）追锥椎
（去）赘坠缒缀
（轻）碡碌～

pf‘ （阴）吹炊
（阳）垂槌锤捶

f （阴）摔（老）非飞妃翡
（阳）肥
（上）水匪
（去）废肺税沸痱费睡

v （上）蕊（老）
（去）锐（老）瑞（老）

t （阴）得（老）德（老）
（阳）特（又）～为
（去）对碓队兑

t‘ （阴）推忒
（阳）特（老）～务；～别
（上）腿
（去）退蜕～化褪

n （去）内

l （阴）肋勒
（阳）雷蕾擂
（上）儡累（又）～积垒磊
（去）累类泪

ts （阴）则（老）
（阳）贼

ts‘ （阴）侧

s （阴）塞

tʃ （阴）摘（老）责（老）窄（老）
（阳）泽（老）择（老）～菜；选～宅

tʃ‘ （阴）测（老）策（老）册（老）拆～开
（阳）□用锨铲等除去
（上）谁

ʃ （阴）涩色（老）瑟

k （阴）格（老）~子隔（老）~壁
（阳）给~你
k‘ （阴）客大~刻雕~克
（阳）克

x （阴）黑
ɣ （上）额（老）余~扼（老）~要

uei

t （阴）堆
t‘ （阴）推忒
（上）腿
（去）褪退蜕
ts （阴）堆
（上）嘴
（去）罪最醉
ts‘ （阴）摧催崔
（阳）随~他去吧
（去）脆翠粹
s （阴）虽尿
（阳）绥随遂隧
（上）繸
（去）碎岁穗
ʃ （上）谁
ʒ （上）蕊（新）
（去）锐（新）瑞（新）

k （阴）规龟归
（上）诡轨癸鬼
（去）刽桂跪柜贵瑰
k‘ （阴）盔亏
（阳）魁傀奎逵葵
（去）溃~烂愧窥
x （阴）恢灰咴挥辉徽晖
（阳）回茴或蛔
（上）悔毁
（去）贿汇晦会绘惠慧讳
烩秽卉彗
ø （阴）煨威
（阳）为围圩
（上）危桅维惟唯委尾违
伟苇慰伪微
（去）卫喂位未味魏纬畏
猬胃谓蔚

ɔ

p （阴）褒~贬包雹胞双~胎
鲍苞
（上）保堡宝饱
（去）报抱暴菢~小鸡豹爆
刨
p‘ （阴）抛脬尿~

（阳）袍刨狍胞（又）一奶同～
（上）跑
（去）炮泡
m （阴）毛南～子
（阳）毛茅猫锚矛
（上）卯铆
（去）冒帽貌茂贸
f （上）否
t （阴）刀叨掇拾～
（上）祷岛倒打～导捣蹈
（去）到倒～水道稻盗悼捯
t‘ （阴）滔掏涛绦
（阳）桃逃淘陶萄讨啕
（上）讨（又）～孩子
（去）套
n （阴）孬
（阳）铙挠桡
（上）脑恼瑙
（去）闹
（轻）闹唑～
l （阳）劳捞牢痨唠
（上）老姥
（去）捞（又）涝
ts （阴）遭糟蹧蚤虼～
（上）早枣澡
（去）躁灶皂造躁踩；踏：你～我的脚了
（轻）蚤虼～
ts‘ （阴）操
（阳）曹槽懆心地奸诈；不公平
（上）草
（去）肏糙
s （阴）骚臊
（上）扫嫂
（去）扫（又）～帚臊（又）害～嗽（新）咳～
tʃ （阴）朝（又）～阳召昭招着沼
（上）爪～子找
（去）笊～篱罩赵兆照诏
tʃ‘ （阴）抄钞巢剿超绰宽～；～起棍子
（阳）朝潮嘲
（上）炒吵
（去）趠跨越
ʃ （阴）梢捎烧筲
（阳）韶绍
（上）少多～稍
（去）潲～雨少（又）～年邵
ʒ （阳）饶
（上）扰绕围～
（去）绕（又）～过去
k （阴）高篙羔糕
（上）膏稿搞睾

（去）告

k‘（上）考烤拷

（去）靠铐犒鲓干～子鱼

x（阴）蒿薅拔除

（阳）豪壕毫号耗

（上）好～坏

（去）好喜～浩号

ɣ（阴）熬爊～白菜

（阳）熬

（上）袄

（去）傲鳌奥懊

iɔ

p（阴）膘标彪镖

（上）表婊裱

（去）鳔摽

p‘（阴）飘漂

（阳）瓢嫖

（上）瞟

（去）票漂（又）～亮

m（阳）苗描瞄

（上）藐渺秒

（去）庙妙

t（阴）刁貂雕叼碉凋

（上）鸟～人

（去）钓吊掉调音～

t‘（阴）挑

（阳）条调（又）～和

（上）挑（又）

（去）跳眺

l（阳）燎疗聊辽撩寥瞭獠嘹缭

（上）燎烟熏火～了～结

（去）料撂尥马～蹶子廖

ts（阴）焦蕉椒

ts‘（阴）跷缲～边劁阉割

（阳）瞧

（去）悄俏鞘峭诮

s（阴）肖消宵霄硝销绡潇萧箫削

（上）小

（去）笑

tɕ（阴）交郊胶较蛟皎角教矫骄娇浇缴侥

（上）绞狡铰搅饺

（去）教窖觉睡～轿叫酵

tɕ‘（阴）敲

（阳）乔侨桥荞

（上）巧

（去）窍翘撬

ȵ（上）鸟

（去）尿动词

ɕ（阴）枵嚣绡经纬不细密

（阳）淆
（上）晓
（去）哮酵孝效校鞘（又）刀～
ø （阴）妖夭邀腰疟钥药要
（又）～求吆
（阳）摇谣窑姚尧淆混～肴菜～
（上）咬舀～水
（去）要重～耀鹞跃葽

ou

p （上）剖
t （阴）都～是兜
（上）斗抖蚪陡
（去）斗豆逗痘
t‘ （阴）偷屉
（阳）头投
（去）透
l （阳）楼蝼搂～取耧
（上）篓搂～抱
（去）漏陋露
（轻）笼鞡皮靰～拉（又）拨～
ts （阴）邹
（上）走
（去）揍做～饭奏
ts‘ （阳）楱
（去）凑
s （阴）嗖馊锼搜搜叟
tʃ （阴）周诌舟州洲粥（新）
（阳）轴妯
（上）肘葤量词：一～子碗㤘脾气执拗搊
（去）昼宙皱绉骤咒
tʃ‘ （阴）抽
（阳）绸稠愁仇酬
（上）筹丑瞅
（去）臭
ʃ （阴）收
（上）手首守
（去）瘦兽寿授售受
ʒ （阴）鞣甩
（阳）柔揉
（去）肉褥
k （阴）勾钩沟
（上）狗苟
（去）够构购
k‘ （阴）抠眍眼～
（阳）怐～脾气
（上）口
（去）叩扣寇
x （阴）齁
（阳）侯喉猴瘊
（上）吼

（去）后厚候

ɣ（阴）欧沤讴

（上）炬藕偶呕殴

（去）怄～气

iou

t（阴）丢

m（去）谬

l（阴）遛溜

（阳）瘤流刘留榴硫琉

（上）柳绺

（去）蹓溜（又）～房子 馏六陆（又）熘

ts（阴）鬏鬏～揪

（上）酒

（去）就

ts'（阴）秋

（阳）囚

s（阴）修（老）羞（老）休（老）

（去）秀绣锈袖

tɕ（阴）阄鸠纠究纠

（上）九久韭灸究

（去）臼舅救旧

tɕ'（阴）阄抓～丘柩蚯邱

（阳）求球仇姓

（上）朽

ȵ（阳）牛

（上）纽扭妞

（去）谬

ɕ（阴）休（新）

（上）朽

（去）嗅

ø（阴）忧优悠幽

（阳）尤邮由油游犹鼬

（上）有友酉

（去）诱又右佑柚釉幼

ã

p（阴）班斑扳般搬

（上）颁板版攀扔

（去）扮瓣办半绊伴拌

p'（阴）攀潘

（阳）盘蟠

（去）盼襻判叛袢

m（阳）蛮埋（又）～怨瞒馒

（上）满

（去）迈～步慢漫谩幔蔓

pf（阴）专（老）砖（老）肫（老）鸡～子

（上）转（老）

（去）赚（老）转（老）～悠～悠篆（老）～字传（老）

pfʻ（阴）川（老）穿（老）串（老）

（阳）传（老）椽（老）～子船（老）

（上）喘（老）

（去）串（老）

f（阴）帆闩拴翻番

（阳）凡烦藩矾繁范

（上）反返

（去）泛范姓犯贩饭涮

v（上）软（老）～乎

t（阴）耽掸鸡毛～担～任丹单～独

（上）胆

（去）担（又）重～淡旦诞但弹子～蛋

tʻ（阴）贪滩摊瘫

（阳）潭谭谈痰檀坛弹（又）～琴

（上）毯坦掸鸡毛～子

（去）探炭叹碳

n（阳）南男难

（上）暖～和

（去）难患～

l（阳）蓝篮兰拦栏

（上）漤～柿子览揽榄缆懒卵（又）

（去）滥烂乱（又）

ts（阴）簪

（上）咱攒

（去）暂錾赞

tsʻ（阴）参喰鸡～米餐鲹

（阳）蚕惨惭残錾～破

（去）灿惨（又）～头

s（阴）三腮～帮子

（上）散鞋带～了伞馓

（去）散分～

tʃ（阴）沾粘～贴毡

（上）斩瞻拈占（又）～卜盏展搌崭晰

（去）站蘸占绽栈战颤

tʃʻ（阴）掺

（阳）谗馋蟾缠蝉禅搀缠镵犁～

（上）铲产

ʃ（阴）杉衫珊山删膻煽埏一种种植方法扇（又）苫～子

（上）陕闪

（去）疝骟扇善膳单姓赡苫（又）鳝

ʒ（阳）然

（上）染燃

k（阴）甘柑肝杆竿干～湿

（上）感敢橄杆秆擀～面赶

（去）干（又）～活
k‘（阴）堪勘看（又）～守
（上）砍刊侃槛
（去）看～见
x（阴）酣鼾憨
（阳）含函寒韩撼憾
（上）喊
（去）罕汉旱汗焊翰
ɣ（阴）庵安鞍
（上）揞～上药面俺唵埯
（去）暗岸按案魇～虎子

iã

p（阴）鞭编边蝙
（上）扁匾贬
（去）辨辩辫变卞汴便方～遍
p‘（阴）篇偏翩
（阳）便（又）～宜
（上）谝炫耀
（去）骗片
m（阳）绵棉眠
（上）腼免勉娩
（去）缅面
t（阴）掂颠癫
（上）点典碘
（去）店电殿奠佃垫惦靛淀
t‘（阴）添天
（阳）甜田填恬
（上）舔
l（阳）廉镰帘连莲鲢联怜
（上）脸
（去）殓练链炼楝恋
ts（阴）尖煎
（上）剪践（老）
（去）渐箭贱溅
ts‘（阴）歼～灭签迁千笺扦钎
（阳）钱前
（上）潜（老）浅
s（阴）仙鲜（新）先
（去）线羡（老）腺
tɕ（阴）歼监兼艰间奸犍肩坚
（上）减碱检俭简柬拣茧践（新）
（去）贱（又）～凡鉴舰剑苋件键建健毽腱荐见涧
tɕ‘（阴）嵌谦牵铅
（阳）钳干乾～坤
（上）遣谴潜（新）
（去）槛欠歉芡

ȵ （阴）蔫（又）酒～子

（阳）年黏鲇～鱼棉（又）～花

（上）捻撵蹍踩

（去）念碾

ç （阴）锨掀

（阳）咸嫌闲贤弦

（上）衔险显喊（又）

（去）陷馅限宪献现县羡

（新）

ø （阴）淹腌蔫～悠烟胭阉

（阳）岩炎盐阎檐焰严俨颜言研～究缘沿兖芫

（上）掩眼延演

（去）验厌艳雁筵谚堰砚燕咽宴蜒

uã

t （阴）端

（上）短

（去）躖追断段缎椴锻

t‘ （阳）团

（上）疃

l （阳）峦孪挛

（上）卵

（去）乱

n （上）暖

ts （阴）钻动词

（上）纂

（去）攥钻名词

ts‘ （阴）窜

（阳）攒穳全泉旋（又）～风

（去）蹿往上～～篡

s （阴）酸

（上）癣旋～转选喧宣

（去）算蒜旋（又）～床子

tʃ （阴）专（新）砖（新）肫（新）鸡～子

（上）转（新）

（去）赚（新）篆（新）转（新）传（新）传记

tʃ‘ （阴）川（新）穿（新）串（新）

（阳）传（新）椽（新）船（新）

（上）喘（新）

（去）串（新）

ʒ （上）软（新）阮

k （阴）官棺倌鳏观参～关冠鸡～子

（上）管馆

（去）贯灌罐观寺～冠～军惯

k‘ （阴）宽

（上）款

x （阴）欢獾

（阳）桓还（又）～原环

（上）缓
（去）唤焕涣痪换幻患宦
ø （阴）豌剜弯湾
（阳）玩完丸顽
（上）皖碗晚挽腕惋绾
（去）万

yã

tɕ （阴）捐鹃
（上）锩卷~起
（去）绢圈猪~眷卷犍倦券证~
tɕʻ （阴）圈圆~
（阳）拳权蜷
（上）颧~骨犬
（去）劝
ɕ （阴）轩暄
（阳）悬玄
（去）楦鞋~
ø （阴）冤怨渊鸳
（阳）圆员元原源袁辕猿园援
（上）远箢~子
（去）院愿怨

ẽ

p （阴）奔~跑锛
（上）本
（去）奔直~苍山笨
pʻ （阴）喷~水
（阳）盆
（去）喷~香；一~子
m （阴）麦闷（又）~水
（阳）门们扪
（去）闷焖没（又）
（轻）母（又；老）公~俩
pf （上）准~许
pfʻ （阴）椿春
（阳）唇纯
（上）蠢
（轻）鹑鹌~虫（又）长~
f （阴）分芬纷氛
（阳）坟
（上）焚粉
（去）粪奋愤忿份顺舜
n （上）您
ts （上）怎
s （阴）森
tʃ （阴）粘（又）针斟臻真贞砧
（上）枕头~珍诊疹
（去）枕动词镇阵振震
tʃʻ （阴）深水~伸~腿

（阳）沉陈尘辰晨臣
（上）嗔
（去）趁衬称
（轻）伧寒～碜牙～牲（又）畜～
ʃ （阴）森伸参深感情～身生（又）～火申呻铌
（阳）神什
（上）沈审婶绅
（去）葚桑葚甚肾慎瘆渗～透
ʒ （阳）任姓人仁
（上）忍
（去）壬任责～纴纫缝～认韧刃
k （阴）跟根
（上）艮
（去）亘
k‘ （上）恳垦啃肯
（去）掯
x （阳）痕含（又）把～在嘴里
（上）很狠
（去）恨
ɣ （阴）恩嗯
（去）摁

iẽ

p （阴）彬宾斌濒槟
（去）殡鬓
p‘ （阴）拼姘
（阳）贫频
（上）品
（去）聘
m （阳）民
（上）闽悯敏抿皿
（去）赁（又）～房子
l （阳）林琳麟霖淋临邻鳞磷菱～角
（上）檩
（去）赁租～
ts （阴）津
（上）尽（又）～前
（去）尽进劲（又）绳子破～晋浸
ts‘ （阴）亲
（阳）寝秦
（上）侵
（去）吣猫～
s （阴）心锌辛新薪芯
（阳）寻（又）～思
（去）信囟头～子讯衅迅
tɕ （阴）今金巾斤筋搢拉着襟
（上）锦紧仅谨劲（又）～道
（去）妗禁劲有～近
tɕ‘ （阴）钦

（阳）琴禽擒勤芹
ç（阴）欣鑫
ø（阴）音阴荫因姻洇殷茵
（阳）银寅龈仁
（上）吟淫尹饮寅引蚓隐瘾[illegible]
（去）[illegible]植物根茎在地下蔓延繁殖窨饮印纫~针刃

uẽ

t（阴）敦墩蹲吨
（上）盹噸大口地猛吃
（去）囤盾顿钝遁炖扽用力拉紧
（轻）饨馄~
t'（阴）吞
（阳）屯豚臀
（上）坉踩；踏：~泥
（去）吞（又）~子
l（阳）论仑伦沦轮
（上）娌標~棒
（去）嫩论议~
ts（阴）尊遵
（上）撙~剂子
（去）俊骏峻竣
ts'（阴）村清（又）~亮皴~裂
（阳）存
（去）寸
s（阴）孙
（阳）寻荀旬循巡殉
（上）髓损笋榫~头
（去）逊
tʃ'（阳）醇
k（阴）闺~女
（上）滚
（去）棍
k'（阴）昆坤
（上）捆
（去）困
x（阴）昏婚荤
（阳）魂馄浑
（去）混横（又）
ø（阴）温瘟
（阳）文纹蚊闻汶
（上）稳吻
（去）问璺裂~儿

yẽ

tç（阴）均钧君军
（上）菌
（去）郡
tç'（阳）群裙

ç （阴）熏勋

（阳）耘匀允云

（去）训驯

（去）酝韵熨运孕润闰

ø （阴）晕

ɑŋ

p （阴）帮梆谤邦浜

（上）榜膀绑

（去）傍~晚棒磅埲尘灰~土蒡

p‘ （阴）膖奶~子滂（又）豆子泡~了

（阳）滂~沱旁螃庞

（上）耪嗙胡吹海~

（去）胖

m （阴）牤

（阳）忙芒茫盲

（上）莽蟒

pf （阴）庄装妆桩

（上）奘

（去）壮状撞

pf‘ （阴）疮窗

（阳）床摐

（上）闯

（去）创撞（又）~车

f （阴）霜方双礵孀

（阳）房坊

（上）肪仿芳妨纺仿爽防访樉~齐

（去）放双（又）一对~生

t （阴）裆当~时铛笃槅~子

（上）党档挡

（去）当（又）典~荡

t‘ （阴）汤趟搪~~

（阳）堂棠膛樘~起来螳唐糖塘

（上）倘躺淌

（去）烫趟

n （阴）囊馕

（上）暖（又）~和攮用刀子~

（去）齉

（轻）囔

l （阳）郎廊狼螂朗榔埌坷~

（去）浪

ts （阴）赃脏

（去）葬藏西~

ts‘ （阴）仓苍舱

（阳）藏隐~

（去）伧（又）~痒儿；~~刀

s （阴）桑丧（又）

（上）嗓搡磉

（去）丧

tʃ （阴）张章樟彰

（上）长（又）掌涨（又）～价

（去）涨帐幛账胀丈仗杖障～

tʃʻ （阴）昌娼猖倡畅

（阳）长肠场常尝

（上）厂氅敞

（去）唱畅（又）～快

ʃ （阴）商伤墒裳

（上）偿赏晌～午

（去）绱～鞋上尚

ʒ （阴）让（又）虚～客

（阳）瓤穰

（上）壤嚷酿

（去）让

k （阴）刚～强纲钢缸缰～绳

（上）冈岗肛港

（去）钢杠

kʻ （阴）康糠

（上）慷

（去）扛抗炕

x （阴）好（又）～～地干夯

（阳）行航杭绗

ɣ （阴）肮盎

（上）昂□烧烤

iaŋ

l （阳）良凉量测～粮梁粱

（上）两

（去）亮谅辆晾量（又）数～

ts （阴）浆将（又）分娩

（上）将～来蒋奖桨螀

（去）酱将大～匠虹天上的～

tsʻ （阴）枪呛戗～着茬儿

（阳）墙

（上）抢

（去）呛够～戗斜着支撑

s （阴）相箱厢湘襄镶

（阳）详祥翔

（上）想

（去）相象像橡

tɕ （阴）刚～忙儿；～才疆僵缰礓姜江豇

（上）讲趼～子耩

（去）犟糨～子降

tɕʻ （阴）腔

（阳）强

ȵ （阳）娘

（去）酿

ɕ （阴）香乡

（阳）降享

（上）响饷

（去）向项巷

ø （阴）央秧殃鞅

（阳）羊洋杨阳扬

（上）仰疡养痒

（去）样漾

uaŋ

k （阴）光咣胱

（上）广

（去）逛桄

k‘ （阴）筐诓

（阳）狂

（去）旷况框圹矿匡眶

x （阴）荒慌晃~眼

（阳）黄簧皇蝗磺凰潢

（上）谎幌

（去）晃~荡

ø （阴）汪枉

（阳）王亡芒（又）麦~子

（上）网辋往晚（又）~上

（去）忘妄望旺

əŋ

p （阴）崩绷嘣

（去）蹦泵蚌甏肚大口小的小瓷坛子

p‘ （阴）烹嘭

（阳）朋棚彭澎膨篷蓬

（上）捧

（去）碰

m （阴）蒙（又）瞎猜

（阳）萌蒙

（上）虻猛盟蠓

（去）孟梦

pf （阴）盅（老）钟（老）忠（老）终（老）衷（老）中（老）

（上）种肿

（去）中（又；老）射~仲种

pf‘ （阴）充（老）冲（老）

（阳）虫（老）重（老）

（去）冲~着门

f （阴）风枫疯丰讽封蜂

（阳）冯峰锋烽逢缝~衣

（去）凤奉俸缝一条~蠭虫蛀

v （阳）容融溶熔镛庸（老）荣（老）绒（新）

t （阴）登灯镫鞍~

（上）等

（去）凳磴噔邓澄瞪

tʻ（阴）熥~干

（阳）腾誊滕藤疼

（上）挺（又）~着胸脯

（轻）凳（又）板~

n（阳）能那（又）~样不行

（去）弄

l（上）冷

（去）楞棱愣

ts（阴）曾增赠

（上）怎

（去）憎综

tsʻ（阳）曾（又）~经层

（去）蹭

s（阴）僧

tʃ（阴）征蒸铮争睁筝挣（又）贞（又）侦正（又）征

（上）整

（去）证症正政怔郑挣

tʃʻ（阴）称~重量撑筝（又）风~

（阳）惩橙乘承丞橙~子呈程成城诚盛~满

（去）秤橕

（轻）尚和~

ʃ（阴）升生牲笙声甥外~

（阳）绳什（又）~么

（上）省节~

（去）胜剩圣盛

ʒ（阴）扔

（阳）仍辸飞

k（阴）更~换耕

（上）庚羹埂梗~子耿颈脖嘞~

（去）更（又）~加

kʻ（阴）坑吭

x（阴）撗~仗亨哼

（阳）恒衡

（去）撗（又）扔

iŋ

p（阴）冰兵

（上）禀丙秉柄饼

（去）病并

pʻ（阳）平坪评凭瓶屏萍

m（阳）鸣明名铭

（去）命

t（阴）丁钉靪疔叮

（上）顶鼎

（去）钉订

tʻ（阴）听厅

（阳）亭停廷庭蜓艇
梃霆
（上）挺
l （阳）凌菱灵零铃翎绫龄
（上）陵领岭
（去）令另
ts （阴）精晶睛
（上）井
（去）静靖净
ts‘ （阴）清青蜻
（阳）情晴赠~受
（上）请
（去）亲~家
s （阴）星腥鳇
（阳）姓~李
（上）饧~~面剂子省（又）反~
醒擤~鼻子
（去）性姓名词

tɕ （阴）京惊荆鲸经更五~
（上）景警境
（去）茎敬竟镜竞径颈经
（又）~纬
tɕ‘ （阴）卿倾轻
（上）顷苘~麻
（去）庆磬
ȵ （阳）拧凝宁
ɕ （阴）兴（又）~旺
（阳）行~为形型刑邢
（去）兴高~杏幸
ø （阴）应鹰莺瘿婴缨鹦~鹉
樱英
（阳）蝇迎盈~利赢营茔萤
荧颖
（上）影映
（去）硬应（又）

uŋ

t （阴）东冬咚
（上）董懂
（去）动冻栋洞
t‘ （阴）通
（阳）同铜桐童瞳砼
（上）筒桶捅统囱烟~
（去）痛
n （阳）脓浓农
l （阳）龙陇笼聋隆
（上）拢垄

ts （阴）棕鬃宗踪
（上）总
（去）粽豵公猪怂纵
ts‘ （阴）聪匆囱葱从
（阳）从
s （阴）松嵩
（去）送诵颂讼宋
tʃ （阴）中（新）忠（新）终（新）钟（新）中（新）盅（新）
（去）中（新）射~众（新）重（新）
tʃ‘ （阴）充（新）冲（新）
（阳）重（新）虫（新）
（上）崇宠
（去）冲铳~子
（上）茸
k （阴）公蚣工功攻弓躬宫恭
（上）巩矿（又）~坑镇汞
（去）供~给拱~手共贡
k‘ （阴）空
（上）恐孔
（去）涳控空（又）~缺
x （阴）轰烇软轰烘
（阳）宏红洪鸿虹
（上）哄~骗
（去）横~~有多重；蛮~哄（又）起~
ø （阴）翁嗡蓊
（去）瓮

yŋ

tɕ‘ （阴）倾
（阳）琼穷穹
ɕ （阴）胸凶兄汹
（阳）熊雄
（轻）蓉（又）芙~
ø （阴）雍痈拥
（上）勇永泳咏
（去）用

说明：有些汉字只在“词汇”一章极个别的词语中读某个音，没有普遍性和代表性，故在本“同音字汇”中没有收录。如：“核桃”*xə⁵³t‘ou˙音同“贺头”，“消化”siɔ²¹³⁻³¹xu˙“化”音同“乎”等等，参见“异读字音及特殊字音”。

三　异读字音及特殊字音

（一）文白异读

字	文读	白读	例词	字	文读	白读	例词
赐	tsʻɿ^{31}	sɿ^{31}	～给	棵	kʻə^{213}	kʻuə^{213}	一～
发	fɑ^{213}	fu·	头～	磕	kʻə^{213}	kʻɑ^{213}	～倒
踏	tʻɑ^{213}	ʧɑ^{213}	～青	客	kʻə^{31}	kʻei^{213}	～厅
眨	ʧɑ^{213}	tɕiɑ^{213}	～眼	合	xə^{53}	xɑ^{53}	～眼
旮	kɑ^{213}	kə^{213}	～旯	额	ə^{55}	ei^{55}	余～
鹁	pə^{53}	pu^{53}	～鸽	扼	ə^{55}	ei^{55}	～要
么	mə·	mɛ· / mɑ·	什～	饿	ə^{31}	uə^{31}	饥～
涩	sə^{31}	ʃei^{213}	柿子～	白	pɛ^{53}	pei^{53}	～色
得	tə^{213}	tei^{213}	～到	脉	mɛ^{31}	mei^{213}	～搏
德	tə^{213}	tei^{213}	品～	麦	mɛ^{31}	mei^{213}	～子
则	tsə^{213}	tsei^{213}	手～	迈	mɛ^{31}	mã^{31}	～步
责	tsə^{213}	ʧei^{213}	～任	摔	fɛ^{213}	fei^{213}	～倒
择	tsə^{53}	ʧei^{53}	选～	腮	sɛ^{213}	sã^{213}	～帮
泽	tsə^{53}	ʧei^{53}	沼～	挨	ɛ^{53}	iɛ^{53}	～骂
册	tsʻə^{213}	ʧʻei^{213}	相～	矮	ɛ^{55}	iɛ^{55}	很～
策	tsʻə^{213}	ʧʻei^{213}	政～	背	pei^{31}	pi^{31}	～着
测	tsʻə^{213}	ʧʻei^{213}	～量	辈	pei^{31}	pi^{31}	一～
色	sə^{31}	ʃei^{213}	颜～	昧	mei^{31}	mi^{31}	～心
格	kə^{213}	kei^{213}	～子	没	mei^{31}	mu^{31}	～有
隔	kə^{213}	kei^{213}	～壁	沸	fei^{31}	fu^{53}	～腾
割	kə^{213}	kɑ^{213}	～麦	胞	pɔ^{213}	pʻɔ^{53}	同～
刻	kʻə^{213}	kʻei^{213}	～字	好	xɔ^{55}	xɑŋ^{213}	～～

字	文读	白读	例词	字	文读	白读	例词
剖	p‘ou^{55}	p‘u^{55}	解～	畦	tɕ‘i^{53}	ɕi^{53}	菜～
蝼	lou^{53}	lu^{53}	～蛄	稼	tɕiɑ^{213}	tɕï	庄～
妯	tʃou^{53}	pfu^{53}	～娌	下	ɕiɑ^{31}	ɕï	底～
轴	tʃou^{53}	pfu^{53}	车～	崖	iɑ^{53}	iɛ^{53}	山～
掸	tã^{213}	t‘ã^{213}	鸡毛～	别	piə^{53}	pɛ^{53}	～说
槛	k‘ã^{55}	tɕ‘iã^{31}	门～子	孽	ȵiə^{213}	iə^{213}	作～
含	xã^{53}	xẽ^{53}	～着	爷	iə^{53}	ï	老～
怎	tsẽ^{55}	tsəŋ^{55}	～么	削	siɔ^{213}	suə^{213}	～掉
森	sẽ^{213}	ʃẽ^{213}	～林	脚	tɕiɔ^{213}	tɕyə^{213}	～步
伸	ʃẽ^{213}	tʃ‘ẽ^{213}	～手	角	tɕiɔ^{213}	tɕyə^{213}	墙～
深	ʃẽ^{213}	tʃ‘ẽ^{213}	～水			tɕiɑ^{213}	牛～
什	ʃẽ^{55}	ʃəŋ^{53}	～么	酵	tɕiɔ^{31}	ɕiɔ^{31}	～母
仁	ʒẽ^{53}	ier^{53}	杏～	淆	ɕiɔ^{213}	iɔ^{53}	混～
刃	ʒẽ^{31}	iẽ^{31}	刀～	疟	iɔ^{213}	yə^{213}	～疾
纫	ʒẽ^{31}	iẽ^{31}	～针	药	iɔ^{213}	yə^{213}	农～
刚	kɑŋ^{213}	tɕiɑŋ^{213}	～才	钥	iɔ^{213}	yə^{213}	～匙
凳	təŋ^{31}	t‘əŋ^{31}	板～	谬	miou^{31}	ȵiou^{31}	～论
筝	tʃəŋ^{213}	tʃ‘əŋ^{213}	风～	阄	tɕiou^{213}	tɕ‘iou^{213}	抓～
生	ʃəŋ^{213}	ʃẽ^{213}	～火	棉	miã^{53}	ȵiã^{53}	～花
谜	mi^{53}	mei^{213}	猜～	歼	tɕiã^{213}	ts‘iã^{213}	～灭
堤	ti^{213}	t‘i^{53}	～坝	陷	ɕiã^{31}	ɕiɛ^{31}	～下
屉	t‘i^{213}	tʃ‘ou^{213}	抽～	研	iã^{53}	iɛ^{53}	～墨
泥	ni^{53}	mi^{53}	～水	檩	liẽ^{53}	luẽ^{55}	～棒
娌	li^{55}	luẽ	妯～	赁	liẽ^{31}	miẽ^{31}	～房
箕	tɕi^{213}	tɕ‘ï	簸～	劲	tɕiẽ^{31}	tsiẽ^{31}	破～

字	文读	白读	例词	字	文读	白读	例词
亲	tɕʻiẽ^{213}	tsʻiŋ^{31}	～家	退	tʻuei^{31}	tʻei^{31}	～后
缰	tɕiɑŋ^{213}	kɑŋ^{213}	～绳	随	suei^{53}	tsʻuei^{53}	～他
酿	ȵiɑŋ^{31}	ʒɑŋ^{55}	酝～	谁	ʃuei^{55}	ʃei^{55}	～家
菱	liŋ^{53}	liẽ^{53}	～角	尾	uei^{55}	i^{55}	～巴
挺	tʻiŋ^{213}	tʻəŋ^{213}	～肚	猬	uei^{31}	uɛ^{31}	刺～
倾	tɕʻiŋ^{213}	tɕʻyŋ^{213}	～向	暖	nuã^{55}	nã^{55}	～和
捕	pu^{55}	pʻu^{213}	～获	旋	suã^{55}	tsʻuã^{53}	～风
母	mu^{55}	mẽ^{55}	公～	晚	uã^{55}	uɑŋ^{55}	～上
殊	fu^{53}	pfʻu^{53}	特～	寻	suẽ^{55}	siẽ^{53}	～思
足	tsu^{213}	tɕy^{213}	满～	农	nuŋ^{53}	nu^{53}	～民
褥	ʒu^{31}	ʒou^{31}	～子	笼	luŋ^{53}	lou˙	灯～
午	u^{55}	uẽ˙	晌～	囱	tsʻuŋ^{213}	tʻuŋ^{55}	烟～
爪	pfɑ^{55}	tʃɔ^{55}	～子	虹	xuŋ^{53}	tsiɑŋ^{31}	出～
鸹	kuɑ^{213}	ku˙	老～	聚	tɕy^{31}	tsy^{31}	团～
蛙	uɑ^{53}	uɛ^{53}	～子	苣	tɕy^{31}	tɕyə˙	莴～
做	tsuə^{31}	tsou^{31}	～饭	趣	tɕʻy^{31}	tsʻy^{31}	～味
活	xuə^{53}	xə^{53}	农～	去	tɕʻy^{31}	tɕʻi^{31}	下～
或	xuə^{53}	xuei^{53}	～者	虐	nyə^{213}	yə^{213}	～待
获	xuə^{31}	xu^{31}	收～	嚼	tɕyə^{53}	tsuə^{53}	～碎
堆	tuei^{55}	tsuei^{213}	～积	掘	tɕyə^{53}	tsuə^{53}	挖～
推	tʻuei^{213}	tʻei^{213}	～车	雀	tɕʻyə^{213}	tsʻuə^{213}	麻～
忒	tʻuei^{213}	tʻei^{213}	～好	鹊	tɕʻyə^{213}	tsʻuə^{213}	喜～
腿	tʻuei^{55}	tʻei^{55}	大～	雪	ɕyə^{213}	suə^{213}	下～
褪	tʻuei^{31}	tʻei^{31}	～下	穴	ɕyə^{31}	suə^{31}	～位
蜕	tʻuei^{31}	tʻei^{31}	～皮	跃	yə^{31}	iɔ^{31}	～进

（二）特殊字音

1.一个字存在两种读音，其一符合常规读音，另一种不符合常规读音，是在特定情况下由于语音变化而造成的（此情况有的为文白异读，可能在文白异读中重复出现）。

字	脐	八	发	麻
常规读音及用例	ts‘i^{53} 肚～	pɑ^{213} ～个	fɑ^{213} ～达	mɑ^{53} ～花
特殊读音及用例	ʧ‘ʅ˙ 肚～眼	pu˙ 王～	fu˙ 头～	mu˙ 芝～
字	膊	拨	卜	的
常规读音及用例	pə^{213} 赤～	pə^{213} ～动	pə˙ 萝～	tə˙ 光明～
特殊读音及用例	p‘eï 胳～	pei^{55} ～拉	p‘ə˙萝～	tɛ˙ 谁～
字	的	特	色	合
常规读音及用例	tə˙ 红～	t‘ə^{53} ～别	sə^{31} ～彩	xə^{53} ～作
特殊读音及用例	ti˙ 大～	tei^{53} ～为	ʃei^{213} 颜～	xɑ^{53} ～上
字	和		在	腮
常规读音及用例	xə^{53}～平		tsɛ^{31} 现～	sɛ^{213} ～部
特殊读音及用例	xu˙ 暖～	xuŋ˙ 暖～	tɛ^{55} ～哪里	Sã ～帮子
字	辈	背	昧	猫
常规读音及用例	pei^{31} ～分	pei^{31} ～诵	mei^{31} 不～	mɔ^{213} ～腰
特殊读音及用例	pi^{31} 几～子	pi^{31} ～着	mi^{31} ～心	mɔ^{53} 小～
字	道	好	帚	担
常规读音及用例	tɔ^{31} ～路	xɔ^{55} ～人	tʃou˙ 扫～	tã^{213} ～当
特殊读音及用例	tɑŋ˙ 过～屋	xɑŋ^{213} ～～	pfu˙ 笤～	tɛ˙ 扁～
字	单	含	渗	仁
常规读音及用例	tã^{213} 简～	xã^{53} 包～	ʃẽ^{31} ～漏	ʒẽ^{53} ～义
特殊读音及用例	tɛ˙ 被～	xẽ^{53} ～着	ʃɑ^{31} ～水	ier^{53} 杏～儿

字	纫	芒	方	掌
常规读音及用例	ʒẽ^{31} 缝～	mɑŋ^{53} ～种	fɑŋ^{213} ～法	tʃɑŋ^{55} 手～
特殊读音及用例	iẽ^{31} ～针	uɑŋ^{53} 麦～	fer· 地～儿	tʃəŋ· 巴～
字	敞	尚	刚	凳
常规读音及用例	tʃ‘ɑŋ^{213} ～亮	ʃɑŋ^{31} 高～	kɑŋ^{213} ～才	təŋ^{31} ～子
特殊读音及用例	tʃ‘ɔ· 宽～	tʃ‘əŋ· 和～	tɕiɑŋ^{213} ～够	t‘əŋ· 板～
字	种	虫	生	更
常规读音及用例	pfəŋ^{31} ～植	pf‘əŋ^{53} ～子	ʃəŋ^{213} ～人	kəŋ^{213} ～换
特殊读音及用例	pfɑŋ· 芒～	pf‘ẽ^{213} 长～	ʃẽ^{213} ～火	tɕiŋ· 五～
字	里	家	下	别
常规读音及用例	li^{55} ～程	tɕiɑ^{55} ～庭	ɕiɑ^{31} 山～	piə^{53} 分～
特殊读音及用例	lɛ· 屋～	tɕi· 人～	ɕi· 坐～	pɛ^{53} ～说了
字	爷	也	角	
常规读音及用例	iə^{53} ～～	iə^{55} ～好	tɕiɔ^{213} 凤毛麟～	
特殊读音及用例	i· 老～	iɛ^{55} ～行	tɕiɑ^{213} 牛～	tɕyə^{213} 墙～
字	棉	煎	陷	研
常规读音及用例	miã^{53} ～被	tsiã ～鸡蛋	ɕiã^{31} 塌～	iã^{53} ～究
特殊读音及用例	ȵiã^{53} ～花	ȵiɑ^{55} ～饼	ɕiɛ^{31} 地～	iɛ^{53} ～墨
字	劲	亲	箱	娘
常规读音及用例	tɕiẽ^{31} 干～	tɕ‘iẽ^{213} 母～	siɑŋ^{213} ～子	ȵiɑŋ^{53} 爹～
特殊读音及用例	tsiẽ^{31} 破～	ts‘iŋ^{31} ～家	ɕiã 风～	ȵiŋ· 大～
字	饼	挺	母	
常规读音及用例	piŋ^{55} ～干	t‘iŋ^{213} ～住	mu^{55} ～亲	
特殊读音及用例	ȵiŋ· 煎～	t‘əŋ^{213} ～肚	mẽ^{55} 公～俩	mẽ· 丈～娘

字	吐	足	午	误
常规读音及用例	t‘u^{55} 呕～	tsu^{213} 满～	u^{55} 中～	u^{31} ～工
特殊读音及用例	tu^{31} ～出来	tsy^{213} ～劲	uẽ˙ 晌～	uẽ˙ 耽～
字	瓜		花	话
常规读音及用例	kuɑ^{213} 西～		xuɑ^{55} 鲜～	xuɑ^{31} 说～
特殊读音及用例	kuə˙ 黄～	ku˙ 黄～	xu˙ 棉～	xu˙ 笑～人
字	蛙	朵	唾	络
常规读音及用例	uɑ^{53} 青～	tuə^{213} 花～	tuə^{31} ～弃	luə^{31} 联～
特殊读音及用例	uɛ^{53} ～子	tɔ˙ 耳～	tu^{31} ～沫	nɔ^{31} ～腮胡
字	做	缩	果	过
常规读音及用例	tsuə^{31} ～工	suə^{213} ～小	kuə^{55} ～实	kuə^{31} ～去
特殊读音及用例	tsou^{31} ～饭	pfu˙ ～巴	k‘ə^{213} ～不然	ku˙ 拿～来
字	火	伙	罪	暖
常规读音及用例	xuə^{55} ～热	xuə^{55} ～伴	tsuei^{31} ～恶	nuã^{55} 温～
特殊读音及用例	xu˙ 柴～	xu˙ 家～	tsɿ˙ 得～人	nɑŋ^{213} ～和
字	旋	晚	寻	农
常规读音及用例	suã^{53} ～转	uã^{55} 早～	suẽ^{55} ～找	nuŋ^{53} ～业
特殊读音及用例	ts‘uã^{53} ～风	uɑŋ^{55} ～上	siẽ^{53} ～主儿	nu^{53} ～民
字	苣	去	雪	穴
常规读音及用例	tɕy^{31} 莴～	tɕ‘y^{31} 来～	ɕyə^{213} 大～	ɕyə^{31} 巢～
特殊读音及用例	tɕyə˙ 莴～	tɕ‘ï 下～	suə^{213} 下～	suə^{31} ～位

2. 一个字的读音不符合古今演变规律，造成与普通话或其他方言读音不同：

字	厕	豉	趿	糁	勺
读音	ts‘ʅ^{31}	ʃʅ·	sɑ^{213}	sɑ^{53}	fə^{53}
例词	～所	豆～	～拉着鞋	鸡肉～	小～
字	春	踩	笔	碡	掇
读音	pf‘ɛ^{31}	tʃ‘ɛ^{55}	pei^{213}	pfeï	tɔ·
例词	～米	～在脚下	买钢～	碌～	拾～
字	褥	弄	摄	谴	遣
读音	ʒou^{31}	nəŋ^{31}	ȵiə^{213}	tɕ‘iɛ^{55}	tɕ‘iɛ^{55}
例词	～子	～来	～影	～责	派～
字	饽	嫩	闺	横	券
读音	tuə^{213}	luẽ^{31}	kuẽ^{213}	xuẽ^{31}	tɕyã^{31}
例词	菜～～	～绿	～女	～过来	国库～
字	毽	闰	润		
读音	tɕyã^{31}	yẽ^{31}	yẽ^{31}		
例词	～子	～月	湿～		

3. 县境内部分行政村名特殊音变：

行政村名	音变村名	读音	所在乡镇
杨官庄	严谷庄	iã$^{53-55}$ku· pfɑŋ^{213}	卞庄街道办事处
盘石沟	盘车沟	p‘ã$^{53-55}$ʧ‘ə· kou^{213}	卞庄街道办事处
龙沂庄	龙王庄	luŋ$^{53-55}$uɑŋ· pfɑŋ^{213}	卞庄街道办事处
埝头	堰头	iã$^{31-53}$t‘ou·	卞庄街道办事处
沙元	沙堰儿	ʃɑ^{213}iɛr^{31}	卞庄街道办事处

行政村名	音变村名	读音	所在乡镇
造律条村	笊篱头儿	tʃɔ$^{31-53}$li˙ t‘our^{53}	兰陵镇
顺墩	粪堆儿	fẽ^{31}tuer^{213}	兰陵镇
艾曲	艾丘	ɣɛ^{31}tɕ‘iou˙	兰陵镇
横山	洪山	xuŋ^{53}ʃɛr^{213}	兰陵镇
兰陵	南陵	nã^{53}liŋ^{55}	兰陵镇
坊前	双泉	fɑŋ$^{53-55}$ts‘uã˙	兰陵镇
长兴庄	长亭庄	tʃ‘ɑŋ^{53}t‘iŋ^{53}pfɑŋ^{213}	向城镇
峰下沟	风锨沟	fəŋ^{213}ɕiã˙ kou^{213}	向城镇
岭顶子	林顶子	liẽ^{53}tiŋ$^{55-213}$tsɿ˙	向城镇
柳峪	柳淹儿	liou$^{55-213}$iɛr˙	向城镇
三峰庄	三户庄	sã$^{213-31}$xu˙ pfɑŋ^{213}	磨山镇
吴坦	娥淡	ɣə$^{53-55}$tã˙	磨山镇
赤土门	车头门	tʃ‘ə$^{213-31}$t‘ou˙ mẽ	磨山镇
华岩寺	欢寺儿	xuã$^{213-24}$ser^{31}	磨山镇
大吴宅	大吴椎	tɑ^{31}u$^{53-55}$pfei˙	大仲村镇
矿坑	矿（音巩）坑	kuŋ$^{213-31}$k‘əŋ˙	大仲村镇
兰凤窝	郎凤窝儿	lɑŋ^{53}fəŋ^{31}uər^{213}	大仲村镇
胡沿庄	煳焰庄	xu$^{53-55}$iã˙ pfɑŋ^{213}	大仲村镇
牧羊沟	没娘沟	mu$^{31-53}$ȵiɑŋ˙ kou^{213}	尚岩镇
坦上集	旦上集	tã$^{31-53}$ʃɑŋ˙ tsi^{53}	尚岩镇
佘村	扯村	tʃ‘ə$^{53-55}$ts‘uẽ˙	尚岩镇
念沂泉	粘泉儿	ȵiã^{53}ts‘uɛr^{53}	车网镇
沐浴庄	木庄	*mu$^{213-31}$pfɑŋ^{213}	车网镇
孟家渊	蒙烟儿	məŋ^{53}iɛr^{213}	下村乡

行政村名	音变村名	读音	所在乡镇
里米坑	蒺藜坑	ʦi$^{53-55}$lï· k‘əŋ^{213}	下村乡
雷雨口	鲤鱼口	li$^{213-31}$y· k‘ou^{55}	鲁城镇
皇路	皇楼	xuɑŋ$^{53-55}$lou·	芦柞镇
田营	田洋	t‘iã$^{53-55}$iɑŋ·	芦柞镇
朱邑	朱己	pfu（tʃu）$^{213-31}$tɕï	南桥镇
可乐圈	克拉圈	k‘ə$^{213-31}$lɑ· ʨ‘uã^{213}	金陵镇
太子堂	蔡堂儿	ʦ‘ɛ$^{31-53}$t‘ãr^{53}	新兴镇

四　音变

（一）变调

1. 两字组变调和后字读轻声的基本规律

后字＼前字	阴平 213	阳平 53	上声 55	去声 31～312
阴平 213	213+213→24+213 青天　鲜花	53+213（不变） 民生　房间	55+213（不变） 水清　党章	31+213（不变） 泰山　竞争
阳平 53	213+53（不变） 光明　坚强	53+53（不变） 繁荣　沂蒙	55+53（不变） 彩虹　感情	31+53（不变） 进程　数学
上声 55	213+55（不变） 中午　斑马	53+55（不变） 红嫂　民主	55+55→53+55 水井　打扫	31+55（不变） 大嫂　骏马
去声 31～312	213+31→24+31 称赞　期盼	53+31（不变） 荣幸　蛮干	55+31（不变） 感谢　喜庆	312+312（不变） 盼望　面貌
轻声	213+轻→31+24 鸭子　衣裳	53+轻→55+2 房子　河里	55+轻→213+5 嫂子　讲着	31+轻→53+1 凳子　笑话

2. 不符合两字组变调基本规律的特殊变调

（1）部分儿化的形容词后面加轻声“的”的结构，不论这个儿化的字原来属于什么调类，变调时一律读为 55。例如：

原调类	例词	读音	例词	读音
阴平	高高儿的	kɔ^{213}kɔr$^{213-55}$ti˙	油汪儿的	iou^{53}uãr$^{213-55}$ti˙
阳平	明白儿的	miŋ^{53}per$^{53-55}$ti˙	紧忙儿的	tɕiẽ^{55}mãr$^{53-55}$ ti˙
上声	硬整儿的	iŋ^{31}tə̃r^{55} ti˙	轻巧儿的	tɕ'iŋ^{213}tɕ'iɔr^{55}ti˙
去声	清亮儿的	ts'iŋ^{213}liãr$^{31-55}$ti˙	没事儿的	mu^{31}ʃer$^{31-55}$ti˙

（2）部分单音节形容词重叠后且前加表示程度（或轻或重）的副词，重叠后的第二个形容词不论原来属于什么调类，一律读为53。例如：

词	副词	例词	读音	例句
长	多	多长长	tuə^{53}tʃ'ɑŋ^{53}tʃ'ɑŋ^{53}	绳子～
短	宁(精)	宁（精）短短	ȵiŋ^{213}（tsiŋ）tuã^{55}tuã$^{55-53}$	袖子～
宽	多	多宽宽	tuə^{53}k'uã^{213}k'uã$^{213-53}$	街道～
窄	宁(精)	宁（精）窄窄	ȵiŋ^{213}（tsiŋ）tʃei^{213}tʃei$^{213-53}$	小巷～
高	多	多高高	tuə^{53}kɔ^{213}kɔ$^{213-53}$	个子～
矮	宁(精)	宁（精）矮矮	ȵiŋ^{213}（tsiŋ）iɛ^{55}iɛ$^{55-53}$	媳妇～
深	多	多深深	tuə^{53}tʃ'ẽ^{213}tʃ'ẽ$^{213-53}$	井水～
浅	宁(精)	宁（精）浅浅	ȵiŋ^{213}（tsiŋ）ts'iã^{55}ts'iã$^{55-53}$	河水～
胖	多	多胖胖	tuə^{53}p'ɑŋ^{31}p'ɑŋ$^{31-53}$	那人～
瘦	宁(精)	宁（精）瘦瘦	ȵiŋ^{213}（tsiŋ）ʃou^{31}ʃou$^{31-53}$	小鸡～
粗	多	多粗粗	tuə^{53}ts'u^{213}ts'u$^{213-53}$	他腰～

词	副词	例词	读音	例句
细	宁（精）	宁（精）细细	ȵiŋ^{213}（tsiŋ）si^{31}si$^{31-53}$	小腰～
厚	多	多厚厚	tuə^{53}xou^{31}xou$^{31-53}$	棉被～
薄	宁（精）	宁（精）薄薄	ȵiŋ^{213}（tsiŋ）pə^{53}pə^{53}	皮儿～
稀	宁（精）	宁（精）稀稀	ȵiŋ^{213}（tsiŋ）ɕi^{213}ɕi$^{213-53}$	麦苗～
空	宁（精）	宁（精）空空	ȵiŋ^{213}（tsiŋ）k‘uŋ^{213}k‘uŋ$^{213-53}$	鸡汤～
大	多	多大大	tuə^{53}tɑ^{31}tɑ$^{31-53}$	西瓜～
点	宁（精）	宁（精）点儿点儿	ȵiŋ^{213}（tsiŋ）tiɛr^{55}tiɛr$^{55-53}$	石榴～
尕	宁（精）	宁（精）尕儿尕儿	ȵiŋ^{213}（tsiŋ）kɑr^{53}kɑr^{53}	要～的
硬	挺	挺硬硬	t‘iŋ^{53}iŋ^{31}iŋ$^{31-53}$	豆饼～
暄	溜	溜暄暄	liou^{213}ɕyã^{213}ɕyã$^{213-53}$	馒头～

（3）部分单音节形容词加后缀“X的”的形式，其“X”不论原来是什么调值，一律变为55。例如：

单音节词	后缀	词语	注音
甜	木嗦的	甜木嗦的	t‘iã$^{53-55}$mu˙ suə$^{213-55}$tï
咸	酊的	咸酊的	ɕiã^{53}tiŋ$^{213-55}$tï
苦	聊的	苦聊的	k‘u^{55}liɔ$^{53-55}$tï
酸	不叽的	酸不叽的	suã^{213}pu˙ tsi$^{213-55}$tï
臭	烘的	臭烘的	tʃ‘ou^{31}xuŋ$^{213-55}$tï
香	喷的	香喷的	ɕiɑŋ$^{213-24}$p‘ẽ$^{213-55}$tï
甜	丝的	甜丝的	t‘iã^{53}sɿ$^{213-55}$tï
空	溜儿的	空溜儿的	suã^{213}liour$^{31-55}$tï
热	乎儿的	热乎儿的	ʒə^{213}xur$^{213-55}$tï

（4）部分形如“A＋虚词＋VV＋的”或“AB＋VV＋的”

形容词性短语，两个“V”不论原来是什么调值，第一个一律为 53，第二个一律变为 55。例如：

词语	读音	例句
恣个挠挠的	tsɿ$^{31-53}$kə˙ nɔ^{53}nɔ$^{53-55}$ti˙	娶了个俊媳妇，心里～
木个得得的	mu$^{213-31}$kə˙ tei^{53}tei$^{53-55}$tï	他挣了不少钱，心里～
能不唧唧的	nəŋ$^{53-55}$pu˙ tsi^{53}tsi$^{53-55}$tï	那人喜欢逞能，整天～
急之歪歪的	tɕi$^{53-55}$ʧʅ˙ uɛ^{53}uɛ$^{53-55}$tï	他正～，烦得了不得
气木哼哼的	tɕ‘i$^{31-53}$mu˙ xəŋ^{53}xəŋ$^{53-55}$tï	我看他脸上～
笑木恬恬的	siɔ$^{31-53}$mu˙ t‘iã^{53}t‘iã$^{53-55}$tï	他脸上～不急不躁
恬木惺惺的	tiã$^{53-55}$mu˙ siŋ^{53}siŋ$^{53-55}$tï	你～脸也不知害羞
耳木臊臊的	ɭə$^{55-213}$mu˙ sɔ^{53}sɔ$^{53-55}$tï	小孩～，就像没听见样
眼木嗦嗦儿的	iã$^{55-213}$mu˙suə^{53}suər$^{53-55}$tï	他～，看不清你是谁
甜木嗦嗦的	t‘iã$^{53-55}$mu˙ suə^{53}suə$^{53-55}$tï	苹果～，不是正经甜味
哭嘞萨萨的	k‘u$^{213-31}$lɑ˙ sɑ^{53}sɑ$^{53-55}$tï	他～诉说自己的遭遇
火处缕缕的	xuə$^{55-213}$pfu˙ ly^{53}ly$^{53-55}$tï	挨了一鞭子，还～疼
木嘞吁吁的	mu$^{213-31}$lɑ˙ ɕy^{53}ɕy$^{53-55}$tï	砸得不很疼，～怪难受
可怜拉拉儿的	k‘ə^{213}liã^{53}lɑ^{53}lɑr$^{53-55}$tï	娘～，你没有同情心？

（5）单音节动词重叠，后字轻声，前字不变调。例如：

调类	例词	读音	例词	读音
阴平	听听	t‘iŋ^{213} t‘iŋ˙	擦擦	ts‘ɑ^{213}ts‘ɑ˙
阳平	学学	ɕyə^{53}ɕyə˙	查查	tʃɑ^{53}tʃɑ˙
上声	找找	tʃɔ^{55}tʃɔ˙	想想	ɕiɑŋ^{55}ɕiɑŋ˙
去声	看看	k‘ã^{31}k‘ã˙	蘸蘸	tʃã^{31}tʃã˙

（6）动宾短语带“了”的结构，宾语前的动词音节拖长，疑是“了”的零音节化。例如：

		未完成		完成	
阴平	刮风	kuɑ$^{213-24}$ fəŋ^{213}	刮（了）风了	kuɑ$^{213-3124}$fəŋ$^{213-31}$lɑ˙
	升旗	ʃəŋ$^{213-24}$tɕ‘i^{53}	升（了）旗了	ʃəŋ$^{213-3124}$tɕ‘i$^{53-55}$lɑ˙
	生火	ʃẽ^{213}xuə^{55}	生（了）火了	ʃẽ$^{213-3124}$xuə$^{55-213}$lɑ˙
	耕地	kəŋ$^{213-24}$ti^{31}	耕（了）地了	kəŋ$^{213-3124}$ ti$^{31-53}$lɑ˙
	发大财	fɑ$^{213-24}$tɑ^{31}ts‘ɛ^{53}	发（了）大财了	fɑ$^{213-3124}$tɑ^{31}ts‘ɛ$^{53-55}$lɑ˙
阳平	爬山	p‘ɑ^{53}ʃã^{213}	爬（了）山了	p‘ɑ$^{53-4112}$ʃã$^{213-31}$lɑ˙
	赢钱	iŋ^{53}ts‘iã^{53}	赢（了）钱了	iŋ$^{53-4112}$ts‘iã$^{53-55}$lɑ˙
	迷眼	mi^{53}iã^{55}	迷（了）眼了	mi$^{53-4112}$iã$^{55-213}$lɑ˙
	提干	t‘i^{53}kã^{31}	提（了）干了	t‘i$^{53-4112}$kã$^{31-53}$lɑ˙
	拔萝卜	pɑ^{53}luə$^{53-55}$p‘ə˙	拔（了）萝卜了	pɑ$^{53-4112}$luə$^{53-55}$p‘ə˙ lɑ˙
上声	买车	mɛ^{55}tʃ‘ə^{213}	买（了）车了	mɛ$^{55-2135}$tʃ‘ə$^{213-31}$lɑ˙
	洗头	si^{55}tou^{53}	洗（了）头了	si$^{55-2135}$tou$^{53-55}$lɑ˙
	打水	tɑ^{55}fei^{55}	打（了）水了	tɑ$^{55-2135}$fei$^{55-213}$lɑ˙
	炒菜	tʃ‘ɔ^{55}ts‘ɛ^{31}	炒（了）菜了	tʃ‘ɔ$^{55-2135}$ts‘ɛ$^{31-53}$lɑ˙
	买手机	mɛ^{55}ʃou^{55}tɕi^{213}	买（了）手机了	mɛ$^{55-2135}$ʃou^{55}tɕi^{213}lɑ˙
去声	背诗	pei^{31}ʃʅ^{213}	背（了）诗了	pei$^{31-5113}$ʃʅ$^{213-31}$lɑ˙
	报仇	pɔ^{31}tʃ‘ou^{53}	报（了）仇了	pɔ$^{31-5113}$ tʃ‘ou$^{53-55}$lɑ˙
	下雨	ɕiɑ^{31}y^{55}	下（了）雨了	ɕiɑ$^{31-5113}$y$^{55-213}$lɑ˙
	做饭	tsou^{31}fa^{31}	做（了）饭了	tsou$^{31-5113}$fã$^{31-53}$lɑ˙
	占便宜	tʃã^{31}p‘iã$^{53-55}$i˙	占（了）便宜了	tʃã$^{31-5113}$p‘iã$^{53-55}$i˙ lɑ˙

说明：此类变调在“词汇”记音中没有普遍使用。

（7）由相同字形组成的含有不同语义的词语，往往具有不同的调形。例如：

字形	读音	词义	备注
过年	kuə^{31}ȵiã^{53}	过春节（动宾短语）	不变调
	kuə$^{213-31}$ȵiã·	明年（名词）	后字轻声
窝风	uə$^{213-31}$fəŋ·	植物受病使枝叶畸形	后字轻声
	uə$^{213-24}$fəŋ^{213}	风不能通畅地流动	
裹脚	kuə$^{55-213}$tɕyə·	裹脚布（名词）	后字轻声
	kuə^{55}tɕyə^{213}	缠足（动宾短语）	
就手	tsiou^{31}ʃou^{55}	顺便、顺手、捎带着	
	tsiou$^{213-31}$ʃou·	有事可做不感到无聊	后字轻声
骟鸡	ʃã$^{31-53}$tɕi·	阉割后的公鸡（名词）	后字轻声
	ʃã^{31}tɕi^{213}	阉割公鸡（动宾短语）	
倚靠	i$^{55-213}$k‘ɔ·	可依赖的人或物（名词）	后字轻声
	i^{55}k‘ɔ^{31}	依赖（动词）	
笑话	siɔ$^{31-53}$xuɑr·	笑料（名词）	后字轻声
	siɔ$^{31-53}$xu·	讥笑（动词）	后字轻声
钢	kɑŋ^{213}	怂恿、鼓动（动词）	
	kɑŋ^{31}	浓度高、硬度高（形容词）	
好好儿的	xɔ^{213}xɔr$^{213-55}$ti·	名词后做谓语：身体～	“好”原均为阴平
	xɑŋ^{213}xɑ̃r$^{213-55}$ti·	动词前做状语：你～干	
大小伙子	tɑ^{31}ɕiɔ^{213}xuə$^{55-213}$tsɿ·	已长成人的小伙子	强调青年
	tɑ^{31}ɕiɔ$^{31-53}$xu·tsɿ·	已长成人的小伙子	强调高个

此外，由于区别词义的需要，或是受前后词语、不同语境、个人习惯的影响及某些强调等因素，还有一些词语存在特殊的读音和变调现象，例如：

左不列子 tsuə$^{31-53}$pu· liə$^{213-31}$tsɿ·

浮尧浮尧的 fu$^{213-31}$iɔ· fu$^{213-31}$iɔ· ti·

此类现象只在“第三章 词汇”的注音中出现，此处不再一一说明。

（二）儿化韵 27 个

儿化韵	原韵母	例词
ɑr	ɑ	刀把儿 小马儿 方法儿
iɑr	iɑ	马甲儿 豆芽儿 小虾儿
uɑr	uɑ	牙刷儿 鲜花儿 脑瓜儿
ər	ə	水波儿 山坡儿 蛋壳儿
iər	iə	蝴蝶儿 树叶儿 锅贴儿
uər	uə	砂锅儿 差错儿 小豁儿
yər	yə	山脚儿 补缺儿 满月儿
ɛr	ɛ	口袋儿 壶盖儿 婴孩儿
	ã	小盘儿 作伴儿 商贩儿
iɛr	iɛ	花鞋儿 小街儿 秫秸儿
	iã	金边儿 一片儿 细面儿
uɛr	uɛ	竹筷儿 敞怀儿 拐弯儿
	uã	花碗儿 茶馆儿 银环儿
yɛr	yã	庭院儿 圆圈儿 手绢儿

儿化韵	原韵母	例词
ur	u	打谱儿　牛犊儿　铁箍儿　黑窟儿
er	u	找主儿　小树儿　小猪儿　小老鼠儿
er	ɿ	生字儿　挑刺儿　蚕丝儿
er	ʅ	小侄儿　汤匙儿　喜事儿
er	ei	葱白儿　铁锤儿　出飞儿
er	ẽ	开门儿　瓷盆儿　书本儿
ier	i	草地儿　小米儿　小鸡儿
ier	iẽ	脚印儿　衣襟儿
uer	uei	吃亏儿　一会儿　小鬼儿
uer	uẽ	拐棍儿　打盹儿　飞轮儿
yer	y	孙女儿　金鱼儿　驴驹儿
yer	yẽ	合群儿　衣裙儿
ɔr	ɔ	水泡儿　口哨儿　草帽儿
iɔr	iɔ	麦苗儿　水漂儿　石桥儿
our	ou	合口儿　毛豆儿　小猴儿
iour	iou	小球儿　俊妞儿　小鬏儿
ɑ̃r	ɑŋ	鞋帮儿　帮忙儿　赶趟儿
iɑ̃r	iɑŋ	稻秧儿　豆浆儿　小枪儿
uɑ̃r	uɑŋ	渔网儿　草荒儿　竹筐儿
ə̃r	əŋ	橘梗儿　方凳儿　水坑儿
iə̃r	iŋ	银镜儿　人影儿　铁钉儿
ũr	uŋ	山洞儿　竹筒儿　小葱儿
yə̃r	yŋ	小熊儿

五　苍山方言与普通话音系的比较

（一）声母、韵母、声调对照表（括号内的字母是汉语拼音）

1. 声母对照表

苍山方言	普通话	例字	苍山方言	普通话	例字
p	p（b）	布别	tʃ	tʂ（zh）	支知
p‘	p‘（p）	怕盘	tʃ‘	tʂ‘（ch）	翅迟
m	m（m）	门民	ʃ	ʂ（sh）	诗石
pf	tʂ（zh）	庄追	ʒ	r（r）	日人
pf‘	tʂ‘（ch）	窗吹	tɕ	tɕ（j）	基极
f	f（f）	飞风		ts（z）	足钻
	ʂ（sh）	双水	tɕ‘	tɕ‘（q）	欺奇
v	ʐ（r）	软如		ts‘（c）	葱窜
t	t（d）	刀夺	ȵ	n（n）	年女
t‘	t‘（t）	太同	ɕ	ɕ（x）	希校
n	n（n）	南闹		s（s）	蒜笋
l	l（l）	兰（老）	k	k（g）	瓜柜
ts	ts（z）	资杂	k‘	k‘（k）	开狂
	tɕ（j）	尖集	x	x（h）	花黄
ts‘	ts‘（c）	此词	ɣ	ø	安恩
	tɕ‘（q）	七前	ø	ø	啊
s	s（s）	三饲			
	ɕ（x）	西席			

2.韵母对照表

苍山方言	普通话	例字	苍山方言	普通话	例字
ɿ	ɿ（i）	字四	ʅ	ʅ（i）	志石
i	i（i）	机挤	u	u（u）	父古
y	y（ü）	举取		y（ü）	绿驴
ɑ	a（ɑ）	巴妈	iɑ	ia（iɑ）	家恰
	uɑ（uɑ）	抓刷	uɑ	uɑ（uɑ）	瓜华
ə	ɤ（e）	车哥	iə	iɛ（ie）	爹叶
	o（o）	波婆	uə	uo（uo）	多郭
	uo（uo）	桌说	yə	yɛ（üe）	决月
	ə（e）	儿二	iɛ	iɛ（ie）	街鞋
ɛ	ɑi（ɑi）	牌快		ɑi（ɑi）	挨矮
	uɑi（uɑi）	帅拽		iɑ（iɑ）	涯崖
uɛ	uɑi（uɑi）	怪快	ei	ei（ei）	北妹
uei	uei（uei）	最灰		o（o）	伯迫
ɔ	ɑu（ɑo）	包刀		ɑi（ɑi）	白麦
iɔ	iɑu（iɑo）	标交		ɤ（e）	择客
ou	ou（ou）	走手		uei（uei）	追水
iou	iou（iou）	六九	ã	ɑn（ɑn）	班安
iã	iɑn（iɑn）	边言		uɑn（uɑn）	专闩
uã	uɑn（uɑn）	短关	yã	yɑn（üɑn）	权远
ẽ	ən（en）	本根	iẽ	in（in）	民音
	uən（uen）	唇顺	uẽ	uən（uen）	滚昏

苍山方言	普通话	例字	苍山方言	普通话	例字
yẽ	yn（ün）	军群	ɑŋ	ɑŋ（ɑng）	帮忙
iɑŋ	iɑŋ（iɑng）	江央		uɑŋ（uɑng）	庄窗
uɑŋ	uɑŋ（uɑng）	光黄	əŋ	əŋ（eng）	耕能
iŋ	iŋ（ing）	英平		uŋ（ong）	忠虫
uŋ	uŋ（ong）	东公翁	yŋ	yŋ（iong）	雍兄

3. 声调对照表

苍山方言	普通话	例字	苍山方言	普通话	例字
阴平 213	阴平 55	刀衣 一八	阳平 53	阳平 35	桃皮杂局
	阳平 35	格竹	上声 55	上声 214	巧椅
	上声 214	法甲	去声31～312	去声 51	套意
	去声 51	各作 日月			

（二）苍山人学习普通话要注意的问题

1. 声母问题

（1）苍山方言中的四个唇齿音声母 pf、pfʻ、f、v，普通话读 tʂ、tʂʻ、ʂ 和 r。普通话的 tʂ、tʂʻ、ʂ 声母是舌尖后卷舌辅音，发音时要将舌尖卷起。

凡苍山方言 pf、pfʻ 声母的字，如“抓专”、“穿吹”等字，普通话读 tʂ、tʂʻ。苍山人学习普通话，要将方言读 pf、pfʻ 声母的字，通通读为 tʂ、tʂʻ 声母。

苍山方言的 f 声母，普通话读为 f、ʂ 两个声母，如“方”和“双”，苍山方言同音，都读 fɑŋ，而普通话“方”读 fɑŋ、“双”读 ʂuɑŋ。苍山人学习普通话时，要记住哪些字读 f，哪些字读 ʂ。这类字普通话读 ʂ 声母而苍山方言读 f 声母的常用字有：

书输舒梳疏蔬叔束殊秫述熟塾淑赎属数

蜀鼠暑署薯庶树恕疏竖漱刷耍说芍摔衰

率~领甩谁水睡税拴闩涮顺舜霜孀双爽。

记住这些普通话读 ʂ 声母的字，其他的字一般就是读f声母的了。

（2）苍山方言中的舌叶音 tʃ、tʃʻ、ʃ、ʒ，普通话读 tʂ、tʂʻ、ʂ、ʐ，如“知齿诗日”。苍山人学习普通话时，只要将这些声母的发音部位稍微移后一点，并注意一定将舌尖卷起来。

苍山方言pf、pfʻ、f、v、tʃ、tʃʻ、ʃ、ʒ

和普通话 tʂ、tʂʻ、ʂ、f、ʐ、ø 的关系表

苍山方言	pf 庄	tʃ 张	pfʻ 窗	tʃʻ 昌	f 方双	ʃ 商	ʒ 人软
普通话	tʂ 庄张		tʂʻ 窗昌		f 方	ʂ 双商	ʐ 人软

（3）苍山方言分尖团音，而普通话不分。苍山方言“尖间”、“千牵”、“先掀”三组字不同音，尖tsiã≠间 tɕiã、千 tsʻiã≠牵 tɕʻiã、仙 siã≠掀 ɕiã。普通话则是尖＝间，都读 tɕiã；千＝牵，都读 tɕʻiã；仙＝掀，都读 ɕiã。苍山方言 ts、tsʻ、s声母可以和开齐合撮四呼相拼，普通话的ts、tsʻ、s则只拼开口呼和合口呼，苍山人学习普通话只要将方言拼齐齿呼和撮口呼韵母的声母 ts、tsʻ、s都读成 tɕ、tɕʻ、ɕ 就可以了，如将方言“集 tsi、齐 tsʻi、西 si”的音读为 tɕi、tɕʻi、ɕi，与“极 tɕi、奇tɕʻi、希 ɕi”三字同音即可。

（4）苍山方言舌面前鼻辅音声母 ȵ，只拼齐齿呼和撮口呼，如“年、女”等字的声母，普通话都读舌尖中 n 声母。苍山人学习普通话，凡是读 ȵ 声母的字都要改读为 n 声母。

2. 韵母问题

（1）苍山方言单元音韵母比普通话多，普通话的两个二

合元音如 ɑi（uɑi）、ɑo（iɑo），苍山方言读为单元音韵母 ɛ（uɛ）、ɔ（iɔ），例如“爱（怪）、袄（腰）”。苍山人学习普通话，要将这些韵母发成复合元音，舌头位置都要由低向高滑动，即：ɛ 读为 ɑi（ɑ→i）、ɔ读为 ɑo（ɑ→o）。

（2）苍山方言没有舌尖中鼻辅音韵尾 n，普通话的 ɑn、iɑn、uɑn、yɑn 和 en、in、uen、yn 两套韵母，苍山方言读为鼻化元音 ã、iã、uã、yã 和 ẽ、iẽ、uẽ、yẽ，例如“安烟关元”和“恩音滚云”。苍山人学习普通话，要注意主要元音 a 和 e 不鼻化，而且在发出这两个元音之后，舌尖马上放到上齿龈，形成发 n 的阻碍，然后软腭下垂发出鼻辅音韵尾 n。

（3）前面声母问题说到苍山方言的 pf、pfʻ、f、v 声母，在普通话中读 tʂ、tʂʻ、ʂ、ʐ，这四个声母苍山方言除单韵母 u 以外，其余都为开口呼，普通话则读合口呼。例如：“猪出叔入”，苍山方言读 pfu、pfʻu、fu、vu，普通话读 tʂu、tʂʻu、ʂu、ʐu；“专穿闩”，苍山方言读 pfã、pfʻã、fã，普通话读 tʂuɑn、tʂʻuɑn、ʂuɑn。苍山人学习普通话的这几个声母时，也要注意将韵母读为合口呼。

（4）苍山方言的 iɛ 韵母只拼 tɕ 组和零声母，普通话读 ɑi、ie、iɑ 和 ɑn 韵母。

苍山方言 iɛ 韵母和普通话 ɑi、ie、iɑ 三韵母读音对照表

苍山方言	普通话	常用字
iɛ	ɑi	ɑi：挨埃矮
	iɛ	tɕiɛ：皆阶秸介界芥疥届戒街解 ɕiɛ：谐鞋懈蟹械
	iɑ	iɑ：崖
	ɑn	tɕʻiɑn：遣谴　ɕiɑn：陷（天塌地～）

（5）苍山方言的 ei 韵母，普通话除了读为 ei 韵母以外，还读 o、ɑi、ɤ 和 uei 四个韵母。读为 ei 韵母的字较多，如“杯赔梅贼黑”等；读 uei 韵母的字主要是苍山 pf 组声母普通话为 tʂ 组声母的字，如“水睡”等，见上文“韵母问题”（3）。

苍山方言 ei 韵母字普通话读四个韵母的常用字见下表：

苍山方言	普通话	常用字	备注
ei	o	伯迫帛魄墨默陌	限于唇音声母
	ɑi	百白柏麦脉塞克刻拆摘宅窄	
	ɤ	得德特勒防则择泽格客额责册策革隔核赫	
	uei	追锥椎坠缀赘惴缒吹锤垂槌捶水税睡	限于苍山 pf 组（普通话 tʂ 组）

（6）苍山方言的 ə 韵母，普通话读为 o、ɤ、ər、uo 四个韵母。苍山方言 ə 韵母普通话读 ɤ、o、ər 、uo 四个韵母是有条件的：拼在唇音声母后读 o；做“儿耳二”等字的韵母时读 ər ；方言读 pf、pfʻ、f 、v 声母普通话读 tʂ、tʂʻ、ʂ 声母的字读 uo；其他读 ɤ。详见下表：

苍山方言	普通话	常用字举例	备注
ə	o	波博播破泼馍摸	唇音声母字
	ər	儿而耳二	普通话零声母
	uo	桌镯戳辍说硕窝我	唇齿音声母
	ɤ	折车舌各可盒饿鄂	其他声母

3. 声调问题

苍山方言和普通话一样都有阴平、阳平、上声、去声四个声调，但是调值和一些具体的字归类不同。

苍山方言调值与普通话的不同见上文苍山方言与普通话的声调对照表。苍山人学习普通话的声调，首先要学好普通话四个声调调值的发音。

苍山方言与普通话一些字具体归类的不同，是由于古今调类演变的规律不同造成的。我们知道，苍山方言和普通话都没有入声这个调类，古入声调在苍山方言和普通话中以声母的清浊为条件和舒声调合并，但是合并的方向有同有不同：相同的是全浊声母字都归阳平；不同的是古清声母和次浊声母字，苍山方言都归阴平，而普通话清声母字分归阴平、阳平、上声、去声，次浊声母归去声。苍山人学习普通话，要记住方言中读阴平的入声字在普通话中哪些字归什么调。苍山方言与普通话不同的声调对应关系见下表：

苍山方言	普通话	常用字
阴平	阳平	职吉即急级脊福足竹节烛橘察博觉觉悟决壳蛋壳儿折哲格革阁隔洁伯德则责角角斗得得奖识识字
	上声	窄捕骨谷笔甲法嘱角羊角得曲歌曲雪塔北柏百渴尺宿住一宿铁脚辱漂漂白且
	去声	室释触适适用赤恤质切一切祝刺刺激浙侧策彻畜畜牧蓄涉册色宿宿舍各作瑟克刻扩恶客雀麻雀不握帖壳地壳腹却确筑建筑速束日鹿药裂裂缝绿月叶树叶业袜麦虐莫沫悦墨烙疟默脉阅酪洛入肋落岳勒勒令乐律骆钥略秘密弱蜜立狱若热粒力末粟域灭欲纳猎列辣腊烈妇裕差差不多

苍山方言	普通话	常用字
阳平	阴平	逼捞溪孵猫
	上声	给此享或
	去声	置术爸特为为什么绍耗消耗
上声	阴平	些刊稍拈珍芳
	阳平	仆谁
	去声	假放假蟹迫渗境
去声	阴平	供供给
	阳平	棱棱角

注：苍山方言中发音还有极个别的不完全符合上述规律，以词语注音为准。

第三章　词　汇

凡　例

1. 本章收入苍山方言常用词语条目万余条，共分三十二类，大多按事物的归属分，把意义相关或相近的归为一类。其中，含量多的（如动物、动作行为）又分了小类；有些事物类别包括词语很少不需要单列一类的，则将其归入相关的事物类别，无法归入其他类别的，就按词类分。另有一部分方言味极浓且使用极为普遍的俗语单列为一类。

2. 条目用五号宋体字，条目后的内容依次为：注音、释义、举例，后两项或取或舍视条目需要而定。 意义相同的条目放在一起，常用者在前，其余的缩一格列在其后不再释义。多义项的条目用“①②③④⑤”等标出。释义中尽量避免用方言解释方言，但也有极个别实在无法避免，可参见其释义中有关的方言词语（释义中出现的方言词语会有专门条目），例如“耩地”释义为“用一种叫‘耩子’的农具播种”，就需要参见有关“耩子”的释义。

需要举例的条目在释义后加“：”接着举例，两个以上的例句，其间用“|”隔开，例句中用“～”代表本条目词语。

3. 少数条目只有读音和语义而没有相应的汉字的，采用同音字代替，下加着重号“.”，无同音字可选的，用“□”代替。

4. 部分与普通话读音差异较大、意义容易混淆、用“□”代替的字，除国际音标注音外，再在国际音标后面用同音汉字标出。

5. 一字多音的，几个音之间用“ / ”隔开，若前后几个音调值相同，只在后一个音节标出。

6. 少数条目注音和变调不符合前面所述变调规律的，在该条目注音前加“*”标示。

7. 有的方言词语有多个义项，基本义、引申义、比喻义等，又分别属于不同的事物类别，本章一般按基本义归类，例如“瞎”有多个义项，根据基本义“眼睛失明”归入伤病类；有的除按基本义归类外，还重复出现在另一类别中，如“满”，按基本义归形容词，又可解释为“很”和“全”，重复出现在副词类。

一　天文

1. 天、日、月、星

老天爷 lɔ^{55}t‘iã^{213}iə^{53}　①上天的主宰，在人的心目中至高无上 ②表示惊讶：我的～！真的出事了！

　天老爷 t‘iã^{213}lɔ^{55}iə^{53}

天 t‘iã^{213}　①天空：～上有云彩 ②心目中的“老天爷”：～知道

天上 t‘iã$^{213-31}$ʃʅ˙　空中：～有几只大雁

太影 t‘ɛ$^{31-53}$iŋ˙　①太阳 ②阳光：这个地方不得～

日头 *ʒʅ$^{213-31}$t‘ou^{213} / ʒʅ$^{31-53}$t‘ou˙　太阳

出太影 pf‘u^{213}t‘ɛ$^{31-53}$iŋ˙　太阳升起

　出日头 *pf‘u$^{213-24}$ʒʅ$^{213-31}$t‘ou^{213}

毒太影 tu^{53}t‘ɛ$^{31-53}$iŋ˙　强烈的太阳光

得太影儿 tei$^{213-24}$t‘ɛ^{31}iə̃r^{55} / t‘ɛ$^{31-53}$iə̃r˙　利于阳光照射：那个地方晒粮食好，～

晒太影儿 ʃɛ^{31}t‘ɛ^{31}iə̃r^{55}　晒太阳

照日头 tʃɔ^{31}ʒʅ$^{213-31}$t‘ou^{213}　接受阳光的照射

太影地儿 t‘ɛ$^{31-53}$iŋ˙ tier^{31}　阳光照到的地方：把被子放到～晒晒

　日头地儿 ʒʅ$^{213-31}$t‘ou˙ tier^{31}

日子食 ʒʅ$^{213-31}$tsɿ˙ ʃʅ^{53}　日食

荫凉儿 iẽ^{213}liɑ̃r^{53}　阳光照不到的地方

树荫凉儿 fu^{31}iẽ^{213}liɑ̃r^{53} 树下阳光被挡住的地方

花荫凉儿 xuɑ$^{213-24}$iẽ^{213}liɑ̃r^{53} 遮荫不很严密的地方：树下有～，还比较凉快

朝阳 ʧʻɔ^{53}iɑŋ^{53} 向阳

朝阴 ʧʻɔ^{53}iẽ^{213} 背阴

月亮 yə$^{213-24}$liɑŋ^{31} 月球

月姥姥 yə^{213}lɔ$^{55-213}$lɔ˙ 月亮

月亮牙儿 yə$^{213-24}$liɑŋ^{31}iɑr^{53} 农历月末或月初亏缺的弯月

月亮地儿 yə$^{213-24}$liɑŋ^{31}tier^{31} / *yə^{213}liɑŋ^{55}tier^{31} ①月光：晚上趁着～还能走路 ②月亮 ③月光照到的地方

月黑头 yə$^{213-24}$xei^{213}tʻou^{53} 没有月亮的夜晚

月子食 yə$^{213-31}$tsɿ˙ʃʅ^{53} 月食

星 siŋ^{213} 星星的统称

勺子星 fə$^{53-55}$tsɿ˙ siŋ^{213} 北斗星

三星 sɑ̃$^{213-31}$siŋ˙ 夜空中排列较齐且较近的三颗星，在某些季节夜间出现，人们往往用它作为识别节令的大体标志。谚语“三星对门，门口蹲人”，意为晚上三星出现在正南上方夜空对着北屋门的时候，春天就到了

扫帚星 sɔ$^{31-53}$pfʻu / fu˙ siŋ^{213} “帚”音同“处 / 夫” 彗星

扫把星 sɔ$^{31-53}$pɑ˙ siŋ^{213}

贼星 tsei^{53}siŋ^{213} 流星

牛郎星 ȵiou^{53}lɑŋ^{53}siŋ^{213} 牵牛星

天河 tʻiɑ̃^{213}xə^{53} 银河

黑灯瞎火 xei$^{213-24}$təŋ$^{213-24}$ɕiɑ^{213}xuə^{55} 夜深天黑，没有一点亮光

黑天摸窟儿 xei$^{213-24}$tʻiɑ̃^{213}mə$^{213-24}$kʻur^{213} ①夜深天黑，没有亮光：～的怎么去找东西？②在黑暗的夜色里摸索着走路：～的，好不容易找到了家门

月黑头加阴天 yə$^{213-24}$xei^{213}tʻou^{53}tɕiɑ$^{213-24}$iẽ$^{213-24}$tʻiɑ̃^{213} 既没有月亮又是阴天，形容夜色很黑

2．风、云、雷、雨

旋风 ts‘uã$^{53-55}$fəŋ· “旋”音同“攒” 旋风

台风 t‘ɛ^{53}fəŋ^{213} ①风力特大的风：刮～ ②龙卷风

狂风 k‘uɑŋ^{53}fəŋ^{213} 风力很大的风

大风 tɑ^{31}fəŋ^{213} 风力较大的风

风溜儿的 fəŋ^{213}liour$^{53-55}$tï 微微有一点风

风丝儿没有 fəŋ$^{213-24}$ser^{213}mu^{53}iou^{55} 没有一点风

起风 tɕ‘i^{55}fəŋ^{213} 风开始刮

煞风 ʃɑ$^{213-24}$fəŋ^{213} 风停了

顶风 tiŋ^{55}fəŋ^{213} 逆风

　迎风 iŋ^{53}fəŋ^{213}

顺风 fẽ^{31}fəŋ^{213} “顺”音同“奋” 顺着风向

云彩 yẽ$^{53-55}$ts‘ɛ· 云

黑云 xei^{213}yẽ^{53} 乌云

烧霞 ʃɔ^{213}ɕiɑ^{53} 朝霞或晚霞

黑云头 xei^{213}yẽ^{53}t‘ou^{53} 浓厚的乌云

虹 tsiɑŋ^{31}音同“酱” 彩虹

风阁拉 fəŋ$^{213-31}$kə· lɑ^{213} 月晕

雨阁拉 y$^{55-213}$kə· lɑ^{213} 日晕

乌云陡暗 u^{213}yẽ^{53}tou^{55}ɣã^{31} 乌云密布

霹雷合闪 p‘i^{213}lei^{53}xə^{53}ʃã^{55} 雷鸣闪电：下暴雨时～的，真吓人

闪 ʃã^{55} ①闪电：下暴雨时打～ ②被遗忘或遗漏：到底还～了几位客人 ③因为动作过猛等而扭伤：～腰了 ④灯丝烧坏：灯泡～了

打雷劈了 tɑ^{55}lei^{53}p‘i$^{213-31}$lɑ· 被雷击了

雾露 u$^{31-53}$lou· 下毛毛细雨：天～了

雾露毛子 u$^{31-53}$lou· mɔ$^{53-55}$tsɿ· 毛毛雨

星星儿了 siŋ$^{213-31}$siõr· lɑ· 开始下毛毛细雨

滴答了 ti$^{213-31}$tɑ˙ lɑ˙ ①雨开始滴下 ②水等液体滴漏

滴雨 ti^{213}y^{55} ①滴下雨滴 ②房屋或遮蔽处因遮蔽不严而漏下水滴

麻杆子雨 mɑ^{53}kã$^{55-213}$tsɿ˙ y^{55} 中到大雨，雨线像麻杆一样

雷暴雨 lei$^{53-55}$pu˙ y^{55} “暴”音同“卜” 雷阵雨

直脖子倒 tʃʅ^{53}pə$^{53-55}$tsɿ˙ tɔ^{31} 雨下得很大，像用盆里的水直接向头上倒一样

旱雨 xã^{31}y^{55} 久旱逢雨：～难下

透犁雨 t‘ou^{31}li^{53}y^{55} “犁”即耕作土地的农具。“一犁”的深度约二十厘米左右，意即下的雨水刚好渗透过这个深度。也指下的雨水比较充足：这是开春以来的第一场～

干打雷不下雨 kã^{213}tɑ^{55}lei^{53}pu$^{213-24}$ɕiɑ^{31}y^{55} ①只打雷不下雨 ②哭泣时有声无泪：到底不是亲娘，去世了他哭起来～ ③比喻只有声势没有实际行动

住点儿了 pfu^{31}tiɛr$^{55-213}$lɑ˙ 雨停了

潲雨 ʃɔ^{31}y^{55} “潲”音同“邵” 因刮风雨点斜落到遮蔽处：窗子～

3．冰、雪、霜、露

冻 tuŋ^{31} 冰

　冻冻 tuŋ$^{31-53}$tuŋ˙

上冻 ʃɑŋ^{31}tuŋ^{31} 结冰

鸡毛翎子冻 tɕi^{213}mɔ^{53}liŋ$^{53-55}$tsɿ˙ tuŋ^{31} 水面刚开始结冰时形成的羽状薄冰

琉沥 liou$^{53-55}$lï 冰锥

琉沥簪子 liou$^{53-55}$lï tsã$^{213-31}$tsɿ˙ 即“溜沥”，其形状一头尖，像妇女头饰中的簪子

　琉沥苔 liou$^{53-55}$lï t‘ɛ^{53}

树凌 fu^{31}liŋ^{53} “树”音同“富” 因气温过低雨滴沾到树上形成的冰凌

泠子 ləŋ$^{55-213}$tsɿ˙ 冰雹

雹子 pɑ$^{53-55}$tsɿ˙ “雹”音同“拔”

雪 suə^{213}音同“梭”

下雪 ɕia^{31}suə^{213} 降雪

暴雪 pɔ^{31}suə^{213} 降雪量特别大的雪

鹅毛大雪 ɣə^{53}mɔ^{53}ta^{31}suə^{213} 雪片很大的雪

小雪 siɔ^{55}suə^{213} ①降雪量较小的雪 ②二十四节气之一

大雪 ta^{31}suə^{213} ①降雪量很大的雪 ②二十四节气之一

小雪芳儿 siɔ^{55}suə^{213}fãr^{55} 细小的雪花

薄屎雪 pə^{53}ʃʅ^{55}suə^{213} ①落地即化的雪 ②融化中的雪

雨夹雪 y^{55}ʨia$^{213-24}$suə^{213} 雨和雪一起落下

雪窟 suə$^{213-24}$k‘u^{213} ①积雪很深的地方 ②积雪悬空形成的洞：～里逮兔子

霜 faŋ^{213}音同“方” 在温度降到摄氏零度以下时，靠近地面空气中所含的水汽在地面物体上凝成的白色冰晶

下霜 ɕia^{31}faŋ^{213} 霜降在地上

上雾 ʃaŋ^{31}u^{31} 下雾

大雾 ta^{31}u^{31} 浓雾

雾茫的 u^{31}maŋ$^{53-55}$tï 薄雾，雾气不很浓的样子：早上～，中午天就晴朗了

雾混的 u^{31}xuẽ$^{53-55}$tï 雾气弥漫，使人看不清

雾开了 u^{31}k‘ε$^{213-31}$la˙ 雾气消散

露水珠儿 *lu^{31}feï pfer^{213} 露珠

4. 气候

响晴 ɕiaŋ^{213}ts‘iŋ^{53} “响”音同“香” 天空很晴朗

阴天 iẽ$^{213-24}$t‘iã^{213} 泛指天空有较多的云直至下雨：上半天还～，下午就万里无云了

天阴得多厚 *t‘iã$^{213-24}$iẽ$^{213-31}$tï tuə$^{53-55}$xou^{31} 阴云密布

阴天布拉的 iẽ$^{213-24}$t‘iã$^{213-24}$pu$^{31-53}$la˙ tï 阴天或阴雨连绵而潮湿的样子：～的，衣服弄湿了没法晒

潮霂拉叽的 ʧ‘ɔ$^{53-55}$mu˙ la$^{213-24}$ʦi$^{213-31}$ tï 形容空气非常潮湿：下了几

天的雨，屋里～的

潮乎拉唧的 tʃʻɔ$^{53-55}$xu· lɑ$^{213-24}$tsi$^{213-31}$tï ①有些潮湿：下了几天雨，衣服～ ②比喻人言行或神志不清醒：那人说话～

清霂露水的 tsʻiŋ$^{213-31}$mu· lou^{31}fei$^{55-213}$tï 多指冬季天气阴冷

连阴天 liã$^{53-55}$iẽ tʻiã^{213} 接连多日阴雨

乍热 tʃɑ^{31}ʒə^{213} 刚开始热，猛地热起：～，人们还不习惯

稀热 ɕi$^{213-24}$ʒə^{213} 天气很热

热冈的 ʒə^{213}kɑŋ$^{53-55}$tï 天气有点热

热不犯了 ʒə$^{213-31}$pu· fã$^{31-53}$lɑ· 天气不会太热了，热不多长时间了：夏天快过去了，～

乍冷 tʃɑ^{31}ləŋ^{55} 刚开始冷：～，人们还不适应

清冷 tsʻiŋ^{213}ləŋ^{55} 比较冷：早晨起来还～

冷嗖的 ləŋ^{55}sou$^{53-55}$tï 天气有些冷

凉嗖的 liɑŋ^{53}sou$^{53-55}$tï 天气阴凉

阴飕的 iẽ^{213}sou$^{53-55}$tï ①阴冷 ②阴森：一走到那地方，就觉得～

冷不犯了 ləŋ$^{55-213}$pu· fã$^{31-53}$lɑ· 天气不会太冷了：冬天已过，临近春天，～

清水天 tsʻiŋ$^{213-31}$feï tʻiã^{213} "水"音同"匪" 连续阴天且断断续续下雨的天气

三伏 sã^{213}fu^{53} 初伏、中伏、末伏的统称

伏天 fu^{53}tʻiã^{213} 指一年中天气最热的季节

三伏天 sã^{213}fu^{53}tʻiã^{213} ①指一年中天气最热的季节 ②特指末伏

初伏 pfʻu^{213}fu^{53} 夏至后第三个庚日起至第四个庚日前一天的一段时间

　入伏 vu^{213}fu^{53}

中伏 pfəŋ^{213}fu^{53} 夏至后第四个庚日起至立秋后第一个庚日前一天的一段时间，是一年中最热的季节

末伏 mə^{213}fu^{53} 立秋后第一个庚日起至第二个庚日前一天的一段时间

五黄六月 u$^{55-213}$xuɑŋ· liou$^{31-53}$yə· 指农历五六月间天气炎热的季节

旱天 xã^{53}tʻiã^{213} 干旱的天气

黄旱 xuɑŋ^{53}xã^{31} 多年未遇的大旱：那泉子太好了，～不干

旱脱气 xã^{31}t‘uə^{213}çi^{31} 土地干旱得一点水分没有

涝天 xã^{53}t‘iã^{213} 发生涝灾的季节

淹了 iã$^{213-31}$lɑ˙ 遭受涝灾

雨水调和 y$^{55-53}$fei^{55}t‘iɔ^{53}xə^{53} “水”音同“匪” 风调雨顺：今年～，肯定是个丰收年

二 地理、方位

1. 地、山、水

地 ti^{31} ①地面 ②专指可耕种的土地：那块～很肥沃

就地 tsiou^{31}ti^{31} ①地面的统称 ②特指房内地面：他家的～整天扫得很干净

湖地 xu^{53}ti^{31} ①平地 ②平原地的统称

山地 ʃã$^{213-24}$ti^{31} ①山区的可耕地 ②山区：俺家是～

半山半湖 pã^{31}ʃã^{213}pã^{31}xu^{53} 一半是山地，一半是平原地

涝洼地 lɔ^{31}uɑ^{31}ti^{31} 地势较低洼，容易受涝灾的地

黑土湖 xei^{213}t‘u^{55}xu^{53} 黑土地

熟地湖 fu^{53}ti^{31}xu^{53} 山区常年耕种、有熟土的地块

生地 ʃəŋ$^{213-24}$ti^{31} 山区未开垦或刚开垦出的地块

黄土岗子 xuɑŋ^{53}t‘u^{55}kɑŋ$^{55-213}$tsɿ˙ ①黄土地 ②黄土堆积较高的坡地

沙窝地 ʃɑ$^{213-24}$uə$^{213-24}$ti^{31} 沙质土地

地溜子 ti^{31}liou$^{31-53}$tsɿ˙ ①山上的小地块：今年开荒又开出了两块～ ②窄而相对长的地块：俺村里人多地少，摊得地都是些～

山旮旯儿 ʃɑŋ$^{213-24}$kə$^{213-24}$lɑr^{31} “旮旯”音“各拉（去声）” ①较偏僻的山区 ②山与山之间的沟壑

山窝窝儿 ʃã$^{213-24}$uə$^{213-31}$uər˙ ①偏僻的山区 ②山区里的村庄

汪 uɑŋ^{213} ①池塘 ②较大的积水坑

河 xə^{53} 泛指大大小小的河流

河沿儿 xə^{53}iɛr^{53} 河岸

河滩 xə^{53}t‘ã^{213} 河岸边的滩涂

河堰 xə^{53}iã^{31} ①河岸 ②小拦水坝

甜水 t‘iã^{53}fei^{55} “水”音同“匪” ①含碳酸钙少，水质优的水：这泉里的水是～，直接喝都行 ②比喻生活条件优越等：他们这些小青年都是在～里长大的

碱水 tɕiã$^{55-53}$fei^{55} 含碳酸钙多，有苦涩味的水：那井里的水是～，烧开都澄一层碱

水库 fei^{55}k‘u^{31} 利用自然条件人工拦截或开挖的较大的蓄水的地方：我们那里有会宝岭～

2. 沙、石、土、矿

砂拉礓 ʃɑ$^{213-31}$lɑ· tɕiɑŋ^{55} 粗砂砾或泥土里的礓石

砂粒子 ʃɑ$^{213-31}$li^{-31}tsɿ· 砂子的颗粒

粗沙 ts‘u$^{213-24}$ʃɑ^{213} 颗粒较大的沙

细沙 si^{31}ʃɑ^{213} 颗粒很小的沙

面沙 miã^{31}ʃɑ^{213} 颗粒特别细小的沙

青石 ts‘iŋ^{213}ʃʅ^{53} 石灰石的统称

叠石板子 tiə^{53}ʃʅ^{53}pã$^{55-213}$tsɿ· ①风化的页岩 ②较薄的石板

鹅卵石 ɣə^{53}lã^{55}ʃʅ^{53} 像鹅卵一样光滑的较小的石块

石头蛋 ʃʅ$^{53-55}$t‘ou· tã^{31} ①石块 ②泛指石头：他家的院墙都是～垒的

石卜蛋 ʃʅ$^{53-55}$pu· tã^{31}

薄薄连 pə$^{53-55}$pə· liã^{53} 较薄的石板

圆悠蛋 yã$^{53-55}$iou· tã^{31} ①较圆的石块 ②泛指圆形物：地瓜好多～

圆溜蛋 yã$^{53-55}$liou· tã^{31}

石岬 ʃʅ$^{53-55}$tɕiɑ· 石壁间的夹缝

明石崖 miŋ^{53}ʃʅ^{53}iɛ^{53} 陡峭的石壁

堑崖 tɕ‘iã^{31}iɛ^{53} ①较大的石壁 ②地面上凸起的坎

埻土 pu^{53}t‘u^{55} 干细的尘土：他一扫地，～飞得各处都是

埻土杠烟 pu^{53}t‘u^{55}kɑŋ^{31}iã^{213} 尘土飞扬

土娄 $t^{‘}u^{55-213}lou^{·}$ 土的统称

土娄堆子 $t^{‘}u^{55-213}lou^{·}tsuei^{213-31}tsɿ^{·}$ ①土堆 ②特指土坟：那几个～不知道埋了多少年了

坷垃蛋 $k^{‘}ə^{213-31}lɑ^{·}tã^{31}$ 土块的统称

坷垃头子 $k^{‘}ə^{213-31}lɑ^{·}t^{‘}ou^{53-55}tsɿ^{·}$ 较小的土块儿

坷埌 $k^{‘}ə^{213}lɑŋ^{53}$ 凹坑

泥 mi^{53}音同“迷” 土，湿土

泥坯 $ȵi^{53}p^{‘}i^{213}$ 用泥和草做成的泥方块

坯块 $p^{‘}i^{213-31}k^{‘}uɛ^{·}$

3. 处所 方位

地方儿 $ti^{31-53}fer^{·}$“方”音同“份” ①籍贯：她是什么～的人？②地方：他那～很富裕 ③坐位：这是你坐的～

乡下 $ɕiɑŋ^{213-24}ɕiɑ^{31}$ 泛指农村

巷子 $ɕiɑŋ^{31-53}tsɿ^{·}$ 胡同

官伙巷 $kuã^{213-31}xuə^{·}ɕiɑŋ^{31}$ 大家共用的较窄的胡同

周阁拉 $tʃou^{213-24}kə^{213-24}lɑ^{213}$ 周围：你在～都插上篱笆

转阁拉 $pfã^{31}kə^{213-24}lɑ^{213}$

一阁拉儿 $i^{213-24}kə^{213-31}lɑr^{·}$ ①一圈 ②周围：～都是山

周遭儿 $tʃou^{213-24}tsɔr$ 周围附近的地方：～的人家都很和睦

中当间儿 $pfəŋ^{213-24}tɑŋ^{213-24}tɕiɛr^{31}$ 正中间

中当央 $pfəŋ^{213-24}tɑŋ^{213}iɑŋ^{53}$

当央 $tɑŋ^{213}iɑŋ^{53}$ 中间

当央里 $tɑŋ^{213}iɑŋ^{53-55}li^{·}$

当央来 $tɑŋ^{213}iɑŋ^{53-55}lɛ^{·}$

半截腰儿里 $pã^{31}tsie^{53}iɔr^{53-55}li^{·}$ ①中间 ②中途

顶上 $tiŋ^{55-213}ʃɑŋ^{·}$ ①上面 ②支撑：把墙～ ③接替：空缺要有人～

当顶儿 $tɑŋ^{213}tiɔ̃r^{55}$ 最上面：～的是最好的

尽当顶儿 tsiẽ^{55}taŋ^{213}tiə̃r^{55} ①最上面：这次上泰山他一直爬到～ ②最高首脑机关：以～的规定为准

上边儿个 ʃaŋ^{31}piɛr$^{213-31}$kə· ①上面 ②上级，首脑机关

上边儿 ʃaŋ^{31}piɛr^{213}

上头 ʃaŋ$^{31-53}$tou·

底下 ti$^{55-213}$ɕia· ①下面：这筐子苹果～的都烂了 ②下级，下级机关

底下 ti$^{55-213}$ɕï “下”音同“兮”

下边儿个 ɕia^{31}piɛr$^{213-31}$kə· ①下面 ②下级

下边儿 ɕia^{31}piɛr^{213}

下头 ɕia$^{31-53}$t‘ou·

前边儿个 tsiã^{53}piɛr$^{213-31}$kə· 前面

前边儿 tsiã^{53}piɛr^{213}

前头 tsiã$^{53-55}$t‘ou·

后边儿个 xou^{31}piɛr$^{213-31}$kə· ①后面 ②以后：～还难免出问题

后边儿 xou^{31}piɛr^{213}

后头 xou$^{31-53}$t‘ou·

东边儿个 tuŋ$^{213-24}$piɛr$^{213-31}$kə· 东面

东边儿 tuŋ$^{213-24}$piɛr^{213}

东头儿 tuŋ$^{213-24}$t‘our^{213}

西边儿个 si$^{213-24}$piɛr$^{213-31}$kə· 西面

西边儿 si$^{213-24}$piɛr^{213}

西头儿 si$^{213-24}$t‘our^{213}

南边儿个 nã^{53}piɛr$^{213-31}$kə· 南面

南边儿 nã^{53}piɛr^{213}

南头儿 nã^{53}t‘our^{213}

北边儿个 pei$^{213-24}$piɛr$^{213-31}$kə· 北面

北边儿 pei$^{213-24}$piɛr^{213}

北头儿 pei$^{213-24}$t‘our^{213}

东北上 tuŋ$^{213-24}$pei$^{213-31}$ʃɑŋ˙ 东北方向

东北角 tuŋ$^{213-24}$pei$^{213-24}$tɕyə^{213} “角”音同“决” 东、北方向结合处

西北上 si$^{213-24}$pei$^{213-31}$ʃɑŋ˙ 西北方向

西北角 si$^{213-24}$pei$^{213-24}$tɕyə^{213} 西、北方向结合处

西南上 si^{213}nã$^{53-55}$ʃɑŋ˙ 西南方向

西南角 si^{213}nã^{53}tɕyə^{213} 西、南方向结合处

东南上 tuŋ^{213}nã$^{53-55}$ʃɑŋ˙ 东南方向

东南角 tuŋ^{213}nã^{53}tɕyə^{213} 东、南方向结合处

里头 li$^{55-213}$t‘ou˙ 里面

里边儿个 li^{55}piɛr$^{213-31}$kə˙

外头 uɛ$^{31-53}$t‘ou˙ 外面

外边儿个 uɛ^{31}piɛr$^{213-31}$kə˙

头 t‘ou^{53} ①前面，先：你～走，我随后到 ②头倾 ③第一次：我～回干这个差事

头里 t‘ou$^{53-55}$li˙ ①前面 ②先：你～走，我随后到

四下里 sɿ^{31}ɕiɑ$^{31-53}$li˙ ①周围 ②到处：～也没有找着他

八下里 pɑ$^{213-24}$ɕiɑ$^{31-53}$li˙ 处处：真是，俺是～没落出好来

十八下里 ʃʅ^{53}pɑ$^{213-24}$ɕiɑ$^{31-53}$li˙ ①很多地方 ②所有方面：这段时间老是出问题，～不合适

几下里 tɕi^{55}ɕiɑ$^{31-53}$li˙ ①多处：那房子～都漏雨 ②多家：家里的钱不多了，～的人情又都得去，真愁人

好几下里 *xɔ^{55}tɕi˙ ɕiɑ$^{31-53}$li˙ ①好多处：街上商店～都减价 ②好多家：今天有～结婚的

索拉方近 suə$^{55-213}$lɑ˙ fɑŋ$^{213-24}$tɕiẽ^{31} 周围，附近：你～地打听打听，俺也是忠厚人家

方圆索近 fɑŋ^{213}yã^{53}suə^{55}tɕiẽ^{31}

天底下 t‘iã^{213}ti$^{55-213}$ɕi˙ “下”音同“兮” 普天之下：～有这样不守信用的人吗？

上沿儿 ʃɑŋ^{31}iɛr^{53} 上坡

下沿儿 ɕiɑ^{31}iɛr^{53} 下坡

当路儿 tɑŋ$^{213-24}$lur^{31} ①路中间：小孩不要在～玩耍 ②妨碍人们活动的地方：不要把那些东西放在～

下路儿 ɕiɑ^{31}lur^{31} 不妨碍人们活动的地方：把那只箱子放在～

黑窟儿 xei$^{213-24}$k'ur^{213} ①黑暗处 ②没有亮光：摸着～上楼不安全 ③不光明正大的：那都是～的事

瞎窟儿 ɕiɑ$^{213-24}$k'ur^{213}

高岗儿 kɔ^{213}kɑ̃r^{55} ①凸出的地方 ②占便宜的事：你处处就想占～

凹塌儿 uɑ^{31}tɑr^{213} 低洼处

山前怀儿 ʃã^{213}ts'ã^{53}xuɛr^{53} 山的朝阳处：俺家住在～

山后怀儿 ʃã^{213}xou^{31}xuɛr^{53} 山的背阴处：他的村就在～

冲门儿 pf'əŋ^{31}mer^{53} 门正对着树、墙角等：不能让墙角～

冲爪 pf'əŋ^{31}tʃɔ^{55} 门正对房屋的墙角：俗语"能冲三山，不冲一爪"

倒坐观音 tɔ^{31}tsuə^{31}kuã$^{213-24}$iẽ^{213} 院门、房屋门朝向向北或房屋坐落前高后低

三　时令、时间

1. 年、月、日、时

大尽年 t'ɑ$^{31-53}$tsiẽ˙ ȵiã^{53} 农历腊月有三十天的春节

小尽年 siɔ$^{55-213}$tsiẽ˙ ȵiã^{53} 农历腊月只有二十九天的春节

今年 tɕi$^{213-31}$ȵiã˙ "今"音同"吉" 今年

每儿年 mer$^{55-213}$ȵiã˙ 往年

大前年 tɑ^{31}ts'iã$^{53-55}$ȵiã˙ 前三年

前年 ts'iã$^{53-55}$ȵiã˙ 前二年

上年 ʃɑŋ$^{31-53}$ȵiã˙ 前一年

年上 ȵiã$^{53-55}$ʃɑŋ˙

过年 kuə$^{213-31}$ȵiã˙ 今年的第二年：这事得等～再说吧

过年 kuə^{31}ȵiã^{53} 过春节

来年 lɛ^{53}ȵiã^{53} 明年

后年 xou^{31}ȵiã^{53} 后二年

　后年 xou$^{31-53}$ȵiã˙

大后年 tɑ^{31}xou^{31}ȵiã^{53} 后三年

头半年 tʻou^{53}pã^{31}ȵiã^{53} 上半年

头二年 tʻou^{53}ɭə^{31}ȵiã^{53} ①前二年 ②前几年：～的日子过得还可以

头几年 tʻou^{53}tɕi˙ ȵiã^{53} 前几年

头年把儿 tʻou^{53}ȵiã^{53}pɑr^{55} 刚刚过去的一年多

二半年 ɭə$^{31-53}$pã˙ ȵiã^{53} ①原来：～这事还是你办的 ②时间较长：已经等了你～了，你到底去还是不去？

这年把儿 tʃə^{31}ȵiã^{53}pɑr^{55} 最近一年多的时间

头年来 tʻou^{53}ȵiã$^{53-55}$lɛ˙ 春节前的时间

　头年里 tʻou^{53}ȵiã$^{53-55}$li˙

转年儿 pfã^{55}ȵiɛr^{53} 过了年

　抹年儿 mɑ^{213}ȵiɛr^{53} “抹”音同“妈”

末脚年 mə$^{213-31}$tɕyə˙ ȵiã^{53} “脚”音同“决” ①干支纪年的最后一年 ②末日已到

亥年上 xɛ^{31}ȵiã$^{53-55}$ʃɑŋ˙ 十二生肖最后一个“猪”即“亥”，按天干地支纪年“猪年”即“亥年”，比喻需要很长时间以后：等他攒足了钱再盖楼，那得等到～

年头儿 ȵiã^{53}tʻour^{53} ①刚过了春节：～到年尾 ②各方面境况（多指农业和战争方面）：今年风调雨顺，～很好

年时 ȵiã$^{53-55}$ʃʅ˙ 时间，很长时间：这事可有～了

年载 ȵiã^{53}tsɛ^{55} 数年：那东西可有～了

年岁 ȵiã$^{53-55}$suei˙ ①时间：都什么～了，你还没去 ②年数：那棵老槐树不知多少～了

论月 luẽ^{31}yə^{213} 按月

大尽 tɑ$^{31-53}$tsiẽ˙ 农历三十天的月份

小尽 siɔ$^{55-213}$tsiẽ˙ 农历只有二十九天的月份

初头门儿来 pfʻu$^{213-31}$tʻou˙ mer$^{53-55}$lɛ˙ 月初

个月成十 kə^{31}yə^{213}tʃʻəŋ^{53}ʃʅ^{53} 一月左右：俺闺女～来一趟

论天家 luẽ^{31}tʻiã$^{213-31}$tɕi˙ "家"音同"吉" 天天如此：他家不讲卫生，～不扫地

　整天家 ʧəŋ^{55}tʻiã$^{213-31}$tɕi˙

见天 tɕiã^{31}tʻiã^{213} 每天

前儿每 *tsʻiɛr^{53}mei˙ 前天

　前儿天 *tsʻiɛr^{53}tʻiã˙

　前儿来 *tsʻiɛr^{53}lɛ˙

头天 tʻou^{53}tʻiã^{213} 昨天

　昨儿来 *tsuər ^{53}lɛ˙

　昨儿里 *tsuər $^{31-53}$li˙

　夜儿来 *iər$^{31-53}$lɛ˙

　沿儿来 *iɛr$^{31-53}$lɛ˙

　昨每儿 *tsuə^{53}mer˙

今每儿 tɕi$^{213-31}$mer˙ "今"音同"吉" 今天

明个儿 *miŋ^{53}kʻər˙ 明天

　明儿来 *miə̃r^{53}lɛ˙

后儿来 xour$^{31-53}$lɛ˙ 后天

大后儿来 tɑ^{31}xour$^{31-53}$lɛ˙ 大后天

黑晏里 xei$^{213-31}$iã˙ li˙ 黑夜里

白晏里 pei$^{53-55}$iã˙ li˙ 白天

五更头儿里 u$^{55-213}$tɕiŋ˙ tʻour$^{53-55}$li˙ "更"音同"经" 黎明前

五更 u$^{55-213}$tɕiŋ˙ 深夜

天五更 tʻiã^{213}u$^{55-213}$tɕiŋ˙ 每天快黎明的时候：他～早起来锻炼身体

黑笼儿的 xei^{213}lũr$^{53-55}$ti˙ 天蒙蒙亮

清清 ts‘iŋ$^{213-31}$ts‘iŋ· 早晨

天清清 t‘iã$^{213-24}$ts‘iŋ$^{213-31}$ts‘iŋ· 每天早晨

清清起来 ts‘iŋ$^{213-31}$ts‘iŋ· tɕ‘i$^{55-213}$lɛ· 早晨起床后：他～就走了

一清清 i$^{213-24}$ts‘iŋ$^{213-31}$ts‘iŋ· 一早晨时间：这点活儿，我～就干完了

头上午 t‘ou^{53}ʃɑŋ^{31}uẽ· “午”音同“温” 早晨至中午的一段时间

 头晌儿 t‘ou^{53}ʃãr^{55}

 上半天 ʃɑŋ$^{31-53}$pu· t‘iã^{213} “半”音同“卜”

晌午 ʃɑŋ$^{55-213}$uẽ· 中午

晌午头儿里 ʃɑŋ$^{55-213}$uẽ· t‘our$^{53-55}$li· 中午前后

天晌午 t‘iã^{213}ʃɑŋ$^{55-213}$uẽ· 每天中午：他～不家来吃饭

当晌午 tɑŋ^{213}ʃɑŋ$^{55-213}$uẽ· 正中午

过晌儿 kuə^{31}ʃãr^{55} 过午

晌午西了 ʃɑŋ$^{55-213}$uẽ· si$^{213-31}$lɑ· 午后

下晚儿 ɕiɑ^{31}uɛr^{55} 下午

 下半天 ɕiɑ$^{31-53}$pã· t‘iã^{213}

傍黑儿 pɑŋ$^{213-24}$xer^{213} 天就要黑的时候

刚上眼目乱儿 tɕiɑŋ$^{213-24}$ʃɑŋ^{31}iã$^{55-213}$mu· luɛr^{31} “刚”音同“江” 傍晚天快要黑了

刚抹黑儿 tɕiɑŋ$^{213-24}$mɑ$^{213-24}$xer^{213} “刚抹”音同“江妈” 天刚黑

黑定天了 xei$^{213-24}$tiŋ^{31}t‘iã$^{213-31}$lɑ· 天完全黑了

哈不黑儿 xɑ$^{213-31}$pu· xer^{213} 指天还没完全黑下来：～他就睡觉

瞎不黑儿 ɕiɑ$^{213-31}$pu· xer^{213} ①天色、夜色、阴暗处等很不明亮 ②颜色很黑：看他的脸叫太影晒得～

晚上 uɑŋ$^{55-213}$ʃɑŋ· “晚”音同“网” 晚上

天晚上 t‘iã^{213}uɑŋ$^{55-213}$ʃɑŋ· 每天晚上

老早 lɔ$^{55-53}$tsɔ^{55} ①很早：～就起床了 ②很久以前：～就有影戏了

每儿来 mer$^{55-213}$lɛ· 以前：这地方～是一片毛草荒

早晚 tsɔ$^{55-53}$uã^{55} ①早上和晚上：～各一次 ②迟早：这事～会知道的

2. 季节

立春 li$^{213-24}$pf‘ẽ^{213} ①二十四节气之一 ②意味着春天已经到来

打春 tɑ^{55}pf‘ẽ^{213}

春天 pf‘ẽ$^{213-24}$t‘iã^{213} 春季

春上 pf‘ẽ$^{213-31}$ʃɑŋ˙

立夏 li$^{213-24}$ɕiɑ^{31} ①二十四节气之一 ②意味着夏天已经到来

芒种 mɑŋ$^{53-55}$pfɑŋ˙ “种”音同“庄” ①二十四节气之一 ②意味着已经到了夏收夏种的季节

麦口里 mei^{213}k‘ou$^{55-213}$lï “麦”音同“闷” 麦收季节

当麦口 tɑŋ$^{213-24}$mei^{213}k‘ou^{55} 正值麦收时节

夏天 ɕiɑ^{31}tiã^{213} 夏季

热天 ʒə$^{213-24}$t‘iã^{213} ①夏天 ②温度高的天气

立秋 li$^{213-24}$ts‘iou^{213} ①二十四节气之一 ②意味着秋天已经到来

秋天 ts‘iou$^{213-24}$t‘iã^{213} 秋季

秋里 ts‘iou$^{213-31}$lï

秋头子 ts‘iou^{213}t‘ou$^{53-55}$tsʅ˙

立冬 li$^{213-24}$tuŋ^{213} ①二十四节气之一 ②意味着冬天已经到来

冬天 tuŋ$^{213-24}$t‘iã^{213} 冬季

寒天 xã^{53}t‘iã^{213}

冷天 ləŋ^{55}t‘iã^{213} ①冬天 ②天气寒冷的天

十冬腊月 ʃʅ^{53}tuŋ$^{213-24}$lɑ$^{213-31}$yə˙ ①专指农历腊月 ②泛指冬季天气寒冷时节

十头腊月 ʃʅ$^{53-55}$t‘ou˙ lɑ$^{213-31}$yə˙

年历表 ȵiã^{53}li^{31}piɔ^{55} 日历表

3. 其他时间概念

绰早带晚儿 pf‘ə^{213}tsɔ^{55}tɛ^{31}uɛr$^{55-213}$ 利用早晨晚上的空隙：这点活我～就干了

刚忙儿 tɕiɑŋ^{213}mãr^{53} “刚”音同“江” 刚才

脚前脚后 tɕyə^{213}ts‘iã^{53}tɕyə$^{213-24}$xou^{31} “脚”音同“决” 间隔时间很短：我～就到

脸前儿的 *liã$^{55-213}$ts‘iɛr$^{53-55}$tï 最近的，当前的：那就像～事儿，可一想，都过了好几年了

眼前儿 iã^{55}ts‘iɛr^{53} 面前，当前：～要紧的事就是给小麦追肥

原先 yã^{53}siã^{213} 起初：就按照～说的去办

头曚子 t‘ou^{53}məŋ$^{213-31}$tsɿ˙ 前段时间：他～还来过

前曚子 ts‘iã^{53}məŋ$^{213-31}$tsɿ˙

前阵子 ts‘iã^{53}tʃẽ$^{31-53}$tsɿ˙

安根儿 ɣã$^{213-24}$ker^{213} 原来：俺～不认得他

早里儿来 *tsɔ$^{55-213}$lier$^{53-55}$lɛ˙ 离临近某件事时间还很长：她结婚还～

末晚儿 miə^{213}uɛr^{55} “末”音同“灭” 最后：对他那么实在，没有想到到了～还叫他骗了

甚时 ʃẽ^{31}ʃʅ^{53} 很长时间：等了～他还没有来

论辈子的 luẽ^{31}pi$^{31-53}$tsɿ˙tï “辈”音同“壁” 从来，长期：他家～不知道什么叫行好

八辈子 pɑ$^{213-24}$pi$^{31-53}$tsɿ˙ ①指年代久远：～的事他还耿耿于怀 ②时间很长：他已～不来家了｜俺可遭～的罪了

八年 pɑ^{213}ȵiã^{53} 形容时间较长：等你～了，你这才来｜头～他俩就好上了｜弄了～原来你给她是同学

一年下来 i^{213}ȵiã^{53}ɕiɑ$^{31-53}$lɛ˙ 从年头到年尾：～挣了三万多块钱

一天下来 i^{213}t‘iã^{53}ɕiɑ$^{31-53}$lɛ˙ 从早晨到晚上：开三车～累得腰疼

4．节日

节量 tsiə$^{213-31}$liɑŋ˙ 传统节日的统称

除夕 pf‘u^{53}si^{213} 农历每年最后一天

年 ȵiã^{53} 春节，农历每年正月初一

阴历年 iẽ$^{213-24}$li^{31}ȵiã^{53} 春节，农历每年正月初一

阳历年 iɑŋ^{53}li^{31}ȵiã^{53} 元旦，公历元月一日

滑年 xuɑ^{53}ȵiã^{53} 农历中没有“立春”节气的一年

正月十五 tʃəŋ$^{213-31}$yə˙ ʃʅ^{53}u^{55} 元宵节，农历每年正月十五日

五月端午 u$^{55-213}$yə˙ tuã$^{213-31}$u˙ 端午节，农历每年五月初五日

六月六 liou$^{31-53}$yə˙ liou^{31} 农历每年六月初六日，已经过了接近半年

半年 p‘ã^{31}ȵiã^{53}

七月七 ts‘i$^{213-31}$yə˙ ts‘i^{213} 七夕，农历每年七月初七日

八月十五 pɑ$^{213-31}$yə˙ ʃʅ^{53}u^{213} 中秋节，农历每年八月十五日

重阳 pf‘əŋ^{53}iɑŋ^{53} 重阳节，每年农历九月初九日

腊八儿 lɑ$^{213-31}$pɑr˙ 腊八节，每年农历腊月初八日

小年 siɔ^{55}ȵiã^{53} 农历每年腊月二十四日，即“过小年”。民间习俗有“官三民四”的讲究，即官府农历腊月二十三过小年，民众腊月二十四过小年

年根儿 ȵiã^{53}k‘er^{213} 临近春节的时候

大年境 *tɑ^{31}ȵiã^{53}tɕiŋ˙ 春节期间

大年五更 tɑ^{31}ȵiã^{53}u$^{55-213}$tɕiŋ˙ “更”音同“经” 春节黎明前

办年 pã^{31}ȵiã^{53} 置办过年的物品

不年不节 pu^{213}ȵiã^{53}pu$^{213-24}$tsiə^{213} 不逢年不逢节，即指平常的日子

5. 节日习俗和忌讳

辞灶 ts‘ʅ^{53}tsɔ^{31} 也叫“过小年”，民间一种习俗，即农历腊月二十三或二十四晚间有一次祭奠仪式，有“官三民四”的讲究

扫屋 sɔ^{55}u^{213} 打扫房屋，包括墙壁和房顶，一般在春节临近前打扫

门对子 mẽ^{53}tuei$^{31-53}$tsʅ˙ ①春节、喜庆时贴在门框上的楹联，包括“门方子”、“门横子”等 ②专指春联

门方子 mẽ^{53}fɑŋ$^{213-31}$tsʅ˙ 贴在门板上的春联或喜联

门心子 mẽ^{53}siẽ$^{213-31}$tsʅ˙

门横子 mẽ^{53}xuŋ$^{31-53}$tsʅ˙ 贴在门楣上的春联或喜联

过门笺子 kuə$^{213-31}$mẽ˙ ts‘iã$^{53-55}$tsʅ˙ “笺”音同“前” 过春节时门楣上贴的一种有镂空图案及吉祥文字的五色彩纸

过丙笺子 kuə$^{213-31}$piŋ˙ ts‘iã$^{53-55}$tsʅ˙

贴门对子 t‘iə^{213}mẽ^{53}tuei$^{31-53}$tsʅ˙ 把楹联贴在门框上

放炮仗 fɑŋ^{31}p‘ɔ$^{31-53}$tʃ‘əŋ˙ “仗”音同“成” 燃放爆竹

排高跷 p‘ɛ^{55}kɔ$^{213-24}$ts‘iɔ^{213} 踩高跷，一种娱乐活动，两腿膝下部分垂直绑上木棍或其他有助于人体增高的器具边走边表演

跑旱船 p‘ɔ^{55}xã^{31}pf‘ã^{53} 一种民间的娱乐活动，多在春节和元宵节期间，做成一只彩“船”，表演者模拟撑船动作配合同伙表演

玩狮子 uã^{53}ʃʅ$^{213-31}$tsʅ˙ 舞狮

叫闺女 tɕiɔ^{31}kuẽ$^{213-31}$ȵy˙ 春节后把已出嫁的女儿从婆家接回娘家小住

喝鬼脑子 xə^{213}kuei^{55}nɔ$^{55-213}$tsʅ˙ 一种民俗，农历正月初七，用蔬菜、豆浆等做成稀粥，称为“鬼脑子”，认为喝了可以消除祸灾

气火 tɕ‘i$^{31-53}$xuə˙ 一种升入空中爆炸的小型爆竹

小豆札儿 siɔ^{55}tou^{31}tʃɑr^{53} 体型很小的鞭炮

滴滴金儿 ti$^{53-55}$ti˙ tɕier^{55} 一种简易烟花

蒸面灯 tʃəŋ$^{213-24}$miã^{31}təŋ^{213} 元宵节做成的各种形状的面灯，里面放上植物油点燃，表示庆祝、祝福、消除灾害等

挖萝卜灯 uɑ^{213}luə$^{53-55}$p‘ə˙ təŋ^{213} 元宵节用萝卜挖成各种形状的灯，里面放上植物油点燃

糅刷帚灯 ʒou$^{213-24}$fɑ$^{213-31}$pf‘u / fu˙təŋ^{213} “帚”音同“处/夫” 元宵夜民间的一种庆祝活动，即把“刷帚”用过剩余的柄晒干，待元宵晚间大家集中一起点燃抛向空中，景象很是壮观

撂刷帚灯 lɔ^{31}fɑ$^{213-24}$pf‘u / fu˙təŋ^{213}

送灯 suŋ^{31}təŋ^{213} 元宵节夜晚把点燃的“面灯”、“萝卜灯”等送到厨房、井台等处，以祈驱邪、吉祥

煮虫吃 pfu^{55}pf‘əŋ^{53}tʃ‘ʅ^{213} 一种民俗，农历二月初二，家家把豆子、小麦、玉

米等同煮，除食用外，还将其撒于地面，用草木灰围起来，寓意祈求庄稼免受虫害、五谷丰登

围囤子 uei^{53}tuẽ$^{31-53}$tsɿ˙ 农历二月初二，把石灰或草木灰等在地上洒成一个圆圈，里面放上粮食，寓“五谷丰登、粮食满囤”之意

龙抬头 luŋ^{53}t‘ɛ^{53}t‘ou^{53} 农历二月初二日，人们认为龙王开始抬头活动

插艾叶 tʃ‘ɑ$^{213-24}$ɣɛ^{31}iə^{213} 端午节把艾叶插在门上，以示吉祥

包粽子 pɔ^{213}tsuŋ$^{31-53}$tsɿ˙ 端午节一种习俗，即包米粽子

踏青 tʃɑ$^{213-24}$ts‘iŋ^{213} “踏”音同“扎” 清明节到野外游玩

系五綫 tsi^{31}u$^{55-213}$sueï “系”音同“际” 端午节的一种习俗，把五至七种颜色的丝线拧为绳状系在手腕或手指上，过后有的丢到河里、雨水里或压在石板下，以祈驱邪避灾

月饼 yə^{213}piŋ^{55} 中秋节专有的一种甜点，寓意“团团圆圆”

吃月饼 ʧ‘ʅ$^{213-24}$yə^{213}piŋ^{55} 中秋节的一种习俗

腊八粥 lɑ$^{213-31}$pɑ˙ ʧou^{213} 农历腊月初八日“腊八节”煮的稀粥

过初一，死自己 kuə^{31}pf‘u$^{213-24}$i^{213}，sɿ^{55}tsɿ^{53}tɕi^{213} 一种迷信的忌讳，意即出嫁的姑娘在娘家过年，就死自己

过十五，死婆母 kuə^{31}ʃʅ^{53}u^{55}，sɿ^{55}p‘ə^{53}mu^{55} 一种迷信的忌讳，意即出嫁的姑娘在娘家过正月十五元宵节和八月十五中秋节，就会死她的婆婆

吃了娘家虫，婆家搭灵棚 ʧ‘ʅ$^{213-31}$lɑ˙ ȵiɑŋ$^{53-55}$tɕiï pf‘əŋ^{53}，p‘ə$^{53-55}$tɕiï tɑ^{213}liŋ^{53}p‘əŋ^{53} “家”音同“吉” 一种迷信的忌讳，意即出嫁的姑娘在娘家过二月二吃了娘家煮的“虫”，婆家就会死人

三月三，死了丈夫塌了天 sã$^{213-31}$yə˙ sã^{213}，sɿ$^{55-213}$lɑ˙ ʧɑŋ$^{31-53}$fu˙ t‘ɑ$^{213-31}$lɑ˙ t‘iã^{213} 一种迷信的忌讳，意即出嫁的姑娘在娘家过三月三，就会死她的丈夫

四月八，死了婆婆没人当家 sɿ$^{31-53}$yə˙ pɑ^{213}，sɿ$^{55-213}$lɑ˙ p‘ə$^{53-55}$p‘ə˙ mu^{31}ʒẽ^{53}tɑŋ$^{213-24}$tɕiɑ^{213} 一种迷信的忌讳，意即出嫁的姑娘在娘家过四月初八，就会死她的婆婆

过端午，死婆母 kuə^{31}tuã^{31}u^{55}，sɿ^{55}p‘ə^{53}mu^{213}　一种迷信的忌讳，意即出嫁的姑娘在娘家过端午节，就会死她的婆婆

六月六，死了婆婆烂了肉 liou$^{31-53}$yə· liou^{31}，sɿ$^{55-213}$lɑ· p‘ə$^{53-55}$p‘ə· lã$^{31-53}$lɑ· ʒou^{31}　一种迷信的忌讳，意即出嫁的姑娘在娘家过六月六，就会死她的婆婆，这个月天气炎热，连买的肉都会烂掉

六月六，死了婆婆带着舅 liou$^{31-53}$yə· liou^{31}，sɿ$^{55-213}$lɑ· p‘ə$^{53-55}$p‘ə· tɛ$^{31-53}$ʧɔ· tɕiou^{31}　一种迷信的忌讳，意即出嫁的姑娘在娘家过六月初六，就会死她的婆婆还连带着死她的舅舅

七月七，死自己 ts‘i$^{213-31}$yə· ts‘i^{213}，sɿ^{55}tsɿ^{53}tɕi^{213}　一种迷信的忌讳，意即出嫁的姑娘在娘家过七月初七，就会死自己

过重阳，死同床 kuə^{31}pf‘əŋ^{53}iɑŋ^{53}，sɿ^{55}t‘uŋ^{53}pf‘ɑŋ^{53}　一种迷信的忌讳，意即出嫁的姑娘在娘家过“重阳节”，就会死她的丈夫

过交冬，死公公 kuə^{31}tɕiɔ$^{213-24}$tuŋ^{213}，sɿ^{55}kuŋ$^{213-31}$kuŋ·　一种迷信的忌讳，意即出嫁的姑娘在娘家过“交冬”（冬至），就会死她的公爹

过腊八儿，死碴儿碴儿 kuə^{31}lɑ$^{213-31}$pɑr^{213}，sɿ^{55}ʧ‘ɑr$^{213-31}$ʧ‘ɑr·　“碴儿碴儿”是一种不敬的称呼，特指“小姑子”，此语也是一种迷信的忌讳，意即出嫁的姑娘在娘家过腊八，就会死她的小姑子

四　亲属

1．长辈

长辈儿 ʧɑŋ^{53}pier^{31}　泛指辈分比自己高的人：在座的都是～

祖辈儿上 tsu^{55}pier$^{31-53}$ʃɑŋ·　①从老祖宗那一辈开始 ②从很远的年代开始：俺家～不兴这一套

祖宗老毛儿 tsu$^{55-213}$tsuŋ· lɔ^{55}mɔr^{53}　指祖上好几辈

老祖 lɔ$^{55-53}$tsu^{55}　泛指直系长辈，可以追溯到以上很多代

老白毛 lɔ^{55}pei^{53}mɔ^{53}　辈分很高的直系长辈

老的 lɔ$^{55-213}$tï　①直系长辈 ②本家长辈的统称 ③专指父母：儿女就应该好好孝敬～

老太 lɔ^{55}t‘ε^{31}　曾祖父或曾祖母

爷爷 iə$^{53-55}$iə˙　祖父

奶奶 nε$^{55-213}$nε˙　祖母

老爷 lɔ$^{55-213}$ï “爷”音同“矣”　①外祖父 ②祖父 ③指祖父辈：大～，二～，表～，舅～，姨～，等等

外老爷 uε^{31}lɔ$^{55-213}$ ï　外祖父

姥娘 lɔ$^{55-213}$ȵiŋ˙ “娘”音同“宁”　外祖母

　姥姥 lɔ$^{55-213}$lɔ˙

姑奶奶 ku^{213}nε$^{55-213}$nε˙　父亲的姑母

姑姥姥 ku^{213}lɔ$^{55-213}$lɔ˙　母亲的姑母

　姑姥娘 ku^{213}lɔ$^{55-213}$ȵiŋ˙ “娘”音同“宁”

姑老爷 ku^{213}lɔ$^{55-213}$ï “爷”音同“矣”　父亲或母亲的姑夫

舅姥爷 tɕiou^{31}lɔ$^{55-213}$ï　父亲或母亲的舅父

舅姥姥 tɕiou^{31}lɔ$^{55-213}$lɔ˙　父亲或母亲的舅母

　舅姥娘 tɕiou^{31}lɔ$^{55-213}$ȵiŋ˙ “娘”音同“宁”

表老爷 piɔ$^{55-53}$lɔ$^{55-213}$ï “爷”音同“矣”　祖父的表兄弟

爹 tiə^{213}　①父亲 ②公公 ③养父 ④继父

　答 tɑ^{213}

　达 tɑ^{53}

　达达 tɑ$^{53-55}$tɑ˙

　大大 tɑ$^{31-53}$tɑ˙

　爷 iə^{53}

　爸 pɑ^{53}

　爸爸 pɑ$^{53-55}$pɑ˙ / *pɑ^{53}pɑ˙

娘 ȵiɑŋ^{53}　①母亲 ②婆母 ③养母 ④继母

妈 ma^{213}

妈妈 ma$^{213-31}$ma·

爷几个儿 iə^{53}tɕi$^{55-213}$kər· ①父子或父女儿人 ②几个不同辈分的男子

娘几个儿 ȵiaŋ^{53}tɕi$^{55-213}$kər· ①母子或母女儿人 ②几个不同辈分的女子

老公公 lɔ^{55}kuŋ$^{213-31}$kuŋ· 丈夫的父亲

老婆婆 lɔ^{55}p‘ə$^{53-55}$p‘ə· 丈夫的母亲

老丈人 lɔ^{55}tʃaŋ$^{31-53}$ʒẽ· 岳父

丈母爹 tʃaŋ$^{31-53}$mẽ· tiə^{213} “母”音同“门”

丈母爷 tʃaŋ$^{31-53}$mẽ· iə^{53}

小孩儿姥爷 siɔ^{55}xɛr^{53}lɔ$^{55-213}$ï “爷”音同“矣” 在别人面前对岳父的尊称

丈母娘 tʃaŋ$^{31-53}$mẽ· ȵiaŋ^{53} “母”音同“门” 岳母

小孩儿姥娘 siɔ^{55}xɛr^{53}lɔ$^{55-213}$ȵiŋ· “娘”音同“宁” 在别人面前对岳母的尊称

晚爹 uã^{55}tiə^{213} 继父

后爹 xou^{31}tiə^{213}

晚娘 uã^{55}ȵiaŋ^{53} 继母

后娘 xou^{31}ȵiaŋ^{53}

后妈 xou^{31}ma^{213}

干爷 kã^{213}iə^{53} 义父

干爹 kã$^{213-24}$tiə^{213} 对义父通俗的称呼

干娘 kã^{213}ȵiaŋ^{53} 义母

干妈 kã$^{213-24}$ma^{213}

大爷 ta$^{31-53}$ï “爷”音同“矣” 伯父

大大 ta$^{31-53}$ta· ①伯父 ②伯母

大娘 ta$^{31-53}$ȵiŋ· “娘”音同“宁” 伯母

大娘 ta$^{31-53}$ȵiaŋ·

叔 fu^{213}音同“夫” 叔叔

婶子 ʃẽ$^{55-213}$tsɿ· 婶母

舅 tɕiou^{31} 舅父或配偶的舅父

小舅 siɔ^{55}tɕiou^{31} ①年龄很小的舅父 ②排行最小的舅父

小姨 siɔ^{55}i^{53} ①年龄很小的姨妈 ②排行最小的姨妈

妗子 tɕiẽ$^{31-53}$tsɿ· 舅母或配偶的舅母

姑 ku^{213} 姑妈，姑母或配偶的姑母

姑夫 ku$^{213-31}$fu· 姑父，姑母的丈夫或配偶的姑母的丈夫

姨 i^{53} 姨母或配偶的姨母

姨夫 i$^{53-55}$fu· 姨母的丈夫或配偶的姨母的丈夫

表大爷 piɔ^{55}tɑ$^{31-53}$ï “爷”音同“矣” 父亲的表哥

表大娘 piɔ^{55}tɑ$^{31-53}$ȵiŋ· “娘”音同“宁” 父亲的表嫂

表叔 piɔ^{55}fu^{213} “叔”音同“夫” 父亲的表弟

表婶子 piɔ^{55}ʃẽ$^{55-213}$tsɿ· 表叔的配偶

2. 平辈

平辈儿 p‘iŋ^{53}pier^{31} 辈分相同的人

两口子 liɑŋ$^{55-53}$k‘ou$^{55-213}$tsɿ· 夫妻俩

公母俩 ku$^{213-31}$mẽ· liɑ^{55} “公母”音同“姑门” 夫妻俩，多指年纪大的夫妻

丈夫 tʃɑŋ$^{31-53}$fu 女性的配偶

外头人儿 uɛ$^{31-53}$t‘ou· ʒer^{53} ①特指丈夫 ②泛指男人

女婿 ȵy$^{55-213}$su· ①丈夫 ②女儿的丈夫

当家的 tɑŋ$^{213-24}$tɕiɑ$^{213-31}$tï 丈夫

　小孩儿爹 siɔ^{55}xɛr^{53}tiə^{213}

　小孩儿爷 siɔ^{55}xɛr^{53}iə^{53}

　小孩儿答 siɔ^{55}xɛr^{53}tɑ^{213}

　外头的 uɛ$^{31-53}$t‘ou· tï

家人儿 tɕiɑ^{213}ʒer^{53} ①特指妻子：他那～真漂亮 ②泛指女人

媳子 si$^{213-31}$tsɿ· 妻子

　办饭的 pã^{31}fã^{31}tï

家来的 tɕiɑ$^{213-31}$lɛ· tï·

家里的 tɕiɑ$^{213-31}$lï tï·

暖脚的 nuã^{55}tɕyə$^{213-31}$tï· “脚”音同“决”

做伴儿的 tsou^{31}pɛr$^{31-53}$tï· “做”音同“揍”

那口子 nɑ^{31}k‘ou$^{55-213}$tsʅ·

小孩儿娘 siɔ^{55}xɛr^{53}ȵiɑŋ^{53}

家属 tɕiɑ^{213}fu^{53}

老婆 lɔ$^{55-213}$p‘ə·

家口 tɕiɑ^{213}k‘ou^{55}

大婆子 tɑ$^{31-53}$p‘ə· tsʅ· 旧时一夫多妻，最早娶的老婆

正房 ʧəŋ^{31}fɑŋ^{53}

小婆子 siɔ^{55}p‘ə$^{53-55}$tsʅ· 旧时一夫多妻，“正房”外又娶的年龄较小的老婆

填房 t‘iã^{53}fɑŋ^{53} 旧时男人死了老婆后续娶的老婆

弟兄 ti$^{31-53}$ɕyŋ· ①亲兄弟间的称呼：他～们可多了 ②同姓及异姓的同辈男性的统称：咱～们联合起来大干一场

哥 kə^{213} / kə^{55} 哥哥

嫂子 sɔ$^{55-213}$tsʅ· 哥哥的配偶

兄弟 ɕyŋ$^{213-31}$ti· 弟弟：他是俺二～

兄弟 ɕyŋ$^{213-24}$ti^{31} 哥哥和弟弟：俺总共～俩

兄媳子 *ɕiyŋ$^{213-31}$si$^{213-31}$tsʅ· ①弟弟的媳妇 ②丈夫弟弟的媳妇 ③同姓、异姓中比自己年龄小的同辈人的媳妇

妯娌 *pfu^{53}luẽ· 音同“烛伦” 兄弟们的妻子之间的称呼：她们几个是～

姊妹 tsʅ$^{55-213}$mei· ①兄弟姐妹的总称：俺～几个弟弟是老小 ②同胞姐妹、姑嫂间的称呼 ③同姓及异姓的同辈女性间的统称

姐 tsiə^{55} ①比自己年龄大的同胞女性 ②比自己年龄大的非同胞平辈女性

姐夫 tsiə$^{55-213}$fu· 姐姐的丈夫

妹妹 mei$^{31-53}$mei· ①比自己年龄小的同胞女性 ②比自己年龄小的非同胞平辈

女性

妹夫 mei$^{31-53}$fu· 妹妹的丈夫

老大伯 lɔ^{55}tɑ$^{31-53}$peï“伯”音同“贝” 丈夫的哥哥

大伯哥 tɑ$^{31-53}$peï kə^{55}

大伯头子 tɑ$^{31-53}$peï t‘ou$^{53-55}$tsɿ·

小孩儿大爷 siɔ^{55}xɛr^{53}tɑ$^{31-53}$ï“爷”音同“矣”

大伯嫂子 tɑ$^{31-53}$peï sɔ$^{55-213}$tsɿ· 丈夫的嫂子

小孩儿大娘 siɔ^{55}xɛr^{53}tɑ$^{31-53}$ȵiŋ·“娘”音同“宁”

小叔子 siɔ$^{55-213}$fu· tsɿ·“叔”音同“夫” 丈夫的弟弟

小孩儿叔 siɔ^{55}xɛr^{53}fu^{213}

小孩儿婶子 siɔ^{55}xɛr^{53}ʃẽ$^{55-213}$tsɿ· 丈夫的弟媳妇

大姑姐 tɑ$^{31-53}$ku· tsiə^{55} 丈夫的姐姐

小姑子 siɔ$^{55-213}$ku· tsɿ· 丈夫的妹妹

小孩儿姑夫 siɔ$^{55-213}$xɛr^{53}ku$^{213-31}$fu· 丈夫姐妹的丈夫

舅子 tɕiou$^{31-53}$tsɿ· ①妻子的哥哥、弟弟的统称 ②骂人话：你个～想干什么？

大舅子 tɑ^{31}tɕiou$^{31-53}$tsɿ· 妻子的哥哥

大舅哥 tɑ^{31}tɕiou^{31}kə^{55}

内兄 nei^{31}ɕyŋ^{213}

小舅子 siɔ^{55}tɕiou$^{31-53}$tsɿ· ①妻子的弟弟 ②含不恭或辱骂之意：揍他个～

内弟 nei^{31}ti^{31}

丈人哥 tʃɑŋ$^{31-53}$ʒẽ· kə^{213} 对妻子哥哥的统称（一般不当面直呼）

小孩儿舅 siɔ^{55}xɛr^{53}tɕiou^{31} 妻子的兄弟

大姨子 tɑ^{31}i$^{53-55}$tsɿ· 妻子的姐姐

小姨子 ɕiɔ^{55}i$^{53-55}$tsɿ· 妻子的妹妹

小孩儿姨 siɔ^{55}xɛr^{53}i^{53} 妻子的姐妹

叔兄弟 fu$^{213-24}$ɕyŋ$^{213-24}$ti^{31}“叔”音同“夫” 伯父和叔叔的儿子们：我们几个人是～

堂兄弟 t‘ɑŋ^{53}ɕyŋ$^{213-24}$ti^{31} 伯父和叔叔的孙子们

叔伯姊妹 fu$^{213-31}$peï tsɿ$^{55-213}$meï “叔伯”音同“夫贝” 伯父和叔叔的女儿们：我们三个人是～

堂姊妹 t‘ɑŋ^{53}tsɿ$^{55-213}$meï 伯父和叔叔的孙女们

表兄弟 piɔ^{55}ɕyŋ$^{213-24}$ti^{31} 姑母和舅父的儿子们

表哥 piɔ^{55}kə^{213} 姑母和舅父的儿子（比自己年龄大的）

表嫂子 piɔ$^{55-53}$sɔ$^{55-213}$tsɿ˙ 表哥的配偶

表弟 piɔ^{55}ti^{31} 姑母和舅父的儿子（比自己年龄小的）

表姊妹 piɔ$^{55-53}$tsɿ^{55}mei^{31} 姑母和舅父的女儿们

表姐 piɔ$^{55-53}$tsiə^{55} 姑母和舅父的女儿们（比自己年龄大的）

表妹 piɔ^{55}mei^{31} 姑母和舅父的女儿们（比自己年龄小的）

姑表兄弟 ku^{213}piɔ^{55}ɕyŋ$^{213-24}$ti^{31} 姑母的儿子们

姑表姊妹 ku^{213}piɔ$^{55-53}$tsɿ^{55}mei^{31} 姑母的女儿们

舅表兄弟 tɕiou^{31}piɔ^{55}ɕyŋ$^{213-24}$ti^{31} 舅父的儿子们

舅表姊妹 tɕiou^{31}piɔ$^{55-24}$tsɿ^{55}mei^{31} 舅父的女儿们

姨兄弟 i^{53}ɕyŋ$^{213-24}$ti^{31} 姨妈的儿子们

姨姊妹 i^{53}tsɿ^{55}mei^{31} 姨妈的女儿们

连襟 liã^{53}tɕiẽ^{213} 姊妹丈夫间的互称或合称

　两乔 liɑŋ^{55}tɕ‘iɔ^{53}

　两来拽 liɑŋ^{55}lɛ^{53}pfɛ^{31}

　对鼻子 tuei^{31}pi$^{53-55}$tsɿ˙

　对脊梁骨 tuei^{31}tsi$^{213-31}$ȵiɑŋ˙ku^{213} “梁”音同“娘”

　一担挑 i$^{213-24}$tã$^{213-24}$t‘iɔ^{213}

仁兄弟 ʒẽ^{53}ɕyŋ$^{213-24}$ti^{31} 结拜的兄弟

　把兄弟 pɑ^{55}ɕyŋ$^{213-24}$ti^{31}

干姊妹儿 kã^{213}tsɿ^{55}mer^{31} 女性结拜的姐妹

亲家 *ts‘iŋ^{53}tɕï 音同“情及” 儿女配偶的父母间的称谓

3. 晚辈

晚辈儿 uã^{55}pier^{31} 辈分低的人的总称

免辈儿 miã^{55}pier^{31} ①低辈分的统称 ②比自己低一辈

儿女 ɭə^{53}ȵy^{55} 儿子和女儿的总称

儿 ɭə^{53} ①儿子 ②义子 ③特指男孩：他又生了个～

干儿 kã^{213}ɭə^{53} 义子

养子 iɑŋ$^{55-53}$tsɿ^{55} 收养的儿子

儿媳子 ɭə^{53}si$^{213-31}$tsɿ· 儿子的配偶

闺女 kuẽ$^{213-31}$ȵy· “闺”音“滚（阴平）” ①女儿：那是俺～ ②姑娘：你说话文明点，人家还是个～

干闺女 kã$^{213-24}$kuẽ$^{213-31}$ȵy· 义女

养女 iɑŋ$^{55-53}$ȵy^{55} 收养的女儿

闺女婿 kuẽ^{213}ȵy$^{55-213}$su· 女儿的丈夫

客 k‘ei^{213} “客”音同“尅” ①专指女婿：那是俺的～ ②客人的统称：俺家来～了

贵客 kuei^{31}k‘ei^{213} ①专指女婿 ②尊贵的客人

新客 siẽ$^{213-24}$k‘ei^{213} 女儿刚订婚或刚结婚的对象

孙子 suẽ$^{213-31}$tsɿ· 儿子的儿子

孙媳子 *suẽ$^{213-31}$si$^{213-31}$tsɿ· 孙子的配偶

孙媳妇儿 *suẽ$^{213-31}$si$^{213-31}$fur·

孙女子 *suẽ$^{213-31}$ȵy$^{55-213}$tsɿ· 儿子的女儿

孙女婿 *suẽ$^{213-31}$ȵy$^{55-213}$su· 孙女的丈夫

重孙子 pf‘əŋ^{53}suẽ$^{213-31}$tsɿ· 儿子的孙子

重孙女 pfəŋ^{53}suẽ$^{213-31}$ȵy· 儿子的孙女

外甥 uɛ$^{31-53}$ʃəŋ· ①姐或妹的儿子 ②女儿的儿子：姥娘就是疼～

外孙 uɛ^{31}suẽ^{213} 女儿的儿子

外甥女 uɛ$^{31-53}$ʃəŋ· ȵy^{55} ①姐或妹的女儿 ②女儿的女儿

外孙女 uɛ^{31}suẽ$^{213-31}$ȵy˙ 女儿的女儿

重外甥 pf‘ə^{53}uɛ$^{31-53}$ʃəŋ˙ ①外甥的儿子 ②女儿的孙子

侄儿 ʧer^{53} 兄弟的儿子

侄儿媳子 ʧer^{53}si$^{213-31}$tsʅ˙ 兄弟的儿媳

侄女子 ʧʅ$^{53-55}$ȵy˙ tsʅ˙ 兄弟的女儿

侄婿 ʧʅ^{53}su^{31} 侄女的丈夫

妻侄 ts‘i^{213}tʃʅ^{53} 妻子的侄儿

妻侄女 ts‘i^{213}tʃʅ^{53}ȵy^{55} 妻子的侄女

大份儿的 tɑ$^{31-53}$fer˙tï 排行最大的子女，以下依次类推为“二份儿的、三份儿的……”（包括儿子的妻子）

老小 lɔ$^{55-53}$siɔ^{55} 排行最小的子女

独苗儿 tu^{53}miɔr^{53} ①独生子女 ②只有一棵禾苗

4．其他

各亲各论 kə$^{213-24}$ts‘iẽ^{213}kə$^{213-24}$luẽ^{31} 亲缘关系中各自按照关系的亲疏远近的不同而论出不同的辈分和称谓

本家 pẽ^{55}tɕiɑ^{213} 同姓氏同宗族的人

五服 u^{55}fu^{53} ①五辈 ②“一服”为“五代”，“五服”为二十五代

没出五服 mu^{31}pf‘u^{213}u^{55}fu^{53} 没超出五代的同宗族人

出五服了 pf‘u^{213}u^{55}fu^{53}lɑ˙ ①超出五代了 ②没有任何血缘关系了：俺给他～

近房 tɕiẽ^{31}fɑŋ^{53} 血缘关系较近的同一族人

一房人 i^{213}fɑŋ^{53}ʒẽ^{53}

一支人 i$^{213-24}$tʃʅ^{213}ʒẽ^{53}

远门儿的 yã^{55}mer$^{53-55}$tï 宗族中血缘关系较远的族人

一个门儿的 i$^{213-31}$kə˙ mer$^{53-55}$tï 同姓的族人

远一层儿 yã^{55}ïçiə̃r^{53} 血统关系和相对照的这一层又疏远了一个层次：他家和我

们这儿家是～的本家

五　称谓

1．一般称谓

邻居百舍 *liẽ^{53}tɕyə˙ pei$^{213-24}$ʃə^{31} “居”音同“决”　泛指邻居

老庄世邻 lɔ^{55}pfaŋ$^{213-24}$ʃʅ^{31}liẽ^{53}　多年相处的邻居：咱都是～的，有事就要好好地商量

大人 tɑ^{31}ʒẽ^{53}　①成年人的统称 ②旧时对长辈或有身份人的敬称：岳父～ ③父母或年长的长辈：不听～言，吃亏在眼前 | 你家～上哪去了？

小孩儿 siɔ^{55}xɛr^{53}　①儿童 ②未成年人

男人 *nã^{53}ʒẽ˙　①泛指男性：干活来了几个～？②特指丈夫：她的～是工程师 ③有志气有能力的男子：你要做个真正的～

女人 ȵy$^{55-213}$ʒẽ˙　①泛指女性 ②特指妻子：他的那～真漂亮 ③特指女性的性格特征：那才有真正的～味

爷们儿 iə$^{53-55}$mer˙　①泛指成年男性 ②有个性的男性：你真算个～ ③上下辈关系的男性：我和他是～关系

娘们儿 ȵiaŋ$^{53-55}$mer˙　①已婚妇女的统称 ②戏称自己的老婆：我那～就是厉害 ③上下辈关系的女性：我和她是～关系

娘们儿头子 ȵiaŋ$^{53-55}$mer˙ t‘ou$^{53-55}$tsɿ˙　①已婚妇女的统称 ②戏称自己的老婆：我那～就是勤快

老爷们儿 lɔ^{55}iə$^{53-55}$mer˙　年龄较大的男性的统称或自称：咱这些～腿脚都不行了

老娘们儿 lɔ^{55}ȵiaŋ$^{53-55}$mer˙　年龄较大的妇女的统称：那个～，还是那么不服老

月窝孩儿 yə$^{213-31}$uə˙ xɛr^{53}　不满月的婴儿

小妭儿妭儿 siɔ^{55}pɑr$^{53-55}$pɑr˙　婴儿的统称

小子 siɔ$^{55-213}$tsɿ˙　①男孩：他家生了个～ ②对男子蔑视不敬的称呼：那个～太缺德，不孝敬父母

小小子儿 siɔ$^{55-53}$siɔ$^{55-213}$tser˙ 小男孩儿

小放牛的 siɔ^{55}fɑŋ^{31}ȵiou$^{53-55}$ti˙

带把儿的 tɛ^{31}pɑr$^{31-53}$ti˙

带橛儿的 tɛ^{31}tɕyər$^{53-55}$ti˙

小闺女儿 siɔ^{55}k‘uẽ$^{213-31}$ȵyer˙ ①小女孩：那个～真漂亮，长大能当个电影明星 ②最小的女儿

小丫头儿 siɔ^{55}iɑ$^{213-31}$t‘our˙

小妮子儿 siɔ^{55}ȵi$^{213-31}$tser˙ ①小女孩 ②最小的女儿 ③对女孩的昵称 ④对小女孩的贬称：又生了个～

妮子疙瘩儿 ȵi$^{213-31}$tsɿ˙ kə$^{213-31}$tɑr˙

闺女嫉儿 kuẽ$^{213-31}$ȵy˙ pɑr^{53}

丫头嫉儿 iɑ$^{213-31}$t‘ou˙ pɑr^{53}

丫头 iɑ$^{213-31}$t‘ou˙ 很年轻的未婚女青年

妮子 ȵi$^{213-31}$tsɿ˙

丫头片子 iɑ$^{213-31}$t‘ou˙ p‘iã$^{31-53}$tsɿ˙

丫头蛋子 iɑ$^{213-31}$t‘ou˙ tã$^{31-53}$tsɿ˙

青年人 ts‘iŋ^{213}ȵiã^{53}ʒẽ^{53} 青年男女的统称

年轻人 ȵiã^{53}tɕ‘iŋ^{213}ʒẽ^{53}

青壮年 ts‘iŋ$^{213-24}$pfɑŋ^{31}ȵiã^{53} 正值年富力强时的男人

小青年儿 siɔ^{55}ts‘iŋ$^{213-24}$ȵiɛr^{31} 青年男子的统称

小伙子 siɔ$^{55-53}$xuə$^{55-213}$tsɿ˙

大闺女 tɑ^{31}kuẽ$^{213-31}$ȵy˙ ①未婚女青年的统称：～出门子——头一回（歇后语） ②长女：那是俺～

姐妹团 tsiə$^{55-213}$mei˙ t‘uã^{53} 未婚女青年：有的～干活满赶上小青年

姊妹团 tsɿ$^{55-213}$mei˙ t‘uã^{53}

姊妹班 tsɿ$^{55-213}$mei˙ pã^{213}

识字班 ʃʅ^{53}tsɿ^{31}pã^{213}

劳力 lɔ^{53}li^{213} ①成年男性的代称 ②有劳动能力的男女：男～和女～都来了

整劳力 tʃəŋ^{55}lɔ^{53}li^{213} ①具备完全劳动能力的人 ②成年男性的代称

半劳力 pã^{31}lɔ^{55}li^{213} ①不具备完全劳动能力的人 ②成年女性的代称

小媳妇儿 siɔ^{55}si$^{213-31}$fur˙ 新婚不久的年轻妇女

　小媳子 siɔ^{55}si$^{213-31}$tsɿ˙

有年纪的 iou^{55}ȵiã$^{53-55}$tɕiˑtiˑ ①对老年人的敬称：快给那个～让座 ②对自家或别人父母的敬称：那是他家～

老头儿 lɔ^{55}tour^{53} ①泛指老年男性 ②老年妇女对老伴儿的称呼：俺～退休了

老嬷嬷儿 lɔ$^{55-53}$mɑ$^{55-213}$mɑr˙ “嬷”音同“马” ①泛指老年妇女 ②老年男士对自己老伴儿的称呼：那是俺～ ③对自己或同事的母亲的称呼：没回家看看～？

坐地户儿 tsuə^{31}ti^{31}xur^{31} 在一地祖居或久居的人家

外来户儿 uɛ^{31}lɛ^{53}xur^{31} 从外地迁来居住或暂住的人家

　外来户子 uɛ^{31}lɛ^{53}xu$^{31-53}$tsɿ˙

本地人 pẽ^{53}ti^{31}ʒẽ^{53} 祖居或久居本地的人

　当地人 tɑŋ^{31}ti^{31}ʒẽ^{53}

外地人 uɛ^{31}ti^{31}ʒẽ^{53} 从外地来此经过或暂居的人

自己人 tsɿ^{31}tɕi^{213}ʒẽ^{53} ①自己家里的人 ②很合得来或关系密切、毫无隔阂的人

外人 uɛ^{31}ʒẽ^{53} 自家以外的且关系不很密切的人

眼子 iã$^{55-213}$tsɿ˙ 吃亏受气的弱者

偏挎子 p‘iã$^{213-24}$k‘uɑ$^{31-53}$tsɿ˙ ①配角 ②次要的：那都是些～亲戚

旱鸭子 xã^{31}iɑ$^{213-31}$tsɿ˙ ①陆地喂养的鸭子 ②比喻不会游泳的人

单杆子 tã^{213}kã$^{55-213}$tsɿ˙ ①独身：他到现在还是个～ ②没有伙伴：他的生意是～跳舞——独来独往

眊子 mɔ$^{213-31}$tsɿ˙ 泛指南方人：～说话咱听不懂

　蛮子 mã$^{53-55}$tsɿ˙

　南眊子 nã^{53}mɔ$^{213-31}$tsɿ˙

　南蛮子 nã^{53}mã$^{53-55}$tsɿ˙

侉子 k‘uɑ$^{55-213}$tsɿ˙ 泛指北方人

北侉子 pei^{213}k‘uɑ$^{55-213}$tsɿ˙

洋人 iɑŋ^{53}ʒẽ^{53} ①泛指外国人 ②打扮时髦的人

洋鬼子 iɑŋ^{53}kuei$^{55-213}$tsɿ˙ ①泛指外国人 ②憎称侵略者

洋娘们儿 iɑŋ^{53}ȵiɑŋ$^{53-55}$mer˙ ①外国女性 ②打扮时髦的女性

洋学生 iɑŋ^{53}ɕyə$^{53-55}$ʃəŋ˙ ①旧时在公立学校上学的学生 ②留学生

全美人儿 *ts‘uã^{53}meï ʒer^{53} 夫妻健在、儿女双全的人：人家可是个～｜民俗之一，铺新床要用～

苦人 k‘u^{55}ʒẽ^{53} 命运不好的人：他是个～，从小没了爹娘，老了又得了一身病

正差儿 tʃəŋ^{31}tʃ‘ɛr^{213} ①主要角色：娶媳妇来的客人，舅家才是～ ②单位或团体中的主要负责人：等一会，～还没来呢

主儿 pfer^{55} ①指主人：这东西找不着～ ②指某种类型的人：要来不讲理的，这家伙算个～ ③专指丈夫：快三十了，她还没找～ ④买主：今天大白菜没有～

大拿 tɑ^{31}nɑ^{53} 在某些事上能独挡一面的人：真没有想到，在这方面你还是个～

大总管 tɑ^{31}tsuŋ$^{55-53}$kuã^{55} ①总管婚丧嫁娶事宜的人 ②厂矿、企业等总揽后勤事务的人 ③单位或团体中的主要负责人

大忙人 tɑ^{31}mɑŋ^{53}ʒẽ^{53} 非常繁忙的人

一把好手儿 i^{213}pɑ^{55}xɔ$^{55-53}$ʃour^{55} 指能干、会干、技术全面、技艺高超的人：干这活儿，他是～

生手儿 ʃəŋ^{213}ʃour^{55} ①刚接触某项工作的人 ②刚到某个地方或单位的人

半瓶醋 pã$^{31-53}$p‘iŋ˙ts‘u^{31} ①比喻一知半解的人 ②比喻似懂非懂的人：我绘画是个～

敲边鼓的 tɕ‘iɔ$^{213-24}$piã^{213}ku$^{55-213}$tï 在旁边帮衬的角色

打当当翅儿的 tɑ^{55}tɑŋ$^{213-31}$tɑŋ˙tʃ‘er$^{31-53}$tï “当当翅儿”是一种很小的打击乐器，比喻很不重要的角色：他在村委里也就是个～

怕角儿 p‘ɑ$^{31-53}$tɕyər˙ 使人在某些方面有畏惧：小孩没有一点～不行

雏儿 pf‘ur^{55} ①幼鸟 ②比喻年龄小、阅历少、处事无能的人 ③隐指处女

主顾 pfu^{55}ku^{31} 经常来买东西的顾客

吃五保的 tʃʻʅ^{213}u$^{55-53}$pɔ$^{55-213}$tï 年老无后嗣靠集体或政府供养的人

坐家女儿 tsuə^{31}tɕiɑ^{213}ȵyer^{55} 从不离开家门的未婚女子：要找找个～，别找街面头的小堂客儿

赘脚的 pfei^{31}tɕyə$^{213-31}$ti˙ “赘脚”音同“坠决” ①使人感到麻烦而又推托不掉的人：他现在有～，哪里也去不了 ②同行时始终落在后面影响大家的人

光棍儿 kuɑŋ$^{213-24}$kuer^{31} ①单身：他到现在还是～一个 ②难招惹、好占便宜的人

吃喜儿的 tʃʻʅ^{213}ɕier$^{55-213}$tï ①到有喜事者家里讨要吃喝的人 ②不劳而获，专门从别人身上揩油的人

二婚头儿 ɭə$^{31-53}$xuẽ˙ tʻour^{53} 再嫁的妇女

老瞩 lɔ^{55}ɕyə^{31} “瞩”音“学（去声）” 总是受欺负、吃亏的人：这人到哪里都是个～

野燕儿 iə^{55}iɛr^{31} ①占据别的燕窝的野生燕子 ②比喻不是土生土长的外来人：你欺负俺，你认为俺是哪里来的～？③贬称不守本分的年轻女子

家伙 tɕiɑ$^{213-31}$xu˙ ①对人的戏称：你个～，这几天你上哪去了？②对人的蔑称：那个～不是个好人 ③指某些东西，如武器、农具等：多带些～，来了好些帮忙的 ④专指男人的私处 ⑤表示惊讶：好～，来了这么多人！

独蛋 tu^{53}tã^{31} ①单身 ②无兄无弟

2. 职业称谓

吃国库粮的 tʃʻʅ^{213}kuə^{55}kʻu^{31}liɑŋ$^{53-55}$tï 有城镇户口、由国家供应粮食吃的人

脱产的 tʻuə^{213}tʃʻã$^{55-213}$tï 脱离农村劳动到国家机关工作的人

庄户人 pfɑŋ$^{213-31}$xu˙ ʒẽ^{53} 泛指农民

打庄户的 tɑ^{55}pfɑŋ$^{213-31}$xu˙ tï

种地的 pfəŋ^{31}ti$^{31-53}$ tï

耪四垄子地的 pʻɑŋ^{55}sʅ^{31}luŋ$^{55-213}$tsʅ˙ ti$^{31-53}$tï

撸牛尾巴的 lu^{213}ȵiou^{53}i$^{213-31}$pu˙ tï “尾巴”音同“乙卜”

扛锄的 k‘ɑŋ^{31}pf‘u$^{53-55}$tï

撸锄杠的 lu^{213}pf‘u^{53}kɑŋ$^{31-53}$tï

钻秫秫棵的 tsuã^{213}fu$^{53-55}$fu˙ kuə$^{213-31}$tï “棵”音同“扩”

血庄户 ɕyə$^{213-24}$pfɑŋ$^{213-31}$xu˙ 地地道道的农民

庄户孙 pfɑŋ$^{213-31}$xu˙ suẽ^{213} ①农村人 ②农村人自我调侃：俺是～，不能给您攀比

做活的 tsou^{31}xə$^{53-55}$tï “做活”音同“揍合” ①过去地主家里的佣人 ②雇工：今天请了不少～

领趟子的 liŋ^{55}t‘ɑŋ$^{31-53}$tsʅ˙ tï ①多指过去在财主家带头扛活的人 ②做农活时在前面带头的人 ③团体中的负责人

教学的 tɕiɔ^{213}ɕyə$^{53-55}$tï 教师

教书先生 tɕiɔ$^{213-24}$fu$^{213-24}$siã$^{213-31}$ʃəŋ˙

教书匠子 tɕiɔ$^{213-24}$fu$^{213-24}$tsiɑŋ$^{31-53}$tsʅ˙

社员 ʃə^{31}yã^{53} ①泛指人民公社时期的一般农民 ②现泛指农村平民百姓：俺是个穷～，给你攀不上

学生 ɕyə$^{53-55}$tʃ‘əŋ˙ “生”音同“成（轻声）”

大学生 tɑ^{31}ɕyə$^{53-55}$tʃ‘əŋ˙ ①年龄偏大的学生 ②高年级的学生 ③有文化的年轻人

大学生 tɑ^{31}ɕyə^{53}ʃəŋ^{213} 受过高等教育的人

东家 tuŋ$^{213-31}$tɕï “家”音同“吉” ①主人 ②赌场中的庄家

媒人 mei$^{53-55}$ʒẽ˙ 婚姻介绍人

说媒的 fə^{213}mei^{53}tï

媒婆儿 mei^{53}p‘ər^{53} 专司介绍婚姻的女性

老板 lɔ$^{55-53}$pã^{55} ①企业主人 ②单位、团体中的当家人

老板娘 lɔ$^{55-53}$pã^{55}ȵiɑŋ^{53} ①企业女主人 ②企业主的夫人

伙计 xuə$^{55-213}$tɕï ①同伙 ②雇工 ③关系不正常的男女：那两个轧～正对路

学徒工 ɕyə^{53}t‘u^{53}kuŋ^{213} 边学技术边做工的工人

收生婆 ʃou$^{213-31}$ʃẽ p‘ə^{53} “生”音同“身” 农村接生的妇女

铁匠 t‘iə$^{213-31}$tsiɑŋ˙ 锻造或修理铁器的匠人

铜匠 t‘uŋ$^{53-55}$tsiɑŋ˙ 锻造或修理铜器的匠人

银匠 iẽ$^{53-55}$tsiɑŋ˙ 锻造或修理银器的匠人

锡匠 si$^{213-31}$tsiɑŋ˙ 锻造或修理锡器的匠人

木匠 mu$^{213-31}$tsiɑŋ˙ 制作或修理木器的匠人

石匠 ʃʅ$^{53-55}$tsiɑŋ˙ 垒砌或雕刻石器的匠人

瓦匠 uɑ$^{55-213}$tsiɑŋ˙ 建造房屋专门铺苫屋瓦的匠人

泥水匠 mi^{53}fei^{55}tsiɑŋ^{31} 建筑工人的统称

匠子 tsiɑŋ$^{31-53}$tsɿ˙ 匠人的统称：结婚请了几个叭喇～

剃头匠子 t‘i^{31}t‘ou^{53}tsiɑŋ$^{31-53}$tsɿ˙ 理发师

叭喇匠子 pɑ$^{55-213}$lɑ˙ tsiɑŋ$^{31-53}$tsɿ˙ 吹鼓手

锢漏锅子 ku$^{31-53}$lou˙ kuə$^{213-31}$tsɿ˙ 挑着担子走街串巷修补陶、瓷、铁器等的匠人

锢漏挑子 ku$^{31-53}$lou˙ t‘iɔ$^{213-31}$tsɿ˙

货郎挑子 xə$^{31-53}$lɑŋ˙ t‘iɔ$^{213-31}$tsɿ˙ “货”音同“贺” 货郎

货郎鼓子 xə$^{31-53}$lɑŋ˙ ku$^{55-213}$tsɿ˙ ①货郎 ②货郎用的摇鼓

喂牛的 uei^{31}ȵiou$^{53-55}$tï˙ 饲养牛的人员

喂马的 uei^{31}mɑ$^{55-213}$tï˙ 饲养马、驴的人员

喂羊的 uei^{31}iɑŋ$^{53-55}$tï˙ 饲养羊的人员

喂猪的 uei^{31}pfu$^{213-31}$tï˙ 饲养猪的人员

喂鸡的 uei^{31}tɕi$^{213-31}$tï˙ 饲养鸡的人员

砸衣裳的 tsɑ^{53}i$^{213-31}$ʃɑŋ˙ tï˙ 裁缝师

砸白铁皮的 tsɑ^{53}pei^{53}t‘iə^{213}p‘i$^{53-55}$tï˙ 用白铁皮制作各种器具用品的匠人

砸鞋的 tsɑ^{53}ɕiɛ$^{53-55}$tï˙ 修鞋的匠人

掂大勺的 tiã$^{213-24}$tɑ^{31}fə$^{53-55}$tï˙ 厨师长

抹斗的 mɑ^{213}tou$^{55-213}$tï˙ “抹”音同“妈” 从事“抹斗”职业的人

厨子 pf‘u$^{53-55}$tsɿ· 厨师的统称

伙夫 xuə^{55}fu^{213} 泛指伙房工人或厨师

挑夫 t‘iɔ$^{213-24}$fu^{213} ①旧时专门替人挑担东西的人 ②旧时靠挑担、贩卖东西维持生计的人

挑脚的 t‘iɔ$^{213-24}$tɕyə$^{213-31}$ti· “脚”音同“决”

脚夫 tɕyə$^{213-24}$fu^{213} ①旧时专门替人挑担东西的人 ②旧时靠赶牲口贩卖东西维持生计的人

赶脚的 kã^{55}tɕyə$^{213-31}$ti· 过去赶着驴、马等牲畜驮货物做生意的人

看青的 k‘ã$^{213-24}$ts‘iŋ$^{213-31}$ti· 人民公社时期专门看管庄稼的人

看湖的 k‘ã$^{213-24}$xu$^{53-55}$ti·

看铺儿的 k‘ã$^{213-24}$p‘ur$^{213-31}$ti· ①人民公社时期专门看管集体财产或庄稼的人 ②专门看管场地、物资的人

使唤的 ʃʅ$^{55-213}$xuã· ti· 佣人

开车的 k‘ε$^{213-24}$tʃ‘ə$^{213-31}$ti· 司机

大老支 tɑ^{31}lɔ^{55}tʃʅ^{213} 专司丧事的总管

二知先生 ɭə^{31}tʃʅ$^{213-24}$siã$^{213-31}$ʃəŋ· 既知阴又知阳的风水先生

举重的 tɕy^{55}pfəŋ$^{31-53}$ti· 送葬时抬棺材的人

玩把戏的 uã^{53}pɑ$^{55-213}$ɕi· ti· 杂技演员

吃这门饭的 ʧ‘ʅ^{213}ʧə^{31}mẽ^{53}fã$^{31-53}$ti· 靠某种职业谋生的人

武把子 u$^{55-53}$pɑ$^{55-213}$tsɿ· 戏曲中扮演武打的角色，也指戏中的武打表演

下井的 ɕiɑ^{31}tɕiŋ$^{55-213}$ti· 煤矿工人

宰不子 tsε$^{55-213}$pu· tsɿ· 专门宰杀牲畜的人

二道贩子 ɭə^{31}tɔ^{31}fã$^{31-53}$tsɿ· 靠贩卖维持生计的小商贩

翻包底的 fã$^{213-24}$pɔ^{213}ti$^{55-213}$ti· 成批低价买来货物再在街市上高价零售的小商贩

蹲蹲儿的 tuẽ$^{213-24}$tuer$^{213-31}$ti· ①囚犯 ②刑满释放人员

半掩门儿 pã^{31}iã^{55}mer^{53} ①隐指暗娼 ②门半开半闭

和尚 xə$^{53-55}$tʃ'əŋ· "尚"音同"成" 僧人

姑姑子 ku$^{213-31}$ku· tsɿ· 尼姑

看二行的 k'ã^{31}ɭə^{31}ɕiŋ$^{53-55}$tï 局外看热闹的人：他是～不嫌局大

欻不街子 pf'ɑ$^{55-213}$pu· tɕiɛ$^{213-31}$tsɿ· 专在集市上抢夺别人财物的人

转转子 pfã$^{31-53}$pfã· tsɿ· 扒手

三只手 sã$^{213-24}$tʃʅ^{213}ʃou^{55}

掏包儿的 t'ɔ$^{213-24}$pɔr$^{213-31}$tï

割包儿的 kɑ$^{213-24}$pɔr$^{213-31}$tï 用专制刀具割破别人包裹或衣兜等偷窃财物的人

要饭的 iɔ^{31}fã$^{31-53}$tï 乞丐

查门鼻儿的 tʃ'ɑ^{53}mẽ^{53}pier$^{53-55}$tï 乞丐，因挨家挨户乞讨而得名

戳狗牙的 pf'ə^{53}kou^{55}iɑ$^{53-55}$tï 乞丐，因拿着棍子防备狗咬而得名

剺破头的 li^{53}p'ə^{31}t'ou$^{53-55}$tï "剺"音同"厘" 旧时在街上以割破自己头的方式行乞的人

开窑子的 k'ɛ^{213}iɔ$^{53-55}$tsɿ· tï 经营妓女院的，即"老鸨"

婊子 piɔ$^{55-213}$tsɿ· ①指与多个男子有奸情的女人 ②妓女

相好的 siɑŋ^{213}xɔ$^{55-213}$tï ①指相互爱慕甚至有婚外情的男女双方 ②关系特别要好的朋友：他俩是铁～

轧伙计的 kɑ^{213}xuə$^{55-213}$tɕï tï ①光棍和寡妇姘居 ②专指男女间的亲密关系 ③指合伙做事：～买卖不好做

马子 mɑ$^{55-213}$tsɿ· ①为生活或其他原因所迫而抢劫或勒索的人或团体 ②打家劫舍、杀富济贫的绿林中人 ③土匪

3．亲昵称谓

婊仔儿 piɔ$^{55-213}$tser^{53} 对小孩无恶意的骂语，多对自己亲生或亲近的子孙：你个～，别不听大人的话

熊羔子 ɕyŋ^{53}kɔ$^{213-31}$tsɿ·

熊黄子 ɕyŋ^{53}xuɑŋ$^{53-55}$tsɿ·

鳖羔子 piə$^{213-24}$kɔ$^{213-31}$tsʅ˙

龟羔子 kuei$^{213-24}$kɔ$^{213-31}$tsʅ˙

龟渣子 kuei$^{213-24}$tʃɑ$^{213-31}$tsʅ˙

小东西 siɔ^{55}tuŋ$^{213-31}$ɕi˙

小黄黄儿 siɔ^{55}xuɑŋ$^{53-55}$xuɑ̃r˙

乖乖 kuɛ$^{213-31}$kuɛ˙ ①对孩童或心爱人的昵称：我的小～，可想死我了 ②惊讶的语气：我的～，怎么会这样？

老老娇 lɔ$^{55-213}$lɔ˙ tɕiɔ^{213} 对年纪大了的夫妻所生的最小的儿女的昵称

末犊子 miə^{213}tu$^{53-55}$tsʅ˙ “末”音同“灭” 对最小儿女的戏称：那是李家的～

小末尕儿 siɔ^{55}miə^{213}kɑr^{53} ①排行最小的孩子 ②最小的动物 ③个头儿最小的东西：我要那个～

小末犊儿 siɔ^{55}miə$^{213-24}$tur^{213} ①排行最小的孩子 ②最小的动物

小奶拱拱儿 siɔ$^{55-53}$nɛ^{55}kuŋ$^{53-55}$kũr˙ ①正在吃奶的孩子 ②形容在大人面前爱撒娇的孩童：都六七岁了，说话还跟～似的

跟路精 kẽ$^{213-24}$lu^{31}tsiŋ^{213} 特指爱跟随大人的小孩

老人精 lɔ^{55}ʒẽ^{53}tsiŋ^{213} ①人虽老了，但还很精明 ②精明伶俐的孩子：这个孩子才三岁，说话就像是个～

老人筋 lɔ^{55}ʒẽ^{53}tɕiẽ^{213}

状元帕子 pfɑŋ$^{213-31}$yã˙ p‘ɑ$^{213-31}$tsʅ˙ 指长相好、有才华、有出息的青少年：你看那个孩子，长得就像个～

小长瘊儿的 siɔ$^{55-53}$tʃɑŋ^{55}xour$^{53-55}$ti˙ 有爱意的骂语：如果有女性骂你～，说明你要交桃花运了

老了俏 lɔ$^{55-213}$lɑ˙ ts‘iɔ^{31} ①人老了反而更漂亮了：您家嫂子真是个～ ②年老了反而更爱打扮了

老老俏 lɔ$^{55-213}$lɔ˙ ts‘iɔ^{31}

老来俏 lɔ^{55}lɛ^{53}ts‘iɔ^{31}

4. 贬义称谓

男人头子 *nã^{53}ʒẽ· tʻou$^{53-55}$tsɿ· 男人的统称

女人头子 ȵy$^{55-213}$ʒẽ· tʻou$^{53-55}$tsɿ· 女人的统称

老光棍儿 lɔ^{55}kuɑŋ$^{213-24}$kuer^{31} ①指老年单身男性 ②指一贯占便宜不好招惹的老年人

女光棍儿 ȵy^{55}kuɑŋ$^{213-24}$kuer^{31} ①单身女性 ②指好沾便宜不讲道理且泼辣风骚的女人

黄子 xuɑŋ$^{53-55}$tsɿ· 对人或物不敬的称呼：你买这～干什么的！

精子 tsiŋ$^{213-31}$tsɿ· 过分精明甚至有些油滑的人

憨子 xã$^{213-31}$tsɿ· 智障的人

拐子 kuɛ$^{55-213}$tsɿ· ①瘸子 ②拐骗人的人

愣子 ləŋ$^{31-53}$tsɿ· 愣头愣脑的人

二愣子 ɭə^{31}ləŋ$^{31-53}$tsɿ· 不计后果、愣头愣脑、爱招惹是非的人

二不愣 ɭə$^{31-53}$pu· ləŋ^{31}

青皮二愣 tsʻiŋ^{213}pʻi^{53}ɭə^{31}ləŋ^{31} 地痞：那个～，不值得给他惹气

二茬子 ɭə^{31}tʃʻɑ$^{53-55}$tsɿ· ①比喻再婚的男女 ②指第二次收获或种植庄稼：捞～子地瓜 ③第二次：不能再受～罪

二杆子 ɭə^{31}kã$^{55-213}$tsɿ· 心智不全、做事鲁莽的人

二憨子 ɭə^{31}xã$^{213-31}$tsɿ· 反应迟钝的人

二混子 ɭə^{31}xuẽ$^{31-53}$tsɿ· 无所事事、游手好闲的人

二流子 ɭə^{31}liou$^{53-55}$tsɿ· 流里流气、不务正业的人

二皮脸 ɭə^{31}pʻi^{53}liã^{55} 脸皮厚、不知廉耻的人：那人是～，从来不知道什么是丢人

二叶子 ɭə$^{31-53}$iə· tsɿ· 性别特征不明显的人

二把刀 ɭə^{31}pɑ^{55}tɔ^{213} ①厨师的帮手 ②比喻略懂一点、不很内行的人：他不是真正的厨师，只是个～ ③技艺等不熟练

二半吊子 ɭə^{31}pã^{31}tiɔ$^{31-53}$tsɿ· 言行不着边际、办事不牢靠的人：他是～一个，

不能指望

半拼子 pã^{31}p'iẽ$^{213-31}$tsɿ· 傻头傻脑、不懂事理的人

枪头子 ts'iaŋ^{213}t'ou$^{53-55}$tsɿ· ①比喻容易被人利用攻击他人的人：他是给人家当～使的 ②比喻被人唆使或容易冲动、爱出风头的人

街滑子 tɕiɛ^{213}xuɑ$^{53-55}$tsɿ· ①无所事事、整天在街上闲逛的懒散人 ②游手好闲、不劳而获的市侩

活猴子 xuə^{53}xou$^{53-55}$tsɿ· 比喻乱窜动，调皮：那小伙子给～样，整天没点老实气

老油子 lɔ^{55}iou$^{53-55}$tsɿ· ①世故圆滑的人 ②在某方面很内行、经历多、经验多、造诣很深的人

老油条 lɔ^{55}iou^{53}t'iɔ^{53} 非常世故圆滑的人

干狼子 kã$^{213-24}$lɑŋ$^{213-31}$tsɿ· ①很瘦弱的人：看你瘦得给～似的，也不好好吃饭 ②很瘦弱的动物

秃妮子 t'u$^{213-24}$ȵi$^{213-31}$tsɿ· 对小女孩的谩骂语，有时并无恶意

野孩子 iə^{55}xɛ$^{53-55}$tsɿ· 缺乏教养、非常放任的孩子

硬眼子 iŋ^{31}iã$^{55-213}$tsɿ· 性格极为固执的人

碎嘴子 suei^{31}tsuei$^{55-213}$tsɿ· 爱唠叨的人：俺妈是个～

迷沫子 mi$^{53-55}$mə· tsɿ· 不明事理或头脑不清醒、办事不灵活的人：你真是个～，一点小事都办不好

迷木蛋 mi$^{53-55}$mu· tã^{31} 谑称分辨力、判断力、领悟力差的人：他是个～，怎么说他也不明白

带犊子 tɛ^{31}tu$^{53-55}$tsɿ· ①妇女改嫁带着与前夫所生的儿女 ②牲畜怀孕：那头母牛又～了

小卒子 siɔ^{55}tsu$^{53-55}$tsɿ· ①象棋术语，指“卒” ②比喻职位极低、供人驱使的人：别看他趾高气扬的，也就是村长的一个～

气包子 tɕ'i^{31}pɔ$^{213-31}$tsɿ· 经常惹人生气的人或事

出溜狗子 pf'u$^{213-31}$liou· kou$^{55-213}$tsɿ· 比喻游手好闲、到处闲溜的人：你

整天不干活，跟～一样，还想好吧！

睁眼瞎子 tʃəŋ^{213}iã^{55}ɕiɑ$^{213-31}$tsɿ· ①眼睛失明，虽然睁着眼睛但看不见东西 ②文盲

睁眼瞎儿 tʃəŋ^{213}iã^{55}ɕiɑr^{213}

花花肠子 xuɑ$^{213-31}$xuɑ· tʃʻɑŋ$^{53-55}$tsɿ· ①花心 ②心眼、心机特别多：那人一肚子～

嬉唐鬼子 ɕi$^{213-31}$tʻɑŋ· kuei$^{55-213}$tsɿ· 爱开玩笑的人

瞎话篓子 ɕiɑ$^{213-24}$xuɑ^{31}lou$^{55-213}$tsɿ· 经常说谎话和下流话的人

翻眼猴子 fã^{213}iã^{55}xou$^{53-55}$tsɿ· 翻脸不认人、翻脸不认账的人

鬼嘞钻子 kuei$^{55-213}$lɑ· tsuã$^{31-53}$tsɿ· 刁钻之人

叽叽狗子 tsi$^{213-31}$tsi· kou$^{55-213}$tsɿ· 特别爱计较且小气的人

叽叽鬼子 tsi$^{213-31}$tsi· kuei$^{213-31}$tsɿ·

能豆子 nəŋ^{53}tou$^{31-53}$tsɿ· 喜欢逞能、显摆、出风头的人

能不豆子 nəŋ$^{53-55}$pu· tou$^{31-53}$tsɿ·

能不够子 nəŋ$^{53-55}$pu· kou$^{31-53}$tsɿ·

牛屄匠子 ȵiou^{53}pi$^{213-24}$tsiɑŋ$^{31-53}$tsɿ· 善吹牛皮的人：那是个～，别听他瞎吹

牛屄篓子 ȵiou^{53}pi^{213}lou$^{55-213}$tsɿ·

皮愣鬼子 pʻi$^{53-55}$ləŋ· kuei$^{55-213}$tsɿ· 调皮捣蛋、不听话的孩子

疲沓乎子 pʻi$^{53-55}$tʻɑ· xu$^{213-31}$tsɿ· 淘气顽皮、对什么都不在乎的孩子

孬泥 nɔ^{213}mi^{53} “泥”音同“迷” ①不好的泥巴 ②比喻好耍赖、沾便宜的人 ③比喻吝啬的人

孬泥碗子 nɔ^{213}mi^{53}uã$^{55-213}$tsɿ· 好耍赖、沾便宜的人

一个娘两个爹的 i$^{213-31}$kə· ȵiɑŋ^{53}liɑŋ$^{55-213}$kə· tiə$^{213-31}$ti· 同母异父

一个爹两个娘的 i$^{213-31}$kə· tiə^{213}liɑŋ$^{55-213}$kə· ȵiɑŋ$^{53-55}$ti· 同父异母

吃二馍的 tʃʻʅ$^{213-24}$ɭə^{31}mə$^{53-55}$ti· ①儿童吃别的孩子吃过的奶 ②比喻在别人后面捡便宜、揩油的人：这些人都是～

榆木疙瘩 y$^{53-55}$mu˙ kə$^{213-31}$tɑ˙ 比喻头脑反应迟钝且固执、办事不灵活的人

枣木疙瘩 tsɔ$^{55-213}$mu˙ kə$^{213-31}$tɑ˙ 比喻性格耿直死脑筋、不会随机应变或固执的人

缺螺丝 tɕʻyə^{213}luə^{53}sɿ^{213} 比喻智商低下的人

缺零件儿 tɕʻyə^{213}liŋ$^{53-55}$tɕiɛr˙

缺弦儿 tɕʻyə^{213}ɕiɛr^{53}

缺根弦儿 tɕʻyə^{213}kẽ^{53}ɕiɛr^{53}

菜物 tsʻɛ^{31}u^{31} 智力低下、没能力的人：他～一个，别指望办成什么事

废物 fei^{31}u^{31} 无用之人：一群～

花迷 xuɑ^{213}mi^{53} 一种病态心理，看见异性就生恋慕甚至萌发淫念的人

香汤 ɕiɑŋ$^{213-24}$tʻɑŋ^{213} 很受宠爱、重用的人：那家伙现在在村里成了～了

人渣儿 ʒẽ^{53}tʃɑr^{213} 泛指人：到现在连个～都没有

人牙儿 ʒẽ^{53}iɑr^{53} ①泛指人 ②孩童：大火烧得他家连个～没有剩

半熟儿 pã^{31}fur^{53} 智力低下、言行不正常的人：那个～，你给他说什么？| 那个～，不能指望干件人事

囊墩儿 nɑŋ$^{213-24}$tuer^{213} 过于老实、能力差、经常吃亏的人：他太老实，无论在哪里都是～

猴儿精 xour^{53}tsiŋ^{213} 过分精明甚至有些狡猾的人：他是个～，不能打交道

赖毛 lɛ^{31}mɔ^{53} 爱耍诬赖的人：你不还钱就是～

赖毛急 lɛ^{31}mɔ^{53}tɕi^{53} 极力耍赖的人：遇到事他就会耍～

恶子赖 ɣə$^{213-31}$tsɿ˙ lɛ^{31} ①软弱无能的人 ②德行恶劣的人 ③无赖

笨货 pẽ^{31}xuə^{31} 很笨拙的人

冤孽 yã$^{213-24}$iə^{213} "孽"音同"业" 经常惹是生非的人

妖孽 iɔ$^{213-24}$iə^{213} 不听教诲，不务正业，爱招惹是非：他那个孩子太～

妖孽蛋 iɔ$^{213-24}$iə$^{213-24}$tã^{31} 调皮捣蛋、不务正业的孩子

魔头 mə^{53}tʻou^{53} ①纠缠不休的人 ②抓住别人缺点不放的人

滑头 xuɑ^{53}tʻou^{53} ①拈轻怕重、油腔滑调的人 ②很圆滑的人

难缠头 nã^{53}tʃʻã^{53}tʻou^{53} 很难管理教育、对付的人：那个～，谁也对付不了他

厘不头 li$^{53-55}$pu· tʻou^{53} 对某一事物完全外行的人：他对这事就是～，还犟充懂行

犟筋头 tɕiɑŋ^{31}tɕiŋ^{213}tʻou^{53} 比喻固执己见、难以改变自己言行的人：那人是个～，谁说他都不听

硬头鳖 iŋ^{31}tʻou^{53}piə^{213} 比喻固执己见的人

夹根头 tɕiɑ$^{53-55}$kẽ· tʻou^{53} 性格过分内向、不善交际的人：他是个～，不善言辞

㤘子头 tʃou$^{55-213}$tsɿ· tʻou^{53} 不善言语且固执己见、难以相处的人

肉头㤘子 ʒou^{31}tʻou^{53}tʃou$^{55-213}$tsɿ· 家境比较富裕而又不愿与人交往的人：那人是～，也不缺钱，就是不给人打交道

肉头户 ʒou^{31}tʻou^{53}xu^{31} 比喻家境富而不露，又不愿与人交往的人家

趔边子驴 liə^{31}piə$^{213-31}$tsɿ· lu^{53} “边”音同“鳖” 比喻遇事不积极靠近的人：人家都忙得了不得，他还站在一边跟～样

奶奶哼 nɛ$^{55-213}$nɛ· xəŋ^{213} 比喻窝囊无能的人：俺那男人是个～，真气人

窝囊废 uə$^{213-31}$nɑŋ· fei^{31} 比喻过分老实、怯弱无能的人：俺那口子是个～

公道亏 kuŋ$^{213-24}$tɔ^{31}kʻuei^{213} 好沾便宜，即使公道也自认为吃了亏的人

败坏头 pɛ$^{31-53}$xuɛ· tʻou^{53} ①因不务正业而使家境败落的人 ②没有教养、好吃懒做的人

江湖嘴 tɕiɑŋ^{213}xu^{53}tsuei^{55} 说话无根据、信口开河夸夸其谈的人：他是个～，别听他的！

骚乎蛋 sɔ$^{213-31}$xu· tã^{31} ①戏称下流或好色的男人 ②脏兮兮的男孩子

长毛贼 tʃʻɑŋ^{53}mɔ^{53}tsei^{53} 比喻留着长发、行为不端的男子

护腚油 xu^{31}tiŋ^{31}iou^{53} 比喻紧随他人并为其利益卖命的人

避猫鼠 pi^{31}mɔ^{53}fu^{55} 形容胆小怕事的人：看你吓得跟～一样

万把钩 uã^{31}pɑ^{55}kou^{213} 比喻为了达到目的，以不正当的手段四处害人的人：他是个～，不能跟他交往

笑面虎儿 siɔ^{31}miã^{31}xur^{55} 比喻面带笑容，装得善良而心地狡诈凶狠的人

拐古狼儿 kuɛ$^{55-213}$ku˙ lãr^{53} 脾气古怪、容易生气的人

屈死的鬼 tɕ'y^{213}sɿ$^{55-213}$ti˙ kuei^{55} 含冤而死的人：哪个庙里没有～！

毛秧子孩儿 mɔ^{53}iaŋ$^{213-31}$tsɿ˙ xɛr^{53} 贬指未成年的小孩子

一窝小蛆儿 i$^{213-24}$uə^{213}siɔ^{55}ts'yer^{213} 比喻经常聚集在一起惹是生非、极力教唆、怂恿做坏事的一伙人

一个猴儿的 i$^{213-31}$kə˙ xour$^{53-55}$ti˙ 比喻言行举止、相貌等基本相同的人

掐头的蚂蚱 tɕ'ia^{213}t'ou^{53}ti˙ ma$^{213-31}$tʃa˙ ①比喻人无精打采的样子 ②比喻毫无方向地乱窜乱蹦

顺毛驴儿 fẽ^{31}mɔ^{53}lyer^{53} 比喻喜欢别人夸奖或顺着自己意图行事的人

直肠子驴 tʃʅ^{53}tʃ'aŋ$^{53-55}$tsɿ˙ lu^{53} 比喻心地特别爽直的人：他是～，别在乎他说什么

大耳朵驴 ta^{31}ɭə$^{55-213}$tɔ˙ lu^{53} “朵”音同“刀” 比喻听而不闻的人

不照调的 pu$^{213-24}$tʃɔ^{31}tiɔ$^{31-53}$ti˙ ①不务正业的人 ②行为不检点的人

六 身体

1. 形体、皮肤

人物头子 ʒẽ$^{53-55}$u˙ t'ou$^{53-55}$tsɿ˙ 指人的形体相貌：那人～还行，就是不正干

帕脑子 p'a^{213}nɔ$^{55-213}$tsɿ˙ ①指少年儿童的相貌好：这小孩～好，将来一定有出息 ②指人身材魁伟，四肢发达

个头儿 kə^{31}t'our^{53} 指身材的高矮：那人～几乎赶上姚明了

样相 iaŋ$^{31-53}$siaŋ˙ ①相貌：只见过一面，看～好像就是她 ②表情：看这～，他是不想给咱办事

洋相 iaŋ^{53}siaŋ^{31} ①另类，不端庄的举止言行 ②另行其事，爱与人唱反调：大家都同意，就是他出～

人样子 ʒẽ^{53}iaŋ$^{31-53}$tsɿ˙ 身材外表标准、好看

仁样 ʒẽ$^{53-55}$iaŋ˙ ①身材外表标准好看：看她的脚板长得真～ ②像模像样 ③既

谦虚又有礼貌：这孩子既懂事又～

仁伍 ʒẽ$^{53-55}$u˙ ①像模像样的人 ②长得俊俏：那小伙子长得怪～

架势 tɕiɑ^{31}ʃʅ^{31} ①姿势 ②阵势：看这～非打仗不可

身子 ʃẽ$^{213-31}$tsʅ˙ 身体

身条儿 ʃẽ^{213}t‘iɔr^{53} 身材

身架子 ʃẽ^{213}tɕiɑ$^{31-53}$tsʅ˙ 身材，偏重骨架儿

身板儿 ʃẽ^{213}pɛr^{55} 身材，偏重身体健壮

身子骨儿 ʃẽ$^{213-31}$tsʅ˙kur^{213} 身体骨架

块头儿 k‘uɛ^{31}t‘our^{53} ①身材，偏重高矮胖瘦：他～大，一般打架吃不了亏 ②物体的大小：那石头～太大，搬不动

骨头架子 ku$^{213-31}$t‘ou˙tɕiɑ$^{31-53}$tsʅ˙ 指较瘦的体型

骨模架 ku$^{213-31}$mu˙tɕiɑ^{31} 整个身躯

衣裳架子 i$^{213-31}$ʃɑŋ˙tɕiɑ$^{31-53}$tsʅ˙ 身材匀称，穿衣服好看

大高个儿 tɑ^{31}kɔ$^{213-24}$kər^{31} 人的身材高大

傻大个儿 ʃɑ^{55}tɑ^{31}kər^{31} 人的身材高大，但智力低下

瞎大个子 ɕiɑ$^{213-24}$tɑ^{31}kə$^{31-53}$tsʅ˙ 身材高大，但能力、体力差

板骨娄个儿 pã^{55}ku$^{213-31}$lou˙kər^{31} 中等偏矮的身材

五花个儿 u^{55}xuɑ$^{213-24}$kər^{31} 身体偏矮，健壮

大骨架儿 tɑ^{31}ku$^{213-24}$tɕiɑr^{31} 骨架粗壮、高大的身材

小骨架儿 siɔ^{55}ku$^{213-24}$tɕiɑr^{31} 瘦小的身材

大骨芒人 tɑ^{31}ku$^{213-31}$mɑŋ˙ʒẽ^{31} 身材高大粗壮的人

粗腿大棒 ts‘u^{213}t‘ei^{55}tɑ^{31}pɑŋ^{31} ①形容长得粗壮：他长得～的，干起活来一个顶仨 ②指小孩子的骨架很大并很粗壮：这小孩儿～的，以后能长个大个子

粗鼓囵墩儿的 ts‘u$^{213-31}$ku˙luẽ^{53}tuer$^{213-31}$ti˙ 形容人身材短而结实或矮而粗壮：那人个子长得～，肯定很有劲

四魁有人的 sʅ^{31}k‘uei^{53}iou^{55}ʒẽ$^{53-55}$ti˙ 身材高大魁梧：那人长得～的，肯定能当个好兵

五大三粗 u^{55}tɑ^{31}sã$^{213-24}$ts‘u^{213} 形容人四肢发达，身材粗壮高大

身高马大 ʃẽ$^{213-24}$kɔ^{213}mɑ^{55}tɑ^{31} 形容人身材魁梧高大

身大力不亏 ʃẽ$^{213-24}$tɑ^{31}li$^{213-24}$pu$^{213-24}$k‘uei^{213} 只要身材高大魁梧就一定有力气

担衣裳 tã$^{213-24}$i$^{213-31}$ʃɑŋ˙ 魁伟的身体能把衣服撑起来，同样型号的衣服穿在他身上衣服就显得小

大小伙子 tɑ^{31}siɔ^{213}xuə$^{55-213}$tsɿ˙ 小伙子已近长成成人（“伙”读重音，强调年轻）

大小伙子 tɑ^{31}siɔ$^{31-53}$xu˙tsɿ˙ 已经长成大人的小伙子（“小”读重音，“伙”音同“乎”，强调个子高）

横实 xuẽ$^{31-53}$ʃɿ˙ “横”音同“混” 身材不高但很粗壮

墩实 tuẽ$^{213-31}$ʃɿ˙ 身材矮而粗壮

壮实 pfɑŋ$^{31-53}$ʃɿ˙ 多指老年人身体强壮结实：老娘虽然年近八十了，但还很～

矬不墩儿 ts‘uə$^{53-55}$pu˙tuer^{213} 指身材胖而矮小

矬不挡儿 ts‘uə$^{53-55}$pu˙tãr^{31}

小矮个儿 siɔ$^{55-53}$iɛ^{55}kər^{31}

拦探肩儿 lã$^{53-55}$t‘ã˙tɕiɛr^{213} 头前伸，背稍驼：几年不见，人老了，有～了

领探肩儿 liŋ$^{53-55}$t‘ã˙tɕiɛr^{213}

清秀的 ts‘iŋ^{213}tsiou$^{31-53}$ti˙ 形容人清秀、文雅、整洁

福态的 fu^{213}t‘ɛ$^{53-55}$ti˙ 形容人又白又胖有福相

肉□的 ʒou^{31}nuɛr$^{53-55}$ti˙ 人体胖，肉松软，皮肤滑嫩：摸摸那孩子身上～，真好受

缩不拉叽的 pf‘u$^{213-31}$pu˙lɑ$^{213-24}$tsi$^{213-31}$ti˙ “缩”音同“出” 身材不舒展：那小孩长得～，可能是营养不良造成的

缩头瘪脑的 pf‘u^{213}t‘ou^{53}piə$^{55-53}$nɔ$^{55-213}$ti˙ 头部长得偏小，身材不舒展

细皮嫩肉儿 si^{31}p‘i^{53}luẽ^{31}ʒour^{31} 形容人皮肤娇嫩细腻

细高条儿 si^{31}kɔ^{213}t‘iɔr^{53} 略瘦高的身材

出条 pfʻu$^{213-31}$tʻiɔ˙ 身材舒展：那女的身个儿长得真～

刮净 kuɑ$^{55-213}$tsiŋ˙ 干净、漂亮、利落：他媳妇长得真～

白净 pei$^{53-55}$tsiŋ˙ 脸庞皮肤较白

白净子 pei$^{53-55}$tsiŋ˙ tsɿ˙ 指脸部皮肤白皙的人

秀气 siou$^{31-53}$tɕʻi˙ ①清秀匀称：她和女儿长得都很～ ②穿着整洁素雅 ③器物小巧灵便 ④形容个头长得较小：这人长得太～了

素气 su$^{31-53}$tɕʻi˙ ①穿着整洁素雅 ②菜品清素：嫂子炒这几盘子菜真～，一看就有胃口

稀俊 ɕi$^{213-24}$tsuẽ^{31} 很俊俏：那小姑娘～，长大了说不定能当个电影名星

稀丑 ɕi^{213}tʃʻou^{55} ①很丑陋：人家说那小孩～，我看不丑 ②害羞、丑陋的部位 ③害羞的事

受看 ʃou^{31}kʻã^{31} 耐看，使人看了很舒服：这人的长相很～

似尺 sɿ^{55}tʃʻʅ^{213} 身材匀称、适中：看人家的那身个儿长得真～

周整 tʃou$^{213-31}$tʃəŋ˙ ①身材匀称，言行文明正派：到你姥姥家要～的，别让人笑话 ②形容穿戴或言行等很正规：穿得～的 | 说话～的 ③形容事情办得很周到、圆满：那事他办得太～了

板整 pã$^{55-213}$tʃəŋ˙ ①很整洁 ②很正派

青筋暴绺 tsʻiŋ$^{213-24}$tɕiẽ$^{213-24}$pɔ^{31}liou^{55} 因气愤等使皮下静脉血管暴涨清晰可见：他气得～的

挺哼着 tʻəŋ$^{55-213}$xəŋ˙ tʃə˙ "挺"音"滕（上声）" 腆着，向前凸起：他～大肚子真难看

皮包着骨头 pʻi^{53}pɔ$^{213-31}$tʃə˙ ku$^{213-31}$tʻou˙ 形容骨瘦如柴

囊折子 nɑŋ^{31}tʃə$^{213-31}$tsɿ˙ 皮肤的皱纹：还不到四十岁就一脸～了

油皮儿 iou^{53}pʻier^{53} ①皮肤的最外层：就擦破了点儿～，不碍事 ②植物茎秆和果实的最表层

汗毛眼儿 xã^{31}mɔ^{53}iɛr^{55} 汗毛孔

麻骨 mɑ$^{53-55}$ku˙ ①身体某些穴位，一着就发麻 ②要害、关键：这回可捅到他的～了

2. 头部

头发 t‘ou$^{53-55}$fu˙ “发”音同“夫” 头发

毛尾 mɔ$^{53-55}$ï “尾”音同“矣” ①毛发 ②贬指头发：看他头上那几根～

头囟子 t‘ou^{53}siẽ$^{31-53}$tsʅ˙ “囟”音同“信” 头顶的中前部

秃头 t‘u^{213}t‘ou^{53} ①头上头发非常稀少或没有头发 ②光头：今天去理发店剃了个～

秃头瓜子 t‘u^{213}t‘ou^{53}kuɑ$^{213-31}$tsʅ˙ ①秃顶 ②光头

电灯泡儿 tiã^{31}təŋ$^{213-24}$p‘ɔr^{213} 戏称光滑的光头

顶 tiŋ^{55} 头顶正中的发旋，多数人只有一个，个别也有两三个的

败顶 pɛ^{31}tiŋ^{55} 前额开始脱发：还不到四十岁就～了

洋头 iɑŋ^{53}t‘ou^{53} 男性一种头发中间向两边分开的发型

　东洋头 tuŋ^{213}iɑŋ^{53}t‘ou^{53}

粪扒子头 fẽ^{31}pɑ$^{213-31}$tsʅ˙ t‘ou^{53} 男孩的一种发型，只在额头上方留有一片方形的发绺，形如农具“粪扒子”，故名

纂 tsuã^{55} 旧时妇女的一种发型，把长发绾在脑后成一团儿，有的还套上网套、别上发卡和发簪等，现在农村的老年妇女中还偶尔用

小辫儿 siɔ^{55}piɛr^{31} ①短小的辫子 ②把柄，短处：他叫人抓～了

歪绺子 uɛ^{213}liou$^{55-213}$tsʅ˙ “绺”音同“柳” 女性的一种发型，在鬓旁留一绺较长的头发斜向一边，以起修饰作用

小鬏儿 siɔ^{55}tsiour^{213} “鬏”音同“揪” 女性绾在脑后的一种较小的圆球状发型

髽鬏儿 pfɑ$^{213-31}$tsiour˙ “髽鬏”音同“抓揪” 女孩在耳朵上边绾的两个发结

牙子 iɑ$^{53-55}$tsʅ˙ 刘海，年轻女子留在额前一层剪得较整齐、起修饰作用的短发

二道毛子 ɭə$^{31-53}$tɔ˙ mɔ$^{53-55}$tsʅ˙ 女性的一种短发发型

舅舅屎 tɕiou$^{31-53}$tɕiou˙ ʃʅ^{55} 出生不久的婴孩头顶的灰疙疤

抬头纹 t‘ɛ^{53}t‘ou^{53}uẽ^{53} 额头上的皱纹

脑么勺子 nɔ$^{55-213}$mu˙ fə$^{53-55}$tsʅ˙ 后脑部

脑门子 nɔ^{55}mẽ$^{53-55}$tsʅ˙ 前额

后脑门儿 xou^{31}nɔ^{55}mer^{53} 后脑壳

额嘞盖 ɣə$^{213-31}$lɑ· kɛ^{31} 额头

鬓睬疤 piẽ^{31}ts‘ɛ^{55}pɑ^{213} 太阳穴处的疤瘌

鬓角子 piẽ^{31}tɕyə$^{213-31}$tsɿ· “角”音同“决” 鬓角

迷糊子 mi$^{53-55}$xu· tsɿ· 太阳穴

花尖子 xuɑ$^{213-24}$tsiã$^{213-31}$tsɿ· 鬓角向上延伸头发稀少的地方

脸盘儿 liã^{55}pɛr^{53} 脸的轮廓大小

貌相 mɔ^{31}siɑŋ^{31} 面部相貌

漫长脸儿 mã^{31}tʃ‘ɑŋ^{53}liɛr^{55} 一种圆长的脸型

瓜子儿脸 kuɑ^{213}tser$^{55-53}$liã^{55} 圆长脸尖下巴，瓜子一样的脸型

长脸素净的 tʃ‘ɑŋ$^{53-55}$liã· su^{31}tsiŋ$^{31-53}$ti· 形容白净的圆长脸

长脸 tʃ‘ɑŋ^{53}liã^{55} ①较长的脸形 ②事情远超想象、希望破灭使面部表情下沉：本想占便宜结果没得到，这下他可～了

驴脸 lu^{53}liã^{55} 形容人脸形过长，像驴脸一样

驴脸呱嗒腮 lu^{53}liã^{55}kuɑ$^{213-31}$tɑ·sɛ^{213} 指人脸形特别长，像驴脸一样难看

圆脸 yã^{53}liã^{55} 较圆的脸形

团脸 t‘uã^{53}liã^{55}

方脸 fɑŋ^{213}liã^{55} 方脸形

黑脸儿 xei^{213}liɛr^{55} ①面色较黑 ②充当丑人：就得有唱～的有唱白脸（充当好人）的

白脸儿 pei^{53}liɛr^{55} ①面色较白。②充当好人：这事你唱～

薄脸儿 pə^{53}liɛr^{55} 脸庞瘦削过于单薄

薄脸薄齿儿 pə^{53}liã^{55}pə^{53}tʃ‘er^{55}

脸薄 liã^{55}pə^{53} ①脸庞单薄 ②爱面子，害羞

苍蝇屎 ts‘ɑŋ$^{213-31}$iŋ· ʃʅ^{55} 雀斑，比喻人面部有零星的黑褐色斑点，像苍蝇屎一样：那姑娘好是好，就是一脸～

麻脸 mɑ^{53}liã^{55} 有麻子的脸

宽脸 k‘uã²¹³liã⁵⁵ 较宽的脸型

洼坑脸儿 uɑ³¹⁻⁵³k‘əŋ˙ liɛr⁵⁵ 面部尤其是鼻处和鼻梁凹陷

凹古脸 uɑ⁵⁵⁻²¹³ku˙ liã⁵⁵ 面部凹陷且不匀称的脸型

娃娃脸 uɑ⁵³⁻⁵⁵uɑ˙ liã⁵⁵ 长得像小孩子样的脸型

胡子 xu⁵³⁻⁵⁵tsɿ˙ 胡须

胡子札儿 xu⁵³⁻⁵⁵tsɿ˙ tʃɑr ⁵³ 较短的胡须

络腮胡 nɔ³¹ts‘ɛ²¹³xu⁵³ "络腮"音同"闹采" 满腮的胡须

毛胡子脸 mɔ⁵³xu⁵³⁻⁵⁵tsɿ˙ liã⁵⁵ 有络腮胡的脸

腮帮子 sã²¹³⁻²⁴pɑŋ²¹³⁻³¹tsɿ˙ "腮"音同"三" 脸颊

颧骨 tɕ‘uã³¹⁻⁵³ku˙ 两腮上部突出的颜面骨

喝酒窝 xə²¹³tsiou⁵⁵uə²¹³ 两腮或单腮偏下部凹下去的小窝儿，多在笑的时候出现，是美貌标志之一

有红似白儿 iou⁵⁵xuŋ⁵³sɿ³¹per⁵³ 人的面色白里透红：你脸上～的真好看

黄面皮儿 xuɑŋ⁵³miã³¹⁻⁵³p‘ier˙ 面色偏黄

厚实 xou³¹⁻⁵³ʃʅ˙ ①脸颊丰满 ②物体厚重

扫帚眉 sɔ³¹⁻⁵³pf‘u˙ / fu˙ mei⁵³ "帚"音同"处/夫" 眉毛浓而黑，像扫帚一样

柳叶眉 liou⁵⁵iə²¹³mei⁵³ 眉毛细长且弯，像柳叶一样，美眉之一

眼支毛 *iã⁵⁵tʃʅ˙ mɔ⁵³ 睫毛

尿汁子 suei²¹³⁻²⁴tʃʅ²¹³⁻³¹tsɿ˙ ①蔑称眼泪：动不动就掉～，真烦人 ②尿液

金豆子 tɕiẽ²¹³⁻²⁴tou³¹⁻⁵³tsɿ˙ 褒指女子出嫁告别父母时流下的泪珠：看您闺女给您掉了多少～

眼蛋子 iã⁵⁵tã³¹⁻⁵³tsɿ˙ 眼球

　眼珠子 iã⁵⁵pfu²¹³⁻³¹tsɿ˙

大眼嘟噜的 tɑ³¹⁻⁵³iã˙ tu⁵³⁻⁵⁵lou˙ tï 眼睛大而好看

丹凤眼 tã²¹³⁻²⁴fəŋ³¹iã⁵⁵ 像凤凰眼睛一样的眼睛

杏壳子眼 ɕiŋ³¹k‘ə²¹³⁻³¹tsɿ˙ iã⁵⁵ 圆而较小的眼

双眼皮儿 fɑŋ²¹³iã⁵⁵p‘ier⁵³ 上眼皮边沿有天生的细小纹线，显得很美，现在

也有后天手术而成的

双眼叠皮儿的 fɑŋ^{213}iã^{55}tiə^{53}p‘ier$^{53-55}$tï 双眼皮且较俊秀

夜猫子眼 iə^{31}mɔ$^{55-213}$tsɿ· iã^{55} 眼睛像猫头鹰的眼，夜间能看清东西

疤瘌眼子 pɑ$^{213-31}$lɑ· iã$^{55-213}$tsɿ· 眼睛周围有疤痕：～照镜子——自找难看（歇后语）

白眼儿 pei$^{53-55}$iɛr· 白眼球过多：你没发现那个姑娘是个～？

半路眼儿 pã^{31}lu^{31}iɛr^{55} 视力不好，又未完全失明：他是个～，不能走黑路

鹁鸽子眼 pu^{53}kə$^{213-31}$tsɿ· iã^{55} ①眼睛像鸽子的眼 ②比喻献媚、拍马溜须的人：那人是～，看不起穷人

耷拉眼子 tɑ$^{213-31}$lɑ· iã$^{55-213}$tsɿ· ①上眼皮较长且眼睛无神 ②比喻看不清是非的人

灯窝子眼 təŋ$^{213-24}$uə$^{213-31}$tsɿ· iã^{55} 眼窝凹陷，像古代油灯的灯窝

疙愣眼子 kə$^{53-55}$liəŋ· iã$^{55-213}$tsɿ· ①两只眼睛睁得不一样，其中一只眼小或睁不开 ②只有一只眼睛能看东西

眯缝眼儿 mi$^{213-31}$fəŋ· iɛr^{55} ①眼睛半闭 ②因视力等原因，半眯着眼睛看

眯缝眼子 mi$^{213-31}$fəŋ· iã$^{55-213}$tsɿ· 眼睛睁开得特小，眯成一条缝

茄皮眼儿 tɕ‘iə$^{53-55}$p‘ï iɛr^{55} 因为眼疾等原因，眼皮边缘有小疤痕

死羊眼 sɿ^{55}iɑŋ^{53}iã^{55} ①像死羊一样的眼，急瞪着不转眼球 ②形容人视而不见 ③呆板不灵活：那人办事就是～

羊眼 iɑŋ^{53}iã^{55} ①像羊一样的眼睛 ②形容生活宽裕而过分挑剔

积嘟的 tsi^{213}tu$^{53-55}$tï 形容眼睛睁得特大，眼球凸起：那人眼太大了，～

挤不眼子 tsi$^{213-31}$p‘u· iã$^{55-213}$tsɿ· 眨眼过频

牛眼 ȵiou^{53}iã^{55} 眼睛很大

牛蛋子眼 ȵiou^{53}tã$^{31-53}$tsɿ· iã^{55} 眼睛特别大：～一睁真吓人

阴阳眼 iẽ^{213}iɑŋ^{53}iã^{55} 既能看到阴间，也能看到阳间，多为阴阳先生自我吹嘘：我是～，看事准

眼眵糊 *iã^{55}tʃ‘ɿ xu^{213} “眵”音同“吃” 眼屎

眼目眵腚目屎的 iã$^{55-213}$mu˙ tʃʻʅ^{213}tiŋ$^{31-53}$mu˙ ʃʅ$^{55-213}$ti˙ 眼屎过多，显得脏兮兮的：那小孩～，真讨厌人

打囊儿 tɑ^{55}nɑ̃r^{31} 眼角处起皱纹儿：三十往上，眼角～（俗语）

鱼尾纹 y^{53}uei^{55}uẽ^{53} 眼角外侧像鱼尾一样的皱纹

鼻子 pi$^{53-55}$tsʅ˙ ①五官之一 ②鼻涕：擤～｜～一把泪一把 ③有根据有道理，活灵活现：他说得有～有眼的 ④物体上用以提起或穿挂的、有孔洞的耳状物：裤～｜罐～

鼻梁骨 pi^{53}liɑŋ^{53}ku^{213} 鼻梁

鼻孔眼子 pi$^{53-55}$kʻuŋ˙ iã$^{55-213}$tsʅ˙ 鼻孔

　鼻窟窿 pi^{53}kʻu^{213}luŋ^{53}

钩钩鼻 kou$^{213-31}$kou˙ pi^{53} 俗称鹰鼻，形状像鹰嘴一样

鹰眼钩钩鼻 iŋ^{213}iã^{55}kou$^{213-31}$kou˙ pi^{53} 像老鹰一样的眼睛，鼻梁凸出，鼻头尖而前伸：～，吃倒泰山不还席（俗语）

羊鼻梁骨儿 iɑŋ^{53}pi$^{53-55}$liɑŋ˙ kur^{213} 鼻梁高挺

蒜头鼻子 suã^{31}tʻou^{53}pi$^{53-55}$tsʅ˙ 鼻头较大且圆，像大蒜头一样

翘翘鼻 tɕʻiɔ$^{31-53}$tɕʻiɔ˙ pi^{53} 鼻尖鼻翼上翘

趴趴鼻 pʻɑ$^{213-31}$pʻɑ˙ pi^{53} 鼻尖鼻翼扁平

呼隆鼻 xu$^{213-31}$luŋ˙ pi^{53} 因鼻炎等原因，鼻腔内不通畅而发出呼隆呼隆的声音

酒糟鼻 tsiou^{55}tsɔ^{213}pʻi^{53} 一种鼻疾，鼻头发红的鼻子

黄囊鼻 xuɑŋ^{53}nɑŋ^{55}pi^{53} 黄而浓的鼻涕

鼻圪渣 pi$^{53-55}$kə˙ tʃɑ^{213} 鼻孔里干结的鼻涕

鼻子水 pi$^{53-55}$tsʅ˙ fei^{55} 感冒、哭泣等时流出的较稀的鼻涕

嘴 tsuei^{55} ①嘴巴，五官之一 ②口才：那人～还行 ③花言巧语：你一毛不拔，俺光吃你～了

嘴头子 tsuei^{55}tʻou$^{53-55}$tsʅ˙ ①对嘴巴的蔑称：把你的～擦干净 ②贬指说话：你～干净点

嘴大 tsuei^{55}tɑ^{31} ①嘴巴较大：～吃猪羊（俗语） ②指当家说了算：当家的～，

说什么是什么

小嘴 siɔ$^{55-53}$tsuei^{55} ①指嘴巴较小，民间认为女性嘴小是一种美 ②言语：她那～真甜

嘴角子 tsuei^{55}tɕyə$^{213-31}$tsɿ˙ “角”音同“诀” 嘴角

嘴皮子 tsuei^{55}p‘i$^{53-55}$tsɿ˙ ①上下嘴唇 ②指口头表达能力：你不要净耍～

揪揪嘴 tsiou$^{213-31}$tsiou˙ tsuei^{55} 上下嘴唇前伸且嘬得紧

樱桃小嘴儿 iŋ^{213}t‘ɔ^{53}siɔ$^{55-53}$tsuer^{55} 嘴巴似樱桃小而美

瓜屋子嘴 kuɑ$^{213-24}$u$^{213-31}$tsɿ˙ tsuei^{55} 上嘴唇凸出的嘴

噘嘴 tɕyə^{213}tsuei^{55} 嘴唇上翘，多为生气或不满意时的表情

噘嘴鲢子 tɕyə^{213}tsuei^{55}liã$^{53-55}$tsɿ˙ 上嘴唇外翻上翘，有的是本相，有的是故意表现对人或事的不满

歪嘴 uɛ^{213}tsuei^{55} ①因故嘴巴不正 ②比喻心术不正、说人坏话或歪曲真相：经是好经，叫～和尚念瞎了

斜嘴 siə^{53}tsuei^{55} 嘴巴偏斜

叉口嘴 tʃ‘ɑ$^{213-31}$k‘ou˙tsuei^{55} “叉口”是一种嘴巴较大的淡水鱼，比喻嘴巴较大

　叉古嘴 tʃ‘ɑ$^{213-31}$ku˙ tsuei^{55}

嘟喽嘴子 tu$^{213-31}$lou˙ tsuei$^{55-213}$tsɿ˙ 爱唠叨

咧泻嘴 liə$^{53-55}$siə˙ tsuei^{55} 经常淌涎水的嘴

嬷嬷嘴 mɑ$^{55-213}$mɑ˙ tsuei^{55} “嬷”音同“马” 老年男性没有胡子，嘴型像老年妇女一样

里磨齿儿 li^{55}mɔ^{31}tʃ‘er^{55} 下齿较上齿突出，俗称“地包天”

下巴颏子 ɕiɑ$^{31-53}$pu˙ k‘ə$^{213-31}$tsɿ˙ “巴”音同“卜” 下巴

吐沫 t‘u$^{31-53}$mə˙ 唾液

吐沫星子 t‘u$^{31-53}$mə˙ siŋ$^{213-31}$tsɿ˙ 从口里飞溅出来的星星点点的唾液

咧泻 liə$^{53-55}$siə˙ 涎水

黏涎 ȵiã^{53}ɕiã^{53} 黏稠的涎水与痰液

大牙 ta^{31}ia^{53} 臼齿

上牙壳子 ʃaŋ^{31}ia^{53}kʻa$^{213-31}$tsɿ˙ 上颚

下牙壳子 ɕia^{31}ia^{53}kʻa$^{213-31}$tsɿ˙ 下颚

牙花子 ia^{53}xua$^{213-31}$tsɿ˙ 牙龈

吞眼子 tʻuẽ^{31}iã$^{55-213}$tsɿ˙ 喉咙

吞子 tʻuẽ$^{31-53}$tsɿ˙ 嗓子

舌头根子 ʃə$^{53-55}$tʻou˙ kẽ$^{213-31}$tsɿ˙ 舌根

鸣鸭嗓子 miŋ$^{53-55}$ia˙ saŋ$^{55-213}$tsɿ˙ 嗓子发音嘶哑，像公鸭叫唤一样

耳朵 ɭə$^{55-213}$tɔ˙ “朵”音同“刀”

大耳朵 ta^{31}ɭə$^{55-213}$tɔ˙ ①耳朵较大 ②经常听而不闻的人

耳朵垂儿 ɭə$^{55-213}$tɔ˙ pfʻer^{53} 耳垂

耳朵门子 ɭə$^{55-213}$tɔ˙ mẽ$^{53-55}$tsɿ˙ 耳孔

耳朵眼儿 ɭə$^{55-213}$tɔ˙ iɛr^{55} ①耳孔 ②耳垂儿上扎穿的小孔，用来挂耳坠等 ③记性：那个小孩没有～，听完了就忘

耳髓 ɭə$^{55-213}$suei˙ 耳屎

招风耳 tʃɔ$^{213-24}$fəŋ^{213}ɭə^{55} 耳朵轮廓较大并向前伸展

佐不瘌 tsuə$^{55-213}$pu˙ la^{213} 疤瘌，疤痕：那人脸上有个～

脖了颈 pə$^{53-55}$la˙ kəŋ^{55} “颈”音同“梗” 颈部

脖了拐 pə$^{53-55}$la˙ kuɛ^{55}

3．躯干、内脏

肩膀子 tɕiã^{213}paŋ$^{55-213}$tsɿ˙ 肩膀

肩膀头儿 tɕiã^{213}paŋ^{55}tʻour^{53} ①肩膀 ②地位和权势：咱～窄窄的，不担得事！

掀搭板子 ɕiã$^{213-31}$ta˙ pã$^{55-213}$tsɿ˙ 肩胛骨

脊梁骨 tsi$^{213-31}$ȵiaŋ˙ ku^{213} “梁”音同“娘” 后背

大梁 ta^{31}liaŋ^{53} ①脊椎 ②车架的横梁 ③房屋中的横梁

算盘珠子 suã$^{31-53}$pʻã˙ pfu$^{213-31}$tsɿ˙ ①脊椎骨节 ②算盘上的珠子

胳了肢 kə$^{213-31}$lɑ˙ tʃʅ^{53} 腋窝

胳肢毛 kə$^{213-31}$tʃʅ˙ mɔ^{53} 腋毛

胸脯子 ɕyŋ^{213}p'u$^{55-213}$tsʅ˙ 胸部：要挺起～做人

　胸脯儿 ɕyŋ^{213}p'ur^{55}

脯肋子 pu^{53}lei$^{213-31}$tsʅ˙ “脯”音“不（阳平）” 胸脯的统称

肋叉 lei$^{213-24}$tʃ'ɑ^{213} 肋部

肋卜骨 lei$^{213-31}$pu˙ ku^{213} 肋骨

鸡卜肋 tɕi^{213}pu^{53}lei^{213} 鸡胸

奶膖子 nɛ^{55}p'ɑŋ$^{213-31}$tsʅ˙ “膖”音“胖（阴平）” ①男人乳房 ②少女刚刚发育的乳房 ③小孩儿的乳房

奶子 nɛ$^{55-213}$tsʅ˙ 乳房

　馍儿 mər^{53}

尕 kɑ^{53} ①乳房（限于县域东南部） ②男孩的外生殖器

　尕尕 kɑ$^{53-55}$kɑ˙

小皮钱儿 siɔ^{213}p'i^{53}ts'iɛr^{53} 婴幼儿的乳部

肚子 tu$^{31-53}$tsʅ˙ 腹部

小肚子 siɔ^{55}tu$^{31-53}$tsʅ˙ 小腹

肚子 tu$^{55-213}$tsʅ˙ “肚”音同“堵” ①胃 ②气度，胆量：他是个有～的人

小肚儿 siɔ^{213}tur^{55} 膀胱

肚脐眼子 tu$^{31-53}$tʃ'ʅ˙ iã$^{55-213}$tsʅ˙ “脐”音同“池” 肚脐

尾巴根子 i$^{55-213}$pu˙ kẽ$^{213-31}$tsʅ˙ “尾巴”音同“乙卜” 尾骨

大胯 tɑ^{31}k'uɑ^{55} ①盆骨 ②臀部胯骨

腿旮旯 t'uei^{55}kə^{213}lɑ^{53} “旮旯”音同“各拉（去声）” 两腿间的空隙

腿裆 t'ue^{55}tɑŋ^{213} ①裆部 ②隐指男女私处

腚 tiŋ^{31} 屁股

腚帮子 tiŋ^{31}pɑŋ$^{213-31}$tsʅ˙ 臀部

　腚锤子 tiŋ^{31}pf'ei$^{53-55}$tsʅ˙

屁股蛋子 p‘i$^{31-53}$ku· tã$^{31-53}$tsɿ·

腚沟 tiŋ^{31}kou^{213} 屁股沟

腚门子 tiŋ^{31}mẽ$^{53-55}$tsɿ· 肛门

腚眼子 tiŋ^{31}iã$^{55-213}$tsɿ·

屁眼儿 p‘i^{31}iɛr^{55}

喷门 p‘ẽ^{213}mẽ^{53}

夹雀子 tɕiɑ^{53}ts‘uə$^{213-31}$tsɿ· 男性的外生殖器

夹夹儿 tɕiɑ$^{53-55}$tɕiɑr·

夹儿 tɕiɑr^{53}

鸡巴子 tsi$^{213-31}$pu· tsɿ· “巴”音同“卜”

鸡巴 tsi$^{213-31}$pu·

鸡鸡 tsi$^{213-31}$tsi·

那玩艺儿 nɑ^{31}uã$^{53-55}$ier·

蛋 tã^{31} ①雄性外生殖器的统称 ②阴囊 ③睾丸

蛋毛 tã^{31}mɔ^{53} 男性的阴毛

屌毛 tiɔ^{55}mɔ^{53}

蛋皮 tã^{31}p‘i^{53} 阴囊皮

蛋籽子 tã^{31}tsɿ$^{55-213}$tsɿ· 睾丸

屌皮 tiɔ^{55}p‘i^{53} ①阴囊皮 ②阴茎包皮

一满家子 i^{213}mã^{55}tɕiɑ$^{213-31}$tsɿ· ①隐指男性外生殖器 ②全家人

肝乎肠子 kã$^{213-31}$xu· tʃ‘ɑŋ$^{53-55}$tsɿ· ①泛指人和动物的内脏 ②指人的歪点子：你的～俺还不知道？③人的想法意念：不论谁说什么，你得～心为主

肝乎 kã$^{213-31}$xu· 肝脏

心 siẽ^{213} ①心脏：～跳得很厉害 ②思想、意念等：这人～很好

心口窝儿 siẽ^{213}k‘ou^{55}uər^{213} 胸口

挂心橛儿 kuɑ^{31}siẽ^{213}tɕyə^{53} 剑突（穴位名）

脾 p‘i^{55} 脾脏

狮子肝 ʃʅ$^{213-31}$tsɿ· kã^{213} 脾脏

挂心脾 kuɑ^{31}siẽ^{213}p'i^{55} ①指贴挂在心脏上的脾胃 ②比喻非常牵挂的人或事情：孩子是父母的～

大肠头 tɑ$^{31-53}$tʃ'ɑŋ· t'ou^{53} 直肠

叠肚 tiə$^{53-55}$tu· 肛肠

尿脬 suei$^{213-31}$p'ɔ· "脬"音同"泡" 膀胱

屋子 u$^{213-31}$tsɿ· 子宫

腰子 iɔ$^{213-31}$tsɿ· 肾

衣胞子 i$^{213-24}$pɔ$^{213-31}$tsɿ· 胎盘

衣卜子 i$^{213-24}$pu$^{213-31}$tsɿ·

4．四肢

胳膊 kə$^{213-31}$p'ei· "膊"音同"培" 胳膊

胳膊曲子 kə$^{213-31}$p'ei· tɕ'y$^{213-31}$tsɿ· 胳膊肘部

胳膊肘子 kə$^{213-31}$p'ei· tʃou$^{55-213}$tsɿ· 胳膊肘部外侧

胳膊弯儿 kə$^{213-31}$p'ei· uɛr^{213} 胳膊肘部内侧

虎口 xu$^{55-213}$k'ou· 拇指与食指间

皮锤 p'i^{53}pf'ei^{53} 拳头

巴耳子 pɑ^{213}ɭə$^{55-213}$tsɿ· 巴掌：他打了我一～

手脖子 ʃou^{55}pə$^{53-55}$tsɿ· 手腕

手面子 ʃou^{55}miã$^{31-53}$tsɿ· 手背

手心 ʃou^{55}siẽ^{213} ①手掌内侧中间部分 ②比喻眼前的地方：那人目光短浅，只看到～一点点

手爪子 ʃou$^{55-53}$tʃɔ$^{55-213}$tsɿ· 对人手指的蔑称

手指头 ʃou^{55}tʃʅ$^{213-31}$t'ou· 手指

手指肚子 ʃou^{55}tʃʅ^{213}tu$^{31-53}$tsɿ· 手指末节内侧较饱满的部分

手指盖子 ʃou^{55}tʃʅ^{213}kɛ$^{31-53}$tsɿ· 指甲

手指丫子 ʃou^{55}tʃʅ$^{213-24}$iɑ$^{213-31}$tsɿ· 指缝

手指域子 $\int ou^{55}t\int\eta^{213-24}y^{213-31}ts\eta^{\cdot}$ 指甲缝

大拇手指头 $t\alpha^{31-53}m\tilde{e}^{\cdot}\int ou^{55}t\int\eta^{213-31}t'ou^{\cdot}$ “拇”音“门（轻声）” 大拇指

二拇手指头 $l\partial^{31-53}m\tilde{e}^{\cdot}\int ou^{55}t\int\eta^{213-31}t'ou^{\cdot}$ 食指

三拇手指头 $s\tilde{a}^{213-31}m\tilde{e}^{\cdot}\int ou^{55}t\int\eta^{213-31}t'ou^{\cdot}$ 中指

四拇手指头 $s\eta^{31-53}m\tilde{e}^{\cdot}\int ou^{55}t\int\eta^{213-31}t'ou^{\cdot}$ 无名指

小拇手指头 $si\mathrm{ɔ}^{55-213}m\tilde{e}^{\cdot}\int ou^{55}t\int\eta^{213-31}t'ou^{\cdot}$ 小指

左不列子 $*tsu\partial^{55-53}pu^{\cdot}li\partial^{213-31}ts\eta^{\cdot}$ 左撇子

翻别桄子 $f\tilde{a}^{213}pi\partial^{53}ku\alpha\eta^{31-53}ts\eta^{\cdot}$ ①左撇子 ②相反的方向：盛稀饭不能～往外倒 ③相反的意念：那人就会给人～着干

腿 $t'ei^{55}$ ①腿的统称 ②某些用具和物品像腿、起支撑作用的东西：桌子～｜车～｜磨～

腿腋辙子 $t'ei^{55}i\partial$ / $i\mathrm{ɔ}^{213}t\int\partial^{53-55}ts\eta^{\cdot}$ 大腿腋窝

大腿 $t\alpha^{31}t'ei^{55}$ 腿的膝盖以上至腿腋部分

大腿里子 $t\alpha^{31}t'ei^{55}li^{55-213}ts\eta^{\cdot}$ ①大腿内侧 ②隐指外生殖器部位

胳拉拜子 $k\partial^{213-31}l\alpha^{\cdot}p\varepsilon^{31-53}ts\eta^{\cdot}$ 膝盖

腿弯子 $t'ei^{55}u\tilde{a}^{213-31}ts\eta^{\cdot}$ 腿部与膝盖相对的后侧

小腿 $si\mathrm{ɔ}^{55-53}t'ei^{55}$ 膝盖以下至脚踝部分

明腿子 $mi\eta^{53}t'ei^{55-213}ts\eta^{\cdot}$ 小腿部朝前的部分

腿肚子 $t'ue^{55}ui^{31-53}ts\eta^{\cdot}$ 小腿后部肌肉较丰满的部分

锅框子腿 $ku\partial^{213-24}k'u\alpha\eta^{31-53}ts\eta^{\cdot}t'ei^{55}$ 罗圈腿：那人是～

脚 $t\varsigma y\partial^{213}$ “脚”音同“决” 脚部的统称

踝才疙瘩 $xu\varepsilon^{53-55}ts'\varepsilon^{\cdot}k\partial^{213-31}t\alpha^{\cdot}$ “踝”音同“怀” 脚踝骨

脚骨拐 $t\varsigma y\partial^{213}ku^{55-213}ku\varepsilon^{\cdot}$ 脚踝骨

脚后跟 $t\varsigma y\partial^{213-24}xou^{31-53}k\tilde{e}^{\cdot}$ 脚跟

脚底板子 $t\varsigma y\partial^{213}ti^{55}p\tilde{a}^{55-213}ts\eta^{\cdot}$ 脚底部

脚连筋 $t\varsigma y\partial^{213}li\tilde{a}^{53}t\varsigma i\tilde{e}^{213}$ 脚跟肌腱

脚面子 $t\varsigma y\partial^{213-24}mi\tilde{a}^{31-53}ts\eta^{\cdot}$ 脚背

脚心 tɕyə$^{213-24}$siẽ^{213} 脚底部中心部分

脚丫子 tɕyə$^{213-24}$iɑ$^{213-31}$tsɿ˙ ①脚趾 ②脚趾缝 ③脚：赤着～

脚趾丫子 tɕyə^{213}tʃʅ^{55}iɑ$^{213-31}$tsɿ˙

脚趾盖子 tɕyə^{213}tʃʅ^{55}kɛ$^{31-53}$tsɿ˙ 脚趾甲

脚趾域子 tɕyə$^{213-24}$tʃʅ$^{213-24}$y$^{213-31}$tsɿ˙ 脚趾甲缝

趼子 tɕiɑŋ$^{55-213}$tsɿ˙ “趼”音同“讲” 手或脚上因摩擦而生的硬皮

七 农业

1．农活

春耕 pf‘ẽ$^{213-24}$kəŋ^{213} 春天耕冬天闲置的土地

夏收 ɕiɑ^{31}ʃou^{213} 收割夏季作物

夏收夏种 ɕiɑ^{31}ʃou^{213}ɕiɑ^{31}pfəŋ^{31} 收割夏季作物，种植秋季作物

秋收 ts‘iou$^{213-24}$ʃou^{213} 收割秋季作物

攒粪 tsã^{55}fẽ^{31} 积肥

垫栏 tiã^{31}lã^{53} 向牲畜棚圈内撒土以掺拌、吸收牲畜粪便、增加积肥量

沤 ɣou^{213} ①沤制 ②在水里长时间浸泡

沤粪 ɣou$^{213-24}$fẽ^{31} 沤制肥料

沤绿肥 ɣou$^{213-24}$lu^{213}fei^{53} 用绿色植物沤制肥料

压青 iɑ$^{213-24}$ts‘iŋ^{213} 把绿肥作物等翻埋到田地里做肥料

出粪 pf‘u$^{213-24}$fẽ^{31} 清除茅厕及牲畜棚圈的粪便

推粪 t‘ei$^{213-24}$fẽ^{31} 用手推车往地里运送土杂肥

撒粪 sɑ^{55}fẽ^{31} 在田间抛撒肥料

上粪 ʃɑŋ^{31}fẽ^{31} ①施肥 ②背地里添枝加叶地说别人坏话 ③教唆，鼓动：人家婆媳关系很好，咱可不能给人家～

上地 sɑŋ^{31}ti^{31} ①施肥 ②把螺母拧到最根部以使其紧固

步量 pu$^{31-53}$liɑŋ˙ 用脚步丈量：你～一下这块地有多少亩？

耕地 kəŋ$^{213-24}$ti^{31} 犁地

剜地 uã$^{213-24}$ti^{31} 挖地，翻地

耙地 pɑ^{31}ti^{31} 用农具耙破碎土块，整平土地

耪地 p'ɑŋ^{55}ti^{31} 锄地

耩地 tɕiɑŋ^{55}ti^{31} 用一种名叫耩子的农具播种

打墒 tɑ^{55}ʃɑŋ^{213} 耕地时先耕出第一道标准犁沟

打斜儿 tɑ^{55}siər^{53} 取直：这地得～耕

领墒 liŋ^{55}ʃɑŋ^{213} ①用牲畜耕地时，有一头为主的牲口始终沿着墒沟走在前面引领 ②指带头人

揽回头 *lã^{53}xuei$^{53-55}$t'ou˙ 耕地时地尽头有未耕到的地方，待耕地结束时再横着将其耕起

耖二犁 tʃ'ɔ^{213}ɭə^{31}li^{53} ①把耕过的地再浅耕一遍 ②耩地时，因弥补播种不均匀，再顺着原来的耩沟耩一遍

积犁了 tsi$^{53-55}$li˙ lɑ˙ ①耕作时因为土地太湿而成了泥团：地耕～就不好种了 ②事情办得断断续续，不太好办了：这事叫你弄～了

打畦子 tɑ^{55}ɕi$^{53-55}$tsɿ˙ "畦"音"喜（阳平）" 将整平的田地起垄或起埂

调畦子 t'iɔ^{53}ɕi$^{53-55}$tsɿ˙

打畦田 tɑ^{55}ɕi$^{53-55}$tiã^{53}

荡荡 tɑŋ$^{31-53}$tɑŋ˙ ①用一种带铁齿的农具在地面来回搂动以整平土地：把菜畦子～就平了 ②把热汤或热水用两个容器来回倒入，使其快速冷却：把热稀饭～，快点喝完上班

帮耩子 pɑŋ^{213}tɕiɑŋ$^{55-213}$tsɿ˙ ①用牲畜牵引耩子播种时，由人牵引掌握方向 ②人力辅助拉耩子

摇耧 iɔ^{53}lou^{55} 用耩子耩地时，掌握耩子的人不停地摇晃耩子，使下种均匀

碴耧 tʃ'ɑ^{53}lou^{55} 用耩子播种时，种子在斗中被卡住：豆种不干净，容易～

锄薯沟 pf'u^{53}fu^{55}kou^{213} ①将准备栽植地瓜的土地用农具起垄 ②给地瓜地锄草

埏 ʃã^{213} 音同"山" 一种播种方法，先给整平的地面浇水，然后撒种，再覆土

栽 tsɛ^{213} ①栽植：～树 ②可以移植的植物幼苗：树～子 ③完全依托：这事就～你身上去了 ④诬赖：～赃 ⑤身体前倾时猛然跌倒：一头～沟里去了

点 tiã^{55} ①分穴种植：～豆子｜～玉米 ②指定所要求的：～菜 ③刚一接触就离开：～到为止 ④头或手一起一落的动作：～头 ⑤引燃，制作：～火｜～豆腐 ⑥指导，指出：～拨｜～出来

压 iɑ^{213} ①一种栽种方法：～地瓜 ②扦插：那种月季花枝条可以～活 ③挤压：～豆腐

点果子 tiã$^{55-53}$kuə$^{55-213}$tsʅ˙ 点种花生

点玉蜀黍 tiã^{55}y^{31}fu$^{53-55}$fu˙ 点种玉米

叉开花儿 tʃ‘ɑ$^{31-53}$k‘ɛ˙ xuɑr^{213} 夹杂，错开：大豆和玉米～种高产｜你俩不要一起走，要～去

畦稻秧子 ɕi^{53}tɔ^{31}iɑŋ$^{213-31}$tsʅ˙ “畦”音“喜（阳平）” 水稻育苗

畦上 ɕi$^{53-55}$ʃɑŋ˙ 在畦田里先播撒种子，然后上面覆上一层细土

育上 y$^{31-53}$ʃɑŋ˙ ①把秧苗临时集中栽在一处备用 ②栽植禾苗

间苗儿 tsiã^{31}miɔr^{53} 去掉庄稼或菜蔬等多余的幼苗，使株距、行距均匀

薅 xɔ^{213}音同“蒿” ①拔：～草 ②抓住：他～着我的头发就不撒手了

浇园 tɕiɔ^{213}yã^{53} 灌溉菜地

漫灌 mã^{31}kuã^{31} 用水在大田里任其流淌灌溉

上明水 ʃɑŋ^{31}miŋ^{53}fei^{55} “水”音同“匪” 在地表面浇水，不一定渗透：刚下过种的地不能～

泚泚 ts‘ʅ$^{213-31}$ts‘ʅ˙ 用压力大的水柱喷，起到冲洗、浇灌等作用：用水把院子～，既干净又凉快｜小菜苗旱了，用水～

放水 fɑŋ^{31}fei^{55} ①排涝 ②开闸 ③隐指尿尿

压瓜秧 iɑ$^{213-24}$kuɑ$^{213-24}$iɑŋ^{213} 用土块等压住瓜蔓以防被风吹翻

扎谷子 tʃɑ^{55}ku$^{213-31}$tsʅ˙ 按一定株距给谷子去苗

掐谷子 tɕ‘iɑ$^{213-24}$ku$^{213-31}$tsʅ˙ 收割谷穗

打叶子 tɑ^{55}iə$^{213-31}$tsʅ˙ 高粱、玉米等高秆农作物快成熟时把老叶子人工去除

以催熟

拉麦垄子 la$^{213-24}$mẽ^{213}luŋ$^{55-213}$tsɿ˙ "麦"音同"闷" 春天用锄等农具给麦田除草松土

压薯 iɑ^{213}fu^{55} 栽种地瓜秧苗

耪薯 p'ɑŋ$^{55-53}$fu^{55} 用锄给地瓜松土或锄草

耪薯沟 p'ɑŋ$^{55-53}$fu^{55} kou^{213}

翻薯秧子 fã^{213}fu^{55}iɑŋ$^{213-31}$ʧɿ˙ 将地瓜秧蔓翻起除草并防止生次生根

掐薯秧头子 tɕ'iɑ^{213}fu^{55}iɑŋ^{213}t'ou$^{53-55}$tsɿ˙ 用指甲掐下地瓜茎蔓顶端的鲜嫩部分，此为生活困难时期作为补充食物的来源之一

刨薯 p'ɔ^{213}fu^{55} 用农具收获地瓜

拿杈 nɑ^{53}ʧ'ɑ^{31} 把植物的营养枝摘除：给棉花～

打杈 tɑ^{55}ʧ'ɑ^{31}

领趟子 liŋ^{55}t'ɑŋ$^{31-53}$tsɿ˙ 收割庄稼或做其他农活时在前面带头

喂化肥 uei^{31}xuɑ^{31}fei^{53} 给庄稼追施化肥

喂玉米 uei^{31}y^{31}mi^{55} 给玉米追肥

掰棒子 pei$^{213-24}$pɑŋ$^{31-53}$tsɿ˙ 收获玉米

掰玉蜀黍 pei$^{213-24}$y^{31}fu$^{53-55}$fu˙

掰麻蜀黍 pei^{213}mɑ^{53}fu$^{53-55}$fu˙

掰麻缨 pei^{213}mɑ^{53}iŋ^{213}

砍秫秫 k'ã^{55}fu$^{53-55}$fu˙ 收割高粱

扦秫秫 ts'iã^{213}fu$^{53-55}$fu˙ 用刀具收割高粱穗

攒上 ts'uã$^{53-55}$ʃɑŋ˙ "攒"音同"全" 把捆状物竖立棱在一起：～麦个子｜～秫秸

拔果子 pɑ^{53}kuə$^{55-213}$tsɿ˙ 收获花生时将其连株拔起

择果子 ʧei^{53}kuə$^{55-213}$tsɿ˙ 把花生果从其植株上摘下来

拾果子 ʃʅ^{53}kuə$^{55-213}$tsɿ˙ 复收花生

扒果子 pɑ^{213}kuə$^{55-213}$tsɿ˙ ①用手围绕花生墩把花生从地里扒出来 ②用手工给花生脱壳

磕果子 k‘ə^{31}kuə$^{55-213}$tsɿ˙ ①用脱壳机给花生脱壳 ②用牙咬开花生壳，然后食之

剥果子 pə^{213}kuə$^{55-213}$tsɿ˙ 用手工给花生脱壳

割 kɑ^{213}音“嘎（阳平）” ①用刀具收割：～麦 ②割、割除 ③划、划破 ④买：～肉

按场 ɣã^{31}tʃ‘ɑŋ^{53} 整平并压实场地，以备庄稼脱粒、晾晒之用

打场 tɑ^{55}tʃ‘ɑŋ^{53} 在场地里给庄稼脱粒

扬场 iɑŋ^{53}tʃ‘ɑŋ^{53} 谷物、豆类等脱粒后，用木锨等将其抛撒到半空，借风力除去糠秕，分离出干净的籽粒

掠场 luə^{213}tʃ‘ɑŋ^{53} 人工扬场时，用扫帚轻轻扫去粮食堆上的糠秕杂物

捞穰子 lɔ^{31}ʒɑŋ$^{53-55}$tsɿ˙ 再次脱粒，以防粮食丢落

垛垛 tuə^{31}tuə^{31} 把农作物秸、穰等堆成方形或圆形的草垛

掌垛 tʃɑŋ^{55}tuə^{31} ①垛大垛柴草时，有专人站在垛顶，负责将挑上垛的柴草分布均匀，使垛保持平衡 ②旧时用泥巴打墙，有专人站在墙上，负责将挑上墙的泥巴排均匀并掌握保持垂直不至倾斜

出菜 pf‘u$^{213-31}$ts‘ɛ^{31} ①收获园地里的蔬菜 ②同样分量的菜炒完后显得多：豆腐皮还是薄的～

投蒜种 t‘ou^{53}suã^{31}pfəŋ^{55} 分拣种蒜：快～

漤 lã^{55} ①一种果实催熟方法：～柿子

揽 lã^{55} ①招揽 ②两臂相抱：这棵树真粗，我一人～不过来

旋柿饼 suã^{31}ʃʅ^{31}piŋ^{55}“旋”音同“算” 用一种旋转刀具给柿子去皮以便加工柿饼

拉秧 lɑ$^{213-24}$iɑŋ^{213} 拔起结完果实的植物藤蔓

驾辕 tɕiɑ^{31}yã^{53} 人或牲畜掌握驾驶方向

打段儿 tɑ^{55}tuɛr^{31} ①一种分配、分工形式：～进行 ②分步骤进行 ③分时段：假期复习要～

打截儿 tɑ^{55}tsiər^{53} ①一种劳动分工形式：长的地段要～收割 ②将截面或断面分开

　打节儿 tɑ^{55}tsiər^{213}

打短儿　tɑ$^{55-53}$tuɛr^{55}　零星地、不固定地打工

打榝子　tɑ^{55}ʃɑ$^{31-53}$tsɿ˙ “榝”音同“耍”　①对柴草、麦穰等梳理、挤压，以便于捆束、堆积 ②说话结巴且断断续续

打捆　tɑ$^{55-53}$k‘uẽ^{55}　①把散放的物品捆绑在一起：把这些废品先～再装车 | 救灾的衣物已～啦 ②集中

铡草　tʃɑ^{53}ts‘ɔ^{55}　用铡刀把草切成小段

胡搂　xu$^{53-55}$lou˙音同“葫芦”　①两手沿着平面把东西除掉：把桌子上的东西～掉 ②用手或工具聚拢东西：把晒在场上的麦子～一块去 ③收揽：这些事你都～着吧

歇晌　ɕiə^{213}ʃɑŋ^{55}　人或牲畜午休

熬倒湖　ɣɔ^{31}tɔ^{55}xu^{53}　①待到地里的庄稼全收割完之后：这是晚茬玉米，看来得～才能收 ②比喻到最后才从某处离去或散去

栽树　tsɛ$^{213-24}$fu^{31} “树”音同“富”　植树

穿树　pf‘ã$^{213-24}$fu^{31}　修剪树木多余的枝条

刷树　fɑ$^{213-24}$fu^{31}　给树干涂白：用石灰水～既美观又防止虫害

㓦树　tʃ‘ɛ$^{213-24}$fu^{31} “㓦”音同“钗”　树木嫁接

㓦　tʃ‘ɛ^{213}　①树木等嫁接 ②给牲畜配种

杀树　ʃɑ$^{213-24}$fu^{31}　砍伐树木

2. 农具

大车　tɑ^{31}tʃ‘ə^{213}　旧时的木板木轮牛车

马车　mɑ^{55}tʃ‘ə^{213}　近似大车，但为橡胶轮，骡马牵引

地排车　ti^{31}p‘ɛ^{53}tʃ‘ə^{213}　橡胶轮木板车

　平车　p‘iŋ^{53}tʃ‘ə^{213}

　排车　p‘ɛ^{53}tʃ‘ə^{213}

小胶车　siɔ^{55}tɕiɔ$^{213-24}$tʃ‘ə^{213}　胶轮独轮手推车

　胶车子　tɕiɔ$^{213-24}$tʃ‘ə$^{213-31}$tsɿ˙

红车子　xuŋ^{53}tʃ‘ə$^{213-31}$tsɿ˙　木轮独轮手推车

轱辘　ku$^{55-213}$lou˙　轮子的统称

大皮 tɑ^{31}pʻi^{53} 车轮的橡胶外胎

内带 nei^{31}tɛ^{31} 车轮的胶皮内胎

车把 tʃʻə^{213}pɑ^{55} 小胶车两边后伸供人用手握住以便掌控的木柄

车耳 tʃʻə^{213}ɭə^{55} 小胶车上固定车轮轴两端的耳状物，旧时为木制，现为铁制

车襻 tʃʻə$^{213-24}$pʻã^{31} 推小胶车时，搭在人肩上、两端系住车把末端用以辅助驾车的扁条状绳索

车腿 tʃʻə^{213}tʻei^{55} 自行车、小胶车等停放时用来辅助车轮使之平稳的垂直支架

沟脊子 kou^{213}tsi$^{213-31}$tsɿ· 农具小胶车上高高凸起罩住车轮的部分

耙头棍子 pʻɑ$^{53-55}$tʻou· kuẽ$^{31-53}$tsɿ· 小胶车前端挡住所载物不前滑的横木

边膀 piã$^{213-24}$pʻi^{213} 小胶车两边弧形的木框

车嘴 tʃʻə^{213}tsuei^{55} 小胶车最前端停车时支撑在地面的部分

不见天儿 pu$^{213-24}$tɕiã^{31}tʻiɛr^{213} 小胶车车把端部下面挡住车襻使之不脱落的小木橛儿，因其始终朝向地面，不见天空，故名

开车棍子 kʻɛ$^{213-24}$tsʻə$^{213-24}$kuẽ$^{31-53}$tsɿ· 装有货物的手推车停歇时起支撑稳固作用的棍子，不用时横放在车腿处，必要时还可做推车人的防身武器

犁 li^{53} 一种耕地用的农具，用牲畜或机械等牵引

大犁 tɑ^{31}li^{53} 一种靠人力翻地的铁制农具

二牛盘 ɭə$^{31-53}$ȵiou· pʻã^{53} 用牛耕作时连接农具和两头耕牛的横木

三牛担 sã$^{213-31}$ȵiou· tã^{213} 用牛耕作时连接农具和三头耕牛的横木

镵 tʃʻã^{53} 音同"馋" 犁头

犁铧 li^{53}xuɑ^{53} 犁头上部用以翻土的铁板

压链子机 iɑ^{31}liã$^{31-53}$tsɿ· tɕi^{213} 履带式拖拉机

链轨机 liã^{31}kuei^{55}tɕi^{213}

柝 tʻuə^{31} 音"托（去声）" 一种下地耕作来回路上用来托载犁、耙的木制拖运农具

耙 pɑ^{31} 一种由机械、牲畜或人力牵引用以破碎土块、整平土地用的带齿农具

圆盘耙 yã^{53}pʻã^{53}pɑ^{31} 耙的一种，主要由一根铁棍贯穿几个铁制圆盘组成，由机械牵引滚动切碎土块

耩子 tɕiɑŋ$^{55-213}$tsɿ˙ 耧，一种较原始的靠人力、畜力牵引播种的农具

耩铧子 tɕiɑŋ^{55}xuɑ$^{53-55}$tsɿ˙ 耩子最下端用以翻土下种的尖形铁脚

耩腿 tɕiɑŋ$^{55-53}$t‘ei^{53} 耩子上两条像腿的部件，末端装“耩划子”，中空以供种子顺其流下播种

耩杆 tɕiɑŋ^{55}kã^{213} 耩子向前伸的两根长木杆，以供人或畜力掌控牵引

耩耧 tɕiɑŋ$^{55-53}$lou^{55} 耩子上用以放粮种的方台形容器

剜叉 uã$^{213-24}$tʃ‘ɑ^{213} 挖地用的三股铁叉

镢头 tɕyə$^{213-31}$t‘ou˙ 一种刨地的铁制农具

锄 pf‘u^{53} 锄地的铁制农具

洋镐 iɑŋ^{53}kɔ^{213} 铁镐

洋锨 iɑŋ^{53}ɕiã^{213} 铁锨

抓钩 pfɑ$^{213-24}$kou^{213} 一种带钩齿的铁制农具，一般为三齿

爪钩子 tʃɔ$^{213-24}$kou$^{213-31}$tsɿ˙ 一种带钩齿的铁制农具，多为两齿

镢镰子 tɕyə^{213}liã$^{53-55}$tsɿ˙ 一种刨地、收割庄稼等使用的铁制农具，较镢头短且宽

榔头 lɑŋ$^{53-55}$t‘ou˙ 一种木制农具，用一截较粗短的木段，垂直安上长木柄，用以击碎土块等

经 tɕiŋ^{213} 很粗的绳子：煞车～

大鞭 tɑ^{31}piã^{213} 用来驱使耕牛的长鞭

缰绳 kɑŋ$^{213-31}$ʃəŋ˙ “缰”音同“刚” 牵引驱使牲畜的绳子

撇绳 p‘iə$^{213-31}$ʃəŋ˙ 用来操控耕牛的长绳

鞅绳 iɑŋ$^{213-31}$ʃəŋ˙ 套在耕牛脖子下面的绳索扣襻

鞅镢 *iɑŋ^{213}tɕyə˙音同“仰决” 用来连接耕牛和农具的器具，铁制，两端带弯钩，中间有一孔

鞅上 iɑŋ$^{213-31}$ʃɑŋ˙ 耕作前给耕牛套上连接农具的绳索：把牛～上

鞅 iɑŋ^{213}

碌碡 lu$^{213-31}$pfei˙ “碡”音同“椎” 石头凿成的圆柱形农具，用来碾压场院、谷物

脱粒等

碌碡眼儿 lu$^{213-31}$pfeï iɛr 碌碡两端的中心的小凹坑儿

碌碡廓子 lu$^{213-31}$pfeï kuə$^{213-31}$tsʅ˙ 用以固定碌碡拖动做工的方形木框

碌碡杞 lu$^{213-31}$pfeï ts'i^{53} "杞"音同"齐" 碌碡廓子两端起固定作用的木橛，卡住碌碡眼儿以拖动，内侧叫里杞，外则叫外杞

地轱辘子 ti^{31}ku$^{55-213}$lou˙ tsʅ˙ 由两个小石轮组成的用于播种后压实地垄的农具

筐子 k'uaŋ$^{213-31}$tsʅ˙ 泛指一般筐类器具

大筐 ta^{31}k'uaŋ^{213} 较大的条编筐篓

团筐 t'uã^{53}k'uaŋ^{213} 一种条编圆形筐篓

抬筐 t'ɛ^{53}k'uaŋ^{213}

长筐 tʃ'aŋ^{53}k'uaŋ^{213} 一种条编的长形筐篓

杈 tʃ'a^{213} 一种翻动、归拢农作物秸秆的农具，分木制、铁制两种

沙耙 ʃa$^{31-53}$p'a˙ "沙"音同"霎" 一种辅助脱粒的木制农具，由多根长木齿组成

搂耙 lou^{53}p'a^{53} 整平土地用的一种小型手控农具，铁齿，长木柄

筢 p'a^{53} 一种搂柴草用的工具，分竹制、铁制两种，大小不一，末端有弯钩以利拢住柴草

大筢 ta^{31}p'a^{53} 一种较大的筢，竹制，一人用肩扛着摽在其上的木棍（或扁担），靠系在腰间的绳索牵引

筢齿 p'a^{53}ʧ'ʅ^{55} 筢末端的钩齿

扫帚 sɔ$^{31-53}$pf'u / fu˙ "帚"音同"出／夫" 一种用竹枝扎制的清扫用具

扫帚摣子 sɔ$^{31-53}$pf'u˙ pfa$^{53-55}$tsʅ˙ 使用过的磨损很重的扫帚

笤帚 t'iɔ$^{53-55}$pf'u / fu˙ "帚"音同"出／夫" 一种用脱粒后的高粱穗或稷子穗扎制的清扫用具

木锨 mu$^{213-24}$ɕiã^{213} 用来在场院打晒粮食的木制锨

撞板子 pfaŋ$^{31-53}$pã˙ tsʅ˙ 一种翻晒粮食的用具，木柄末端镶有木板

粪箕子 fẽ^{31}tɕi$^{213-31}$tsʅ˙ "箕"音同"吉" 一种枝条编制的粪筐，上有较长的三岔

条编系子，可背可挎

背箕子 pei^{31}tɕi$^{213-31}$tsɿ·

粪扒子 fẽ^{31}pɑ$^{213-31}$tsɿ· 一种木柄镶有铁头的掏粪工具

粪叉子 fẽ^{31}tʃʻɑ$^{55-213}$tsɿ· 一种木柄镶有铁齿的掏粪工具

牛鼻镢 ȵiou^{53}pi$^{53-55}$tɕyə· "镢"音同"决" 穿透牛鼻子的铁环或小木棍等

牛拉嘴 ȵiou^{53}lɑ· tsuei^{55} 一种竹编半球形的器具，一般有十八个六边形孔洞组成，用来套在牛嘴上，以防其劳作时乱吃庄稼等

牛栏嘴 ȵiou^{53}lã· tsuei^{55}

牛梭头 ȵiou^{53}suə$^{213-31}$tʻou· 架在耕牛等肩胛骨两边的曲木，用以连接绳索牵引农具等

驴夹板子 lu^{53}tɕiɑ^{213}pã$^{55-213}$tsɿ· 夹在驴子肩胛骨上两边的两根木棍，用以连接绳索牵引农具等

驴套 lu^{53}tʻɔ^{31} 套在驴肩胛骨上以利驱使或牵引的绳套

鞍子 ɣã$^{213-31}$tsɿ· 放在牲口背上驮运东西或供人骑坐的支架：马～｜驴～

纣棍子 tʃou$^{55-213}$kuẽ· tsɿ· 系在驴、马等尾下的横木棍，以防其尾巴乱翘或粪便乱溅

箔 pə^{53}音同"脖" 用细绳把长植物秸秆等编制成的供晾晒东西的帘子状用具：把棉花晾在～上干得快

簸箕 *pə$^{55-53}$tɕʻi· ①一种柳编生活用具，近于倒梯形，三面有较浅的边沿，一面口平，用以人工上下颠簸借助产生的风力除去粮食里的糠秕 ②一种指纹形状

弓子 kuŋ$^{213-31}$tsɿ· ①弯曲成弧形的竹条或木条 ②用以种植、养殖的保温塑料弓棚的统称

3．其他

湖 xu^{53} ①田地：都到～里干活去了 ②湖泊：枣庄西边有微山～

春地 pfʻẽ$^{213-24}$ti^{31} 冬天闲置未种的土地

大茬子地 tɑ^{31}tʃʻɑ$^{53-55}$tsɿ· ti^{31} 高粱收割后的土地

大茬 tɑ^{31}tʃʻɑ^{53}

私留地 sɿ^{213}liu^{53}ti^{31} 最早“打土豪、斗地主、分田地”时期，给土地所有者所留的少量的口粮田；至人民公社时期，集体分给社员们少量用于种植蔬菜的土地，每人一般 0.1 亩左右

自留地 tsɿ^{31}liu^{53}ti^{31}

园 yã^{53} 用于种植菜蔬的园地

菜园 ts‘ɛ^{31}yã^{53}

园地 yã^{53}ti^{31} 种植蔬菜的地

畦子 ɕi$^{53-55}$tsɿ˙ “畦”音“喜（阳平）” 用土埂隔开的条田，便于田间管理

畦墙子 ɕi^{53}ts‘iɑŋ$^{53-55}$tsɿ˙ 畦田间的土埂

畦埂子 ɕi^{53}kəŋ$^{55-213}$tsɿ˙

墒沟 ʃɑŋ$^{213-24}$kou^{213} ①耕地时留下的浅沟 ②田间的界沟

回头 xuei$^{53-55}$t‘ou˙ ①耕地时地头未耕到的地方 ②再婚

场 tʃ‘ɑŋ^{53} 专门用来脱粒、打晒庄稼或堆放柴草的场地

耙缨子 pɑ^{31}iŋ$^{213-31}$tsɿ˙ 耙地时划到耙齿上的杂草等

懒沟 lã^{55}kou^{213} 苗畦里不再移植的秧苗（多指辣椒等），扶沟后让其就地生长：畦了两畦～辣椒

薯沟 fu^{55}kou^{213} 用来栽植地瓜的垄沟，有时用来形容人额头的皱纹大而多

地瓜沟 ti^{31}kuɑ$^{213-24}$kou^{213}

喷了 p‘ẽ$^{213-31}$lɑ˙ 农业用语，播种后即遭大雨湿淋，使地表板结，种子难以正常萌发生长

拍̣了 p‘ei$^{213-31}$lɑ˙

不倒旺儿 pu^{213}tɔ^{55}uãr^{31} 农业用语，指禾苗栽植时因墒情好、方法得当等，禾苗一点未萎蔫，接着正常生长

重茬 pf‘əŋ^{53}tʃ‘ɑ^{53} ①接连在同一地块上种植同一种作物：许多农作物都怕～ ②同一时间内不同的人去办了同一种事 ③接连吃、喝了同一种菜、酒等：今天喝酒～了

出夫子 pf‘u$^{213-24}$fu$^{213-31}$tsɿ˙ 农民义务为保家卫国、兴修水利、修路架桥、

整山治水、植树造林等出工

园田化 $y\tilde{a}^{53}t‘i\tilde{a}^{53}xu\alpha^{31}$ 人民公社时期提出的大田农作物也像菜园那样精耕细作

专业队 $pf\tilde{a}^{213-24}i\partial^{213-24}tei^{31}$ ①人民公社时期，农村各生产队大都专门组织一部分人（多为男女青年），从事某种专业劳动：宣传～队｜养蚕～ ②专门从事某种生产或工作的组织或团体：建筑～｜养殖～

磨洋工 $m\partial^{53}i\alpha\eta^{53}ku\eta^{213}$ 原指给侵略者修工事等慢腾腾地消磨时间，敷衍了事，现指消极怠工

工分儿 $ku\eta^{213-24}fer^{213}$ 人民公社时期，社员劳动时按分记工的一种票据

挫工分儿 $ts‘u\partial^{53}ku\eta^{213-24}fer^{213}$ 人民公社时期，社员劳动时按分记工时，一般干满全天记 10 分，因故从一天的标准分中削减或扣掉一定量的工值：干活晚到十分钟，就得～

标工分儿 $pi\mathrm{ɔ}^{213}ku\eta^{213-24}fer^{213}$ 人民公社时期，生产队干部、专业队人员、民办教师、赤脚医生等不在生产队劳动，参照相应劳动力的标准记工分

搭人工 $t\alpha^{213}\mathrm{ʒ}\tilde{e}^{53}ku\eta^{213}$ 付出劳动不计报酬：政府出钱，老百姓～，一定把这条山路修好

交公粮 $t\mathrm{ɕ}i\mathrm{ɔ}^{213-24}ku\eta^{213}li\alpha\eta^{53}$ 向国家或集体缴纳一定量的粮食

预分 $y^{31}f\tilde{e}^{213}$ 人民公社时期，集体在总分配之前先小额分配给社员部分生活资料

薯窖子 *$fu^{55-53}t\mathrm{ɕ}i\mathrm{ɔ}^{31-53}ts\mathrm{ʅ}^{·}$ 冬天储藏地瓜的地窖，一般为方形或圆形两种，上面盖上作物秸秆并覆土保温

薯井子 $fu^{55-53}tsi\eta^{55-213}ts\mathrm{ʅ}^{·}$ 冬天储藏地瓜的土井

洋粪 $i\alpha\eta^{53}f\tilde{e}^{31}$ 各种化肥的统称，因过去靠进口，故名

臭化肥 $\mathrm{ʧ}‘ou^{31}xu\alpha^{31}fei^{53}$ 碳铵类化肥，气味刺鼻，故名

碳铵 $t‘\tilde{a}^{31}\tilde{a}^{213}$ 碳酸氢氨类化肥的简称

粪 $f\tilde{e}^{31}$ ①泛指各种肥料 ②粪便

灰 $xuei^{213}$ ①草木灰 ②灰尘的统称：身上有～ ③特指“石灰”和水泥 ④黑白之间的颜色：～色 ⑤意志消沉：心～意冷

土杂肥 tʻu^{213}tsɑ^{53}fei^{53} 除化学肥料外，用粪便、土等掺杂的肥料

八 植物

1. 树木

小树儿 siɔ^{55}fer^{31} “树儿”音同“份儿” 泛指各种树苗

树 fu^{31} 音同“富” 泛指各种树木

果木子树 kuə$^{55-213}$mu· tsɿ· fu^{31} 泛指各种果树

树行子 fu^{31}xɑŋ$^{53-55}$tsɿ· 树林

树股子 fu^{31}ku$^{55-213}$tsɿ· 树杈

　树杈子 fu^{31}tʃʻɑ$^{31-53}$tsɿ·

枝子 tʃʅ$^{213-31}$tsɿ· ①在植物主干上长出的枝条 ②比喻负担、任务、压力、责任等：给他个～扛着

树头 fu^{31}tʻou^{53} 树冠

树疙瘩 fu$^{31-53}$kə· tɑ^{213} 砍伐后的树根

钻天杨 tsuã$^{213-24}$tʻiã^{213}iɑŋ^{53} 杨树

杨屎毛子 iɑŋ^{53}ʃʅ^{55}mɔ$^{53-55}$tsɿ· 毛白杨的花

榆钱子 y^{55}tsʻiã$^{53-55}$tsɿ· 榆树的果实，形状圆而小，像旧制小铜钱，故名

大槐 tɑ^{31}xuɛ^{53} 白槐树

槐连豆 xuɛ^{53}liã^{53}tou^{31} 白槐的果实

洋槐 iɑŋ^{53}xuɛ^{53} 刺槐树

　家槐 tɕiɑ^{213}xuɛ^{53}

槐花 xuɛ^{53}xuɑ^{213} 刺槐树开的花，一般为白色，成串，可食

槐芽 xuɛ^{53}iɑ^{53} 刺槐树的嫩芽，可食

白果 pei^{53}kuə^{55} 银杏

春咕咕 pfʻẽ^{213}ku$^{53-55}$ku· 樗树

　臭椿 tʃʻou^{31}pfʻẽ^{213}

香椿芽 çiɑŋ$^{213-31}$pfʻẽ iɑ^{53} ①香椿树 ②香椿树的嫩芽 ③香椿树的嫩芽腌渍的副食品

刺木苔 tsʻʅ$^{31-53}$mu˙ tʻɛ^{53} 野蔷薇

大杏 tɑ^{31}çiŋ^{31} ①桃子 ②桃树

核桃 *xə^{53}tʻou˙ "核桃"音同"贺头" 核桃

黑枣子 xei^{213}tsɔ$^{55-213}$tsʅ˙ ①软枣树 ②软枣

楝枣子 liã^{31}tsɔ$^{55-213}$tsʅ˙ ①苦楝树 ②苦楝树的果实

苑枣子 yã^{31}tsɔ$^{55-213}$tsʅ˙

皂角 tsɔ$^{31-53}$tçyə˙ "角"音同"决" ①皂角树 ②皂角树的果实

叫叫 tçiɔ$^{31-53}$tçiɔ˙

杉条 ʃɑ^{213}tʻiɔ^{53} "杉"音同"沙" 杉树棒

槛条 lɑ^{213}tʻiɔ^{53} 白槛树，枝条可用来条编，多年生的枝干可以做槛杆，有韧性

洋槛条 iɑŋ^{53}lɑ^{213}tʻiɔ^{53} 紫穗槐枝条

绵槐 miã^{53}xuɛ^{53} 紫穗槐

绵槐墩 miã^{53}xuɛ^{53}tuẽ^{213} 紫穗槐砍伐后的根

绵槐条子 miã^{53}xuɛ^{53}tʻiɔ$^{53-55}$tsʅ˙ 紫穗槐的枝条

簸箕柳 *pə$^{55-53}$tçʻi˙ liou^{53} 一种丛生柳条，条编的主要原料之一

樗桃子 pfʻu^{53}tʻɔ$^{53-55}$tsʅ˙ "樗"音同"锄" 构树

棠梨子 tʻɑŋ^{53}li$^{53-55}$tsʅ˙ 野生的梨树，可以用来嫁接梨树做砧木

糖球树 tʻɑŋ^{53}tçʻiou^{53}fu^{31} 山楂树

糖球 tʻɑŋ^{53}tçʻiou^{53} ①山楂树 ②山楂树的果实

山里红子 ʃã$^{213-31}$li˙ xuŋ$^{53-55}$tsʅ˙ ①小山楂树 ②山楂树的果实

山了红子 ʃã$^{213-31}$lɑ˙ xuŋ$^{53-55}$tsʅ˙

楸杞 *tsʻiou^{53}tsʻi˙ ①枳树，也叫枳橘，可用来嫁接橘树 ②枳树的果实

甜枣儿 tʻiã^{53}tsɔr^{55} ①一种含糖量高的枣，脆而甜 ②一点好处、利益等：先给他个～吃着

芫货 *yã^{55}xuə˙ "芫花"的讹读。落叶灌木，花供观赏，有毒，花蕾可入药

干棒 kã$^{213-24}$paŋ^{31}　①干枯的树枝 ②比喻人消瘦，像枯树枝：那人瘦得跟～样

栽子 tsɛ$^{213-31}$tsɿ˙　苗床中的植物幼苗：树～｜白菜～

[illegible]子 tʃʻɛ$^{213-31}$tsɿ˙ "[illegible]"音同"钗"　①接穗 ②种畜

坐地根 tsuə^{31}ti^{31}kẽ^{213}　多指树木等直扎地下的那根主根：往往移植的树没有～

栗蓬壳 li^{213}pʻəŋ^{53}kʻə^{213}　栗子最外面带刺儿的外壳

2. 庄稼

庄稼 pfaŋ$^{213-31}$tɕi˙ "稼"音同"吉"　泛指地里生长着的粮食作物

五谷 u^{55}ku^{213}　①泛指各种庄稼：～丰登 ②稻、黍、稷、麦、豆的合称

五谷杂粮 u^{55}ku^{213}tsa^{53}liaŋ^{53}　泛指各种粮食：人吃～哪有不生病的？

麦 mẽ^{213}音同"闷"　麦子

麦个子 mẽ^{213}kə$^{31-53}$tsɿ˙　小麦收割后捆成的麦捆

麦秸腿 mẽ$^{213-24}$tɕiɛ^{213}tʻei^{55}　小麦秸秆

麦穰 mẽ^{213}ʒaŋ^{53}　轧扁后的小麦秸秆

麦余头子 mẽ^{213}y$^{53-55}$tʻou˙ tsɿ˙　混杂在麦糠里的瘪麦

风搅雪 fəŋ^{213}tɕiɔ^{55}suə^{213}　一种间作方式，即小麦和大豌豆混种

麦茬 mẽ^{213}tʃʻa^{53}音同"闷茶"　小麦收割后待种的地：种了几亩～地瓜

麦札 mẽ^{213}tʃa^{53}音同"闷铡"　小麦收割后留在地面上的根秸

棒子 paŋ$^{31-53}$tsɿ˙　玉米

　玉蜀黍 y^{31}fu$^{53-55}$fu˙

　麻蜀黍 ma^{53}fu$^{53-55}$fu˙

　麻缨 ma^{53}iŋ^{213}

　马牙 ma^{55}ia^{53}

花花脑子 xua$^{213-31}$xua˙ nɔ$^{55-213}$tsɿ˙　玉米的一种，籽粒红黄或红白夹杂

大马牙 ta^{31}ma^{55}ia^{53}　玉米的一种，籽粒大似马的牙齿，故名

小粒红儿 ɕiɔ^{55}li^{213}xũr^{53}　玉米的一种，粒小色黄

玉蜀胡子 y^{31}fu^{53}xu$^{53-55}$tsɿ˙　玉米穗的花丝

玉蜀核子 y^{31}fu^{53}xu$^{53-55}$tsɿ˙ “核”音同“胡” 玉米轴芯

玉蜀秸 y^{31}fu^{53}tɕiɛ^{213} 玉米秸秆

铁玉蜀黍 t‘iə$^{213-24}$y^{31}fu$^{53-55}$fu˙ 薏苡

黄豆 xuaŋ$^{53-55}$tou˙ 大豆

茶豆 tʃ‘ɑ$^{53-55}$tou˙ 豆类的一种，粒小且扁，色近棕色或茶色

黑豆 xei$^{213-31}$tou˙ 豆类的一种，粒扁色黑

绿豆 lu$^{213-31}$tou˙ 一种豆类，粒圆且小，色绿

豇豆 tɕiɑŋ$^{213-31}$tou˙ 一种豆类，粒呈白色或紫红色

红小豆 xuŋ^{53}siɔ$^{55-213}$tou˙ 一种豆类，粒圆且小，色红

秫秫 fu$^{53-55}$fu˙ 高粱

小秫秫 siɔ^{55}fu$^{53-55}$fu˙ ①泛指高粱 ②一种植株较矮的高粱

秫秫棵 fu$^{53-55}$fu˙k‘uə^{213} “棵”音同“阔” 地里生长的成片高粱

秀穗儿 siou^{31}suer^{31} 禾谷类农作物从叶鞘中长出穗来：小麦刚～

晒红米儿 ʃɛ^{31}xuŋ^{53}mier^{55} 高粱即将成熟时，穗子呈红色

槅笪子 kə^{53}tɑŋ$^{213-31}$tsɿ˙ 高粱秸秆的分节

　槅笪梃子 kə^{53}tɑŋ^{213}t‘iŋ$^{53-55}$tsɿ˙

梃子 t‘iŋ$^{53-55}$tsɿ˙ 高粱秸最顶部的那一长节

桡子 nɔ$^{53-55}$tsɿ˙ “桡”音同“挠” 脱粒后的高粱穗

秫秸 fu^{53}tɕiɛ^{213} 高粱秸秆

　秫柴 *fu^{53}tʃ‘ɛ^{213}

甜秫秸 t‘iã^{53}fu^{53}tɕiɛ^{213} 含糖分较多的新鲜高粱秸秆或玉米秸秆

　甜秫柴 t‘iã^{53}fu^{53}tʃ‘ɛ^{213}

　甜秸子 t‘iã^{53}tɕiɛ$^{213-31}$tsɿ˙

公秫秸 kuŋ^{213}fu^{53}tɕiɛ^{213} 不结穗的高粱秸秆

秫秸攒 fu^{53}tɕiɛ^{213}ts‘uã^{53} 收割后的高粱秸秆捆竖楱在一起，形似圆锥

秫疙瘩 fu$^{53-55}$kə˙tɑ^{213} 高粱根

秆草 kã^{53}ts‘ɔ^{55} 谷子的秸秆

薯 fu^{55} 音同“斧” 甘薯

地瓜 ti^{31}kuɑ^{213}

山芋 ʃã$^{213-24}$y^{31}

红薯 xuŋ^{53}fu^{55}

芋头 y$^{31-53}$t‘ou˙

春薯 pf‘ẽ^{213}fu^{55} 春天栽种的地瓜

麦茬薯 mẽ^{213}tʃ‘ɑ^{53}fu^{55} “麦”音同“闷” 在麦子收获后的地里栽种的地瓜

洋薯 iɑŋ^{53}fu^{55} 红瓤薯

洋芋头 iɑŋ^{53}y$^{31-53}$t‘ou˙

洋山芋 iɑŋ^{53}ʃã$^{213-24}$y^{31}

洋地瓜 iɑŋ^{53}ti^{31}kuɑ^{213}

红瓤地瓜 xuŋ^{53}ʒɑŋ^{53}ti^{31}kuɑ^{213}

薯干子 fu^{55}kã$^{213-31}$tsɿ˙ 干薯片

地瓜干子 ti^{31}kuɑ^{213} kã$^{213-31}$tsɿ˙

薯母子 fu^{55}mu$^{55-213}$tsɿ˙ 生出地瓜秧苗后的地瓜块

母子薯 mu$^{55-213}$tsɿ˙ fu^{55} 直接将地瓜块茎植入土中成活结出地瓜

薯秧子 fu^{55}iɑŋ$^{213-31}$tsɿ˙ ①地瓜茎蔓 ②地瓜秧苗

炕秧子 k‘ɑŋ^{31}iɑŋ$^{213-31}$tsɿ˙ 春天把地瓜块茎埋在土炕里长出的地瓜秧苗

地秧子 ti^{31}iɑŋ$^{213-31}$tsɿ˙ 春天把地瓜块茎埋在整好的畦田里，使其在自然常温中生长出的地瓜秧苗

薯秧头子 fu^{55}iɑŋ^{213}t‘ou$^{53-55}$tsɿ˙ 地瓜茎蔓顶端的鲜嫩部分

飞薯根 fei^{213}fu^{55}kẽ^{213} 地瓜在地下蔓延很长的根，根的尽头往往结有大小不等的地瓜块：小时候去地里捡地瓜时，如果偶尔遇着飞薯根，是一件很高兴的事

飞根 fei$^{213-24}$kẽ^{213}

吹气儿 pf‘ei$^{213-24}$tɕ‘ir^{31} ①豆类长荚中期，外表膨胀而里面尚未生出豆粒，像吹了气似的 ②吹牛皮 ③人工杀猪时，在猪的腿上割道口子，用口往里吹气，使猪皮绷紧以便除毛去垢 ④用嘴巴给气球等充气

串花儿 pfʻã^{31}xuɑr^{213} ①两种作物天然杂交：菊花最容易～ ②两种作物混杂种植

打种儿 tɑ$^{55-53}$pfə̃r^{55} 植物结出的籽粒专收专打，留做种子：栽上几棵萝卜～

饱成 *pɔ$^{55-213}$tʃʻəŋ^{53} 农作物籽粒饱满

瞎瘪 ɕiɑ^{213}piə^{55} ①籽粒很不饱满：这麦子～ ②物体表面凹下去：一天没吃上，肚子～了

瘪子 piə$^{55-213}$tsɿ˙ ①不饱满的籽粒 ②蠢才，庸人

瘪目瞎眼的 piə$^{55-213}$mu˙ ɕiɑ^{213}iã$^{55-213}$ti˙ 形容粮食的籽粒很不饱满：今年大旱，麦穗～

蠭 fəŋ^{53} 音同“凤” 粮食等被虫蛀：小麦叫虫子～了不少

蚜碴子 iɑ^{53}tʃʻɑ$^{53-55}$tsɿ˙ 作物籽粒遭受虫害后剩余的残缺籽粒

3. 经济作物

边麻子 piã^{213}mɑ$^{53-55}$tsɿ˙ 蓖麻

边边子 piã$^{213-31}$piã˙ tsɿ^{55}

蒜 suã^{31} 大蒜

蒜瓣子 suã^{31}pã$^{31-53}$tsɿ˙ 大蒜的分瓣

蒜辫子 suã^{31}piã$^{31-53}$tsɿ˙ 把带秸的大蒜编成像辫子那样的长辫状

蒜薹 suã^{31}tʻɛ^{53} 大蒜中心抽出的花轴

蒜尾子 suã^{31}i$^{213-31}$tsɿ˙ “尾”音同“乙” 蒜薹顶部的细梢部分

蒜缨子 suã^{31}iŋ$^{55-213}$tsɿ˙ 在蒜叶腋部长出的细叶

独砣拉 tu^{53}tʻuə$^{53-55}$lɑ˙ 独头大蒜

蒜楔子 suã^{31}sɑ$^{213-31}$tsɿ˙ “楔”音同“仨” 很小的蒜瓣

狗牙子蒜 kou^{55}iɑ$^{53-55}$tsɿ˙ suã^{31} 蒜瓣较小较多的大蒜，形像狗牙，故名

果子 kuə$^{55-213}$tsɿ˙ ①花生 ②泛指果树的果实 ③糕点的统称

长果 tʃʻɑŋ^{53}kuə^{55} 花生

果子壳 kuə$^{55-213}$tsɿ˙ kʻə^{213} 花生壳

果子米 kuə$^{55-213}$tsɿ˙ mi^{55} 花生米

果子秧 kuə$^{55-213}$tsɿ˙ iɑŋ^{213} 花生茎叶

果子油 kuə$^{55-213}$tsɿ˙ iou^{53} 花生油

果子饼 kuə$^{55-213}$tsɿ˙ biŋ^{55} 花生饼

长果妞子 tʃʻɑŋ^{53}kuə^{55}ȵiou$^{55-213}$tsɿ˙ 花生到了收获时还未成熟的花生果实

 果子妞 kuə$^{55-213}$tsɿ˙ ȵiou^{55}

苘 tɕʻiŋ^{55} 苘麻

苘杆子 tɕʻiŋ^{55}kã$^{213-31}$tsɿ˙ 苘麻去皮后的秸秆

炯杆子 mei$^{31-53}$kã˙ tsɿ˙ 沤制后的苘麻秸秆，干后易燃，过去常用作引火种

麻 mɑ^{53} 大麻

麻秧 mɑ^{53}iɑŋ^{213} ①细乱的麻 ②起连接作用的细碎乱麻等

棉花 ȵiã$^{53-55}$xu˙ “棉花”音同“年乎” 棉花

棉花柴 ȵiã$^{53-55}$xu˙ tʃʻɛ^{53} 棉花秸秆

棉花桃子 ȵiã$^{53-55}$xu˙ tʻɔ$^{53-55}$ʧʅ˙ 成熟或未成熟的棉桃

棉花疙瘩子 ȵiã$^{53-55}$xu˙ kə$^{213-31}$tɑ˙ tsɿ˙ 籽棉

棉花瓤子 ȵiã$^{53-55}$xu˙ ʒɑŋ$^{55-213}$tsɿ˙ 皮棉

棉花种 ȵiã$^{53-55}$xu˙ pfəŋ^{55} 棉籽

映日葵 iŋ$^{31-53}$ʒʅ / tʃʅ˙ kʻuei^{53} 向日葵

 转转葵 pfã$^{31-53}$pfã˙ kʻuei^{53}

亚嘞葫芦 iɑ$^{53-55}$lɑ˙ xu$^{53-55}$lou˙ 中间有凹腰的小型葫芦

明条子 miŋ$^{53-55}$tʻiɔ˙ tsɿ˙ 各类植物营养枝的统称

 油条子 iou$^{53-55}$tʻiɔ˙ tsɿ˙

4. 瓜菜

瓜果梨桃 kuɑ^{213}kuə^{55}li^{53}tʻɔ^{53} 泛指瓜果

 瓜果梨枣 kuɑ^{213}kuə^{55}li^{53}tsɔ^{55}

 生瓜梨枣 ʃəŋ$^{213-24}$kuɑ^{213}li^{53}tsɔ^{55}

脆瓜 tsʻuei$^{31-53}$kuɑ˙ 生食瓜类的一种，以脆为主要特点

面瓜 miã$^{31-53}$kuɑ˙ 生食瓜类的一种，以面、香为主要特点

甜瓜 t‘iã$^{53-55}$kuɑ˙ 生食瓜类的一种，以甜、脆为主要特点

烧瓜 ʃɔ$^{213-31}$kuɑ˙ 生食瓜类的一种，脆而微甜

熟透的瓜 fu^{53}t‘ou$^{31-53}$ti˙ kuɑ^{213} ①完全成熟的瓜 ②比喻随时可能去世的年迈老人

腚栽瓜 tiŋ^{31}tsɛ$^{213-24}$kuɑ^{213} 人生食瓜后随粪便排出的未被消化的瓜种又在地里萌发生长后结出的瓜

春不老子 pf‘ẽ$^{213-31}$pu˙ lɔ$^{55-213}$tsɿ˙ 蔬菜的一种，春天种植

萝卜 luə$^{53-55}$p‘ə˙ “卜”音同“破”

萝卜腚 luə$^{53-55}$p‘ə˙ tiŋ^{31} 萝卜的尾部

萝卜头儿 luə^{55}p‘ə˙ t‘our^{53} 萝卜的顶部或吃、用后剩余的部分

萝卜缨子 luə^{55}p‘ə˙ iŋ$^{213-31}$tsɿ˙ 萝卜叶片

胡萝卜 xu^{53}luə$^{53-55}$p‘ə˙ 甘荀

葱秧子 ts‘uŋ$^{213-24}$iɑŋ$^{213-31}$tsɿ˙ 葱苗

阳季葱 iɑŋ$^{53-55}$tɕi˙ ts‘uŋ^{213} 夏天栽植葱苗，冬天培土，待来年春季食用或用作葱种的葱

火葱 xuə$^{213-31}$ts‘uŋ˙ 一种秋天播种、在地里越冬的葱

葱钵儿喇 ts‘uŋ$^{213-24}$pər$^{213-31}$lɑ˙ 大葱开的花苞，有一层薄膜把花序包在一起形成的椭圆体

葱须子 ts‘uŋ$^{213-24}$sy / su$^{213-31}$tsɿ˙ 葱根

葱鼻子 ts‘uŋ$^{213-24}$pi$^{53-55}$tsɿ˙ 嫩葱筒状叶中半透明半流质物，如人的清鼻涕，故名

地蛋 ti^{31}tã^{31} 马铃薯

　地豆子 ti^{31}tou$^{31-53}$tsɿ˙

　土豆子 t‘u^{55}tou$^{31-53}$tsɿ˙

豆角子 tou^{31}tɕyə$^{213-31}$tsɿ˙ “角”音同“决” 豆角

瓠子 xu$^{31-53}$tsɿ˙ “瓠”音同“户” 瓠瓜

黄瓜 xuɑŋ$^{53-55}$kuə / ku˙ “瓜”音同“国 / 古”

黄瓜妞儿 xuaŋ$^{53-55}$kuə˙ n̥iour^{213} 尚未长成的黄瓜，以嫩著称

洋柿子 iaŋ^{53}ʃʅ$^{31-53}$tsɿ˙ 西红柿

洋菠菜 iaŋ^{53}pə$^{213-31}$ts‘ɛ˙ 一种新品种菠菜，叶片肥大，四季均可播种

洋芹菜 iaŋ^{53}tɕ‘iẽ$^{53-55}$ts‘ɛ˙ 西芹

洋蒜 iaŋ^{53}suã^{31} 洋葱

毛芋头 mɔ^{53}y$^{31-53}$t‘ou˙ 芋艿

洋毛芋头 iaŋ^{53}mɔ^{53}y$^{31-53}$t‘ou˙ 块茎较大的新品种芋艿

姜母子 tɕiaŋ^{213}mu$^{55-213}$tsɿ˙ 大姜的种母

姜芽子 tɕiaŋ^{213}ia$^{53-55}$tsɿ˙ ①姜块发的芽 ②种姜块

韭薹 tɕiou^{55}t‘ɛ^{53} 韭菜花轴，嫩时可食

韭菜花 tɕiou$^{55-213}$ts‘ɛ˙ xua^{213} ①夏末秋初韭菜抽薹开的花，白色，成伞状花序 ②韭菜的花已经败落，还未结籽或刚要结籽，属蔬菜：刚买了三斤～ ③采摘的韭菜花，加生姜、鲜辣椒、食盐等碾压成的佐餐副食品

薹下韭 t‘ɛ^{53}ɕia^{31}tɕiou^{55} 抽薹谢花后的韭菜，以嫩著称

谢花藕 siə^{31}xua^{213}ɣou^{55} 刚谢花后的藕，以嫩著称

米豆 mi$^{53-55}$tou˙ 芸豆，又名菜豆

四月米豆 sɿ$^{31-53}$yə˙ mi$^{53-55}$tou˙ 芸豆的一种，果实呈细长条状

秋米豆 ts‘iou^{213}mi$^{53-55}$tou˙ 一种夏种秋收的芸豆，果实呈扁条状

芀子头 fə$^{53-55}$tsɿ˙ t‘ou^{53} 甘蓝

莴苣 uə$^{213-31}$tɕyə˙ “苣”音同“决”

　生菜 ʃəŋ$^{213-31}$ts‘ɛ˙

窝儿蹲 uə$^{213-31}$ɭə˙ tuẽ^{213} ①藤蔓不发达不用搭支架的瓜豆类的统称 ②形容儿童生长发育很慢

叶儿三 iə$^{213-31}$ɭə˙ sã^{213} 一种早产瓜类，植株生出三个叶便开花结瓜，故名

打妞儿 ta$^{55-53}$n̥iour^{55} 植物谢花后刚形成小果实，也包括瓜类等的雌性花蕾

定橛儿 tiŋ^{31}tɕyər^{53} ①农业种植用语，萝卜等蔬菜根茎开始自地面挺起下扎：萝卜开始～了。②建筑用语，根据建筑物方位、长宽度等，在地基上楔下木橛，

以示已定位

须子 sy$^{213-31}$tsɿ˙ 动、植物体上长的像胡须一样的东西：花～｜猫嘴上也有～

茖得儿 kə$^{53-55}$ter˙ 花柄、果柄，即花、叶、果实跟茎或枝连着的短小部分

把儿 pɑr^{31} “把”音同“霸” ①花柄、果柄，即花、叶、果实跟茎或枝连着的短小部分 ②隐指儿童阴茎

核儿 xur^{53} “核”音同“胡” ①果实中包着果仁的坚硬部分：枣～｜梨～ ②物体中心像核的部分：玉米～

皮 pʻi^{53} ①植物或动物的体表组织 ②淘气，顽皮：这孩子太～了

拉秧子货 lɑ$^{213-24}$iɑŋ$^{213-31}$tsɿ˙ xuə^{31} ①藤蔓植物末期结的不好的果实 ②贬指众多子女中最后生的孩子

落蛋儿 luə^{213}tɛr^{31} 瓜、果等过于成熟而自行脱落：桃熟～了

螀 tsiɑŋ^{55} 地下害虫啃食作物的根茎：马铃薯被虫子～了

地蛆眼 ti^{31}tsʻy^{213}iã^{55} 被蛴螬等害虫啃嚼后出现在作物茎块上的洞痕

糙 tsʻɔ^{31} 早熟品种的统称：～豆子 ｜～辣椒

笨 pẽ^{31} ①晚熟品种的统称：～豆子 ｜～辣椒 ②当地传统品种：～鸡｜～猪

5．花草、菌类

栀槿桃子 tʃʅ$^{213-31}$tɕiẽ˙ tʻɔ$^{53-55}$tsɿ˙ “栀槿”音同“之金” 凤仙花

指甲桃子 tʃʅ$^{213-31}$tɕiɑ˙ tʻɔ$^{53-55}$tsɿ˙

地瓜花 ti^{31}kuɑ$^{213-24}$xuɑ^{213} 大丽花

山芋花 ʃã$^{213-24}$y^{31}xuɑ^{213}

井之荷叶 tɕiŋ^{55}tʃʅ^{213}xə^{53}iə^{213} 金丝荷叶，又名虎耳草

花子 xuɑ$^{213-31}$tsɿ˙ 金银花

洋金花 iɑŋ^{53}tɕiẽ$^{213-24}$xuɑ^{213} 曼陀罗

喇叭花 lɑ$^{55-213}$pɑ˙ xuɑ^{213} 牵牛花

柳叶桃 liou^{55}iə^{213}tʻɔ^{53} 夹竹桃

马芝菜 mɑ$^{55-213}$tʃʅ / tʃəŋ / tʃɑ / tsɿ˙ / pfəŋ˙ tsʻɛ^{31} 马齿苋

婆婆丁 pʻəpʻə / pə$^{53-55}$pə˙ tiŋ^{213} 蒲公英

萋萋芽 ts‘i$^{213-31}$ts‘ï iɑ^{53} 小蓟

　萋萋菜 ts‘i$^{213-31}$ts‘ï ts‘ɛ^{31}

泽蒜 tʃei / tsei$^{53-55}$suã˙

芦子 lu$^{53-55}$tsʅ˙ 芦苇的一种，茎秆较细

苇子 uei$^{55-213}$tsʅ˙ 芦苇

扎苇 tʃɑ^{213}uei^{55} 芦苇的一种，茎秆较粗

狗奶子棵 kou$^{55-53}$nɛ$^{55-213}$tsʅ˙ k‘uə^{213} “棵”音同“阔” 枸杞

狗奶子 kou^{55}nɛ$^{55-213}$tsʅ˙ ①枸杞 ②枸杞子

狗皮毡子 kou^{55}p‘i^{53}tʃã$^{213-31}$tsʅ˙ 中华结缕草

猪耳朵菜 pfu^{213}ɭə$^{55-213}$tɔ˙ ts‘ɛ^{31} “朵”音同“刀” 车前子植株

　猪耳朵棵 pfu^{213}ɭə$^{55-213}$tɔ˙ k‘uə^{213} “棵”音同“阔”

猪牙草 pfu^{213}iɑ^{53}ts‘ɔ^{55} 一种单子叶野草

白蒿 pei^{53}xɔ^{213} 茵陈

　白蒿子头 pei^{53}xɔ$^{213-31}$tsʅ˙t‘ou^{53}

黄蒿头 xuɑŋ^{53}xɔ^{213}t‘ou^{53} 一种蒿类植物，味苦

狼尾巴蒿 lɑŋ^{53}i$^{55-213}$pu˙ xɔ^{213} “尾巴”音同“乙卜” 一种蒿草

地黄根 ti^{31}xuɑŋ^{53}kẽ^{213} 野地黄

鬼圪针 kuei^{55}kə^{53}tʃẽ^{213} 鬼针草

河里漂 xə$^{53-55}$lï p‘iɔ^{213} 一种藤蔓野草

蒺藜 tsi$^{53-55}$lï 一种野草，茎蔓匍匐在地，果实圆球状，有刺

接骨草 tsiə$^{213-24}$ku^{213}ts‘ɔ^{55} 木贼

拉拉秧 lɑ$^{53-55}$lɑ˙ iɑŋ^{213} ①葎草 ②形容好与人攀谈，没时间观念：那人给～样，到哪里一时半会别想回来

老鸹眼 lɔ$^{213-31}$ku˙ iã^{55} 半夏

驴打战 lu^{53}tɑ^{55}tʃã^{31} 一种小圆叶蔓生植物

毛毛草 mɔ$^{53-55}$mɔ˙ ts‘ɔ^{55} 茅草

毛子眼 mɔ$^{53-55}$tsʅ˙ iã^{55} 泽漆，也叫“五凤草”

蛇出律子苗 ʃə$^{53-55}$pfʻu· ly$^{213-31}$tsɿ· miɔ^{53} 败酱草

树苗秧 fu^{31}miɔ^{53}iɑŋ^{213} 田旋花

苲菜 tʃɑ$^{55-213}$tsʻɛ· 一种宽叶水草

黏戗子 ȵiã^{53}tsʻiɑŋ$^{55-213}$tsɿ· “戗”音同“抢” ①苍耳 ②苍耳的果实

圪针 kə$^{53-55}$tʃẽ· ①荆棘 ②其他植物上的针刺

抓秧子草 pfɑ$^{213-24}$iɑŋ$^{213-31}$tsɿ· tsʻɔ^{55} 马唐

狼毒 lɑŋ^{53}tu^{53} 商陆

水笼棵 fei^{55}luŋ^{53}kʻuə^{213} “棵”音同“阔” 水蓼

老和尚蒜 lɔ^{55}xə$^{53-55}$tʃʻəŋ· suã^{31} “尚”音同“成” 毛茛

王不留 uɑŋ$^{53-55}$pu· liou^{55} 王不留行

马苞 mɑ$^{55-213}$pɔ· 马兜铃

和尚乌 xə$^{53-55}$tʃʻəŋ· u^{213} “尚”音同“成” 何首乌

大烟 tɑ^{31}iã^{213} 罂粟

大米粽子棵 tɑ^{31}mi^{55}tsuŋ$^{31-53}$tsɿ· kʻuə^{213} “棵”音同“阔” 紫花地丁

地脚皮 ti$^{31-53}$tɕyə· pʻi^{53} “脚”音同“决” 一种在野外山岗草丛里生的菌类，阴雨天生长，形似木耳

灰苞 xuei$^{213-31}$pɔ· 马勃

青苔 tsʻiŋ$^{213-31}$tsʻɛ· “苔”音同“才” 苔藓

萼子 ɣə$^{53-55}$tsɿ· 蘑菇菌类的统称

乌麦 u$^{213-31}$mẽ “麦”音“闷（阴平）” 小麦、玉米等抽穗后因病变而成菌类，表皮白色，里面为黑色粉末，成熟后破裂

树瘿 fu^{31}iŋ^{55} “瘿”音同“影” 生在柳树干上的菌苞：柳～

菟丝 tʻu^{31}sɿ^{213} 菟丝子，一种寄生植物，主要缠绕寄生在豆类植物上

黏胶 ȵiã^{53}tsiɔ^{213} 树干上流出来的胶状液体，多为虫蛀而致

过苗 kuə^{213}miɔ^{53} 庄稼某时期生长过旺，影响后期生长：天气暖和，小麦年前长～了

乌娄 u$^{213-31}$lou˙ ①庄稼刚要绣出穗时，因病虫害等原因使刚抽出的穗病变而损 ②事情办砸了，不成功了：这事办～了 ③眼睛因病而萎缩、瘪凹：他的眼疾太严重了，眼睛～了

花心儿 xuɑ$^{213-24}$sier^{213} 花蕊

谎花儿 xuɑŋ$^{55-213}$xuɑr˙ 雄花

花骨朵儿 xuɑ$^{213-24}$ku$^{213-31}$tour˙ “朵”音同“豆” 花蕾

打骨朵儿 tɑ^{55}ku$^{213-31}$tour˙ 长出花蕾

九 动物

1. 畜类

牲口 ʃəŋ$^{213-31}$k‘ou˙ 牲畜的统称

畜牲 pf‘u$^{55-213}$ʃəŋ˙ ①牲畜 ②畜牲一样没有人性的人

趴牯 p‘ɑ$^{213-31}$ku˙ 年轻的公牛

　帮子 pɑŋ$^{213-31}$tsʅ˙

牤子 mɑŋ$^{213-31}$tsʅ˙ 公牛

　牤牛 mɑŋ^{213}ȵiou^{53}

犍子 tɕiã$^{213-31}$tsʅ˙ 阉割过的公牛

　牤犍 mɑŋ$^{213-24}$tɕiã^{213}

牯子 ku$^{55-213}$tsʅ˙ 阉割后的水牛

小半桩 siɔ^{55}pã^{31}pfɑŋ^{213} 较年轻的母牛

牸牛 ʃʅ$^{31-53}$ȵiou˙ “牸”音同“是” 母牛

迈栏 mɛ / mə^{31}lã^{53} 母牛发情

踩牛 tʃ‘ɛ^{55}ȵiou^{53} 牛交配

下牛 ɕiɑ^{31}ȵiou^{53} 生小牛

　下犊子 ɕiɑ^{31}tu$^{53-55}$tsʅ˙

捶牛 pf‘ei^{53}ȵiou^{53} 为使公牛强壮，待其成年后用棒槌等将其精索捶闭

遛牛 liou^{31}ȵiou^{53} 刚阉割或捶过的公牛，应牵着它慢慢走动，利于其身体恢复

淡牛 tã^{31}ȵiou^{53} 备耕前，为耕牛饲喂食盐，使其身体强壮

倒磨 tɔ$^{31-53}$mu· “磨”音同“木” 反刍动物倒嚼

牛角 ȵiou^{53}tɕiɑ^{213} “角”音同“甲” 牛角

牛尾 ȵiou^{53}i^{55} “尾”音同“乙” 牛尾巴上长的较长的毛

牛尾巴 ȵiou^{53}i$^{55-213}$pu· “尾巴”音同“乙卜” 牛尾

牛衣胞子 ȵiou^{53}i$^{213-31}$pu· tsɿ· 牛胎盘

牛百叶 ȵiou^{53}pei$^{213-24}$iə^{213} 牛瓣胃

牛草包 ȵiou^{53}ts‘ɔ^{55}pɔ^{213} 牛网胃

牛肚子 ȵiou^{53}tu$^{55-213}$tsɿ· “肚”音同“堵” 牛瘤胃

扎鼻镢 tʃɑ^{213}pi$^{53-55}$tɕyə· “镢”音同“决” 用铁环等穿透牛的鼻孔间隔以便驱使等

洋马 iɑŋ^{53}mɑ^{55} ①外国人骑的马 ②外国品种的马 ③比喻身材高大的男女

叫驴 tɕiɔ$^{31-53}$lu· 公驴

草驴 ts‘ɔ$^{55-213}$lu· 母驴

驴反槽 lu^{53}fã^{55}ts‘ɔ^{53} 母驴发情

驴驹子 lu^{53}tɕy$^{213-31}$tsɿ· 小驴

骡子 luə$^{53-55}$tsɿ· 驴和马的杂交后代

骡騜子 luə^{53}xuɑŋ$^{53-55}$tsɿ· ①强壮的成年骡子 ②形容身体健壮的小伙子

打战 tɑ^{55}tʃã^{31} 驴、骡等在地上滚翻以除痒驱蚊等

小猪儿 siɔ^{55}pfer^{213} “猪儿”音同“追儿” 猪崽

小豵猪儿 siɔ^{55}tsuŋ$^{31-53}$pfer· 小公猪

小豚猪儿 siɔ^{55}t‘uẽ$^{53-55}$pfer· 小母猪

趴蛋 p‘ɑ$^{213-24}$tã^{31} 用作配种的公猪

老母 lɔ$^{55-53}$mur^{55} ①育崽的母猪 ②母虱子

老母猪 lɔ$^{55-53}$mu$^{55-213}$pfu· “猪”音同“竹” 育崽的母猪

猪秧子 pfu$^{213-24}$iɑŋ$^{213-31}$tsɿ· 猪崽

克拉 k‘ə$^{31-53}$lɑ· 已经养大还没有育肥的猪

克拉头儿 k‘ə$^{31-53}$la˙ t‘our^{53}

找猪 tʃɔ^{55}pfu^{213} 给母猪配种

打圈子 ta^{55}tɕyã$^{31-53}$tsʅ˙ ①母猪发情 ②猪交配

爬圈子 p‘a^{53}tɕyã$^{31-53}$tsʅ˙

劁 ts‘iɔ^{213} 音“瞧（阴平）” 割去老母猪的卵巢以便育肥

挖 ua^{213}

择 tʃei^{53}pfu^{213} ①阉割 ②剔除杂物：～菜 ③摘取：～花生

劁豚 ts‘iɔ^{213}t‘uẽ^{53} “劁”音“瞧（阴平）” 被割去卵巢的老母猪

择猪 tʃei^{53}pfu^{213} 割除小公猪的睾丸或小母猪的卵巢

猪料 pfu$^{213-24}$liɔ^{31} 猪血

猪尿脬 pfu$^{213-24}$suei$^{213-31}$p‘ɔ˙ “脬”音同“泡” 猪的膀胱

猪三件子 pfu$^{213-24}$sã$^{213-24}$tɕiã$^{31-53}$tsʅ˙ 猪的心、肝、肺的合称

猪卷冈 pfu^{213}tɕyã$^{55-213}$kaŋ˙ 猪鼻子的上端

猪下水 pfu$^{213-24}$ɕia$^{31-53}$fei˙ 泛指猪内脏

猪下货 pfu$^{213-24}$ɕia^{31}xuə^{31}

猪腰子 pfu$^{213-24}$iɔ$^{213-31}$tsʅ˙ 猪肾

猪耳镜儿 pfu$^{213-31}$ɭə˙ tɕiə̃r^{31} 猪耳朵根部的镫骨，外形奇特漂亮，民间认为婴儿佩戴有镇静、辟邪、祈福的作用

猪胰子 pfu^{213}i$^{53-55}$tsʅ˙ 猪胰腺

腰花儿 iɔ$^{213-24}$xuar^{213} 做菜用的猪、羊等的“腰子”，多切成齿状花纹

膘儿 piɔr^{213} 肥肉：光长个子，不长～：喂激素发～

膘子 piɔ$^{213-31}$ tsʅ˙ 紧贴着皮层的脂肪部分

打泥 ta^{55}mi^{31} “泥”音“迷（去声）” ①猪及水牛等在泥水里滚翻以除痒、驱蝇、降温等 ②比喻小孩浑身沾满泥巴等：你看你浑身脏得跟猪～似的

伢狗 ia$^{53-55}$kou˙ 公狗

母狗 mu$^{55-213}$kou˙ 母狗

挠狗 nɔ$^{53-55}$kou˙ 毛较长的狗

小巴狗 siɔ^{55}pɑ^{213}kou^{55} 一种体小腿矮的狗

洋狗 iɑŋ^{53}kou^{55} ①外国人豢养的狗 ②泛指狼狗、警犬等

臊秧子 sɔ^{31}iɑŋ$^{213-31}$tsɿ˙ 狗交配

男猫 nã$^{53-55}$mɔ˙ 公猫

女猫 ȵy$^{55-213}$mɔ˙ 母猫

哇哟 uɑ$^{213-31}$iɔ˙ ①猫叫唤的声音 ②指责乱喊乱叫：你～什么的？

叫窝子 tɕiɔ^{31}uə$^{213-31}$tsɿ˙ ①猫发情 ②猫交配

带窝子 tɛ^{31}uə$^{213-31}$tsɿ˙ 猪、猫等动物怀孕

羊羔子 iɑŋ^{53}kɔ$^{213-31}$tsɿ˙ 羊崽

家兔子 tɕiɑ^{213}t‘u$^{31-53}$tsɿ˙ 家庭饲养的兔

欢羔儿 xuã$^{213-24}$kɔr^{213} 羊、兔等动物交配

带羔儿 tɛ^{31}kɔr^{213} 羊、兔等动物怀孕

将 tsiɑŋ^{213} 胎生动物分娩：那个母猪一窝～了十几个猪仔

砌 ts‘i^{31} 胎生动物分娩：老母牛～了个花牛犊

料 liɔ^{31} ①掺在粗饲料中的豆类等精料 ②动物的血：～猪

喳 tʃ‘ɑ^{55}音“叉（上声）” 猪、狗等大口地吃食：跟狗～食一样

咬群儿 iɔ^{55}tɕ‘yer^{53} ①畜类间相互啃咬争斗 ②比喻嫉妒、中伤同伙

炸群 tʃɑ^{31}tɕ‘yẽ^{53} ①成群的牲畜等受惊而四处窜逃 ②比喻人群由于某种原因而骚乱

奶上了 nɛ$^{55-213}$ʃɑŋ˙ lɑ˙ ①幼畜第一次会吃奶了 ②婴儿出生后第一次喂奶成功

不合槽 pu^{213}xə^{53}ts‘ɔ^{53} ①牲畜不合群，不能在一个槽里吃草料 ②比喻性格不同的人不能在一起相处：他俩～，别安排在一个科室工作

坡架 p‘ə$^{213-24}$tɕiɑ^{31} 有角的牲畜用角相互顶撞

坡人 p‘ə^{213}ʒẽ^{53} 有角的牲畜用角顶撞人：注意，那牛肯～

撒欢儿 sɑ$^{213-24}$xuɛr^{213} ①动物因兴奋或惊吓而连蹦带跳 ②用来比喻孩子高兴地蹦蹦跳跳

吣 ts‘iẽ^{31}音同“沁” ①猫、狗等动物呕吐 ②骂人话：他那人满嘴胡～

余喽 y$^{213-31}$lou˙ 音同"欲篓" 动物用嘴巴慢慢挑选食物

转窝 tʃã$^{31-53}$uə˙ ①指动物种群变异：这儿只青山羊～了 ②骂人话：那个孩子性格脾气不像他爸爸，难道～了？

走衩子 tsou^{55}tʃ'ɛ$^{213-31}$tsɿ˙ "衩"音同"钗" ①牲畜交配混乱，乱了父本，使后代变异 ②骂人话，也为玩笑话：这儿长得既漂亮又本分，一点不随他爸，难道～了？

赖巴儿 lɛ^{31}pɑr^{213} ①人或动物因病或营养不良等而瘦小 ②形容同窝中体形弱小的动物 ③形容能力小、势力弱：咱和人家比连～不如

小垫拉儿 siɔ^{55}tiã^{31}lɑr^{213} 最后出生且很瘦弱的婴儿或幼畜

张口物儿 tʃɑŋ^{213}k'ou^{55}ur^{31} 泛指需喂养的家畜等

2. 兽类

粪猪子 fẽ^{31}pfu$^{213-31}$tsɿ˙ 鼹鼠

黑瞎子 xei$^{213-24}$ɕiɑ$^{213-31}$tsɿ˙ 熊

獾狗子 xuã^{213}kou$^{55-213}$tsɿ˙ "獾"音同"欢" 貉

老鼠 lɔ$^{55-213}$pf'u / fu˙ "鼠"音同"出/夫"

湖老鼠 xu^{53}lɔ$^{55-213}$pf'u˙ 田鼠

黄老鼠 xuɑŋ^{53}lɔ$^{55-213}$pf'u˙ 黄鼠狼

　黄鼬子 xuɑŋ^{53}iou$^{213-31}$tsɿ˙

　黄鼠狼子 xuɑŋ^{53}pf'u˙ lɑŋ$^{53-55}$tsɿ˙

毛猴子 mɔ^{53}xou$^{53-55}$tsɿ˙ 狼

野狸子 iə^{213}li$^{53-55}$tsɿ˙ 豹猫

　山猫 ʃã^{213}mɔ^{53}

貔子 p'i$^{53-55}$tsɿ˙ "貔"音同"皮" 狐狸

刺猬 ts'ɿ$^{31-53}$uɛ˙ "猬"音同"歪" 刺猬

檐鳖乎子 iã^{53}piə^{55} / iã^{53}piã^{55} / iɑŋ^{53}piã^{55}xu$^{213-31}$tsɿ˙ 蝙蝠

3. 禽类

扁毛的 piã^{55}mɔ$^{53-55}$ti˙ 禽类的通称

鸡雏鹅鸭 tɕi$^{213-24}$tʃʅ^{213}ɣə^{53}iɑ^{213} 家禽的统称

草鸡 ts‘ɔ$^{55-213}$tɕi˙ 家庭饲养的本地品种鸡

本地鸡 pẽ^{55}ti^{31}tɕi^{213}

土鸡 t‘u^{55}tɕi^{213}

笨鸡 pẽ^{31}tɕi^{213}

家鸡 tɕ$^{213-31}$tɕi^{213} ①泛指家庭饲养的鸡 ②隐指妻子：～打得团团转，野鸡不打漫天飞

洋鸡 iɑŋ^{53}tɕi^{213} 泛指新品种鸡

肉食鸡 ʒou^{31}ʃʅ^{53}tɕi^{213} 指各种新品种肉用鸡

长尾巴郎 tʃ‘ɑŋ^{53}i$^{55-213}$pu˙ lɑŋ^{53} “尾巴”音同“乙卜” 尾羽特别长的鸡

芦花鸡 lu^{53}xuɑ$^{213-24}$tɕi^{213} 毛色灰白相间的鸡

菜花鸡 ts‘ɛ^{31}xuɑ$^{213-24}$tɕi^{213} 毛色黑白间杂的鸡

翻毛鸡 fã^{213}mɔ^{53}tɕi^{213} 羽毛向外翻卷的鸡

咕咕头 ku$^{53-55}$ku˙ t‘ou^{53} 头部像凤头一样的鸡

凤头 fəŋ^{31}t‘ou^{53}

小炕鸡儿 siɔ^{55}k‘ɑŋ^{31}tɕier^{213} 雏鸡

炕鸡 k‘ɑŋ^{31}tɕi^{213} ①鸡雏 ②人工孵化鸡雏

骟鸡 ʃã$^{31-53}$tɕi˙ 阉割后的公鸡

骟鸡 ʃã^{31}tɕi^{213} 阉割公鸡

鸡窝 tɕi$^{213-24}$uə^{213} ①鸡棚，鸡栏 ②专供母鸡生蛋的地方

上宿 ʃɑŋ^{31}su^{213} ①晚上家禽入窝 ②家禽睡眠

打鸣儿 tɑ^{55}miə̃r^{53} 公鸡啼叫，主指晨更报晓，也指白天啼叫

压绒 iɑ^{31}vəŋ^{53} ①鸡交配 ②泛指禽类交配

赶绒 kã^{213}vəŋ^{53}

寤对儿 u^{31}tuer^{31} ①泛指禽类等交配 ②隐指男女性交（多指男女发生不正当关系时）

菢窝 pɔ^{31}uə^{213} 雌性禽类自行育雏

菢窝鸡 pɔ^{31}uə$^{213-24}$tɕi^{213} 正在孵卵的母鸡

菢窝腿 pɔ^{31}uə^{213}t‘ei^{55} ①禽类育雏长时间不动，腿几乎不会走动了 ②比喻人因寒冷或其他原因长期不锻炼，以至腿部变形，行走困难

撇窝 p‘iə$^{213-24}$uə^{213} ①幼雏脱离了母禽或被母禽抛弃 ②比喻被养育之人或团体等抛离

蹲空窝 tuẽ$^{213-24}$k‘uŋ$^{213-24}$uə^{213} ①禽类像生蛋一样空蹲在窝里 ②比喻守在一处无所事事

菢空窝 pɔ^{31}k‘uŋ$^{213-24}$uə^{213} ①禽类蹲在窝里无卵而孵 ②比喻妇女未生育而卧床假装生育的样子 ③未做事却假装做事的样子

开胯儿 k‘ɛ^{213}k‘uɑr^{55} 家禽快要生蛋时骨盆张开

扁嘴 piã$^{55-53}$tsuei^{55} 鸭子

草鸭 ts‘ɔ$^{55-213}$iɑ˙ 母鸭

鸣鸭 miŋ$^{53-55}$iɑ˙ 公鸭

蛋 tã^{31} ①禽卵 ②骂人的话：坏～｜混～ ③组成贬义词：捣～｜完～ ④形状像蛋的东西：泥～儿｜脸～儿 ⑤男人或雄性动物的生殖器的统称

管蛋 kuã^{55}tã^{31} 禽类产蛋多：这个品种的鸡很～

实蛋 ʃʅ$^{53-55}$tã˙ 未受精不能孵化的禽蛋

草鸡蛋 ts‘ɔ$^{55-213}$tɕi˙ tã^{31} 本地鸡生的鸡蛋

洋鸡蛋 iɑŋ^{53}tɕi$^{213-24}$tã^{31} 新品种蛋鸡产的蛋

引蛋 iẽ$^{55-213}$tã˙ 预先在鸡窝里放置鸡蛋以引导母鸡定点下蛋

照蛋 tʃɔ$^{31-53}$tã˙ 孵化中通过光照剔出不能正常孵化的禽蛋

妄蛋 uɑŋ$^{31-53}$tã˙ 不能正常孵化的禽蛋

坏蛋 xuɛ^{31}tã^{31} ①坏了的禽蛋 ②坏人 ③骂人话，因人因事因语境不同，有时反为昵语：你这个～，喝酒怎么没喊我？

落落蛋 lɑ$^{53-55}$lɑ˙ tã^{31} “落”音“拉（阳平）” 家禽不在主人家下蛋或不在一个固定的地方而随处下蛋

散黄儿 sã^{31}xuãr^{53} ①禽蛋由于放置时间过久或放置不当等原因，蛋黄变稀，甚

至与蛋清儿相混在一起：这鸡蛋～了，不能吃了 ②比喻事情败坏了，关系破裂了：他俩早就～了

散黄儿 $sã^{55}xuãr^{53}$

鹁鸽子 $pu^{53}kə^{213-31}tsɿ˙$ 鹁鸽

鹡鸰子 $tsi^{213}li^{53-55}tsɿ˙$ “鸰”音同“厘” 鹡鸰

家雀子 $tɕiɑ^{53}ts‘uə^{213-31}tsɿ˙$ ①麻雀 ②人或动物的阳物

夜猫子 $iə^{31}mɔ^{213-31}tsɿ˙$ ①猫头鹰 ②比喻善于熬夜的人

鹅拉闷子 $ɣə^{53-55}lɑ˙ mẽ^{213-31}tsɿ˙$ 一种小型鸟类，喜欢在麦田里活动

喳格拉子 $tʃɑ^{53-55}kə˙ lɑ^{213-31}tsɿ˙$ 灰喜鹊

啖啖木子 $ts‘ã^{213-31}ts‘ã˙ mu^{213-31}tsɿ˙$ 啄木鸟

唧唧棍子 $tsi^{53-55}tsi˙ kuẽ^{31-53}tsɿ˙$ ①一种小型鸟类，因其叫声而得名 ②比喻人小气、吝啬、爱计较

春咕咕 $pf‘ẽ^{213}ku^{53-55}ku˙$ 斑鸠

花喜鹊 $xuɑ^{213}ɕi^{55-213}ts‘uə˙$ 喜鹊

花豕 $xuɑ^{213}kɑ^{53}$

老鸹 $lɔ^{55-213}ku˙$ “鸹”音同“咕” 乌鸦

老老雕 $lɔ^{55-213}lɔ˙ tiɔ^{213}$ 老鹰

麻谷油 $mɑ^{53-55}ku˙ iou^{53}$ 灰椋鸟

烧香果供 $ʃɔ^{213-24}ɕiɑŋ^{213}kuə^{55}kuŋ^{31}$ 布谷鸟，因其叫声而得名

出壳儿 $pf‘u^{213-24}k‘ər^{213}$ “壳”音同“克” 雏禽刚从蛋壳里出来

红蛋虾儿 $xuŋ^{53}tã^{31}ɕiɑr^{213}$ 刚出蛋壳还没长出绒毛的幼雏

出飞儿 $pf‘u^{213-24}fer^{213}$ ①小鸟羽毛丰满开始飞出鸟巢：这伙小雀是刚～的 ②用来讥讽涉世不深的青年人：刚～就学会耍滑头了

打食儿 $tɑ^{55}ʃer^{53}$ ①鸟兽等到野外去寻找食物：这些小雀还不会～ ②意外收获：今天你很～ ③寻求、谋取利益等：这段时间上哪～去了？

扑棱 $p‘u^{213-31}ləŋ˙$ ①禽类快速扇动翅膀：树上的小鸟～着翅膀叫得可欢了 ②禽类挣扎时翅膀快速地扇动：杀鸡时它总得～几下

呼扇 xu$^{213-31}$ʃã˙ ①禽类扇动翅膀 ②摇动扇子扇风：天热，用扇子～～ ③挑动、吹嘘等：那人太会～了

挓挲 tʃɑ$^{31-53}$ʃʅ˙音同“炸拾” ①张开，展开：小鸟～翅膀｜孙子～着小手要我抱 ②比喻放肆，过分张扬、显摆等：那人～得不轻

迸 ʒəŋ^{53}音“仍（阳平）” 禽类飞：那只麻雀～走了｜小鸟刚会～

扎翎 tʃɑ^{213}liŋ^{53} 幼禽翅膀或尾巴上开始长出硬而长的翎毛：那窝麻雀刚～

扎毛儿 tʃɑ^{213}mɔr^{53} ①幼禽开始长出羽毛 ②泛指长出毛发：孩子都三岁了，头上才刚～

飡 ts‘ã^{213}音同“餐” 啄，鸡等用嘴啄食东西：鸡～米了

飡尖儿 ts‘ã$^{213-24}$tsiɛr^{213} 禽类孵化到一定时间，蛋壳里的幼雏把蛋壳啄出小洞：二十一天不～尖——坏蛋（歇后语）

鸡嗉子 tɕi$^{213-24}$su$^{31-53}$tsʅ˙ 鸡的嗉囊

嗉子 su$^{31-53}$tsʅ˙ 禽类的嗉囊

爪子 pfɑ$^{55-213}$tsʅ˙ ①鸟兽的脚：前～｜两个～ ②贬指人的手：他再来偷东西，把～给剁去 ③对婴儿小手的昵称：这两个小～胖乎乎的真好看

爪子 tʃɔ$^{55-213}$tsʅ˙“爪”音同“找” ①鹰～ ②意同“爪子” ③墙的拐角处：院门不能冲着墙～

4．水族类（含两栖类）

白鳝 pei$^{53-55}$ʃã˙ 鳝鱼的一种，体似蛇

黄鳝 xuɑŋ$^{53-55}$ʃã˙ 鳝鱼的一种

血鳝 ɕiə$^{213-31}$ʃã˙ 鳝鱼的一种，体似泥鳅

草鱼 ts‘ɔ$^{55-213}$y˙ 鲫鱼

草鱼壳子 ts‘ɔ^{55}y^{53}k‘ə$^{213-31}$tsʅ˙ 较小的鲫鱼

大头鱼 tɑ^{31}t‘ou^{53}y^{53} 白鲢，又名花鲢

黄鲶鳡子 xuɑŋ^{53}ȵiã^{53}kã$^{55-213}$tsʅ˙“鳡”音同“感” 鳡鱼

混子 xuẽ$^{31-53}$tsʅ˙ 草鱼

鲤鱼混子 li^{213}y^{53}xuẽ$^{31-53}$tsʅ˙

季花 tɕi$^{31-53}$xuə˙ / xuɑ˙ 鳜鱼

泥拉沟 mi$^{53-55}$lɑ˙ kou^{213} “泥”音同“迷” 泥鳅

沙拉趴 ʃɑ$^{213-31}$lɑ˙ pʻɑ^{213} 一种小型淡水鱼，因善于钻入沙中躲藏而得名

憨蛋 xã$^{213-24}$tã^{31} ①即“沙拉趴”鱼 ②傻子

鲹鲦子 tsʻã^{213}tʻiɔ$^{53-55}$tsɿ˙ 鲹鲦鱼，一种小型淡水鱼类，鳞白，生活在浅水层

倒鳅 tɔ^{31}tsʻiou^{213} 刺鳅，一种近似泥鳅的鱼类，比泥鳅体型稍细长，嘴尖且背部有倒刺

咯吱唉 kʻə$^{213-31}$tʃʅ˙ iɛ^{31} 黄颡鱼，一种鱼类，型似鲶鱼，但体型小，背部及胸部有硬刺，常发出轻微的吱吱声，故名

支横皮子 tʃʅ$^{213-31}$xəŋ˙ pʻi$^{53-55}$tsɿ˙ 一种体型很小的淡水鱼

沼虾 tʃɔ$^{213-24}$ɕiɑ^{213} 淡水虾的统称

沼虾瞪 tʃɔ$^{213-24}$ɕiɑ$^{213-24}$təŋ^{31} 较大的淡水虾

蛤蟆蝌鯹子 xə$^{53-55}$mu˙ kʻə$^{213-31}$siŋ˙ tsɿ˙ 蝌蚪

长蝽 tʃʻɑŋ$^{53-55}$pfʻẽ 蛇

长虫 tʃʻɑŋ$^{53-55}$tʃʻuŋ˙

花鞭子 xuɑ$^{213-24}$piã$^{213-31}$tsɿ˙ 一种花纹体色的蛇，又名花斑子

土蛊蛇 tʻu$^{55-213}$ku˙ ʃə^{53} “蛊”音同“古” 蝮蛇的一种

蛙子 uɛ$^{53-55}$tsɿ˙ “蛙”音“歪（阳平）” 青蛙

气蛤蟆子 tɕʻi$^{31-53}$xə˙ mɑ$^{213-31}$tsɿ˙ 一种体型稍小的蛙类动物，轻敲其背，腹部会鼓气，体型也立刻变大，故名

赖蛤蟆 lɛ^{31}xə^{53}mɑ^{213} / lã^{31}xə$^{53-55}$mu˙ 蟾蜍

蚂各得 mɑ$^{55-213}$kə˙ tei^{213} 蚂蟥

蚂各别 mɑ$^{55-213}$kə˙ piə^{53}

团鱼 tʻuã^{53}y^{53} 鳖

水鱼 fei^{55}y^{53}

青鱼 tsʻiŋ^{213}y^{53}

脚鱼 tɕyə^{213}y^{53}

王八 uɑŋ$^{53-55}$pu˙ “八”音同“卜”

歪包 uɛ$^{213-31}$pɔ˙ 蚌类的统称，多生活在汪塘中

蛤蝼 kə$^{53-55}$lou˙ 双壳贝类的统称

污娄牛子 u$^{213-31}$lou˙ ȵiou$^{53-55}$tsɿ˙ 螺蛳

污娄牛 u$^{213-31}$lou˙ ȵiou^{53}

污娄眼子 u$^{213-31}$lou˙ iã$^{55-213}$tsɿ˙

甩子儿 fɛ$^{55-53}$tser^{55} 鱼类、青蛙等排卵

攞子儿 ʃɛ$^{55-53}$tser^{55} “攞”音“筛（上声）”

5. 虫类

毛虫 mɔ^{53}pfʻəŋ^{53} 类似刺蛾幼虫但体型较小，身上生有绒毛

鳖虎子 piə$^{213-31}$xu˙ tsɿ˙ 壁虎

蝎虎子 ɕiə$^{213-31}$xu˙ tsɿ˙

蚂蚱 mɑ$^{213-31}$tʃɑ˙ / tʃəŋ˙ 泛指蝗虫

草拉婆 tsʻɔ$^{55-213}$lɑ˙ pʻə^{53} 蝗虫的一种，一般为草绿色或土黄色，头尖翅大体细长

蹬倒山 təŋ^{213}tɔ^{55}ʃã^{213} 蝗虫的一种，一般为土黄色，翅大，能飞，后腿粗壮有力，故名

飞了蝗 fei$^{213-31}$lɑ˙ xuɑŋ^{213} 蝗虫的一种，翅大善飞

小秃妮儿 siɔ^{55}tʻu$^{213-24}$ȵier^{213} 蝗虫的一种，体型较小，善飞

草鞋底 tsʻɔ^{55}ɕiɛ^{53}ti^{55} 百足虫

出娄传 pfʻu$^{213-31}$lou˙ pfʻã^{53} 蚯蚓

大蚜 tɑ^{31}iɑ^{53} 蛴螬，金龟子的幼虫

地狗子 ti^{31}kou$^{55-213}$tsɿ˙

当螂 tɑŋ$^{213-31}$lɑŋ˙ 螳螂

豆虫 tou$^{31-53}$pfʻəŋ˙ 豆天蛾的幼虫

瞎眊茧 ɕiɑ$^{213-24}$mɔ$^{213-31}$tɕiã˙ 一种天蛾的幼虫

豚子 tu$^{55-213}$tsɿ˙ “豚”音同“督” 蝎子等毒虫毒蜂尾部的毒刺

蛾了蛛子 ɣə$^{53-55}$la˙ pfu$^{213-31}$tsɿ˙ 蜘蛛

虼蚤 kə$^{213-31}$tsɔ˙ 跳蚤

光光蜓 kuaŋ$^{213-31}$kuaŋ˙ t‘iŋ^{213} 蜻蜓

花大姐 xua$^{213-24}$ta^{31}tsiə^{55} 瓢虫

虮子 tɕi$^{55-213}$tsɿ˙ 虱卵

蚕帘子 ts‘ã^{53}liã$^{53-55}$tsɿ˙ 生有蚕籽的纸或布

茧蛹子 tɕiã^{55}vəŋ$^{55-213}$tsɿ˙ 蚕蛹

　蚕蛹子 ts‘ã^{53}vəŋ$^{55-213}$tsɿ˙

叫乖子 tɕiɔ^{31}kuɛ$^{213-31}$tsɿ˙ 雄性蝈蝈，善鸣叫

母蚰 mu$^{55-213}$iou^{53} 雌性蝈蝈

姐留 tsiə$^{55-213}$liou˙ 蝉

姐留龟 tsiə$^{55-213}$liou˙ kuei^{213} 蝉的幼虫

　姐留猴儿 tsiə$^{55-213}$liou˙ xour^{53}

嘟聊子 tu^{213}liɔ$^{53-55}$tsɿ˙ 蝉的一种，体型较小，因其叫声而得名

小锦锦儿 siɔ$^{55-53}$tɕiẽ$^{55-213}$tɕier˙ 蝉的一种，体型小

绿豆蝇 lu$^{213-31}$tou˙ iŋ^{53} 一种绿头大苍蝇

蠓虫子 məŋ$^{213-31}$pf‘əŋ˙ tsɿ˙ 泛指小飞虫

腻虫子 ȵi / mi$^{31-53}$pf‘əŋ˙ tsɿ˙ 蚜虫

山水牛 ʃã^{213}fei^{55}ȵiou^{53} 一种类似天牛的昆虫

荒虫 xuaŋ$^{213-31}$pf‘əŋ˙ “山水牛”的幼虫，因其生在荒草中而得名

蛇出律子 ʃə$^{53-55}$pf‘u˙ lu$^{213-31}$tsɿ˙ 蜥蜴

屎壳郎 ʃʅ^{55}k‘ə^{213}laŋ^{53} 蜣螂

蜇拉毛 tʃə$^{213-31}$la˙ mɔ^{53} 一种浑身长有毒刺的刺蛾幼虫

八夹子 pa^{213}tɕia$^{53-55}$tsɿ˙ 一种体型稍小、浑身有毒刺的刺蛾幼虫，其尾部翘起如螃螯，故名

土鳖子 t‘u^{55}piə$^{213-31}$tsɿ˙ 土元

土蛰子 t‘u^{213}tʃə$^{53-55}$tsɿ˙ 蟋蟀

香半夜 çiaŋ$^{213-24}$pã^{31}iə^{31} 较小的蟋蟀，因其做成菜肴很香，故名

香半年 çiaŋ$^{213-24}$pã^{31}ȵiã^{53} 较大的蟋蟀

瞎碰子 çia$^{213-24}$pʻəŋ$^{31-53}$tsɿ˙ 大黑金龟子

瞎冲子 çia$^{213-24}$pfʻəŋ$^{31-53}$tsɿ˙

蚷蠊 tɕy$^{213-31}$liã˙ 音同“巨连” ①虫类等翻滚、挣扎：那条蚯蚓还在～ ②人或动物在地上翻滚

下籽儿 çia^{31}tser^{55} 蛾类产卵

十 衣着

1. 服装

穿戴 pfʻã$^{213-24}$tɛ^{31} 泛指衣着服饰

打扮 ta$^{55-213}$pã˙

穿扎 pfʻã$^{213-24}$tʃa^{213}

衣裳 i$^{213-31}$ʃaŋ˙ 衣服的通称

制服 tʃʅ^{31}fu^{53} ①军人、机关工作者及学生等穿的有规定式样的服装 ②正规服装的统称：那人穿了一身～

西服 si^{213}fu^{53} 西式服装

洋装 iaŋ^{53}pfaŋ^{213} 西装

中山服 pfəŋ$^{213-24}$ʃã^{213}fu^{53} 中山装

礼服 li^{55}fu^{53} 在庄重场合或举行各种仪式时穿的服装

长袍 tʃʻaŋ^{53}pʻɔ^{53} 长衫，旧时男子穿的大褂等

马褂儿 ma^{55}kuar^{31} 旧时男子穿在长袍外面的对襟短褂，原为少数民族骑马时所穿，故名

马甲儿 ma^{55}tɕiar^{213} 穿在衣服外面的无袖衫

旗袍儿 tɕʻi^{53}pʻɔ^{53} 一种女式长袍

夹袄子 tɕia^{213}ɣɔ$^{55-213}$tsɿ˙ 两层布料不夹棉的中式上衣

棉衣 miã^{53}i^{213} 夹棉服装的统称

棉袄 miã^{53}ɣɔ^{55} 双层夹棉的上衣

大袄 tɑ^{31}ɣɔ^{55} 双层夹棉的中式长大衣

大襟袄 tɑ^{31}tɕiẽ^{213}ɣɔ^{55} 一种双层夹棉的中式上衣，扣襻不在胸前，一片衣襟很大，斜伸至一边腋下

对襟子袄 tuei^{31}tɕiẽ$^{213-31}$tsʅ˙ɣɔ^{55} 一种双层夹棉的中式上衣，前面自脖领处垂直开襟缀纽扣

大氅 tɑ^{31}tʃʻɑŋ^{55} “氅”音同“厂” 西式棉大衣的统称

皮袄 pʻi^{53}ɣɔ^{55} 泛指用毛皮做的袄

褂子 kuɑ$^{31-53}$tsʅ˙ 中式单上衣

大褂子 tɑ^{31}kuɑ$^{31-53}$tsʅ˙ 中式男长单上衣

大襟褂子 tɑ^{31}tɕiẽ^{213}kuɑ$^{31-53}$tsʅ˙ 一种中式女上衣，扣襻不在胸前，一片衣襟很大，斜伸至一边腋下

大襟 tɑ^{31}tɕiẽ^{213} 一种中式女上衣的较大的那片衣襟

小襟儿 siɔ^{55}tɕier^{213} 一种中式女上衣的较小的那片衣襟

对襟子 tuei^{31}tɕiẽ$^{213-31}$tsʅ˙ 一种中式上衣，在前面自脖领处垂直开襟缀纽扣，分单衣和棉衣两种

半截袖儿 pã^{31}tsiə^{53}siour^{31} 短袖上衣

　褂砟子 kuɑ^{31}tʃɑ$^{53-55}$tsʅ˙

倒褂儿 tɔ^{31}kuɑr^{31} 后背开口缀纽扣的褂子，多为儿童穿用

汗褟子 xã^{31}tʻɑ$^{213-31}$tsʅ˙ 泛指薄背心

漫头抹 mã^{31}tʻou^{53}mɑ^{213} “抹”音同“妈” 较小的单上衣，前后不开缝，穿脱时需要从头部漫过去：我几个汗褂子都是～

扳肩膀儿 pã$^{213-24}$tɕiã^{213}pãr^{55} ①背心 ②儿童不宜用腰带，裤子用背带挂在肩上

披肩 pʻi$^{213-24}$tɕiã^{213} ①披风 ②女士的一种发型

垫肩 tiã^{31}tɕiã^{213} ①用多层布料叠加做的一种劳动防护用品，戴在肩上或脖颈周围，在挑、抬、扛东西时不容易磨破肩膀及衣服 ②做上衣时，为使肩部挺括美

观，在其内面加缝的一层厚布之类的内衬

疙瘩子 kə$^{213-31}$tɑ· tsʅ· 用布条编结的、做中式上衣纽扣的小圆球

扣谜子 k‘ou^{213}mi$^{53-55}$tsʅ· 中式上衣与“疙瘩子”相配的扣襻

扣子 k‘ou$^{213-31}$tsʅ· 纽扣

挎包 k‘uɑ^{31}pɔ^{213} ①衣服口袋的统称：他那裤子上有四个～ ②斜背在肩上的包

挎兜儿 k‘uɑ^{31}tour^{213}

插口儿 tʃ‘ɑ$^{213-31}$k‘our· ①泛指衣服上的口袋 ②泛指一般的布袋

大裆裤子 tɑ^{31}tɑŋ^{213}k‘u$^{31-53}$tsʅ· 民间自己手工缝制的中式裤子，因其裆部较宽松，故名

春秋衫儿 pf‘ẽ$^{213-24}$ts‘iou$^{213-24}$ʃɛr^{213} ①春秋季节穿用的内衣，一般为针织品 ②专指内上衣

衬裤 tʃ‘ẽ^{31}k‘u^{31} 长内裤

春秋裤 pf‘ẽ$^{213-24}$ts‘iou$^{213-24}$k‘u^{31} 适合春秋季穿着的长内裤

秋裤 ts‘iou$^{213-24}$k‘u^{31}

裤头子 k‘u^{31}t‘ou$^{53-55}$tsʅ· 贴身穿着的短裤

三角裤头儿 sã$^{213-24}$tɕyə^{213}k‘u^{31}t‘our^{53} “角”音同“决” 三角短裤

裤砟子 k‘u^{31}tʃɑ$^{53-55}$tsʅ· ①短裤 ②贴身穿的短内裤

连脚蹬儿 liã^{53}tɕyə$^{213-24}$tə̃r^{213} 儿童穿着的一种同袜子连在一起的裤子

裤裆 k‘u^{31}tɑŋ^{213} ①裤子的裆部 ②隐指人的胯裆

裤腿脚子 k‘u^{31}t‘ei^{55}tɕyə$^{213-31}$tsʅ· 裤脚

束腰带 fu$^{213-24}$iɔ$^{213-24}$tɛ^{31} 泛指腰带

捆腰带 k‘uẽ^{55}iɑŋ$^{213-24}$tɛ^{31}

奶勒子 nɛ^{55}lei$^{213-31}$tsʅ· “勒”音“类（阴平）” 乳罩

驴蒙眼子 lu^{53}məŋ^{53}iã$^{55-213-31}$tsʅ· ①对乳罩的贬称 ②用驴子拉磨时，蒙在驴子眼睛上类似乳罩的蒙具

2. 鞋帽

球鞋 tɕ‘iou^{53}ɕiɛ^{53} 一种帆布做帮、橡胶做底的鞋子，有白、草绿等多种颜色

水旱鞋 tʃʻei^{55}xã^{31}ɕiɛ^{53} 一种帆布做帮、橡胶做底的鞋子，多为草绿色，干湿地面均可穿着，故名

凉鞋 liɑŋ^{31}ɕiɛ^{53} 夏天穿的鞋帮留有各种孔洞或空隙的鞋，由皮革、塑料、布料等制作而成

布鞋 pu^{31}ɕiɛ^{53} 鞋底、鞋帮均由布料做成的鞋

靴子 ɕyə$^{213-31}$tsɿ˙ 深筒皮鞋、胶鞋

洋靴子 iɑŋ^{53}ɕyə$^{213-31}$tsɿ˙ 深筒雨鞋

洋袜子 iɑŋ^{53}uɑ$^{213-31}$tsɿ˙ 针织线袜

深筒油鞋 tʃʻẽ^{213}tʻuŋ^{55}iou^{53}ɕiɛ^{53} 雨靴

皮靰鞡 pʻi^{53}u$^{31-53}$lou˙ "靰鞡"音同"物露" 一种橡胶底的棉鞋

茅了蓊 mɔ$^{53-55}$lɑ˙uŋ^{213} 一种用茅草、芦花及苘等编制而成的草鞋，较笨重，里面塞上麦穰、棉絮等，用于冬天穿在脚上御寒

茅了崴 mɔ$^{53-55}$lɑ˙uɛ^{55}

鞋呱嗒子 ɕiɛ^{53}kʻuɑ$^{213-31}$tɑ˙tsɿ˙ 泛指各类拖鞋

配各子 pʻei^{31}kə$^{213-31}$tsɿ˙ 把不是原配成双或成对的东西搭配在一起：那对花瓶是～｜他穿了一双～鞋

暖帽 nuã^{55}mɔ^{31} 一种两层棉布中间夹棉花缝制的帽子，前有帽檐，两边有可以折下来的棉夹，冬季御寒时戴

棉帽 mã^{53}mɔ^{31}

栽苘帽子 tsɛ^{213}tɕʻiŋ^{55}mɔ$^{31-53}$tsɿ˙ 一种绒帽，冬季用于头部保暖

火车头帽子 xuə^{55}tʃʻə^{213}tʻou^{53}mɔ$^{31-53}$tsɿ˙

瓜皮帽儿 kuɑ^{213}pʻi^{53}mɔr^{31} 一种男士单帽，形如半个西瓜皮，故名

兵帽子 piŋ$^{213-24}$mɔ$^{31-53}$tsɿ˙ 一种军帽，前端有帽檐

洋帽子 iɑŋ^{53}mɔ$^{31-53}$tsɿ˙ 一种带招檐儿的单帽

帽耳朵 mɔ^{31}ɭə$^{55-213}$tɔ˙ "朵"音同"刀" 棉帽两边可以折上折下的棉夹，冬季可以放下来护住耳朵保暖

帽檐子 mɔ^{31}iã$^{53-55}$tsɿ˙ 帽子前边或四周的突出部分

席夹子 si^{53}tɕiɑ$^{213-31}$tsɿ˙ 用竹篾或苇篾等编织而成，戴在头上既可遮阳又可遮雨的用具，尖顶，一般呈六边形

苇子席夹子 uei$^{213-31}$tsɿ˙ si^{53}tɕiɑ$^{213-31}$tsɿ˙ 苇篾编织的“席夹子”

竹篾席夹子 pfu^{213}mi^{53}si^{53}tɕiɑ$^{213-31}$tsɿ˙ “篾”音同“迷” 竹篾编织的“席夹子”

帽衬子 mɔ^{31}tʃʻẽ$^{31-53}$tsɿ˙ ①用篾子编制的一种圆圈状物，套在“席夹子”里面，戴在头上时起固定作用 ②帽子里面的衬布

帽带子 mɔ^{31}tɛ$^{31-53}$tsɿ˙ 用来系在脖子或下巴下面以固定帽子的绳系

斗笠 tou$^{55-213}$li˙ 戴在头上遮雨遮阳的竹子或芦苇编织的用具，圆形平顶

3. 装饰品及其他

首饰 ʃou$^{55-213}$ʃʅ˙ ①戴在头上的装饰品 ②泛指耳环、戒指、项链等装饰品

胭脂 iã$^{213-31}$tʃʅ˙ 旧时女子的一种化妆用品，擦在脸上呈粉红色

粉 fẽ^{55} 一种粉状化妆用品

手镯子 ʃou^{55}pfə$^{53-55}$tsɿ˙ 手镯，女子戴在手腕的一种装饰品，为金、银、玉、翡翠等制品

　镯子 pfə$^{53-55}$tsɿ˙

戒镏子 tɕiɛ^{31}liou$^{213-31}$tsɿ˙ 戒指

坠子 pfei$^{31-53}$tsɿ˙ ①吊在衣物、器物下面的装饰品 ②专指耳坠，女子挂在耳垂的装饰物，由银、金、宝石等制成 ③线坠

卡子 tɕʻiɑ$^{55-213}$tsɿ˙ ①发卡 ②物品上有卡住作用的构件的统称：钢笔～

网子 uɑŋ$^{55-213}$tsɿ˙ ①过去乡村中老年妇女罩在“纂”上的小网儿，一般为黑色 ②网及网具的统称：尼龙～｜渔～

繸子 suei$^{31-53}$sɿ˙ 流苏

围脖 uei^{53}pə^{53} 长条状的围巾

围巾 uei^{53}tɕiẽ^{213} 方形的围巾

围嘴子 uei^{53}tsuei$^{55-213}$tsɿ˙ 围在小孩子胸前或脖子周围的服饰

　兜兜嘴子 tou$^{213-31}$tou˙ tsuei$^{55-213}$tsɿ˙

手布子 ʃou^{55}pu$^{31-53}$tsɿ˙ ①毛巾 ②手帕 ③乡村妇女头上顶的布块儿

手捏子 ʃou^{55}ȵiə$^{213-31}$tsɿ˙ 手帕

吊带 tiɔ^{31}tɛ^{31} 用在腿部固定长筒袜子的有弹性的带子

裹脚 kuə^{55}tɕyə^{213} “脚”音同“决” 动词，旧时女子以脚小为美，故用长布条把脚紧紧缠住而导致脚骨畸形，使脚变小

裹脚 kuə$^{55-213}$tɕyə˙ ①女人裹脚用的长布条：懒婆娘的～——又臭又长（歇后语） ②旧时妇女缠裹成畸形的较小的脚

裹脚布子 kuə$^{55-213}$tɕyə˙ pu$^{31-53}$tsɿ˙ 裹脚用的长布条

4. 布料

白毛洋 pei^{53}mɔ^{53}iɑŋ^{53} 一种平纹白色布料

蓝士淋 lã^{53}ʃʅ^{31}liẽ^{31} 一种平纹蓝色布料

青士淋 tsiŋ$^{213-24}$ʃʅ^{31}liẽ^{31} 一种平纹黑色布料

老粗布 lɔ^{55}tsʻu$^{213-24}$pu^{31} 土布

平绒 pʻiŋ^{53}vəŋ^{53} 一面带有剪绒的布料

平纹儿 pʻiŋ^{53}uer^{53} 经纬线分明的布料

斜纹儿 siə^{53}uer^{53} 纹路呈斜状的布料

条子绒 tʻiɔ$^{53-55}$tsɿ˙ vəŋ^{53} 灯芯绒布料

线哔叽 siã^{31}pi^{55}tɕi^{213} “哔叽”音同“比吉” 一种斜纹布

印花布 iẽ^{31}xuɑ$^{213-24}$pu^{31} 表面印有花纹图案的布料

花洋布 xuɑ^{213}iɑŋ^{53}pu^{31} 印花棉布

绡布 ɕiɔ$^{213-24}$pu^{31} 纺织不细密、经纬缝隙较大的布料，多为衬用或医用

纱布 ʃɑ$^{213-24}$pu^{31} 纺织很不细密、经纬缝隙很疏的布，多为医用

衬布 ʧʻẽ^{31}pu^{31} 做衣服等时做里衬的布料

帆布 fã^{53}pu^{31} 粗线织成的较厚的布，多做防雨篷布用

胶布 tɕiɔ$^{213-24}$pu^{31} 一面带有胶质的布，多为医用

塑料布 su^{31}liɔ^{31}pu^{31} 塑料薄膜的统称

雨布 y^{55}pu^{31} 涂有防水涂料的布料或由其做成的雨具

十一　饮食

1. 主食

饭 fã^{31}　①泛指饮食：该吃～了 ②乳汁：生孩子三四天了，怀里该下～了

清清饭 ts‘iŋ$^{213-31}$ts‘iŋ˙ fã^{31}　早饭

晌午饭 ʃɑŋ$^{55-213}$uẽ˙ fã^{31} “午”音同“温”　午饭

下晚儿饭 ɕiɑ^{31}uɛr^{55}fã^{31}　晚饭

给养 tɕi^{53}iɑŋ^{55}　①军队、民夫等的伙食等物资 ②远行所带的食物

干粮 kã$^{213-31}$liɑŋ˙　外出时携带的主食的统称

细粮 si^{31}liɑŋ^{53}　一般指小麦、小米等粮食

粗粮 ts‘u^{213}liɑŋ^{53}　小麦、小米以外的其他粮食

头粕儿 t‘ou^{53}p‘ər^{31} “粕”音同“破”　第一遍磨出的面粉

面 miã^{31}　①特指小麦磨成的面粉 ②泛指粮食磨成的面粉 ③脸：笑容满～ ④物体表层：地～ ⑤食物软而易嚼：烤地瓜吃起来很～

洋面 iɑŋ^{53}miã^{31}　进口面粉，商品面粉

杂面子 tsɑ^{53}miã$^{31-53}$tsɿ˙　多种粮食掺杂磨制的面粉

薯干面子 fu^{55}kã^{213}miã$^{31-53}$tsɿ˙　地瓜面粉

糊豆面子 xu$^{53-55}$tou˙ miã$^{31-53}$tsɿ˙　用来做稀饭的小麦面粉、玉米面粉等的统称

连麸子 liã$^{53-55}$fu˙ tsɿ˙　全麦面粉

麸子 fu$^{213-31}$tsɿ˙　麸皮

大米 tɑ^{31}mi^{55}　稻子脱皮后的籽粒

小米儿 siɔ$^{55-53}$mir^{55}　谷子脱皮后的籽粒

豆面子 tou^{31}miã$^{31-53}$tsɿ˙　豆子碾压成的面儿

豆钱子 tou^{31}ts‘iã$^{53-55}$tsɿ˙　轧扁成钱状的大豆

煎饼 ȵiɑ / tsiɑ / ȵiã / tsiã$^{213-31}$ȵiŋ˙　当地一种主要的食品，用粮食稠糊烙

制的很薄的片状

麦煎饼 mei$^{213-24}$ȵiɑ$^{213-31}$ȵiŋ· 小麦磨成糊状烙制的煎饼

连麸子煎饼 liã$^{53-55}$fu· tsʅ· ȵiɑ$^{213-31}$ȵiŋ· 全麦面粉烙制的煎饼

薯干子煎饼 fu^{55}kã^{213}tsʅ·ȵiɑ$^{213-31}$ȵiŋ· 地瓜干面粉烙制的煎饼

头鏊子 t‘ou^{53}ɣɔ$^{31-53}$tsʅ· 每次烙出的第一张煎饼

末鏊子 mə^{213}ɣɔ$^{31-53}$tsʅ· 每次烙煎饼时的最后一张煎饼

煎饼饹馇儿 ȵiɑ$^{213-31}$ȵiŋ· kə$^{213-31}$tʃɑr· 煎饼碎片

滑锡眼 xuɑ$^{53-55}$t‘ɑ· iã^{55} 烙煎饼时因故出现孔洞的煎饼

滑锡拉 xuɑ$^{53-55}$t‘ɑ· lɑ^{213}

滑锡子 xuɑ$^{53-55}$t‘ɑ· tsʅ·

糊子 xu$^{53-55}$tsʅ· 烙制煎饼用的较稠的糊状物：煎饼～

馍馍 mə$^{53-55}$mə· 馒头

发团 fɑ$^{213-31}$t‘uã· 一种用玉米面、小米面等发酵后做成的面食

饽饽 tuə$^{213-31}$tuə·“饽”音同“多” 杂粮（包括全麦面粉）、地瓜面粉等单独或混合不发酵做成的馒头状食品，为了容易蒸熟，往往在底部中间捏一个凹洞

窝窝头 uə$^{213-31}$uə· tou^{53}

菜饽饽 ts‘ɛ^{31}tuə$^{213-31}$tuə· 掺野菜或树叶等做成的窝窝头

包子 pɔ$^{213-31}$tsʅ· ①水饺 ②形同水饺但稍大，或有圆形等，分发酵、不发酵的两种，蒸食

菜包子 ts‘ɛ^{31}pɔ$^{213-31}$tsʅ· ①蔬菜做馅的包子 ②形容能力差：那人是～一个，不中用

饺子 tɕiɔ$^{55-213}$tsʅ· 水饺

角子 tɕyə$^{213-31}$tsʅ·“角”音同“决” 用除小麦面粉外的其他食用面粉做成的包子，形同水饺但稍大，用箅屉蒸熟食用：荞麦面～ ｜ 瓜干面～

馅儿 ɕiɛr^{31} 面食、点心里包的豆沙、糖、果仁、果肉或切碎的肉糊、蔬菜等填料：饺子～ ｜ 枣泥～的月饼

馅子 ɕiã$^{31-53}$tsʅ·

荤馅子 xuẽ$^{213-24}$ɕiã$^{31-53}$tsɿ˙ 含有动物肉制作的填料

素馅子 su^{31}ɕiã$^{31-53}$tsɿ˙ 不含动物油脂或肉的填料

剂子 tsi$^{31-53}$tsɿ˙ 做面食前把和好的面分成的一个个小面团：馒头～｜饺子～

饺子皮子 tɕiɔ$^{55-213}$tsɿ˙ pʻi$^{53-55}$tsɿ˙ 擀成薄片还没有包馅的圆形面皮

卷子 tɕuã$^{55-213}$tsɿ˙ ①筒状的馒头 ②面团擀做片状，放上不同的菜馅卷起来切成截，里面层层夹有菜馅，蒸食：萝卜～｜豆腐～

朝牌 tʃʻɔ^{53}pʻɛ^{53} 一种长方形的烤制面食品，上面撒有芝麻，因其形状像旧时大臣上朝时拿的笏板，故名

　烤牌 kʻɔ^{55}pʻɛ^{53}

炕锅饼 kʻɑŋ^{31}kuə^{213}piŋ^{55} 一种大而厚的圆状烙制面食

　锅饼 kuə$^{213-31}$piŋ˙

　锅盔 kuə$^{213-24}$kʻuei^{213}

　炕饼 kʻɑŋ^{31}piŋ^{55}

挎包锅饼 kʻuɑ^{31}pɔ^{213}kuə$^{213-31}$piŋ˙ 一种方形的烙制面食，用油、盐、葱隔成多层，形似衣服口袋，故名

油饼 iou^{53}piŋ^{55} 一种面食，内层撒油盐、花椒等佐料烙制而成

烧饼 ʃɔ$^{213-31}$piŋ˙ 一种圆饼状的烤制面食，上面撒有芝麻

驴蹄子烧饼 lu^{53}tʻi$^{53-55}$tsɿ˙ ʃɔ$^{213-31}$piŋ˙ 一种馒头状的烤制发面食品，形状像驴的蹄子，故名

锅贴 kuə$^{213-24}$tʻiə^{213} 一种贴在锅里煎制的食品，有馅，形似水饺，较细长

　抓贴子 pfɑ$^{213-24}$tʻiə$^{213-31}$tsɿ˙

吃头儿 ʧʻʅ$^{213-31}$tʻour˙ 食物的统称：家里的～不多了

喝头儿 xə$^{213-31}$tʻour˙ 泛指稀饭之类：你给我盛碗～

糊豆 xu$^{53-55}$tou˙ 各类稀饭的统称

糊豆汤子 xu$^{53-55}$tou˙ tʻɑŋ$^{213-31}$tsɿ˙ 很稀的稀饭

米汤 tʻɑŋ$^{213-31}$ 大米、小米等熬制的稀饭

米油儿 mi^{55}iour^{53} 米汤表面的油状物

鸡蛋汤 tɕi$^{213-24}$tã^{31}t‘ɑŋ^{213} 鸡蛋等制作的汤菜

粉子 fẽ$^{55-213}$tsɿ˙ 各类淀粉的统称

二抹头 ɭə^{31}mə^{55}t‘ou^{53} 很稠的稀饭，可以连吃带喝

面里转 miã$^{31-53}$li˙pfã^{55} 指生活好,吃的饭食都是用小麦面粉变换着花样做成的：这些年农村生活好极了，吃的都是～，不是馒头就是油饼

面疙瘩 miã^{31}kə$^{213-31}$tɑ˙ 把面粉调成不规则的小团煮成的汤食

　面疙瘩汤 miã^{31}kə$^{213-31}$tɑ˙ t‘ɑŋ^{213}

　面骨拽 miã^{31}ku$^{213-31}$pfɛ˙

　面骨拽子 miã^{31}ku$^{213-31}$pfɛ˙ tsɿ˙

　老头蛋 lɔ^{55}t‘ou^{53}tã^{53}

面皮子 miã^{31}p‘i$^{53-55}$tsɿ˙ 擀制得很薄的面片，煮食

　面叶子 miã^{31}iə$^{213-31}$tsɿ˙

面头 miã^{31}t‘ou^{53} 土法制作的酵母，每次做发酵食品时放入面团中发酵，从发酵面团中留少量以备下次发酵再用：蒸馍馍时多留点～

　引子 iẽ$^{55-213}$tsɿ˙

发面 fɑ$^{213-24}$miã^{31} 发酵过的面团：～馒头｜～包子

死面子 sɿ^{55}miã$^{31-53}$tsɿ˙ 未经发酵的面团

面饽 miã^{31}pu^{53} “饽”音“不（阳平）” 做面食时为防止粘黏面板等而用的少量干面粉

饹馇儿 kə$^{213-31}$tʃɑr˙ 片状的碎渣

锅饹馇 kuə$^{213-24}$kə$^{213-31}$tʃɑ˙ 蒸或烙制食品时粘在锅壁上的碎渣

米花子 mi^{55}xuɑ$^{213-31}$tsɿ˙ 爆米花

粘馉 ȵiã$^{53-55}$ku˙ 烧稀饭时沉淀贴近锅底较稠的那层东西：得罪了火头军，就捞不着～吃

馏汤水 liou$^{31-53}$t‘ɑŋ˙ fei^{55} 蒸饭后锅里剩下的水

　蒸馏水 tʃəŋ^{213}liou^{53}fei^{55}

汽馏水 tɕ‘i^{31}liou^{53}fei^{55} 蒸气冷却凝成的水滴

洋荤 iɑŋ^{53}xuẽ^{213} ①进口食品 ②西餐 ③未品尝过的稀有的菜品 ④享用进口且

奢侈的用品 ⑤隐指西方女性

2．菜肴

菜 ts‘ɛ^{31} ①蔬菜（含野菜）的统称：上街买点～ ②做好的可佐餐食用的副食：不用做那么多～ ③包子、水饺的馅子：您家的饺子包的什么～？④比喻人笨拙无能：他是～货一个

青菜 ts‘iŋ$^{213-24}$ts‘ɛ^{31} 泛指新鲜蔬菜：上街买～

肴 iɔ^{53} 各种菜品的统称

盐味儿 iã$^{53-55}$uer˙ ①简单的菜：我吃饭有点儿～就行 ②咸味儿：这菜～少点

就头儿 tsiou$^{31-53}$t‘our˙ 佐餐的菜肴

瘦肉 ʃou^{31}ʒou^{31} 含脂肪很少的肉

肥肉 fei^{53}ʒou^{31} 含脂肪多的肉

猪肉膘子 pfu$^{213-24}$ʒou^{31}piɔ$^{213-31}$tsɿ˙ 带皮层的肥猪肉

五花儿肉 u^{55}xuɑr$^{213-24}$ʒou^{31} 肥瘦相间的猪肉

排骨 p‘ɛ^{53}ku^{213} 带精肉的肋骨

肉排 ʒou^{31}p‘ɛ^{53} 带精肉多的肋骨

肘子 tʃou$^{55-213}$tsɿ˙ ①猪的腿肘 ②上臂和前臂相接处向外突起的部分：胳膊～

口条 k‘ou^{213}t‘iɔ^{53} 用作菜肴的牲畜的舌头

烀锅子肉 xu$^{213-24}$kuə$^{213-31}$tsɿ˙ ʒou^{31} 又叫死猪子肉，专指用小死猪肉煮熟放在瓦盆里的肉（生活困难时期有的将其挑到集市上卖，换些钱财）

酥肉 su$^{213-24}$ʒou^{31} 肉条或肉片裹面糊后经油炸而成的菜品

酥鱼 su^{213}y^{53} 鱼裹面糊后经油炸而成的菜品

鳞刀鱼 liẽ^{53}tɔ^{213}y^{53} 带鱼

八带鱼 pɑ^{213}tɛ^{31}y^{53} 乌贼

白拉鱼 pei$^{213-31}$lɑ˙ y^{53} 白鳞鱼，又名香鱼

干鮳子鱼 kã$^{213-24}$k‘ɔ$^{31-53}$tsɿ˙ y^{53} 一种海产干制小咸鱼

虾皮子 ɕiɑ^{213}p‘i$^{53-55}$tsɿ˙ 淡水或海产虾皮

沼虾皮子 tʃɔ$^{213-24}$ɕiɑ^{213}p‘i$^{53-55}$tsɿ˙ 较大些的淡水或海产虾皮

海蜇皮子 xɛ^{55}ʧə^{213}p‘i$^{53-55}$tsɿ˙ 海蜇的伞状部分

海蜇头 xɛ^{55}ʧə^{213}t‘ou^{53} 海蜇的口腕部分

海带 xɛ^{55}tɛ^{31} 褐藻的一种，可食

烧鸡 ʃɔ$^{213-24}$tɕi^{213} 一种特殊加工的食用鸡

蘑菇鸡 mə$^{53-55}$ku˙ tɕi^{213} 掺有蘑菇加工的食用鸡菜品

炸鸡 ʧɑ^{53}tɕi^{213} 一种油炸的食用鸡菜品

辣子鸡 lɑ$^{213-31}$tsɿ˙ tɕi^{213} 辣椒炒鸡

荤腥儿 xuẽ$^{213-31}$siə̃r˙ 泛指动物肉、鱼虾或脂油等做成的菜：好长时间没尝到～了

变蛋 piã^{31}tã^{31} 松花蛋

　皮蛋 p‘i$^{53-55}$tã˙

青皮 ts‘iŋ^{213}p‘i^{53} 鸭蛋

蛤蟆蛋 xə$^{53-55}$mu˙ tã^{31} 去壳不搅拌直接煎、煮的鸡蛋

　荷包蛋 xə$^{53-55}$pɔ˙ tã^{31}

丸子 uã$^{53-55}$tsɿ˙ 一种以面粉、萝卜等为主料经油炸的小圆球状副食品

汤丸子 t‘ɑŋ^{213}uã$^{53-55}$tsɿ˙ 汤圆

四喜丸子 sɿ^{31}ɕi^{55}uã$^{53-55}$tsɿ˙ 以精肉为主料经油炸制作的球状副食品，可以再加佐料烹制，一般每盘盛放四个，多用于喜宴，故名

清水丸子 ts‘iŋ^{213}fei^{55}uã$^{53-55}$tsɿ˙ 以精肉为主料水汆制作的小圆球状副食品

豆腐 tou$^{31-53}$fu˙ 大豆磨成汁液用盐卤或石膏等点制而成的一种软体食品

豆腐脑子 tou$^{31-53}$fu˙ nɔ$^{55-213}$tsɿ˙ 大豆汁液加热沸腾后，用盐卤、石膏等点制而成的半流质食品

豆腐渣 tou$^{31-53}$fu˙ tʃɑ^{213} 做豆腐剩下的豆渣

渣豆腐 tʃɑ$^{213-24}$tou$^{31-53}$fu˙ 各种蔬菜切碎后加入粉碎的大豆或花生煮制而成的一种农家食品

渣豆腐浆子 tʃɑ$^{213-24}$tou$^{31-53}$fu˙ tsiɑŋ$^{213-31}$tsɿ˙ 含水多、呈稀饭状的渣豆腐

酸浆 suã$^{213-24}$tsiaŋ^{213} 做豆腐析出的带有酸味的黄水，可用来土法点制豆腐

　豆腐浆 tou$^{31-53}$fu˙ tsiaŋ^{213}

酸浆豆腐 suã$^{213-24}$tsiaŋ^{213}tou$^{31-53}$fu˙ 用酸浆土法点制的豆腐

酸浆脚子 suã$^{213-24}$tsiaŋ$^{213-24}$tɕyə$^{213-31}$tsɿ˙ “脚”音同“诀” 酸浆沉淀的部分

卤子 lu$^{55-213}$tsɿ˙ 一种类似酱类的佐料

香油馃子 ɕiaŋ^{213}iou^{53}kuə$^{55-213}$tsɿ˙ 油条

藕合子 ɣou^{55}xə$^{53-55}$tsɿ˙ 藕片内填肉馅等裹面油炸制作的副食品

麻谷盐 ma$^{53-55}$ku˙ iã^{53} 芝麻炒后加盐碾碎制作的副食品，又名芝麻盐

焖菜 mẽ$^{31-53}$ts‘ɛ˙ 蔓菁切成细条放在器皿里焖制而成的副食品

臭豆子 tʃ‘ou^{31}tou$^{31-53}$tsɿ˙ 大豆煮熟后焐至发霉再加盐等调料制成的副食品

毛豆子 mɔ^{53}tou$^{31-53}$tsɿ˙ ①煮熟发酵长有菌毛的豆制副食品 ②接近成熟、荚上有绒毛的豆子

辣椒子酱 la$^{213-24}$tsiɔ$^{213-31}$tsɿ˙ tsiaŋ^{53} 以辣椒为主晒制而成的酱类副食

辣椒豆子 la$^{213-24}$tsiɔ$^{213-24}$tou$^{31-53}$tsɿ˙ 发酵的熟豆和辣椒面、食盐等调制的一种副食品

萝卜豆子 luə$^{53-55}$p‘ə˙ tou$^{31-53}$tsɿ˙ 萝卜切片加入发酵的熟豆子，并用盐、辣椒等调制而成的副食品

萝卜干子 luə$^{53-55}$p‘ə˙ kã$^{213-31}$tsɿ˙ 萝卜切成条状腌渍晾晒后做成的副食品

生辣疙瘩 ʃəŋ$^{213-24}$la$^{213-31}$kə˙ ta^{213} 腌渍后的蔓菁

　脆疙瘩 ts‘uei$^{31-53}$kə˙ ta^{213}

熟辣疙瘩 fu^{53}la$^{213-31}$kə˙ ta^{213} 腌渍且经卤汁煮熟的蔓菁

老咸菜汁子 lɔ^{55}ɕiã^{53}ts‘ɛ^{31}tʃʅ$^{213-31}$tsɿ˙ 多年多次腌制过咸菜用的卤汁

蒜泥子 suã^{31}mi$^{53-55}$tsɿ˙ “泥”音同“迷” 大蒜去皮后捣成的糊状佐料

杂烩菜 tsa$^{53-55}$xuei^{31}ts‘ɛ^{31} 多种菜品掺和在一起炒或煮成的菜

　大锅菜 ta^{31}kuə$^{213-24}$ts‘ɛ^{31}

漂汤菜 p‘iɔ$^{213-24}$t‘iaŋ$^{213-24}$ts‘ɛ^{31} ①汤多菜少，少量的菜漂在汤水上面

②比喻只是些表面的东西，没有实惠：给咱弄得都是些～，便宜叫人家赚了

清水煮癞歪 ts‘iŋ^{213}fei^{55}pfu^{55}lɛ^{31}uɛ^{213} 不添加油盐等任何佐料和调味品，只在清水里煮的廉价菜食，这是困难时期人们经常食用的东西

小菜儿 siɔ^{55}ts‘ɛr^{31} ①小碟盛放的菜 ②泛指植株矮小的蔬菜：园子里种了不少～ ③泛指各种简单的菜：弄几个～喝酒 ④比喻微不足道的人或事：这事是～一碟

小炒儿 siɔ$^{55-53}$tʃ‘ɔr^{55} ①用小锅单独炒的菜 ②饭馆中分量少价钱低的炒菜

油水儿 iou$^{53-55}$fer· ①指菜里所含的油脂 ②比喻好处、利益等：有～的差事他就干，没有就不干

衬头儿 tʃ‘ẽ$^{31-53}$t‘our· 当做陪衬的菜品：熬肉时放点萝卜当～

3. 佐料

油盐酱醋 iou^{53}iã^{53}tsiaŋ^{31}ts‘u^{31} 泛指常用的佐料

油 iou^{53} ①泛指各种食用油：炒菜不要～太多 ②燃料油：大货车该加～了

豆油 tou^{31}iou^{53} 大豆榨出的油

大油 tɑ^{31}iou^{53} 猪油

香油 ɕiaŋ^{213}iou^{53} 芝麻油

油之啦子 iou^{53}tʃʅ^{213}lɑ$^{53-55}$tsʅ· 动物脂肪炼油后剩余的渣滓

油根子 iou^{53}kẽ$^{213-31}$tsʅ· 沉淀在油瓶或桶底部的较黏稠的油渣滓

盐 iã^{53} ①食盐 ②咸味：这菜～太大了

盐粒子 iã^{53}li$^{213-31}$tsʅ· ①颗粒较大的食盐 ②形状像盐粒的雪，即霰

酱 tsiaŋ^{31} 用麦制食品发酵加盐、水经太阳长时间暴晒成的调味品

豆瓣酱 tou$^{31-53}$pã· tsiaŋ^{31} 一种豆制佐餐酱菜

芝麻酱 tʃʅ$^{213-31}$mu· tsiaŋ^{53} “麻”音同“木” 芝麻磨制的糊状调味品

麻谷 mɑ$^{53-55}$ku· ①芝麻酱 ②芝麻榨油后剩余的渣滓

麻汁 mɑ$^{53-55}$tʃʅ· 芝麻酱

笨酱 pẽ^{31}tsiaŋ^{31} 土法制作的酱

醋 ts‘u^{31}/ tɕ‘y^{31} 食用醋。读tɕ‘y^{31}音的仅限于县域西南部

忌讳 tɕi$^{31-53}$xuei·

花椒面子 xuɑ$^{213-24}$tsiɔ$^{213-24}$miã$^{31-53}$tsɿ· 花椒粉

胡椒面子 xu^{53}tsiɔ$^{213-24}$miã$^{31-53}$tsɿ· 胡椒粉

醭儿 pur^{53} 醋、酱油等表面上生出的白色菌膜：醋长白～啦

衣 i^{213}

4. 烟、酒、糖、茶

烟 iã^{213} ①纸烟、香烟的统称 ②物质燃烧时产生的含有小颗粒的气体 ③一种经济植物，茎叶是制造香烟的原料：今年种了几亩～，赚了不少钱

洋烟 iɑŋ^{53}iã^{213} ①进口香烟 ②香烟的统称

洋烟札儿 iɑŋ^{53}iã^{213}tʃɑr^{53} 香烟头

洋烟根儿 iɑŋ^{53}iã^{213}ker^{53} 成支的香烟

洋烟盒儿 iɑŋ^{53}iã^{213}xər^{53} 香烟盒

洋烟箱子 iɑŋ^{53}iã$^{213-24}$siɑŋ$^{213-31}$tsɿ· ①盛装香烟的包装箱 ②纸箱的统称

红烟绺 xuŋ^{53}iã^{213}liou^{55} “绺”音同“柳” 土烟叶

烟袋 iã$^{213-24}$tɛ^{31} ①泛指烟具 ②特指土制烟袋

烟袋杆儿 iã$^{213-24}$tɛ^{31}ker^{55} 连接烟嘴和烟锅的细管

烟袋窝子 iã$^{213-24}$tɛ^{31}uə$^{213-31}$tsɿ· 烟锅

烟袋嘴子 iã$^{213-24}$tɛ^{31}tsuei$^{55-213}$tsɿ· 烟嘴

烟荷包子 iã^{213}xə$^{53-55}$pɔ· tsɿ· 装烟丝或烟末的小袋子

烟包子 iã$^{213-24}$pɔ$^{213-31}$tsɿ·

烟袋包儿 iã$^{213-24}$tɛ^{31}pɔr^{213}

烟布袋 iã$^{213-24}$pu$^{31-53}$tɛ·

烟包档子 iã$^{213-24}$pɔ$^{213-24}$tɑŋ$^{31-53}$tsɿ· 系在烟袋包系子上的装饰物，起便于携带、防止脱落的作用

烟油 iã^{213}iou^{53} 存留在烟袋管、烟锅的稠而黏的黑色油状物：他就像蛇吃～一样，整天恹头耷脑儿的

酒桌 tsiou^{55}pfə^{213} 多指朋友间互相吃请的宴席：～上没真话

无酒不成席 u^{53}tsiou^{55}pu^{213}ʧ‘əŋ^{53}si^{53} 如果没有酒，再好的菜肴也算不上宴席，强调酒的重要性

白酒 pei^{53}tsiou^{55} 无色透明的酒类

辣酒 lɑ^{213}tsiou^{55}

料酒 liɔ^{31}tsiou^{55} 一种酒类调味品

洋酒 iɑŋ^{53}tsiou^{55} 外国酒的统称

装酒 pfɑŋ^{213}tsiou^{55} ①买酒：家里来客了，快去街上～去 ②假醉：刚喝了一点，他又开始～了 ③把酒盛进瓶里或桶里，把酒瓶放在兜里或箱里、车里等：光说要请客，你身上～了吗？

酒场儿 tsiou$^{55-53}$tʃ‘ãr^{55} 吃饭喝酒的场合，也指赴宴

打壶喝喝 tɑ^{55}xu^{53}xə$^{213-31}$xə˙ ①买一壶酒喝喝 ②指两人的性格等很相像：他两个人满能～

洒酒 sɑ^{213}tsiou^{55} ①杯子里的酒水向外洒落 ②喝酒作弊，乘人不备，故意将杯子里的酒倒掉一部分或洒落在地：那人喝酒光～，真烦人

挂杯 kuɑ^{31}pei^{213} 酒度高，酒质好，饮后在酒杯的杯壁上仍粘有酒液

喝酒 xə^{213}tsiou^{55} 饮酒

酒肴 tsiou^{55}iɔ^{53} 下酒菜

喜酒 ɕi$^{55-53}$tsiou^{55} ①喜宴：今天喝了两场～ ②喜宴上的酒：～不醉人

喝喜酒 xə^{213}ɕi$^{55-53}$tsiou^{55} 赴喜宴

筛酒 ʃɛ^{213}tsiou^{55} 温酒

喝气儿 *xə^{213}tɕ‘ier˙ ①指很随意的喝酒：走，上我家～去 ②在喝酒中端起酒杯喝一次（不论多少）：来，咱随便～

扭气儿 *ȵiou^{55}tɕ‘ier˙

上气儿 *ʃɑŋ^{31}tɕ‘ier˙ 在喝酒中端起酒杯喝一次（不论多少）：来，咱随便～

几气儿 tɕi^{55}tɕ‘iər^{31} ①几口：你随便喝～ ②几次：这一杯酒咱～喝完？

满上 mã$^{55-213}$ʃɑŋ˙ 斟满：给你～酒

透了 t‘ou$^{31-53}$lɑ˙ ①干杯 ②穿透、磨穿、完全渗湿等

苟儿它 kour^{53}t‘ɑ˙ 喝酒专用语，“干杯”之意（限于县域西南部）

肥儿它 fer^{53}t‘ɑ˙

二八盅儿上 ɭə^{31}pɑ$^{213-24}$pfə̃r$^{213-31}$ʃɑŋ˙ 酒场专用语，指酒喝到酣畅时

酒尽话不尽 tsiou^{55}tsiẽ^{31}xuɑ^{31}pu$^{213-24}$tsiẽ^{31} 酒喝好了，还有很多话未说完

先酒 siã^{213}tsiou^{55} 斟酒

敬酒 tɕiŋ^{31}tsiou^{55} ①在婚宴上，新婚夫妇及其父母分别向宾客斟酒、端起来劝其喝好，是答谢的一种仪式 ②一般宴席上为长辈、上级等斟酒并端起来劝其喝好，表示敬意

端酒 tuã^{213}tsiou^{55}

劝酒 tɕ‘yã^{31}tsiou^{55} 劝人多饮酒，多是一种敬意

喝交杯酒 xə$^{213-24}$tsiɔ$^{213-24}$pei$^{213-31}$tsiou^{55} ①婚礼当晚新郎新娘需要交换酒杯或胳膊交叉喝酒，意为“相依相伴” ②同事间交换酒杯喝酒，表示友谊长久

喝家 xə$^{213-31}$tɕiɑ˙ ①指好喝酒的人：他是个～，整天喝了东家喝西家 ②常喝酒且酒量大的人：那家伙是个～，张嘴就得二斤多

酒蔫子 tsiou^{55}ȵiã$^{213-31}$tsɿ˙ 喝起酒来没完没了的人：～很烦人，喝起来没有完

酒篓 tsiou$^{55-53}$lou^{55} ①盛酒的器具，用竹子或枝条编制，内侧用猪血等防漏制剂涂抹 ②比喻嗜酒且量大、喝起酒来没完没了的人

酒嘟篓子 tsiou^{55}tu$^{213-31}$lou˙ tsɿ˙ 一种盛酒的瓷器，肚大口小

酒盅子 tsiou^{55}pfəŋ$^{213-31}$tsɿ˙ 小酒杯的统称

投投 t‘ou^{53}t‘ou˙ 意近“置换”：昨天喝醉了酒，今天再喝点～

酒乱 tsiou^{55}luã^{31} 酒后失态惹是生非：他有～，不能叫他喝多

发酒疯 fɑ^{213}tsiou$^{55-213}$fəŋ˙ 酒后失态吵吵闹闹，借酒发疯

喝得跟宁二样 xə$^{213-31}$ti˙ kei^{53}ȵiŋ^{31}ɭə$^{31-53}$iɑŋ˙ “宁二”是人们假设想象中的醉汉，比喻醉酒后语无伦次、东倒西歪的样子

一壶酒钱 i^{213}xu^{53}tsiou$^{55-213}$ts‘iã˙ ①买一壶酒的钱 ②形容钱很少：今天挣

的还不够～｜那么大一堆货还不值～

一葫芦酒钱 i^{213}xu$^{53-55}$lou· tsiou$^{55-213}$tsʻiã·

一壶醋钱 i^{213}xu^{53}tsʻu$^{31-53}$tsʻiã·

不认这壶酒钱 pu$^{213-24}$ʒẽ^{31}tʃə^{31}xu^{53}tsiou$^{55-213}$tsʻiã· 比喻不买账、不认可：有人说我光说不办，我～

白糖 pei^{53}tʻɑŋ^{53} 白色食用糖

红糖 xuŋ^{53}tʻɑŋ^{53} 赤红色食用糖

冰糖 piŋ^{213}tʻɑŋ^{53} 结晶为块状的食用糖

绵糖 miã^{31}tʻɑŋ^{53} 结晶颗粒很小的食用糖

砂糖 ʃɑ^{213}tʻɑŋ^{53} 结晶颗粒较大的食用糖

糖疙瘩 tʻɑŋ^{53}kə$^{213-31}$tɑ· 糖块儿

糖沾儿 tʻɑŋ^{53}tʃɛr^{31} 糖葫芦

大雁屎 tɑ^{31}iã^{31}ʃʅ^{55} 糕点名，因其形状像大雁的粪便而得名

猫屎橛子 mɔ^{53}ʃʅ^{55}tɕyə$^{53-55}$tsʅ· 糕点名，因其形状像猫的粪便而得名

到口酥 tɔ^{31}kʻou^{55}su^{213} 糕点名，小圆饼状，以酥脆著称

桃酥 tʻɔ^{53}su^{213} 糕点名，甜而酥脆的糕点

点心馃子 tiã$^{55-213}$siẽ· kuə$^{55-213}$tsʅ· 糕点的统称

馃子 kuə$^{55-213}$tsʅ·

三刀子 sã$^{213-24}$tɔ$^{213-31}$tsʅ· 一种较厚的片状糕点，因其上印有三个刀印而得名

麻花子 mɑ^{53}xuɑ$^{213-31}$tsʅ· 一种形似绳状的油炸食品

麻花儿 mɑ^{53}xuɑr^{213}

羊角蜜 iɑŋ^{53}tɕiɑ$^{213-24}$mi^{213} “角”音同“甲” 一种形状像羊角的糕点

角蜜 tɕyə$^{213-24}$mi^{213} “角”音同“决”

柿饼 ʃʅ^{31}piŋ^{55} 柿子熟后削皮加工成饼状的一种类似果脯的副食品

茶 tʃʻɑ^{53} ①白开水：给割麦的送～来了 ②茶水：叶子～｜红糖～ ③茶叶

茶叶 tʃʻɑ^{53} ①专制茶叶 ②在春季或端午节采摘的竹叶、石榴叶、枣叶等，经人工炒熥而成，以代替专制茶叶

白耗 pei^{53}xɔ^{53} 白开水

5. 饮食习惯及其他

点心点心 tiã$^{55-213}$siẽ· tiã$^{55-213}$siẽ· ①先少吃些东西 ②民间宴席上让客人吃东西的客套话：来，时候不早了，咱先～

垫垫肚子 tiã$^{31-53}$tiã· tu$^{31-53}$tsʅ· 正餐前先少吃点东西：打酒的还没来，我们先吃点～

含 xẽ^{53} 音同“痕” ①用嘴含着：～在嘴里怕化了 ②叼：那只虫子叫鸡～去了丨骨头叫狗～去了

吞 tuẽ^{55} 音同“盹” 狼吞虎咽地吃，且吃得很多：他光知道～饭不想干活丨他一顿～了十几个馒头

唵 ɣã^{55} 音同“俺” 把颗粒状或粉状物直接捂到嘴里吃：他～了一大把爆米花

捣 tɔ^{55} ①贬指吃东西：你～饱了吧？丨你不能干活，还怪能～饭 ②用拳头、器物等捅：一连～了他几锤

噎 iə^{213} 音同“叶” ①因为吃得快或食物太干吞到喉咙时却不容易下咽：他叫干馒头～住了 ②故意用别扭话气人：他说话真～人

卡 tɕʻiɑ^{55} 异物在喉咙里难以咽下或吐出：可别叫鱼刺～着小孩

吐 tu^{31} 音同“度” 吐：你看这孩子吃的东西都～出来了

漾 iɑŋ^{53} ①溢吐：这孩子可能是病了，光～奶。②溢出：缸里的水～出来了

沐喽 mu$^{213-31}$lou· 只含化不咀嚼：糖块要～着，不能一下咽下去

呜喽 u$^{213-31}$lou· 因牙齿不好，吃东西嚼不碎而慢慢软化咽下：老奶奶吃东西都是慢慢～着吃

嘘喽 ɕy$^{213-31}$lou· 小口慢慢地喝：你～着喝点热汤，暖暖身子

日馕 ʒʅ$^{213-31}$nɑŋ· ①大口吃且吃得很多：你还～够了吧？②窝囊：那男人就是个～ ③愚笨：那人是个～，光知道吃，不能干点人事

牙沓 iɑ$^{53-55}$tsʻi· “沓”音同“七” ①咀嚼很慢、似吃非吃的样子：你吃饱了就不吃，～什么的？②用很鄙视的语气重复别人的话

就着 tsiou$^{31-53}$tʃə· ①主食或酒与菜肴搭配着吃 ②顺便

就菜　tsiou^{31}tsʻɛ^{31}　菜与主食搭配着吃

就糊豆喝　tsiou^{31}xu$^{53-55}$tou˙ xə^{213}　①边喝稀饭边吃菜等 ②一些很苦的药等难以下咽，用稀饭带下

就糊豆喝了　tsiou^{31}xu$^{53-55}$tou˙ xə$^{213-31}$lɑ˙　①菜肴等随稀饭喝下去了 ②比喻事情彻底忘却了：给你说过几次了，你都～

刁巧　tiɔ^{213}tɕʻiɔ^{55}　①蹊跷少见的昂贵食品或奇怪食品：她就想吃～ ②刁钻，投机取巧：那人净弄些～的事

零嘴　liŋ^{53}tsuei^{55}　零食：那么大人了，还肯吃～

空口儿吃　kʻuŋ^{213}kʻour^{55}tʃʻʅ^{213}　不吃饭只吃菜或只吃饭不吃菜

空手儿吃　kʻuŋ^{213}ʃour^{55}tʃʻʅ^{213}　①吃饭时手里不拿筷子等任何辅助餐具 ②没带任何礼品就到亲朋好友家吃饭

两双半　liɑŋ^{55}fɑŋ$^{213-24}$pã^{31}　吃饭时直接用手抓，五个手指相当于两双半筷子，故名

下两双半　ɕiɑ^{31}liɑŋ^{55}fɑŋ$^{213-24}$pã^{31}　用手抓饭菜吃

不攒粪的　pu^{213}tsã^{55}fẽ$^{31-53}$ti˙　①指主食外的蹊跷零食 ②骂人话，隐指放屁：你净说些～

剩头子　ʃəŋ^{31}tʻou$^{53-55}$tsɿ˙　①吃剩的饭菜 ②贬指无人问津的大龄未婚男女

碗底子　uã^{55}ti$^{55-213}$tsɿ˙　碗里没有吃完或剩下的少量饭菜

　碗根子　uã^{55}kẽ$^{213-31}$tsɿ˙

碗头儿　uã^{55}tʻour^{53}　碗里饭菜的多少：这桌菜～很大

尝鲜　tʃʻɑŋ^{53}siã^{213}　①先于他人享用：这么好的菜叫他～了 ②吃到应时的食品：开春的韭菜要～ ③第一次吃到某种食品

吃不服　tʃʻʅ$^{213-31}$pu˙ fu^{53}　吃不习惯：南方的菜北方人～

吃不着　tʃʻʅ$^{213-31}$pu˙ pfə^{53}　①吃不到 ②量太少不值得一吃：这么多人，那点菜饭～ ③少或小没法吃：这小鸡太小～ ④没有资格吃：俺家的饭你还～吗？

吃泛了　tʃʻʅ$^{213-31}$fã˙ lɑ˙　食物量少，吃得快，消耗得多：他家的人多，怪～东西

吃不泛　tʃʻʅ$^{213-31}$pu˙ fã^{31}　食物量多，消耗得少，吃不完：他家的东西～

吃不动 tʃʻʅ$^{213-31}$pu˙ tuŋ^{31}

吃不败 tʃʻʅ$^{213-31}$pu˙ pɛ^{31}

吃不中 tʃʻʅ$^{213-31}$pu˙ pfəŋ^{213} 食物等不合胃口或习惯：这些菜你都～？

吃不上 tʃʻʅ$^{213-31}$pu˙ ʃaŋ^{31} ①没有饭吃 ②没有条件吃：猴头燕窝好吃，可一般人～啊

吃不下 tʃʻʅ$^{213-31}$pu˙ ɕia^{31} ①因忧愁等不能吃饭：他愁得～饭 ②人多地方小，无法吃饭：这点地方～ ③饭局过多难以应酬

吃不了 tʃʻʅ$^{213-31}$pu˙ liɔ^{55} ①食物多吃不完 ②承担不了责任：你这样蛮干，早晚～兜着走

吃软饭 tʃʻʅ^{213} vã^{55}fã^{31} ①喜欢吃软的东西 ②隐语，意为卖淫为生

吃干饭 tʃʻʅ$^{213-24}$kã$^{213-24}$fã^{31} ①喜欢吃含水分少的食品 ②不出力白吃饭

吃上紧 tʃʻʅ$^{213-31}$ʃaŋ˙ tɕiẽ^{55} 想吃，好吃，时常想着吃：那人干活不积极，就～

仁样吃 ʒẽ$^{53-55}$iaŋ˙ tʃʻʅ^{213} 吃饭菜时很讲究礼节

孬种吃 nɔ^{213}pfəŋ^{55}tʃʻʅ^{213} 过分贪吃且吃相不雅

吃赔的 tʃʻʅ^{213}tsʻiŋ$^{53-55}$ti˙ "赔"音同"情" ①坐享别人做好的饭菜 ②比喻不付出，只享受别人的劳动成果

吃独食 tʃʻʅ^{213}tu^{53}ʃʅ^{53} ①有东西自己独吃：现在的小孩子都～，以后会养成不顾他人的习惯 ②独占利益，不与别人分享

吃死食 tʃʻʅ^{213}sʅ^{55}ʃʅ^{53} ①吃已死去的鱼、虾、虫等 ②比喻依靠较少的固定收入或原先的财产生活而不去另求别的生活门路

吃活食 tʃʻʅ^{213}xə^{53}ʃʅ^{53} ①吃有生命的食物：燕子只～ ②比喻人机灵精明，用较少的劳动或技能就能获取利益

吃相食 tʃʻʅ$^{213-24}$siaŋ^{31}ʃʅ^{53} ①不劳而获，坐享其成 ②靠投机取巧等手段获得利益

享不了 ɕiaŋ^{53}pu˙ liɔ^{55} 没有享用的胃口和能力：肥肉俺～

能享 nəŋ^{53}ɕiaŋ^{53} ①有可以享用过于油腻或香甜食物的胃口：这肉这么肥，你真～ ②享用能力强：那人真～，苦甜酸辣都能吃 ③极富忍耐力：那人真～，无

论怎么骂他，他始终不吭一声

扯勺子喝 tʃʻə^{213}fə$^{53-55}$tsɿ˙ xə^{213} 直接用勺子舀着喝：～喝水

扯碗喝 tʃʻə^{213}uã^{55}xə^{213} ①用碗舀着喝 ②不用任何辅助工具（如筷子等），盛到碗里直接喝

扯盆喝 tʃʻə^{213}pʻẽ^{53}xə^{213} 不用任何辅助工具，用手端着盆喝

舔盘子 tʻiã^{55}pʻã$^{53-55}$tsɿ˙ 菜少又好吃，吃完后连盘子上粘的汤水也用舌头舔干净，是节约的行为，也是不雅行为：那人真馋，吃完了还～

憨吃楞喝 xã$^{213-24}$tʃʻʅ$^{213-24}$ləŋ^{31}xə^{213} 没有顾忌地大吃大喝

享五毒 ɕiɑŋ^{53}u^{55}tu^{53} ①形容肠胃好，别人不能吃的东西或有毒的东西他都能吃 ②有能力应付各种人和事

肉多了嫌肥 ʒou^{31}tuə$^{213-31}$lɑ˙ ɕiã^{53}fei^{53} ①因富足而过分挑剔：你一会说这个不好吃，一会说那个不好吃，我看你是～ ②比喻好事多了反而不喜欢

洋盼 iɑŋ$^{53-55}$pʻã˙ 因富足而过分挑剔：你真是吃～了，肉包子还嫌弃 ②形容对一般事情不屑一顾

　洋番 iɑŋ$^{53-55}$fã˙

　洋尝 iɑŋ$^{53-55}$tʃʻɑŋ˙

口味儿 kʻou$^{55-213}$uer˙ ①食品的味道：吃菜讲究个～ ②个人对味道的爱好：他的～重 ③意愿：这事不合他的～

滋味儿 tsɿ$^{213-31}$uer˙ ①味道：他炒的菜很有～ ②比喻某种心理感受：他心里觉得很不是～

变味儿 piã^{31}uer^{31} ①食物等变质产生异味：这盘子菜～了 ②事物、立场、意念、性质等发生了改变：一听他说话就知道～了

串味儿 pfʻã^{31}uer^{31} 食品等同其他有异味的东西靠得很近而染上了异味：冰箱里的东西容易～

走味儿 tsou^{55}uer^{31} 失去原来的味道（多指食物、酒、茶味等）

　跑味儿 pʻɔ^{55}uer^{31}

过火儿 kuə^{213}xuər^{55} ①蒸或煮的食品超过了时间和火候：肉煮～不香 ②过

分，超过了限度等：你这玩笑开～了 ③超越了目的地：去那里咱走～了

不过火儿 pu$^{213-24}$kuə^{213}xuər^{55} ①指蒸或煮的食品没达到火候，不太熟：这馍馍有点～ ②不过分

馋人 tʃ'ã^{53}ʒẽ^{53} ①食物诱人 ②使人羡慕

馋嘴 tʃ'ã^{53}tsuei^{5} 很想吃可口的食物

饿过时儿 uə^{31}kuə^{213}ʃer^{53} 饿到一定程度，反倒没有饿感了

干嘴干沫儿的 kã^{213}tsuei^{55}kã$^{213-24}$mər$^{213-31}$tï 没吃也没喝任何东西：走了趟亲戚～回来了

恶生 ɣə$^{213-31}$ʃəŋ˙ ①意近“夹生”，蒸煮或烧制食品时没有一气做熟，一般无法再变熟：地瓜叫你煮～了。②事情办到中间遇阻而办不下去了：那事办～了

滚热 kuẽ^{55}ʒə^{213} 很热：～的开水，小心别烫着

蹊跷 tɕ'i$^{213-31}$tɕ'iɔ˙ 音同“期巧” ①少而奇怪：你吃得真～ ②十分巧合：真～，在这里遇到你啦

伤食 ʃaŋ^{213}ʃʅ^{53} 食用过量或不当造成消化不良

突 t'u^{213} 烫：水太热，别～着孩子

突嘴 t'u^{213}tsuei^{55} ①烫嘴：刚出锅的馒头～ ②因故难以开口：你不孝敬老人，反倒说我，你不～啊？｜昨天刚说不准迟到，今天自己却来晚了，不嫌～

腥手 siŋ^{213}ʃou^{55} ①手上沾了鱼肉等的腥味 ②小事不值得插手去办：那点小生意不值得～

腥嘴 siŋ^{213}tsuei^{55} ①吃了有腥味的东西口里有腥味 ②食品太少不值得动口：那一点肉不值得～

撑碗儿 tʃ'əŋ^{213}uɛr^{55} ①指碗里的饭菜量少却显得很满：油炸的干菜～ ②用较差的菜垫在好菜品下面以显得数量多：以前生活困难，有客人来炒点菜，好菜下面得垫上萝卜片，～啊

翘边儿 tɕ'iɔ^{31}piɛr^{213} ①烙煎饼时，煎饼边缘脱离鏊子而翘起 ②开窍：说了好几遍，他总算～了 ③事情有门路了：这事总算～

撑吃 tʃ'əŋ$^{213-24}$tʃ'ʅ^{213} 指粮食或其他食品很长时间吃不尽：今年只打了这么

一点麦子不～

压饿 iɑ$^{213-24}$uə / ɣə^{31} 某些食物能使饱的感觉延长：喝稀饭不～

压渴 iɑ$^{213-24}$kʻə^{213} ①能消除渴的感觉：喝生水不～ ②得到的超出了所急需的量：一万两万的对他来说不～

牙碜 iɑ$^{53-55}$tʃʻẽ "碜"音同"沉" ①食物里有沙子等，吃到嘴里咯牙：这稀饭～，没淘干净沙子 ②言行举止不雅，使人看了不舒服：听到他说话我就～

噎人 iə^{213}ʒẽ^{53} ①食物因干燥等不容易吞咽：豆腐渣～ ②说话顶撞人或使人受窘没法接着说下去：他那话太～了

呛人 tsʻiɑŋ^{213}ʒẽ^{53} ①不好的异味刺激鼻腔或喉咙：煤烟太～ ②水进入鼻腔 ③说话顶撞人或使人受窘没法接着说下去：他有时候说话很～

走水 tsou$^{55-53}$fei^{55} ①煮水饺时，因水饺破裂里面进了水甚至馅料漏出：这锅饺子～的不少 ②趟水、泅水

瞎空儿 ɕiɑ$^{213-24}$kʻũr^{213} 稀饭等过于稀薄：这粥～

溜空儿 liou$^{213-24}$kʻũr^{213}

挂碗儿 kuɑ^{31}uɛr^{55} 汤饭较稠，能粘到碗壁上：这粥～，多喝一点

开 kʻɛ^{213} ①沸腾：水～了 ②打开：～门 ③举行：～会 ④起始：～始 ⑤驾驶：～车 ⑥革除：～除 ⑦写：～药方 ⑧分配：三七～ ⑨打通、疏通：～路 ⑩想通：他终于想～了

淤 y^{213} ①急剧沸腾溢出：别再烧火了，要～锅了 ②泥土积淀：～泥

十二 房舍、建筑

1. 房舍

老宅子 lɔ^{55}tʃei$^{53-55}$tsɿ˙ 居住多年或祖宗留下的住宅

宅基地 tʃei^{53}tɕi$^{213-24}$ti^{31} 建造住宅的地块

宅子 tʃei$^{53-55}$tsɿ˙ 泛指家院、房舍、住宅等

楼 lou^{53} 楼房的统称

炮楼 pʻɔ^{31}lou^{53} ①旧社会用于看家护院的岗楼 ②碉堡

洋楼 iaŋ^{53}lou^{53} 西式别墅

屋 u^{213} 泛指房屋

瓦屋 ua^{55}u^{213} 用瓦覆盖房顶的房屋

草屋 ts‘ɔ^{55}u^{213} 用小麦秸秆或黄草等覆盖房顶的房子

　草房 ts‘ɔ^{55}faŋ^{53}

平房 p‘iŋ^{53}faŋ^{53} ①单层平顶的房子 ②单层房屋

四不露毛儿 sɿ^{31}pu$^{213-24}$lou^{31}mɔr^{53} 房顶四周边缘部分用瓦覆盖（旧时用石板），中间部分用茅草或麦草覆盖的房屋，四边不露茅草，故名

堂屋 t‘aŋ^{53}u^{213} 房门朝南的主房

　正堂屋 tʃəŋ^{31}t‘aŋ^{53}u^{213}

　主屋 pfu^{55}u^{213}

偏房 p‘iã^{213}faŋ^{53} ①东西配房 ②妾

搭耳 ta^{213}ɭə^{55} 主房两端较矮的附房

锅屋 kuə$^{213-24}$u^{213} ①作为厨房的配房 ②厨房

过道屋 kuə$^{31-53}$taŋ˙u^{213} “道”音同“当” 用作院门通道的配房

　过道 kuə^{31}tɔ^{31}

　过当 kuə$^{31-53}$taŋ˙

场院屋 tʃ‘aŋ^{53}yã^{31}u^{213} 看管场院的简易小屋

瓜屋子 kua$^{213-24}$u$^{213-31}$tsɿ˙ 野外用来看管瓜果的简易小屋

敞棚 tʃ‘aŋ^{55}p‘əŋ^{53} ①三面有墙、一面敞开的有顶建筑物 ②四面都用立柱支撑的棚子

地屋子 ti^{31}u$^{213-31}$tsɿ˙ 在地下挖的长方形坑穴（大小视需要而定），上面用木棒支撑，以高粱秸秆、茅草等覆盖房顶，用于冬季避寒或储放瓜菜等的“屋”

门窗户对 mẽ^{53}pf‘aŋ^{213}xu^{31}tuei^{31} 泛指门和窗：盖了三间三层楼，光安～就得好几万

门 mẽ^{53} ①门板 ②建筑物的进出口

大门 ta^{31}mẽ^{53} ①院门 ②规格较大的门

双扇门 faŋ$^{213-24}$ʃã^{31}mẽ^{53} 有两块门板的门

单扇门 tã$^{213-24}$ʃã^{31}mẽ^{53} 只有一块门板的门

笆门子 pɑ$^{213-31}$mẽ· tsɿ· 一种简易半截门，安放在门板外面，上半截可通风透光，下半截用以遮挡风雨、家禽等

卜嘞门子 pu$^{213-31}$lɑ· mẽ$^{53-55}$tsɿ·

门鼻子 mẽ^{53}pi$^{53-55}$tsɿ· 门板上的铁环

门连挂子 mẽ$^{53-55}$liã· kuɑ$^{31-53}$tsɿ· 门板上用以关门或锁门的扣链

门垛子 mẽ^{53}tuə$^{55-213}$tsɿ· 院门两边用以镶嵌门框的墙

门腿 mẽ^{53}t‘ei^{55} 中式门门板下端的转轴

门枕石 mẽ^{53}tʃẽ^{55}ʃʅ^{53} 中式门门腿下边的方形石块

门挨窝儿 mẽ^{53}iɛ$^{53-55}$uər· 中式门下面的石块上支撑门板下端转轴的凹坑

门纂 mẽ^{53}tsuã^{55} 中式门的门楣两边圈住门板上端门轴的半圆状物，有木制或铁制两种

门楼子 mẽ^{53}lou$^{53-55}$tsɿ· ①院门上方遮蔽太阳、风雨的建筑物 ②门楼

门槛子 mẽ^{53}tɕ‘iã$^{31-53}$tsɿ· “槛”音同“欠” 门槛

门闩子 mẽ^{53}fã$^{213-31}$tsɿ· 门闩

门头 mẽ^{53}t‘ou^{53} ①门楣 ②沿街商店门市的统称：租间～做生意

腰栓 iɔ$^{213-24}$fã^{213} ①门窗等中间的栓 ②宴席习俗之一，即开宴前或宴席中，摆上几小盘糕点等让客人吃，也叫“打腰栓、腰饭”

走扇 tsou^{55}ʃã^{31} 门扇或窗扇由于安装不适等原因而自动开闭

堂屋门 t‘ɑŋ^{53}u^{213}mẽ^{53} 正房的房门

屋当门儿 u$^{213-24}$tɑŋ^{213}mer^{53} 房屋里面的地面

当门儿 tɑŋ^{213}mer^{53}

屋当央 u$^{213-24}$tɑŋ^{213}iɑŋ^{53} 房屋地面中间

分间 fẽ$^{213-24}$tɕiã^{213} 以“梁”为界线把房屋视为若干间

明间 miŋ$^{53-55}$tɕiã· 房屋正门朝外的房间

外间 uɛ$^{31-53}$tɕiã·

暗间儿 ɣã$^{31-53}$tɕiɛr· 与“明间”相邻、有内门相通的房间

　里间 li$^{55-213}$tɕiã·

　套间 tʻɔ^{31}tɕiã^{213}

　里屋 li^{55}u^{213}

窗户 pfʻɑŋ$^{213-31}$xu· 窗子

窗户棂子 pfʻɑŋ$^{213-31}$xu· liŋ$^{53-55}$tsʅ· ①中式窗子的木格子 ②窗子的统称

顶棚 tiŋ^{55}pʻəŋ^{53} ①天花板 ②车棚等的盖顶

屋芭 u$^{213-24}$pɑ^{213} ①用高粱秸或芦苇等扎制，用于覆盖房顶的近似于椽子的材料 ②屋内看到的屋顶：躺在床上两眼看着～

屋脊 u$^{213-24}$tsi^{213} ①中式房屋顶部高出的部分 ②比喻最高的部分：青藏高原是世界～

屋檐 u^{213}iã^{53} 房顶向前后斜伸的边沿部分

风火檐 fəŋ^{31}xuɑŋ^{53}iã^{53} “风火”音同“凤凰” 为防风、防火、美观等，房屋四周用石条或砖头砌成前伸的边缘

抱柱 pɔ^{31}pfu^{31} 支撑房梁或走廊顶部的柱子，过去为木石结构，现在多为砼体结构

出厦儿 pfʻu$^{213-24}$ʃɑr^{31} 走廊

屋山头 u$^{213-24}$ʃã^{213}tʻou^{53} ①房屋两端的墙 ②中式房屋两端的墙体上半部呈三角形的部分

山尖子 ʃã$^{213-24}$tsiã$^{213-31}$tsʅ· 中式房屋两端墙体上部呈三角形的部分

　屋山尖子 u$^{213-24}$ʃã$^{213-24}$tsiã$^{213-31}$tsʅ·

　山 ʃã^{213}

　山头 ʃã^{213}tʻou^{53}

雀室眼 tsʻuə$^{213-31}$ʃʅ· iã^{55} 房墙上留的小方孔，建房时搭“脚手架子”用，房屋建好后作为通风之用，麻雀等经常在此搭窝育雏，故名

　雀屋眼 tsʻuə$^{213-31}$u· iã^{55}

　雀眼 tsʻuə^{213} iã^{55}

障子 tʃɑŋ$^{31-53}$tsɿ˙ ①农村在室内房梁下用高粱秸、芦苇等立起的屏障：隔着～，什么动静都能听着 ②篱笆，即田边地头用芦苇、高粱秸等编成或利用成行的灌木丛做成的屏障：插上～，鸡狗就不会进来糟蹋了

梁 liɑŋ^{53} 房屋上一种水平放置起主要支撑作用的承重构件：屋～

叉首 ʧʻɑ$^{213-31}$ʃou˙ 两根斜撑在“梁”两端之上，其上端相交，用以支撑檩子的构件

过梁 kuə^{31}liɑŋ^{53} 门、窗上方水平放置的承重构件，过去一般为木石结构，现在多为砼体结构

过木 kuə$^{31-53}$mu˙ 门窗上方水平放置的承重构件，一般为木制

檐头 iã^{53}tʻou^{53} 房屋前后墙壁的高度：这屋有三米高的～

脊棒 tsi$^{213-24}$pɑŋ^{31} 脊檩

几檩檀儿 tɕi$^{55-53}$luẽ^{55}tʻɛr^{53} 中式房屋屋脊一侧有几行檩棒：俺的屋窄，你看才～？

把子 pɑ$^{55-213}$tsɿ˙ 用高粱秸、芦苇等捆扎成的房料，功能似椽子

墙角子 tsʻiɑŋ^{53}tɕyə$^{213-31}$tsɿ˙ “角”音同“决” 墙角

墙角儿 tsʻiɑŋ^{53}tɕiɑr^{213} “角”音同“甲”

屋爪 u^{213}tʃɔ^{55} “爪”音同“找” 屋墙外角顶部与屋顶的三线相交处

影壁墙 iŋ$^{213-24}$pei^{213}tsʻiɑŋ^{53} “影壁”音同“鹰北” 大门内作为屏障的墙壁

墙豁子 tsʻiɑŋ^{53}xuə$^{213-31}$tsɿ˙ 墙丫口

墙窟窿眼子 tsʻiɑŋ^{53}kʻu$^{213-31}$luŋ˙ iã$^{55-213}$tsɿ˙ 墙壁上的孔洞

当天井 tɑŋ$^{213-24}$tʻiã$^{213-31}$tsiŋ˙ ①院子里的地面 ②院落

当院子 tɑŋ$^{213-24}$yã$^{31-53}$tsɿ˙

2. 设施

马棚 mɑ^{55}pʻəŋ^{53} 养马的棚子

牛棚 ȵiou^{53}pʻəŋ^{53} 养牛的棚子

猪圈 pfu^{213}tɕyã^{31} 猪舍

羊圈 iɑŋ^{53}tɕyã^{31} 羊舍

鸡窝 tɕi$^{213-24}$uə^{213} ①鸡舍 ②供鸡下蛋的地方

狗窝 kou^{55}uə^{213} 狗睡觉的窝棚

锅框子 kuə^{213}k‘uɑŋ$^{31-53}$tsʅ˙ 灶台

阳及口 iɑŋ$^{53-55}$tɕi˙k‘ou^{55} 院墙底部的排水口

　阳门口 iɑŋ$^{53-55}$mei˙k‘ou^{55}

阳沟 iɑŋ$^{53-55}$kou˙ 庭院里的排水沟

　地阳沟 ti^{31}iɑŋ$^{53-55}$kou˙

夹道子 tɕiɑ$^{213-24}$tɔ$^{31-53}$tsʅ˙ ①窄巷道 ②房屋与房屋间的狭小空隙

磨道 mə^{31}tɔ^{31} 磨周围的走道

柴火垛 tʃ‘ɛ$^{53-55}$xu˙tuə^{31} “火”音同“户” 柴堆

粪汪 fẽ^{31}uɑŋ^{213} ①粪池 ②比喻满嘴脏话：那人的嘴跟～样

茅子 mɔ$^{53-55}$tsʅ˙ 厕所的统称

茅坑 mɔ^{53}k‘əŋ^{213} 便池

粪茅子 fẽ^{31}mɔ$^{53-55}$tsʅ˙ 粪池与厕所合并的地方

石台子 ʃʅ^{53}t‘ɛ$^{53-55}$tsʅ˙ 两端支起用以放东西的石条

3. 建筑

（1）施工

打墙盖屋 tɑ^{55}ts‘iɑŋ^{53}kɛ^{31}u^{213} 泛指建房等建筑：农村最愁人的是～

盖屋 kɛ^{31}u^{213} ①建房子 ②覆盖房顶

起屋 tɕ‘i^{55}u^{213} ①建房 ②旧房翻建

翻盖 fã$^{213-24}$kɛ^{31} 旧房翻新

翻新 fã$^{213-24}$siẽ^{213} 重造或重做：～羽绒服

出地基 pf‘u$^{213-24}$ti^{31}tɕi^{213} 在地面以下挖沟槽用作垒砌建筑物的地下部分

铺地基 p‘u$^{213-24}$ti^{31}tɕi^{213} 铺设房基

打践角 tɑ^{55}tsiã$^{55-213}$tɕyə˙ “角”音同“决” 垒砌房基

搭脚手 tɑ$^{213-24}$tɕyə$^{213-31}$ʃou˙ “脚”音同“决” 为便于建筑工人施工，用木棒、钢管等搭设攀登架和平台：找几个人先去～

踩墙 tʃʻɛ^{55}tsʻiaŋ^{53} 用泥土筑墙

泥墙 mi^{53}tsʻiaŋ^{53} “泥”音同“迷” 用稀泥、石灰、水泥等抹墙面

刷墙 fa^{213}tsʻiaŋ^{53} ①涂刷墙壁 ②用工具剷平墙面

糊墙 xu^{53}tsʻiaŋ^{53} ①用纸等裱墙 ②用泥巴、灰浆等抹墙体

拉院墙 la$^{213-24}$yã^{31}tsʻiaŋ^{53} 垒砌院墙

找平口 tʃɔ^{55}pʻiŋ^{53}kʻou^{55} 建筑用语，把墙体的高度砌得一致

　找平茬 tʃɔ^{55}pʻiŋ^{53}ʧʻa^{53}

发券 fa$^{213-24}$tɕʻyã^{31} “券”音同“劝” 垒砌拱形

干碴婁 kã^{213}tʃʻa^{53}lou^{55} 不用任何粘黏物，纯用石块垒砌

勾缝 kou$^{213-24}$fəŋ^{31} 用灰浆粘抹砖石建筑物的缝隙

叉梁 tʃʻa^{31}liaŋ^{53} 木工制作房梁的过程

上屋 ʃaŋ^{31}u^{213} 建房时苫盖房顶

上梁 ʃaŋ^{31}liaŋ^{53} 安装房梁

滚棒 kuẽ^{55}paŋ^{31} 安装并水平调整房梁上的檩棒

拉芭 la$^{213-24}$pa^{213} 把起“椽子”作用的“把子”平铺在檩棒上并糊上泥巴

泛草 fã^{31}tsʻɔ^{55} 梳理苫盖房顶用的草

苫草 ʃã^{31}tsʻɔ^{55} 把草等覆盖在房顶上面

苫瓦 ʃã^{31}ua^{55} 把瓷瓦覆盖在房顶上面

洇泥 iẽ^{213}mi^{53} “泥”音同“迷” 将堆放的泥土加水渗透

和泥 xə^{53}mi^{53} 泥土加水搅拌使之成为泥巴

和稀泥 xə^{53}ɕi^{213}mi^{53} ①把泥巴和得很稀 ②无原则地迁就、调和 ③挑拨离散

搰泥 xu^{213}mi^{53} “搰泥”音同“呼迷” ①快速向墙上抛泥巴 ②把从沟塘里挖取的泥巴抛向岸边

压屋脊 ia$^{213-24}$u$^{213-24}$tsi^{213} 盖房脊时，用泥巴或专用瓦片把屋脊上的草或瓦压住：光着腚～——对不住四邻（歇后语）

做顺头 tsou^{31}fẽ^{31}tʻou^{53} “做顺”音同“揍奋” 在屋脊两端垒设固定瓦片或苫草的坎棱的工序

结工 tɕiə$^{213-24}$kuŋ^{213} 竣工：老张家的房子～了

刮泥子 kuɑ^{55}ȵi$^{31-53}$tsɿ˙ “泥”音同“腻” 油漆木器、墙壁等时为使表面平整而涂抹泥状物

刮底子 kuɑ^{55}ti$^{31-53}$tsɿ˙ “底”音同“地”

帮里子 pɑŋ^{213}li$^{55-213}$tsɿ˙ ①帮衬墙体内侧 ②帮衬衣服、鞋面等内侧

缀墙头 pfei^{31}tsʻiɑŋ^{53}tʻou^{53} 给墙顶加上覆盖物

拱石灰 kuŋ^{55}ʃʅ^{53}xuei^{213} 给生石灰加水使之膨化

过石灰 kuə^{31}ʃʅ^{53}xuei^{213} 把膨化好的石灰加水过滤以除去渣滓

搭山 tɑ$^{213-24}$ʃã^{213} ①两家建房合用一堵屋山墙 ②邻里、邻居：屋～地连边，抬头不见低头见（俗语）

吊线 tiɔ^{31}siã^{31} ①木工或石工用线测量垂直度或水平度的方法：斜眼木匠歪～（俗语） ②瞄准、寻找方向

上土 ʃɑŋ^{31}tʻu^{55} ①装土；培土；盖土 ②给坟茔添土

上锨 ʃɑŋ^{31}ɕiã^{213} 用铁锨向车、筐等里面装东西

支锅 tʃʅ$^{213-24}$kuə^{213} 垒砌锅灶：各支门，另～

支炉子 tʃʅ^{213}lu$^{53-55}$tsɿ˙ 垒砌炉灶

翻工 fã$^{213-24}$kuŋ^{213} 返工，因功效、质量等达不到标准或不合要求，而重新加工或制作

（2）材料

角子石 tɕyə$^{213-31}$tsɿ˙ʃʅ^{53} “角”音同“决” 专用以垒砌墙角的较方正的石料

石灰 ʃʅ^{53}xuei^{213} 用石灰石烧制的，可做建筑材料的东西，俗称“白灰”

洋灰 iɑŋ^{53}xuei^{213} 水泥

洋灰板 iɑŋ^{53}xuei^{213}pã^{55} 水泥预制板

洋灰棒 iɑŋ^{53}xuei$^{213-24}$pɑŋ^{31} 水泥预制棒

洋灰池子 iɑŋ^{53}xuei^{213}tʃʻʅ$^{53-55}$tsɿ˙ 用水泥建造的池子

洋灰杆子 iɑŋ^{53}xuei$^{213-24}$kã$^{213-31}$tsɿ˙ 用水泥铸造的棒

錾道 tsã^{31}tɔ^{31} ①砌石上的錾印 ②錾印间的距离

楦石 çyã$^{31-53}$ʃʅ˙ “楦”音“玄（去声）” 砌墙时填充墙体空隙的碎石

勾石 kou$^{213-31}$ʃʅ˙ 与墙体同宽，砌墙时放在其中以起固定作用的石块

过石 kuə$^{31-53}$ʃʅ˙

过门石 kuə^{31}mẽ^{53}ʃʅ^{53} 门上方水平放置承重的长石条

挠子 nɔ$^{53-55}$tsɿ˙ 掺杂在灰浆或泥巴中的碎麻、草类等

秧季 iɑŋ$^{53-55}$tɕï˙ 掺进泥巴里的麦穰、麦糠等

十三 器具、用品

1. 一般家具、用品

家什 tɕiɑ$^{213-31}$ʃʅ˙ ①各种家具的统称 ②锣鼓等乐器的统称 ③锅碗瓢盆等生活用具的统称 ④镢、镰等生产用具的统称 ⑤刀、枪等武器的统称 ⑥隐指男女生殖器

家具 tɕiɑ$^{213-24}$tɕy^{31} 泛指橱、桌等家庭用具

柜 kuei^{31} 一种较大的木制衣箱，是过去女子出嫁时的主要嫁妆之一

柜架子 kuei^{31}tɕiɑ$^{31-53}$tsɿ˙ 支撑“柜”的木架

箱子 siɑŋ$^{213-31}$tsɿ˙ 一种木制衣箱，较“柜”小，一般配对，是过去女子出嫁时的主要嫁妆之一

箱架子 siɑŋ$^{213-24}$tɕiɑ$^{31-53}$tsɿ˙ 支撑“箱子”的木架

大衣橱 tɑ^{31}i^{213}pfʻu^{53} 较大的立式衣橱

大衣柜 tɑ^{31}i$^{213-24}$kuei^{31}

穿衣镜 pfʻã$^{213-24}$i$^{213-24}$tɕiŋ^{31} ①镶在大衣柜门上的大镜子 ②较大的镜子

方桌 fɑŋ$^{213-24}$pfə^{213} 桌面为方形（正方形或矩形）的桌子

圆桌 yã^{53}pfə^{213} 桌面为圆形（正圆或椭圆）的桌子

饭桌 fã^{31}pfə^{213} 餐桌

抽屉 tʃʻou$^{213-31}$tʃʻou˙ “屉”音同“抽” 桌子、柜子等家具中可以抽拉放东西的部分，多为匣形

抽屉桌子 tʃʻou$^{213-31}$tʃʻou / tʻou˙ pfə$^{213-31}$tsɿ˙ “屉”音同“抽 / 偷” 泛指带

有抽屉的桌子

三联桌 sã^{213}liã^{53}pfə^{213} 并排有三只抽屉的长桌

桌布 pfə$^{213-24}$pu^{31} 台布

高八仙 kɔ$^{213-24}$pɑ$^{213-24}$siã^{213} 一种方桌，桌面为正方形，边长约 80 厘米，腿高约 80 厘米，常置于正厅堂内待客、供奉等；节庆日可放在院子里以供祭祀等之用

地八仙 ti^{31}pɑ$^{213-24}$siã^{213} 一种方桌，用途同“高八仙”，只是桌面略小，桌腿也较矮

条几 t‘iɔ^{53}tɕi^{55} 一种较高的长条形桌案，多用于陈设、摆放供物、艺术品等

椅子 i$^{213-31}$tsɿ˙ 一种带靠背的坐具

躺椅 t‘ɑŋ$^{55-53}$i^{55} 可平放以供躺着的椅子

藤椅 t‘əŋ^{53}i^{55} 藤条编制的椅子

坐杌儿 tsuə$^{31-53}$ur˙ 泛指坐具

坐位儿 tsuə$^{31-53}$uer˙ ①泛指坐具 ②所坐的位置

凳子 təŋ$^{31-53}$tsɿ˙ ①一种长条木凳 ②板凳的统称

板凳 pɑ$^{55-213}$t‘əŋ˙“凳”音同“腾” ①一种木制小矮凳 ②板凳的统称

方凳 fɑŋ$^{213-24}$təŋ^{31} 凳面为方形的凳子

圆凳 yã^{53}t‘əŋ^{31} 凳面为圆形的凳子

坐床子 tsuə^{31}pf‘ɑŋ$^{53-55}$tsɿ˙ 旧时的一种坐具，四条腿，边框方形，中间用牛皮条或棕榈绳穿成花格，或镶有木板。此为一种特殊坐具，一是只用于民间，二是只有女子出嫁时陪送，三是一般成对

马杌子 mɑ^{55}u$^{213-31}$tsɿ˙ 一种中间用皮条、棕榈绳穿成花格的较大的方凳，县域内有的地方与“坐床子”等看

马扎子 mɑ^{55}tʃɑ$^{213-31}$tsɿ˙ 一种中间穿编皮条或绳子等、可以折叠的简易坐具

　马扎儿 mɑ^{55}tʃɑr^{213}

墩子 tuẽ$^{213-31}$tsɿ˙ 一种用树根或植物秸秆制作的矮圆柱形坐具

蒲团子 p‘u^{31}t‘uã$^{53-55}$tsɿ˙ 一种蒲草等编成的扁圆形坐具

樘儿 tʃʻəŋ^{31} “樘”音同“秤” 泛指家具上起连接、固定作用的各种木条：椅子～|床～

2. 炊事器具、用品

磨 mə^{31} ①一种用石头錾成的、用来粉碎粮食的传统用具，由上下两层圆形磨扇组成，下层固定，靠上层转动磨碎粮食等物

磨起子 mə^{31}tɕʻi$^{53-55}$tsɿ˙ “起”音同“奇” 上下两层磨扇

磨台 mə^{31}tʻɛ^{53} 磨盘，放置磨扇的石制圆台，周围有陡起的浅沿边

磨嘴子 mə^{31}tsuei$^{55-213}$tsɿ˙ “磨台”边缘一个像“嘴”的豁口，用以收取加工过的粮食等

磨把子 mə^{31}pɑ$^{55-213}$tsɿ˙ 上层磨扇侧面镶嵌的木柄

磨棍 mə^{31}kuẽ^{31} 用来推动上层磨扇旋转的木棍

磨脐 mə^{31}tsʻi^{53} 为了防止上层磨扇偏转，在下层磨扇正中央镶嵌的、套有铁圈的木制小圆柱，上层磨扇正中央凿一相应的圆坑，套在下层的圆柱上，这圆柱、圆坑合称为磨脐

磨膛 mə^{31}tʻɑŋ^{53} ①两层磨扇间的空隙 ②加工粮食后存留在两层磨扇之间的剩余物

磨眼 mə^{31}iã^{55} 上层磨扇有一个垂直的圆孔，通过它把待磨的粮食等送进磨膛

磨罩 mə^{31}tʃɔ^{31} 用竹子等编制的罩在磨上的器具

拐磨子 kuɛ^{55}mə$^{31-53}$tsɿ˙ 用手柄操动的小石磨

碾 ȵiã^{31} 石头錾成的粉碎粮食的传统用具，分槽碾子和圆盘碾

大碾 tɑ^{31}ȵiã^{31} 一种主要由圆盘和石磙组成的碾

槽碾子 tsʻɔ^{53}ȵiã$^{31-53}$tsɿ˙ 一种主要由石槽和石磙组成的碾

碾砣 ȵiã^{31}tʻuə^{53} 碾的石磙

碾台 ȵiã^{31}tʻɛ^{53} 圆盘碾放置石磙的石制大圆盘和槽碾的石槽

碾棍 ȵiã^{31}kuẽ^{31} ①槽碾上安在石磙中间孔里以控制其滚动的木棒 ②大碾上原来推动石磙的木棍

碾廓子 ȵiã^{31}kuə$^{213-31}$tsɿ˙ “廓”音同“锅” 圆盘碾上控制石磙的木框

碾杚 ȵiã^{31}tsʻi^{53} 碾廓子卡在石磙两端凹坑的木柄

打靛缸 tɑ^{55}tiã^{31}kɑŋ^{213} “靛”音同“电” 染坊里用来“打靛”的大陶缸，民间也用来储粮、盛水等

经钢腿 tɕiŋ$^{213-31}$kɑŋ˙ tʻei^{55} 一种高大的粗瓷缸

瓮缸 uŋ^{31}kɑŋ^{213} 一种口小肚大的瓷缸，有大、中、小型多种

隔 kei^{213} ①裂璺：瓷缸上有～ ②石头等上面像纹的东西

大盆 tɑ^{31}pʻẽ^{53} 较大的陶盆，常用来放煎饼等

煎饼盆 ȵiɑ$^{213-31}$ȵiŋ˙ pʻẽ^{53}

二盆 ɭə^{31}pʻẽ^{53} 中等的陶盆

三盆子 sã^{213}pʻẽ$^{53-55}$tsɿ˙ 较小的陶盆

芡盆 tɕʻiã^{31}pʻẽ^{53} “芡”音同“欠” 一种较浅的瓷缸，主要是制作粉条等时“打芡”之用

浆盆 tsiɑŋ^{31}pʻẽ^{53}

瓷盆子 tsʻi^{53}pʻẽ^{53}tsɿ˙ 瓷盆的统称

瓦哧盆 uɑ$^{55-213}$tʃʻʅ˙ pʻẽ^{53} 小陶盆

瓦碴盆 uɑ$^{55-213}$tʃʻɑ˙ pʻẽ^{53}

洋盆 iɑŋ^{53}pʻẽ^{53} ①铁制水盆、脸盆等 ②泛指搪瓷脸盆

锅 kuə^{213} 一种做饭等用的炊具，圆形中凹，多为铁制、铝制等

风箱 fəŋ$^{213-31}$ɕiã˙ “箱”音同“掀” 一种手动木制鼓风用具，形似长木箱，多用来给小型煤灶鼓风助燃

风箱锅 fəŋ$^{213-31}$ɕiã˙ kuə^{213} 以风箱吹风助燃的锅灶

地锅 ti^{31}kuə^{213} 支在地面上以烧柴草为主的锅灶：～鸡味道好

高灶锅 kɔ^{213}tsɔ^{31}kuə^{213} 灶膛大而高，分为上下两层，中间相通，上层烧火，下层自动通风助燃，并砌有烟囱的锅灶

八印锅 pɑ^{213}iẽ^{31}kuə^{213} “印”是衡量锅大小的量词，“八印锅”是较大的锅

五张子锅 u^{55}tʃɑŋ$^{213-31}$tsɿ˙ kuə^{213} “张子”是衡量锅大小的量词，“五张子

锅”是中等的锅

耳朵锅　ɭə$^{55-213}$tɔ˙ kuə^{213} “朵”音同“刀”　一种两边带有像耳朵一样的把手的小锅，一般用来做菜或人口较少的家庭使用

炒瓢　tʃʻɔ^{55}pʻiɔ^{53}　带把的炒锅

盖梃子　kɛ$^{31-53}$tʻiŋ˙ tsɿ˙　用高粱最上节秸秆穿制的一种圆形片状生活用具，大小不一，可用来盖器皿、晾晒、摆放食品等

拍子　pʻei$^{213-31}$tsɿ˙

抢锅铲子　tsʻiɑŋ^{55}kuə^{213}tʃʻã$^{213-31}$tsɿ˙　炒菜时用的小型铁铲

抢子　tsʻiɑŋ$^{55-213}$tsɿ˙　一种用来刮去物体表层粘着物的用具

旋子　suã$^{31-53}$tsɿ˙　一种用来剥离瓜果等外皮的旋转刀具

烟筒　iã^{213}tʻuŋ^{55}　烟囱

海碗　xɛ^{55}uã^{213}　很大很深的碗

瓷碗　tsʻɿ^{53}uã^{213}　瓷质的碗

白碗　pei^{53}uã^{213}　白色的瓷碗

黑碗　xei$^{213-24}$uã^{213}　黑色的瓷碗

花碗　xuɑ$^{213-24}$uã^{213}　有图案的瓷碗

粗碗　tsʻu$^{213-24}$uã^{213}　瓷质粗糙的碗

细碗　si^{31}uã^{213}　瓷质细腻的碗

饭碗　fã^{31}uã^{213}　①吃饭专用的瓷碗 ②职业、生计：不能打了～

茶碗　tʃʻɑ^{53}uã^{213}　喝茶专用的瓷碗，比饭碗小

洋碗　iɑŋ^{53}uã^{55}　①进口的碗 ②一种较大的瓷碗

茶杯　tʃʻɑ^{53}pei^{213}　①带把儿的瓷杯 ②玻璃杯

茶盘　tʃʻɑ^{53}pʻã^{53}　用来放置茶具的托盘

盘子　pʻã$^{53-55}$tsɿ˙　盛菜肴的用具，较碗浅，旧时多为圆形，现形状各异

碟子　tiə$^{53-55}$tsɿ˙　较小的盘子

大洋盘　tɑ^{31}iɑŋ^{53}pʻã^{53}　一种较大的瓷盘或铁盘：那桌菜真丰盛，上了十六个～

鱼匙 y^{53}tʃ‘ʅ^{53} 一种较大的椭圆等形状，专用来盛放整鱼等大菜的长盘子

醋浅子 ts‘u^{31}ts‘iã$^{55-213}$tsʅ˙ 一种小瓷碟

调羹 t‘iɔ^{53}kəŋ^{55} 小汤匙的统称

　汤匙子 t‘ɑŋ^{213}tʃ‘ʅ$^{53-55}$tsʅ˙

盆碴子 p‘ẽ^{53}tʃ‘ɑ$^{213-31}$tsʅ˙ ①盆的碎片 ②破损的盆

碗碴子 uã^{55}tʃ‘ɑ$^{213-31}$tsʅ˙“碴”音同“叉” ①碎的碗片 ②破损的碗

筷子 k‘uɛ$^{31-53}$tsʅ˙ 吃饭时用来夹菜的用具，成双使用，有竹制、木制、金银制、象牙制等

油篓 iou^{53}lou^{55} 过去用来盛油的一种条编刷漆容器

琉璃瓶子 liou$^{53-55}$lï p‘iŋ$^{53-55}$tsʅ˙ 琉璃质地的瓶子

　琉璃棒子 liou$^{53-55}$lï pɑŋ$^{31-53}$tsʅ˙

端子 tuã$^{213-31}$tsʅ˙ 一种上面带把儿的小圆柱状的器皿，用来舀出并以容积衡量油、酒等液体

撇子 p‘iə$^{55-213}$tsʅ˙ 一种用铁片、铝片或木片等制作、中间略有凹坑的用来舀醋、油等的器具：舀了几～油

聚口 tsy$^{31-53}$k‘ou˙ 漏斗

笊篱 tʃɔ$^{31-53}$lï 一种竹子或高粱梃子编制的生活用具，有捞、滤等用途

笊篱头子 tʃɔ$^{31-53}$lï t‘ou$^{53-55}$tsʅ˙ 短柄或无柄的笊篱

篼子 yã$^{55-213}$tsʅ˙“篼”音同“远” 用白柳条等编制而成的圆形生活器具，上有弯梁，可提可挎：二升～｜三升～

罗子 luə$^{53-55}$tsʅ˙ 一种由薄木片做成浅圆筒状、底端用目眼不等的网布封住，用来筛罗面粉等的用具

筛子 ʃɛ$^{213-31}$tsʅ˙ 一种竹编器具，圆形，浅沿儿，底部有大小不同的目眼，专为筛漏去除细小的杂物

细筛子 si^{31}ʃɛ$^{213-31}$tsʅ˙ 目眼小的筛子

粗筛子 ts‘u$^{213-24}$ʃɛ$^{213-31}$tsʅ˙ 目眼大的筛子

草漏子 ts‘ɔ^{55}lou$^{31-55}$tsɿ˙ 一种目眼很大、专用以筛选喂牲畜的草料的筛子

案板 ɣã^{31}pã^{55} 菜板或面板的统称

案子 ɣã$^{31-53}$tsɿ˙ 水平支起的较大木板：菜～｜面～

面案子 miã^{31}ɣã$^{31-53}$tsɿ˙ 专门用来做面食的案子

肉案子 ʒou^{31}ɣã$^{31-53}$tsɿ˙ 专门用来切肉的案子

擀面杖 *kã^{55}mẽ˙ tʃɑŋ^{31} “面”音同“门” 面杖

擀面轴子 *kã^{55}mẽ˙ pfu$^{53-55}$tsɿ˙ 小型面杖

石刀 ʃʅ^{53}tɔ^{213} 泛指菜刀

礤方子 ts‘ɑ$^{213-31}$fɑŋ˙ tsɿ˙ “礤”音同“擦” 一种平板上镶有不同形状刀具，可以把茎块类菜品切成片状、条状的切割工具

礤床子 ts‘ɑ^{213}pf‘ɑŋ$^{53-55}$tsɿ˙

锼子 sou$^{213-31}$tsɿ˙ ①一种平板上带有不同形状刀具，可以把茎块类菜品切成片状、条状的切割工具 ②小木柄上镶有薄刀片，可以削果皮等的用具

箅巴子 pi$^{31-53}$pu˙ tsɿ˙ “箅巴”音同“币卜” 蒸煮食品等专用的带有空隙的用具

箅梁子 pi^{31}liɑŋ$^{53-55}$tsɿ˙

箅子 pi$^{31-53}$tsɿ˙

笼 luŋ^{53} 一种用来蒸制食品的器具：蒸～

笼布 luŋ^{53}pu^{31} 蒸制食品时铺在箅子上面的薄布等

笼顶 luŋ^{53}tiŋ^{55} 盖在蒸笼上面的穹窿形顶盖

笼扇子 luŋ^{53}ʃã$^{31-53}$tsɿ˙ 一层层带有箅子的蒸笼

隔扇儿 kei$^{213-31}$ʃɛr˙ 起间隔作用的空隙或物体

鏊子 ɣɔ$^{31-53}$tsɿ˙ 专门用来烙煎饼的铁铸圆盘形器具

鏊子窝 ɣɔ$^{31-53}$tsɿ˙ uə^{213} ①烙煎饼的地方：女人大都不想蹲～ ②烙过煎饼的地方或柴灰

劈子 p‘i$^{213-31}$tsɿ˙ 一种烙制煎饼时使用的长片状的竹制用具，形同佩剑

笞 tʃ‘ʅ^{53} 音同“池” 一种烙制煎饼时专用的近于半圆的木制用具（流行于县域北部）

笞子 tʃ‘ʅ$^{53-55}$tsʅ˙ 一种用于搅拌、调制等的小型铲状木制或竹制用具

油袋子 iou$^{53-55}$tɛ˙ tsʅ˙ 多层布料叠加缝制，经浸油后用来擦拭鏊子的用具

　油头子 iou$^{53-55}$t‘ou˙ tsʅ˙

压水井 iɑ^{31}fei$^{55-53}$tsiŋ^{55} “水”音同“匪” 用简单压力机械汲水的家用水井

水缸 fei^{55}kɑŋ^{213} 盛水的缸

水筲 fei^{55}ʃɔ^{213} 水桶，过去为木制或竹制，现多为铁、铝、塑料等制品

　筲 ʃɔ^{213}

洋筲 iɑŋ^{53}ʃɔ^{213} 铁皮打造的水桶

瓢子 p‘iɔ$^{53-55}$tsʅ˙ 把成熟的葫芦对称剖开，干燥后除瓤做成的器具

水瓢 fei^{55}p‘iɔ^{53} 专用来舀水的瓢子，现多为铝、铁等制品

舀子 iɔ$^{55-213}$tsʅ˙ 用来舀水的器具

勺子 fə$^{53-55}$tsʅ˙ 舀饭菜的用具

扁担 piã$^{55-213}$ tã˙ 一种较长的挑担东西用的扁条状木棍，两端稍尖，稍有弹性

　扁担 piã$^{55-213}$tɛ˙ “担”音同“歹”

钩担 kou$^{213-31}$tã˙ 一种用来挑东西的扁条状木棍，两头镶有链钩，多用来挑水

铝壶 ly^{55}xu^{53} 铝质水壶

洋铁壶 iɑŋ^{53}t‘iə^{213}xu^{53} 铁皮打造成的水壶

铁壶 t‘iə^{213}xu^{53} ①铁皮打造成的水壶 ②铁制水壶的统称

暖壶 nuã^{55}xu^{53} 暖水瓶

茶壶 ʧ‘ɑ^{53}xu^{53} 沏茶的壶

刷帚 fɑ$^{213-31}$pf‘u˙ / fu˙ “帚”音同“处 / 夫” 洗刷锅、碗等的用具，多用脱粒后的高粱穗扎制而成

抹布 mɑ^{213}pu^{31} “抹”音同“妈” 擦拭用布

蒜臼子 suã^{31}tɕiou$^{31-53}$tsʅ˙ 一种捣制蒜泥的专用生活器具，有石质、瓷质等

　蒜窝子 suã^{31}uə$^{213-31}$tsʅ˙

蒜把子 suã^{31}pɑ$^{213-31}$tsʅ˙ 与蒜臼子配套的捣制蒜泥用的短木杵

火铲 xuə$^{55-53}$tʃ‘ã^{55} 往炉灶里添煤用的铁铲

火钩子 xuə^{55}kou$^{213-31}$tsɿ˙ 用来捅灶膛的钩状铁具

火棍 xuə$^{55-213}$kuẽ˙ 烧火时用来挑弄柴火的棍子

火剪 xuə$^{55-53}$tsiã^{55} 一种专用钳夹煤球或煤块的铁制剪状用具

火柱 xuə$^{55-213}$pfu˙ 一种用来通炉子或拨弄灶膛的尖头铁筋

柴火 tʃ'ɛ$^{53-55}$xu˙“火”音同“乎” 柴草

炭 t'ã^{31} 煤

炭面子 t'ã^{31}miã$^{31-53}$tsɿ˙ 粉末状的煤

煤灰 mei^{53}xuei^{213} ①冲洗下来的细粉末状的煤 ②燃烧后的煤粉

绵炭 miã^{53}t'ã^{31} 烟煤

火炭 xuə^{55}t'ã^{31} 无烟煤

岗炭 kɑŋ^{55}t'ã^{31} ①无烟煤 ②泛指成块的煤

炭岗 t'ã^{31}kɑŋ^{55} 成块的煤

洋火 iɑŋ^{53}xuə^{55} ①进口火柴 ②泛指火柴

洋火擦儿 iɑŋ^{53}xuə^{55}ts'ɑr^{213} 致燃火柴的磷片

洋火根儿 iɑŋ^{53}xuə^{55}ker^{31} 火柴棍

洋火盒 iɑŋ^{53}xuə^{55}xə^{53} 火柴盒

洋火箱子 iɑŋ^{53}xuə^{55}siɑŋ$^{213-31}$tsɿ˙ ①装火柴的包装箱 ②纸箱的统称

火石 xuə^{55}ʃʅ^{53} 旧时取火用具之一，用火镰擦击取火的石英石

火镰 xuə^{55}liã^{53} 旧时取火用具之一，一种专制小钢板，用其擦击石英石，迸出火星以引燃

火纸 xuə$^{55-53}$tʃʅ^{55} ①旧时取火用品之一，一种易燃的草纸，用火镰擦击火石迸出火星可将其点燃 ②用于祭奠焚烧的冥纸

火纸焖子 xuə$^{55-53}$tʃʅ^{55}mẽ$^{31-53}$tsɿ˙ 用来将引燃后的火纸卷熄灭的小筒状物（由竹、木、铁制成）

火纸捻子 xuə$^{55-53}$tʃʅ^{55}ȵiã$^{55-213}$tsɿ˙ 用火纸卷成的卷儿，旧时取火引燃物之一

3. 卧室器具、用品

床 pfʻɑŋ^{53} 供人躺在上面睡觉的卧具：他家里有好几张～

坝光子床 pɑ^{31}kuɑŋ$^{213-31}$tsʅ˙ pfʻɑŋ^{53} 一种简易单人木床

弹簧床 tʻã^{53}xuɑŋ^{53}pfʻɑŋ^{53} 床垫子由弹簧做支撑的床

钢丝床 kɑŋ$^{213-24}$si^{213}pfʻɑŋ^{53} 床垫子由钢丝做支撑的床

喜床 ɕi^{55}pfʻɑŋ^{53} 结婚用的床

棕床 tsuŋ^{213}pfʻɑŋ^{53} 床面用棕绳编织做支撑的床

小鸳床 ɕiɔ^{55}yã^{213}pfʻɑŋ^{53} 一种比简易单人木床更小的木床，在农村多给儿童及老人用

防震床 fɑŋ^{55}ʧẽ^{31}pfʻɑŋ^{53} 为防地震而用铁管焊接的架子床

通铺 tʻuŋ$^{213-24}$pʻu^{31} 多人合用的大铺，在炕上或地面上搭成

地铺 ti^{31}pʻu^{31} ①在房内地面上用柴草等铺成的代替床的铺 ②在野外浅地窖里地面上用麦草等铺成的铺

吊铺 tiɔ^{31}pʻu^{31} 在房梁上或野外树枝上搭上若干木棒或木板做成的床铺

窝窝 uə$^{213-31}$uə˙ ①过去用高粱秸篾等编织而成的筐状婴儿卧具，里面填垫麦草可保暖又方便清除其粪便 ②一种食品，即“窝窝头”

窝窝儿 uə$^{213-31}$uər˙ ①地方：他们是一个～来的 ②小凹坑

苫子 ʃã$^{213-31}$tsʅ˙ 用麦秸等编制的用以铺或盖的用品

毡 tʃã^{213} 一种以羊毛等为主要原料轧成的厚而粗糙的片状物，可做防寒用品或衬料

席 si^{53} 席子，铺在床上供人睡觉的编织物：竹～ | 草～

褥子 ʒou$^{31-53}$tsʅ˙ “褥”音同“肉” 一种双层夹棉，铺在席子上面用以取暖的卧具

褯子 tsiə$^{31-53}$tsʅ˙ “褯”音同“借” 婴儿的尿布

被 pei^{31} 泛指被子

被单儿 pe^{31}tɛr^{213} “单”音同“呆” 床单儿

被单子 pe^{31}tã$^{213-31}$tsʅ˙

棉单 miã$^{53-55}$tã / tɛ˙ ①床单儿 ②棉被拆出棉胎后的面料

被套 pei^{31}tʻɔ^{31} 被胎

被筒儿 pei^{31}tʻũr^{55} ①被窝 ②床上叠成长筒形的被子

包被 pɔ$^{213-24}$pei^{31}　用来包裹婴幼儿的小被子

头枕 tou$^{31-53}$tʃẽ· “头”音同“豆”　枕头

耳枕子 ɭə^{55}tʃẽ$^{55-213}$tsɿ·　一种较小的枕头，中间有一孔洞，供人侧睡时防止耳朵受压

头枕皮子 tou$^{31-53}$tʃẽ· p‘i$^{53-55}$tsɿ· “头”音同“豆”　枕套

头枕穰子 tou$^{31-53}$tʃẽ· ʒaŋ$^{53-55}$tsɿ·　枕芯

蚊帐 uẽ^{53}tʃaŋ^{31}　罩在床上防蚊蝇的帐幔

蚊帐钩子 uẽ^{53}tʃaŋ^{31}kou$^{213-31}$tsɿ·　勾撩蚊帐的钩子

梳妆台 fu$^{213-24}$pfaŋ^{213}t‘ɛ^{53}　专供梳妆用的抽屉桌

镜子 tɕiŋ$^{31-53}$tsɿ·　①玻璃镜 ②仿效的榜样：雷锋是大家的～ ③警戒的典型：你如果不悬崖勒马，劳改犯就是你的～

洋镜子 iaŋ^{53}tɕiŋ$^{31-53}$tsɿ·　①玻璃镜 ②万花筒

夜壶 iə^{31}xu^{53}　尿壶

尿罐子 suei^{213} / ȵiɔ^{31}kuã$^{31-53}$tsɿ·　①陶制尿壶 ②专门存放尿液的罐子

4. 工匠器具、用品

铁匠家什儿 t‘iə$^{213-31}$tsiaŋ· tɕia$^{213-31}$ʃer·　铁匠常用工具的统称

砧子 tʃẽ$^{213-31}$tsɿ·　捶、砸东西时垫在地下的砧墩：铁～

长把儿钳子 tʃ‘aŋ^{53}par^{55}tɕ‘iã$^{53-55}$tsɿ·　把柄很长的钳子

大锤 ta^{31}pf‘ei^{53}　较大的铁锤

二锤 ɭə^{31}pf‘ei^{53}　较大锤小一点的铁锤

手锤 ʃou^{55}pf‘ei^{53}　一种小铁锤

羊角锤 iaŋ^{53}tɕia^{213}pf‘ei^{53} “角”音同“甲”　一种小铁锤，锤头一端用来敲打，另一端分叉似羊角，故名

洋铁皮 iaŋ^{53}t‘iə^{213}p‘i^{53}　①进口白铁皮 ②铁皮的统称

洋锯条 iaŋ^{53}tɕy^{31}t‘iɔ^{53}　①进口锯条 ②锯条的统称

木匠家什儿 mu$^{213-31}$tsiaŋ· tɕia$^{213-31}$ʃer·　木工常用工具的统称

锯 tɕy^{31}　用来锯开木头、石头、铁等的工具，主体部分是有很多尖齿的长条钢片：

大～｜钢～｜手～

刨子 pɔ$^{31-53}$tsɿ˙ 木工用来刨平木料的手工工具

斧子 fu$^{55-213}$tsɿ˙ 一种类似锤子的用具，既可以捶砸，锤头的一端有锋利的刃，也可以用来砍、削等

锛 pẽ^{213} 一种木工用具，形似镢头，有大锛、手锛等

凿子 tsuə$^{53-55}$tsɿ˙ 用来在木头等上面挖槽或凿孔的用具，长条形，前端有刃，用时用锤等敲砸后端

扒子 pɑ$^{213-31}$tsɿ˙ 用铜或铁打制的扁平的两脚钉，用来连接破裂的陶器、瓷器等

扒钉 pɑ$^{213-24}$tiŋ^{213}

镊子 ȵiə$^{213-31}$tsɿ˙ 夹取或拔除细小东西的工具，多为金属制品

老虎钳子 lɔ$^{55-53}$xu^{55}tɕʻiã$^{53-55}$tsɿ˙ 一种用来起钉子或剪铁丝的大钳子

卷尺 tɕyã^{55}tʃʻʅ^{213} 很长的皮尺，不用时卷在圆形盒子里，故名

钢尺 kɑŋ$^{213-24}$tʃʻʅ^{213} 钢制卷尺

皮尺 pʻi^{53}tʃʻʅ^{213} 皮革或塑料制作的尺子

软尺 vã^{55}tʃʻʅ^{213}

尺棒子 tsɿ˙ 尺子的统称

墨斗子 mei^{213}tou$^{55-213}$tsɿ˙ “墨”音同“闷” 木工用来打墨线的工具

则子 tsei$^{213-31}$tsɿ˙ “则”音“贼（阴平）” ①一种凭参照物自制且无固定准确尺寸的量尺：掐个～量量 ②标准、界限等 ③限度：办事得有个～

则儿 tser^{213}

石匠家什儿 ʃʅ$^{53-55}$tsiɑŋ˙tɕiɑ$^{213-31}$ʃer˙ 石匠常用工具的统称

八楞锤 pɑ$^{213-24}$ləŋ^{31}pfʻei^{53} 锤头表面有八个棱角的大铁锤

钎子 tsʻiã$^{213-31}$tsɿ˙ 钢钎，专用于在石头上凿洞等

錾 tsã^{31} 形似小钢钎，用以雕凿砖石的专用工具

錾头 tsã^{31}tʻou^{53}

石抓 ʃʅ^{53}pfɑ^{213} 一种带齿以供抓抬石块的铁制专用工具

撬 tɕʻiɔ^{31} 一种铁棍一端有扁平翘尖儿，利用杠杆原理撬起重物的石工用具

撬棍 tɕʻiɔ^{31}kuẽ^{31}

泥水匠家什儿 mi^{53}fei^{55}tsiaŋ˙ tɕia$^{213-31}$ʃer˙ “泥”音同“迷” 建筑工具的统称

抹子 mə$^{55-213}$tsɿ˙ 建筑工人用来抹平的一种工具

角抹儿 tɕyə^{213}mər^{55} “角”音同“决” 专为抹墙角用的直角形小抹子

撸角子 lu$^{213-24}$tɕyə$^{213-31}$tsɿ˙

大压抹 ta^{31}ia^{31}mə^{55} 建筑工人压平平面用的大抹子

灰斗子 xuei^{213}tou$^{55-213}$tsɿ˙ 盛放灰浆的器皿

泥兜子 ȵi^{53}tou$^{213-31}$tsɿ˙ 盛放灰浆等的帆布兜

券板子 ɕuã$^{31-53}$pã˙ tsɿ˙拱形建筑发券时垫在“券头”下面起支撑作用的板子

剃头家什儿 tʻi^{31}tʻou^{53}tɕia$^{213-31}$ʃer˙ 理发师常用工具的统称

推子 tʻuei$^{213-31}$tsɿ˙ 一种理发工具，有手动和电动两种

梳子 fu$^{213-31}$tsɿ˙ 一种梳理头发的用具

篦子 pi$^{31-53}$tsɿ˙ “篦”音同“币” 比“梳子”的齿儿更密的梳头用具，过去乡村妇女还用来刮头皮屑或藏在头发中的“虮子”、“虱子”等

胰子 i$^{53-55}$tsɿ˙ 肥皂的统称

洋胰子 iaŋ^{53}i$^{53-55}$tsɿ˙ ①进口肥皂 ②肥皂、香皂的统称

胰子头儿 i$^{53-55}$tsɿ˙ tʻour^{53} 较小的或用剩下的香皂或肥皂

香胰子 ɕiaŋ^{213}i$^{53-55}$tsɿ˙ ①进口香皂 ②肥皂、香皂的统称

刮篾刀 kua^{213}mi^{53}tɔ^{213} “篾”音同“迷” 刮“篾子”的专用刀具

搡子 saŋ$^{55-213}$tsɿ˙ 可把芦苇等一次劈成多瓣的圆柱形木制用具

扒刀子 pa$^{213-24}$tɔ$^{213-31}$tsɿ˙ 编制“席笼”等时用以拨严“篾子”的小型铁制用具

帽模子 mɔ^{31}mu$^{53-55}$tsɿ˙ 编织“席夹子”等时用来定型的圆锥形模具，一般用木头或泥土做成

针线活儿 tʃẽ$^{213-31}$siã˙ xuər 泛指裁剪缝制衣服鞋帽的活计

剪子 tsiã$^{55-213}$tsɿ˙ 剪刀的统称

烙铁 luə$^{213-24}$tʻiə^{213} 熨斗

电烙铁 tiã^{31}luə$^{213-24}$t‘iə^{213} ①电熨斗 ②做焊接用的工具

篗子 yə$^{213-31}$tsɿ˙ “篗”音同“月” 缠绕线绳的用具，中间有轴，可以旋转

线桄子 siã^{31}kuɑŋ$^{31-53}$tsɿ˙ 一种缠线的用具，木板两端各有“丫”型槽口

线穗子 siã^{31}suei$^{31-53}$tsɿ˙ 纺锤形线团

经锤子 tɕiŋ^{213}pf‘ei$^{53-55}$tsɿ˙ 一种较原始的捻线工具，用一段木头或动物胫骨，在中间垂直镶嵌一铁钩，用手工转动，把棉麻等捻成粗细不等的线

　线锤子 siã^{31}pf‘ei$^{53-55}$tsɿ˙

　拧锤子 ȵiŋ$^{53-55}$pf‘ei˙ tsɿ˙

线砣子 siã^{31}t‘uə$^{53-55}$tsɿ˙ 旧时的捻线工具，用一根长 25 厘米左右的铁轴做成，轴的下端坠一至两枚铜钱，铁轴顶端弯一小钩（有时用筷子或细竹竿代替），用时将其捻动快速旋转，把抽出的棉绒等拧成细线

　砣子 t‘uə$^{53-55}$tsɿ˙

针鼻儿 tʃẽ^{213}pier^{53} ①针孔 ②形容非常小：连～那么点儿小事他都计较

针脚子 tʃẽ$^{213-31}$tɕyə˙ tsɿ˙ 缝纫时前后两针之间的距离：～太大，不结实

鞋筐子 ɕiɛ^{53}k‘uɑŋ$^{213-31}$tsɿ˙ 一种白柳条编制的较浅的圆形筐，专门用来盛放针线、新制鞋袜及其半成品等物

针线筐儿 tʃẽ$^{213-31}$siã˙ k‘uɑ̃r^{213} 盛放针和线等缝纫用品的小筐

　针线筐子 tʃẽ$^{213-31}$siã˙ k‘uɑŋ$^{213-31}$tsɿ˙

针锥 tʃẽ$^{213-24}$pfei^{213} 大号针安上手柄做成的椎具，用来刺穿硬厚的东西

锥子 pfei$^{213-31}$tsɿ˙ 用来钻孔的椎具

针 tʃẽ^{213} ①缝衣针的统称 ②药物注射：打～吃药 ③针灸：扭伤了脚～～就好了

洋针 iɑŋ^{53}tʃẽ^{213} ①进口针 ②缝衣针的统称

大洋针 tɑ^{31}iɑŋ^{53}tʃẽ^{213} 大号缝衣针

大半等针 tɑ^{31}pã$^{31-53}$təŋ˙ tʃẽ^{213} 较大的缝衣针

包针 pɔ$^{213-24}$tʃẽ^{213} 封“麻包”等用的大而稍弯曲的长针

顶针子 tiŋ$^{55-213}$tʃẽ˙ tsɿ˙ 顶针

布毛尾儿 pu^{31}mɔ$^{53-55}$ier˙ “尾”音同“矣” 细小的布丝：剪完衣服，浑身沾满了～

宰不子家什儿 tsɛ$^{55-213}$pu· tsɿ· tɕiɑ$^{213-31}$ʃer· 屠夫常用工具的统称

挺杆子 t‘iŋ$^{31-53}$kã· tsɿ· 杀猪时在猪后腿上割道口，贴着皮层向猪全身捅穿以便吹气的铁棍

捅杆子 t‘uŋ$^{213-31}$kã· tsɿ·

挺棍 t‘iŋ$^{31-53}$kuẽ·

刨刀 pɔ^{31}tɔ^{213} 宰杀生猪时用来刮毛除垢的工具

逮鱼的家什儿 tɛ^{55}y^{53}ti· tɕiɑ$^{213-31}$ʃer· 捕鱼工具的统称

蕴笼 su / ɕy$^{213-31}$luŋ· “蕴”音同“苏 / 虚” 一种竹编或条编的捕鱼工具，肚大口小，易进难出

撒网 sɑ$^{55-53}$uɑŋ^{55} 一种线、绳等编织的网类捕鱼工具，一人操作，撒开呈圆锥形罩

抬网 t‘ɛ^{53}uɑŋ^{55} 一种线、绳等编织的网类捕鱼工具，二人或多人在两端抬捞。另有旋网、绰网、夹网、挂网子等

捻子 ȵiã$^{55-213}$tsɿ· 一种线、绳等编织的长条网状捕鱼工具

张梁子 tʃɑŋ^{213}liɑŋ$^{53-55}$tsɿ· 一种捕鱼方式

锣鼓家什 luə^{53}ku^{55}tɕiɑ$^{213-31}$ʃʅ· 泛指各种打击乐器

叭喇 pɑ$^{55-213}$lɑ· ①喇叭 ②由喇叭乐器组成的乐队：结婚请～

秫秸镩 fu^{53}tɕiɛ^{213}ts‘uã^{53} “镩”音同“全” 笙，一种民族吹奏乐器，由多支竹管等组成

咣咣镲 kuɑŋ$^{213-31}$kuɑŋ· tʃ‘ɑ^{55} ①较小的铙钹，一种打击乐器 ②儿童拍巴掌：小乖乖，打个～给爷爷看

当当翅儿 tɑŋ$^{213-24}$tɑŋ^{213}tʃ‘er^{31} 一种小型打击乐器，有两片铜质圆盘镶嵌在木框里，用时交替敲击

洋鼓 iɑŋ^{53}ku^{55} 西洋乐器中的鼓

洋号 iɑŋ^{53}xɔ^{31} ①西洋乐器中的号 ②冲锋号、乐器号的统称

洋戏片子 iɑŋ^{53}ɕi^{31}p‘iã$^{213-31}$tsɿ· 留声机唱片

洋戏匣子 iɑŋ^{53}ɕi^{31}ɕiɑ$^{53-55}$tsɿ· 留声机

二胡子 ɭə^{31}xu$^{55-213}$tsɿ˙ 泛指常用的各种胡琴

柳琴 liou^{55}tɕ‘iẽ^{53} ①一种地方戏曲 ②为柳琴戏伴奏的一种类似琵琶的乐器

弦子 ɕiã$^{53-55}$tsɿ˙ 为柳琴戏伴奏的一种类似琵琶的乐器

呱嗒卷子 kuɑ$^{213-31}$tɑ˙ tɕyã$^{55-213}$tsɿ˙ 竹板

5. 其他生活物品

家伙捞子 tɕiɑ$^{213-31}$xu˙ lɔ$^{31-53}$tsɿ˙ ①泛指各种生产、生活用具：出工时可带齐～ ②泛指各种修理工具：你工具箱里～真多 ③泛指小型武器：坏蛋来了，大家快抄～ ③隐指男性生殖器

长枪短棍 tʃ‘ɑŋ^{53}ts‘iɑŋ^{213}tuã^{55}kuẽ^{31} 泛指各种棍棒、枪械等器具

绊绊倒子 pã$^{31-53}$pã˙ tɔ$^{55-213}$tsɿ˙ ①玩具“不倒翁” ②刚学走路跌跌绊绊 ③比喻走路不稳的样子

洋枪 iɑŋ^{53}ts‘iɑŋ^{213} ①旧时侵略者使用的较先进的步枪 ②泛指一般长枪

洋刀 iɑŋ^{53}tɔ^{213} ①旧时侵略者用的长刀或指挥刀 ②进口刀、不锈钢刀的统称

洋炮 iɑŋ^{53}p‘ɔ^{31} ①旧时侵略者使用的用火药发射的步枪 ②土枪

洋火枪 iɑŋ^{53}xuə^{55}tɕ‘iɑŋ^{213} 一种用火柴磷头做引燃物的土制小型枪支，有时也做玩具

笼子 luŋ$^{53-55}$tsɿ˙ 用苇篾、高粱秸篾子编制成的圆筒状容器，大小不一，可用来盛粮食、禽类等

席笼子 si^{53}luŋ$^{53-55}$tsɿ˙ 专用高粱秸篾编织的圆筒状容器

升 ʃəŋ^{213} ①盛放、衡量粮食的器具，六面体，四周是四个相同的倒梯形，上口较底面大 ②计量单位：一～高粱 ③提高：～迁

斗 tou^{55} ①盛放、衡量粮食的器具，近于半球体形：不能为五～米折腰 ②计量单位：十“升”为一～，十～为一“石” ③通过比喻显示他物之大或小：～室 ④可参与组成复合词：～笠｜车～子 ⑤螺旋形指纹

水斗 fei$^{55-53}$tou^{55} 一种近于不规则半圆形的条编汲水器具

斗子 tou$^{55-213}$tsɿ˙

囤 tuẽ^{31} 一种较大的条编圆形容器

囤底 tuẽ^{31}ti^{55} ①囤 ②囤的底部 ③囤底部少量的粮食：家里就那点～，吃不到割麦了

笣子 tʃə$^{213-31}$tsɿ˙ 用粗篾编制的一种宽约二三十厘米、长可近十米的软器具，可以在囤底上围成倒圆台形以盛放粮食等，可随时根据需要加高或降低

翻帮子 fã$^{213-24}$paŋ$^{213-31}$tsɿ˙ 把高粱秸篾编织的笼子的底端朝上，上口朝下，用脚把笼底踩到和上口齐平，便形成了双层包，故名，是过去挑担货物时的常用容器

　翻包子 fã$^{213-24}$pɔ$^{213-31}$tsɿ˙

　三帮子 sã$^{213-24}$paŋ$^{213-31}$tsɿ˙

窑货 iɔ^{53}xuə^{31} ①陶、瓷制品的统称 ②砖瓦类的统称

口袋 k‘ou$^{55-213}$tɛ˙ 粗线编织的长袋子，一般可以容百多斤粮食

麻连袋 mɑ$^{53-55}$liã˙tɛ^{31} 麻袋

捎马子 ʃɔ^{213}mɑ$^{55-213}$tsɿ˙ 一种粗线编制的口袋类用具，自中间一面开口分为两端，可以搭在人肩或牲畜背上，两端都可以装东西

网兜儿 uɑŋ^{55}tour^{213} 用绳、线等编织而成的网状袋

　网兜子 uɑŋ^{55}tou$^{213-31}$tsɿ˙

　网布兜儿 uɑŋ$^{55-213}$pu˙tour^{213}

　网布兜子 uɑŋ$^{55-213}$pu˙tou$^{213-31}$tsɿ˙

独笼 tu$^{53-55}$luŋ˙ 一种用竹子、植物枝条、藤蔓编制的小型容器，形状各异，多系在腰间，用来及时盛放捕捉的鱼类、昆虫等

塑料袋子 su^{31}liɔ^{31}tɛ$^{31-53}$tsɿ˙ 编织袋、塑料袋的统称

草包 ts‘ɔ^{55}pɔ^{213} ①草类编织而成的袋状物 ②愚蠢的人：那人是个大～，心眼倒是不孬

臭球 tʃ‘ou^{31}tɕ‘iou^{53} 樟脑球

搓板 ts‘uə$^{213-31}$pã˙ 洗衣时用来揉搓的带有横沟槽的板

洗脸盆子 si$^{55-53}$liã^{55}p‘ẽ$^{53-55}$tsɿ˙ 脸盆

洋灯 iɑŋ^{53}təŋ^{213} 桅灯或其他带玻璃罩的煤油灯

洋油 iɑŋ^{53}iou^{53} ①进口煤油 ②煤油

罩子灯 tʃɔ$^{31-53}$tsɿ· təŋ^{213} 带玻璃罩的煤油灯

灯罩子 təŋ$^{213-24}$tʃɔ$^{31-53}$tsɿ· 玻璃灯罩

电灯棒子 tiã^{31}təŋ^{213}pɑŋ$^{31-53}$tsɿ· 手电筒

电棒子 tiã^{31}pɑŋ$^{31-53}$tsɿ·

手灯 ʃou^{55}təŋ^{213}

电棍 tiã^{31}kuẽ^{31} ①荧光灯 ②电警棍

马灯 mɑ^{55}təŋ^{213} 桅灯

灯捻儿 təŋ$^{213-24}$ȵiɛr^{31} 灯芯

灯捻子 təŋ$^{213-24}$ȵiã$^{31-53}$tsɿ·

灯芯子 təŋ$^{213-24}$siẽ$^{31-53}$tsɿ·

纸捻儿 tʃʅ^{55}ȵiɛr^{31} 用纸条搓成的像细绳一样的捻子，用来代替绳类装订书籍等

卯 mɔ^{55} ①玩具，小皮球等球状物 ②个别地方称篮球

卯儿 mɔr^{55} 与榫接合的孔洞：把榫插进～里去

琉璃蛋子 liou$^{53-55}$li· tã$^{31-53}$tsɿ· 玻璃球

气茄子 tɕʻi^{31}tɕʻiə$^{53-55}$tsɿ· 泛指气球

落子 luə$^{213-31}$tsɿ· 一种木制用具，用木条做成“日”字或“曰”字形木框，四角穿有长绳，用来挑、担或抬东西

起子 tɕʻi$^{55-213}$tsɿ· ①开启瓶盖的用具 ②螺丝刀

胶布 tɕiɔ$^{213-24}$pu^{31} 涂上粘性橡胶的布

瓶椎儿 pʻiŋ^{53}pfer^{213} 瓶塞

洋伞 iɑŋ^{53}sã^{55} 老式油布伞

油纸 iou^{53}tʃʅ^{55} 早时指桐油涂刷的油布，现泛指塑料纸

瓦碴子 uɑ$^{55-213}$tʃʻɑ· tsɿ· 泛指瓦、盆等的破碎片

表蒙子 piɔ^{55}məŋ$^{53-55}$tsɿ· 表盘的罩

芯子 siẽ$^{31-53}$tsɿ· “芯”音同“信” ①装在器物中的捻子 ②炮弹、爆竹等的信号线、引信、引线等 ③蟒蛇类的舌头

八棍子 pɑ$^{213-24}$kuẽ$^{31-53}$tsɿ˙ 棍的统称

揽草要儿 lã$^{55-53}$ts‘ɔ^{55}iɔr^{31} ①用草类简单拧成的绳状物 ②比喻临时负责招揽管理事务的人：我临时先当个～

别棒儿 piə$^{53-55}$pãr˙ 把两物串起时，在中间起固定作用的小棍

锁 suə^{55} 泛指各种锁具

钥匙 yə$^{213-31}$tʃ‘ʅ˙ “钥”音同“月” ①开启锁的工具 ②比喻很有效的方法、话语等：话是开心的～

梩子 tʃɛ$^{31-53}$tsɿ˙ “梩”音同“寨” 供悬挂或防止滑落的木钉或铁钉：扁担两头有～｜墙上有木～

洋梩子 iɑŋ^{53}tʃɛ$^{31-53}$tsɿ˙ 铁钉的统称

洋钉 iɑŋ^{53}tiŋ^{213} 机制铁圆钉的统称

拄棍儿 pfu$^{55-213}$kuer˙ ①走路时，借以辅助支持身体的棍杖 ②比喻可倚靠的人或物

洋娃娃 iɑŋ^{53}uɑ$^{53-55}$uɑ˙ ①像西方小女孩那样的布娃娃 ②长相俊俏而白胖的孩童：那孩子长得像个～

篾瓤子 mi^{53}ʒɑŋ$^{53-55}$tsɿ˙ “篾”音同“迷” 篾子里层刮下来的部分

疙笪瓤子 kə^{53}tɑŋ^{213}ʒɑŋ$^{53-55}$tsɿ˙ 高粱秸里面的软组织

十四　日常生活

1. 衣

做衣裳 tsou^{31}i$^{213-31}$ʃɑŋ˙ “做”音同“揍” 裁剪、缝制衣服

铰衣裳 tɕiɔ^{55}i$^{213-31}$ʃɑŋ˙ 裁剪布料准备做衣服

缝衣裳 fəŋ^{53}i$^{213-31}$ʃɑŋ˙ 用针或缝纫机缝制衣服

砸衣裳 tsɑ^{53}i$^{213-31}$ʃɑŋ˙ 用缝纫机缝制衣服

买衣裳 mɛ^{55}i$^{213-31}$ʃɑŋ˙ 购买成品衣服

穿衣裳 pf‘ã$^{213-24}$i$^{213-31}$ʃɑŋ˙

脱衣裳 t‘uə$^{213-24}$i$^{213-31}$ʃɑŋ˙

洗衣裳 si^{55}i$^{213-31}$ʃaŋ˙

一天一水 i$^{213-24}$t‘iã$^{213-24}$i^{213}fei^{55} “水”音同“匪” ①每天都洗一次：夏天的衣服得～ ②指每天都要用水浇一遍：黄瓜到了盛果期得～

投衣裳 t‘ou^{53}i$^{213-31}$ʃaŋ˙ 把用洗涤剂洗过的衣服放在清水里再次漂洗

惆惆衣裳 tʃ‘ou^{53}tʃ‘ou˙ i$^{213-31}$ʃaŋ˙ “惆”音同“仇”

晒衣裳 ʃε^{31}i$^{213-31}$ʃaŋ˙

晾衣裳 liaŋ^{31}i$^{213-31}$ʃaŋ˙

伸上 tʃ‘ẽ$^{213-31}$ʃaŋ˙ 伸进：你～袄袖子

扎带子 tʃa$^{213-24}$tε$^{31-53}$tsɿ˙ 旧时中国妇女用布带子捆绑住脚腕部裤腿，否则便被视为大逆不道

扎腿 tʃa^{213}t‘ei^{55} 旧时妇女的一种妆束，用布带子把裤脚缠扎起来

褯着怀儿 ɕiə$^{55-213}$tʃɔ˙ xuεr^{53} “褯”音“歇（上声）” 上衣不扣纽扣，衣襟敞开

褯怀儿露奶儿的 ɕiə^{55}xuεr^{53}lou^{31}nεr$^{55-213}$ti˙ 多指已经生了孩子的女子穿衣不整洁，纽扣扣得不好，甚至露出了胸部

掩上怀儿 iã$^{55-213}$ʃaŋ˙ xuεr^{53} 不扣纽扣，用衣襟遮掩胸部

鞋趿拉袜趿拉 ɕiε$^{53-55}$t‘a˙ la^{213}ua$^{213-31}$t‘a˙ la^{213} 形容人穿戴很不整洁：那个女人整天～的

赤脚爬蹄儿 tʃ‘ʅ$^{213-24}$tɕyə^{213}p‘a^{53}t‘ier^{53} “脚”音同“决” 光着脚板

赤脚挠蹄儿 tʃ‘ʅ$^{213-24}$tɕyə^{213}nɔ^{53}t‘ier^{53}

周吴郑王 tʃou^{213}u^{53}tʃəŋ^{31}uaŋ^{53} 《百家姓》的第二句，这里形容衣着整洁，言行举止大方得体：见了丈母要～的，免得人家笑话

糊缺子 xu^{53}tɕ‘yə$^{213-31}$tsɿ˙ 用浆糊把多层布料叠加糊粘在一起，待晾干以做鞋子等用

打袼褙 ta^{55}kə$^{213-31}$pei˙ “袼褙”音同“各北”

纳鞋底 na^{213}ɕiε^{53}ti^{55} 用粗线或细麻绳手工制作布鞋底

沿鞋口儿 iã^{53}ɕiε^{53}k‘our^{55} 把窄布条缝在鞋口的边沿上

绱鞋 ʃaŋ^{31}ɕiε^{53} “绱”音同“上” 把鞋帮和鞋底缝合到一起

钩毛衣 kou^{213}mɔ^{53}i^{213} 手工编织毛衣

插花 tʃ'ɑ$^{213-24}$xuɑ^{213} ①绣花 ②扦插花木 ③交错，间隔：玉米大豆～种高产

插着花儿 tʃ'ɑ$^{213-31}$tʃɔ˙ xuɑr^{213} ①绣着花：鞋上～ ②夹杂：花生和大豆可以～种植 ③交错，错开：她姐妹俩～去看望老人家

纫针 iẽ^{31}tʃẽ^{213} "纫"音同"印" 往针鼻儿里穿线

缠拢 tʃ'ã$^{53-55}$luŋ˙ 胡乱缠绕在一起：线～得找不着头绪了｜绳子～得解不开了

斗上 tou$^{31-53}$ʃɑŋ˙ 简单地缝合在一起：把开了的裤缝儿～

对上 tei$^{31-53}$ʃɑŋ˙

缭 liɔ^{53}音同"辽" 一种手工缝纫针法：把两层布～在一块

签 ts'iã^{213} ①一种手工缝纫针法，只粗粗地缝合：～裤脚 ②插、刺：高粱茬～脚了 ③用一种专用刀具割掉：～高粱穗

绷 pəŋ^{213} 一种手工缝纫针法，用大的针脚暂时缝连：先～上凑和穿吧

绗 xɑŋ^{53}音同"杭" 一种手工缝纫针法，针脚较细密地缝制：～鞋垫子

缲 ts'iɔ^{213}音"瞧（阴平）" 一种手工缝纫针法：把衣服下边～上

煞 ʃɑ^{213} ①把肥大的衣服等改制缩小：褂子太肥了，～瘦点再穿 ②勒紧 ③简单、短时间地腌渍：～～萝卜的水好剁馅子 ④刺激：伤口沾了盐水～得很疼 ⑤结束，收束：～账 ⑥解恨：～气

套 t'ɔ^{31} ①罩在外面 ②给被子絮棉花：～被 ③拴系：把牛～上好耕地 ④诱导人说出心里话：她一直想～出我心里的秘密 ⑤用计谋拉拢、哄骗 ⑥重复 ⑦叠加：～圈儿 ⑧套购：～外汇 ⑨绳扣：下～子捉兔子 ⑩量词：买一～家具

楦 ɕyã^{31}音"玄（去声）" ①做好布鞋时用以撑起使之定型的内用鞋模：木～ ②用鞋模撑起鞋子的过程：新鞋不～就是不好看 ③填满：孬好得～满肚子

沿 iã^{53} 一种手工缝纫针法，顺着衣物的边镶上一条边：褂子下边～上红边

撙 tsuẽ^{55} 音"尊（上声）" ①把衣物等缩小：褂子太大了，～～再穿吧｜～剂子 ②节约：这月花的钱太多喽，往后得～着花

縒 tsuə^{55}音同"左" 一种手工缝纫针法，随意不工整地缝合在一起：随便～上吧

捚 tʃɛ^{31} 音同“寨” 一种手工缝纫的针法 ①缝上：～花边 ②用钉子钉上：～鞋掌

[illegible] iẽ^{55} 音同“引” 一种手工缝纫针法，大针脚缝制：～被子

纳 nɑ^{213} ①一种手工缝纫针法，密密地缝：～鞋底 ②上缴：～粮 ③归入：归～

挄 kuɑŋ^{31} 音同“逛” 缠绕：把线～在线轴上

铰 tɕiɔ^{55} 用剪刀等剪开

2. 食

生火 ʃẽ^{213}xuə^{55} “生”音同“申” 点燃火

烧锅 ʃɔ$^{213-24}$kuə^{213} ①用燃料给锅灶加热 ②比喻起辅助作用：他们拉车，你在一边给～｜合唱队大声唱，咱们在一边给～

开火 k‘ɛ^{213}xuə^{55} ①开始砌灶做饭炒菜 ②另起锅灶过日子：他俩分家另～了

做饭 tsou^{31}fã^{31} “做”音同“揍” 制作饮食

炒菜 ʧ‘ɔ^{55}ts‘ɛ^{31}

要菜 iɔ^{31}ts‘ɛ^{31} ①点菜 ②要求上菜

盛饭 ʧ‘əŋ^{53}fã^{31} 把饭盛放到碗、盘等器皿里

打饭 tɑ^{55}fã^{31} 到食堂买饭，领饭

吃 ʧʅ^{213} ①把食物等放到嘴里咀嚼并咽下：～饭 ②靠某事物生活：靠山～山 ③消灭：我～你的“车” ④因故过于损伤耗费：～力｜路面不好太～车带子了｜你的脚～袜子 ⑤承受：～重 ⑥遭遇：～亏｜～气

吃饭 ʧ‘ʅ$^{213-24}$fã^{31} ①特指饮食 ②泛指生活或生存：靠打渔～

喝茶 xə^{213}ʧ‘ɑ^{53} ①饮茶水 ②饮白开水

滤滤 lu$^{31-53}$lu· ①淘洗，过滤 ②较量，比试：不服咱这就当场～ ③清点 ④查找，计算

递酾 ti$^{31-53}$ʃʅ· “酾”音同“湿” 淘米粮等的一种方法。淘米粮时，在瓢或盆中放入足量的水，反复倾斜着晃动，把其中的砂子等滤除

和面 xə^{53}miã^{31} 加水调制面粉

饧饧 siŋ$^{53-55}$siŋ· 音“醒（阳平）” 指把面和好后，停放一会儿，使其更柔软：馒头剂子揉好后要～再上笼

掐剂子 $tɕ‘iɑ^{213-24}tsi^{31-53}tsɿ^{·}$ ①把揉好的大面团用手揪成待用的小面团 ②克扣：每人十斤大米，分到手只有九斤，谁又在当中～了

撙剂子 $tsuẽ^{55}tsi^{31-53}tsɿ^{·}$ ①把已经分开的小面团（剂子）再缩小 ②克扣

揉剂子 $ʒou^{53}tsi^{31-53}tsɿ^{·}$ 揉搓剂子以备用

蒸馍馍 $tʃəŋ^{213}mə^{53-55}mə^{·}$ 蒸馒头

剁馅子 $tuə^{31}ɕiã^{31-53}tsɿ^{·}$ 用刀剁制馅料

下饺子 $ɕiɑ^{31}tɕiɔ^{55-213}tsɿ^{·}$ 煮水饺

擀面条 $kã^{55}miã^{31}t‘iɔ^{53}$ 用擀面杖手工擀制面条

下面条 $ɕiɑ^{31}miã^{31}t‘iɔ^{53}$ 煮面条

烙煎饼 $luə^{213-24}ȵiɑ^{213-31}ȵiŋ^{·}$ 在专制用具（鏊子）上摊制煎饼

摊煎饼 $tã^{213-24}ȵiɑ^{213-31}ȵiŋ^{·}$

锡煎饼 $t‘ɑ^{213-24}ȵiɑ^{213-31}ȵiŋ^{·}$ “锡”音同“塔” 将两片以上煎饼叠合，中间均匀地撒上调好的菜料烙熟，再折叠成筒状摁扁切段

沓煎饼 $tɑ^{213-24}ȵiɑ^{213-31}ȵiŋ^{·}$ 将煎饼折叠并摞在一起

打糊 $tɑ^{55}xu^{31}$ “糊”音同“户” 把淀粉用开水烫后搅拌成黏稠的糊状物，是烙纯高粱煎饼或制作粉条等时的粘和物

做糊豆 $tsou^{31}xu^{53-55}tou^{·}$ “做”音同“揍” 熬制稀饭

下锅 $ɕiɑ^{31}kuə^{213}$ 把米、面等放进开水锅里：连～的米都没有了｜肉切好了，还没～

烀锅子 $xu^{213-24}kuə^{213-31}tsɿ^{·}$ 把猪等动物宰杀后连同洗净的内脏一起放在锅里长时间地煮

烀猪头 $xu^{213-24}pfu^{213}t‘ou^{53}$ 把脱毛加工后的猪头放在锅里长时间地煮

腌咸菜 $iã^{213}ɕiã^{53}ts‘ɛ^{31}$ 腌渍各种蔬菜做副食品

烀咸菜 $xu^{213}ɕiã^{53}ts‘ɛ^{31}$ 把腌制的咸菜放在锅里加卤汁长时间地煮

走油 $tsou^{55}iou^{53}$ ①把含油脂的肉加热去掉油分：把猪肉～后就不腻了 ②用油炸制食品：把馒头走～，又香又脆 ③油炸食品因存放时间较长而失去了部分油分：丸子～了 ④油分自然析出：这花生～了

虏油 lu^{55}iou^{53} 把动物脂肪放在锅里加热提取油脂

焅油 kʻɔ^{31}iou^{53} “焅”音同“靠” 把油加热除去其中的水分等

焅锅 kʻɔ^{31}kuə^{213} 把食物放在锅里较长时间加热以除去多余的水分

起锅 tɕʻi^{55}kuə^{213} 把已熟的饭菜从锅里盛出来：红烧肉该～了

出锅 pfʻu$^{213-24}$kuə^{213}

抢锅 tsʻiaŋ^{55}kuə^{213} 用铁铲等除去紧贴在锅面上的黏连物

刷锅 fa$^{213-24}$kuə^{213} 用洗刷用具洗刷锅面上的残留物

戗锅 tsʻiaŋ^{53}kuə^{213} 用砖块等简单地将锅支起

攮酸浆 tsuã^{31}suã$^{213-24}$tsiaŋ^{213} 把酸浆储存在容器里备用

点豆腐 tiã^{55}tou$^{31-53}$fu· 用盐卤、石膏等点制豆腐的过程

捂豆腐 u^{55}tou$^{31-53}$fu· 将切成小块的豆腐放在容器里捂至发酵霉变，用来制作一种特殊味道的豆腐制品

捂豆子 u^{55}tou$^{31-53}$tsɿ· 将煮熟的豆子放在容器里捂至发酵霉变，用来制作一种特殊味道的豆制品

焐酱 u^{55}tsiaŋ^{31} ①把煮熟的大豆、小麦、煎饼等密封起来使其发酵霉变，用以做酱的原料 ②比喻天气闷热时居于密不透风的处所：大热的天，人多屋小，就像～一样

晒酱 ʃɛ^{31}tsiaŋ^{31} 晒制土酱

伏酱 fu^{53}tsiaŋ^{31} 把酱用油炒至微黄加水后熬制成绛红色酱汁的过程

酥菜 su$^{213-24}$tsʻɛ^{31} ①动词，把鱼、肉等裹上面糊放在沸油里烹炸的过程 ②名词，把鱼、肉等裹上面糊在热油里烹炸而成的食品

炸菜 tʃa^{53}tsʻɛ^{31} ① 把蔬菜放在开水里烫煮 ② 把肉、鱼等裹上面粉放入热油锅里烹炸

炸汤儿 tʃa^{31}tʻãr^{213} 把葱、姜等佐料放在锅里加油炒至微黄再加水制作料汤

砸蒜泥子 tsa^{53}suã^{31}mi$^{53-55}$tsɿ· “泥”音同“迷” 把大蒜去皮后捣碎成糊状物

掐蒜泥子 tɕʻia^{213}suã^{31}mi$^{53-55}$tsɿ·

冲茶 pfʻəŋ^{213}tʃʻa^{53} ①沏茶 ②倒茶水 ③把开水倒入暖水瓶

倒茶 tɔ^{31}tʃʻɑ^{53} 把开水或茶水倒入茶杯或碗里

打油 tɑ^{55}iou^{53} ①榨油 ②购买油品

打醋 tɑ^{55}ʦʻu^{31} 买醋

打酱油 tɑ^{55}ʦiɑŋ^{31}iou^{53} 买酱油

打香油 tɑ^{55}ɕiɑŋ^{213}iou^{53} 买芝麻油

轧碾 iɑ^{31}ȵiæ^{31} “轧”音同“压” 在碾上碾轧加工粮食等

推磨 tʻei$^{213-24}$mə^{31} 推动石磨加工粮食等

欠磨 tɕʻiã^{31}mə^{31} 把上层磨盘一边抬起，中间以木塞等支撑或将上层磨盘与底层磨盘错开，以使磨膛干燥或便于冲刷等

投膛 tʻou^{53}tʻɑŋ^{53} 磨粮即将结束时用糠秕等将磨膛里的存粮替换出来，以防精粮浪费

舂 pfʻɛ^{31} “舂”音“揣（去声）” 在碾或碓中碾轧给粮食脱皮或除去杂质等

舂粮食 pfʻɛ^{31}liɑŋ$^{53-55}$ʃʅ· 在碾或碓中碾轧给粮食脱皮或去除糠秕杂质等

舂谷子 pfʻɛ^{31}ku$^{213-31}$ʦɿ· 在碾或碓中碾轧给谷子脱皮

撇出来 pʻiə$^{213-31}$pfʻu· lɛ^{53} ①把液体表面的漂浮物轻轻地舀出：把米油～ ②剔除：不能把他～ ③显露：河水干了，鱼都～了

揭不开锅 tɕiə$^{213-31}$pu· kʻɛ$^{213-24}$kuə^{213} 已断炊，形容非常贫穷

蒸 tʃəŋ^{213} 放在蒸笼里靠蒸气蒸

烙 luə^{213} 在烧热的锅里或其他用具上加热至熟

锡 tʻɑ^{213} 音同“塔” 一种食品制作方法，把食物贴在加热的锅或鏊子上烙熟：～煎饼和～韭菜盒

熥 tʻəŋ^{213} 音“腾（阴平）” ①烘烤，烘干 ②放在鏊子上或锅里微火烙制：烙饼要～干些才好吃

爊 ɣɔ^{213} 长时间地煮或炖：中午～肉吃

熬 ɣɔ^{53} ①把食物放在水里长时间地煮：～稀饭 ②忍受，忍受，长时间等待：什么时候才能～到头？③很焦急地等待：放牛小子～日头

烀 xu^{213} ①长时间地熬煮：把排骨～得很烂 ②比喻关系特别贴近：他俩整天～在

一块 ③栽赃：那事不是我干的，你不要硬往我身上～

馇 ts'ɑ^{213}音同“插” 熬，煮：～米饭｜～猪食

馏 liou^{31} ①把饭菜放在笼屉里重新加热 ②热敷

炸 tʃɑ^{31} ①把蔬菜等放在开水里烫煮 ②放在热油锅里烹炸

炕 k'ɑŋ^{31} ①食物不紧靠火源，只利用其高温慢慢烘烤：～地瓜 ②物体不靠近火源，只利用其衡温使慢慢变化：～鸡｜～房 ③用坯、砖等砌成的可供睡觉的平台，下面有洞，冬季可以烧火取暖：土～ ④可用柴草加温的苗床：这地瓜苗是～秧子

燎 liɔ^{55} 放在火苗上短时间地烧烤：～的麦穗很好吃

泖 mɔ^{55}音同“卯” 为去掉肉的血腥味等，将其放在热水里稍煮

酥 su^{213} ①放在沸油里烹炸：～肉｜～鱼 ②松脆：这点心真～

包 pɔ^{213} ①把馅料放在面皮里做成饺子或包子的过程：～饺子 ②买（糕点等需要包装的物品）：给我～几斤点心 ③完全承揽：大～大揽 ④包扎：手破了，把手～上 ⑤包装：把课本～上 ⑥全部专用：～车 ⑦包裹：再～上一层被子

焯 pf'ə^{213}音同“戳（阴平）” 把蔬菜、鱼虾等放到开水里略烫即捞出

搦 nuə^{213}音同“挪（阴平）” ①用手握住挤压：～干菜里的水分 ②紧抓：他～住贼的胳膊不放手

炨 ɣou^{55}音同“偶” ①慢烧，柴草因潮湿等不容易着火：柴火太湿，光～不着 ②用麦糠、锯末等制造烟雾以驱除蚊蝇、传递信号等：～蚊子｜～狼烟 ③过去农村保留火种的方法之一：用碎草～火

拔 pɑ^{53} ①把东西浸泡在凉水里迅速降温：～西瓜 ②自下而上提起：把井绳～上来 ③从土里拉出：～花生 ④凑集：～钱

刮 kuɑ^{213} 舀，舀出：把水缸里的水～干净，再倒新水

舀 iɔ^{55} 用勺子类器具往外取：～水浇花

攉 xuə^{213}音同“豁” ①泼，倒掉（液体）：你把洗脚水～了 ②弄洒，洒落：筐里的粮食被你弄～了 ③倒掉：～垃圾 ④用盆、斗等排水：～汪｜～水

3. 起居

起床 tɕ'i^{55}pf 'ɑŋ^{53} 睡觉醒来后穿衣起身

爬迟 p'ɑ$^{53-55}$tʃ'ʅ· ①贬指起床：他刚从床上～起来 ②迅速起身：一见事情不妙，他～起来就走了 ③小孩子在地面上乱爬：这小孩到处胡～ ④隐指男女性交或牲畜交配：那个公猪正～母猪

解手 tɕiɛ$^{55-53}$ʃou^{55} 入厕

解大手 tɕiɛ^{55}tɑ^{31}ʃou^{55} 大便

拉屎 lɑ^{213}ʃʅ^{55}

屙屎 ɣə^{213}ʃʅ^{55}

解小手 tɕiɛ$^{55-53}$siɔ$^{55-53}$ʃou^{55} 小便

尿尿 ȵiɔ^{31}suei^{213}

方便 fɑŋ^{213}piã^{31} ①泛指大小便 ②没有阻碍，便利：他家在路边，上街很～

放屁 fɑŋ^{31}p'i^{31} ①肛门排除臭气 ②骂人话：指责别人胡说、乱说

擦腚 ts'ɑ$^{213-24}$tiŋ^{31} ①擦屁股 ②比喻处理别人遗留的问题：他闯了这么多祸，就靠他爸爸在后面给他～

扎古 tʃɑ$^{213-31}$ku· ①打扮：妈把她～得像一朵花 ②治病 ③修理

搽胭脂抹粉 tʃ'ɑ^{53}iã$^{213-31}$tʃʅ· mə$^{55-53}$fẽ^{55} 泛指女子化妆：她整天～地打扮

描眉画眼 miɔ^{53}mei^{53}xuɑ^{31}iã^{55} 指女子化妆精细全面

扎耳朵眼儿 tʃɑ^{213}ɭə$^{55-53}$tɔ· iɛr^{55} ①在耳垂上穿一小孔，以便佩戴耳坠 ②比喻接受教训：这样的当你不知上过多少回了，就是不～

扎头 tʃɑ^{213}t'ou^{53} 女性把长头发束成辫子或发髻等

剃头 t'i^{31}t'ou^{53} 理发

留头 t'iou^{53}t'ou^{53} 蓄发

刮胡子 kuɑ^{55}xu$^{53-55}$tsʅ· 剃须

留胡子 liou^{53}xu$^{53-55}$tsʅ· 蓄胡须

涮嘴 fã^{31}tsuei^{55} "涮"音同"饭" 漱口

刷牙 fɑ^{213}iɑ^{53}

梳头 fu^{213}t‘ou^{53} 梳理头发（包括打理各种发型）

挼纂 uə^{213}tsuã^{55} 女子盘纂

抹脸 mɑ^{213}liã^{55} “抹”音同“妈” ①用湿毛巾擦脸 ②隐指女性洗澡

抹澡 mɑ^{213}tsɔ^{55} 一种简单的洗澡方式，用湿毛巾等擦洗身体

睡觉 fei^{31}tɕiɔ^{31} ①睡眠 ②隐指性事

打哈闪儿 tɑ^{55}xə$^{213-31}$ʃɛr˙ “哈”音同“喝” 打哈欠：他困得直～

打呼 tɑ^{55}xu^{213} 打鼾：那人～真响

打呼噜 tɑ^{55}xu$^{213-31}$lu / lou˙

歪快 uɛ$^{213-31}$k‘uɛ˙ 斜躺着稍事休息：怪累得上，～一会

迷瞪 mi$^{53-55}$təŋ˙ ①眯起眼睛稍事休息 ②视觉模糊：我的眼睛有点～ ③昏厥：疼～了 ④眯着眼睛瞪人（色相）

趄 tɕ‘iə^{213} ①身体斜躺，斜卧：我趁着空～一会 ②睡：鸡刚叫，我再～一会儿

歪 uɛ^{213} ①斜躺着：俺累了，在床上～一会 ②倾斜：杨树叫刮～了 ③不正当的：～才｜～理

打盹儿 tɑ$^{55-53}$tuer^{55} 打瞌睡

打个麻拉眼儿 *tɑ^{55}kə˙ mɑ$^{53-55}$lɑ˙ iɛr^{55} / mɑ$^{53-55}$ləŋ˙ iã^{55} 合上眼睛稍事休息：实在困了，你就～再干

睡倒 fei^{31}tɔ^{213} 躺下：你～我给你盖上被子

通腿儿 t‘uŋ^{213}t‘er^{55} 两人合盖一条被子在床铺两端睡觉

一窝一铺 i$^{213-24}$uə$^{213-24}$i$^{213-31}$p‘u^{31} ①多人同睡在一张床上 ②隐指同居：他们没结婚就～地睡了

仰背 iɑŋ$^{55-213}$peï 脊背朝下躺倒：他一下子～地上去了

仰背叉 iɑŋ$^{55-213}$peï tʃ‘ɑ^{55} 指人仰面倒下四肢朝天的狼狈相

仰背牙儿 iɑŋ$^{55-213}$peï iɑr^{53} 仰卧，多为自由自在时的卧姿

仰背睡 iɑŋ$^{55-213}$peï fei^{31} 人仰面躺着睡觉

立楞睡 li$^{213-31}$ləŋ˙ fei^{31} 人侧着身子睡觉

做梦 tsou^{31}məŋ^{31} “做”音同“揍”

打瘾症 tɑ^{55}i$^{31-53}$tʃəŋ˙ ①做梦，梦呓 ②人言行失常

按虎子 ɣã$^{31-53}$xu˙ tsɿ˙ 梦魇

压虎子 iɑ$^{31-53}$xu˙ tsɿ˙

熬夜 ɣɔ^{53}iə^{31} 因事深夜甚至通宵忍困不眠

开夜车 k‘ε$^{213-24}$iə^{31}tʃ‘ə^{213} ①夜间开车 ②夜里工作

4．行

下湖 ɕiɑ^{31}xu^{53} 下地做农活等

收工 ʃou$^{213-31}$kuŋ^{213} 下班，多指在田间做农活或在工地做工结束：天不早了，该～了

家来 tɕiɑ^{213}lε^{53} 回家：他一下班就～了

家走 tɕiɑ^{213}tsou^{55}

家去 tɕiɑ$^{213-24}$tɕ‘i^{31} 到家里去：他嫂子～坐坐吧

抄小道儿 tʃ‘ɔ^{213}siɔ^{55}tɔr^{31} 走较近的小路：～上山

邀弯儿 iɔ$^{213-24}$uεr^{213} ①绕弯，绕道：我今天赶集～到你姥姥家去看看 ②编造理由：昨天说好了事情，他今天～不去了 ③说话不直接切入主题：有什么话直说，别～

绕弯儿 ʒɔ^{55}uεr^{213}

遛弯儿 liou$^{213-24}$uεr^{213} 遛一圈儿

逛悠 kuɑŋ$^{31-53}$iou˙ 遛达，走动：他整天在街上乱～

遛遛 liou^{213}liou˙ 慢慢地走走

遛 liou^{213} 慢慢走：那两口子天天早上～河沿

闲逛 ɕiã^{53}kuɑŋ^{31} 悠闲地随意走动

闲遛 ɕiã^{53}liou^{213}

遛 liou^{31} 牵着狗、牛或者提着鸟笼等慢慢走，以对其驯化：～狗｜～鹦鹉

逛街 kuɑŋ^{31}tɕiε^{213} 悠闲地到街市上走动

转转 pfã$^{31-53}$pfã˙ ①散步 ②把圆的东西转动

步崩儿 pu^{31}pɔ̃r^{213} 徒步：那么远，～什么时候才到？

步蹍儿 pu^{31}ȵiɛr^{55} “蹍”音同“辇” 步行：骑驴不知道～的

顶到 tiŋ^{55}tɔ^{31} 赶到：他迟到了，～就被村长狠狠批评了一顿

转向 pfã^{31}ɕiaŋ^{31} 迷失方向：人到新的地方肯～｜汽车三拐两拐就把我拐～了

掉向 tiɔ^{31}ɕiaŋ^{31}

掉梁子 tiɔ^{31}liaŋ$^{53-55}$tsɿ·

撒蹦 sa$^{213-24}$pəŋ^{213} 音同“仨崩” 放开腿脚快跑：他妈一喊，他～就跑

撒腿 sa^{213} t'ei^{55}

迸蹦 ʒəŋ$^{213-24}$pəŋ^{213} 音同“扔崩” 快速跑开：他刚刚吃完就～了

迸蹦二百八 ʒəŋ$^{213-24}$pəŋ^{213}ɭə^{31}pei$^{213-24}$pa^{213} 形容很快逃逸离开：看到父亲要打他，他～跑没影了

十五　伤病、医疗

1．一般用语

揍弄人 tsou$^{31-53}$luŋ· ʒẽ^{53} “弄”音同“笼” 外界环境、不洁的食物等对人体造成危害：这几天忽冷忽热，会～

莽弄人 tsaŋ$^{31-53}$luŋ· ʒẽ^{53}

莽送人 tsaŋ$^{31-53}$su· ʒẽ^{53} ①外界环境、不洁的食物等对人体造成危害：变质的食物～ ②诬陷人：你说这假话不是～吗？③断送、毁灭人：警惕官场腐败会～

有病 iou^{55}piŋ^{31} 患病

得症 tei$^{213-24}$tʃəŋ^{31}

得病 tei$^{213-24}$piŋ^{31}

毛病 mɔ$^{53-55}$piŋ· ①疾病 ②故障：车子出～了 ③坏习惯等：这个孩子～不少

生赖 ʃəŋ$^{213-24}$lɛ^{31} ①身体抗病能力差，易患病 ②因经常患病而身体瘦弱

生瘟 ʃəŋ$^{213-24}$uẽ^{213} ①得了瘟疫 ②骂人话：你去那～去了？

病病歪歪儿的 piŋ$^{31-53}$piŋ· uɛ$^{213-31}$uɛr· tï 形容因常年患病身体非常虚弱的样子：他整年家～的，什么活都不能干

病病怏怏的 piŋ$^{31-53}$piŋ· iaŋ$^{213-31}$iaŋ· tï

哼哼歪儿歪儿的 xəŋ$^{213-31}$xəŋ· uɛr$^{213-31}$uɛr· tï　形容人年事已高，身体不佳，整天气喘嘘嘘，行走困难

不出索 pu$^{213-24}$pf‘u$^{213-31}$suə·　身体患了疾病

不受用 pu$^{213-24}$ʃou$^{31-53}$yŋ·　①不舒服 ②嫉妒，不痛快：看到别人过得好，他就～

不舒坦 pu$^{213-24}$fu$^{213-31}$t‘ã·　①身患小病 ②身体不适：他今天～，就不去赶集了 ③心情不愉快

不妥当 pu^{213}t‘uə$^{55-213}$taŋ·　①生病 ②身体不舒服

不妥当 pu^{213}t‘uə^{55}taŋ^{31}　不合适，不恰当：那事这样办，我总觉得～

出故赤眼子 pf‘u^{213}ku$^{31-53}$tʃ‘ʅ· iã$^{55-213}$tsʅ·　①经常患些小毛病：这人经常～ ②故意生是非：他就会出～

噶喽 ka$^{53-55}$lou·　①打嗝并排出胃里的气体：吃萝卜～的味真难闻 ②骂人语，意为“放屁”

瑯糠 laŋ$^{53-55}$k‘aŋ·　身体虚弱，走路东倒西歪

　瑯榔糠糠的 laŋ$^{53-55}$laŋ· k‘aŋ$^{213-31}$k‘aŋ· tï

瓤 ʒaŋ^{53}　①身体虚弱：他大病一场，身子太～了，要好好调养 ②含水多而软：这面和得太～ ③能力差：他开车的技术不～ ④懦弱无能力：他可不是个～茬

虚 ɕy^{213}　①身体虚弱：那孩子身子太～了，不担得是非儿 ②与“实”相对：～假

还醒 xuã$^{53-55}$siẽ·“醒”音同“心”　①苏醒：眼看他不行了，还又～过来了 ②植物由萎蔫渐渐变得有生命力：小苗都蔫了，一浇水又～过来了

还阳 xuã^{53}iaŋ^{53}

佯活着 *iaŋ^{53}xə· tʃə·　①摄取很少的营养维持生命 ②指人厌食

着 pfə^{53}　①传染：医生说肝炎不会～人 ②燃烧：～火了 ③打开：你把电灯开～

唉 iɛ^{31}　呻吟

声唤 ʃəŋ$^{213-31}$xuã·　①呻吟：你老实躺着吧，～什么的？②百无聊赖：那人整天闲得～

药拿的 yə^{213}na$^{53-55}$tï“药”音同“月”　因用药不当或吃的药超过了剂量等，使行

为失常或肢体等造成了后遗症：他的嘴巴有点歪，听说是～

药篓子 yə^{213}lou$^{55-213}$tsɿ˙ ①采药时装药的筐篓 ②长期服药的慢性病人

药罐子 yə$^{213-24}$kuã$^{31-53}$tsɿ˙

见轻了 tɕiã^{31}tɕ'iŋ$^{213-31}$lɑ˙ 病情开始好转：他昨晚发烧，吃了点药，睡了一觉，就～

见功了 tɕiã^{31}kuŋ$^{213-31}$lɑ˙

见效了 tɕiã^{31}ɕiɔ$^{31-53}$lɑ˙

除根儿 pf'u^{53}ker^{213} ①彻底治愈：这种病很好治，一治就～ ②彻底铲除：斩草～

消肿 siɔ^{213}pfəŋ^{55} 肿胀消退

好利索了 xɔ^{55}li$^{31-53}$suə˙ lɑ˙ 病痊愈了

串皮 pf'ã^{31}p'i^{53} ①指酒或某些药物进入体内，作用明显散布到周身的皮肤里：喝点酒串～ ②看错了对象，弄错了事实，张冠李戴：这事我弄～了

发物 fɑ$^{213-31}$u˙ 能引起疾病复发或伤口发炎的食物：据说驴肉是大～

不投症儿 pu^{213}t'ou^{53}tʃər^{31} 因未对症下药而治疗无效：这种药～

水滴儿不搭牙儿 fei^{55}tier$^{213-24}$pu^{213}tɑ^{55}iɑr^{53} 形容病重得连水滴也喝不下去了：这些日子老人家已～了

2. 内科

拉肚子 lɑ$^{213-24}$tu$^{31-53}$tsɿ˙ 腹泻

肚子拉 tu$^{31-53}$tsɿ˙ lɑ^{213}

泚鞭杆子 ts'ɿ$^{213-24}$piã$^{213-24}$kã$^{213-31}$tsɿ˙ 严重腹泻

顺腚淌 fẽ^{31}tiŋ^{31}tɑŋ^{55} ①腹泻严重，稀便顺着屁股向外流 ②骂人话，比喻随意口吐污言秽语，脏话连篇

榨着了 tʃɑ$^{53-55}$tʃə˙ lɑ˙ 身体因受冷水、冰水的刺激而患病

激着了 tɕi$^{213-31}$tʃə˙ lɑ˙

冻着了 tuŋ$^{31-53}$tʃə˙ lɑ˙ 因着凉而引起感冒

闪着了 ʃã$^{55-213}$tʃə˙ lɑ˙ ①因脱衣服过猛过快等，使体温突然下降而伤风感冒

②因用力过猛等使身体部位受损伤：不小心，腰～

头疼脑热 t'ou^{53}t'əŋ^{53}nɔ^{55}ʒə^{213} 泛指轻微疾病：有点～的不要怕

发热 fɑ$^{213-24}$ʒə^{213} ①体温升高，发烧 ②秸秆霉变产生热量 ③考虑事情不冷静导致行为过激等：办事要冷静，不能头脑～

害冷 xɛ^{31}ləŋ^{55} 身体感到发冷的症状：感冒了浑身～

起鸡皮疙瘩 tɕ'i^{55}tɕi^{213}p'i^{53}kə$^{55-213}$tɑ˙ 因受冷、惊惧等，皮肤上出现像鸡皮状的疙瘩：天真冷，我浑身～丨我一听她那腔调就浑身～

咳嗽 k'ə$^{213-31}$suə˙ “嗽”音同“嗦”

齁包儿 xou$^{213-31}$pɔr˙ “齁”音“吼（阴平）” 气管炎

齁包子 xou$^{213-31}$pɔ˙ tsɿ˙ 哮喘病

胃气疼 uei^{31}tɕ'i^{31}t'əŋ^{53} 胃痛：天一冷，他的～又犯了

心口疼 siẽ^{213}k'ou^{55}t'əŋ^{53}

胀饱 tʃɑŋ$^{31-53}$pɔ˙ ①腹胀 ②张扬，显摆，目中无人：别看他暂时～得不轻，早晚得倒霉

垂臌 pf'ei$^{53-55}$ku˙ ①消化不良：吃了很多地瓜，肚子怪～得上 ②固执：那人可～了，不能打交道

醋心 ts'u$^{31-53}$siẽ˙ ①胃酸过多的症状 ②因失望而心里难受：本来满怀希望，结果弄了个～

莮心 li$^{53-55}$siẽ˙ “莮”音同“厘” 胃酸过多刺激胃壁有微痛感：晚上吃多了～

恶心 ɣə$^{55-213}$siẽ˙ ①要呕吐的感觉 ②厌恶，反感

哕 yə^{55} 呕吐：你喝多了，～了我一身

干哕 kã$^{213-31}$yə˙ 想呕吐但又吐不出来：他只是～，还吐不出来

往上撞 uɑŋ^{53}ʃɑŋ^{31}pfɑŋ^{31} ①因饮食不当等，食物在胃里翻腾要呕吐的感觉：吃的东西可能不合适，光～ ②向上顶撞：那人不识时务，硬～，活该倒霉

蒸骨痨 tʃəŋ$^{213-31}$ku˙ lɔ^{53} 肺结核：现在医学发达了，～很容易治好

发热的症 fɑ$^{213-24}$ʒə^{213}ti˙ tʃəŋ^{31}

烧汉子病 ʃɔ$^{213-24}$xã$^{31-53}$tsɿ˙ piŋ^{31} 女性患肺结核

痨病 lɔ$^{53-55}$piŋ· ①肺结核 ②气管炎

肺儿哧 fer$^{213-31}$tʃʻʅ· ①气喘嘘嘘：累得～～的 ②哮喘 ③形容事情难办，花费的精力大等：这事可真～

喘勒哈的 pfʻã$^{55-213}$lə· xɑ$^{53-55}$ti· 气喘嘘嘘：看来真是年龄大了，刚走几里路就～

迷眼儿不睁 mi^{53}iɛr^{55}pu$^{213-24}$tʃəŋ^{213} ①昏迷不醒 ②萎靡不振

发疟子 fɑ$^{213-24}$yə$^{213-31}$tsɿ· 患疟疾

打摆子 tɑ$^{55-53}$pɛ$^{55-213}$tsɿ·

出痘子 pfʻu$^{213-24}$tou$^{31-53}$tsɿ· 感染天花

出疹子 pfʻu^{213}tʃẽ$^{55-213}$sɿ· 感染麻疹

吓着了 ɕiɑ$^{31-53}$tʃə· lɑ· 惊风

结着了 tɕiə$^{213-31}$tʃə· lɑ· 患了肠梗阻：他经常酒后吃柿子，结果～

结症 tɕiə$^{213-24}$tʃəŋ^{31}

鱼鳞疮 y^{53}liẽ^{53}pfʻɑŋ^{213} ①食道癌 ②一种形如鱼鳞的皮肤病

脏症 tsɑŋ$^{213-24}$tʃəŋ^{31} ①性病的俗称 ②某些容易传染的疾病

瞎卜病 ɕiɑ$^{213-31}$pu / pɔ· piŋ^{31}

瞎卜症 ɕiɑ$^{213-31}$pu / pɔ· tʃəŋ^{31}

气臌 tɕʻi^{31}ku^{55} ①肝硬化 ②胸腹胀气

水臌 fei$^{55-53}$ku^{55} 肝腹水

黄病 xuɑŋ$^{53-55}$piŋ· ①黄疸病 ②因贫血面色发黄 ③农作物因缺肥水或灾害等植株泛黄

活抓活拿 xə^{53}pfɑ^{213}xə^{53}nɑ^{53} ①因受刺激等而神经错乱，乱抓乱挠大声喊叫 ②近乎疯狂地撒泼：你看她～的，谁得罪她了？

尿床 ȵiɔ^{31}pfʻɑŋ^{53} 遗尿：都那么大了，还～

赖尿 lɛ^{31}suei^{213} “尿”音同“虽”

跑马 pʻɔ$^{55-53}$mɑ^{55} ①遗精 ②赛马

肌爪 tɕi$^{213-31}$tʃɔ· 手指、脚趾等痉挛

抽筋儿 tʃʻou$^{213-24}$tɕier^{213} 肌肉痉挛：刚才他腿肚子～ | 一下水，腿就～了

掫筋儿 tʃou$^{55-213}$tɕier^{213} “掫”音同“肘”

 转筋 pfã^{31}tɕiẽ^{213}

转腿肚子 pfã^{31}tʻei^{55}tu$^{31-53}$tsɿ· 小腿部肌肉痉挛：他一听家里失火，简直吓～了

幺曳蛋 iɔ$^{213-24}$iə$^{213-24}$tã^{31} “幺曳”音同“腰叶” 斜疝

 通肠蛋 tʻuŋ^{213}tʃʻɑŋ^{53}tã^{31}

痰迷 tʻã^{53}mi^{53} ①精神病 ②精神病人

羊羔子疯 iɑŋ^{53}kɔ$^{213-31}$tsɿ· fəŋ^{213} ①癫痫病 ②癫痫病人

中暑 pfəŋ^{31}fu^{53} 因天气太热而出现头晕恶心等症状

 热晕了 ʒə$^{213-24}$yẽ^{213}lɑ·

蛤蟆瘟儿 xə$^{53-55}$mu· uer^{213} 腮腺炎

栗栗寝寝的 li$^{213-31}$li·tɕʻiẽ$^{53-55}$tɕʻiẽ·ti· 全身酸软无力颤巍巍的：我浑身～，没有一点力气

增寒辅冷的 tsəŋ$^{213-31}$xã· fu^{53}ləŋ$^{55-213}$ti· 因为感冒发烧等，身体一会热一会冷

虚肿烂胖 ɕy^{213}pfəŋ^{55}lã^{31}pʻɑŋ^{31} 浮肿

掉叠肚 tiɔ^{31}tiə$^{53-55}$tu· 脱肛

3. 外科

硬伤 iŋ^{31}ʃɑŋ^{213} ①人或物由于外力的撞击等而形成的伤 ②明显的缺陷或错误：那古董没有那点点～就更好了

出血 pfʻu$^{213-24}$ɕiə^{213} ①流血：仅仅碰破了皮，没有～ ②舍得（多指钱财）：他不是～的人 | 今天喝酒就得叫他～

蹿血 tsʻuã$^{213-24}$ɕiə^{213} 喷血：打得他鼻子嘴里往外～

血糊淋拉 ɕiə$^{213-31}$xu· liẽ^{53}lɑ^{213} 血肉模糊：那人的头被砸得～，真吓人

血块子 ɕiə$^{213-24}$kʻuɛ$^{31-53}$tsɿ· ①血液凝固成的块状物 ②很浓的血滴

刺猴子 tsʻi^{31}xou$^{53-55}$tsɿ· 一种皮肤上长的较硬且粗糙的乳头瘤，多出现在手

脚部

痣 tɕi^{31} 音同“记” 色素痣，多为红色或黑褐色：胎～

痦子 u$^{31-53}$tsɿ˙ 皮肤上隆起的痣，有红色或黑褐色等

疖子 tsiə$^{213-31}$tsɿ˙ “疖”音同“节” 疔疮

疥 tɕiɛ^{31} 疥疮：他身上长～了

疮 ʧ‘uɑŋ^{213} 泛指皮肤或黏膜上溃疡的各种疾病：～疤

长大疮 tʃɑŋ^{55}tɑ^{31}pf‘ɑŋ^{213} ①患梅毒 ②长大疔疮

鼓脓 ku^{55}nuŋ^{53} 疮、伤口等化脓即将鼓破流出

脓堵子 nuŋ^{53}tu$^{55-213}$tsɿ˙ 疔疮的脓块儿：把～挤出来就好了

皴 ts‘uẽ^{213} 音同“村” ①皮肤因受冻、干燥而粗糙干裂：刚到冬天手就～了 ②皮肤上积存的垢：那孩子手上都是～

倒戗子 tɔ^{31}ts‘iɑŋ$^{213-31}$tsɿ˙ “戗”音同“枪” 指甲根部皮肤出现的戗刺

青光眼 ts‘iŋ$^{213-24}$kuɑŋ^{213}iã^{55} 一种眼疾，即绿内障

鸡宿眼 tɕi$^{213-24}$sy^{213}iã^{55} 夜盲眼

雀午眼 ts‘uə^{213}u˙ iã^{55}

长橛眼 tʃɑŋ^{55}tɕyə$^{53-55}$iã˙ 眼部患麦粒肿

眼直钩的 iã^{55}tʃʅ^{53}kou$^{53-55}$ti˙ ①危重病人的眼神 ②定睛

耳背 ɭə^{55}pei^{31} 听力不好

耳沉 ɭə^{55}tʃ‘ẽ^{53}

咬牙 iɔ^{55}iɑ^{53} ①一种疾病，夜间咬磨牙齿 ②攀比：自己没有得到好处就～ ③憎恨的表情：他狠得～

生耳朵底子 ʃəŋ^{213}ɭə$^{55-213}$tɔ˙ ti$^{55-213}$tsɿ˙ “朵”音同“刀” 患中耳炎

倒牙 tɔ^{55}iɑ^{53} 因过酸的东西刺激使牙齿酸痛：吃山楂就肯～

木疙瘩 mu$^{213-31}$kə˙ tɑ^{213} ①因蚊虫叮咬等皮肤上出现的小肿块，常伴有瘙痒等感觉 ②砍伐后的树根或树墩

炥燎 p‘u$^{213-31}$liɔ˙ 皮肤被烧伤、烫伤、挤压、摩擦等而起的水泡：孩子烫得起了一身～

绺抽 liou$^{55-213}$tʃ'ou˙ 条状血印：他脸上划了好几道～

　绺处 liou$^{55-213}$pf'u˙

肌丁 tɕi$^{213-31}$tiŋ˙ 肌肉因故出现坚硬如丁的小块儿

大麻风 tɑ^{31}mɑ$^{53-55}$fəŋ^{213} ①麻风病 ②麻疯病人

蹍脚 ȵiã^{55}tɕyə^{213} 走路磨出了脚泡

发了 fɑ$^{213-31}$lɑ˙ ①伤口发炎 ②发了大财：这二年他做买卖～ ③发酵：这面～ ④发放：单位每人～三张澡票

磕疤儿 k'ə^{55}pɑr^{213} 结痂

　结疤儿 tɕiə$^{213-24}$pɑr^{213}

　定疤儿 tiŋ^{31}pɑr^{213}

瘸儿 tɕ'yər^{53} ①因腿残等，双腿不对称，走路歪斜：他走路有点～ ②缺点，错误，把柄等：这回可逮着他的～了

4. 其他

病秧子 piŋ^{31}iɑŋ$^{213-31}$tsʅ˙ 容易患病或常年患病的人：他家里有个～，脱不开身

　病包子 piŋ^{31}pɔ$^{213-31}$tsʅ˙

瘿脖子 iŋ^{213}pə$^{53-55}$tsʅ˙ ①甲状腺增生 ②甲状腺增生的人

豁子 xuə$^{213-31}$tsʅ˙ ①唇腭裂者的统称 ②豁口：碗打了个～

豁嘴 xuə^{213}tsuei^{55} ①唇裂 ②唇裂者

　兔子嘴 t'u$^{31-53}$tsʅ˙ tsuei^{55}

豁鼻子 xuə^{213}pi$^{31-53}$tsʅ˙ ①鼻裂 ②鼻裂者 ③像鼻子样的东西裂开：你给我的那把壶是个～

瞎 ɕiɑ^{213} ①眼睛失明：那人的眼睛～了 ②太，很：天～黑了｜棉花～轻｜麦穗～瘪 ③坏：这个小孩算是～了 ④不正派：这个女人算是～定了 ⑤没有根据的：他是～说 ⑥白白的、没有效果的：咱是～操心 ⑦下流：扒～话 ⑧腐烂：这个苹果～了 ⑨没有达到预期的目的：事情叫我办～了 ⑩变质了：这盆子菜～

瞎子 ɕiɑ$^{213-31}$tsʅ˙ 盲人

疙愣眼 kə$^{53-55}$ləŋ˙ iã^{55} ①因患眼疾等两只眼睛不对称或一只眼睛失明 ②故

意用一只眼睛看东西：瞄准要～

烂红眼子 lã^{31}xuŋ^{53}iã$^{55-213}$tsɿ˙ 因患眼疾而眼睛发红且眼眵过多甚至有些溃烂

乌娄眼子 u$^{213-31}$lou˙ iã$^{55-213}$tsɿ˙ 因患眼疾等眼部溃烂几近失明

斜眼儿 siə$^{53-55}$iɛr˙ 斜视

斜楞眼子 siə$^{53-55}$ləŋ˙ iã$^{55-213}$tsɿ˙

石妮子 ʃʅ$^{53-55}$ȵï tsɿ˙ 因生殖器官发育不良而不能生育的女性

咬舌子 iɔ^{55}ʃə$^{53-55}$tsɿ˙ 说话吐字不清，好像咬着舌头尖说话

咬喋子 iɔ^{55}tiə$^{53-55}$tsɿ˙

六指子 liou^{31}ʧʅ$^{213-31}$tsɿ˙ ①生有六个指头 ②生有六个指头的人

哑巴 iɑ$^{55-213}$pu˙ "巴"音同"卜" 哑巴

半哑子 pã^{31}iɑ$^{55-213}$tsɿ˙ ①说话很不清楚：都好几岁了还说不清，像个～ ②说话很不清楚的人

豁牙子 xuə^{213}iɑ$^{53-55}$tsɿ˙ ①牙齿有缺豁 ②牙齿有缺豁的人

龟腰子 kuei$^{213-24}$iɔ$^{213-31}$tsɿ˙ ①驼背 ②驼背的人：那个～走路可不慢

罗锅子 luə^{53}kuə$^{213-31}$tsɿ˙

瘸子 tɕʻyə$^{53-55}$tsɿ˙ ①腿瘸 ②瘸腿的人

蹒迟子 uɛ$^{53-55}$tʃʻʅ˙ tsɿ˙ "蹒"音"歪（阳平）" 完全不能行走，靠双手辅助用屁股慢慢挪动的残疾人

瞎爪子 ɕiɑ$^{213-24}$pfɑ$^{55-213}$tsɿ˙ ①手指残缺或手指不能伸直活动的手 ②手指有残缺的人

5. 医疗

药铺 yə$^{213-24}$pʻu^{31} "药"音同"月" ①药店的统称 ②泛指卫生室之类的医疗场所

看病 kʻã^{31}piŋ^{31} ①找医生诊病 ②医生给人诊病

扎古症 tʃɑ$^{213-31}$ku˙ tʃəŋ^{31} 治病

施维病 ʃʅ$^{213-31}$uei˙ piŋ^{31}

打针吃药 tɑ^{55}ʧẽ^{213}ʧʻʅ$^{213-24}$yə^{213} 泛指一般注射、静脉注射、服用各种药

物等医疗手段

试试脉儿 ʃʅ$^{31-53}$ʃʅ˙ mer^{213} 把脉，中医的一种诊断方法

摸摸脉儿 mə$^{213-31}$mə˙ mer^{213}

号脉儿 xɔ^{31}mer^{213}

抓药 pfu$^{213-24}$yə^{213} “药”音同“月” 买中药

汤药 tʻɑŋ$^{213-24}$yə^{213} / tʻɑŋ$^{213-31}$yə˙ 中药

药渣子 yə$^{213-24}$tʃɑ$^{213-31}$tsɿ˙ 中药煎熬服用后剩下的渣滓

药方子 yə$^{213-24}$fɑŋ$^{213-31}$tsɿ˙ 医生开的处方

药方儿 yə$^{213-24}$fɑ̃r^{213}

药单子 yə$^{213-24}$tã$^{213-31}$tsɿ˙

药力 yə$^{213-24}$li^{213} 药物的效力，药物对机体的作用大小：这种药～不小

药引子 yə$^{213-24}$iẽ$^{213-31}$tsɿ˙ 处方剂外的添加物，以增强药效：好多中药要用生姜做～

熬药 ɣɔ^{53}yə^{213} 煎制中药

入药 vu$^{213-24}$yə^{213} 可以做药物：葱、姜、蒜都可以～

一和 i$^{213-24}$xuə^{31} ① 一剂中药加水煎服一次 ② 衣服等洗一遍

揞 ɣã^{55} 音同“俺” 用外用散剂等敷在伤口上：～上点药面就好了

搽药面儿 ʧʻɑ^{53}yə$^{213-24}$miɛr^{31} 把外用散剂等敷在伤口上：他的手割破了，～包上

焐 u^{31} 用温度高的东西接触温度低的东西使其变暖：冬天，用热水袋～被窝暖和

焐汗 u^{55}xã^{31} 用烤、蒸等办法让身体出汗

捂汗 u^{55}xã^{31} 盖上棉被等让身体出汗

烫烫 tʻɑŋ$^{31-53}$tʻɑŋ˙ ①热水泡洗：崴了脚脖子用草药～就好了 ②放在开水里稍微焯一下：菠菜～就可以凉拌

针灸 ʧẽ^{213}tɕiou^{55} 中医的一种针疗方法

推拿 tʻei^{213}nɑ^{53} 中医的一种理疗方法

拿下 nɑ$^{53-55}$ɕi˙ “下”音同“兮” ①强制使不发生：那恶疮硬是几副中药～了

②攻克，除掉：碉堡叫八路军～了

挂吊瓶 kuɑ^{31}tiɔ^{31}p‘iŋ^{53} 静脉输液

打吊针 tɑ^{55}tiɔ^{31}tʃẽ^{213}

种痘子 pfəŋ^{31}tou$^{31-53}$tsɿ˙ 接种天花疫苗

打虫子 tɑ^{55}pf‘əŋ$^{53-55}$tsɿ˙ 用药物驱除人体内的寄生虫

洋糖 iɑŋ^{53}t‘ɑŋ^{53} 治蛔虫的宝塔糖

十六 红白事、迷信

1. 婚姻

说媒 fə^{213}mei^{53} 给人介绍对象

说亲 fə$^{213-24}$ts‘iẽ^{213}

提亲 t‘i^{53}ts‘iẽ^{213}

破媒 p‘ə^{31}mei^{53} 破坏拦阻他人的恋爱关系：～的事俺可不能干

相媒 siɑŋ^{213}mei^{53} 安排男女双方见面

相亲 siɑŋ$^{213-24}$ts‘iẽ^{213}

搞对象 kɔ^{55}tei^{31}siɑŋ^{31} 谈恋爱

跟人跑了 kẽ^{213}ʒẽ^{53}p‘ɔ$^{55-213}$lɑ˙ ①多指女子随男子私奔了：她到底还是～ ②因故随别人外逃了

相中 siɑŋ$^{213-24}$pfəŋ^{213} 看后心里满意：对象是他自己～的

作亲 tsuə$^{213-24}$ts‘iẽ^{213} 结成姻亲关系：过去～都讲究门当户对

成头儿 tʃ‘əŋ^{53}t‘our^{53} 指青年找到了对象：女儿到这还没～，如果碰到合适的，你给介绍介绍

定亲 tiŋ^{31}tɕ‘iẽ^{213} 确定婚姻关系

说婆家 fə^{213}p‘ə$^{53-55}$tɕi˙ “家”音同“吉” 给女子介绍对象

攀门户 p‘ã^{213}mẽ$^{53-55}$xu˙ 儿女婚姻竭力找有权势的人家

瞒岁 mã^{53}suei^{31} 隐瞒实际年龄

妥了 t‘uə$^{55-213}$lɑ˙ ①成功了：我给介绍的对象～ ②就绪：一切我都安排～

说妥 fə^{213}tʻuə^{55} 说合、介绍成功：那桩买卖我给～了

说上 fə$^{213-31}$ʃɑŋ˙

说妥老婆婆 fə^{213}tʻuə^{55}lɔ^{55}pʻə$^{53-55}$pʻə˙ 女方经人介绍与男方确立了婚姻关系

找主儿 tʃɔ$^{55-53}$pfer^{55} ①未婚男女找对象 ②寻找顾客：这批货我得～卖了

说媳妇 fə$^{213-24}$si$^{213-31}$fu˙ 给未婚男子介绍对象

说媳子 fə$^{213-24}$si$^{213-31}$tsʅ˙

团圆儿媳子 tʻuã$^{53-55}$yã˙ ɭə^{53}si$^{213-31}$tsʅ˙ 童养媳

团圆着 tʻuã$^{53-55}$yã˙ tʃə˙ 确立婚姻关系后因年龄太小不能结婚等原因，女孩先到男方家里一起生活着

合八字 xə^{53}pɑ^{213}tsi^{53} 男女双方在确立恋爱关系或结婚前让算命先生测算男女的生辰等，看是否有不宜结婚的禁忌

合年命 xə^{53}ȵiã$^{53-55}$miŋ˙ 意近“合八字”，旧时婚俗之一，在“父母之命，媒妁之言”的前提下，算命先生根据男女双方的生辰八字，推算是否适合婚配

合不着 xə$^{53-55}$pu˙ pfə^{53} ①不宜婚配：他俩～ ②不合算，划不来

命摊的 miŋ^{31}tʻã$^{213-31}$ti˙ 命中注定的：孬好都是～

缘分 iã$^{53-55}$fẽ / fã˙ 脾气相合，兴趣相投

相克 siɑŋ$^{213-24}$kʻei^{213} “克”音同“剋” “五行”之中互相制约、互相抑制之意，是乡村婚姻中的忌讳：论属相他俩不～

见面礼 tɕiã^{31}miã^{31}li^{55} ①男女相亲确立恋爱关系后互送的礼品 ②亲朋好友等相约见面时相互送的礼品

过红 kuə^{31}xuŋ^{53} 男女确定婚姻关系后，男方要筹备礼品、衣物等，用红布包裹，择日送给女方，一是作为确立恋爱关系的凭据，二是表示双方家庭已正式结亲

下柬子 ɕiɑ^{31}tɕiã$^{55-213}$tsʅ˙ 男女确立婚姻关系约定即将结婚时，男方郑重筹备礼品送给女方，以向女方表达要结婚之意

下福子 ɕiɑ^{31}fu$^{213-31}$tsʅ˙ 在男女即将结婚的前一两天，男方将女方出嫁时穿戴的衣物（过去为红色棉裤、棉袄，现在多为红色时装）连同女方出嫁的具体时间、

时辰等专人送给女方

下衣裳 ɕiɑ^{31}i$^{213-31}$ʃɑŋ / xɑŋ˙

传启 pf‘ã^{53}tɕ‘i^{55}

下日子 ɕiɑ^{31}ʒʅ$^{213-31}$tsɿ˙

送日子 suŋ^{31}ʒʅ$^{213-31}$tsɿ˙

盒旗子 xə^{53}tɕ‘i$^{53-55}$tsɿ˙ 抬盒，较大的木制多层礼盒，内装礼品，由两人抬着送到当事人家里，以示排场

包袱 pɔ$^{213-31}$fu˙ ①民间习俗，男方向女方所送的、用红布包裹的聘礼，取其“包富”的谐音 ②包裹 ③比喻人们精神上的负担：你心里不要有什么～

包袱皮子 pɔ$^{213-31}$fu˙p‘i$^{53-55}$tsɿ˙ 呈正方形印有吉祥图案的布块，用来包裹布料、衣物等

彩礼 ts‘ɛ$^{55-53}$li^{55} 确定婚姻关系后，男方送给女方的衣物、首饰等礼品

四色礼 sɿ^{31}ʃei^{213}li^{55} 民间习俗之一，男方给女方下聘礼及婚前婚后和重要节日，给女方送的较重的礼物，其中肉、鱼、鸡、粉条、糕点必备，故名

滤日子 lu^{31}ʒʅ$^{213-31}$tsɿ˙ 选择结婚的吉庆日期

下帖子 ɕiɑ^{31}t‘iə$^{213-31}$tsɿ˙ 送请柬

退红 t‘ei^{31}xuŋ^{53} 男女恋爱后，女方反悔，需把男方聘礼退还，以示解除婚约

盘头 p‘ã^{53}t‘ou^{53} 多指为新娘子设计、打理发型

开脸儿 k‘ɛ^{213}liɛr^{55} 女子出嫁前用丝线绞净脸上的绒毛并修眉

喜期 ɕi^{55}tɕ‘i^{213} 婚礼前后的日期

新女婿 siẽ^{213}ȵy$^{55-213}$su˙ 新郎

新媳子 siẽ$^{213-24}$si$^{213-31}$tsɿ˙ 新娘子

娶媳子 ts‘y^{55}si$^{213-31}$tsɿ˙ 娶新娘

出门子 pf‘u^{213}mẽ$^{53-55}$tsɿ˙ 女子出嫁

过门儿 kuə^{31}mer^{53} ①女子已嫁到婆家 ②声乐曲中常用叠句或副歌构成的短器乐乐段

成亲 tʃ‘əŋ^{53}tɕ‘iẽ^{213} 结婚：他三十好几了还没～

卷席 tɕyã^{55}si^{53} ①民间婚俗礼仪之一：女子出嫁到婆家下轿时有专人在地上铺好两张席子让其在上面走过，踏上第二张席子时，再由专人把第一张席子卷起接着铺到第二张席子的前面，两张席子交替卷铺，直至新娘子在席上走到举行婚礼的地方 ②把席子卷起来

按烟 ɣã^{31}iã^{213} ①民间婚俗礼仪之一，女子出嫁到婆家后，将事先购置或自制的烟斗、烟包等送给丈夫的爷爷、伯父、叔叔等，同时将烟丝或烟末装进烟斗点燃供吸用，以示对长辈敬重 ②把烟丝或烟末装进烟斗

完婚 uã^{53}xuẽ^{213} 举行完婚礼

拜天地 pɛ^{31}t‘iã$^{213-24}$ti^{31} 举行婚礼时拜天、拜地、拜父母的仪式

嫁妆 tɕia$^{31-53}$pfaŋ˙ 专指女方陪嫁的家具、被褥、生活用品等

打嫁妆 ta^{55}tɕia$^{31-53}$pfaŋ˙ 为女儿做出嫁时陪送的家具

抬嫁妆 t‘ɛ^{53}tɕia$^{31-53}$pfaŋ˙ 女方家找亲朋好友抬着嫁妆送新娘出嫁

陪送 p‘ei$^{53-55}$suŋ˙ 陪嫁

倒插门 tɔ^{31}tʃ‘a^{213}mẽ^{53} 女娶男

　倒顶门 tɔ^{31}tiŋ^{55}mẽ^{53}

招养老婿 tʃɔ^{213}iaŋ$^{55-53}$lɔ^{55}su^{31} 女子为赡养父母，将男方娶到家中

养老婿 iaŋ$^{55-53}$lɔ^{55}su^{31} 被女方娶到家中赡养父母的男子

新房 siẽ^{213}faŋ^{53} 结婚用的房子

铺床 p‘u^{213}pf‘aŋ^{53} 民间婚俗之一，婚礼前男方请一两位儿女双全的女性对新房内的床铺进行铺设布置，被褥四角放上花生、枣、栗子等，谐意“早生贵子”

滚床 kuẽ^{55}pf‘aŋ^{53} 婚礼前一夜由男方的晚辈男孩子睡在新床上，以祈早日得子

坐床 tsuə^{31}pf‘aŋ^{53} 民间婚俗之一，女子出嫁进洞房后不得乱走动或坐到其他地方，要端坐在婚床上，以接受亲朋好友的祝福或晚辈们的嬉闹

忌床 tɕi^{31}pf‘aŋ^{53} ①夫妻分开居住：俺俩口子早～了 ②隐指禁止性交或断绝性交：你这病，得～

分床 fẽ^{213}pf‘aŋ^{53} ①夫妻分床而卧 ②孩子们小的时候跟随父母同床而卧，等长大了则分开床铺睡觉：孩子大了，该～了

行人情 ɕiŋ^{53}ʒẽ^{53}ts‘iŋ^{53} 亲朋好友家有婚丧嫁娶事宜时送礼：～是家庭中一项大开支

行份子 ɕiŋ^{53}fẽ$^{31-53}$tsɿ˙

随份子 suei^{53}fẽ$^{31-53}$tsɿ˙ 随着他人送上一份礼

补人情 pu^{55}ʒẽ^{53}tɕ‘iŋ^{53} 报答或弥补别人对自己的恩惠或情谊，也指人情来往：他为咱出了这么大的力，得去他家～｜国庆节前后结婚的太多了，单～就花了两千多元

还人情 xuã^{53}ʒẽ^{53}tɕ‘iŋ^{53} 以前别人给自己送过礼，待别人有喜、丧事宜时送还，又称“还礼”

封喜礼 fəŋ^{213}ɕi$^{55-53}$li^{55} 送贺礼

喜幛子 ɕi^{55}tʃaŋ$^{31-53}$tsɿ˙ 为祝贺婚礼而赠送的一种礼品，以前多为一幅花布或床单，其上贴上写有贺词的彩纸，悬挂在喜宴客厅里，现多为毛毯、被单之类

喜条子 ɕi^{55}t‘iɔ$^{53-55}$tsɿ˙

幛心子 tʃaŋ^{31}siẽ$^{213-31}$tsɿ˙ 粘贴在喜幛子上的写有祝贺词句的彩纸

装柜 pfaŋ$^{213-24}$kuei^{31}/ pfaŋ^{31}kuei^{31} “装”音同“撞” 女子出嫁的前天晚上，由姑母、姨母、大娘、婶子等至亲将赠送的点心、钱物等装入嫁妆的柜子里

送亲 suŋ^{31}ts‘iẽ^{213} ①女子出嫁时，由亲朋好友和“男大客”、“送女客”等一起相送 ②将亲戚送出或送回

迎亲 iŋ^{53}tɕ‘iẽ^{213} ①男方邀请相应人员迎接新娘和送新娘的客人 ②迎接亲戚到来

填箱 t‘iã^{53}siaŋ^{213} 女子出嫁时，亲朋好友前去送礼庆贺

馃盒 kuə$^{55-213}$xə^{53} 点心装在盒子里，外面包上彩纸，送给出嫁者做贺礼

安客 ɣã$^{213-24}$k‘ei^{213} “客”音同“剋” 事先邀请客人赴宴

叫客 tɕiɔ^{31}k‘ei^{213} ①儿娶女嫁时将亲朋好友接到家里一同祝贺 ②请客人赴宴 ③结婚后（一般为三天），由女方兄弟等接送新娘子回娘家

请客 ts‘iŋ^{55}k‘ei^{213} 邀请、宴请客人

点客 tiã^{55}k‘ei^{213} ①清点来的客人 ②指名邀请某些客人

划客 xua$^{213-24}$k‘ei^{213} 将客人根据亲疏远近及性别等具体划分以便宴请招待

大客 tɑ^{31}k‘ei^{213} 女子出嫁时随之相送的伯父、叔叔和舅父等

送女客 suŋ^{31}ȵy^{55}k‘ei^{213} 女子出嫁时随之相送的伯母、婶母等

小客 siɔ^{55}k‘ei^{213} 女子出嫁时随之相送的除“大客”、“送女客”以外的人

应客 iŋ$^{213-24}$k‘ei^{213} 儿娶女嫁时接收亲朋好友的贺礼并宴请

大应客 tɑ^{31}iŋ$^{213-24}$k‘ei^{213} 儿娶女嫁等时，凡亲朋好友、邻里等不分远近亲疏，只要前来祝贺，礼金多少全部接受并宴请

陪客 p‘ei^{53}k‘ei^{213} ①男方结婚招待女方客人时，根据身份对应相陪 ②泛指平常陪客人吃饭

稀客 ɕi$^{213-24}$k‘ei^{213} 不常来往的客人：什么风把你这～给刮来了？

瞧客 tɕ‘iɔ^{53}k‘ei^{213} 女子婚后第二天，娘家派来看望的客人

宿客 su$^{213-24}$k‘ei^{213} 主人留客人在家宿夜

眷客 tɕyã^{53}k‘ei^{213} 女子出嫁到达男方家时，随送的“大客”便在男方“陪客”的迎接陪同招待下驻足等候或到某处暂以烟茶等伺候，以待男方派专人及乐队相迎赴宴

开桌 k‘ɛ$^{213-24}$pfə^{213} ①宴席开始 ②设宴席招待客人：来了不少客，咱今天得～丨给他家干活招待得真好，顿顿～

开席 k‘ɛ^{213}si^{53} ①宴席开始：还没～你怎么先吃上了？②专设宴席招待众人

坐席 tsuə^{31}si^{53} 赴宴

起席 tɕ‘i^{55}si^{53} 赴宴者吃喝完毕起身离开

八大碗 pɑ$^{213-24}$tɑ^{31}uã^{55} 一种民间宴席，大多是四小碟凉菜和八大碗鸡、鱼、肉等热菜，故名

吃八大碗 tʃ‘ʅ$^{213-24}$pɑ$^{213-24}$tɑ^{31}uã^{55} 泛指民间赴宴

叨着 tɔ$^{213-31}$tʃə· 客套话，劝客人夹菜吃：来，～，别客气

逗嘴 tou^{31}tsuei^{55} 接吻

　亲嘴儿 tɕ‘iẽ^{213}tsuer^{55}

闹房 nɔ^{31}fɑŋ^{53} 结婚当晚晚辈到新房嬉闹取乐

听房 t‘iŋ^{213}fɑŋ^{53} 偷听新婚夫妇的悄悄话

讹新媳子 ɣə^{31}siẽ$^{213-24}$si$^{213-31}$tsɿ˙ 婚礼期间，晚辈们嬉闹新娘子以取乐

蒙头红子 məŋ^{53}t'ou^{53}xuŋ$^{53-55}$tsɿ˙ 红盖头

回门 xuei^{53}mẽ^{53} 女子出嫁的次日由丈夫陪同回娘家报平安

过对九 kuə^{31}tuei^{31}tɕiou^{55} 女子出嫁三天后由其娘家兄弟接回住六天送回，也有在婆家、娘家各过九天的风俗

长趟子 tʃ'ɑŋ^{53}t'ɑŋ$^{31-53}$tsɿ˙

三天忙儿 sã$^{213-24}$t'iã^{213}mãr^{53} 女子婚后第三天便被叫回娘家，过三天再回婆家，代替“过对九”

短趟子 tuã^{55}t'ɑŋ$^{31-53}$tsɿ˙

打离婚 tɑ^{55}li^{31}xuẽ^{213} 到婚姻登记或司法机关诉讼离婚或办离婚手续

闹离婚 nɔ^{31}li^{31}xuẽ^{213} 夫妇因感情不和等争吵离婚

离婚不离门 li^{31}xuẽ^{213}pu$^{213-24}$li^{31}mẽ^{53} 法律上办了离婚手续，但男或女方还在另一方家里生活

冲喜 pf'əŋ^{213}ɕi^{55} 旧时的一种迷信风俗，未婚男女久病不愈，可采取尽快结婚来驱邪治病

妨 fɑŋ^{213} 男女相克：那个女人～男人

趄二道门槛子 tʃ'ɔ^{31}ɭə^{31}tɔ^{31}mẽ^{53}tɕ'iã$^{31-53}$tsɿ˙ “槛”音同“欠” 妇女改嫁

露水夫妻 lu$^{31-53}$feï fu$^{213-24}$ts'i^{213} ①短暂的、临时的、不是名正言顺的、关系易于破裂的夫妻 ②暂以夫妻名义一起生活，一遇风吹草动便各奔东西的“夫妻”

绝户 tsuə$^{53-55}$xuə˙ 无子嗣

守寡 ʃou$^{55-53}$kuɑ^{55} 妇女死了丈夫后独居不嫁

守节 ʃou^{55}tsiə^{213}

寻主儿 ɕiẽ^{53}pfer^{55} “寻”音“信（阳平）” 嫁人（多指二婚）：那个女人又～了

替儿嫌妻 t'i^{31}ɭə^{53}ɕiã^{53}ts'i^{213} ①代替儿子指责、嫌弃媳妇 ②父母以自己的好恶为儿子择偶 ③比喻多管闲事

2. 生育

生 ʃəŋ^{213} ①生育：～孩子 ②生长：～芽 ③活着，生存，活的：起死回～｜～物 ④生命：舍～取义 ⑤生平，一辈子：今～今世 ⑥生计，谋生方法：～意 ⑦不熟：～瓜｜夹～饭 ⑧产生，发生：～气｜～病 ⑨陌生：人～地不熟 ⑩很，非常：～疼 ⑪某些指人的名词后缀：学～｜医～

娃娃证 uɑ$^{53-55}$uɑ˙ tʃəŋ^{31} 国家计划生育部门批准的《准生证》

积姆 tsi$^{213-31}$mu˙ 骂人话，生养：你爹娘怎么～你这个货！

见红 tɕiã^{31}xuŋ^{53} ①新婚夫妇第一次同房女子处女膜破裂下身流出鲜血 ②女子月经前兆

瞎卜事儿 ɕiɑ$^{213-31}$pu˙ ʃer^{31} ①不好的事 ②隐指男女间的房事

悖儿悖儿的 per$^{213-24}$per$^{213-31}$tï 男女性交时的情形或声音，多用来骂人或发誓：我要是骗你～

偎儿偎儿的 uer$^{213-24}$uer$^{213-31}$tï

有了 iou$^{55-213}$lɑ˙ ①怀孕了 ②指生了孩子：她又～个男孩 ③获取，存在：他这些年～一些积蓄

有喜了 iou$^{55-53}$ɕi$^{55-213}$lɑ˙ 怀孕了

揣上了 pfʻɛ$^{55-213}$ʃɑŋ˙ lɑ˙ 人或牲畜怀孕

嫌饭 ɕiã^{53}fã^{31} 妊娠期间出现呕吐、厌食等反应，即妊娠反应

喜病 ɕi^{55}piŋ^{31} 妊娠期呕吐、厌食等症状：她得的是～

双身子 fɑŋ$^{213-24}$ʃẽ$^{213-31}$tsʅ˙ 隐指孕妇或孕妇的身体：她现在是～，不能剧烈活动

蠢 pfʻẽ^{55} ①妇女怀孕后，肚子挺得相对大，且变得行动迟缓：她怀孕才几个月就那么～了 ②愚蠢：甭理那个～货

开怀儿 kʻɛ^{213}xuɛr^{53} 女子第一次生孩子

坐月子 tsuə^{31}yə$^{213-31}$tsʅ˙ 妇女生产后一个月内的休养恢复

有小孩儿 iou$^{55-53}$siɔ^{55}xɛr^{53} ①生孩子：她～啦，不能下床 ②已经有了孩子

养护 iɑŋ$^{55-213}$xu˙ ①生育 ②抚养

接生 tsiə$^{213-24}$ʃəŋ^{213} 助产士助产

生人 ʃəŋ^{213}ʒẽ^{53} ①小孩出生 ②陌生人

拾了 ʃʅ$^{53-55}$lɑ˙ 生孩子了

大喜 tɑ^{31}ɕi^{55} 隐指生了个男孩

小喜 siɔ$^{55-53}$ɕi^{55} 隐指生了个女孩

出红子 pfʻu^{213}xuŋ$^{53-55}$tsʅ˙ 生孩子的人家在家门口挂上红布条等吉祥物（生男孩的加上树枝、秫秸等制作的弓箭等）

满月 mã^{55}yə^{213} 小孩出生满一个月

送米糖 suŋ^{31}mi$^{55-213}$tʻɑŋ˙ 民俗之一，女子生孩子后，其娘家及其亲属要在一定时间内送去米面、糖、鸡蛋等营养品及小孩的衣物、玩具等，男方要郑重接待，甚至大摆筵席

送粥米 suŋ^{31}pfu$^{213-31}$mi˙ “粥”音同“朱”

喜糖 ɕi^{55}tʻɑŋ^{53} 订婚、结婚、生孩子、盖新屋、迁新居等喜庆的日子，招待亲友的糖果：吃～

头生 tʻou$^{53-55}$ʃəŋ˙ 第一个孩子

头生孩儿 tʻou$^{53-55}$ʃəŋ˙ xɛr^{53}

一对双生 i$^{213-24}$tei^{31}fɑŋ$^{213-31}$ʃəŋ˙ 双胞胎

下奶 ɕiɑ^{31}nɛ^{55} ①女子生孩子后乳房开始分泌乳汁 ②哺乳动物产前奶头鼓胀：老母猪已～了

下饭 ɕiɑ^{31}fã^{31} ①乳房开始分泌乳汁：她生孩子三天就～了 ②食欲好，食物容易下咽：肚饥好～

搽奶 tʃʻɑ^{53}nɛ^{55} 人或动物在哺乳期间，因饮食不当等乳汁停止分泌：民间有吃槐花～的说法

回奶 xuei^{53}nɛ^{55} 已分泌乳汁的乳房因故不再分泌乳汁

掐奶 tɕʻiɑ^{213}nɛ^{55} ①断奶：孩子好几岁了，该～了 ②戏称切断供应

吃馍儿 tʃʻʅ^{213}mər^{53} 吃奶

吃尕 tʃʻʅ^{213}kɑ^{53} 吃奶（流行于县域西南部）

咽馍儿 kuə⁵⁵mər⁵³ 婴儿吸奶

月子揍弄的 yə²¹³⁻³¹tsɿ˙ tsou³¹⁻⁵³luŋ˙ tï “弄”音同“笼” 因分娩时不注意休息、劳累等导致的疾病：她这一身病都是～

小月子 siɔ⁵⁵yə²¹³⁻³¹tsɿ˙ 小月份流产

小产 siɔ⁵⁵⁻⁵³tʃʻã⁵⁵

搁着了 tʃou²¹³⁻³¹tʃə˙ la˙“搁”音同“肘” 妇女怀孕期间不慎扭了腰部造成小产

掉了 tiɔ³¹⁻⁵³la˙ ①自然流产 ②丢了：我的钱包～

揣孩子 pfʻε⁵⁵xε⁵³⁻⁵⁵tsɿ˙ 用衣襟将孩子裹住抱在胸前

单鹁鸽生 tã²¹³pu⁵³⁻⁵⁵kə˙ ʃəŋ²¹³ 女子在不采取节育措施的情况下一生只生了一个孩子

二生 ɭə³¹⁻⁵³ʃəŋ˙ ①第二胎：她这是～ ②生的第二个孩子

带环儿 tε³¹xuεr⁵³ 女子放置避孕环

上环儿 ʃaŋ³¹xuεr⁵³

讨小孩儿 tʻɔ⁵⁵⁻⁵³siɔ⁵⁵xεr⁵³ ①因家境贫困，把生下来的孩子送与别人喂养 ②抱养、领养婴幼儿

把 pa⁵⁵ 从后面托起小孩儿的屁股，使两腿分开，以利拉屎撒尿

腹了没爷儿 fu²¹³⁻³¹la˙ mu⁵³yər⁵³ 遗腹子

拉哺 la²¹³⁻³¹pu˙ 喂养，抚养：～个孩子真不容易

拉哺孩子 la²¹³⁻³¹pu˙ xε⁵³⁻⁵⁵tsɿ˙ ①抚养孩子：父母～好辛苦 ②生育：她一辈子没～

络索人 luə⁵³⁻⁵⁵suə˙ ʒẽ⁵³ 纠缠，缠绵，缠磨：这小孩肯～

叨渎人 tɔ²¹³⁻³¹tu˙ ʒẽ⁵³ 小孩、病人等过分麻烦人：这小孩很会～

不下脚儿 pu²¹³⁻²⁴ɕia³¹tɕyər²¹³ 儿童淘气，不愿下地走路

不下架 pu²¹³⁻²⁴ɕia³¹tɕia³¹

趴马嘎 pa³¹ma⁵⁵ka²¹³ 双膝跪地、两手着地爬行

淘觉 tʻɔ⁵³tɕiɔ³¹ 多指孩子不愿睡觉或睡觉易醒

冒话儿 mɔ³¹xuar³¹ 儿童刚刚要会说话

逗匪 tou^{31}fei^{55} 引导婴幼儿两手食指相对，用来逗其嘻笑等

投胎 tʻou^{53}tʻɛ^{213} 骂人话，意即再投到胎中

脱生 tʻuə$^{213-31}$ʃəŋ˙ ①骂人话，意即重新投胎生成别的物种 ②迷信指人死后，其灵魂又转生世间：来生千万别～男人

下生 ɕiɑ^{31}ʃəŋ^{213} ①出生 ②骂人话：你上哪里～去了？

揣 pfʻɛ^{55} ①揣抱，用衣襟包裹着抱着：～孩子｜怀里～两瓶酒 ②揣测，猜测：我到底没～摹透这个事

护窝子 xu^{31}uə$^{213-31}$tsɿ˙ 形容人或动物溺爱、袒护自己的后代：那个女人～

　护犊子 xu^{31}tu$^{53-55}$tsɿ˙

惯 kuã^{31} ①娇惯、溺爱、放纵：那孩子叫他～坏了 ②习以为常：他偷人偷～了

疼 tʻəŋ^{31} ①疼爱：她打心里～那个小的 ②疼痛：伤口还很～吧？③心里舍不得：看到别人用他一点东西，他就～得慌

刹身子 ʃɑ$^{213-24}$ʃẽ$^{213-31}$tsɿ˙ 儿童或青少年处在快速生长期，身材高了，身体却由胖变瘦了：这孩子～了，要长个子

3. 寿辰

生人 ʃəŋ$^{213-31}$ʒẽ˙ ①诞辰，生日 ②陌生人

过生人 kuə^{31}ʃəŋ$^{213-31}$ʒẽ˙ 庆贺生日

做寿 tsuə^{31}ʃou^{31} 给老人过生日

　祝寿 pfu^{31}ʃou^{31}

寿星 ʃou^{31}siŋ^{213} 对长寿老人的尊称

拜寿 pɛ^{31}ʃou^{31} 祝寿时给老人行礼

大寿 tɑ^{31}ʃou^{31} 人五十岁后每隔十年的寿辰：八十～

寿礼 ʃou^{31}li^{55} ①祝寿的礼品 ②祝寿的仪式

寿联 ʃou^{31}liã^{53} 祝寿时贴的楹联

寿面 ʃou^{31}miã^{31} 给老人过生日做的面食

寿限 ʃou$^{31-53}$ɕiã˙ 寿数

　寿仙 ʃou$^{31-53}$siã˙

折寿 tʃə$^{213-24}$ʃou^{31} 折损寿命

损寿 suẽ^{55}ʃou^{31}

折寿限 tʃə$^{213-24}$ʃou$^{31-53}$ɕiã / siã˙ 折损寿命：做坏事～

4．丧葬

棺材瓤子 kuã$^{213-31}$tsʻɛ˙ ʒɑŋ$^{53-55}$tsɿ˙ 比喻体弱多病随时可能死去的人

旬头儿 suẽ$^{53-55}$tʻour˙ 人寿命的临界点，民间有“七十三，八十四，阎王不叫自己去”的说法：他老两口已是到了～的人了

老 lɔ^{55} ①年纪大了：人～就得儿女多照顾 ②“死”的讳称：他母亲去年～ ③与“嫩”相对：黄瓜太～了 ④加热过火了：牛肉煮～了咬不动 ⑤很，极，最：他～早就知道调动的事丨他家的东西～鼻子了 ⑥总是，经常：他～是迟到 ⑦做词缀：～张丨～头儿

夭 iɔ^{213} 未成年人死亡

没了 mu$^{53-55}$lɑ˙ ①未成年人死亡 ②“死”的讳称 ③不存在了：小狗昨天～丨家里的钱花～

死了 sɿ$^{55-213}$lɑ˙ ①死亡，与“生”相对 ②表示程度很深、很重：急～丨热～丨想～丨笑～

走了 tsou$^{55-213}$lɑ˙ ①“死”的讳称：爷爷奶奶去年都～ ②女儿出嫁了：她闺女～好几年了 ③离开：他刚刚～有五分钟

归天了 kuei$^{213-24}$tʻiã$^{213-31}$lɑ˙ “死”的委婉说法

老了人了 lɔ$^{55-213}$lɑ˙ ʒẽ$^{53-55}$lɑ˙ 死了人了

捯气儿 tɔ^{31}tɕʻier^{31} 人临死前喘气只呼不吸

闭气 pi^{31}tɕi^{31} ①停止呼吸，死亡 ②失去知觉，无力反抗：一棍子把他打～了 ③彻底服输：叫儿媳子讹～了

咽气了 iã^{31}tɕʻi$^{31-53}$lɑ˙ 对死的委婉说法

过世了 kuə^{31}ʃɿ$^{31-53}$lɑ˙ 死去了

夹上眼了 tɕiɑ$^{213-31}$ʃɑŋ˙iã$^{55-213}$lɑ˙ 安心地死去：什么事都如愿了，老人能～了

回去了 $xuei^{53-55}$çi˙ la˙ ①隐指人死了：他昨晚一口气没上来，～ ②回到了原来的地方

瓦碗儿了 $ua^{55-53}uer^{55-213}$la˙ ①人死了 ②以失败告终：他这回是彻底～

寻死上吊 $siẽ^{53}sɿ^{55}ʃaŋ^{31}tiɔ^{31}$ ①一心想着自杀 ②比喻走投无路

尸首儿 $ʃʅ^{213-31}$ʃour˙ 尸体

净面 $tsiŋ^{31}miã^{31}$ 入棺前给死者简单地整容

灵棚 $liŋ^{53}p‘əŋ^{53}$ 办丧事临时搭建用于祭奠的棚子

灵床子 $liŋ^{53}pf‘aŋ^{53-55}$tsɿ˙ 放置尸体的简易木床或木架子

氅衣子 $tʃ‘aŋ^{55-213}$i˙ tsɿ˙ "氅"音同"厂" 长袍寿衣

寿木 $ʃou^{31}mu^{213}$ 死前准备的棺材或棺木，民间认为能冲邪避灾

寿材 $ʃou^{31}ts‘ɛ^{53}$

枺 $xə^{53}$ 音同"合" 棺材

棺衣 $kuã^{213-24}i^{213}$ 覆盖在棺材上的装饰布料等

孝子 $çiɔ^{31}tsɿ^{55}$ ①对父母非常孝顺的人 ②长辈死后，参加葬礼的本族后辈们的统称 ③专指死者的儿子

成孝 $tʃ‘əŋ^{53}çiɔ^{31}$ 为死者的亲属缝制孝衣、孝帽等：找几个妇女～

守灵 $ʃou^{55}liŋ^{53}$ 人死后到安葬之前，儿女们要日夜守护在死者或其灵柩旁边

辞灵 $ts‘ɿ^{53}liŋ^{53}$ 亲朋好友向死者祭拜的一种仪式，一般晚间举行

送信儿 $suŋ^{31}ser^{31}$ 把人去世的信息通知亲朋好友

奔丧 $pẽ^{31}saŋ^{55}$ ①从外地急忙回家办理长辈的丧事 ②亲友到丧主家吊唁

烧纸 $ʃɔ^{213}tʃʅ^{55}$ ①为祭奠死者而焚烧冥纸、冥币 ②携带冥纸、冥币等前往吊唁

擢汤 $xuə^{213-24}t‘aŋ^{213}$ "擢"音同"豁" 丧礼中的一种仪式。丧礼期间，将小米汤装在罐子里，由死者儿媳或直系亲属等抬着随其他亲属赶至土地庙，转过三圈后用勺子舀出泼至地面，一般是一天间隔往返三次，每次各有讲究：第一次称为"倒头汤"，意为死者已到了人生尽头；后两次为"迷魂汤"，意为死者亡魂迷乱随葬而去

泼汤 $p‘ə^{213-24}t‘aŋ^{213}$

叫魂儿 tɕiɔ³¹xuer⁵³ 传统民俗。①因受惊吓惊悸而昏睡、食欲不振等，认为是魂不附体，便施以方法把灵魂召回 ②认为人死后灵魂还在，出殡前亲属用纸片等围着停放死者的地方来回喊叫，一旦纸片粘贴在某处，便认为魂魄已被吸住，便用冥纸包裹起来带到坟茔烧掉，也称“打送”

喊魂儿 xã⁵⁵xuer⁵³

跪棚 kuei³¹p‘əŋ⁵³ 吊唁人行礼时，死者的侄孙辈们（男性）跪在两边相陪

孝衣 ɕiɔ³¹i²¹³ 举丧期间亲属们穿的白布衣

孝带 ɕiɔ³¹tɛ³¹ 死者的女婿、侄女婿等在参加丧礼时腰间束的白布带

孝帽子 ɕiɔ³¹mɔ³¹⁻⁵³tsɿ˙ 举丧期间男性亲属们戴的白布帽

哀杖子 ɣɛ²¹³⁻³¹tʃɑŋ˙ tsɿ˙ 举丧期间“泼汤”或送葬时孝子们手里拿的“哭丧棒”，多为柳枝折成

丧木棍 sɑŋ³¹mu²¹³⁻²⁴kuẽ³¹

腰绳 iɔ²¹³⁻³¹ʃəŋ˙ 举丧期间亲属们系在腰间的苘绳

谢纸 siə³¹tʃʅ⁵⁵ 亲朋好友前来吊唁时，死者长子或直系亲属在迎接的同时叩首致谢

谢客 siə³¹k‘ei²¹³ 死者子、媳由人带领到吊唁者就餐处给吊唁客人磕头表示感谢，同时带领的人喊一声“谢！”

影布旗子 iŋ²¹³⁻²⁴pei²¹³tɕ‘i⁵³⁻⁵⁵tsɿ˙“布”音同“北” 出殡时由死者长孙（无子嗣者可以同辈人代替）举在手里的小白旗，走在送葬人们的最前头，待下葬后插在坟茔顶上

送老 suŋ³¹lɔ⁵⁵ 料理父母去世安葬事宜

铺垫底 p‘u²¹³⁻²⁴tiã³¹ti⁵⁵ ①办喜、丧事时预先筹措的款项 ②做生意的本钱

供桌 kuŋ³¹pfə²¹³ 专用于祭奠、摆放供品的桌子

摆桌子 pɛ⁵⁵pfə²¹³⁻³¹tsɿ˙ ①把祭品摆放在供桌上以祭奠 ②为了宴请摆放桌椅、餐具等

四叩礼 sɿ³¹k‘ou³¹li⁵⁵ 对死者的一种祭奠礼仪，即连续作揖四次、叩首四次。根据关系亲疏，又有“懒四叩礼、八叩礼、九叩礼、二十四叩礼”等

作揖 tsuə²¹³⁻²⁴i²¹³ 一种婚、丧皆适用的礼仪，身体略弯，两脚并拢，两手抱

拳高拱致意：磕头～

打哈哈 tɑ^{55}xɑ$^{213-31}$xɑ· ①男子向死者祭奠礼毕，弯着腰，双手或单手高拱，发出哀号声 ②懒洋洋地打哈欠 ③说笑：她整天和男的一起～ ④用笑语或玩话应付人：你别跟我～，要当真事办 ⑤开玩笑：这是正经事，你可别～

灵条子 liŋ^{53}t‘iɔ$^{53-55}$tsʅ· 祭幛

幛子 tʃɑŋ$^{31-53}$tsʅ·

挂灵条子 kuɑ^{31}liŋ^{53}t‘iɔ$^{53-55}$tsʅ· ①悬挂祭幛 ②送祭幛：那家子没有～

挂幛子 kuɑ^{31}tʃɑŋ$^{31-53}$tsʅ·

陪桌子 p‘ei^{53}pfə$^{213-31}$tsʅ· 亲戚前往向死者吊唁，亲朋好友随同捧场

入殓 vu$^{213-24}$liã^{31}“殓”音同“恋” 把尸体放进棺材里

出棺 pf‘u$^{213-24}$kuã^{213} 出殡

行路祭 ɕiŋ^{53}lu^{31}tsi^{31} 出殡时在公共路面上举行的一种祭奠仪式

老盆 lɔ^{55}p‘ẽ^{53} 办丧事时为死者焚烧冥纸的瓦盆

顶老盆 tiŋ$^{55-53}$lɔ^{55}p‘ẽ^{53} 出殡时待“行路祭”仪式毕，有人将老盆掠过死者最亲近的人（一般为长子，无子嗣者可由侄、婿等代替）的头顶后摔碎，一是表示极度悲痛，二是表示顶老盆者可为死者财产等的继承人

圹 k‘uɑŋ^{31}音同“矿” 墓穴

打圹 tɑ^{55}k‘uɑŋ^{31} 挖或垒砌墓穴

砌墓 ts‘i^{31}mu^{31} 用砖石等修建墓穴

合葬 xə^{53}tsɑŋ^{31} ①夫妻合葬 ②众多死者葬在一起

起殡 tɕ‘i^{55}piẽ^{31} 因故把已故埋葬的人的尸骨扒出来另选他处埋葬

并骨 piŋ^{31}ku^{213} 把葬在不同地方的夫妻尸骨重新合葬

入土 vu^{213}t‘u^{55} 下葬

林 liẽ^{53} ①坟地 ②树林

老林 lɔ^{55}liẽ^{53} ①祖辈延续集中埋葬的地方 ②很久的家族墓地

林地 liẽ^{53}ti^{31} ①用于建造坟墓的地 ②有坟墓又有树木的地：那是老赵家的～ ③墓地

差林 tʃ‘ɛ^{213}liẽ^{53} ①选择风水宝地用以建造家族墓地 ②建造墓地

坟子 fẽ$^{53-55}$tsɿ· 坟茔的统称

圆坟 yã^{53}fẽ^{53} 丧俗之一。死者葬后（一般为三天），亲人们到墓地去再为其举行一次祭奠仪式，焚烧祭品后绕坟三圈并添土

三天 sã$^{213-24}$t‘iã^{213}

五七 u^{55}ts‘i^{213} 对死者的一种祭奠活动，一般为死者逝后五个星期（三十五天），也需因情况而不同，死者如有多个儿子，则每个儿子减少一天；也有“五七不过年”的说法，即如死者去世临近春节有多少天，“五七”即为多少天

百日 pei$^{213-31}$ʒʅ· 死者去世一百天时的再一次祭奠仪式

上坟 ʃɑŋ^{31}fẽ^{53} 清明节、春节等节日，亲属到死者坟前祭奠、添土等

添坟 t‘iã^{213}fẽ^{53}

打送 tɑ$^{55-213}$suŋ· ①一种扎纸人、烧纸、念咒、祭祀等迷信活动，认为可以驱邪避灾：这孩子有病得上医院，～管什么用？

5. 迷信

敬天 tɕiŋ^{31}t‘iã^{213} 一种民间习俗，即祭拜天地的活动，一般在春节凌晨或“六月六”等节日举行

土土老爷 t‘u$^{55-213}$t‘u· lɔ$^{55-213}$i· “爷”音同“矣” 土地爷

土土庙子 t‘u$^{55-213}$t‘u· miɔ$^{31-53}$tsɿ· 土地庙

阎王爷 iã$^{53-55}$uɑŋ· iə^{53} 迷信传说中阴间的阎王

观音娘娘 kuã$^{213-24}$iẽ^{213}ȵiɑŋ$^{53-55}$ȵiɑŋ· 观音菩萨

泥胎子 mi^{53}t‘ɛ$^{213-31}$tsɿ· “泥”音同“迷” 泥塑的偶像等

小鬼儿小判儿 siɔ$^{55-53}$kuer^{55}siɔ^{55}p‘ɛr^{31} 泛指妖魔鬼怪

灶马子 tsɔ$^{31-53}$mɑ· tsɿ· 旧时春节期间贴在厨房灶边的灶王爷画像

相面的 siɑŋ^{31}miã$^{31-53}$ti· 以看面相谋生的人

阴阳先生 iẽ^{213}iɑŋ^{53}siã$^{213-31}$ʃəŋ· 占卜和看风水的人

神婆子 ʃẽ$^{53-55}$p‘ə· tsɿ· 巫婆

神婆 ʃẽ^{53}p‘ə^{53}

烧香 ʃɔ$^{213-24}$ɕiɑŋ^{213} 一种习俗，祭祀、敬天等活动时，把香插在香炉里点燃，以示虔敬，以祈吉祥

算命打卦 suã^{31}miŋ^{31}tɑ^{55}kuɑ^{31} 泛指占卜

抽卦 tʃʻou$^{213-24}$kuɑ^{31} 占卜的一种形式，以抽到竹签上的字符来确定吉凶

下神弄影儿 ɕiɑ^{31}ʃẽ^{53}nəŋ^{31}iə̃r^{55} 泛指各种迷信活动

装神弄鬼儿 pfɑŋ^{213}ʃẽ^{53}nəŋ^{31}kuer^{55} 以迷信活动吓唬、愚弄人

下神 ɕiɑ^{31}ʃẽ^{53} 神婆作法

还人 xuã^{53}ʒẽ^{53} 一种迷信活动，久病不愈或遭遇不幸等，以为是鬼怪作祟，请神婆驱除

香火 ɕiɑŋ$^{213-31}$xuə˙ ①供佛敬神时燃点的香、烛等 ②后继有人：续～

掐算 tɕʻiɑ$^{213-31}$suã˙ ①一种预测方式，掐着手指节纹推算：孩子走丢了，快找二指先生～～走那个方向去了 ②用手指计算：你～一下挣了多少工分？

求雨 tɕʻiou^{53}y^{55} 旧时天旱时人们用祭拜仪式祈求老天下雨

十七 性格、神态、心理

1. 性格

㤘 tʃou^{55} “㤘”音同“肘” 固执，生硬，不随和：那人脾气太～，从不跟人交往

肉 ʒou^{31} 执拗，固执：那人太～了，谁也支使不动他

饧 siŋ^{53}音“星（阳平）” 性格极度缓慢：那人脾气太～了，屋上着火也不急

㤹 suə^{53} “㤹”音“索（阳平）” 性格暴躁，没有耐心

垂 pfʻei^{53} 性格执拗，说话生硬：那人说话忒～

垂固 pfʻei$^{53-55}$ku˙

冲 pfʻəŋ^{31} ①性格固执，言语过于直爽、尖刻：那人说话太～了，一句话打发一个主 ②用专用工具撞击、打眼等：用铁钉～个孔 ③枪毙 ④针对：他是～着我来的 ⑤朝向：房门～南 ⑥对着：大门～着路

怐 kʻou^{53}音“扣（阳平）” ①性格暴戾易怒：那个女人太～了，别惹她 ②特别锋利、尖锐：那刀子很～

要别 iɔ$^{31-53}$piə˙ ①与正常不一样，另行一套等：他非～着来 ②相左，相反：那事弄～了

熊 ɕyŋ^{53} ①性格暴躁、严厉：那人真～ ②批评，斥责：他动不动就～人 ③懦弱无能：那人是个～包 ④精液

厉害 li$^{31-53}$xɛ˙ ①脾气暴躁、严厉：那人脾气真～ ②有能力，有本事：他的学问真～ ③严重：他的病已经很～了 ④不寻常：一顿吃了三斤饭，真～ ⑤难以忍受：头疼得很～

　佬害 lɔ$^{31-53}$xɛ˙

奸 tɕiã^{213} ①心术不正，性格乖僻，狡诈等：这人～乎的 ②不善与人交往且谈吐尖刻 ③与他人勾结背叛同伙：内～ ④强暴妇女：强～

慒 ts‘ɔ^{53}音同“曹” 心地奸诈、无善心、好使坏：那人又奸又～ | 为人不能向别人使～

慒乎的 ts‘ɔ^{53}xu$^{53-55}$tï 心术不正，暗中对别人进行破坏：他那人～没有好心眼，不能和他打交道

邪 siə^{53} 脾气不好，性格暴躁多变：他有点～脾气

　邪性 siə$^{53-55}$siŋ˙

邪乎的 siə^{53}xu$^{53-55}$tï ①性格较怪异，态度较生硬 ②迷信、讹传说某地方有鬼怪出现或有怪现象

猴 xou^{53} ①比喻过分精明刁钻：那人太～，不沾便宜的事不干 ②哄骗，谋取：他经常～别人的东西

猴头马唧的 xou$^{53-55}$t‘ou˙mɑ$^{213-24}$tsi$^{213-31}$tï 过分精明刁钻，诡计多端：那人～，不沾便宜的事不干

鬼 kuei^{55} ①刁钻：那人太～，不能给他处事 | 人小～大 ②不正当、不能公开的心理：他心里有～，才不敢来 ③对人的蔑称或昵称：酒～ | 烟～ | 机灵～ ④迷信传说中的鬼怪

鬼不唧的 kuei$^{213-31}$pu˙ tsi$^{53-55}$tï 鬼头鬼脑，过分精明，不光明磊落：那人～，离他远点好

日鬼捣毛儿的 ʐʅ^{213}kuei^{55}tɔ^{55}mɔr$^{53-55}$tï 言行诡秘，行为不端

犟 tɕiɑŋ^{31} 性格执拗、不容易变通：那人脾气太～了，很难沟通

嘎 kɑ^{55} ①人各方面能力很强，非同一般（包括好、坏方面） ②性格暴躁：那人怪～，惹不起 ③严重，繁重：这任务怪～，俺担不起 ④多：集市上人真～，挤不动

嘎呀 kɑ^{55}iɑ^{53}

板 pã^{55} ①生硬，不灵活 ②板结 ③使板结：～猪头

迂 y^{213} ①迂腐，愚笨 ②说话办事不干脆利索：他这人办事很～

毒 tu^{53} ①凶狠：那人心真～ ②猛烈：太阳很～ ③严重，厉害：吸烟的钱比吃饭的钱还～ ④有害物质：那东西有～ ⑤伤害：农药能～死人

烧 ʃɔ^{213} ①过于张扬，忘乎所以，不知天高地厚：不就是有了两个钱～的吗？②着火：燃～ ③用火给物加热：～开水 ④一种烹饪方法：～茄子 ⑤过多使用肥料使植物受损以至枯萎、死亡：化肥用多了～玉米根

尧烧 iɔ$^{53-55}$ʃɔ· 过于张扬，忘乎所以

烧包 ʃɔ$^{213-24}$pɔ^{213} 由于富有或得势等而过于张扬、逞能或忘乎所以

穷烧包 tɕ‘yŋ^{53}ʃɔ$^{213-24}$pɔ^{213} 没有值得炫耀的资本却还张扬

烧得不轻 ʃɔ$^{213-31}$tï pu$^{213-24}$tɕ‘iŋ^{213} 忘乎所以，得意忘形到了极点

木 mu^{213} 喜欢张扬，忘乎所以，得意忘形：这几天他～得不轻

木不开 mu$^{213-31}$pu· k‘ɛ^{213} ①张扬、显摆的空间似乎太小了：他在那单位里～ ②到处显摆、张扬：那点成绩就～了，真没有出息

毛 mɔ^{53} ①不认真：～手～脚 ②粗糙 ③贬值：钱～了 ④东西上长的霉菌：馒头长～了 ⑤动植物表面生的丝状物：～发 ⑥小：～孩子 ⑦惊恐：把他吓～了

毛糙 mɔ$^{53-55}$ts‘ɔ· ①马虎，粗心大意：办事不能太～ ②粗糙，不光滑

毛三路儿 mɔ^{53}sã$^{213-24}$lur^{31} 刚开始毛毛糙糙地很卖力，以后就松懈了

广 kuɑŋ^{55} ①时髦，赶潮流：那人可～了，五十年代就穿西装 ②面积、范围宽泛：这方言使用范围很～

不广 pu^{213}kuɑŋ^{55} ①土气，朴素：你穿上这一身衣服就显得～了 ②不宽裕：这点钱～

冒失 mɔ$^{31-53}$ʃʅ˙ 鲁莽、轻率，做事考虑不周，不顾后果

冒失火性的 mɔ$^{31-53}$ʃʅ˙xuə^{55}siŋ$^{31-53}$ti˙ 性格急躁，做事毛糙不加思索：不管干什么都要三思而后行，不能～

襆 p'u^{53}音"朴（阳平）" ①笨拙：你的手真～ ②不灵巧：那人办事真～ ③不灵便：他穿那么大的褂子显得真～

襆蹄撒丫儿 p'u^{53}t'i^{53}sɑ$^{213-24}$iɑr^{213} ①穿戴不整洁，不干净利落：那人整天穿得～ ②笨手笨脚：他无论干什么都～的

泼 p'ə^{213} ①猛、泼辣、不娇气：那姑娘干活真～，几乎赶上小伙子了 ②调皮，耐性强：那孩子～，什么事都敢干

泼辣 p'ə$^{213-31}$lɑ˙ ①不娇气 ②很普通，很普遍，很充裕：地瓜不如过去～ ③儿童体质好，不娇气，易抚养

泼皮 p'ə^{213}p'i^{53} ①无赖 ②泼辣，似乎不觉痛痒：那孩子真～，一般小病觉不着

娇乖 tɕiɔ$^{213-31}$kuɛ˙ ①娇贵，娇气 ②娇小、脆弱

响快 ɕiɑŋ$^{55-213}$k'uɛ˙ ①随和，说话声音响亮、甜美：她说话很～ ②干脆、爽快：这件事他答应得很～

和番 xə$^{53-55}$fã˙ 性格随和，说话和气：那人说话办事怪～

平乎 p'iŋ$^{53-55}$xu˙ ①心地正直、公正、善良：那人很～ ②平整：那条路很～ ③整平：把园地～一下好种菜

细发 si$^{31-53}$fu˙"发"音同"夫" ①办事细心、认真：他不论干什么都很～ ②细致，不粗造：地耙得很～

洋勾 iɑŋ$^{53-55}$kou˙ ①过分地显摆、招摇 ②过分讲究穿戴，言行另类：家里条件不怎么样，还整天～得了不得

洋心 iɑŋ$^{53-55}$siẽ˙ ①比喻好奇，对什么事都感兴趣：她真～，什么事都能惊动她 ②对什么食物都不感兴趣：他是吃～了

洋气 iɑŋ$^{53-55}$tɕ'i˙ ①时髦，时尚：那个女的打扮得可～了 ②长相俊俏：那小伙子长得可～了

洋伍 $i\alpha\eta^{53-55}u^{\cdot}$ 打扮过于时髦、言行时尚：那人本领不大学问不深，就是～

野道 $i\partial^{55-213}t\mathrm{ɔ}^{\cdot}$ 粗鲁，野蛮，好惹是生非

绕蛋 ʒɔ^{31}tã^{31} 聪明过分近乎狡猾：那孩子真～

黏磨 ȵiã$^{53-55}$mə˙ ①过分纠缠：你再会～，我也不能办那样的事 ②啰嗦、散漫 ③近于无赖

趟妥 t‘ɑŋ$^{31-53}$t‘uə˙ ①性格直爽、痛快：借钱他给得很～ ②顺畅：这事办得很～

癞歪 lɛ$^{55-213}$uɛ˙ 懒惰、邋遢，不讲卫生：那人太～

懒歪 lã$^{55-213}$uɛ˙ 懒惰

力赖 li$^{213-31}$lɛ˙ ①松松垮垮且懈怠的样子：那人办事真～ ②纠缠：他整天跟在后头～ ③近于无赖

窝囊 uə$^{213-31}$nɑŋ˙ ①性格过于老实内向近似无能：那人太～ ②受了委屈而憋屈、郁闷：这事真～，干着急没法说 ③懒惰且不讲卫生：他家里真～

吃气 tʃ‘ʅ$^{213-24}$tɕ‘i^{31} ①受气，受欺负 ②受排挤

争气 tʃəŋ$^{213-24}$tɕ‘i^{31} 发愤图强，不甘落后或示弱，并有一定的成绩或地位：孩子～，大人也光彩

有种 iou$^{55-53}$pfəŋ^{55} 有胆量，有骨气：～的站出来

强梁 tɕ‘iɑŋ$^{53-55}$liɑŋ˙ 态度蛮横、生硬，不容商量：商量不如～

万眼 uã^{31}iã^{55} 言行下流

万蛋 uã^{31}tã^{31} 言行下流且调皮

硬气 iŋ$^{31-53}$tɕ‘ï ①刚强，有骨气：穷也得穷得～ ②强硬，底气十足：他说话很～

钢邦硬气 kɑŋ^{213}pɑŋ^{55}iŋ^{31}tɕ‘i^{31} ①理直气壮，刚正不阿：有理有据就得～的 ②有骨气：人穷志不短，咱就得～的 ③强词夺理：不赡养老的，你还～的！

口齿牙硬的 k‘ou$^{55-53}$tʃ‘ʅ^{55}iɑ^{53}iŋ$^{31-53}$tï ①说话声音高，态度强硬 ②强词夺理

愚娄 *y^{53}lou˙ 愚笨，思维不清，言辞拙笨：那个人有点～

愚沫 y$^{213-24}$mə^{213} 愚笨啰嗦

愚沫黏痰 y$^{213-24}$mə^{213}ȵiã^{53}t‘ã^{53} 反应迟钝，思维不清，语言啰嗦无逻辑：嗨，这人～的，真烦人

开口吐言 k‘ɛ^{213}k‘ou$^{55-53}$t‘u^{55}iã^{53} 痛快地说出：他从不～地说一句

糊拉摆嘟 xu$^{53-55}$lɑ· pɛ^{55}tu^{213} 糊里糊涂

手贱 ʃou^{55}tsiã^{31} 爱动手打人或偷拿东西：这孩子～，光肯打人

嘴贱 tsuei^{55}tsiã^{31} 极好说话，且说一些不该说的话，常因而引起是非：那事都怨我～

　贱嘴 tsiã^{31}tsuei^{55}

巧嘴 tɕ‘iɔ$^{55-53}$tsuei^{55} 语言表达能力强，说话讨人喜欢：那人是个～，死人也能叫他说活了

　嘴巧 tsuei$^{55-53}$tɕ‘iɔ^{55}

甜嘴 t‘iã^{53}tsuei^{55} 说话甜美中听，讨人喜欢：孩子那～，说话真好听

　嘴甜 tsuei^{55}t‘iã^{53}

臭嘴 tʃ‘ou^{31}tsuei^{55} ①口臭 ②说话不好听，甚至不吉利：那个人～，说话太难听，不能给他搭腔

　嘴臭 tsuei^{55}tʃ‘ou^{31}

嘴碎 tsuei^{55}suei^{31} 说话啰嗦、絮叨

嘴硬 tsuei^{55}iŋ^{31} ①强词夺理：这明明是你的不对，你还～ ②即使生病也还能照常吃饭：这孩子～，就是有病，也不耽误吃饭

牙硬 iɑ^{53}iŋ^{31} ①自知理亏而口头上不肯认错服输：那个人也就是～，搁真事儿上还真一点不管用 ②说话强横

叽叽 tsi$^{213-31}$tsi· 过分计较、小气、吝啬等：那两口子都怪～

腼諞 miã$^{55-213}$p‘iã·音同“眠片” 腼腆，害羞：那么大小伙子了还那么～，一说话就脸红

文昧 *uei^{53}mei· 腼腆

踔棒 pf‘ə$^{213-31}$paŋ· / pf‘ə$^{213-31}$maŋ· / pf‘aŋ$^{213-31}$maŋ· 言谈举止落

落大方，不拘束：那姑娘真～，从来不怯场

下茬 ɕiɑ^{31}tʃʻɑ^{53} ①胆大敢为，毫无顾忌：他办事真～ ②言行过于直率，说别人不敢说的：他说话很～，一般人接受不了 ③说下流话：那人说话太～，不分场合

舍 ʃə^{55} ①大胆，泼辣，敢作为：大冬天他跳水里去逮鱼，真～ ②舍得：招待一个客人，他割了十斤肉，真～ ③丢弃：俺～给您了

真舍 ʧẽ^{213}ʃə^{55} ①很大胆，泼辣，敢作为：冬天他也洗冷水澡～ ②非常舍得：～，他一次割了十斤肉给他爹

撩翘 liɔ$^{53-55}$tɕʻiɔ˙ ①办事浮躁，不扎实，不泼辣：那人干什么都～ ②吃饭挑剔且吃得少：他吃饭太～了

撩撩翘翘的 liɔ$^{53-55}$liɔ˙ tɕʻiɔ$^{213-31}$tɕʻiɔ˙ tï

会过 xuei^{31}kuə^{31} 节俭：那个人～，又勤奋，日子越过越红火

省俭 ʃəŋ$^{55-213}$tɕiã / ȵiã˙ 节约：平时不～，到时受难为

拐古 kuɛ$^{55-213}$ku˙ 性情精怪，好生气，过分计较：他的脾气太～，一点事就生气

咕陋怪吱 ku$^{55-213}$lou˙ kuɛ$^{213-24}$tʃʅ^{213} 性格极为精怪，爱计较，好生气：那人脾气～的，不好处事

出腰别肚 pfʻu$^{213-24}$iɔ^{213}piə^{55}tu^{31} ①行动迟缓，拖拉散漫 ②不和谐，不融洽：小两口自打结婚就～的

执拗别肚 tʃʅ$^{213-24}$ȵiou^{31}piə^{55}tu^{31}

阴阳 iẽ$^{213-31}$iɑŋ˙ ①说话、办事不直接，拐弯抹角，阴风阳气：你有话直说，别～ ②用语言诋毁人：他从来就会～人

阴风阳气儿 iẽ$^{213-24}$fəŋ^{213}iɑŋ^{53}tɕʻir^{31} 表情阴沉，说话阴阳怪气：他整天～的，没有人跟他打交道

本分 pẽ$^{55-213}$fẽ˙ ①诚实正直，没有非分的想法或念头：那人又～又老实 ②应尽的责任和义务：赡养父母是儿女的～

实楚 ʃʅ^{53}pfʻu^{55} 过于实在、坦诚，不灵活：俺那口子是个老～，说话不会拐弯

捣实锤 tɔ^{55}ʃʅ^{53}pfʻei^{53} 过分诚实坦率，善讲实话

死性 sɿ$^{55-213}$siŋ˙ 固执呆板，不灵活：那人真～，教一曲唱一曲

崭死性 tʃã^{53}sɿ$^{55-213}$siŋ˙ ①过于固执死板，不识时务：因为他～，所以没有多少朋友 ②吝啬，很少有人情来往

钻挤 tsuã$^{213-31}$tsi˙ ①善于钻营：这个人很～，什么人他都能拉上关系 ②机灵，干练：他很～，做生意从来没赔过

乜邪 miə$^{53-55}$siə˙ 无精打采，懈怠，不利落：那人办事太～

丝黏 sɿ$^{213-31}$ȵiã˙ 遇事犹豫不决，行为迟缓，没有紧迫感：不论多紧急，他都～起来没有完

来溜 lɛ$^{53-55}$liou˙ 说话流利，反应灵敏：那人说话行事真～

麻利 mɑ$^{53-55}$li˙ 动作干净、利落、快捷：那姑娘干活就是～

立便 li$^{213-24}$piã^{213} 干练，利落，整洁：看人那对象真～

邋么 lɑ$^{213-31}$mu˙音同“拉母” 不干净，不整洁：他老婆是个～女人

邋遢 lɑ$^{213-31}$tʻɑ˙音同“拉沓” 衣着不整，懒惰不讲卫生，行动缓慢：他那人太～

爱俊 ɣɛ^{31}tsuẽ^{31} 爱美，爱打扮，喜欢自己漂亮：那姑娘从小就～

小作 siç$^{55-213}$tsuə˙ ①吝啬 ②言行拘泥，不大方

拿扭 nɑ$^{53-55}$ȵiou / ȵiə˙ ①刻意约束，使人不自由，甚至故意刁难人：他老是板着脸，真～人 ②自己过分矜持，故作姿态：你就把这里当做自己的家，别～

大样 tɑ$^{31-53}$iɑŋ˙ ①不吝啬：他办事从来很～ ②大方、不拘泥：那人～，从不怯场

喋歪 tiə$^{53-55}$uɛ˙“喋”音同“迭” ①性格暴躁、倔强，软硬不吃：小心点，那小子怪～②事情很棘手：这事真～，就是办不好了

精悉 tsiŋ$^{213-31}$si˙ 聪明机灵：小孩长得很～

喜见 ɕi^{55}tsiã˙ ①讨人喜欢：这孩子长得真～人 ②反语，讨厌：你这个小孩还真～人咪，在路上拉屎

卖乖 mɛ^{31}kuɛ^{213} ①沾了便宜还责怪别人 ②显示聪明，自我吹嘘

难缠 nã^{53}tʃʻã^{53} ①很难管理教育、对付：那人怪～ ②难办理，难应对等：这事

怪～

头难剃 t‘ou^{53}nã^{53}t‘i^{31} ①指某人难以支使、应付、相处等：要想服众应该谁的～就先治谁 ②难以接近、难以沟通等：那人～，没法处

费柴 fei^{31}tʃ‘ɛ^{53} 太让人操心费力：这孩子真～

淘劳 t‘ɔ^{53}lɔ^{53} 过分淘气麻烦人：这孩子就会～人

上赛 ʃɑŋ^{31}sɛ^{31} ①逞能，调皮：这小孩就会～ ②上劲，无休止地纠缠等

嗲啦 tiə$^{213-31}$lɑ / lə˙ ①嗲声嗲气，撒娇：我一听她～就浑身发麻 ②溺爱：小孩都是她给～坏的 ③显摆：就那点本事又～出来了 ④越来越差：日子越过越～了

急着 tɕi$^{213-24}$tʃɔ^{213} “着”音同“召” 性格急躁，行事快捷：他是个～脾气

皮愣 p‘i$^{53-55}$ləŋ˙ 调皮捣蛋不听话：那孩子太～

闷毒 mẽ^{213}tu^{53} 心存恶念但不外露：防着点，那人是个～

肚子有牙 tu$^{31-53}$tsɿ˙ iou^{55}yɑ^{53} 不动声色但内心狠毒

不准成 pu^{213}pfẽ$^{55-213}$tʃ‘əŋ˙ 不确定，不可靠：那人办事～，不能指望

不照调 pu$^{213-24}$tʃɔ^{31}tiɔ^{31} 言行不端，不正派

不牢靠 pu^{213}lɔ$^{53-55}$k‘ou˙ “靠”音同“口” ①不会，不可能：都这么晚了，他们～来喽 ②不可靠，没把握：那人办事～ ③不结实，不稳当：这墙垒得～ | 桌子放得～

不是善茬儿 pu$^{213-24}$ʃʅ^{31}ʃã^{31}tʃ‘ɑr^{53} 不好招惹，不好对付：那人可～，别给他交往

不是穰茬儿 pu$^{213-24}$ʃʅ^{31}ʒɑŋ^{53}tʃ‘ɑr^{53}

不论路儿 pu$^{213-24}$luẽ^{31}lur^{31} 说话办事不按常规：那人喝完酒说话～

不正干 pu$^{213-24}$tʃəŋ^{31}kã^{31} 不正派，胡作非为

不明气 pu^{213}miŋ$^{53-55}$tɕ‘i˙ 不是光明正大的，不是正道的：他做事偷偷摸摸的，一点也～

不实落 pu^{213}ʃʅ$^{53-55}$luə˙ ①不诚实：给你钱你就拿着，别～ ②心里不踏实：这事到底行不行，我心里～ ③不结实：这墙垒得～

老八板 lɔ^{55}pɑ^{213}pã^{55} 固执守旧，不灵活，不会变通：他办事还是～，早落伍了

要面子 iɔ^{31}miã$^{31-53}$tsɿ˙ 讲排场，要脸面，很看重自己在别人心目中的形象：干～活受罪

甜欢人 t‘iã$^{53-55}$xuã ʒẽ^{53} ①讨人喜欢：那小孩怪～ ②令人满意，使受益：这儿只母鸡怪～，下了不少蛋

片儿汤儿 p‘iɛr^{31}t‘ãr^{213} ①一种面片儿汤食 ②比喻没有正事，不着实际，夸夸其谈：他净弄些～，扯起来就没个完 ③敷衍，应付，不认真做实事：嗨！那个人就会～，干不出一件像样的事来

小心眼儿 siɔ^{55}siẽ^{213}iɛr^{55} 心胸狭窄，爱计较

直性子 tʃɿ^{53}siŋ$^{31-53}$tsɿ˙ ①性格直率 ②性格直率的人

筒子脾气 t‘uŋ$^{55-213}$tsɿ˙ p‘i$^{53-55}$tɕ‘i˙ 性格直爽

崭筒点儿 *tʃã^{53}t‘uŋ^{55}tiɛr˙ 形容过于直率，不委婉：那是个好人，就是说话～

懒语儿 lã$^{55-53}$yer^{55} 内向，不善言辞：他～，在他嘴里走不了话｜这孩子～

大乎的 tɑ^{31}xu$^{53-55}$ti˙ 有些傲慢，好摆架子

大不叽的 tɑ$^{31-53}$pu˙ tsi$^{53-55}$ti˙ 看不起人，对人不热情，好摆架子

大模势样的 tɑ$^{31-53}$mu˙ ʃɿ^{31}iɑŋ$^{31-53}$ti˙ ①不热情、不理睬或看不起人的样子 ②傲慢无礼的样子：别看那人～的，其实没有什么了不起

小架子 siɔ^{55}tɕiɑ$^{31-53}$tsɿ˙ 形容人的举止、气度等不大方

　小架子气 siɔ^{55}tɕiɑ$^{31-53}$tsɿ˙ tɕ‘i^{31}

　小架子拳 siɔ^{55}tɕiɑ$^{31-53}$tsɿ˙ tɕ‘yã^{53}

二唧 ɭə$^{31-53}$tɕi˙ 智力不健全，言行不合常理

　二二唧唧 ɭə$^{31-53}$ɭə˙ tɕi$^{213-31}$tɕi˙

　二唧子 ɭə$^{31-53}$tɕi˙ tsɿ˙

二郎八蛋的 ɭə^{31}lɑŋ^{53}pɑ$^{213-24}$tã$^{31-53}$ti˙ 调皮捣蛋，流里流气，不务正业

屌拉呱唧 tiɔ$^{55-213}$lɑ˙ kuɑ$^{213-24}$tsi^{213} 言行散漫，轻率，不严肃

　甩拉呱唧 fɛ$^{55-213}$lɑ˙ kuɑ$^{213-24}$tsi^{213}

流流鳅鳅 liou$^{53-55}$liou˙ ts‘iou$^{213-31}$ts‘iou˙ 流里流气，言行下作

七七叶叶的 ts‘i$^{213-31}$ts‘i˙ iə$^{213-31}$iə˙ ti˙ 言行不端、有悖常理、不着边际

呓拉悟怔 i$^{31-53}$la· u^{31}tʃəŋ^{213} 思维、言行有悖常规，像做梦一样：那人说话～没有准味儿

悟悟怔怔 u$^{31-53}$u· ʧəŋ$^{213-31}$tʃəŋ^{213}

呓拉巴怔 i$^{31-53}$la· pa$^{213-24}$tʃəŋ^{213}

皮目瞪眼儿的 pʻi$^{53-55}$mu· təŋ^{31}iɛr$^{55-213}$tï 指儿童过分顽皮

慢大逍遥 mã^{31}ta^{31}siɔ^{213}iɔ^{53} ①行动缓慢，不慌不忙：他那人干什么都是～的，没有一点紧忙 ②慢慢腾腾、逍遥自在地行走

哗啦脾气 xua$^{213-31}$la· pʻi$^{53-55}$tɕʻï 性格开朗

不奸不懆 pu$^{213-24}$tɕiã$^{213-24}$pu^{213}tsʻɔ^{53} "懆"音同"曹" 心地善良、公正，不奸诈：他是个好人，不管对谁都～的

不歪不坏 pu$^{213-24}$uɛ^{213}pu$^{213-24}$xuɛ^{31} 形容人很善良、公道正派：他这人～，是个好人

坑诞拐撇 kʻəŋ$^{213-24}$tã^{31}kuɛ^{55}pʻiə^{213} 坑蒙拐骗：那人一辈子～的，没有干过好事

歪坏邪撇 uɛ$^{213-24}$xuɛ^{31}siə^{53}pʻiə^{55} 心术不正，经常给人使坏：那人心地不善，对谁都～的

没有人心眼儿 mu^{53}iou^{55}ʒẽ^{53}siẽ^{213}iɛr^{55} ①形容有失人性：那人～，千万不能和他玩 ②指责心地不好的人：你不能～，要好好待她娘俩

瞎定无眼儿的 ɕia$^{213-24}$tiŋ^{31}u^{53}iɛr$^{55-213}$tï 形容言行违背常理或丧失道德：这孩子学得～

曲娄拐弯儿 tɕʻy$^{213-31}$lou· kuɛ^{55}uɛr^{213} ①不直爽，说话绕圈子：他心眼～的谁也摸不透 ②弯弯曲曲：他住的那小巷～的，很难找

火不唧唧的 xuə$^{55-213}$pu· tsi^{53}tsi$^{53-55}$tï 性格急躁，心急火燎的样子

宁折不弯 ȵiŋ^{53}ʃə^{53}pu$^{213-24}$uã^{213} ①宁愿折断也不弯曲 ②形容刚正不阿、宁死不屈

口大舌敞 kʻou^{55}ta^{31}ʃə^{53}tsʻaŋ^{55} ①形容说话声音大而快 ②形容口无遮拦

胡吹海嗙 xu^{53}pfʻei^{213}xɛ$^{55-53}$pʻaŋ^{55} 胡乱吹嘘，胡说八道：那人整天～，

不能听他那一套

大吹大拉 tɑ^{31}pfʻei^{213}tɑ^{31}lɑ^{53} ①不着边际地吹嘘：一伙年青人在屋里～，听不清说的什么 ②言词空洞，喋喋不休：他整天到处～

顺嘴拉舌 fẽ^{31}tsuei^{55}lɑ^{213}ʃə^{53} 说话多且很随便

翻嘴调舌儿 fã^{213}tsuei^{55}tiɔ^{31}ʃər^{53} 翻来覆去地无理争辩

快嘴搠搂舌儿 kʻuɛ$^{31-53}$tsueï pu$^{213-31}$lou˙ ʃər^{53} 爱说且说话速度快或不加考虑就说：小女孩可别～不讨人喜

嘴尖毛儿长 tsuei^{55}tsiã^{213}mɔr^{53}tʃʻɑŋ^{53} 爱说话且说话损人，没有分寸

七个儿八个儿的 tsʻi$^{213-31}$kər˙ pɑ$^{213-31}$kər˙ tï 喋喋不休、无理争辩：你不给老娘吃，说说你，你还～！

摇头不拉角 iɔ^{53}tʻou^{53}pu$^{213-31}$lɑ˙ tɕiɑ^{213} “角”音同“甲” 形容人摇头晃脑不稳重的样子：走起路来～的，一看就不是正派人

笨嘴笨舌 pẽ^{31}tsuei^{55}pẽ^{31}ʃə^{53} 口才不好，表达能力差：俺～的，不能去说什么事

笨不拉唧的 pẽ$^{31-53}$pu˙ lɑ$^{213-24}$tsi^{213}tï 形容人反应迟钝，言行迟缓、笨拙：我这人～，不论学什么都慢

笨手笨脚 pẽ^{31}ʃou^{55}pẽ^{31}tɕyə^{213} 形容手脚不灵活、不灵巧：这是一种巧妙活，我～的，实在干不了

憨不朝天 xã$^{213-31}$pu˙ tʃʻɔ^{53}tʻiã^{213} 呆傻

憨不愣潮 xã$^{213-31}$pu˙ ləŋ^{31}tʃʻɔ^{53}

佯打二怔 iɑŋ^{53}tɑ^{55}ɭə^{31}tʃəŋ^{213} 做事不认真，心不在焉的样子：你小心，别～地把碗打碎了

佯疯乍毛 iɑŋ^{53}fəŋ^{213}tʃɑ^{31}mɔ^{53} ①肆意张扬夸大：别看他～的，其实没有什么了不起 ②大惊小怪且说话声音大：有什么大事？别～的

吆二喝三 iɔ$^{213-24}$ɭə^{31}xə$^{213-24}$sã^{213} ①大声喊叫，喧哗：大家都睡了，你别～的 ②说话声音大、盛气凌人的样子：你～的干什么？

吆三喝四 iɔ$^{213-24}$sã^{213}xə$^{213-24}$sɿ^{31}

咋天呼地 tʃɑ$^{213-24}$t‘iã$^{213-24}$xu / xuə$^{213-24}$ti^{31} 大声喊叫、吆喝

夹夹促促 tɕiɑ$^{53-55}$tɕiɑ· ts‘u$^{213-31}$ts‘u· 过分拘束、矜持，不大方

扭扭捏捏 ȵiou$^{55-213}$ȵiou· ȵiə$^{213-31}$ȵiə· 羞羞答答，言谈举止过于矜持

2．神态

笑眯的 siɔ^{31}mi$^{53-55}$tï ①形容微笑时眼睛微微眯起的样子 ②形容脸上表现出高兴的样子 ③满意的表情：领了千多元奖金～走了

恬木嗦嗦的 t‘iã$^{53-55}$mu· suə^{53}suə$^{53-55}$tï ①似笑非笑、比较得意的神情：他～脸，可能遇到什么好事了

恬木惺惺的 t‘iã$^{53-55}$mu· siŋ^{53}siŋ$^{53-55}$tï 似笑非笑、满不在乎的表情：别～的不要脸

笑木恬恬的 siɔ$^{31-53}$mu·t‘iã^{53}t‘iã$^{53-55}$tï 嬉皮笑脸、满不在乎或很得意的表情

气木哼哼儿的 tɕ‘i$^{31-53}$mu· xəŋ^{53}xəŋ$^{53-55}$tï 板着面孔生气的表情

耳木臊臊的 ɭə$^{55-213}$mu· sɔ^{53}sɔ$^{53-55}$tï 对别人的话充耳不闻、不理不睬的样子：大人说说他，他～根本不听

哭拉萨萨的 k‘u$^{213-31}$lɑ· sɑ^{53}sɑ$^{53-55}$tï 哭丧着面孔很伤心、很可怜的样子

可怜兮兮的 k‘ə^{213}liã^{53}ɕi^{53}ɕi$^{53-55}$tï 很可怜、令人同情的样子

可怜拉拉儿的 k‘ə^{213}liã^{53}lɑ^{53}lɑr$^{53-55}$tï

眼木嗦嗦儿的 iã$^{55-213}$mu· suə^{53}suər$^{53-55}$tï 视力不太好，看不清楚的样子

嘻嘻溜溜的 ɕi$^{213-31}$ɕï liou$^{213-31}$liou· tï 形容言谈举止不庄重、不严肃、不认真的样子：他这人～没有正经样

嬉唐溜水的 ɕi$^{213-31}$t‘ɑŋ· liou^{31}fei$^{55-213}$tï 形容说话不严肃、好开玩笑

嘻皮笑脸的 ɕi$^{213-31}$p‘i^{53}siɔ^{31}liã$^{55-213}$tï 轻浮地嬉笑

恹头儿耷脑儿的 iã^{213}t‘our^{53}tɑ^{55}nɔr$^{55-213}$tï 精神不振，无精打采的样子：那人～的，可能昨晚输钱了

死没残生的 sɿ$^{55-213}$mu· ts‘ã^{53}ʃəŋ$^{213-31}$tï 没有精神、半死不活的样子

死目阳阴的 sɿ$^{55-213}$mu· iɑŋ^{53}iẽ$^{213-31}$tï　①萎靡不振、半死不活的样子

　半死阳阴的 pã$^{31-53}$sɿ· iɑŋ^{53}iẽ$^{213-31}$tï

死皮塔拉眼的 sɿ^{55}p‘i^{53}t‘ɑ$^{213-31}$lɑ· iã$^{55-213}$tï　无精打采的样子

哼哧哼哧的 xəŋ$^{213-31}$tʃ‘ʅ· xəŋ$^{213-31}$tʃ‘ʅ· tï　①形容吃力的样子：他累得～　②怒冲冲地：他气得～

龇牙咧嘴 ts‘ɿ^{213}iɑ^{53}liə$^{55-53}$tsuei^{55}　嘴巴歪斜，牙齿外露。①形容凶狠难看的样子 ②形容疼痛难忍的样子：他疼得～

熊声棒气 ɕyŋ^{53}ʃəŋ^{213}pɑŋ^{31}tɕ‘i^{31}　形容态度不好，斥责人时声音较大：一点事他就～地熊人

闷声拉气的 mẽ$^{213-24}$ʃəŋ$^{213-24}$lɑ$^{213-24}$tɕ‘i$^{31-53}$tï　闷声闷气的：那人说话就那样，～

梗梗着头 kəŋ$^{31-53}$kəŋ· tʃɔ· t‘ou^{53}　①头稍歪或前伸，挺着脖颈，怒目而视的样子 ②形容固执、不服气、挑衅或纠缠的样子：他～好像很不服气

　别梗着头 piə$^{53-55}$kəŋ· tʃɔ· t‘ou^{53}

脸子 liã$^{55-213}$tsɿ·　鄙视或气势汹汹的面孔：谁都不想看人～

苦脸 k‘u$^{55-53}$liã^{55}　有愁苦表情的面孔

哭脸 k‘u^{213}liã^{55}　有哭泣表情的面孔

寒脸 xã^{53}liã^{55}　面部有畏惧、痛苦、不愉快等表情：就是刀架在脖子上，他也不会～｜这孩子真能忍，脚被铁钉扎了个窟窿也不～

克星脸 k‘ə$^{213-31}$siŋ· liã^{55}　愁苦、气愤、不满意的表情：你脸～得那样，怎么回事？

拉拉着脸 lɑ$^{213-31}$lɑ· tʃɔ· liã^{55}　面部阴沉、不高兴的表情：他整天～，不知道为什么

　撸拉着脸 lu$^{213-31}$lɑ· tʃɔ· liã^{55}

迭歇着脸 tiə$^{55-213}$ɕiə· tʃɔ· liã^{55}　生气、沮丧、不满意等时的表情：你～给谁看的？

本哼着脸 pẽ$^{55-213}$xəŋ· tʃɔ· liã^{55}　①面部肌肉绷紧，脸色阴沉的表情 ②严肃、

气愤、不满意的表情：他气得～，一句话也不说

红头酱脸的 xuŋ^{53}t‘ou^{53}tsiɑŋ^{31}liã$^{55-213}$tï ①面红耳赤 ②因发烧、激动、愤怒等面部充血泛红

拿下脸来 *nɑ$^{53-55}$ɕï liã^{55}lɛ˙ 板下面孔，很严肃，不留情面：～狠狠地熊了他一顿

待说不说 tɛ^{31}fə$^{213-24}$pu$^{213-24}$fə^{213} 想说未说，欲言又止

待起不起 tɛ^{31}tɕ‘i^{55}pu^{213}tɕ‘i^{55} 似起非起，不情愿地起坐

待理不理 tɛ^{31}li^{55}pu^{213}li^{55} 似搭理又不愿意搭理

待管不管 tɛ^{31}kuã^{55}pu^{213}kuã^{55} 似过问又不想过问

待看不看 tɛ^{31}kã^{31}pu$^{213-24}$kã^{31} 似看非看，不乐意看

眼蛋子魑黧 iã^{55}tã$^{31-53}$tsɿ˙ su^{213}li^{53} “黧”音同“厘” ①很愤怒、很忌妒的眼神：看到人家发财，他就～ ②凶神恶煞的眼神

急目露眼儿 tɕi$^{213-31}$mu˙ lou^{31}iɛr^{55} 急切、期盼、好奇、等待的眼神：小孩都～看着，这饭我能吃得下？

扒吃露眼儿 pɑ$^{213-31}$tʃ‘ʅ˙ lou^{31}iɛr^{55}

急睁活眼的 tɕi$^{213-24}$tʃəŋ^{213}xə^{53}iã$^{55-213}$tï ①说话时眼睛睁得很大，表情激动 ②瞪着眼睛生气的样子：刚到家，他就～地跟老婆吵起来了 ③企求的眼神：那儿只狗被绑在那里～真可怜

露猴儿的 lou^{31}xour$^{53-55}$tï ①眼睛睁得很圆，目不转睛地盯着：他眼睛睁的～，生怕人家骗了他 ②眼睛很有神：那孩子两眼～真精神

挤眼打帕儿 tsi$^{55-53}$iã^{55}tɑ^{55}p‘ɑr^{213} 挤眉弄眼

哼瞪着眼 xəŋ$^{53-55}$təŋ˙ tʃɔ˙ iã^{55} 不满或生气而瞪着眼睛：他～，一会儿就得打起来

眼皮儿不翻 iã^{55}p‘iɛr^{53}pu$^{213-24}$fã^{213} 不屑一顾、不以为然的表情：看到他爹～，真差劲

大褂子眼 tɑ^{31}kuɑ$^{31-53}$tsɿ˙ iã^{55} 形容看不起身份低下或贫穷的人

眼眶子大 iã^{55}k‘uɑŋ$^{31-53}$tsɿ˙ tɑ^{31} ①看不起常人，不愿搭理人 ②对一般人

或事看不到眼里去

大眼眶子 ta^{31}iã^{55}k‘uaŋ$^{31-53}$tsɿ·

肿底眼皮 pfəŋ$^{55-53}$ti$^{55-53}$iã^{55}p‘i^{53} 下边眼皮肿了，只能往上看，比喻趋炎附势

贼眼 tsei^{53}iã^{55} 神情鬼祟、不正派的眼神：那人睁着一双～，一看就不是好人

白瞪 pei$^{53-55}$təŋ· 以敌视、鄙视或反感的目光看人以致白眼珠过多：～了那人一眼

翻白眼 fã^{213}pei^{53}iã^{55} ①对人或事物不满意的眼神 ②人或动物将要死的时候眼睛泛白：那鱼都～了，养不活了

瞅漏猴儿 tʃ‘ou^{55}lou$^{31-53}$xour· 找漏洞寻找可乘之机：他就会～

瞅漏缝儿 tʃ‘ou^{55}lou$^{31-53}$fə̃r·

恨乎儿 xei$^{213-31}$hur· 发怒时两眼瞪着，嘴巴紧闭，表现出凶狠的样子：你看他给～样，看来不好惹

鳖瞅蛋 piə^{213}tʃ‘ou^{55}tã^{31} ①鳖下蛋后总是死死地盯着，直到孵化，是其习性 ②比喻一个人目不转睛地看着一个地方，傻愣愣的样子：那个人就像～一样，不知道他在看什么

晕眼 yẽ^{53}iã^{55} 眼花缭乱：一到大城市，我就～

眼晕 iã^{55}yẽ^{53}

撇嘴 p‘iə$^{55-53}$tsuei^{55} 两嘴角外拉下撇，是鄙视、敌对、不满等的表情

撅嘴 tɕyə^{213}tsuei^{55} ①不满、生气的表情 ②向对方传递某种信息时的嘴部动作：他一撅嘴，我就明白了

瘪鼓嘴 piə$^{55-213}$ku· tsuei^{55} ①多为儿童因受委屈等欲哭未哭时的嘴部动作：这孩子怪要脸，只说了她一句，她就～要哭 ②因故嘴部失常：他吓得～说不出话来了

大架儿的 ta^{31}tɕiar$^{31-53}$ti· 自高自大、装腔作势的样子

拉架子 la$^{213-24}$tɕia$^{31-53}$tsɿ· 故作严肃，摆架子

耳 ɭə^{55} ①耳朵 ②理会，理睬：那人太傲，不～人 ③打，斥责等：那人叫我～了

一顿

耳视 ɭə$^{55-213}$ʃʅ˙ ①理会，理睬：那人太大的谱儿，从不～人 ②忽略：那事我一时～了

耳乎 ɭə$^{55-213}$xu˙

耳艮 ɭə$^{55-213}$kẽ 忽略，忘记：那件事我还～了

理视 li$^{55-213}$ʃʅ˙ 理睬

不耳 pu^{213}ɭə^{55} 不理会，不理睬

带气 tɛ^{31}tɕʻi^{31} 形容带有生气的情绪或表情：我看到了，他说话时脸上～

带样儿 tɛ^{31}iãr^{31} ①像模像样：这小孩学唱京剧很～ ②心理活动表现在外表：做了亏心事，脸上就～

淌细汗 tʻɑŋ^{55}si^{31}xã^{31} 因尴尬、难堪、紧张、惊恐等，头上、身上冒出了细细的汗液：他被吓得～了

3．心理感受

恼 nɔ^{55} 恼怒，生气，气愤

恼心 nɔ$^{55-213}$siẽ˙ 后悔，苦恼，伤心

慒心 tsʻɔ$^{53-55}$siẽ˙ "慒"音同"槽" 内心感到委屈、窝囊、后悔：这事办得真～人

唐心 tʻɑŋ$^{53-55}$siẽ˙ 后悔、遗憾等：你就是离婚，我也不～

亏心 kʻuei$^{213-24}$siẽ^{213} 负疚：你这样对待朋友不觉得～？

稳心 uei$^{55-213}$siẽ˙ ①放心，安心等：看了看老年人身体很好，我～了 ②心里不再牵挂、惦记：反正就那些钱，花了你就～了

凉心 liɑŋ^{53}siẽ^{213} 非常失望、伤心：给他出了那么大的力，他还不知好歹，真～

恣个挠挠的 tsʅ$^{31-53}$kə˙ nɔ^{53}nɔ$^{53-55}$tï˙ 高兴得手舞足蹈，心情畅快：他儿子考上大学了，他心里～

淡恣儿的 tã^{31}tser$^{53-55}$tï˙ ①痛快，轻松：求他办件事，他～地就答应了 ②盐味小：我吃着那菜～

木个得得的 mu$^{213-31}$kə˙tei^{53}tei$^{53-55}$tï˙ ①很高兴，很得意，甚至忘乎所以 ②过于张扬、显摆

急之歪歪的 tɕi53−55tʃʅ uɛ53uɛ53−55tï ①经济上很困难：他家日子过得～ ②很着急，很烦躁：这几天他可～

能不唧唧的 nəŋ53−55pu˙tsi53tsi53−55tï 逞能，张扬

得 tei213 ①舒心，高兴：你小日子过得怪～ ②取得：你考试～了多少分？③需要：你儿子还～多少日子结婚？④必须，应该：你就～把活干好才对

恣儿 tser31 心情舒畅：喝美酒，吃烧鸡，真～

恣 tsɿ31

恣赟 tsɿ213−31iẽ"赟"音同"因" 无忧无愁，很舒心：小日子过得～的

透思 t'ou31−53sɿ˙ ①开心，痛快：大热天洗个澡真～ ②使人满意：小伙子长得真～｜那雨下得真～

坦然 t'ã55−213ʒã˙ ①心情平静，没有忧虑：儿女的事我都操持好了，心里很～ ②心情舒畅，没有烦恼：拼搏半辈子，晚年生活～的 ③心胸坦荡，没有愧疚：回首往事，没做过亏心事心里～的

畅快 tʃ'ɑŋ31−53k'uɛ˙ 幸灾乐祸：那人心地不好，看到人家倒霉，他就～

恶殃 ɣə213−31iɑŋ˙ ①使人恶心、厌恶：看着不三不四的人我就～得上 ②肮脏：那臭水沟真～人 ③宣扬、败坏：那家伙怪会～人 ④糟糕、丢丑：这事办得真～

恶歪 ɣə53−55uɛ˙ 使人恶心、厌恶

臆歪 i31−53uɛ˙ ①心里放不下，心存疑虑：那事我一直很～ ②使人恶心

条当的 t'iɔ53tɑŋ53−55tï 周到，适当，很有条理

窝周的 uə213tʃou53−55tï

怵 pf'u31 害怕，恐惧：别看你个子大，我还真不～你

打怵 t'ɑ55pf'u31 从内心里感到恐惧、害怕：他胆小如鼠，遇事就～

怵杠儿 pf'u31kãr31 害怕退缩：遇到什么事我都不～

干鼓 kã213ku55 很生气、很委屈又无处发泄

鼓得上 ku55−213tï ʃɑŋ˙ 很生气又无法发泄

鼓囊 ku55−213nɑŋ˙

憋气 piə213−24tɕ'i31 ①生气又无处发泄 ②屏住呼吸：比比看谁～的时间长

憋堵 piə$^{213-31}$tu˙ 憋闷：弄的什么事！俺怪～得慌

堵得慌 tu$^{213-31}$ti˙ xuaŋ˙ 憋气郁闷

憋堵得上 piə$^{213-31}$tu˙ ti˙ ʃaŋ˙ ①很憋闷 ②很气愤，嘴上又说不出来：他这么不讲理，我就是怪～

憋堵得慌 piə$^{213-31}$tu˙ ti˙ xuaŋ˙

委屈 uɑ$^{213-31}$tɕʻy˙ “委”音同“挖” 委屈

心焦 siẽ$^{213-24}$tsiɔ^{213} 焦躁，急躁

急慌 tɕi$^{213-31}$xuaŋ˙ 着急，慌张

胳躁 kə$^{53-55}$tsɔ˙ 心情烦躁，心神不安：夜里睡不着，心里乔～得慌

腌臜 ɣɑ$^{213-31}$tsɑ˙音同“啊杂” ①好的动机却没有把事情办好，或事与愿违，心里感到不痛快：那件事办得真～人 ②追悔莫及

惭头 *tsʻã^{53}tʻou˙ 愧疚而伤心：为了支撑家庭，丈夫拖着病体在外打工拼命挣钱，她觉着很～

够肉 kou^{31}rou^{31} ①吃苦，受损等达到很深的程度：这回俺真～了 ②已感到很厌烦，再也不愿接受：可～了，再也不想看孩子了

胆虚 tã$^{55-213}$ɕy˙ 心虚害怕无底气：贼人～ | 做了见不得人的事就～

别扭 piə$^{53-55}$ȵiou˙ ①怄气并争执：他俩又闹～了 ②难以理解和接受：我觉得这事真～ ③不顺心，不习惯，不适应：他住的地方真～ | 给那样的人一块工作，真～

害丑 xɛ^{31}tʃʻou^{55} 害羞

舍气 ʃə^{55}tɕʻi^{31} 出气：直到人家赔了不是他才～

拉馋 lɑ^{213}tʃʻã^{53} ①过瘾：看这个节目真～ ②解馋：这顿肉可～了

想不开 siaŋ$^{55-213}$pu˙ kʻɛ^{213} ①心胸狭窄，遇事总放在心里，解脱不了：因为他一时～，才走了绝路 ②不理解：到底是怎么回事？我到现在～ ③因迂腐、守旧而想不通：现在年轻人穿得袒胸露背，老年人看着就是～

闪得慌 ʃã$^{55-213}$ti˙ xuaŋ˙ 失落，恍惚的心情：儿子上大学去了，爸妈怪～

闪乎得慌 ʃã$^{213-31}$xu˙ ti˙xuaŋ˙

翻过闷儿来 fã$^{213-31}$ku˙ mer^{31}lɛ˙ ①理解了：那道题他考虑了一夜，终于～了 ②醒悟过来：事情都过了好几天了，他这才刚刚～

降 ɕiaŋ^{53} ①降服：就他能～了那个人 ②饭菜过分油腻等使人难以享用：那肥肉太～人了

降人 ɕiaŋ^{53}ʒẽ^{53} ①事情办得使人难以接受 ②饭菜过分油腻使人难以享用 ③说话使人听了很不舒服：说的什么话，真～

降伏 ɕiaŋ^{53}fu^{53} ①制服，就范：那头牛不听使唤，结果没用两天叫他～了 ②投降，顺服 ③使驯服 ④用语言压制、谴责、挖苦等：老婆婆叫儿媳妇～倒了

降服 ɕiaŋ$^{53-55}$fu˙ 抓住别人的把柄而用言语讥讽，挖苦：俺吃您那顿饭，您～俺几回了？

服降 fu^{53}ɕiaŋ^{53} ①彻底认输，服输：这回我是～了 ②吃的苦头、经历的磨难太多而感到筋疲力尽，不愿再为之：他算是累～了

情服 ts'iŋ^{53}fu^{53} 从内心里佩服：那人光说大话，可办事不叫人～

瘆人 ʃẽ^{31}ʒẽ^{53} 使人感到害怕、胆怯、畏惧：看见杀驴的真～人｜山洞里阴森森的，真～

狠人 xẽ^{55}ʒẽ^{53} 使人生气、怨恨：家里那点钱叫他都花光了，真～

恶心人 ɣə$^{53-55}$siẽ˙ ʒẽ^{53} ①心里鄙视、厌恶，几近呕吐：你办的那事真～！②肮脏得使人几近呕吐：刚逮完猪，没洗手就吃饭，真～

腻歪人 i$^{31-53}$uɛ˙ ʒẽ^{53} 使人疑惑厌烦

有肚子 iou$^{55-53}$tu$^{55-213}$ tsɿ˙ "肚"音同"读" ①有胆量，有气度，有骨气：他那人有～ ②耐力过人：那孩子真～，头破了一声没吭

愣了 ləŋ$^{31-53}$lɑ˙ ①晕了，愣神了：吃得太多，撑～｜叫人家揍～ ②因惊恐而发呆：他一下子吓～了

觉味儿了 tɕyə$^{213-24}$uer$^{31-53}$lɑ˙ ①感觉到了危机、压力等：接到法院的传票，他才～ ②达到一定的口味：又放了点盐，这菜～

发急 fɑ$^{213-24}$tɕi^{53} ①犯愁，发愁：钱整天挣不上花的，心里～ ②心情烦躁：年龄不小了，至今没找着对象，打心里～

急炸了心　tɕi^{53}tʃɑ$^{31-53}$lɑ· siẽ^{213}　形容心中非常着急：你可回来了，刚才差点把俺～

走头魂　tsou^{213}t‘ou^{53}xuẽ^{53}　①魂不守舍 ②精神恍惚：整天就像～样

没头魂　mu^{31}t‘ou^{53}xuẽ^{53}　六神无主：吓得～了

吓掉魂儿了　ɕiɑ^{31}tiɔ^{31}xuer$^{53-55}$iɑ·　因惊吓而魂魄丢落了：这孩子夜里光哭，可能是～

吓掉了头魂　*ɕiɑ^{31}tiɔ^{31}iɑ· t‘ou^{53}xuer^{53}　吓得魂飞魄散：大家拿起刀棍，那小偷可～，他可能再也不敢来了

　吓掉了亡魂　*ɕiɑ^{31}tiɔ^{31}iɑ· uɑŋ^{53}xuer^{53}

吓趴窝儿　*ɕiɑ^{31}p‘ɑ$^{213-31}$uər^{213}　因害怕而趴在那里不敢露面，形容被吓倒了

吓畏腿　ɕiɑ^{31}uei$^{55-53}$t‘ei^{55}　因害怕而不敢说不敢动：一句话就把他～了

把攥着心　pɑ^{55}tsuã$^{31-53}$tʃɔ· siẽ^{213}　十分担心害怕

　把捽着心　pɑ$^{55-53}$tsuə$^{55-213}$ tʃɔ· siẽ^{213}

　把揪着心　pɑ$^{55-53}$tsiou$^{213-31}$tʃɔ· siẽ^{213}

十八　人际关系

帮　pɑŋ^{213}　①帮助 ②中空物体的边缘部分：鞋～ ③团伙：黑～ ｜ ～派 ④拼接：裤子太短了，～一截再穿吧 ⑤某些物体的凸露部分：腮～子 ｜ 腚～子 ｜ 白菜～

拢　luŋ^{55}　欺骗：你连小孩也～！

拢人　luŋ^{55}ʒẽ^{53}　欺骗人

哄　xuŋ^{55}　①骗、欺骗：你可不能～俺 ②安慰，安抚：～～她就不哭了

诈　tʃɑ^{55} “炸”音同“闸”　用试探、引诱等手段，使对方吐露实情：他的话到底被我～出来了

绰　pf‘ə^{213}　①假借：他～了人家的名 ②找借口：～个因由就混过去了

坑人　k‘əŋ^{213}ʒẽ^{53}　骗人，使人受损：做生意要讲究信誉，不能～

相友　ɕiɑŋ$^{213-31}$iou·　结交，讨好：～人一条路，得罪人一座山（俗语）

糟踩 tsɔ$^{213-31}$ts'ɛ· ①使坏：他这是出点子～人 ②浪费：剩的饭菜都～了 ③故意损坏：小孩不能～东西 ④某种东西对人身体造成损害

糟踩人 tsɔ$^{213-31}$ts'ɛ· ʒẽ^{53} 诋毁、损害他人

捉孙 pfə$^{213-24}$suẽ^{213} 设圈套让容易上当受骗或好欺负的人吃亏；让弱者吃亏；故意让人吃亏：让我又掏钱又拿酒，这不是～吗？

踢蹬 t'i$^{213-31}$təŋ· ①诋毁、损害：那个家伙太会～人 ②糟踏东西 ②浪费，糟蹋：光吃食不下蛋，白～粮食 ③损毁：刚买的自行车叫他骑了一天就～毁了 ④蹂躏，侮辱：那个姑娘叫他～了

踢蹬人 t'i$^{213-31}$təŋ· ʒẽ^{53} ①诋毁、损害他人：说这样的瞎话不是～吗？②糟蹋别人的东西：他故意踩人家的菜地，不是～吗？③某种东西对人身体造成损害：吃发霉的东西～

现弄人 ɕiã$^{31-53}$luŋ· ʒẽ^{53} “弄”音同“笼” ①炫耀自己的长处，以显出别人的短处，使人难堪：她没别的本事，就会～ ②用语言捉弄人

钻弄人 tsuã$^{31-53}$luŋ· ʒẽ^{53} 绕圈子使人在不知不觉中被戏弄或诮骂：不能和他搭腔，他肯～

上弄人 ʃɑŋ$^{31-53}$luŋ· ʒẽ^{53} 抓住别人的一点短处讽刺挖苦，指责数落等：俺小孩糟踏了他家的豆子，人来俺家～的

眼哕人 iã$^{55-213}$yə· ʒẽ^{53} “哕”音同“月” 故意炫耀自己的财力、能力等，使人羡慕：她到处吹嘘自己的儿子挣钱多，就是在～

眼诱人 iã$^{55-213}$iou· ʒẽ^{53} 炫耀自己，使人羡慕：他家只要有一点好东西就拿出来～

眼量人 iã$^{55-213}$liɑŋ· ʒẽ^{53} 瞧不起、轻视、贬低别人

溜门子 liou^{213}mẽ$^{53-55}$tsɿ· 随意到邻里家闲遛或聊天说事

　串门子 pf'ã^{31}mẽ$^{53-55}$tsɿ·

走亲戚 tsou^{55}ts'iẽ$^{213-31}$ts'ï 串亲戚

拜把子 pɛ^{31}pɑ$^{55-213}$tsɿ· 异姓结拜

杀生 ʃɑ$^{213-24}$ʃəŋ^{213} ①宰杀有生命的东西：他今天宰鸡，明天杀狗，整天～

②把幼小稚嫩的东西抹杀掉或吃掉等：那小鸡还不到半斤重你就宰吃了，也太～了

咒生 tʃou$^{213-31}$ʃəŋ˙ “咒”音同“周” 恶毒的狠话，意即想办法弄死：他再给我作对，我就找人～了他

赌咒 tu^{55}tʃou^{31} 发誓

咒骂 tʃou$^{31-53}$mu˙ “骂”音同“谋” 诅咒，谩骂

咒骂人 tʃou$^{31-53}$mu˙ ʒẽ^{53} 诅咒、谩骂他人：～没有好处

热乎儿 ʒə$^{213-31}$xur˙ ①热情，亲近：那人怪～人 ②温度稍高或适中：那水～的，洗澡正好

热乎人儿 ʒə$^{213-31}$xu˙ ʒer^{53} 对人友好、热情：人家虽然有钱有势，可很～

稀热乎人儿 ɕi$^{213-24}$ʒə$^{213-31}$xu˙ ʒer^{53} 形容对人很友好、很热情：别看他当了大官，但还～

透热乎人 t‘ou^{31}ʒə$^{213-31}$xu˙ ʒẽ^{53}

抬视人 t‘ɛ$^{53-55}$ʃʅ˙ ʒẽ^{53} ①抬举、吹捧人 ②使人感到光彩：穿上新衣服就是～ ③长相漂亮，衣着整洁、大方：小伙子长得真～

没视人 mu$^{53-55}$ʃʅ˙ ʒẽ^{53} 轻视人，看不起人：他眼里太～

单薄人 tã^{213}pə^{53}ʒẽ^{53} ①对人不热情：人家来给你送礼，你连饭都没管，太～了 ②对人不尊重，态度冷漠

亏欠人 k‘uei$^{213-24}$tɕ‘iã^{31}ʒẽ^{53} 对不起人，负疚，欠情

搡嘟人 sɑŋ$^{55-213}$tu˙ ʒẽ^{53} ①用不礼貌的言语斥责、搪塞别人 ②用手推搡人

索歪人 suə$^{53-55}$uɛ˙ ʒẽ^{53} ①对人言行生硬、很不恭敬 ②因故在别人接近牵拉时，身体快速扭动挣脱

索拉人 suə$^{53-55}$lɑ˙ ʒẽ^{53}

捎啦人 ʃɔ$^{213-31}$lɑ˙ ʒẽ^{53} 指桑骂槐

呲卟人 ts‘i$^{213-31}$pu˙ ʒẽ^{53} “呲卟”音同“刺不” 用刻薄的言辞呵斥、指责别人：别跟她说话，她太肯～

揭挑 tɕiə$^{213-31}$t‘iɔ˙ 揭短

揭挑人 tɕiə$^{213-31}$t‘iɔ˙ ʒẽ^{53} 揭人的短处：她就肯～

笑话 siɔ$^{31-53}$xu˙ “话”音同“呼” 笑话，耻笑，讥笑

笑话人 siɔ$^{31-53}$xu˙ ʒẽ^{53} 笑话，耻笑，讥笑别人

咬磨人 iɔ$^{55-213}$mu˙ ʒẽ^{53} “磨”音同“木” ①攀比别人 ②供出同伙

诮谝人 tɕ‘iɔ$^{213-31}$p‘iã˙ ʒẽ^{53} “谝”音同“片” ①当面说出别人的缺点：你～也不怕人家生气？②旁敲侧击，指桑骂槐

哷坏人 ts‘ɛ$^{31-53}$xuɛ˙ ʒẽ^{53} 毁谤、贬低、讥笑别人：你～不好，可你自己呢？

噻咶人 sɛ$^{213-31}$xuɛ˙ ʒẽ^{53} “噻咶”音同“腮坏” 用不当的言行对待别人

咶拉人 xuɛ$^{55-213}$lɑ˙ ʒẽ^{53} “咶”音同“坏” 不耐烦地推搡人

指倒人 tʃʅ$^{55-213}$tɔ˙ ʒẽ^{53} 用手指指点别人，是不敬的行为：你有什么了不起？还乱～！

叨绊人 tɔ$^{213-31}$pã˙ ʒẽ^{53} 背地里说人坏话：有话说在当面，不要背后～

叨咕人 tɔ$^{213-31}$ku˙ ʒẽ^{53} ①轻声念叨思念、牵挂的人 ②背地说人坏话

得罪人 tei$^{213-31}$tsʅ˙ ʒẽ^{53} “罪”音同“自” 使人怀恨、怪罪：没有办成事，把她～了

治人 tʃʅ^{31}ʒẽ^{53} 刁难、折磨人：他太会～了

晒人 ʃɛ^{31}ʒẽ^{53} ①故意把人搁置在一边，使之受冷落、遭难堪 ②公开别人的隐私 ③照在人身上的太阳光很强烈

充人儿 pf‘əŋ$^{213-24}$ʒer^{31} ①装出一副道貌岸然、正人君子的样子：他做了那么多坏事，还～ ②滥竽充数

充好人儿 pf‘əŋ^{213}xɔ^{55}ʒẽr^{53} ①装得像善良人一样：他害完了人又～ ②充当正面角色

嘟囔 tu$^{213-31}$nɑŋ˙ / nuŋ˙ ①不住地小声说话，多表示不满 ②翻来覆去地指责、数落：妈妈～人没有完

嘟念 tu$^{213-31}$niã˙

嘟噜 tu$^{213-31}$lu˙

嘟嘟囔囔 tu$^{213-24}$tu^{213}nɑŋ$^{213-31}$nɑŋ˙ ①不住地小声自言自语 ②反复地数

落、指责

咕囔 ku$^{213-31}$naŋ˙ 因为不满意而小声地自言自语

咕咕囔囔 ku$^{213-24}$ku^{213}naŋ$^{213-24}$naŋ^{213}

溜沟子 liou$^{213-24}$kou$^{213-31}$tsɿ˙ 拍马溜须

舔腚眼子 t‘iã^{55}tiŋ^{31}iã$^{213-31}$tsɿ˙ ①比喻溜须拍马 ②舔屁股眼：过去乡村小孩大便后经常唤狗给～

串鼻子 pf‘ã^{31}pi$^{53-55}$tsɿ˙ ①串通：这事就怕他俩～ ②错乱：这事叫我给弄～了

诅面子 tsy^{53}miã$^{31-53}$tsɿ˙ 不给情面：他这样做，也太～了

驳面子 pə$^{213-24}$miã$^{31-53}$tsɿ˙

钻点子 tsuã$^{55-53}$tiã$^{55-213}$tsɿ˙ ①想办法：这事怎么办？你得给我～解决 ②出坏主意：你就会～坑人

递点子 ti^{31}tiã$^{55-213}$tsɿ˙ 以眼神或肢体动作示意或传情

使点子 ʃʅ$^{55-53}$tiã$^{55-213}$tsɿ˙ 耍心眼儿

出母狗点子 pf‘u^{213}mu$^{55-213}$kou˙ tiã$^{55-213}$tsɿ˙ 想一些不适当、不可行甚至损害人的办法：遇到事他就会～

插杠子 tʃ‘ɑ$^{213-24}$kɑŋ$^{31-53}$tsɿ˙ ①插话：别人说话时你不要～ ②插手 ③抬东西时把木棒插进或穿过

闹乱子 nɔ^{31}luã$^{31-53}$tsɿ˙ 吵闹

出芽子 pf‘u^{213}iɑ$^{53-55}$tsɿ˙ ①故意找麻烦：好端端的，你怎么又～？②节外生枝 ③籽粒生出幼芽

出腰蛾子 pf‘u$^{213-24}$iɔ^{213}ɣə$^{53-55}$tsɿ˙

担过子 tã$^{213-24}$kuə$^{31-53}$tsɿ˙ ①承担过错：出了问题不要怕～ ②背黑锅

担不是 tã^{213}pu$^{53-55}$ʃʅ˙ ①承担过错或责任：本来是他自己的过失，可还要别人～ ②背黑锅

担是非 tã$^{213-24}$ʃʅ^{31}fei^{213} 承担责任：～的事他是一概不揽

担是非儿 tã$^{213-24}$ʃʅ$^{31-53}$fer˙ 关系融洽，友情深厚，无须顾忌：他俩很～

担得事儿 tã$^{213-31}$tï ʃer^{31} ①关系亲密，能相互体谅、包容，一般情况下不会产生矛盾：这种亲戚～，招待孬好都行｜他这人～，说得重点也不要紧 ②自认为有背景或权势而言行傲慢：人家城里有人，自觉～

担不起 tã$^{213-31}$pu˙ tɕ‘i^{55} ①承担不起 ②担子过重挑不起来 ③货物过重，扁担等难以承重

偷下口 t‘ou$^{213-24}$ɕiɑ^{31}k‘ou^{55} ①狗不叫唤却趁人不备下口咬人 ②比喻趁人不备暗地里向人攻击、使坏等 ③让人察觉不到，实际在暗箱操作以获取利益等

偷下手 t‘ou$^{213-24}$ɕiɑ^{31}ʃou^{55} 趁人不备，暗地里动手

赚相应 pfã^{31}siɑŋ$^{213-24}$iŋ^{213} 占便宜，得到不应得的利益、好处等：他就喜欢～

咬出来 iɔ$^{55-213}$pf‘u˙ lɛ˙ ①供出同伙 ②用牙齿咬出来

咬定牙根儿 iɔ^{55}tiŋ^{31}iɑ^{53}ker^{213} 坚持，不改变主意：她～就是不说话

咬住牙根儿 iɔ^{55}pfu^{31}iɑ^{53}ker^{213}

攮棒子 nɑŋ^{55}pɑŋ$^{31-53}$tsɿ˙ ①比喻从中挑拨，挑唆、加害等：那家伙太差劲了，越是人家有难题，他越给～ ②将小木棍捅向某处

攮黑棒子 nɑŋ^{55}xei$^{213-24}$pɑŋ$^{31-53}$tsɿ˙ 背后中伤

面识面花 miã^{31}ʃʅ^{213}miã^{31}xuɑ^{213} 似曾相识：那人我～的，好像在哪里见过

生楚啦的 ʃəŋ$^{213-31}$pf‘u˙ lɑ$^{53-55}$tï ①不太熟悉：俺乍到这里，～，请多关照 ②还不太成熟：瓜还～

坏 xuɛ^{31} ①不好 ②背地里说人坏话恶意挑拨：我哥硬是被我嫂子～瞎的 ③检举揭发：我～老师去 ④表示程度深：这几天我可忙～了

剋 k‘ei^{31} ①斥责、批评：一大早就叫老婆～了一顿 ②斗殴：我跟他～了一仗 ③吃、喝等：咱把这杯酒～了

挒 liə^{55} 做，干（某些事）：①厉色批评：叫领导～一顿 ②打：我叫俺爹～了一顿｜咱得给他～一仗 ③吃：一顿～了四个馒头 ④买：这些货我自己要不了，咱一块～了吧？⑤隐指奸淫：那女人叫人～了 ⑥干：大家都休息好了吧，那咱就～ ⑦喝：杯中酒咱一起～了吧

缠 tʃ‘ã^{53} 做，干（某些事）：①厉色批评：他叫村长～一顿 ②打：咱得给他～一仗 ③吃：一顿～了六个馒头 ④买：这些货咱一块～了吧，我自己要不了 ⑤隐指奸淫：那女人叫人～了 ⑥干：大家都休息好了吧，那咱就开始～ ⑦喝：杯中酒咱一起～了吧 ⑧纠缠：你去找领导，光～着我没有用 ⑨缠绕：你把线～好，别乱了

硬挒 iŋ^{31}liə^{55} ①用强硬的手段去做：你不～，他就不答应 ③条件不成熟而勉强为之

趔 liə^{31} ①躲避，远离：遇到出力的事他就～得远远的 ②躲闪：山上滚下块大石头，幸亏我～得快，要不就惨了

派 p‘ɛ^{31} ①摊派，派遣 ②勉强别人购买或接受：俺老头子酒量不行，你可不能硬～他

遣 tɕ‘iɛ^{31} ①相互推脱，等待、消极等 ②把活推给别人做，自己脱懒：干活不要你～我我～你的

摽 piɔ^{31} ①较劲：嗨，他俩暗地里～上了 ②纠缠，亲近：她俩整天～在一起 ③拧、绞：把椅子腿～上

识好儿 ʃʅ^{53}xɔr^{55} “识”音同“石” 很知足

值情 tʃʅ^{55}ts‘iŋ^{53} 感恩戴德

知情 tʃʅ^{213}ts‘iŋ^{53} 领情

知礼 tʃʅ^{213}li^{55} 懂得待人的礼节：别看他年纪小，可怪～

知情道礼 tʃʅ^{213}ts‘iŋ^{53}tɔ^{31}li^{55} 对别人给予的恩惠深表感谢：三年前帮了他一把，到现在他还～的

人理带道 ʒẽ^{53}li^{55}tɛ^{31}tɔ^{31} 待人接物的礼节和道理：那个人不懂得一点～

人理在道 ʒẽ^{53}li^{55}tsɛ^{31}tɔ^{31}

人情来往 ʒẽ^{53}ts‘iŋ^{53}lɛ^{53}uɑŋ^{55} 泛指人与人之间的友情交往

人情往来 ʒẽ^{53}ts‘iŋ^{53}uɑŋ^{55}lɛ^{53}

将就 tsiɑŋ$^{55-213}$tsiou˙ ①迁就，忍让：我要不是～他，非和他吵一架不可 ②勉强，凑合：就睡这一晚上，～一下就过去了

就乎 tsiou$^{31-53}$xu˙ ①迁就，勉强，让步：条件差，大家都互相理解，～点吧 ②担心，揪心：看那孩子过河大家都很～得上

凑乎 ts‘ou$^{31-53}$xu˙ ①勉强，将就：～着来吧 ②筹措，收集：都～一下就够了 ③聚拢，靠近：向我这边～～

近乎 tɕiẽ$^{31-53}$xu˙ ①关系密切：她俩走得很～ ②血缘关系亲近

拉近乎 lɑ$^{213-24}$tɕiẽ$^{31-53}$xu˙ ①用手段故意使关系密切：人家刚当上村长，他就去～ ②故意亲近

　套近乎 t‘ɔ^{31}tɕiẽ$^{31-53}$xu˙

　靠近乎 k‘ɔ^{31}tɕiẽ$^{31-53}$xu˙

得依得托 tei^{213}i^{55}tei$^{213-24}$t‘uə^{213} 形容完全可靠，值得托付：那人很可靠，～

　忠依忠托 pfəŋ^{213}i^{55}pfəŋ$^{213-24}$t‘uə^{213}

圆场儿 yã^{53}tʃ‘ãr^{55} 为打开僵局提出折衷调和办法，使僵持尴尬的场面得到缓和：这事最好由你出面打个～

圆美 yã$^{31-53}$meï 调和、沟通、说情等：这事你从中～～就行了

　圆成 yã$^{53-55}$tʃ‘əŋ˙

圆美腔 yã^{53}meï tɕ‘iɑŋ^{213} 故意把不太完美的事说成是完美的：他说我干得很好，我知道他这是～，因为我干得并不是很好

划拉 xuɑ$^{53-55}$lɑ˙ ①联系，联络，伙同：明早你～着我一块儿走 ②被荆棘等刮划：我的胳膊叫树枝子～破了

轧伙 kɑ$^{213-31}$xu˙音同“嘎乎” ①伙同：我和老马、老王等几个人～一块写了一部书 | ②相处，结交等：他俩～不孬 ③结伙（含贬义）：那几个～不出好事来

轧搭 kɑ$^{213-31}$tɑ˙ ①结交的谑称：他俩人～一伙去了 ②隐指不正当男女关系

栽派 tsɛ$^{213-31}$p‘ɛ˙ ①叮嘱：妈妈～好几遍了 ②托付：这事我可～给你了

编派 piã$^{213-31}$p‘ɛ˙ 夸大或捏造，无中生有：那些话可是他瞎～的

拱及 kuŋ$^{55-213}$tsï ①操纵，怂恿：这事是他～的 ②无事生非：你别整天～事 ③提起，倡导：这事到底叫他～成了

呛央 ts‘iaŋ$^{213-31}$iaŋ˙ 反复央求、劝导、规劝：我被他们～着喝醉了 ②相互谦虚推让：这事大家别再～了

欺理 tɕ‘i$^{213-31}$lï˙ ①欺负：你～俺这个没有本事的什么用？②纠缠：你别跟着胡～ ③性骚扰

港咕 kaŋ$^{55-213}$ku˙ ①暗地里议论：大家都这样～，不知道是真是假 ②挑拨性地传播

唧咕 tsi$^{213-31}$ku˙ 私下里议论：有什么事不能明说，就会背后～人

褒贬 pɔ$^{55-213}$piã音同“包扁” ①埋怨，指责：买香菇被人骗了，叫老婆～了一顿 ②贬低，过分地指出不足：～是买主（俗语）

啋坏 ts‘ɛ$^{31-53}$xuɛ˙ 诽谤、贬低、讥笑、败坏等：他就喜欢～人

悖争 pei$^{213-31}$tʃəŋ˙ “悖”音同“北” 争执，争论：只要他俩在一块就～

硌仗 kə^{53}tʃaŋ^{31} ①闹矛盾 ②争吵

缠仗 tʃ‘ã^{53}tʃaŋ^{31} 吵架，斗殴：他两口子昨晚又～了

　挒仗 liə^{55}tʃaŋ^{31}

缠磨 tʃ‘ã$^{53-55}$mu˙ “磨”音同“目” ①纠缠，搅乱：经不住他整天～，最后还是答应了 ②缠绕：他在河里洗澡，差点叫水草～住没上来

找平 tʃɔ^{55}p‘iŋ^{53} ①让有矛盾的双方找到平衡点 ②设法使凹凸不平的表面变平 ③使分配均匀：先大体分配一下，最后再～

摆平 pɛ^{55}p‘iŋ^{53} ①让有矛盾的双方找到平衡点：他俩的事我来～ ②把物放平

找没趣 tʃɔ^{55}mu$^{53-55}$ts‘y˙ 自讨没趣，自找难堪，自找麻烦：你不要去～

挨没趣 iɛ^{53}mu$^{53-55}$ts‘y˙ ①遭到难堪 ②受到委屈

吃伤脸儿 tʃ‘ʅ$^{213-24}$ʃaŋ^{213}liɛr^{55} 禁得住难堪：这孩子要面子，不～

抬杠 t‘ɛ^{53}kaŋ^{31} ①争执，争论，吵闹：小夫妻俩昨天又～了 ②故意挑剔与人争论：你这人就会～

找杠抬 tʃɔ^{55}kaŋ^{31}t‘ɛ^{53} 故意找缺点、毛病，与别人争论、辩论、争吵等：你这是～

　找杠眼儿 tʃɔ^{55}kaŋ^{31}iɛr^{55}

找茬儿 tʃɔ^{55}tʃʻɑr^{53} 故意寻衅闹事：他常来～

找刺儿 tʃɔ^{55}tsʻer^{31} 故意挑毛病、缺点：他总是爱～

整治 tʃəŋ$^{55-213}$tʃʅ˙ ①为了管束、惩罚、打击等进行处置，使别人吃苦头：只要你如实地把事说清楚，我们不会～你的 ②玩弄，折磨等：你这样做不是～人吗？

将事儿 tsiɑŋ^{31}ʃer^{31} 故意怂恿，挑拨离间，无事生非：他就会～，生怕人家里安稳一会

赔失 pʻei$^{53-55}$ʃʅ˙ 赔礼道歉：咱得～人家，那事确实怪咱

赔不是 pʻei^{53}pu$^{53-55}$ʃʅ˙

站高枝儿 tʃã^{31}kɔ$^{213-24}$tʃer^{213} 站在最高的树枝上。①比喻占的便宜多 ②处处高人一等

攀高枝儿 pʻã$^{213-24}$kɔ$^{213-24}$tʃer^{213} 比喻极力结交、攀附有权势有钱财的人：给儿女找对象都想～

垫话 tiã^{31}xuɑ^{31} ①暗中替人说话 ②背后添枝加叶地说别人的坏话

帮腔 pɑŋ$^{213-24}$tɕʻiɑŋ^{213} 言语上支持

帮架 pɑŋ$^{213-24}$tɕiɑ^{31} ①帮助，扶持：这事多亏你打～ ②帮助别人争斗等

帮人场 pɑŋ^{213}ʒẽ$^{53-55}$tʃʻɑŋ˙ 个人或伙同他人徒手前往造势助威：有钱的帮钱场，没钱的～

做局儿 tsou^{31}tɕyer^{53} “做”音同“揍” 故意制造假象

做好的局儿 tsou^{31}xɔ$^{55-213}$ti˙ tɕyer^{53} 事先做好的假象：他们俩是预先～

向着 ɕiɑŋ$^{31-53}$tʃə˙ 偏向，偏袒：两个孩子打架，不能光～自己的孩子

偏心眼儿 pʻiã$^{213-24}$siẽ^{213}iɛr^{55} 不公平，心理、言行上偏向一方

拉偏仗 lɑ$^{213-24}$pʻiã$^{213-24}$tʃɑŋ^{31} 劝架时有失公平，明显地倾向一方

白不了 pei$^{53-55}$pu˙ liɔ^{55} 不会亏待：好好干，当家的～咱

白文儿 pei^{53}uer^{53} ①在言论上找别人的不足或麻烦 ②顶嘴，犟嘴：小孩子不要给大人～

白嘴 pei^{53}tsuei^{55} 顶嘴，争吵

搭腔 tɑ$^{213-24}$tɕʻiɑŋ^{213} ①答话，交谈：那两个人好久就不～ ②应答：喊了他

半天，他始终没～

答谈 $t\alpha^{213}t'\tilde{a}^{53}$ 搭理，交往（多为否定）：别跟他～

崩了 $p\partial\eta^{213-31}l\alpha^{\cdot}$ ①关系破裂了，闹翻脸了：他俩早就～ ②枪毙 ③被崩裂的东西击中：放爆竹时不小心眼被～ ④崩断、崩裂、崩飞等：绳子～ | 钉子叫砸～

蹬了 $t\partial\eta^{213-31}l\alpha^{\cdot}$ ①关系破裂：他俩早就～ ②断绝了往来

蹬蛋 $t\partial\eta^{213-24}t\tilde{a}^{31}$

虚空 $\varsigma y^{213-31}k'u\eta^{\cdot}$ ①故意吹嘘夸大：那事没有那么严重，都是他～的 ②弄虚作假 ③物体中留有空隙：他那堆柴草～着想骗人

虚让 $\varsigma y^{213-24}\text{ʒ}\alpha\eta^{213}$ 没有诚意地邀请、给予等：叫俺喝酒你是～，不是真心实意

让让 $\text{ʒ}\alpha\eta^{213-31}\text{ʒ}\alpha\eta^{\cdot}$

干让 $k\tilde{a}^{213-24}\text{ʒ}\alpha\eta^{213-24}$

干让客 $k\tilde{a}^{213-24}\text{ʒ}\alpha\eta^{213-24}k'ei^{213}$ “客”音同“尅” 无诚意地邀请客人

虚让客 $\varsigma y^{213-24}\text{ʒ}\alpha\eta^{213-24}k'ei^{213}$

作假 $tsu\partial^{213}t\varsigma i\alpha^{55}$ 故作客套，不直爽，不真诚：没吃饭就来吃，不要～

插嘴儿 $t\text{ʃ}'\alpha^{213}tsuer^{55}$ ①插话，参与意见：人家夫妻间的事咱少～ ②随便打断别人的话

咬嘴 $i\text{ɔ}^{55-53}tsuei^{55}$ ①攀比、抱怨等：光给大儿子盖房子不给小儿子盖，他肯定得～ ②拗口：这句话～不好说 ③打口水仗：这两个人到一块就～

咬磨 $i\text{ɔ}^{55-213}mu^{\cdot}$ “磨”音同“目” ①攀比：虽是亲兄弟，分配不匀也会互相～ ②供出或揭发检举同伙或他人：进了班房，他连同伙全都～出来了

算完 $su\tilde{a}^{31}u\tilde{a}^{53}$ 解除、取消、结束等：你趁早给她～，不然你会后悔的

拉倒 $l\alpha^{213}t\text{ɔ}^{55}$ 算完、作罢等：这事你真不干就～，俺不等你了

散熊 $s\tilde{a}^{31}\varsigma y\eta^{53}$ ①以气愤肯定的语气宣称停止、作罢：你不想干就～，离你地球还不转啦！②散伙，关系破裂：他俩早就～了

散屌熊 $s\tilde{a}^{31}ti\text{ɔ}^{55}\varsigma y\eta^{53}$ 彻底决裂、彻底解除等

充熊 $pf'\partial\eta^{213}\varsigma u\eta^{53}$ ①装做很怯懦的脓包：到了节骨眼上他就～ ②装出一副了

不起的样子：这事与他没有一点关系，他还站出来～

充赖 pfʻəŋ$^{213-24}$lɛ^{31} 耍赖，不讲道理：是男子汉就不能～

嘻噹 çi$^{213-31}$tʻɑŋ· 开玩笑

哩嘻 li$^{53-55}$çi· ①轻佻、不严肃 ②开玩笑

吃香 tʃʻʅ$^{213-24}$çiɑŋ^{213} 受欢迎，受重视：这种产品现在在市场上很～ | 他在厂子里很～

撕破脸儿 sʅ$^{213-24}$pʻə^{31}liɛr^{55} ①把矛盾公开，不再遮掩：她俩这回～了 ②不再顾及情面

捏瘸儿 ȵiə^{213}tçʻyər^{53} ①故意找缺点、抓把柄等：只要～他就老实了 ②抓住缺点、错误、把柄等不放：得饶人处且饶人，别～不放

抓瘸儿 pfɑ^{213}tçʻyər^{53}

逮瘸儿 tɛ^{55}tçʻyər^{53}

外了 uɛ$^{31-53}$lɑ· 见外：你这样说就～

不外 pu$^{213-24}$uɛ^{31} 不见外：今天坐在这屋里的人都～，有什么话尽管说

生分 ʃəŋ$^{213-31}$fẽ· ①生疏：他们多年不来往，～了 ②产生了矛盾和隔阂，反目

拆伙 tʃʻei^{213}xuə^{55} ①团体组织等分离解散 ②关系破裂

成见 tʃʻəŋ$^{53-55}$tçiã· ①对某些人或事物所持有的一成不变的坏看法：人和事总是会变化的，不能抱着原来的～看问题 ②矛盾或对立的情绪：他俩有～，所以见面连话都不搭

种仇了 pfəŋ^{31}tʃʻou^{55}lɑ· 结下了怨仇：他这一闹，可就～

扯后腿 tʃʻə^{55}xou^{31}tʻei^{55} ①阻挡，拖后：就他老婆肯～ ②因个人或局部滞后而影响大局

打破头儿 tɑ^{55}pʻə$^{31-53}$tʻour· 从中阻止、阻拦，提不同意见：这事我不会给你～

傍面儿 pɑŋ^{31}miɛr^{31} 见面：他总是躲着不～

绕面儿 ʒɔ^{31}miɛr^{31} 短时间见面：时间短，仅仅打了个～

照面儿 tʃɔ^{31}miɛr^{31} ①短时间见面：我俩打个～，连话也没来得及说 ②出现，

露面：有什么事就出来说，不能老是不～ ③不期而遇：我们只在楼梯上打个～

实周 ʃʅ$^{53-55}$tʃou˙ ①诚实，实在：那人办事很～ ②物体中没有空隙：地基夯得很～ ③结实：孩子长得很～ ④形容话说得实在而有分量 ⑤形容任务交待得很有分量 ⑥形容吃得很饱：今早吃得很～，保证一天不害饿

抵实 ti^{55}ʃʅ^{53} ①关系密切，感情深厚，彼此信赖：咱这么～，还要客气吗？②十分可靠

应承 iŋ$^{213-31}$tʃ‘əŋ˙ ①承诺：你办不到的事就不要随便～ ②承认

招应 tʃɔ$^{213-31}$iŋ˙ ①招待：我得回家～客人 ②照料：你替我～一会孩子 ③惩罚，报应：作恶多端的人老天早晚会～

盖抹 kɛ$^{31-53}$mu˙ “抹”音同“么” 掩盖

顾搂 ku$^{31-53}$lou˙ ①照顾：你也～一下你老娘 ②顾虑：他心里还是有些～ ③招揽：咱～不了他们了

对眼 tei^{31}iã^{55} ①情投意合：她俩很～，一见钟情 ②看着顺眼：他是～的事就干 ③两眼、两孔相对

对脾气 tei^{31}p‘i$^{53-55}$tɕ‘ï 性格、趣味等相投：他俩怪～

对脸儿 tei^{31}liɛr^{55} ①面对面：天黑得～看不着人 ②合得来

撑眼 tʃ‘əŋ^{213}iã^{55} ①打抱不平：路见不平就该～ ②站出来为己方说话：他哥出来～了

丢人现眼 tiou^{213}ʒẽ^{53}ɕiã^{31}iã^{55} 特别丢脸面：整天馋吃懒做，多少年日子还是老样子，真～

丢邻败祖 tiou^{213}liẽ^{53}pɛ^{31}tsu^{55} 品行不端，无恶不作，连邻里、祖宗都败坏了

摘不开垛儿 tʃei$^{213-31}$pu˙ k‘ɛ^{213}tuər^{31} 形容过分密切，难以分离：他俩好得一个头，～

做戏儿 tsou^{31}ɕier^{31} “做”音同“揍” 故意做出虚假的姿态：他就会～给人看

装憨 pfɑŋ$^{213-24}$xã^{213} 假装呆傻

装憨卖傻 pfɑŋ$^{213-24}$xã^{213}mɛ^{31}ʃɑ^{55}

装蒜 pfaŋ$^{213-24}$suã^{31} 假装

装眊儿 pfaŋ$^{213-24}$mɔr^{213} 假装：你就会～，那事你肯定知道

打谜谜佯 ta^{55}mi$^{53-55}$mï iaŋ^{53} 故意装糊涂迷惑别人

玩儿巧的 uɛr^{53}tɕ‘iɔ$^{55-213}$tï 玩弄技巧：他没多少能耐，可就想～

转文儿 pfɛ^{55}uer^{53} “转”音同“跩” 说话不用平常语言，而用文言字眼或大家听不太懂的话，以显示自己有学问：他说话就会～，其实肚子里没有大学问

转二流子 pfɛ^{55}ɭə^{31}liou$^{53-55}$tsɿ˙ 游手好闲、不务正业、企图靠显示自己获得他人对自己的羡慕与欣赏：这个人喜欢～，其实没人喜

拿乔 na^{53}tɕ‘iɔ^{53} ①故意摆架子 ②关键时刻讲价钱、提条件等

拘板儿 tɕy$^{213-31}$pɛr˙ 过分客套，拘谨

发渣 fa$^{213-24}$tʃa^{213} ①兴旺发达：这二年他的买卖可～了 ②伤口、症结等严重了：这疮～了 ③怒气爆发，大发雷霆：他又把老婆惹～啦

抠哧 k‘ou$^{213-31}$tʃ‘ʅ˙ ①用心谋取：你父母积攒那点钱都叫你～了啦 ②用手指等挖 ③极力思考：那道数学题到底叫他～出来了

填还 t‘iã$^{53-55}$xuã˙ ①无偿给与：俺有东西～他，还不如喂狗咪 ②白白地为别人付出 ③使人受益、喜欢等：那小狗怪～人，看家望门可管了

　填乎 t‘iã$^{53-55}$xu˙

坐蜡 tsuə^{31}la^{213} 陷入为难境地，难为情：我为他出面借的钱，现在他又不愿还给人家，这不是叫我～吗？

瞎拉犁 ɕia$^{213-24}$la^{213}li^{53} 比喻白白地替别人出力卖命

照人儿的 tʃɔ^{31}ʒer$^{53-55}$tï 根据人的身份、地位不同，而用不同的态度区别对待：他待人很厉害，可也是～

吃不开 tʃ‘ʅ$^{213-31}$pu˙ k‘ɛ^{213} ①因能力或受排挤等原因而不被大家接受或欢迎：他在单位里～ ②不合时宜：这种办法早就～了

依着 i$^{213-31}$tʃə˙ ①顺从，听从：你不～他，他就不同意 ②根据，按照：要是光～他说的话，事情就办瞎了

倚靠 i$^{55-213}$k‘ɔ˙ ①名词，可以信赖、依赖的人或事物：我得给他当个～ ②动词，

身体靠在物体上 ③靠背

义气 i^{31}tɕʻi^{31} ①刚正、忠义之气 ②为朋友甘心受罪或冒风险的气概：那人就是讲～

费牙 fei^{31}iɑ^{53} ①费时、费事、费精力等 ②食品难以咀嚼

惹乎 ʒə$^{55-213}$xu˙ 招惹：你千万别～他

行好 ɕiŋ^{53}xɔ^{55} ①做好事、善事 ②大发善心：你行～饶了他吧

朋情 pʻəŋ^{53}tsʻiŋ^{53} 一般朋友间的友情

温锅 uẽ$^{213-24}$kuə^{213} 贺乔迁之喜

沾光 tʃã$^{213-24}$kuɑŋ^{213} 受益、托福：儿女过好了，父母也～｜秃子跟着月亮走——～（歇后语）

难为 *nã^{53}ueï ①刁难、作对：那事别再～他了 ②感到难以应对：这件事真叫人～ ③困境，困难：供孩子上学，父母就受了不少～

熟辇儿 fu^{53}ȵiɛ^{55} 熟悉且经常光顾的地方：那地方是我的～

磨牙 mə^{53}iɑ^{53} ①争执不休：他俩整天～ ②一种夜间咬牙的疾病

压锅 iɑ$^{213-24}$kuə^{213} ①民俗，借用别人的锅送还时锅里要放点东西，以示感谢 ②民俗，除夕夜人们把食物放在锅里，以祈年年有余 ③用重物将锅盖压住

压碗 iɑ^{213}uã^{55} ①民间礼仪，别人送给一碗东西时，碗里要少留些或换另样的东西返赠给对方 ②客人吃饭时碗里的饭菜要少许留些，以示主人办的饭菜充足

在意 tsɛ^{31}i^{31} ①留意，放在心上：这些小事，他一般不大～ ②介意，忌讳：你尽管说，我不～｜他很～别人喊他的绰号

怎制 tsəŋ$^{55-213}$tʃʅ˙ 奈何，把某人或某事怎么样：人家有钱有势，你～不了人家

带音儿 tɛ^{31}ier^{213} 说话里暗含着某种不便明说的意思：有意见你就直接说出来，别说话～

玩嘴儿 uã^{53}tsuer^{55} 花言巧语而不办实事：那人就指望～吃饭

耍嘴皮子 fɑ$^{55-53}$tsuer^{55}pʻi$^{53-55}$tsʅ˙

松口儿 suŋ^{213}kʻour^{55} ①表态，开口答应：这件事他至今还没有～ ②松动

搡把儿 sɑŋ$^{55-53}$par^{55} 行贿或变相行贿：谁说不～办不成事？俺儿考公务员就

是证明

处得来 pfʻu$^{55-213}$tï lɛ^{53} 能够和睦相处：他的脾气很好，跟谁都能～

合得来 *xə^{53}tï lɛ^{53}

打包票 tɑ^{55}pɔ$^{213-24}$pʻiɔ^{31} 担保，保证：这事我敢～，百分之百地能成功

咕咕油 ku$^{53-55}$ku˙iou^{53} ①故弄玄虚使人猜不透：你这是弄得什么～？②节外生枝：他就肯出～

窝里讧 uə$^{213-31}$lï xuŋ^{213} 内讧

窝里炮 uə$^{213-31}$lï pʻɔ^{31}

窝儿炮 uə$^{213-31}$ɭə˙ pʻɔ^{31}

嗔得慌 tʃʻẽ$^{55-213}$tï xuɑŋ˙ “嗔”音“衬（上声）” 对别人的行为等而鄙视：大过年的，买了这么一点儿东西回家，也不嫌别人～

人多嘴杂 ʒẽ^{53}tuə^{213}tsuei^{55}tsɑ^{53} 人多了说什么话的都有

掐亏儿给吃 tɕʻiɑ$^{213-24}$kʻuer^{213}kei^{53}tʃʻʅ^{213} 扣除别人应得的利益等让其吃亏：那人实诚，你不能～

掘干碗儿的 uɑ^{55}kã^{213}uer$^{55-213}$tï “掘”音同“瓦” ①比喻直奔主题，不说空话：咱今天开会大家发言都～，不要绕圈子 ②盛到碗里的饭水分少

噌了一头 tsʻəŋ$^{31-53}$lɑ˙ i^{213}tʻou^{53} 受到指责或责备： 今天刚一见面，就叫他～

噌了一顿 tsʻəŋ$^{31-53}$lɑ˙ i^{213}tuẽ^{31} ①受到指责或批评 ②跟随别人白白吃了一顿饭

倒打一耙 tɔ^{31}tɑ^{55}i^{213}pʻɑ^{53} 自己错了反而怪罪对方：你自己办错了，怎么还～？

够拉巴三 kou$^{31-53}$lɑ˙ pɑ$^{213-24}$sã^{213} ①极力攀附 ②勉强触及获取：树上的几个柿子～地才摘下来

十九　动作

1．一般动作

（1）单音节词语

管 kuã^{55}　①过问：你的事我不～ ②有能力：那人办事真～ ③同意，应允：～，你放心去就是了 ④管辖：这事属于我～ ⑤保证：不满意～换 ⑥向，跟：没有钱～我要 ⑦无偿供给：～吃～穿～住 ⑧可靠，保用：那种拖拉机真～，用了两年没出一点毛病

做 tsou^{31} 音同“揍”

歇 ɕiə^{213}　①休息 ②睡觉：天黑了，该～着了 ③停止：～工了 ④隐指退休或失业等：已～一二年了

标 piɔ^{213}　①做标记 ②标志：商～ ③标准，榜样：目～ ④紧跟、盯住：～上那家伙，别让他溜了 ⑤过分讲究穿戴，风格特殊：那人太～了，大冬天还穿着薄衣服

澎 p‘əŋ^{213}　①迸溅：～了一身水 ②故意想办法使水等溅到某处：拿块石头去河边把那条狗～走

撸 lu^{213}　①把物体外面的包皮状物向一端卷起：把裤腿～上去 ②握住竿状物表面将其附着物取下：～树叶子 ③撤去（职务等）：村长不正干，被大家齐心～下去了 ④磨练：只有在基层好好锻炼才能～出把好手来 ⑤训斥：挨～ ⑥用掌击打：狠狠～他几巴掌

怄 ɣou^{31}　①较劲：咱看谁能～过谁 ②纠缠不休：儿子整天～着要买车

劈 p‘i^{213}　①声音嘶哑：嗓子喊～了 ②雷击：树被打雷～了 ③用刀、斧等强力破开：～柴 ④正对着：～头盖脸 ⑤化整为零：把整钱～开好零花 ⑥裂开：竹竿～了

去 tɕ‘i^{31} 音同“弃”

钢 kɑŋ^{213}　①怂恿、鼓动、挑拨、唆使、煽风点火等：他就信人～，一说他就信 ②钢铁

掌 tʃɑŋ^{55}　①添放、添加：再～上点盐 ②扶住：～住梯子别让歪了 ③给予：～点钱给侄子买家具

折 $tʃə^{213}$ ①归拢：把货底子～到一块 ②折叠：把书页～上 ③使断开：把树枝～断 ④倒过来倒过去：开水太热，拿两个杯子～～再喝 ⑤使减少：～寿 ⑥折算

挪 $nuə^{53}$ ①移动：把柴垛～旁边去 ②慢慢移动：小孩刚会～步 ③调动，调换：在一个单位时间太长了，想～～地方 ④把钱款移作他用：～用公款

樘 $t‘ɑŋ^{53}$音同“堂” 用支架等把物品架起来：把木棒～起来防止腐烂

闷 $mẽ^{213}$ ①堵住水流以提高水位：～水浇地 ②性格内向，不善言语 ③玩扑克专用语，打扑克时将正面朝下，先不看抓到的是什么点数：～一把牌改改点子

脱 $t‘uə^{55}$ 音同“妥” 避免、逃避等：这事你早晚～不过去

玩 $uã^{53}$ ①玩耍 ②演出：你今天是～的哪一出？③耍弄：这人说话不算数，不是～人的吗？④隐指玩弄女性：他又去～女人了

腾 $t‘əŋ^{53}$ ①让出：那张床～出来给你哥哥睡 ②抽出：～点时间

蒙 $məŋ^{213}$ ①无根据地乱猜乱说：还真叫他～对了 ②言行无目的：它整天胡～

揍 $tsou^{31}$ ①打：被他爹～了一顿｜～仗 ②骂人话，隐指“肏”：那人简直不是他爹～的

冲 $pf‘əŋ^{213}$ ①去除障碍使之畅通：这地方～一条路都方便 ②随水流去：小船被水～走了 ③用开水等浇注溶化：～奶粉 ④破解吉凶：～喜｜～邪 ⑤不顾一切地向前：横～直撞 ⑥收支账目互相抵消：～账 ⑦情感强烈激动难以控制：～动

搭 $tɑ^{213}$ ①白白地付出：～了几百元，没落出一个好来 ②简单地搭建：～了一间瓜屋子 ③捎带：～车 ④接合：～界

躃 $uɛ^{53}$音“歪（阳平）” 下肢完全瘫痪，用屁股在地面慢慢移动

靠 $k‘ɔ^{31}$ ①身体依靠在物体上：你～在椅子上 ②依赖，托付：我就～你了

靠 $k‘ɔ^{31}$ ①因经常缺少营养致身体瘦弱：老人硬是叫～倒了 ②馋：多日没吃肉了，怪～得慌 ③经常：他～买东西去看他妈

俳 $p‘ɛ^{213}$音“排（阴平）” ①重重地坐下：她一腚～在地上 ②长时间懒坐在某地方不动：她实～打坐不动弹 ③用屁股撞击：用腚使劲～

扛 $k‘ɑŋ^{31}$ ①把重物放在肩膀上：他～了好几棵树苗 ②承担：有事我～着 ③顶，承受：这点困难我还能～得住

避 pi^{213}音同“屄” 身体紧贴在某处隐蔽：他～在墙角里一动不动

避 pi^{31} ①躲开：～开那个地方 ②隐瞒：他～着老婆净干坏事

剐 $kuɑ^{31}$音“刮（去声）” ①划拉：我的手叫～破了 ②勾住：衣服叫～破了

邀 $iɔ^{213}$ ①驱赶：把鸭子～到河里去 ②约请 ③绕：你～弯去看看你大叔 ④找借口：你不想去就～个弯推辞算了

挝 $kuə^{55}$ ①驱赶：把那群鸡～过来 ②收揽：那根绳子～不过来

烘 $xuŋ^{213}$ 就近火源烤：～棉袄

扑 $p‘u^{213}$ 认为被不吉利的人或事或鬼魂秽气所侵袭：我叫那寡妇～着了，净碰倒霉事

谝 $p‘iã^{55}$ 炫耀：他就会～自己有能为

（2）双音节词语

打亘 $tɑ^{55}kẽ^{31}$“亘”音“根（去声）” ①由于紧张等原因说话时断断续续地停顿：他遇见生人说话就～ ②由于一时回答不出来而短暂地愣神 ③磕巴

打颤 $tɑ^{55}tʃã^{31}$ 发抖：他冻得直～

打发 $tɑ^{55-213}fã$˙“发”音同“凡” ①给点小恩小惠使走开 ②支使，派遣：你～个人下通知

打挡儿 $tɑ^{55}tãr^{31}$ ①阻拦：不论她做什么，只要不是坏事，父母从不～ ②短暂停留：他到了家没有～就返回了 ③犹豫：他一听，没～就答应了

趴底儿了 $p‘ɑ^{213}tier^{55-213}lɑ$˙ ①到最底部 ②最后一名：年终考试他考了个～

分散 $fẽ^{213-31}sã$˙ ①分发，散发：把这篇文章～给大伙看看 ②分别送给、赠予许多人：过年了，给几个小孩～些压岁钱

拿倒 $nɑ^{53}tɔ^{55}$ 使彻底屈服、屈从：他硬叫人～了

动身 $tuŋ^{31}ʃẽ^{213}$ 启程，起身：他一早就～赶集去了

调腚 $tiɔ^{31}tiŋ^{31}$ ①转身：～就走 ②调转车尾等

掉腚 $tiɔ^{31}tiŋ^{31}$ 很严重：今天赔～了

护秃儿 $xu^{31}t‘ur^{213}$ ①捂着自己的秃头不让人看见 ②比喻过分庇护自己或亲近的人及其缺点、错误等：一提起他的过去，他就给～样

搁到 kə$^{213-31}$tɔ˙ ①放在：孩子光～人家里也不是个办法 ②算在：这笔钱不能～他头上 ③要是在：这样的事～以前还真不行 ④拖延：事情～什么时候是个头？

搁下 kə$^{213-31}$çi̇ "下"音同"兮" ①放下：我把锄头～就来 ②能容得下：那堆麦子缸里能～吧？

归兜 kuei$^{213-31}$tou˙ ①聚拢：把剩下的～一块儿去 ②分拣归类：把那些东西～一下

磨磨 mə$^{31-53}$mə˙ ①把重物慢慢移动：把那块大石头往东～ ②稍稍移动，错开：您～身子我过去

落落 lɑ$^{53-55}$lɑ˙音"拉（阳平）" ①遗漏，漏掉：地里～不少花生 ②指物因不用而遗忘：你～下的钱也够你娘花的 ③断断续续地散落：柴草～了一路 ④落后：～不下他 ⑤到处乱走：你胡～什么！⑥专指家禽不在窝中生蛋：鸡～蛋

撅腚 tɕyə$^{213-24}$tiŋ^{31} ①弯下腰，将屁股翘起：弯腰～的真难看 ②物体的一端翘起来：把那块石头放平，别让～，不然不牢靠

接色̣儿 tsiə$^{213-24}$ʃer^{213} 达到某种程度：你的酒还不～，接着再喝｜下这点雨地里还不～

凑局儿 ts'ou^{31}tɕyer^{53} ①凑热闹 ②人手不足时作为补充：这儿人少，你过 ③赌博用语，凑在一起赌博：咱几个～赌一把

盖脸儿 kɛ^{31}liɛr^{55} ①遮羞。做了丢脸的事，事后用好听的话或借故掩盖：他是拉裤子～ ②假托理由：喝点酒～，什么话都敢说

独股儿 tu^{53}kur^{55} ①独吞：本是众人的，叫他自己～啦 ②独一无二的股份 ③唯一的一枝树杈：这棵树～

铺排 p'u$^{213-31}$p'ɛ˙ 安排，吩咐等：他就会～别人干，自己不动手

支派 tʃʅ$^{213-31}$p'ɛ˙ 差遣，使唤：光～别人干，自己不干

支使 tʃʅ$^{213-31}$ʃʅ˙

行正 çiŋ^{53}tʃəŋ^{31} ①走正道，那人年幼的时候不～ ②做好事：人要～莫作恶

添磨 t'iã$^{213-24}$mə^{31} 推磨时把需要加工的粮食往磨眼里添加

添么̣ t'iã$^{213-31}$mu˙ ①添补 ②扶持，帮助：她娘俩过日子，多亏众人们～

添巴 t‘iã$^{213-31}$pu˙ “巴”音同“卜”

帮巴 pɑŋ$^{213-31}$pu˙ 帮助，扶持：大家互相～着困难就过去了

帮么 pɑŋ$^{213-31}$mu˙

指点 tʃʅ$^{55-53}$tiã^{55} ①指明出来使人知道、明白：经老人一～，大家都明白了 ②指导、点拨、教诲：得虚心听专家的～

作败 tsuə$^{213-31}$pɛ˙ ①胡作非为：就凭他这样～，不会有好下场 ②胡乱浪费资财：他这个家弄得妻离子散，都是他自己～的

作孽 tsuə$^{213-24}$iə^{213} “孽”音同“业” 造孽，惹是生非，胡作非为

作死 tsuə^{213}sɿ^{55} 胡作乱行、自寻死路：摩托车跑得那么快，那是～｜整天不正干，我看你是～

作腾 tsuə$^{213-31}$t‘əŋ˙ ①不务正业，胡作非为：这孩子～时候大了没有好下场 ②糟蹋 ③踩，踏：柴草叫小孩～得不像样啦 ④不珍惜，极力浪费：家里的钱都叫他～了啦

作事 tsuə^{213}ʃʅ^{31} 惹是生非、违法乱纪等：他整天～，早晚没有好下场

弄事儿 nəŋ^{31}ʃer^{31} ①做事，办事儿：他很会～，从不吃亏 ②制造假象以蒙混过关：再会～，人家也能看出来

跑反 p‘ɔ$^{55-53}$fã^{55} 特指战争年代为躲避战乱而背井离乡

逃荒 t‘ɔ^{53}xuɑŋ^{213} 旧时遇到灾荒而到处寻求生存之路：～要饭

告状 kɔ^{31}pfɑŋ^{31} ①提起诉讼 ②打小报告、诉求：弟弟又向妈妈～了

落座 luə$^{213-24}$tsuə^{31} ①各就各位，坐在自己应坐的席位上：客人已～，开始上菜吧 ②找板凳让客人坐下

过堂 kuə^{31}t‘ɑŋ^{53} ①给予刑罚：看来不给他过～他是不招了 ②轮流接受审问、审讯等：为了把真相弄清楚，你们几个都得去～

顶包 tiŋ^{55}pɔ^{213} ①冒名顶替：他车撞了人，想找人～，是行不通的 ②暗中更换：这批货叫人～了

抵偿 ti^{55}tʃ‘ɑŋ^{53} 抵命：杀了人是要～的

枪崩 ts‘iɑŋ$^{213-24}$pəŋ^{213} 处决

蹲墩儿 tuẽ$^{213-24}$tuer^{213} 坐监，劳改

进去了 tsiẽ$^{31-53}$tɕ‘ï la· ①隐指犯罪进了班房 ②已进入、插入：棍子插～

闲管 ɕiã^{53}kuã^{55} 管闲事：你这是～老大伯没裤子穿

调兑 tiɔ$^{31-53}$tueï ①想办法弄到：我给你～了几斤花生油 ②有应付的办法：他真会～，给他一伙的都抓起来了，就他没有事

搁摸 kə$^{213-31}$mə· ①想办法筹措、弄到 ②思考、推敲：这事咱得～～怎么办

搁兑 kə$^{213-31}$tueï

对付 tei$^{31-53}$fu· ①应对 ②情投意合或臭味相投：这亲家两人真～ ③想办法筹措：你给我～几根好木料

查换 tʃ‘ɑ$^{53-55}$xuã· 打听、兑换等：你给我～点产量较高的豆种

查听 tʃ‘ɑ$^{53-55}$t‘iŋ· 调查、打探：这个事你给我～一下

访听 fɑŋ$^{55-213}$t‘iŋ· 调查、打听：新来乍到，～～再做打算

拉摸 lɑ$^{213-31}$mu· 乱拿：那些东西都有用，你不能乱～

约摸 yə$^{213-31}$mu· ①估量：你～一下这筐苹果有多少斤？②简单地称量

估摸 ku$^{55-213}$mu·

担上 tã$^{31-53}$ʃɑŋ· ①把条状或板状物平放在有间隔的支撑物上：在沟上～水泥板好走路 ②垫上：桌子腿不平，～点什么

号上 xɔ$^{31-53}$ʃɑŋ· 在某物上做上记号：把那行大树～

护上 xu$^{31-53}$ʃɑŋ· ①在某地方或物品上做上标记，以示自己已占有或使用：～摊子 ②遮盖上

圈上 tɕyã$^{31-53}$ʃɑŋ· ①把牛羊等关进栏里 ②把散落的东西聚拢到一起：把晒的粮食～

襻上 p‘ã$^{31-53}$ʃɑŋ· 用绳索等把东西缠绕连系在一起：把车腿～

单别 tã^{213}piə^{53} ①不与别人合作，个人单独进行：他不愿和别人合伙，自己～ ②没有人愿与合作或伙同：他现在自己一个人生活，～了好几年了 ③单打独斗：有本事咱俩～

单过 tã$^{213-24}$kuə^{31} ①单独过日子：他和儿子分家了，自己～ ②独身

单拱 tã^{213}kuŋ^{55} ①推独轮车时，没有人拉车帮忙：这点小坡，一个人～也能上去 ②独自一人做事

杜劲 tu^{31}tɕiẽ^{31} 把全身的力气都集中聚集在某一部位：我一～就能用屁股把碌碡撅起来

穷混 tɕʻyŋ^{53}xuẽ^{31} ①混天聊日，一事无成：能干就好好干，别在这里～ ②做一些仅仅能维持生计的事情：他没有个正经生意，整天东头西脑地～

混穷 xuẽ^{31}tɕʻyŋ^{53} ①为了生计而做事：为了～才出来打工的 ②仅仅能维持生计的生意等：我这买卖挣不了几个钱，也就是～

为人 uei^{53}ʒẽ^{53} ①处事做人：活在世上～不容易 ②笼络、讨好人：他很会～ ③故意给别人好处，送人情，拉拢人心：在单位里他净拿公家东西～

轧人 kɑ^{213}ʒẽ^{53} 在行进中用各种车辆等慢慢地将他车或他人挨挤到路边，使其难以前行或受损

识货 ʃʅ$^{213-24}$xuə^{31} ①能鉴别出物品的价值、好孬：～不～，先拣大的摸（俗语）

逮理 tɛ$^{55-53}$li$^{55-213}$ 找到了理由：小婆子生儿——～了（歇后语）

出产 pfʻu$^{213-31}$tʃʻã· ①故意节外生枝：他就肯～事儿 ②成长成材：孩子～成人了 ③生产某物：俺这里～大蒜 ④筹措：家里还能～多少钱？

出底 pfʻu^{213}ti^{55} ①把秘密透露给对方：这事有人给～，要不他不会办成 ②帮助出主意、想办法：事情有他～就好办了

出人 pfʻu^{213}ʒẽ^{53} 提供人力：他出钱，咱～，这事就办成了

出上 pfʻu$^{213-31}$ʃɑŋ· ①豁出去：～百十斤和他拼了 | 他是～这一份了 ②拿出来：你得～点钱，要不这事不好办

出头儿 pfʻu$^{213-24}$tʻour^{53} ①出面，挑头儿：这事非他～不可 ②露面：他一直躲在幕后，这回终于～了

开路 kʻɛ$^{213-24}$lu^{31} ①开始出发，开始走 ②领路、带路：你在头里～，大家随你走 ③开辟新的道路

挨乎 iɛ$^{53-55}$xu· 拖延：别～了，再～这病更难治了 | 再～一会儿，九点的那趟客车就到了

挨柴 iɛ^{53}tʃʻɛ^{53} 忍耐力强：那孩子真～，那么疼都没哭

胡弄 *xu^{53}nuŋ˙ ①勉强凑合：都这么大年纪了，～着过吧 ②欺骗：别信他的，他是在～人 ③敷衍：咱既然应承就不能～人

央央 iɑŋ$^{213-31}$iɑŋ˙ ①耽延，延误：快点，再～就误点了 ②混乱且声音噪杂：会场上的人～的

瞎抓 ɕiɑ$^{213-24}$pfɑ^{213} 没有计划、没有条理、毫无目的地干事：他就会～一气

抓瞎 pfɑ$^{213-24}$ɕiɑ^{213} ①事情办砸了 ②事到临头毫无应对办法：儿媳子就要生孩子了，婆婆连个包被也没准备，可～了

下网 ɕiɑ^{31}uɑŋ^{55} 布网：～逮鱼

带捎 tɛ^{31}ʃɔ^{213} 顺便，捎带：这点活我～就干了

捎带 tɛ^{31}ʃɔ^{213} ①顺便，捎带 ②顺便携带：那点货我给～着吧

就手儿 tsiou^{31}ʃour^{55} 顺便，随手，捎带着：我～给你盛上饭

抄底儿 tʃʻɔ^{213}tier^{55} ①把手伸到放有物品的容器底部：～看看麻袋里的小麦底上一样吧 ②抄老窝：～把敌人消灭了

端底儿 tuã^{213}tier^{55} ①合盘托出：家里就这些东西都～了 ②拿掉老窝

端窝儿 tuã$^{213-24}$uər^{213} ①把鸟巢端掉 ②把（坏人的）老窝端掉

铲空儿 tʃʻã^{55}kʻũr^{31} 抽时间

抽空儿 tʃʻou$^{213-24}$kʻũr^{31}

瞅空儿 tʃʻou^{55}kʻũr^{31}

挨肏 iɛ^{53}tsʻɔ^{31} ①被奸淫 ②被坑害

装熊 pfɑŋ^{213}ɕyŋ^{53} ①假装很软弱 ②假装很厉害 ③装傻 ③指责、谩骂明明知情却假装不知的人：你不要～，早晚跑不了你

拿劲 nɑ^{53}tɕiẽ^{31} ①故意做出一种姿态给人看：她不论干什么事都会～ ②故作矜持，过度谦让：给他点小礼物他还～ ③假意推脱：人家还的价钱可以了，你别再～了

换肩 xuã^{31}tɕiã^{213} ①把担子从一个肩上转换到另一个肩上：挑担子勤～不累 ②比喻交换职位等：到另一个单位换～也好

换派儿 xuã^{31}p‘ɛr^{31} 轮班，轮换，交替：这活太重，大家～干

换架儿 xuã^{31}tɕiɑr^{31} ①改变思路、方式等：这事你就不会～试试？②改变姿势

　变架儿 piã^{31}tɕiɑr^{31}

变卦 piã^{31}kuɑ^{31} 改变已定的计划：本来说好了的事，可经他老婆一说，他就～了

遇上 y$^{31-53}$ʃɑŋ˙ ①无意之中碰到：今天去县城，正好～超市搞活动 ②事情出乎意料地临到头上：好事偏偏叫他～了

　摊上 t‘ã$^{213--31}$ʃɑŋ˙

　摊到 t‘ã$^{213-31}$tɔ˙

延着 iã$^{53-55}$tʃɔ˙ ①轮到：这回可～我歇歇了 ②顺着：你～滨河大道走，前面不远就到了

轮着 luẽ$^{55-213}$tʃɔ˙ ①替换着，轮换着：那活咱～干 ②临到：～俺加班

轰轰 xuŋ$^{213-31}$xuŋ˙ ①用炮打，用炸药炸：用炸药～路边那块大石头 ②驱赶：把那群鸟～，光吃粮食

窜窜 ts‘uã$^{213-31}$ts‘uã˙ ①到处找门子拉关系：他这几天～得很紧，不知他搞什么名堂 ②到处遛达

撺撺 ts‘uã$^{31-53}$ts‘uã˙ 将物稍微向上或向下：你把短的往上～就齐了

找事儿 tʃɔ^{55}ʃer^{31} ①故意寻衅闹事：他三番五次地来～，看来，不给他点颜色看看是不行了 ②寻找职业：不能光闲着，得～干干

招事儿 tʃɔ$^{213-24}$ʃer^{31} 无形中引来麻烦：那人时运不好，家里总是肯～

仗着 tʃɑŋ$^{31-53}$tʃə˙ 凭借，仰仗：～人多，他什么话都敢说

仗胆儿 tʃɑŋ^{31}tɛr^{55} 壮胆：有你给我～，我心里踏实多了

应着 iŋ$^{213-31}$tʃə˙ 勉强答应：虽然他已经～了，但不一定去办

来局 lɛ^{53}tɕy^{53} 赌博

　赌局 tu^{55}tɕy^{53}

抓局 pfɑ^{213}tɕy^{53} 捉拿正聚在一起赌博的人

护揽 xu$^{31-53}$lã˙ ①掩盖：事情人都知道了，你还能～下了？②招揽：那一摊子

咱～不了呀 ③抢先占有：他～的地方太多了

护窝儿 xu^{31}uər^{213} 预先抢占地方：今晚村头场上放电影，得先去～

上套儿 ʃɑŋ^{31}t‘ɔr^{31} ①入门：刚开始干不熟练，慢慢就～啦 ②走上正轨：这事他～了 ③设圈套：他又跟人～了 ④钻入圈套

入路 vu$^{213-24}$lu^{31} ①入门：刚开始干不适应，不久就～啦 ②走上正轨：他慢慢就～了

昧下 mi$^{31-53}$çi· 音“迷（去声）兮” 经手别人的东西时私自藏匿起来占为己有：稀罕东西叫那家子～了

黑下 xei$^{213-31}$çi· 不应占有而暗暗地占有

争脸 tʃəŋ^{213}liã^{55} 获得荣誉，使脸上有光彩：把学上好，给家里人～

奘脸 pfɑŋ$^{55-53}$liã^{55}

理整 li$^{55-213}$tʃəŋ· ①整理：把散乱的东西～一下 ②修建：老人～了好几处宅子 ③教育培养：孩子从小就得～

撸整 lu$^{55-213}$tʃəŋ·

伧痒儿 ts‘ɑŋ^{31}iãr^{55} ①把发痒的部位贴在某物体上来回摩擦，以减轻痒的感觉：猪经常在墙上～ ②不认真，敷衍：那人干活就像～样不出力

掌眼 tʃɑŋ$^{55-53}$iã^{55} 帮助区分、鉴别、监督等：买那批货的时候你给我～，别买贵了

撑劲 tʃ‘əŋ$^{213-24}$tçiẽ^{31} ①能坚持，有耐力：你能不能～？②经得住使用：那根绳子真～，那么多人都拉不断

张叨 tʃɑŋ$^{213-31}$tɔ· ①张狂，张扬：本来就没有必要，可她非得～着去做 ②轻浮：那女的怪～

撇清 p‘iə$^{213-24}$ts‘iŋ^{213} 故意洗刷自己以示清白：便宜赚就赚了，还～

就会 tsiou^{31}xuei^{31} ①肯、只会：这人～喝酒 ②善于：他～来这一套 ③一定：只要坚持～成功

挣命 tʃəŋ^{31}miŋ^{31} ①临死前的挣扎 ②言行疯狂到极点 ③拼命 ④忙得不可开交，甚至手忙脚乱：看他忙得给～似的

赶活儿 kã^{55}xər^{53} 赶进度

横量 xuẽ$^{31-53}$liɑŋ˙ “横”音同“混” ①横着放置 ②横调方向：把木棒～过来

没得儿 mu$^{213-31}$ter˙ ①没入水面以下：桥被大水～了｜玉米苗被水～了 ②短时间泡在水里洗：夏天到水里～一下真舒服

恶葬 ɣə$^{213-31}$tsɑŋ˙ ①糟蹋，极力浪费：粮食都叫他～了啦｜值钱的东西叫他～了啦 ②做了许多坏事：你～这一摊子怎么办？

洸悠 kuɑŋ$^{31-53}$iou˙ ①液体在容器里动荡 ②把水放在容器里轻轻晃动以冲洗

鳔上 piɔ$^{31-53}$ʃɑŋ˙ ①用鱼肚熬制的一种黏合剂黏上 ②用黏合物黏上

倒蹬 tɔ$^{213-31}$təŋ˙ ①翻腾：家里的这些东西你都～几遍了？②倒换：一车地瓜干子，才～了半袋子大米

顶头儿 tiŋ^{55}t‘our^{53} ①头对头：俺两家子的地～ ②迎面：早晨一出门～遇到老李 ③最上面、最直接的：他是俺的～上司

做伴儿 tsou^{31}pɛr^{31} “做”音同“揍” ①做伴：今天去乡里办事，你给我找个人～ ②多隐指老年人再婚：他又找个～的

蹲窝 tuẽ$^{213-24}$uə^{213} ①家禽菢窝 ②人呆在一处长期不动 ③失业在家：他下岗在家～了

管及 kuã$^{55-213}$tsi˙ ①小心，注意：你～点，别让孩子感冒了 ②珍视，爱惜：他穿衣服很～

转圈儿 pfã^{31}tɕ‘uɛr^{213} ①围绕着某一点运动：他不走远，就在一个地方～ ②转动：车轱辘不～啦 ③思维在进行：脑子不～了

装乎 pfɑŋ$^{213-31}$xu˙ 假装：他～去解手，实际上是想偷懒

撂倒 liɔ^{31}tɔ^{55} ①使人或物体倒下：我一下子就能把他～ ②理解、认知透彻：那个问题我还没～

摸黑儿 mə$^{213-24}$xer^{213} 黑夜里走路或劳作：他～干了一整夜活

误事儿 u^{31}ʃer^{31} 耽误或扰乱了正事：酒喝多了会～

走火儿 tsou$^{55-53}$xuər^{55} ①枪类因故自行射击：枪～了 ②头脑发昏，如痴如醉：～入魔 ③口舌生疮等，中医认为是人身上火气重：嘴角长疮，可能是～

应名儿 iŋ^{213}miə̃r^{53}　①用别人的名义办事 ②挂虚名：他是～的差事

硬挺 iŋ^{31}t‘iŋ^{55}　勉强支撑：他身体棒，头疼脑热的～就挺过去了

闸堰 tʃɑ^{53}iã^{31}　在河流中用沙、泥、石块等筑起低矮的小堤用来拦截流水

照准 tʃɔ^{31}pfẽ^{55}　对准，瞄准：～他的屁股打

只图 tʃʅ^{213}t‘u^{53}　只求，仅仅谋取：挣钱不挣钱，～肚子圆（俗语）

置办 tʃʅ$^{213-31}$pã˙　购置，操办：～全了家具再搬家

抓阄儿 pfɑ$^{213-24}$tɕ‘iour^{213} “阄”音同“丘”　即“拈阄”，抽签的一种形式，参与者从预先做好记号的小纸团等里面，每人抽取一个以决定结果：有些事～也不失为一种好办法

钻眼儿 tsuã^{213}iɛr^{55}　①钻孔：在门框上～ ②被枪决 ③隐指与女人通奸

坐窝 tsuə^{31}uə^{213}　①坐在那里一动不动：喊了他好几遍了，他还是～不动 ②原地再进行：～又喝了一场酒

磨挨 mə$^{31-53}$iɛ˙　①故意拖延时间：不早了，别～了 ②慢行：你别在后边～了 ③纠缠：这事不行了，别～了

突挨 t‘u$^{213-31}$iɛ˙　顺着物体或斜坡慢慢下滑：坡陡，你慢慢～下来

突娄 t‘u$^{213-31}$lou˙　①顺着物体或斜坡慢慢下滑：孙子的裤子都～到脚脖子了 ②训斥，数落，埋怨：今天叫老娘～了一顿 ③脚紧贴着地面走：你的鞋子叫你～坏了 ④动词，形容鸭子吃食：一盆子食叫鸭子～了啦 ⑤拟声词：喝面条～～的，一会一碗就下肚了

骨搐 ku$^{53-55}$pf‘u˙ “搐”音同“处”　①蜷缩，不舒展：那人身子～着 ②因冷或害怕而颤抖：他冻得浑身打～

滚娄 *kuẽ$^{213-31}$lou˙　①滚翻：他差点从床上～下来 ②滚动：风一吹，荷叶上的露水珠都～下来了 ③用圆柱形物体碾压：今早～了一瓢子豆钱子

扑愣 pu$^{213-31}$ləŋ˙ “扑”音同“不”　①鱼类、禽类等挣扎 ②反抗、对抗的动作：就凭你那两下子你还想给我～？

哈腰 ɕiɑ$^{213-24}$iɔ^{213} “哈”音同“虾”　弯腰：俺腰疼，不敢～

谝能 p‘iã^{55}nəŋ^{53}　逞能：这个小孩就会～

成纵儿 tʃʻəŋ^{53}tsũr^{31} 有恃无恐，无人敢管或无人管得着的人：他在村里～了

抽身儿 tʃʻou$^{213-24}$ʃer^{213} ①转身避开或离去：听了这话，他～走了 ②抽出一定时间：我实在无法～

脱滑儿 tʻuə^{55}xuɑr^{53} ①借口逃避、拖延或敷衍：只要有责任的事他就～ ②消极怠工：那人干活光～

翻个儿 fã$^{213-24}$kər^{31} ①翻身：小孩睡觉到现在还不会～ ②翻过来，颠倒过来：那个官司后来～了

炸营 tʃɑ^{31}iŋ^{53} 原意指军队阵营大乱，比喻乱哄哄地乱作一团

乱营 luã^{31}iŋ^{53}

（3）三音节词语

打紧板 tɑ$^{55-53}$tɕiẽ$^{55-53}$pã^{55} 进一步敦促，使抓紧办理：你再给他～

打存站儿 tɑ^{55}tsʻuẽ$^{53-55}$tʃɛr˙ 暂短地停留：那人还没～就走了

打蹦蹦 tɑ^{55}uɛ$^{53-55}$uɛ˙ ①坐在地上两腿不断地沿地面伸搓，是纠缠、吵闹等时的不雅行为 ②坐在地上用屁股原地乱动

打嘟噜 tɑ^{55}tu$^{213-31}$lu˙ ①被人拉扯时，身体下坠不愿随行 ②拖拉，落后：干集体的活他总是在后边～

打提溜儿 tɑ^{55}ti$^{213-31}$lour˙“提”音同“低” 用手抓住上方的绳索、横棍等把身体悬起：小孩子们都喜欢在树枝上～

打条子 tɑ^{55}tʻiɔ$^{53-55}$tsɿ˙ 写介绍信、证明信、出具字据等：过去不论到哪里去，都得村里打～｜登记结婚也必须村里给～

拉条子 lɑ^{55}tʻiɔ$^{53-55}$tsɿ˙

打摽腿 tɑ^{55}piɔ$^{31-53}$tʻei ①在牲畜腿上使上绊子，使不能蹿跳 ②摔跤时用的一种勾腿技巧动作

打裹腿 tɑ$^{55-53}$kuə$^{55-53}$tʻei^{55} 战争期间战士用布条子把脚腕以上至膝盖以下的部分缠裹起来，以利于行军、作战等

打下锤儿 tɑ^{55}ɕiɑ^{31}pfʻer^{53} ①帮铁匠师傅打二锤，做帮手 ②做助手

打下旗 tɑ^{55}ɕiɑ^{31}tɕʻi^{53} 做助手

拿不准 nɑ$^{53-55}$pu· pfẽ^{55} 把握不准，不能确定：我还真～这事该怎么办

挡不住 tɑŋ$^{55-213}$pu· pfu^{31} 无法抵挡：孬事～众人口|一领席～这么大的风

持不住 tʃ‘ʅ$^{53-55}$pu·pfu^{31} ①对付不了：他～那个二愣子 ②坚持不下去：跟着他经常挨打受骂，实在～了

吃不住 tʃ‘ʅ$^{213-31}$pu· pfu^{31} ①食物容易变质难以储存 ②无力支撑 ③降服不了（对方）：咱～他

吃不消 tʃ‘ʅ$^{213-31}$pu·siɔ^{213} ①吃不下去 ②无力坚持，难以承受：再这样折腾我真的～了

吃不准 tʃ‘ʅ$^{213-31}$pu·pfẽ^{55} 难以把握，难以考量：这事我还真～，不敢妄下结论

吃不透 tʃ‘ʅ$^{213-31}$pu· t‘ou^{31} ①理解不了：那样的道理他根本～ ②水分少，渗不透：那点雨，地里根本～

解不透 ɕiɛ$^{31-53}$pu· t‘ou^{31} “解”音同“械” 理解不透彻：这到底是怎么回事，我还真～

料不倒 liɔ$^{31-53}$pu· tɔ^{55} ①理解不了，认知不了：这事我～ ②不认识：这个字我～｜这人是干什么的我～

找不清 tʃɔ$^{55-213}$pu· ts‘iŋ^{213} ①不了解：到底是怎么回事我～ ②账目结算的结果与账面不符 ③难以弥补：欠人情太多了，～了 ④卖东西时没有零钱找给买方：你这钱我～

　找不清 tʃɔ$^{55-213}$pu· ts‘uẽ^{213} “清”音同“村”

知不道 tʃʅ$^{213-31}$pu· tɔ^{31} 不知道

说不准 fə$^{213-31}$pu· pfẽ^{55} ①说不准确 ②不一定：到底去不去，我还～

猜不方 ts‘ɛ$^{213-31}$pu· fɑŋ^{213} ①猜不透：这个谜语我～ ②揣测不准：他的心思咱～

　猜不准 ts‘ɛ$^{213-31}$pu· pfẽ^{55}

　猜不透 ts‘ɛ$^{213-31}$pu· t‘ou^{31}

卯准了 *mɔ^{55}pfẽ$^{55-213}$lɑ· ①胡乱猜测却猜对了 ②侥幸获得

榜准了 *pʻɑŋ^{55}pfẽ$^{55-213}$lɑ·

虎准了 *xu^{55}pfẽ$^{55-213}$lɑ·

蒙准了 məŋ^{213}pfẽ$^{55-213}$lɑ·

闯准了 *pfʻɑŋ^{55}pfẽ$^{55-213}$lɑ·

驮不住 tʻuə$^{53-55}$pu· pfu^{31} ①骡、马等负载不了辎重 ②比喻承担不起责任等：这个责任俺可～

称不起 tʃʻəŋ$^{213-31}$pu· tɕʻi^{55} ①不配某种称号：我可～优秀 ②衡器称量小，无法称量：这杆秤～那么重的东西

撑不住 tʃʻəŋ$^{213-31}$pu· pfu^{31} ①坚持不住：～他软磨硬泡 ②支撑不住

撑不起 tʃʻəŋ$^{213-31}$pu· tɕʻi^{55} ①无力支撑：他真～这个家了 ②坚持不住

攒不下 tsã$^{55-213}$pu· ɕiɑ^{31} 积攒不起来：他太大方，～什么东西

着不下 pfə$^{53-55}$pu· ɕiɑ^{31} ①盛放不开：这么多东西，我包里～ ②心里难以承受：我心里实在～了

搁不下 kə$^{213-31}$pu· ɕiɑ^{31}

用不着 yŋ$^{31-53}$pu· pfə^{53} ①不需要：～你来管这事 ②闲置：那钱咱暂时～ ③派不上用场，难以发挥：打庄户谁说一肚子学问～？

够不着 kou$^{31-53}$pu· pfə^{53} ①无法触及：他个高，俺连他的鼻子都～ ②得不到 ③条件不足，没有资格：评优秀他还～ ④无法靠近：光想巴结人家，就是～

脱不了 tʻuə$^{55-213}$pu· liɔ^{55} 难以避免、逃脱：这事～又是个麻烦 | 不遵纪守法，早晚～倒霉

降不了 ɕiɑŋ^{53}pu· liɕ^{55} 不能使驯服：我是～他，快另请高明吧

亏不了 kʻuei$^{213-31}$pu· liɔ^{55} ①不会亏待：帮我做了那么多事，我保证～你 ②不会赔本，不会吃亏：你只管去做，保险～你

担不起 tã$^{213-31}$pu· tɕʻi^{55} ①承担不起（责任） ②承担不起（重量） ③承受不起：村长到咱家里说事，咱可～ ④推辞谦让用语：给我这么大的荣誉，我真的～

惹不起 ʒə$^{55-213}$pu· tɕʻi^{55} 招惹不得

等不迭　təŋ$^{55-213}$pu· tiə^{53}　等不及：到时间了，再晚了就～了｜我急着上厕所，实在～了

迭不得　tiə$^{53-55}$pu· ti^{53}　①来不及：该上班了，我～吃饭了 ②没有时间：很抱歉，我～陪你

忙不开　mɑŋ$^{53-55}$pu· kɛ^{213}　忙得不可开交：这两天事情太多了，简直～了

闲不惯　ɕiã$^{53-55}$pu· kuã^{31}　不习惯无事可做，闲着不舒服

哈不着　xɑ$^{213-31}$pu· pfə^{53}　①没有能力整治或对付对方：咱瞎发狠，～人家 ②自我壮胆，说大话：你财大气粗也～我

落过子　luə$^{213-24}$kuə$^{31-53}$tsɿ·　好心为别人办事，自己不但没得到好处却落了一身麻烦、过错

炸摊子　tʃɑ^{31}t‘ã$^{213-31}$tsɿ·　①集市上卖爆竹的摊子被引燃炸起无法控制 ②因故造成场面人仰马翻乱作一团

出盘子　pf‘u^{213}p‘ã$^{53-55}$tsɿ·　①出台意见或方案 ②菜品原料不多而炒出来装进盘子却显得多：这种菜～ ③将菜盘子端上宴席：客人都到齐了，～吧

搭底子　tɑ$^{213-24}$ / tɑ^{55}ti$^{55-213}$tsɿ·　①打基础：有他老子给～，他很快就能富起来 ②铺设垫层：垛柴草得先～

□箭子　suə^{53}tʃə$^{213-31}$tsɿ·“□”音“索（阳平）”　①将“箭子”在地面或囤上围成倒圆台形的行为或过程 ②形容很满：这杯酒你倒得～了

落趟子　lɑ^{53}t‘ɑŋ$^{31-53}$tsɿ·“落”音“拉（阳平）”　收割庄稼或做其他农活时被落在最后面

换路子　xuã^{31}lu$^{31-53}$tsɿ·　①农活用语，换一换做活的姿势：那人干活只会一个架式，不会～ ②更改方法：这方法不管用，得～

带夫子　tɛ^{31}fu$^{213-31}$tsɿ·　带领民工外出劳作等：这回由民兵连长～

带工夫　tɛ^{31}kuŋ$^{213-31}$fu·　顺便，捎带：这点活～就干了

开出去　k‘ɛ$^{213-31}$pf‘u· tɕ‘ï　①开除，辞退：他光违反劳动纪律，叫人家～啦 ②整卖：那筐子菜叫我一总～了

搁起来　kə$^{213-31}$tɕ‘ï lɛ·　①收拾，放置：要把平时不穿的衣服～ ②储藏：把地

瓜～起来 ③储存：把用不着的钱～ ④闲置：不愿意干，就把他～

搠回来 $fə^{31-53}$xueï lɛ˙ 把钱物、信件等退回：他寄给女儿的信被邮局～了｜那批货不合格，被经销商～了

搭进去 $tɑ^{213-31}$tsiẽ˙tɕ'ï "去"音同"弃" 赔进去：今天不光没有挣到钱，连老本也～了

裹过来 $kuə^{55-213}$ku˙ lɛ˙ ①能够缠裹过来 ②钱物等足够需要：这点钱～了

隔着位 kei^{213-31}ʧɔ˙ uei^{31} ①上下中间差一个级别：让我这个副组长去找村长不合适，～ ②同级幕僚间，事情不在自己主办范围 ③中间隔着位置

抱粗腿 $pɔ^{31}$$ts'u^{213}$$t'ei^{55}$ 比喻维护、依附、巴结有钱有势的人

争脸面 $tʃəŋ^{213}$$liã^{55-213}$miã˙ 获得荣誉，使脸上有光彩

争面子 $tʃəŋ^{213-24}$$miã^{31-53}$ʦɿ˙

拾破烂 $ʃʅ^{53}$$p'ə^{31}$$lã^{31}$ ①捡拾垃圾、废品 ②与乱搞异性关系的人鬼混 ③与乱搞异性关系的人结伴

捡破烂 $tɕiã^{55}$$p'ə^{31}$$lã^{31}$

捡破鞋 $tɕiã^{55}$$p'ə^{31}$$ɕiɛ^{53}$ ①捡拾别人丢弃的破旧鞋子 ②与乱搞异性关系的女人鬼混

拾破鞋 $ʃʅ^{53}$$p'ə^{31}$$ɕiɛ^{53}$

穿破鞋 $pf'ã^{213-24}$$p'ə^{31}$$ɕiɛ^{53}$ ①穿着破旧的鞋子：过去生活困难时期有的连鞋子穿不上，～已是不错的了 ②与乱搞异性关系的女人鬼混

搞破鞋 $kɔ^{55}$$p'ə^{31}$$ɕiɛ^{53}$ 隐指与乱搞异性关系的女人乱搞男女关系

松松皮儿 $suŋ^{213-31}$suŋ˙ $p'ier^{53}$ ①把表面松动松动 ②照着身上打一顿：那家伙早就该给他～了

穷开胃 $tɕ'yŋ^{53}$$k'ɛ^{213-24}$$uei^{31}$ ①故意做出开心的样子 ②戏弄别人以开心：你就会拿别人～

张回嘴 $ʧɑŋ^{213}$$xuei^{55-53}$$tsuei^{55}$ 说了一次求人的话：人家也是～，多给他点

紧三步儿 $tɕiẽ^{55}$$sã^{213-24}$$pur^{31}$ ①极快的小步走：～赶上他了 ②几个步骤紧扣进行

烧炸包儿 ʃɔ$^{213-24}$tʃɑ^{31}pɔr^{213} 比喻因过分张扬、忘乎所以、大吹大擂等而制造了麻烦：这回他算是～了

独主意 tu^{53}pfu$^{55-213}$ï 独出心裁，独断专行：他从来不听别人意见，遇事就自己～

硬扳弓 iŋ^{31}pã$^{213-24}$kuŋ^{213} 采取强硬手段使改变：遇事慢慢来，不要～

乍安家 tʃɑ^{31}ɣã$^{213-24}$tɕiɑ^{213} 刚刚开始安家过日子

长心眼儿 tʃɑŋ^{55}siẽ^{213}iɛr^{55} ①变得越来越聪明了 ②多留心，多观察：一人在外，要多～

照望下儿 tʃɔ$^{31-53}$uɑŋ˙ɕiɑr˙ 照料、照看一下：我把自行车放在这里，你给～

立楞着 li$^{213-31}$ləŋ˙tʃə˙ ①物体侧立：把那块石板～放 ②身体侧躺：我喜欢～睡 ③不正常地挺立着：那人整天～膀子找事

操持事儿 tsʻɔ$^{213-31}$tʃʻʅ˙ʃer^{31} ①操办事情：他正在帮朋友～ ②喜欢找事做：他闲不住，热心肠，喜欢～ ③无事生非：没有出息，整天到处～

当事儿办 tɑŋ$^{213-24}$ʃer^{31}pã^{31} 当做重要的事情认真对待：这件事你可得～，不能当儿戏

应下来 iŋ$^{213-31}$ɕiɑ˙lɛ˙ 答应下来，接受下来：那事他已经～了

错别开 tsʻuə$^{31-53}$peï˙kʻɛ^{213} "别"音同"贝" ①把时间或位置等交错安排 ②把物体移位分开，以免重叠

错开档儿 tsʻuə$^{53-55}$kʻɛ˙tãr^{31} 前后左右按顺序错开时间或距离：你俩的婚事得～，不然酒店不好安排

一锅烀 i$^{213-24}$kuə$^{213-24}$xu^{213} ①多种菜品等放在一个锅里煮 ②不分青红皂白，都视为相同：他是～着骂的 ③多种东西不加选择地堆放在一起

过独了 kuə^{31}tu$^{53-55}$lɑ˙ 习惯于单身或独处，不愿与人交往，对人冷漠

独作了 tu$^{53-55}$tsuə˙lɑ˙

出死力 pfʻu^{213}sʅ^{55}li^{213} ①拼命从事繁重的劳动 ②只习惯用繁重的劳动去获得，不会用其他灵活方式去获取：他就知道～

出苦力 pfʻu^{213}kʻu^{55}li^{213} 从事繁重而艰苦的劳动

跟形势 kẽ^{213}ɕiŋ$^{53-55}$ʃʅ˙ ①能跟上时代发展的步伐：他这人～又好学习，今后一定有出息 ②赶时髦：别看他年纪大，可很会～

看走眼 k‘ã^{31}tsou$^{55-213}$iã^{55} 没看准确，判断失误：这批货我～了，看来要赔

抄鳖窝 tʃ‘ɔ$^{213-24}$piə$^{213-24}$uə^{213} ①将甲鱼窝彻底破坏掉 ②比喻查抄坏人聚居的窝点 ③彻底破坏掉：再来找麻烦，去你家～

瞎张叨 ɕiɑ$^{213-24}$tʃɑŋ$^{213-31}$tɔ˙ ①白出力没有效果：他能办成那样的事？～呗 ②不按规矩办事而没有效果

瞎胀饱 ɕiɑ$^{213-24}$tʃɑŋ$^{31-53}$pɔ˙ 嘲讽那些自我炫耀、张扬的人：他不要～，早晚没有好果子吃

现抓瞎 ɕiã^{31}pfɑ$^{213-24}$ɕiɑ^{213} 事前无计划无准备，事到临近乱抓一通

胡咧茄 xu^{53}liə^{55}tɕ‘iə^{53} ①胡乱做事：他办事就是～ ②胡说八道

胡来来 xu^{53}lɛ^{53}lɛ^{53}

胡屌来 xu^{53}tiɔ^{55}lɛ^{53}

胡捶月 xu^{53}tɕ‘yə$^{213-24}$yə^{213}

穷胡弄 *tɕ‘yŋ^{53}xu^{53}nuŋ˙ ①非常勉强地凑合：他那两口子是～的 ②非常勉强地应付：不论办什么事都不能～

下死把儿 ɕiɑ^{31}sɿ$^{55-53}$pɑr^{55} 下定狠心、竭尽全力：他这回是～地缠的

下下来 ɕiɑ$^{31-53}$ɕi˙ lɛ˙ ①卸下，强制取下：把他的枪～ ②拆卸：你把螺丝～ ③放下：把绳子～

单摘瓜 tã$^{213-24}$tʃei$^{213-24}$kuɑ^{213} 单独挑选，比喻在涉事人群中单独挑出一人进行接触

犟撑劲 tɕiɑŋ^{53}tʃ‘əŋ$^{213-24}$tɕiẽ^{31} ①勉强坚持、忍耐：你这病别～了，快去医院看医生 ②过分谦让：快去吃饭吧，别再～了

撑过劲儿 tʃ‘əŋ$^{213-24}$kuə$^{213-24}$tɕier^{31} ①交易时，因死咬住某个价格不让步使生意没有做成 ②因死死地按着某种标准不变通致使事情不能成功：他太死脑筋了，结果叫他～ ③因过分坚持己见而事与愿违

撑过头儿 tʃ‘əŋ$^{213-24}$kuə$^{213-24}$t‘our^{31}

有一份儿 *iou^{55}ï fer^{31} ①有份额：事情不论好坏你都～ ②居功自傲，自以为了不起：他整天觉得自己～

划成份 xuɑ^{31}ʧ‘əŋ$^{53-55}$fẽ 这是个历史产物，新中国建立前后，土地革命时期，在农村按占有土地、有无雇工剥削、财产来源及拥有财产多少等，分别划为雇农、贫农、下中农、中农、富农、地主等成份

管锅头 kuã^{55}kuə^{213}t‘ou^{53} 连做饭、炒菜都去干预（多指男士），比喻爱管家庭锁事：那人没出息，好～

发贩子 fɑ^{213}fã$^{31-53}$tsʅ 把东西分送、发放给他人享用：这两箱梨还不够他～的 | 他经常拿集体的东西～

抠字眼儿 k‘ou$^{213-24}$tsʅ^{31}iɛr^{55} ①极力寻找话语或文章中的个别字词进行曲解或挑毛病：理解词义不能～，要看整个词语的含义 ②认真对待、钻研文章中的关键字词：老宋很会～

双挂衔儿 fɑŋ$^{213-24}$kuɑ^{31}ɕiɛr^{55} 双重职务、双重待遇等

没捞着 mu^{31}lɔ$^{31-53}$ʧɔ ①没有得到：想趁机捡个便宜，结果～ ②没触到：树上那个柿子我想了好多办法，结果就是～

自投贡儿 tsʅ^{31}t‘ou^{53}kũr^{31} ①自愿的，主动的：这是他～的，不是别人逼的 ②自投罗网

卷铺盖 tɕyã^{55}p‘u$^{213-24}$kɛ^{31} ①把床上的行李卷起来 ②被开除或辞退 ③自动辞职：此处不留人，自有留人处，我这就～

卷行李 tɕyã^{55}ɕiŋ$^{53-55}$lï

干忙乎 kã^{213}mɑŋ$^{53-55}$xu 无效地操心、忙碌：俺是跟着他～，一点好处也沾不上

应应卯儿 *iŋ^{55}iŋ mɔr^{55} 旧时官府里卯时（早 5 点到 7 点）点名，到班的人员在点名时应答，现指到场应付一下或稍微露一下面儿，稍作应酬

应个卯儿 *iŋ^{55}kə mɔr^{55} ①担个虚名，起不到相应的作用：他那个差事，就是～ ②临时应付：你去～，我马上就回来

找可扣儿 ʧɔ^{55}k‘ə$^{213-31}$k‘our 找理由、找机会等：有集体任务时他总得～

请假

缀上名儿 pfei$^{31-53}$ʃɑŋ˙ miə̃r^{31} 签名、落款：这文章你得～

闹笑场儿 nɔ^{31}siɔ$^{31-53}$tʃ‘ə̃r˙ “场”音同“成” 开玩笑：他平常就喜欢～

摸瞎窟儿 mə$^{213-24}$ɕiɑ$^{213-24}$k‘ur^{213} ①摸黑儿：他真大胆，昨夜～上了山 ②一种民间儿童游戏，用布条等蒙住眼睛凭感觉去触摸、找人或物等

够够底儿 kou$^{31-53}$kou˙ tier^{55} ①试探真实情况：他到底能喝多少，咱今天～ ②试探底细：先～，看他有什么能耐

照乎着 tʃɔ$^{31-53}$xu˙ tʃə˙ ①酌情：这事你自己～办 ②照料，看管：地里的庄稼你给～ ③恐吓语气：警告你不听，～来！

狗抢屎 kou^{55}ts‘iɑŋ^{55}ʃʅ^{55} ①狗抢食粪便 ②比喻人猛地向前扑倒或跌倒身体向前踉跄的样子：他弄了个一溜～

拾二水 ʃʅ^{53}ɭə^{31}fei^{55} ①使用别人用过的东西 ②娶了离异的女人 ③拾取别人丢弃或剩余的东西

（4）多音节词语

打马虎眼儿 tɑ$^{55-53}$mɑ$^{55-213}$xu˙ iɛr^{55} 趁人不在意或注意力不集中时钻空子赚便宜或蒙骗人：他就会～骗人

打刺露雁 tɑ^{55}ts‘i$^{213-31}$ləŋ / lou˙ iã^{31} 在一边不愿或者不能靠前：这事你不能光在旁边～

打巴打巴 tɑ$^{55-213}$pu˙ tɑ$^{55-213}$pu˙ 草草地拍打：你～身上的尘土

挤挤巴巴 tsi$^{213-31}$tsï pɑ$^{213-24}$pɑ^{213} ①不停地眨眼：那人眼～的，心眼可不少 ②很拥挤：里面人多，～的

挤巴挤巴 tsi$^{213-31}$pu˙ tsi$^{213-31}$pu˙ “巴”音同“卜” ①拥挤 ②紧挨在一起：咱们～坐下吧

拆巴拆巴 ʧ‘ei$^{213-31}$pu˙ ʧ‘ei$^{213-31}$pu˙ ①拆：把旧毛衣～洗洗再另织 ②把以往的事情重新摆出来理论以弄清是非：咱就把那些事～看到底怨谁！

折巴折巴 tʃə$^{213-31}$pu˙ ʧə$^{213-31}$pu˙ ①归拢：把剩饭剩菜～都扔了吧 ②折合：家底子～也值不了几个钱 ③折叠：把旧报纸～捆上

抬腿就到 t‘ɛ^{53}t‘ei^{55}tsiou^{31}tɔ^{31} 形容距离较近，一走就到：我离家太近了，～

抬腿就走 t‘ɛ^{53}t‘ei^{55}tsiou^{31}tsou^{55} 形容行动快捷，说走时迈步就走：他看到事情不妙～

扭头就走 ȵiou^{55}t‘ou^{53}tsiou^{31}tsou^{55} 形容行动快捷，转头离去

单剔单拔 tã$^{213-24}$t‘i^{213}tã^{213}pɑ^{53} 逐个对比着进行挑选：这些人都是～出来的，个个都是好样的

吃里扒外 tʃ‘ʅ^{213}li^{55}pɑ^{53}uɛ^{31} 受着自己一方的好处，暗中却为另一方效力，甚至出卖己方

偷三摸四 t‘ou$^{213-24}$sã$^{213-24}$mə^{213}sɿ^{31} 偷偷摸摸

岌到央央 tsi$^{53-55}$tɔ· iɑŋ$^{213-31}$iɑŋ· 长时间拖延、耽误：还～吗？都这么晚了

岌岌央央 tsi$^{53-55}$tsï iɑŋ$^{213-31}$iɑŋ·

怏怏着干 iɑŋ$^{213-31}$iɑŋ· tʃɔ· kã^{31} 磨蹭着慢慢地做：队长不在场，咱就～

随人摆摆儿 ts‘uei^{53}ʒẽ^{53}pɛ$^{55-213}$pɛr· “随”音“翠（阳平）” 任人摆布：他自己没有一点主见，办什么事都～

逮个独的 tɛ$^{55-213}$kə· tu$^{53-55}$tï ①捉住了唯一的：窝里就一只鸟，叫我～ ②独自享用（某种好处、食物等）：今年一等奖被他～

招架不了 tʃɔ$^{213-24}$tɕiɑ$^{31-53}$pu· / tʃ‘ɔ$^{53-55}$tɕïpu^{213}liɔ^{55} ①难以抵挡、应对：他们三个人，我一个人实在～ ②难以应付：家里这些事，我一个人实在～

招架不住 tʃɔ$^{213-24}$tɕiɑ$^{31-53}$pu· tʃu^{31}

只字不提 tʃʅ$^{213-24}$tsɿ^{31}pu^{213}t‘i^{53} ①一个字也不提及：光说别人，自己的问题～ ②不发表任何意见

实俳打坐 ʃʅ^{53}p‘ɛ^{213}tɑ^{55}tsuə^{31} 实实在在地坐着不动：不管谁说，她就是～的一动不动

拾贱目头儿 ʃʅ^{53}tsiã$^{31-53}$mu· t‘our^{53} ①趁便宜买降价处理的商品 ②拾别人丢弃或剩余的东西 ③降低要求谈恋爱

装没事人儿 pfɑŋ$^{213-24}$mu$^{31-53}$ʃʅ· ʒer^{53} 做过某事却假装不知道或没做

过一样：这事就是他干的，他还～

蹿得挣紧 ts‘uã$^{213-31}$ti· tʃəŋ^{213}tɕiẽ^{55} 形容上蹿下跳，活动得很频繁：这些日子他～，无非就是想多捞点好处

抠骼腮了 k‘ou^{213}kə$^{53-55}$sɛ· la· ①抠住鱼的骼腮了 ②比喻抓住了人的要害：这回叫人～

赶点子上 kã$^{55-53}$tiã$^{55-213}$tsɿ· ʃaŋ· 恰巧遇到某种机会、机遇等：刚要端杯你来了，～，一块喝吧

不服支使 pu^{213}fu^{53}ʧʅ$^{213-31}$ʃʅ· ①手、脚等肢体不灵便：人老了，手脚都～了 ②不服从领导和支派

不干人事 pu^{213}kã^{31}ʒẽ^{53}ʃer^{31} 不做正经事：他从小就～

拖鞭不动 t‘uə$^{213-24}$piã$^{213-24}$pu$^{213-24}$tuŋ^{31} 即使用鞭子抽打也驱使不动，形容无论用什么办法都支使不动：说了多少遍了，他就是～

三推两拉 sã$^{213-24}$t‘ei^{213}liaŋ^{55}la^{213} 形容动作利落而使事情结束得快：因急着干活，大家～地就把酒喝完了

起来欠去 tɕ‘i$^{55-213}$lɛ· tɕ‘iã^{31}tɕ‘y^{31} 起坐频繁，形容不能安定地做某事

攘手撸胳膊 ts‘uã^{213}ʃou^{55}lu$^{213-24}$kə$^{213-31}$p‘ei· “膊”音同“培” 捋起袖子，扬起胳膊，摆出要打架的样子：你～的想打架是吧？

裹不过脚来 kuə$^{55-213}$pu· kuə^{31}tɕyə$^{213-31}$lɛ· ①不能把脚缠裹过来 ②比喻钱物不够使用：这点钱根本～

支家过日子 tʃʅ$^{213-24}$tɕia^{213}kuə^{31}ʒʅ$^{213-31}$tsɿ· 建立家庭独立生活：～可不容易，油盐酱醋柴，一样不能缺

2. 五官动作

趴头儿 p‘a^{213}tour^{53} 低头：门太矮，得～进去

扭头儿 ȵiou^{53}t‘our^{53} 转过头：她～就走了

掉头 tiɔ^{31}t‘ou^{53} ①转回头：他一看到我～就跑了 ②拐弯，调转方向：这地方车不好～

仰头 iaŋ^{53}t‘ou^{53} 昂首：你～看什么的？

仰脸 iɑŋ^{53}liã^{55} 把脸仰起来

转脸儿 pfã$^{55-53}$liɛr^{55} ①把脸转一下角度 ②挽回面子：他是长辈，你得给他～，事情就过去了 ③形容时间很短：～就忘了

转转脸 pfã^{55}pfã· liã^{55} ①把脸转一下角度 ②向对方检讨，给挽回面子

掬脸 tʃou$^{55-53}$liã^{55} "掬"音同"肘" ①把脸转向一边：说完他一～头就走了 ②见到某人即把脸转过去，表示极不愿看到

掬颈 tʃou$^{55-53}$kəŋ^{55} 音同"肘梗" ①拧着脖颈 ②怄气

眼尖 iã^{55}tsiã^{213} ①眼力好，视觉敏锐：还是他～，一下就看出来了 ②洞察力强：你～，事看得真准

眼斜 iã^{55}siə^{53} ①斜视 ②看待、判断问题不准确：不是我～，你试着看，他非输不可

眨眼 tɕiɑ^{213}iã^{55} ①眨巴眼睛 ②闭眼

合眼 xɑ^{53}iã^{55} "合"音"哈（阳平）" 闭眼

睁眼 tʃəŋ^{213}iã^{55} 睁开眼

擦眼 ts'ɑ^{213}iã^{55} 擦去眼眵或眼泪等

淌眼泪 t'ɑŋ$^{55-53}$iã^{55}lei^{31} 流泪

擦眼泪 ts'ɑ^{213}iã^{55}lei^{31} 擦去眼泪

码撒 mɑ$^{213-31}$sɑ· 观察、寻找等

撒目 sɑ$^{53-55}$mu·

相目 siɑŋ$^{31-53}$mu· 观察，目测，一边看着一边揣摩：我～了一下，这个盆景放在客厅里怪合适

码量 mɑ$^{55-213}$liɑŋ· ①目测，估量：你～河面有多宽？②斟酌：这事你自己～着办

母量 mu$^{55-213}$liɑŋ·

照量 tʃɔ$^{31-53}$liɑŋ· ①目测，瞄准：你～一下有多远？②酌量：这事你～着办 ③尺度，标准：办事得有个～

硌睖 kə$^{53-55}$ləŋ· ①闭上一只眼睛：～一个眼，也揍你好好的｜他正～着眼瞄准

②先天性斜视：他从小眼就～着

经眼儿 tɕiŋ^{213}iɛr^{55} 亲眼看一看：无论什么事，只有～看看才放心

麻棱眼儿 mɑ$^{53-55}$ləŋ / təŋ˙ iɛr^{55} 闭上眼睛稍事休息：实在困极了，就打个～

磨眼蛋子 mə^{53}iã^{55}tã$^{31-53}$tsɿ˙ ①眼睛里进了砂子，眼球受磨擦 ②义近"眼中钉"，眼睛看见了就不服舒，不顺眼：你越不喜欢我，我越在你跟前～

眼蛋子剜人 iã^{55}tã$^{31-53}$tsɿ˙ uã^{213}ʒẽ^{53} 因愤怒、不满等，眼睛斜视着瞪人：谁一说她，她就用～

张嘴合嘴 tʃɑŋ^{213}tsuei^{55}xɑ^{53}tsuei^{55} "合"音"哈（阳平）" ①嘴巴张合 ②开口说话：他～就是指责别人

张口 tʃɑŋ^{213}k'ou^{55} ①张开嘴巴 ②开口说话：那人～就说大话

下口 ɕiɑ^{31}k'ou^{55} 动嘴咬：老虎吃天，没地方～ | 老实狗，偷～（俗语）

合嘴 xɑ^{53}tsuei^{55} "合"音"哈（阳平）" ①闭嘴 ②不说话或不许说话

抿嘴 miẽ$^{55-53}$tsuei^{55} 嘴巴稍稍合拢收敛：她～一笑

吹猪 pf'ei$^{213-24}$pfu^{213} ①生猪宰杀后，在后腿部割一口子，用细铁棍贴紧猪皮捅入各处，再向里吹气使胀起，以利去毛除垢 ②比喻憋闷生气：他气得给～样

管不住嘴 kuã$^{55-213}$pu˙pfu^{31}tsuei^{55} ①别人不让吃或自身原因禁忌不应吃的东西却硬要吃 ②不能说的话有时嘴上不由自主就说出来了 ③语言难以自控

话到嘴唇上 xuɑ^{31}tɔ^{31}tsuei^{55}pf'ei$^{53-55}$ʃɑŋ˙ 话即将说出：话～又不说了

话到嘴边儿上 xuɑ^{31}tɔ^{31}tsuei^{55}piɛr$^{213-31}$ʃɑŋ˙

不住嘴儿 pu$^{213-31}$pfu^{31}tsuer^{55} ①不停地吃零食 ②不停地说话

不住声儿 pu$^{213-31}$pfu^{31}ʃə̃r^{55} ①不停地说话 ②不停地发出声音：哭了一夜～

呱嗒嘴 kuɑ$^{213-31}$tɑ˙ tsuei^{55} ①吃东西时嘴唇张合幅度大且发出声音 ②看到别人吃东西而嘴馋，嘴唇不自觉地模仿张合，甚至伴有涎水 ③好说话，爱唠叨

呱唧 kuɑ$^{213-31}$tsi˙ ①吃东西时嘴发出声音：他吃饭肯～嘴 ②不着边际的乱说：

那几个人在一起不知～什么

咧歪 liə$^{55-213}$uɛ˙ ①不文雅地张开：你看你嘴～的 ②对人不恭而嘴巴撇开：你～嘴，俺能寒碜你吗？

嗑 k‘ə^{31} ①用牙齿咬开坚果等：～瓜子 ②比试：不服咱就～～ ③把东西粉碎：～玉米面子 ④滚珠在使用过程中破损，相互磨擦并发出声响：～砂子

嗑牙 k‘ə^{31}iɑ^{53} ①相互暧昧地在一起闲聊：看他俩正在那里～ ②争吵 ③齿轮间或齿轮与链条不咬合：自行车链子出毛病了，光～

吸烟 ɕi$^{213-24}$iã^{213} 抽烟

嘘烟 ɕy$^{213-24}$iã^{213}

淌咧泻 t‘ɑŋ^{55}liə$^{53-55}$siə˙ 流涎水

哑吞儿 iɑ$^{213-24}$tuer^{31} 哑嗓子

挖耳眼子 uɑ^{213}ɭə^{55}iã$^{55-213}$tsɿ˙ 掏耳屎

挖耳朵 uɑ^{213}ɭə$^{55-213}$tɔ˙ "朵"音同"刀"

挖耳髓 uɑ^{213}ɭə$^{55-213}$sueï

抠鼻子 k‘ou^{213}pi$^{53-55}$tsɿ˙ 用手指抠出干鼻涕

擤鼻子 siŋ^{55}pi$^{53-55}$tsɿ˙ "擤"音同"醒" 以手指挤压鼻孔用力喷出鼻涕

齉鼻儿 nɑŋ^{31}pier^{53} 皱眉时鼻头随之耸动，鼻梁处就出现横向的皱纹，往往表现为对人或事的不满或鄙视

打嚏汾 tɑ^{55}t‘i$^{31-53}$fẽ˙ "嚏"音同"替" 打喷嚏

出哼鼻子 pf‘u$^{213-31}$xəŋ˙ pi$^{53-55}$tsɿ˙ ①鼻孔吸气作闻状：～一闻，菜真香 ②把即将流出的鼻涕吸回去

免舌儿 miã^{55}ʃər^{53} 卷舌：那东西一～就咽下去了

3．手部动作

（1）单音节词语

拿 nɑ^{53} ①抓取：～东西 ②捉拿，逮捕：逮不尽的虱子～不尽的贼 ③关节脱臼后，推拿使之复位：他胳膊骨头错踝，得～上 ④得到，占有：白手～鱼 ⑥斟酌、确定：～主意 ⑦强力攻取：～下了敌人的碉堡 ⑧掌握：这事你～得准吗？⑨强烈

的作用力使变化：那恶疮硬是叫～下来了 ⑩介词，引入所处置的对象：他～俺当亲人对待 | 别～俺不当人

打 tɑ55 ①殴打，攻击：～仗 | ～人 ②撞击：～鼓 ③建造：～墙盖屋 ④物品因受外力而破碎：碗～了 ⑤买：～油 ⑥捆扎：～捆 ⑦与人交涉的行为：～官司 | ～交道 ⑧发出：～电话 ⑨做出某种动作行为：～手势 | ～哇哇 | ～球 ⑩除去：～杈儿 ⑪介词，相当于“从”： ～那件事不再给那人来往了

提 t‘i53 ①垂手拿着：～篮子 ②举出：～意见 ③提取：～货 ④说起，谈起：那人太坏，不能～他 ⑤使升高：～拔 | ～升 ⑥往前挪动：日期～前了 ⑦把犯人从关押的地方带出：～审

拉 lɑ213 ①牵引，用力使朝自己方向或跟着自己移动：把车～过来 | ②载运：～化肥 ③抚养：～扯孩子不容易 ④帮助：～她们一把 ⑤联络：～关系 ⑥排泄：～屎 ⑦使延长：把皮筋～长

拉 lɑ53 ①闲谈：～家常 ②牵引乐器某部分使发出声音：～二胡 ③拖动某器具使做工：～大锯 ④摩擦：用磨石～～就光滑了 ⑤用锯把木、石、铁等锯开：～开木板 ⑥划破：草叶子给锯齿一样，都把手～破了 ⑦用器具把粮食等粉碎：～玉米面子

甩 fɛ55 ①挥摆，挥动，甩弃：他把泥～了一地 ②撒手脱离：一看事情不妙，他～手就走 ③扔：～手榴弹 ④因外力而迸溅：车轮子～我一身水 ⑤虫类等产卵：～子儿 ⑥抛弃，遗弃：他被那女人～了

擺 ʃɛ55 音“筛（上声）”

鞣 ʒou213 音“揉（阴平）” ①随便扫扫：你快点～儿扫帚 ②用鞭子等抽打：他～了我好几条子 ③拟声词，形容很快：～儿下子就过去了 ④扔：那破烂就～了吧 | 向河里～了几块石头 ⑤胡乱写：我看你写的那字是胡～的

撂 liɔ31 音同“料” ①扔：你把那东西～那就是啦 ②抛弃 ③放下，搁置：那事～～再说

拽 pfɛ213 扔掉：用不着的东西就～了吧

拽 pfɛ31 用手拉着：他～着妈妈的衣襟不松手

擘 pã^{55}音同“板”　扔，丢弃：把那烂地瓜～了

撗 xəŋ^{31}　扔，丢弃：把那烂苹果～垃圾堆里去

捋 lu^{55}　用手把东西理顺：把那捆葱～好｜～胡子

铆 mɔ^{55}音同“卯”　用铆钉固定：～榸子

旋 suã^{31}音同“算”　①用利器（如刀类）削或剥离：真该零刀子～了那个坏家伙 ②旋转着切割。

削 suə^{213}音同“梭”　用利器快速地斜割：～铅笔

剺 li^{53}音同“厘”　用利器割、划：手被～破了

劙 li^{213}音同“力”　①用拇指和食指的指甲掐住某些物品中像筋一样的东西的一端并撕扯下来：～云豆筋｜不老实把你的筋给～出来 ②勒索：老两口的那点钱都叫那个不争气的儿子给～出来拿走了 ③强迫使就范：那人做得那些见不得人事都叫公安给～出来了

錾 ts‘ã^{53} 音同“蚕”　①用錾头顶端有尖的锐器，砸击某物使脱落、成型等：把那块石头～个孔好拴牛 ②用手击打：叫她～了一顿 ③恐吓语：不听话就～断你的筋

揄 y^{213}音同“浴”　加热使物体变软以便弯曲或取直：把竹竿～个弯

捅 t‘uŋ^{213}　①用拳头直捣：他～了我好几拳 ②用刀子刺 ③制造麻烦：～漏子 ④戳穿，揭露 ⑤比喻背后加害：背后～刀子

拥 uŋ^{21}　用手推：那老头儿被人～倒了

搡 sɑŋ^{55}　①塞进去：把碎纸～窟窿里去 ②加进去：排队不能～人 ③填入：鞋里～麦瓤 ④暗地里给：～把儿

椎 pfei^{213}　①塞进：把馒头～包里去 ②填入：鞋里～棉花 ④穿刺：用锥子～透

㧟 k‘uɛ^{55} 音“快（上声）”　用手抓挠：～痒

挖 uɑ^{213}　用指甲抓挠：他的脸叫人～破了

搲 uɑ^{55}音同“瓦”　用瓢或类似的器具舀出面粉、粮食等东西：刚刚～了一瓢子粮食

剜 uã^{213}　挖：～荠菜｜～地

择 tʃei^{53}　①摘除：把菜～干净 ②阉割：～猪

擦 tsʻɑ^{213} ①擦拭：～桌子 ②到，来：好几年他没～到俺家里了

揳 siə^{213}音“写（阴平）” ①把钉子等捶打到物体里面：～橛子 ②殴打：～他一顿 ③批评：狠～了他一通

撅 tɕʻyə^{55}音“确（上声）” ①用力折：你看，刚刚栽的小树叫谁给～断了 ②折服：这回可叫人～大褂子了

杀 ʃɑ^{213} ①宰杀：～鸡给猴看 ②砍伐：先～那棵大杨树

叉 tʃʻɑ^{53} ①用碎石、砖块等随意地垒砌：那墙是干～耧，不结实 ②用树枝、石头等架起屏障以起到阻挡作用：把地边～上石头，别让人踩了庄稼

欻 pfʻɑ^{55} 快速抓抢：包被小偷一把～走了

抹 mɑ^{213}音同“妈” ①脱掉：把帽子～下来 ②擦拭：把桌子～干净 ③错过：可别～了时间，否则会误事

簩 kuɛ^{213}音同“乖” ①碰：你别～我 ②牵扯、涉及：那事可能～着他了

簩 kuɛ^{53}音“乖（阳平）” 划拉：胳膊叫他的指甲～破了

杠 kɑŋ^{31} 用木棍顶：晚上休息要～上大门安全

戗 tsʻiɑŋ^{31}音“抢（去声）” 斜顶着支撑：柴垛要歪，拿杠子～好

戗 tsʻiɑŋ^{213}音“抢（阴平）” 对着，作对：他经常～他爸的话

夯 xɑŋ^{213} ①用重物砸：～地基 ②用力打：他被他爸爸～了一顿

毁 xuei^{55} 打：那小孩就肯～人

搢 tɕiẽ^{213}音同“金“ 轻拉，拉扯：小孩～着妈妈的衣襟

掯 kʻẽ^{31} ①两手相向掐住某物：～住鱼的鮥鳃，它就不能动了 ②坚持，咬住牙：你只要～住就没有问题了

劐 xuə^{213}音同“豁” 用尖刀等利器插入物体内顺势划开：～开鱼肚子

咔 kʻɑ^{213} 用力倒掉、清除容器里的东西：把盆里的陈面都～出来

咔 kʻɑ^{55} 不小心弄撒落了：瓢子里的粮食叫我弄～了

磕 kʻə^{213} ①拿物体向较硬处敲、碰使其附着物掉出来：～烟斗 ②碰：头～破了

抟 tɕʻiɑ^{213} 两手十指张开，相向着抓起物品：～把柴草 | ～住脖子

捽 tsuə^{55} 紧握：你～着他的手别放

拃 tʃɑ^{213}　用虎口或伸开大拇指和中指或食指测量距离：你～一下桌子有多长｜一～没有四指近（俗语）

庹 t‘uə^{213}　尽量张开双臂测量长度：你～一下绳子有多长？

邓 təŋ^{31}　①用力拉紧：把绳子～紧 ②较劲：她俩还～起来了呢

扺 ti^{213}音同“低”　提起，向上拔：～蒜薹

擗 p‘i^{55}音“批（上声）”　①从整体上向下扯拉：～柳树枝子 ②扯开，撕开：把竹杆一～两半

揉 ʒou^{53}　用手按住搓：～衣服

摆 pɛ^{55}　把东西放在水里来回摆动冲洗：把菜～干净｜把衣服在水里～一下

涮 fã^{3}音同“泛”　①冲洗：～～脚｜～嘴 ②在容器里加入少量水晃动冲洗：～～盆子

濯 tʃɛ^{31}音同“寨”　洗过的物品最后再用清水洗一遍，使之更洁净：再把衣裳～～吧

捯 tʃou^{55}音同“肘”　①双手或两个人反力拧挤：洗过的衣服要～干水才晾得快 ②拧：～紧螺丝

拨 pei^{55}音“北（上声）”　这碗米饭你吃不了，朝旁的碗里～点

樉 fɑŋ^{55}音同“防”　①投掷：～标枪 ②被垂直向下撞击：腿叫～着了 ③被投中扎伤：他叫标枪～着了 ④把较硬实的条状东西成捆竖起用力在地面上向下撞，使其底部整齐：把那捆苇子～齐

摐 pf‘ɑŋ^{53}音同“床”　①用棍状物撞击：你手里的钢筋别～着人 ②被棍状物撞击：我叫树枝子～着眼了

榛 ts‘ou^{53}　把成捆的条状物竖起并攒在一起：把玉米秸～上

够 kou^{31}　①达到某种程度和标准：他～条件晋级 ②腻烦，厌烦：那些空话我早就听～了 ③极力把手、脚伸向不易触及的地方：那个盒子放得太高了，他搬了个凳子才～下来｜这洞太深，我的脚～不着底 ④超过限度，无法承受：受～罪了

捞 lɔ^{31}音同“涝”　①触及、获取等：那东西你放太高了，我～不着｜那样的便宜咱～不到 ②拾取，复收：秋收完了咱一起去～地瓜去，去～花生也行

泚 ts‘ɿ^{213}　①撒尿 ②用水冲刷 ③喷溅：水龙头的水～我一身

锉 ts‘uə^{31}音同“错”　①用锉具对金属、木料、橡皮等的表层进行反复磨削：把锯

牙～～锋利 ②钢铁制成的用来打磨金属、木料、橡皮等表层的工具：钢～

刮 kuɑ⁵⁵ 用刀等贴着物体表面来回划削以去除某些东西：～猪毛

合 xə⁵³ ①合拢，闭合：～上电闸 ②结合：同心～力 ③全，全部，整个：～满庄上的人都来了｜咱～桌子的人就他酒量大｜她～身上都是名牌衣服｜我～兜里没有十块钱 ④符合，合乎：～情～理 ⑤折合：一石～十斗

拍 p‘ei²¹³ ①用手掌击打 ②扑捉：～蚂蚱

搰 xu²¹³音同"呼" 用巴掌打：～了他几巴掌

扇 ʃã²¹³ 用巴掌打：～了几个耳光

按 ɣã³¹ ①用手或指头压：～摩 ②放进、塞进：～筐｜～柴｜～烟 ③抑制：～下怒火 ④依照：就～你说的办

摁 ɣẽ³¹ 用手按：你～住别让它跑了

搕 vu⁵⁵ ①随便地放下：他把那家什一～就跑了 ②递过、放进：～到里边就行

筛 ʃɛ²¹³ ①把东西放在底部呈网状的器具里面水平晃动，或把东西向网状器具上撒，以使细碎的部分漏下 ②遴选 ③斟酒，温酒：来客人了，快～壶酒

扒 pɑ²¹³ ①挖：～沟 ②刨：～地瓜 ③剥皮或去壳：～花生 ④脱：～光衣服 ⑤用手攀附：～着墙头看 ⑥拨：～开门

礤 ts‘ɑ²¹³音同"擦" 把地瓜、萝卜等用专用工具加工成片状或条状：～两筐地瓜干子

搋 pf‘ɛ²¹³ 音"揣（阴平）" 以手用力来回向下挤压或揉搓：～面

锄 pf‘u⁵³ 用铁锨等工具铲除掉：把那堆土～到路边上去

□ ʧ‘ei⁵³音"拆（阳平）"

（2）多音节词语

剔巴 t‘i²¹³⁻³¹pu˙ "巴"音同"卜" 挑选，剔除：把好的～～，孬的不要了

按巴 ɣã³¹⁻⁵³pu˙ ①按摩：我肩膀疼，你给我～～ ②控制，不让事态扩大：把两家子都～～，别再闹了

撕巴 sɿ²¹³⁻³¹pu˙ ①撕扯 ②理论：咱俩得把这件事～～ ③斗殴：她俩很快～一块去了

撅断 tçʻyə^{55}tuã^{31} “撅”音“确（上声）” 折断：把棍子～

搪搪 tʻaŋ$^{213-31}$tʻaŋ˙ 轻轻地碰：你别～那个孩子，他刚刚睡着！

钆答 ka$^{53-55}$ta˙ “钆”音“嘎（阳平）” 把刀刃放在案板上的被切物上，刀两端交替翘起再用力摁下或无规则地乱切使碎：把辣椒～～拌着吃

合上 xa$^{53-55}$ʃaŋ˙ “合”音“哈（阳平）” ①闭，关闭：～眼睛歇一会儿 ②合拢：～书本儿 ③盖上：把锅盖～

翻开 fã$^{213-24}$kʻɛ^{213} ①掀开 ②水等液体完全沸腾：锅里的水～了

搙送 vu$^{55-213}$suŋ˙ ①随便打发：你是把俺～出门就算完？②随便放：你把那东西～哪里都行 ③随便送出去：随便～点给他就行了

拨了 pei$^{55-213}$la˙ “拨”音“北（上声）” ①用手或工具使东西移动：把麦子～薄一点，晒得快些 ②用手指拨动物体使之移动：～算盘珠子

拨搂 pei / pu$^{55-213}$lou˙

扒哧 pa$^{213-31}$tʃʻʅ˙ ①胡乱翻动：看你胡乱～什么的？②梳理：这些事～不开了

扒拉 pa$^{213-31}$la˙ ①胡乱翻动：书都叫你胡乱～乱了 ②挑选，寻找：你给俺～个儿媳妇 ③理顺并处理：这账目～不开了

把上 pa$^{213-31}$ʃaŋ˙ ①贴上，使之不再裂开：快把他手上的口子～ ②用一种特制扒钉把器物上的裂缝固定：～罐子|～锅

攠量 mi$^{53-55}$liaŋ˙ “攠”音同“迷” 对比，对照，比较等：一～就看出衣服大小来了

合斯 xə$^{53-55}$sʅ˙ ①抖落：你把菜根上的泥土～干净 ②颤抖：你看他冻得浑身打～ ③公开点名批评、数落：他叫队长～得抬不起头来 ④无节制地花费：那点家底不够他～的

拾掇 ʃʅ$^{53-55}$tɔ˙ “掇”音同“刀” ①收拾 ②整治 ③消灭：那伙敌人叫～干净了 ④叱责，打骂：叫老爹～了一顿 ⑤隐指奸淫：她叫人～了

婆拉 pʻə$^{53-55}$la˙ ①用手掌拂平或堆起：把褥子～平 ②除去、开脱：这事一沾边就～不掉了 ③筹措：钱整天～不上花的

扑搂 pʻu$^{53-55}$lou˙

摣拉 pfa$^{53-55}$la˙ “摣”音“抓（阳平）” 用短小的扫帚等胡乱地扫：门口～几下就行

攄拉 pfʻɑ$^{53-55}$lɑ˙ “攄”音“数（阳平）” 树枝等划拉着：别叫树枝子～着脸

掘拉 tɕyə$^{53-55}$lɑ˙ 用工具胡乱拨弄、翻动等：叫他挖地，他胡乱～几下子就跑了

搁拉 kə$^{213-31}$lɑ˙ ①搅拌：面粉和水要～匀再下锅 ②挑拨离间，无事生非：大家不团结，都是他在里面～的 ③搅扰：～人睡不好觉 ④搅动：把鸡～出来

搅拉 tɕiɔ$^{55-213}$lɑ˙

拌拢 pã$^{31-53}$luŋ / lou˙ 搅拌、掺和等

搋打 pfʻɛ$^{213-31}$tɑ˙ “搋”音“揣（阴平）” ①用铁锨、镢头等把泥巴、砂浆等一边翻动一边捣搓 ②用勺子把煮好的饭菜一边翻动一边捣搓 ③把人或物摁在地面上用双手猛力地反复抓起摔下：真想～死他 ④磨炼：人要经得起～

捣鼓 tɔ$^{55-213}$ku˙ ①反复摆弄：手机被他～坏了 ②经营，倒腾：该过年了，～点年货卖卖 ③修理：自行车坏了他一～就好

鼓捣 ku$^{55-213}$tɔ˙

舞摆 u$^{55-213}$pɛ˙ 反复地摆弄：他就喜欢～收音机

摆怀 pɛ$^{55-213}$xuɛ˙ 胡乱摆弄：那东西硬叫他～坏了

摆弄 pɛ$^{55-213}$luŋ˙ 胡乱地堆放：你看屋里你～的，连下脚的空都没有

朵弄 tuə$^{55-213}$luŋ˙ 整理，侍弄：那块地被他～得给菜园样

抠哧 kʻou$^{213-31}$tʃʻʅ˙ ①用手指或细小的工具往外挖 ②很吃力地思索：一道题他竟～了一个钟头还没解出来

戳弄 pfʻə$^{53-55}$luŋ˙ ①用木棍等捣弄：你～那小狗，当心咬着你 ②怂恿，指使：他就会～小孩干坏事 ③戏弄，挑逗：那人不照调，就喜欢～女人

撩指 liɔ$^{53-55}$tʃʅ˙ ①招惹：你别～那个小孩行吧？②挑逗：那人很腼腆，你别乱～

画拉 xuɑ$^{31-53}$lɑ˙ 胡写乱画：你看你的课本叫你～的那样

摩拉 mə$^{53-55}$lɑ˙ ①轻轻地抚摸：轻轻～着孙子的头，他就睡着了 ②用手指梳理：～～头发

胳肢 kə$^{53-55}$tʃʅ˙ 挠人敏感的部位（如腋窝、脚心等）使之发痒：一般人就怕～腋窝

提搂 t‘i$^{53-55}$lou˙ ①提，拉：他手里～着几嘟噜葡萄｜那小孩倒了，你把～起来 ②不断警醒：他天天被老师～耳朵嘱咐 ③从关押的地方带出来：～审

搋巴 uə$^{213-31}$pu˙音同“握卜” ①揉搓：这张纸你都～碎了 ②胡乱折叠：衣服叫你～得都是褶了

搋悠 uə$^{213-31}$iou˙ 在手心里揉搓

搋搉 uə$^{213-31}$tɕ‘yə˙ 胡乱折叠使受损

晃悠 xuaŋ$^{31-53}$iou˙ ①摇晃，不牢固 ②用手来回轻推，摇动：他睡着了，快把他～醒

搓弄 ts‘uə$^{213-31}$luŋ˙ ①揉搓：一早晨～了一袋子烟叶 ②挑唆、挑动：本来风平浪静了，又叫他～出事来了

咔咔 k‘ɑ$^{213-31}$k‘ɑ˙ 把容器口朝下轻轻撞击，使里面的东西掉出来：把筛子～，好盛菜

咔上 k‘ɑ$^{55-213}$ʃaŋ˙ ①用遮盖物盖上：～锅 ②盖上印章：～公章才有效

拉死 lɑ$^{213-31}$sɿ˙ 拉下开关：休息了，你把灯～

关死 kuã$^{213-31}$sɿ˙ 关闭开关

搌搌 *tʃã^{55}tʃã˙ 用松软干燥的东西，轻轻擦拭或按压，以吸去湿处的液体：桌面上有点水，用餐巾纸～就干了

渗渗 ʃẽ$^{53-55}$ʃẽ˙ 用干燥的东西吸去部分液体：用纸巾～桌面的水

申申 ʃẽ$^{213-31}$ʃẽ˙ 小心剔除表面的部分：馒头掉到地上，～皮能吃

抓挠 pfɑ$^{213-31}$nɔ˙ ①用手乱抓、撕扯：她俩又～起来了 ②到处赚取：这几天他～了不少钱 ③用手搂取：一大早他就～了一大筐柴禾

攥着 tsuã$^{31-53}$tʃə˙ 握着：～车把不松手｜紧紧地～他的手

倒把儿 tɔ$^{55-53}$pɑr^{55} 两手前后或左右交替握东西：那人笨得连吃煎饼都不知道～

楔上 sɑ$^{213-31}$ʃaŋ˙ 把楔子揳进缝隙以加固：～个木楔才牢固

别匙 piə$^{53-55}$tʃ‘ʅ˙ 撬挖：把树根从石头缝里～出来

咔筐 k‘ɑ$^{213-24}$k‘uaŋ^{213} ①把筐子里的东西全部倒出来 ②比喻穷尽：他就那

些子本事，都～了

伧伧 ts‘ɑŋ$^{31-53}$ts‘ɑŋ˙音“苍（去声）” 贴在某物体上轻轻地摩擦：把刀放在磨石上～就锋利了

摞上 luə$^{53-55}$ʃɑŋ˙ ①重叠往上放：～砖头 ②有层次地堆放：～麦个子

忙上 mɑŋ$^{53-55}$ʃɑŋ˙ 捆绑：用绳子把那坏家伙～

麻上 mɑ$^{53-55}$ʃɑŋ˙ 用较细的绳子等捆扎上：把面袋子口～

掐齐 tɕ‘iɑ^{213}ts‘i^{53} ①以某一程度、范围、时间等为限定：咱就现在～谁也别再提这件事了 ②用手指甲掐，使齐整：你把那把芹菜～好切

割齐 kɑ^{213}ts‘i^{53}音同“嘎” ①以某一程度、范围、时间等为限定：咱就现在～谁也别在开会时候吸烟 ②用刀等利器割，使齐整：你把韭菜～，再长出来的才能一般高

揪齐 tsiou^{213}ts‘i^{53} ①用手揪，使齐整：你只要把面剂子～，团成的馒头就能一样大 ②把众人应筹集的钱、物完全集中上来：这次的集资我快～了

挠头 nɔ^{53}t‘ou^{53} ①用手抓挠头发或头皮 ②棘手，犯愁：这事怪～ ③抓耳挠腮：急得他乱～

咔戳儿 k‘ɑ^{55}pf‘ər^{213} 盖印章：这申请报告上没～，无效！

绾扣儿 uã^{55}k‘our^{31}“绾”音同“晚” 打结：把绳子～系上

下手 ɕiɑ^{31}ʃou^{55} ①动手：那家伙～真狠 ②用手抓饭菜等：菜叫小孩～了 ③着手，开始：那事可该～办了

打走手 tɑ^{55}tsou$^{55-213}$ʃou^{55} 打人时因没有把握好分寸而造成严重后果

打哇哇 tɑ^{55}uɑ$^{213-31}$uɑ˙ 婴儿的一种游戏，一边张开嘴巴发出声音，一边反复地用手掌将嘴巴一捂一放，发出断断续续的“哇哇”声

打眼罩 tɑ$^{55-53}$iã^{55}tʃɔ^{31} 将手掌平放在眼眉之上，以利遮光远眺或细观：他站在村头上乱～，不知是在看什么的

握皮锤 uə^{213}p‘i^{53}pf‘ei^{53} 握拳

捅皮锤 t‘uŋ^{213}p‘i^{53}pf‘ei^{53} 相互用拳头击打

撸袖子 lu$^{213-24}$siou$^{31-53}$tsɿ˙ ①将袖口上卷 ②准备下一步的动作或行为：他

骂着还在～，看样子准备动武

拍巴掌 p‘ei$^{213-24}$pɑ$^{213-31}$tʃɑŋ / tʃəŋ˙ 鼓掌

揳歪钉 siə$^{213-24}$uɛ$^{213-24}$tiŋ^{213} 把钉子斜着揳进，比喻背地在别人面前说人家坏话、打小报告或捏造事实陷害等：他在队长跟前～，使我吃了不少苦头

指指倒倒 tʃ$^{55-213}$tʃʅ˙ tɔ$^{213-31}$tɔ˙ 用手频繁地指点对方

伸爪撩勾儿 ʧ‘ẽ^{213}pfɑ^{55}liɔ^{53}kour^{213} 用手挑逗、招惹：他没有老实的时候，到哪里他都～，净惹事

伸爪挠勾儿 ʧ‘ẽ^{213}pfɑ^{55}nɔ^{53}kour^{213}

伸爪挠爪儿 ʧ‘ẽ^{213}pfɑ^{55}nɔ^{53}pfɑr^{55}

忙前爪子 mɑŋ^{53}ts‘iã^{53}pfɑ$^{55-213}$tsʅ˙ 爪子，对手的蔑称，比喻急切地前去或行动：一听说给钱，他就～啦

砸锅卖铁 tsɑ^{53}kuə^{213}mɛ^{31}t‘iə^{213} 把锅砸了去买铁换钱，形容竭尽全力，倾其所有：就是～，我也得供应孩子把学上好

4. 腿脚动作

踢 t‘i^{213} ①脚尖向前用力触击：他～了那人好几脚 ②比喻推诿：他又把那件事～给我了 ③用蹄子撞击

□ p‘ɛ^{55} 音“牌（上声）” 用脚踹：那人～了他几脚

蹴 ts‘y^{213} ①用脚尖贴近地面向前触击：把那块砖～旁边去 ②被触击：我叫石头～脚了。③踢：他好～人的脚后跟

趠 tʃ‘ɔ^{31}音“超（去声）” 跨越：那沟那么宽，他一步就～过去了

跐 ts‘ɿ^{55}音“次（上声）” 脚踩在某物体上：～着凳子安灯泡｜～着人家的肩膀往上爬，太可耻了

蹍 ȵiã^{55}音同“捻” 踩搓：快～死那个蟑螂

坉 t‘uẽ^{55}音“屯（上声）” 在泥水里行走：你可别到泥水里去～了！

躁 tsɔ^{31}音同“造” 踩，踏：你别～了那棵花｜你～我的脚了

跴 tʃ‘ɛ^{55} ①踏：你别～我的花 ②到：这几年他没～到俺家来过

蹅 tʃ‘ɑ^{55}音“叉（上声）” ①在雨雪泥水中行走：～雪窟 ②用脚步丈量土地：～地

③穿越农田：斜着～过去吧

蹸 tuã^{31}音同“断” 追赶：你跑得太快，我～不上你

崴 uɛ^{55} ①踝骨扭伤：他～脚脖子啦 ②折断：针锥～断了 ③针、钉等插在某物中折断：钻头～到墙里去了 ④陷入：自行车～泥里去了

踒 uə^{213}音同“窝” 筋骨扭伤：他～着手脖子了

踒 u^{213}音同“乌”

剌 lɑ^{31}音“拉（去声）” ①到处乱窜乱遛：这个小孩各处里～ ②隐指女子行为不端：那个女人整天不着家，各处～

别 piə^{31} ①摔跤时脚下使绊子：～勾腿 ②把胳膊等往后拧：～烧鸡 ③用针等把一种东西固定在纸或布等上面：把“囍”字～在被面上 ④插：挎兜上～着钢笔 ⑤用棍子等插入使之不能动：～住轮子，以便修理 ⑥隐指性行为

盘弄 p‘ã$^{53-55}$luŋ· 胡乱地踩踏：看这地方叫你～得像什么样子

冒跑 mɔ^{31}p‘ɔ^{55} 快跑，跑得很快：小狗一叫，吓得他～

绊倒 pã^{31}tɔ^{55} ①因障碍物不小心摔倒 ②生活、仕途等因故受阻甚或败落：他之所以家境不好，硬是叫老娘的病～了｜仕途上硬是叫他那不争气的儿子～了

硌蹬 kə$^{53-55}$təŋ· 单腿跳跃

蹬歪 təŋ$^{213-31}$uɛ· ①两腿乱蹬 ②挣扎：秋后的蚂蚱～不了几天

剌巴 lɑ^{31}pu·“巴”音同“卜” 两腿过分分开（不雅之态）：那人～着腿坐着真难看

靸拉 sɑ$^{213-31}$lɑ·“靸”音同“仨” 鞋子只穿进前头，不提后跟：他整天～着鞋，真不像话

趿拉 t‘ɑ$^{213-31}$lɑ·

蹦跶 pəŋ$^{31-53}$tɑ· ①跳跃，乱蹦乱跳 ②挣扎

下脚 ɕiɑ^{31}tɕyə^{213} ①放脚：屋里没有～的地方 ②用脚：～踩

走动 tsou$^{55-213}$tuŋ· ①交际来往，人际间的你来我往：亲朋好友要经常～感情才不会淡薄 ②行走，活动：早晨起来～～有利身体健康

坉泥 t‘uẽ^{55}mi^{53} ①和泥的一种方式，人光着脚板在泥堆里胡乱地走着踩踏，以使泥巴和得均匀适中 ②人在雨后泥泞的路上行走

干跋泥 kã^{213}pɑ^{53}mi^{53} ①在稠泥巴里缓慢地行走 ②人走路迈不动脚步，像在泥水里行走的样子：那人走路～，迈不动脚

坉泥跋水 t'uẽ^{55}mi^{53}pɑ^{53}fei^{55} 在泥泞的路上行走：这一路上～的，可真不容易

赶不上趟儿 kã$^{55-213}$pu· ʃɑŋ· t'ɑ̃r^{31} ①落后，落伍 ②不能连续满足供应或供给：这段时间花销怪大，光靠儿女们给点钱已～了

当天打来回 tɑŋ^{31}t'iã^{213}tɑ^{55}lɛ^{53}xuei^{53} 当天去了，当天返回来：那人腿脚好，去县城～

踢过来卷过去 t'i$^{213-31}$ku· lɛ^{53}tɕyã$^{55-213}$ku· tɕ'i^{31} "过"音同"咕" ①肆意践踏：那人没人性，对老婆孩子～的 ②不当做好东西，踢来踢去

5．语言动作

叫 tɕiɔ^{31} ①呼，喊，招呼：～几个人来帮忙 ②名称，称为：这～电脑｜他～钱多多 ③使，令：快～他让开路 ④招唤，招呼：～一辆出租车来 ⑤暗示：咱不许～牌的（玩扑克用语，即暗示对方如何出牌） ⑥邀请：正月初二～闺女｜～你二大爷来咱家喝酒 ⑦啼叫：鸡～三遍了 ⑧命令性的：领导～我加班 ⑨介词，被，让：白菜～鸡吃啦

噘 tɕyə^{53} "噘"音同"掘" 骂

噘人 tɕyə^{53}ʒẽ^{53} 骂人：他那口子太肯～了

噘街 tɕyə^{53}tɕiɛ^{213} 骂大街

连噘带骂 liã^{53}tɕyə^{53}tɛ^{31}mɑ^{31} 破口大骂：叫人一顿～，他倒老实了

喊 ɕiã^{55} 音同"显" 大声地哭叫

活喊 xə^{53}ɕiã^{55} 音同"合显" 很大声地哭叫，一般指孩子

嚎 xɔ^{53} 又哭又喊：那孩子～起来没有完

干嚎 kã^{213}xɔ^{53} 有声无泪地哭：那孩子讨气，整天跟在妈妈后面～

哈 xɑ^{213} ①使人受损害：你～不着人家 ②张口呼气 ③向物体上呼气使之暖和或润湿：～～手暖和｜～～眼镜好擦

传 pf'ã^{53} ①传播：这事～得真快 ②传递：你～给我，我再～给他 ③传承、继承：

我们一定要把慈心善举、助人为乐的好传统一代一代～下去 ④传染：我叫他～感冒了

发话 $fɑ^{213-24}xuɑ^{31}$ 表态，口头指示等：队长～了，今天干活加工分

约呼 $yə^{213-31}xu^{\cdot}$ 把很多人请到一起：把亲朋四友都～到他家里商议事

喳嗢 $tʃɑ^{213-31}uɛ^{\cdot}$ "嗢"音同"歪" 大声喊叫：你～一声吓我一跳

喊呼 $xã^{55-213}xu^{\cdot}$ ①大声喊叫：听那喇叭上～的什么事？②招呼，邀约：你～一声叫他们快过来

吆呼 $iɔ^{213-31}xu^{\cdot}$ ①喊叫：你～几个人来帮一下忙 ②召集 ③叫卖

咋呼 $tʃɑ^{213-31}xu^{\cdot}$ 大声呼喊

嘿唬 $xei^{213-31}xu^{\cdot}$ 恐吓：你再～俺也不吓得慌

吓唬 $ɕiɑ^{31-53}xu^{\cdot}$ 夸大恐惧让人害怕：俺胆小，你别～俺

数落 $fu^{55-213}luə$ / $lou^{\cdot}$ 反复指责、叮嘱、规劝等：俺妈～起我来没有完，真烦人

吹呼 $pf^{ʻ}ei^{213-31}xu^{\cdot}$ ①说大话，夸海口：他那人就会～ ②吹嘘：小事叫他～大了 ③虚张声势

嘘乎 $ɕy^{213-31}xu^{\cdot}$ 夸大，夸张：没什么了不起，别听他乱～

喝殃 $xə^{213-31}iɑŋ^{\cdot}$ 到处宣扬有损他人名声等的事情：那事叫他到处给～严了

讲倒 $tɕiɑŋ^{55-53}tɔ^{55}$ ①事情在处理前把要出现的问题、后果及各自应承担的责任、义务等事先说清楚或口头达成协议：这事咱先～，出了问题我可不负责任 ②把价钱、条件及相关事项等事先充分商讨确定下来：～的价钱不能变

争竞 $tʃəŋ^{213-31}tɕiŋ^{\cdot}$ ①争执，争吵：你给他～什么的？②计较，讨价还价：他俩～了好常时间才把价格定下来

叽嗢 $tsi^{213-31}uɛ^{\cdot}$ "嗢"音同"歪" ①口角：小两口刚结婚就整天～ ②形容人多，声音噪杂，吵吵闹闹的不安静

　叽叽嗢嗢 $tsi^{213-24}tsi^{213}uɛ^{213-24}uɛ^{213}$

叽嗢狼嚎 $tsi^{213-24}uɛ^{213}lɑŋ^{53}xɔ^{53}$ 形容人多，吵吵闹闹的不安静

　叽嗢泛蛋 $tsi^{213-24}uɛ^{213-24}fã^{31}tã^{31}$

喳咕喳咕 tʃʻɑ$^{213-31}$kuˑ tʃʻɑ$^{213-31}$kuˑ 讨论讨论，商量商量：咱把那个事先～

交代了 tɕiɔ$^{213-24}$tɛ$^{31-53}$lɑˑ ①嘱咐过了：那事我已给他～ ②移交了：～工作 ③说明了：把自己的事情～ ④坦白了：把自己的所作所为全～ ⑤完蛋了：他这一生算是～ ⑥死了：他昨天夜里～

交业了 tɕiɔ$^{213-24}$iə$^{213-31}$lɑˑ ①完蛋了 ②恐吓人的话，意为死定了：你还想给我过不去，你算是～

忙一说 *mɑŋ^{53}ï fə^{213} ①猛然地说起，猛然地提起：这事～我还真想不起来 ②猛然的、冷不防地说话：他～吓了我一大跳

猛一说 *məŋ^{53}ï fə^{213}

闲说话儿 ɕiã^{53}fə$^{213-24}$xuɑr^{31} 闲谈，闲聊：他俩正在屋里～

说闲话儿 fə^{213}ɕiã^{53}xuɑr^{31} ①说无关要紧的话 ②说讽刺、挖苦的话

闲扯 ɕiã^{53}tʃʻə^{55} ①说无关紧要的话 ②不该说的说了，不该管的管了：他说的都是些～的话

闲扯淡 ɕiã^{53}tʃʻə^{55}tã^{31} 不该说的说，不该管的管：我看他是～

扯淡 tʃʻə^{55}tã^{31}

瞎笑 ɕiɑ$^{213-24}$siɔ^{31} ①不自然地笑 ②对笑脸者的指责：你～，一会就妥不了挨难堪

瞎嘻嘡 ɕiɑ$^{213-24}$ɕi$^{213-31}$tʻɑŋˑ ①不分轻重地乱开玩笑：他就肯跟人家～ ②不认真对待：那是大事，可不能～

抱怨 pɔ^{31}yã^{31} ①埋怨：这都怪你自己，不能～别人 ②受到冤屈：那事硬说是我干的，你说我～吧

啦啦 *lɑ^{53}lɑˑ 说说，谈谈：咱好久没见面了，快坐下～

呱啦 kuɑ$^{213-31}$lɑˑ 没完没了地大声说话

呱呱啦啦 kuɑ$^{213-24}$kuɑ^{213}lɑ$^{213-24}$lɑ^{213}

呱叱 kuɑ$^{213-31}$tʃʻʅˑ 用很下流的话骂人：她就会～人

呱叱瞎话 kuɑ$^{213-31}$tʃʅ ɕiɑ$^{213-24}$xuɑ^{31} 说脏话、下流话

胡诌八扯 xu^{53}tʃou$^{213-24}$pɑ^{213}tʃʻə^{55} 胡说八道：你别听他～

胡扯八道 xu^{53}tʃʻə^{55}pɑ$^{213-24}$tɔ^{31}

胡扯八啦 xu^{53}tʃʻə^{55}pɑ^{213}lɑ^{53}

话多劳神 xuɑ^{31}tuə^{213}lɔ^{53}ʃẽ^{53} ①因说话过多而致身心疲惫：俗话说，～，昨天还乱咋呼，今天就没那精神头了吧 ②比喻说话太多，太好说话：那人各方面还不错，就是～的惹人烦

呱啦劳神 kuɑ$^{213-31}$lɑ· lɔ^{53}ʃẽ^{53}

走扯儿 tsou$^{55-53}$tʃʻər^{55} ①说话偏离了主题 ②趋向低级下流：旁边有女孩子，你说话别～

下路子 ɕiɑ^{31}lu$^{31-53}$tsɿ· 言行背离常理：那人说话说着说着就～了

说走嘴 fə^{213}tsou$^{55-213}$tsuei^{55} ①说话不留神而泄漏了机密：这事他说～ ②说错了话，说了不该说的话：他说着说着就～了

说漏了嘴 fə$^{213-24}$lou$^{31-53}$lɑ· tsuei^{55}

一嘴噘了 i^{213}tsuei^{55}tɕyə$^{213-31}$lɑ· ①因为某一句话把本来有希望办好的事情破坏了或否定了：眼看要谈成的生意，叫他～ ②一句话就把原方案、计划等给否定了：事情已经定下来好长时间了，临近了又叫他～

胡咧咧 xu^{53}liə$^{55-213}$liə· 没有根据地胡说八道

胡哌哌儿 xu^{53}pɛ$^{55-213}$pɛr·

捞拉着说 lɔ$^{53-55}$lɑ· tʃɔ· fuə^{213} 本无话可说而找些无关紧要的话说：有话你就说，没话你别～

说汉书的样 fə$^{213-24}$xã^{31}fu$^{213-31}$tï yɑŋ· 比喻话语很多，无节制

活噘一溜烟儿 xə^{31}tɕyə^{31}i$^{213-24}$liou^{31}iɛr^{213} “活噘”音同“合掘” 大骂一通

啦啦不上口儿 lɑ$^{213-31}$lɑ· pu$^{213-24}$ʃɑŋ^{31}kʻour^{55} 语言极为粗俗下流，难以说出口：他骂人的话～

扒瞎话 pɑ$^{213-24}$ɕiɑ$^{213-24}$xuɑ^{31} ①说污秽言语 ②造谣污蔑

传瞎话 pfʻã^{53}ɕiɑ$^{213-24}$xuɑ^{31} 传播、传递谎话

扯瞎话 tʃʻə^{55}ɕiɑ$^{213-24}$xuɑ^{31}

扯舌头 tʃʻə^{55}ʃə$^{53-55}$tʻou˙ ①扯皮：一个大男人还～，真丢人 ②挑拨 ③说谎

扯老婆舌头 tʃʻə^{55}lɔ$^{55-213}$pʻə˙ ʃə$^{53-55}$tʻou˙

嚼舌头 tsuə^{53}ʃə$^{53-55}$tʻou˙ 编造瞎话：明明没有的事，你说这话不是～吗？

嚼血舌头 tsuə^{53}ɕiə$^{213-24}$ʃə$^{53-55}$tʻou˙ 极力编造毫无根据的有损他人的瞎话、谎话等

扒豁子 pɑ$^{213-24}$xuə$^{213-31}$tsɿ˙ 背地故意说别人的坏话

戳豁子 pfʻə^{53}xuə$^{213-31}$tsɿ˙

侃空儿 kʻã^{55}kʻũr^{213} "侃"音同"砍" 撒谎

侃血空儿 kʻã^{55}ɕiə$^{213-24}$kʻũr^{213} 过分撒谎

侃凉腔 kʻã^{55}liɑŋ^{53}tɕʻiɑŋ^{213} 说风凉话：他就会～

侃二刀 kʻã^{55}ɭə^{31}tɔ^{213}

绕弯子 ʒɔ^{55}uã$^{213-31}$tsɿ˙ ①编造理由：昨天说好了的事情，他今天～不去了 ②说话不直接切入主题：有什么话直说，别～

绕圈子 ʒɔ^{55}tɕʻyã$^{213-31}$tsɿ˙

咬巧的 iɔ$^{55-53}$tɕʻiɔ$^{55-213}$ti˙ 净说俏皮话

耍赖毛 fɑ^{55}lɛ^{31}mɔ^{53} 耍赖：借钱不还就是～

一搭腔 i$^{213-24}$tɑ$^{213-24}$tɕʻiɑŋ^{213} ①只要说话、插话：只兴他一个人说，别人～他就生气 ②只要发话、过问：他～这事就能办成

捏波儿样 ȵiə$^{213-24}$pər$^{213-31}$iɑŋ˙ 形容嘴巧，能说会道：那人嘴跟～

告鸡儿样 kɔ^{31}tɕier$^{213-31}$iɑŋ˙ 可怜兮兮地用好话告饶、巴结或求帮等：用着人家了嘴就跟～

打央 tɑ^{55}iɑŋ^{213} ①别人说话时胡乱插话扰乱 ②扰乱，捣乱：你别跟着～

吱声 tsɿ$^{53-55}$ʃɑŋ˙ ①打招呼，说一声：有什么事就～一声 ②说话：问了好几遍也不～ ③嘴里发出声音：孩子真听话，打针也没～一声

吱上一声 tsɿ$^{53-55}$ʃɑŋ˙ i˙ ʃəŋ˙ ①告诉一声：有事你就～ ②发出一点声音：小孩打针竟然没有～

鬼叨念儿 kuei$^{55-53}$tɔ^{55}ȵier^{53} 自言自语：他在那里～，不知在说什么

嘟嘟念念 tu$^{213-31}$tu· ȵiã$^{213-31}$ȵiã· 因惦记想念而不停念叨

6. 心理活动

猜思 tsʻɛ$^{53-55}$sɿ / si· ①考虑，思索：那道题我～不出来。②猜想，推测：你～～那事是谁干的？

猜磨 tsʻɛ$^{53-55}$mə·

寻思 siẽ$^{53-55}$sɿ· "寻"音"心（阳平）"

肯 kʻẽ^{53} ①主观上乐意、喜欢：～管闲事｜～说～笑 ②表示同意：首～ ③表示时常或易于发生：夏天～下雨

则 tsei^{213}音"贼（阴平）" 测度，验证：那个人我～了好长时间，值得信赖｜我～了又～，鸡蛋煮五分钟最嫩也最好吃

品 pʻiẽ^{55} ①打算：我～着去赶集的，可下雨去不成了 ②品尝：这盘子菜我还没～出什么滋味 ③物品：极～｜精～ ④旧时官的等级：七～芝麻官 ⑤德行：人～｜～行

品品 pʻiẽ^{55}pʻiẽ· ①品尝 ②考虑，想想：他对你本没有好印象，你～他能答应你吗？

品到 pʻiẽ$^{55-213}$tɔ· ①打算，计划：我～盖三间房子 ②想到，预料到：我～他女儿今年"五一"结婚 ③认为：我～他早晚会来的

品着 pʻiẽ$^{55-213}$tʃə·

品算 pʻiẽ$^{55-213}$suã· 计划、思考、打算

萦 iŋ^{55} ①牵挂，惦念：妈妈不要～得慌，我在这儿很好 ②好奇：到底是怎么回事？我怪～得慌

萦病 iŋ^{55}piŋ^{31} 心事（挂念的，担心的，忧虑的，悬而未决的等）：那事搁在心里是个～

起意 tɕʻi^{55}i^{31} 产生某个念头：我没有～想沾那个便宜

现起意儿 ɕiã^{31}tɕʻi^{55}ier^{31} 原来没打算，事到临近时才有某个想法或作为：今天开会是～，招待不好请原谅

不起意 pu^{213}tɕʻi^{55}i^{31} 根本没产生某个念头：过年了，怎么就～看看老人？

指望 tʃʅ$^{55-213}$uaŋ˙ ①依赖：这事就～他了 ②希望：这件事大有～

巴望 pa$^{213-31}$uaŋ˙ 盼望：谁都～过好日子

落记了 luə$^{55-213}$tɕï la˙ ①事情有了结果因而放心了：这事总算～了 ②因为达到了目的而安心：想吃的东西你都吃到啦，心里该～了吧？

眼馋 iã^{55}tʃ'ã^{53} 羡慕：看人家坐着轿车真～

眼红 iã^{55}xuŋ^{53} ①羡慕且嫉妒：看人家发财就～ ②因激愤等原因而眼睛充血

红眼 xuŋ^{53}iã^{55} ①因眼疾眼睛发红 ②因嫉妒、愤恨等而眼睛发红

热牙 ʒə^{213}ia^{53} 很感兴趣、很想参与：他见有利可图就～了

咂磨 tsa$^{213-31}$mu˙ ①琢磨，思考：这事我得～～再说 ②品味，品尝：你～这酒味道怎么样？

嗑磨 k'ə$^{213-31}$mu˙ 思索，盘算，筹划：这事咱得～～怎么办合适

搿磨 kə$^{213-31}$mu˙ "搿"音同"各" ①考虑，琢磨：咱～下这钱怎么用 ②筹措：得～两个钱好娶儿媳妇

化魂儿 xua^{31}xuer^{53} 思维、言行完全改变了：她叫人说～了 ｜ 我看他这二年～了

换魂子 xuã^{31}xuẽ$^{53-55}$tsʅ˙ 言行、思想等与以前完全相反，多指向坏的方面变：那小子这段时间～了

服管 fu^{53}kuã^{55} 服从管理，服从支派

钻晕 tsuã$^{213-24}$yẽ^{213} ①自己去找犯浑的事 ②晕头转向

上劲 ʃaŋ^{31}tɕiẽ^{31} ①来了劲头：越是该下班了，他还～了 ②较真，来了拗劲：越是不叫他去，他还～了，非去不可 ③给绳索等拧劲

嫌乎 ɕiã$^{53-55}$xu˙ ①嫌弃 ②批评，责怪：回家晚了俺娘光～

犯于 fã^{31}y^{53} 值得：那个小子缺心眼，不～给他一般见识

犯如 fã^{31}vu^{53}

在乎 tsɛ$^{31-53}$xu˙ ①在意，介意，放在心上：他很～别人对他的评价 ｜ 东西不～多少，而～情意 ②在于，取决于：东西不～好看，关键～实用

在乎 tsɛ$^{31-53}$xuaï "乎"音同"坏"

丢松 tiou$^{213-24}$suŋ^{213} 麻痹，放松：这事还真不敢～

便的 piã$^{213-31}$ti· 希望，巴望，企望：他就～一下子到家｜他就～明天就结婚

当是 tɑŋ^{55}ʃʅ^{31} 认为是，以为是：我～谁唻，原来是你

心挂两肠 siẽ$^{213-24}$kuɑ^{31}liɑŋ^{55}tʃ'ɑŋ^{53} 形容非常惦记，放心不下：儿女一出门，妈妈总是～的

想点子 siɑŋ^{55}tiã$^{55-213}$tsʅ· 出主意，想办法：这事你得赶快给我～

知不道 ʧʅ$^{213-31}$pu· tɔ^{31} 不知道

赌气儿 tu^{55}tɕ'ir^{31} ①暗暗地憋气较劲 ②怄气：她一～回娘家了

硬憋 iŋ^{31}piə^{213} ①极度憋气：那人肺气肿，是～死的 ②极度气愤又无法排遣：孩子逃学，又不好把他怎么样，当父母的只能～

拢住 luŋ^{55}pfu^{31} ①忍住，抑制住：关键时候你可要～火 ②使系称砣的系子停留在称杆的称重处：多少能～砣就行

7. 手艺动作

锔 tɕy^{213} 用铜、铁等特制的扒钉固定连接陶器、瓷器等的裂纹：～锅｜～缸

鋠 ʃẽ^{213}音同“申” 淬火：～锄头

溅火 tsiã^{31}xuə^{55}

道 tɔ^{31} 用模具铸造

挣 tʃəŋ^{213}音同“蒸” ①用泥巴等手工制作泥制品：～泥人 ②手工揉制面团等成某种形状：～面人｜～糖人

开炉 k'ɛ^{213}lu^{53} ①特指铁匠生炉火开始锻造 ②把炉火散开，使熄灭

打铁 tɑ^{55}t'iə^{213} 手工锻造各种钢铁用具或工件

打石头 tɑ^{55}ʃʅ$^{53-55}$t'ou· 加工石料

起石头 tɕ'i^{55}ʃʅ$^{53-55}$t'ou· 开采石料

锻磨 tuã^{31}mə^{31} 修复磨盘的膛面

砸掌子 tsɑ^{53}tʃɑŋ$^{55-213}$tsʅ· ①给鞋底钉掌 ②钉蹄铁

补车子 pu^{55}tʃ'ə$^{213-31}$tsʅ· 修补自行车等的内胎或外胎：他到街上～去了

补袋子 pu^{55}tɛ$^{31-53}$tsʅ· ①修补车胎 ②修补各种袋状物

织席 tʃʅ^{213}si^{53} 用竹篾、芦苇等手工编制席子

织席夹子 tʃʅ^{213}si^{53}tɕia$^{213-31}$tsʅ˙ 用竹篾、芦苇篾等编制“席夹子”

划篾子 xua^{213}mi$^{53-55}$tsʅ˙“篾”音同“迷” 用刀把芦苇、竹竿等劈做篾片

刮篾子 kua^{213}mi$^{53-55}$tsʅ˙ 用刀把篾子里面的瓤刮掉

熟皮子 fu^{53}p‘i$^{53-55}$tsʅ˙ 用鞣料使皮革变软

淋醋 liẽ^{31}ts‘u^{31} 土法酿醋

烧窑 ʃɔ^{213}iɔ^{53} 烧制陶瓷、砖瓦、石灰、木炭等的生产活动

穿锅拍子 pf‘ã$^{213-24}$kuə$^{213-24}$p‘ei$^{213-31}$tsʅ˙ 用高粱梃子制作锅盖

投笛膜子 t‘ou^{53}ti^{53}mẽ$^{53-55}$tsʅ˙“膜”音同“门” 取出芦苇里面较嫩的薄膜，用来做笛膜

扎纸 tʃa^{213}tʃʅ^{55} 用各种纸扎制丧葬用品等

张罗子 tʃaŋ^{213}luə$^{53-55}$tsʅ˙ 制作罗具

锁边儿 suə^{55}piɛr^{213} ①在衣片边缘用针线斜交或钩连 ②编筐篓时，用枝条把边缘编锁，使之不散开

打镗 ta$^{55-53}$t‘aŋ^{55} 在条状木具裂缝处钉上铁皮等，使坚固耐用：这条扁担裂缝了，得～

打蹭工 ta^{55}ts‘əŋ$^{31-53}$kuŋ˙ 做零工或帮工：他整年在外～

下料 ɕia^{31}lɔ^{31} ①把各种材料按需要的规格或尺寸裁定 ②把待加工物（粮食类等）放入加工机械

下井 ɕia^{31}tɕiŋ^{55} ①下到井里 ②专指下矿井采矿：他是～的

拉鼻儿 la^{213}pier^{53} 汽车等鸣笛：汽车一～，那小狗在路上躲开了

放响儿 faŋ^{31}ɕiãr^{55}

乍学手儿 tʃa^{31}ɕyə^{53}ʃour$^{55-213}$ 对某项工作或技术刚开始学习，还没有技术或没有经验：这活技术性很强，～干不了

出师 pf‘u$^{213-24}$ʃʅ^{213} ①从师学成 ②军队出发

8. 骂人话

婊子养的 piɔ$^{55-213}$tsʅ˙ iaŋ$^{55-213}$ti˙ 与人有奸情的女人生养的

婊子将的 piɔ$^{55-213}$tsɿ˙ tsiɑŋ$^{213-31}$tï

婊子肏的 piɔ$^{55-213}$tsɿ˙ ts‘ɔ$^{31-53}$tï

婊子日的 piɔ$^{55-213}$tsɿ˙ ʒʅ$^{213-31}$tï

屄养的 pi^{213}iɑŋ$^{55-213}$tï 骂人话

屌肏的 tiɔ^{55}ts‘ɔ$^{31-53}$tï

屌日的 tiɔ^{55}ʒʅ$^{213-31}$tï

狗日的 kou^{55}ʒʅ$^{213-31}$tï

娘拉个屄 ȵiɑŋ$^{53-55}$lɑ˙ kə˙ pi^{213}

奶奶个屄 nɛ$^{55-213}$nɛ˙ kə˙ pi^{213}

养汉 iɑŋ^{55}xã^{31} ①女人有婚外情行为 ②靠女人养活男人

养汉头 iɑŋ^{55}xã^{31}t‘ou^{53} 女人与多个男人有性行为

养汉做贼 iɑŋ^{55}xã^{31}tsou^{31}tsei^{53} “做”音同“揍” 女人有婚外情且有偷偷摸摸的行为

浪 lɑŋ^{31} 女子行为不检点，放荡

臊 sɔ^{213} ①风骚、下流 ②乱搞男女关系

臊屄 sɔ$^{213-24}$pi^{213} 骂女人的话

瞎屄 ɕiɑ$^{213-24}$pi^{213}

浪屄 lɑŋ^{31}pi^{213}

养汉屄 iɑŋ^{55}xã^{31}pi^{213}

屄乎子 pi$^{213-24}$xu$^{213-31}$tsɿ˙

破 p‘ə^{31} ①女人乱搞男女关系：那个女人真～ ②碎，不完整

破货 p‘ə^{31}xuə^{31} ①乱搞男女关系的女人 ②损坏了的东西

破鞋 p‘ə^{31}ɕiɛ^{53} ①对乱搞异性关系的女人的蔑称 ②坏了的鞋子：那几双～赶快扔算了

破烂货 p‘ə^{31}lã^{31}xuə^{31} ①乱搞男女关系的女人：那女人是个～ ②破烂的东西：那点～贵贱都得处理了

浪货 lɑŋ^{31}xuə^{31} 行为不检点，过分放荡的女人

野货 iə^{55}xuə^{31} ①不安分守己的人，不稳重的人：他是村里出了名的～ ②野生的动植物

臊货 sɔ$^{213-24}$xuə^{31} ①风骚的女人 ②乱搞男女关系的女人

瞎货 ɕiɑ$^{213-24}$xuə^{31} ①有婚外情的女人：她从当姑娘的时候就是～ ②放荡的女人 ③不守道德的男女 ④泛指坏了的东西

偷汉子 t‘ou$^{213-24}$xã$^{31-53}$tsɿ˙ 妇女背着丈夫与人通奸

王八 uɑŋ$^{53-55}$pu˙“八”音“卜（轻声）” ①妻子被别人占有自己却不知情或明知道妻子与人有奸情却装作不知道的人 ②甲鱼

王八头 uɑŋ$^{53-55}$pu˙ t‘ou^{53} 对妻子有婚外情的男人的蔑称：那个男人是个～

王八养的 uɑŋ$^{53-55}$pu˙ iɑŋ$^{55-213}$tï˙ 意为“戴绿帽子”的人生养的

　王八将的 uɑŋ$^{53-55}$pu˙ tsiɑŋ$^{213-31}$tï˙

　王八肏的 uɑŋ$^{53-55}$pu˙ ts‘ɔ$^{31-53}$tï˙“肏”音同“糙”

　王八日的 uɑŋ$^{53-55}$pu˙ ts‘ɔ$^{31-53}$tï˙

私孩子 sɿ^{31}xɛ$^{55-213}$tsɿ˙“私孩”音同“四海” 私生子

　私房孩子 sɿ$^{213-31}$fɑŋ˙xɛ$^{53-55}$tsɿ˙

㤘固子熊 tʃou$^{55-213}$ku˙ tsɿ˙ ɕyŋ^{53} 很固执、讨厌的人

老拉个屌 lɔ$^{55-213}$lɑ˙ kə˙ tiɔ^{55} ①表示嫌弃：去您～的！②表示不相信：您～，你简直是放屁的 ③表示不值得过问：管他～的！

矮罗子 ɛ$^{55-213}$luə˙ tsɿ˙ “矮罗”是传说中的小鬼，此意近恶鬼、不是人等

败家子儿 pɛ^{31}tɕiɑ^{213}tser^{55} 不务正业使家境败落的人

看财奴 k‘ã^{213}ts‘ɛ^{53}nu^{53} ①贬指吝啬的人：他是个～，别想让他掏一分钱出来 ②守财奴

笨猪精 pẽ^{31}pfu$^{213-24}$tsiŋ^{213} 很笨拙的人

畜虏 pf‘u$^{55-213}$lu˙ 畜生

吊死鬼儿 tiɔ^{31}sɿ$^{55-53}$kuer^{55} ①善于教唆别人的人 ②迷信称自缢死亡者的鬼魂

恶拉葬 ɣə$^{213-31}$lɑ˙ tsɑŋ^{31} 可恶的人，肮脏的人等

阿拉葬 ɣɑ$^{213-31}$lɑ˙ tsɑŋ^{31}

龟孙 kuei$^{213-24}$suẽ^{213} ①乌龟的孙子：那个～太狠了 ②对孙辈的戏骂

浑球 xuẽ^{53}tɕʻiou^{53} 混蛋

绝户头 tsuə$^{53-55}$xuə˙ tʻou^{53} “户”音同“货” 无子嗣的人

二道汤子货 ɭə^{31}tɔ^{31}tʻɑŋ$^{213-31}$tsɿ˙ xuə^{31} 再婚的女人

老货 lɔ^{55}xuə^{31} ①贬指老人 ②年代久远的东西

老半货子 lɔ^{55}pã^{31}xuə$^{31-53}$tsɿ˙ ①指中年妇女：那个～还觉得自己怪美 ②自我调侃：成～了，没有用了

老不照调的 lɔ^{55}pu^{213}tʃɔ^{31}tiɔ$^{31-53}$tï 指行为不检点的老人

老龟孙 lɔ^{55}kuei$^{213-24}$suẽ^{213} 指行为不检点的男性老人

甩子 fɛ$^{55-213}$tsɿ˙ 办事不可靠、行为不检点的人：那是个～，别指望他办件人事

料子 liɔ$^{31-53}$tsɿ˙ ①无用、无能之辈 ②建筑材料的统称 ③一种布料，多指毛呢

拗种 ȵiou^{31}pfəŋ^{55} 固执、执拗的人：我家那个～，谁的话他也听不进去

七叶子 tsʻi$^{213-24}$iə$^{213-31}$tsɿ˙ 心智不全、办事不当的人

少叶子肺 ʃɔ^{55}iə$^{213-31}$tsɿ˙ fei^{31} 智商低下、办事不当的人

瞎菜烂 ɕiɑ$^{213-31}$tsʻɛ˙ lã^{31} ①行为低下，让人看不起的人 ②很吝啬的人

小熊形儿 siɔ^{55}ɕyŋ^{53}ɕiə̃r^{53} 人形象很不好

熊形儿 ɕyŋ^{53}ɕiə̃r^{53}

小熊样儿 siɔ^{55}ɕyŋ^{53}iɑ̃r^{31}

熊样儿 ɕyŋ^{53}iɑ̃r^{31}

熊屌样儿 ɕyŋ^{53}tiɔ^{55}iɑ̃r^{31} 人的样子丑陋或行为不端，能力差等：～，你还想当组长

小屌样儿 siɔ$^{55-53}$tiɔ^{55}iɑ̃r^{31}

屌样儿 tiɔ^{55}iɑ̃r^{31}

野叫驴 iə^{55}tɕiɔ$^{31-53}$lu˙ ①形容身材较粗壮、言谈举止粗俗的男女 ②不驯服的雄驴

野猫 iə^{55}mɔ^{53} ①比喻不安分、粗野不懂礼貌的人 ②山猫

一个模儿的 i$^{213-31}$kə˙ mur$^{53-55}$tï ①指在品行、道德等方面属同类型的人：他俩是～的，没有一个好货！②一个模型制造的

一个模儿里揍的 i$^{213-31}$kə˙ mur$^{53-55}$lï tsou$^{31-53}$tï

一个模子磕的 i$^{213-31}$kə˙ mu$^{53-55}$tsɿ˙ k‘ə$^{213-31}$tï

一个窑的货 i$^{213-31}$kə˙ iɔ$^{53-55}$tï xuə^{31} ①一个炉窑里出的产品 ②同类

一路货 i$^{213-24}$lu^{31}xuə^{31} 同样的货色：他们那伙人是黑碗蒜臼子——～（歇后语）

杂碎 tsa$^{53-55}$sueï ①意为多人交配而生的人：那个～不是人 ②牛羊等动物的内脏：牛～｜羊～

杂碎羔子 tsa$^{53-55}$sueï kɔ$^{213-31}$tsɿ˙ "杂碎"的儿子

杂种 tsa^{53}pfəŋ^{55} ①杂交而生的人 ②不同种属或品种的动物或植物杂交而生成的新品种

贼羔子 tsei^{53}kɔ$^{213-31}$tsɿ˙ 贼的儿子

放闲屁 faŋ^{31}ɕiã^{53}p‘i^{31} 胡说八道：没话说你别～

不是玩艺儿 pu$^{213-24}$ʃʅ^{31}uã$^{53-55}$ier˙ 骂品质非常恶劣者的话，意近"不是东西"

什么黄子 ʃəŋ$^{53-55}$mu˙ xuaŋ$^{53-55}$tsɿ˙ 什么东西 ①表疑问：这是～？②骂人话：那是～！

二十 商业、交通

1. 商业

坐庄 tsuə^{31}pfaŋ^{213} 当庄家

占常庄 ʧã^{31}ʧ‘aŋ^{53}pfaŋ^{213} ①始终坐庄 ②始终在某处做事

幌子 xuaŋ$^{55-213}$tsɿ˙ ①店铺等门外表明所经营的标志 ②比喻进行某种活动时所假借的名义等：他就拿他老爹当～

交易所 tɕiɔ$^{213-24}$i^{31}fə^{55} 工商行政部门负责管理市场交易的基层单位

市 ʃʅ^{31} 进行交易的各种场所：牲口～｜木料～

市口 ʃʅ^{31}kʻou^{55}

门市部 mẽ$^{53-55}$ʃʅ˙ pu^{31} 零售商店

店面 tiã^{31}miã^{31} 店铺的门面

商店 ʃaŋ$^{213-24}$tiã^{31} 出售商品的店铺

粮店 liaŋ^{53}tiã^{31} 经营粮食及其半成品的店铺

饭店 fã^{31}tiã^{31} 经营饮食的店铺

肉店 ʒou^{31}tiã^{31} 经营肉类或其半成品的店铺

旅店 ly^{55}tiã^{31} 供人住宿的店铺

代销店 tɛ^{31}siɔ$^{213-24}$tiã^{31} 代为销售的小商店

小卖铺 siɔ^{55}mɛ^{31}pʻu^{31}

代销点 tɛ^{31}siɔ^{213}tiã^{55} 代为销售某种商品的地方

杂货店 tsa^{53}xuə^{31}tiã^{31} 卖杂品的店铺

文具店 uẽ^{53}tɕy^{31}tiã^{31} 卖文具的店铺

家具店 tɕia$^{213-24}$tɕy^{31}tiã^{31} 卖家具的店铺

理发铺 li^{55}fa$^{213-24}$pʻu^{31} 理发的店铺

服装店 fu^{53}pfaŋ$^{213-24}$tiã^{31} 制作服装或经营服装生意的店铺

当铺 taŋ^{31}pʻu^{31} 经营典当行业的店铺

馃子铺 kuə$^{55-213}$tsɿ˙ pʻu^{31} 制作及经营糕点的店铺

油坊 iou^{53}faŋ^{53} 榨植物油的作坊

染坊 ʒã^{55}faŋ^{53} 染布的作坊

豆腐坊 tou$^{31-53}$fu˙ faŋ^{53} 制作豆腐的作坊

磨面坊 mə^{53}miã^{31}faŋ^{53} 磨面粉的作坊

馍馍坊 mə$^{53-55}$mə˙ faŋ^{53} 蒸馒头的作坊

茶炉坊 tʃʻa^{53}lu^{53}faŋ^{53} 放置锅炉烧开水的地方

屠宰场 tʻu$^{55-53}$tsɛ^{55}tʃʻaŋ^{55} 屠宰牲畜或禽类的场所

石料场 ʃʅ^{53}liɔ^{31}tʃʻaŋ^{55} 开采或加工石料的场所

炭场子 t‘ã^{31}tʃ‘ɑŋ$^{55-213}$tsɿ˙ 存放和经营煤炭的场所

煤球厂 mei^{53}tɕ‘iou^{53}tʃ‘ɑŋ^{55} 加工煤球的工厂

洋灰厂 iɑŋ^{53}xuei^{213}tʃ‘ɑŋ^{55} 生产水泥的工厂

石灰厂 ʃʅ^{53}xuei^{213}tʃ‘ɑŋ^{55} 生产石灰的工厂

加工厂 tɕiɑ$^{213-24}$kuŋ^{213}tʃ‘ɑŋ^{55} 专门加工某种产品的工厂

做买卖 tsou^{31}mɛ$^{55-213}$mɛ˙ “做”音同“揍” 做生意

营生 iŋ$^{53-55}$ʃəŋ˙ ①买卖，生意：这可是个赚大钱的～ ②职业，工作：我到底没找到好～干 ③小的、无关要紧的事或物：闲得无聊，找点～

营余儿 iŋ$^{53-55}$yer˙

出摊子 pf‘u$^{213-24}$t‘ã$^{213-31}$tsɿ˙ 把货物摆摊位上：我刚～就发市了

出摊儿 pf‘u$^{213-24}$t‘ɛr^{213}

摆摊儿 pɛ^{55}t‘ɛr^{213}

常摊儿 tʃ‘ɑŋ^{53}t‘ɛr^{213} 固定在某处的商贩摊位

占摊子 tʃã^{31}t‘ã$^{213-31}$tsɿ˙ ①占据摊位 ②占据地点：光～不来人

占摊儿 tʃã^{31}t‘ɛr^{213}

衬摊子 tʃ‘ẽ^{31}t‘ã$^{213-31}$tsɿ˙ 在集市货摊上，当作陪衬而出售的次要货物

衬摊儿 tʃ‘ẽ^{31}t‘ɛr^{213}

顾沾 ku$^{31-53}$tʃã˙ ①占据，占有：先～个摊子 ②沾满：～了一身泥 ③占用：“能叫撑死人，不叫～盆”（俗语，意为宁愿吃得撑肚皮，也不能让其占用着盆子）

预下 y$^{31-53}$ɕï˙ “下”音同“兮” 预先占有、预先定约等：这摊位是俺先～的

逢会 fəŋ^{53}xuei^{31} ①除了集市外，民间约定俗成的庙会等：农历四月初八卞庄～ ②某些地方大型商品交易会的日子，一般一年一次

集 tsi^{53} 供人们交易的集市

集场子 tsi^{53}tʃ‘ɑŋ$^{55-213}$tsɿ˙ 集市场所

开集 k‘ɛ^{213}tsi^{53} ①某地方新设集市：听说您老家～了？②多指春节后集市开张：车网镇驻地正月初六～

逢集 fəŋ^{53}tsi^{53} ①有固定时间的集市：俺庄也～了 ②每当有集市的日子：今天

县城～

闭集 pi^{31}tsi^{53} ①集市散去 ②不逢集市的日子

赶集 tɕ‘i^{31}tsi^{53} 去集市买卖

赶四集 kã^{55}si^{31}ts^{53} 当地哪里有集市就去哪里赶集

翻包底 fã$^{213-24}$pɔ^{213}ti^{55} 成批低价买来货物再在街市上高价零售

吃喜儿 tʃ‘ʅ^{213}ɕier^{55} 揩油：包了一个工程，光～的有好几伙儿

经纪 tɕiŋ$^{213-24}$tɕi^{31} ①在交易中居间撮合从中渔利的人 ②中间人，代理人，经纪人

扣扣手儿 k‘ou$^{31-53}$k‘ou˙ ʃour^{55} ①事先暗中通气、商讨：这个事咱俩先～ ②一种在大牲畜等交易市场买卖双方或中间人进行交易的方式，即双方将手放在隐蔽处，用指头的不同搭配表示数目商谈价格 ③两手握起相扣

纣七别八勾子九 ʧou^{55}ts‘i^{213}piə^{53}pɑ^{213}kou$^{213-31}$tsʅ˙ tɕiou^{55} 一种在大牲畜等交易市场买卖双方或中间人进行交易的方式，即双方将手放在隐蔽处，用指头表示数目商谈价格：拇指、食指、中指捏在一起表示数字“7”，拇指与食指向上分开表示数字“8”，食指弯曲作钩状似问号，表示数字“9”。另外，“1”至“5”分别用指头数目表示，蜷起食指、中指、无名指，伸出拇指和小指表示数字“6”等

戳牛腚的 pf‘ə^{53}ȵiou^{53}tiŋ$^{31-53}$ti˙ 在大牲畜交易市场中专门做中间人赚取利益的人：他是～

2. 经营

开业 k‘ε$^{213-24}$iə^{213} ①开始营业 ②开始建设等

开市大吉 k‘ε$^{213-24}$ʃʅ^{31}tɑ^{31}tɕi^{213} 开业时常用的吉利话

营业 iŋ^{53}iə^{213} 正常经营生意

货 xuə^{31} ①名词，商品 ②平价转手货物：我刚来，你先把你的海鲜～点给我行吗？③骂人话，“东西”之意：说话不算话，你算是什么～！

打货 tɑ^{55}xuə^{31} 购进货物：今天俺必须到厂里～

进货 tɕiẽ^{31}xuə^{31}

有货 $iou^{55}xuə^{31}$ ①商店、商铺等有顾客需要的商品 ②比喻有知识或经验等：那人肚子里真～

原装货 $y\tilde{a}^{53}pf\alpha\eta^{213-24}xuə^{31}$ ①用原厂原件装配的产品等：这辆自行车是～ ②原来包装好的：这酒还是～ ③正宗的、原有的等：这箱蘑菇可是～

着货 $pfə^{53}xuə^{31}$ 盛放的东西多：这个筐子真～

压货 $i\alpha^{213-24}xuə^{31}$ 货物在仓库、车站、码头等处运不出去或积压卖不出去：这段时间～太厉害了

刹货 $\int\alpha^{213-24}xuə^{31}$ ①货物销售得多：这个市场真～，有多少卖多少 ②消费得多：这几个人怪～，一桌子菜吃得干净的

货到街头死 $xuə^{31}tɔ^{31}tɕiɛ^{213}t'ou^{53}sɿ^{55}$ 运到集市上的货物不论贵贱都得全部售出

赁 $mi\tilde{e}^{31}$ "赁"音"民（去声）" 租用、租借、租住等

行市 $x\alpha\eta^{53-55}ʃʅ\cdot$ 物价，行情

发市 $f\alpha^{213-24}ʃʅ^{31}$ ①生意开张：买卖还没有～ ②生意兴隆

拿独市 $n\alpha^{53}tu^{53}ʃʅ^{53}$ ①某种生意在某处独此一家：今天买卖被他～ ②独自享用：别的客人都没来，一桌菜叫他～了

疯抢 $fə\eta^{213}ts'i\alpha\eta^{55}$ 很畅销，消费者争相购买

收市 $\int ou^{213-24}ʃʅ^{31}$ ①将货物、商品等全部买下来：你的那车货我～了 ②集市散去，收摊子

包圆儿 $pɔ^{213}y\varepsilon r^{53}$ ①全部买下、吃下等 ②全部承担、包揽：这事我～了

散买卖 $s\tilde{a}^{55}m\varepsilon^{55-213}m\varepsilon\cdot$ ①交易失败 ②事情没有谈妥或办妥 ③关系破裂：她俩早已～了

停业 $t'i\eta^{53}iə^{213}$ ①停止营业 ②停止生产 ③不再从事某种职业

　歇业 $ɕiə^{213-24}iə^{213}$

停工 $t'i\eta^{53}ku\eta^{213}$ ①停止建筑 ②停止生产 ③停止劳作

开价 $k'\varepsilon^{213-24}tɕi\alpha^{31}$ ①卖者列出价格：这批货～多少？②讲出条件：那件事他～什么样？

要价 iɔ^{31}tɕiɑ^{31}

要谎 iɔ^{31}xuɑŋ^{55} 向顾客要价远超过商品实价：俺卖东西从不～

没老狠儿 mu^{53}lɔ$^{55-53}$xer^{55} 没有计划地过分贪多

还价 xuã^{53}tɕiɑ^{31} ①买者出价 ②买卖者讨价还价

勒价儿 lei$^{213-24}$tɕiɑr^{31} ①买者极力压低价格：你不要再～了 ②买卖者相互压价或抬价

剋哧 k'ei$^{213-31}$tʃ'ʅ· ①过分地讨价还价：已经让不少钱了，别再～了 ②用手指、小器具等给土豆、生姜等去皮 ③千方百计索要：就那点积蓄叫孩子～了啦

合合 xə^{53}xə· ①计算一下、合计合计：咱一块～账 ②商量商量 ③汇总：～账咱今天挣了多少钱？

合乎 xə$^{53-55}$xu· ①算计、商量：你也别说八毛，我也别说五毛，咱～～成买卖吧 ②公平合理的价钱：今天的蔬菜价钱怪～ ③适合，符合：这菜很～我的口味

饶上点儿 ʒɔ$^{53-55}$ʃɑŋ· tiɛr^{55} ①买卖东西称量或成交后另外添加相送的部分 ②另外附加的部分：你有能力干，再～活

官价 kuã$^{213-31}$tɕiɑ^{31} ①统一的、公开的价格 ②约定俗成的价格 ③国家规定的价格

本钱 pẽ$^{213-31}$ts'iã· ①做生意时先用来购置货物等筹备的资金：筹集点儿～做买卖 ②货物的购进价格：你再会讲我也得够～才卖 ③资历、本领、钱财等：上学时不认真，以后没有点～怎么混？

涨行市 tʃɑŋ^{55}xɑŋ$^{53-55}$ʃʅ· 市场价格上涨：长斤量不如～（俗语）

涨钱 tʃɑŋ^{55}ts'iã^{53} ①涨价：猪肉～了 ②现金多于账面

掉钱 liɔ^{31}ts'iã^{53} ①降价：肉制品～了 ②丢钱

拉价儿 lɑ$^{213-24}$tɕiɑr^{31} ①降价 ②向低处讲价

划 xuɑ^{53} ①折合：这芹菜～三块多钱一斤 ②平均，均摊：俺村里一人～一亩地 ③用桨或橹拨水：～船 ④合算：～算｜～不来 ⑤用刀等割破：～了一道口子

关着 kuã$^{213-31}$tʃə· ①受制约：有本钱～，贱钱真不能卖 ②折合：一斤菜正好～八角钱 ③平均，均摊：这批货挣的每人～一千元

叫顾 tɕiɔ$^{31-53}$ku˙ ①平均价格：你买这篮子菜～多少钱一斤？②平均占有：你们村一人～多少亩地？③平均分摊：你们那个生产队里一人～多少口粮？④花费，花消：家里没有什么大开销，一月一二百块钱就够俺老两口子～的了

开 k‘ɛ^{213} 批发，一次性买进或卖出：我把那批货都～给他了

零提娄 liŋ^{53}t‘i$^{53-55}$lou˙ ①零售：买青菜～就得折秤 ②分次、分批地进行：你一块拿走吧，别～了 ③对犯罪嫌疑人不定时、不定点地提审

发了 fɑ$^{213-31}$lɑ˙ ①财势兴旺：这几年他家～ ②伤口发炎：手上那道口子叫捂～了 ③身体开始发育：小女孩十五六岁身体就要开始～

狠了 xẽ$^{55-213}$lɑ˙ 太多、很多等：今天他的生意挣～

狠钳子了 xẽ^{55}tɕ‘iã$^{53-55}$tsʅ˙ lɑ˙

海了 xɛ$^{213-31}$lɑ˙

有海货了 iou$^{55-213}$xɛ^{55}xuə$^{31-53}$lɑ˙

时气 ʃʅ$^{53-55}$tɕ‘i˙ 运气

时运 ʃʅ$^{53-55}$yẽ˙

倒运 tɔ^{55}yẽ^{31} 倒霉，运气不好

不走时 pu^{213}tsou^{55}ʃʅ^{53}

不走运 pu^{213}tsou^{55}yẽ^{31}

本儿够本儿 per^{55}kou^{31}per^{55} 货物卖出的价钱正好与本钱相当：今天生意不好，也就是～

刚够本儿 tɕiɑŋ$^{213-24}$kou^{31}per^{55} “刚”音同“江”

过本儿过利儿 kuə^{213}per^{55}kuə$^{213-24}$lier^{31} 远远地超过本钱并盈利很多

破本儿 p‘ə^{31}per^{55} ①舍得下本钱：想挣大钱就得～ ②舍得吃苦、出力：他干活怪～

折本儿 ʃə^{53}per^{55} “折”音同“舌” 卖出的货物比本钱低

赔本儿 p‘ei^{31}per^{55}

赔血本儿 p‘ei^{31}ɕiə^{213}per^{55} 亏本很严重甚或赔得一干二净

赔掉了腚 p‘ei^{53}tiɔ$^{31-53}$lɑ˙ tiŋ^{31}

血本儿无归 ɕiə^{213}per^{55}u^{53}kuei^{213} 连本钱都完全赔上了

该 kɛ^{213} ①欠：咱还～他家几百元钱 ②轮到，临到：～你发言了｜～他值班了 ③应该：不听别人劝告，就～倒霉

坏门头 xuɛ^{31}mẽ^{53}t‘ou^{53} ①因买卖不公、卖假货或坑害顾客等，使商店等信誉扫地 ②个人或家庭坏了名声

臭门头 tʃ‘ou^{31}mẽ^{53}t‘ou^{53}

默着黑 mẽ$^{213-31}$tʃə· xei^{213} “默”音同“闷” ①买卖或当事人双方互不知情，只听中间人的 ②不表露，该说话的时候不说话

拣巴残子 tɕiã$^{55-213}$pu· ts‘ã$^{53-55}$tsɿ· “巴”音同“卜” ①挑拣后剩余的残次品 ②比喻被挑选过剩余的人

拾贱么头儿 ʃʅ^{53}tsiã$^{31-53}$mu· t‘our^{53} ①接近罢市时买便宜货 ②娶二婚或要求条件低的女人

拾集头儿 ʃʅ^{53}tsi^{53}t‘our^{53} ①在集市外截收、贱买货物，然后到集市里高价出售 ②在集市拾取别人丢弃的东西

熬倒市 ɣɔ^{31}tɔ^{55}ʃʅ^{31} ①买卖东西等一直等到集市散去才作罢 ②待到最后才离开或散去：他非～不回家

磅猪 pɑŋ^{31}pfu^{213} 到收购部门出售生猪

号猪 xɔ^{31}pfu^{213}

够号儿 kou^{31}xɔr^{31} 生猪达到规定的收购重量标准，人民公社时期重量标准为最低每头120斤

按手印儿 ã^{31}ʃou^{55}ier^{31} 签字画押

盘缠 p‘ã$^{53-55}$tʃ‘ã· 路费

拿税 nɑ^{53}fei^{31} ①缴税，纳税 ②收税：～的又来了

3. 账目、度量衡

账头儿 tʃɑŋ^{31}t‘our^{53} ①账目：～清，好弟兄（俗语） ②心算的能力：他就是好～

走账 tsou^{55}tʃɑŋ^{31} ①把收支记在账本上 ②钱款经过正规账目收支：钱款一定

要～

要账 $iɔ^{31}tʃaŋ^{31}$ 催讨债务：赊账容易～难（俗语）

盘账 $p'ã^{53}tʃaŋ^{31}$ 核查、核对账目

算账 $suã^{31}tʃaŋ^{31}$ ①计算、核对账目 ②清算错误、责任等：不搞秋后～

煞账 $ʃa^{213-24}tʃaŋ^{31}$ ①结算账目 ②账目记录、核算到此为止

拉账 $la^{213-24}tʃaŋ^{31}$ 欠账，借账：俺还～不少

下帐 $ɕia^{31}tʃaŋ^{31}$ 买东西时付款：先～，后给货

一账一清 $i^{213-24}tʃaŋ^{31}i^{213-24}ts'iŋ^{213}$ ①每发生一笔账，就及时结算清：这种生意就得～ ②一事一总结

钱硬 $ts'iã^{53}iŋ^{31}$ 钱的实用价值高，货币购买力强，货币升值

钱暄 $ts'iã^{53}ɕyã^{213}$ 钱的实用价值低，货币贬值

摸拉钱 $mə^{53-55}la^{·}\ ts'iã^{53}$ ①经手收入或支出钱：我只管账，从不～ ②用手拿钱、摸钱等

着钱 $tʃɔ^{213}ts'iã^{53}$ 身体与钱接触

　掰钱 $kuɛ^{213}ts'iã^{53}$ “掰”音同“乖”

点钱 $tiã^{55}ts'iã^{53}$ 清点钱数

　数钱 $fu^{55}ts'iã^{53}$

开钱 $k'ɛ^{213}ts'iã^{53}$ 付款

挣钱 $tʃəŋ^{31}ts'iã^{53}$ ①经营获得盈余 ②做工所得的薪金

赔钱 $p'ei^{53}ts'iã^{53}$ ①亏本 ②赔偿钱款

短钱 $tuã^{55}ts'iã^{53}$ ①现金比账面少 ②贪污钱款

少钱 $ʃɔ^{55}ts'iã^{53}$ ①现金少于账面 ②丢钱

昧心钱 $mei^{31}siẽ^{213}ts'iã^{53}$ 用不正当手段或损害他人而得到的钱

　昧心钱 $mi^{31}siẽ^{213}ts'iã^{53}$ “昧”音“迷（去声）”

良心钱 $*liaŋ^{53}siẽ^{·}\ ts'iã^{53}$ 用正当手段或劳动所获取的钱

死钱 $sɿ^{55}ts'iã^{53}$ ①不能生利的钱 ②银行长期存款 ③只有固定收入无额外收入：我就靠工资这点～

活钱 xə^{53}ts‘iã^{53} “活”音同“合” ①能生利的钱 ②经常有经济收入的钱

提钱 t‘i^{53}ts‘iã^{53} 支取现金

出钱 pf‘u^{213}ts‘iã^{53} 拿出钱财

坑钱 k‘əŋ^{213}ts‘iã^{53} 用欺骗手段获取钱财

巧钱 tɕ‘iɔ^{55}ts‘iã^{53} 用巧妙方法或手段获取的钱款

找钱 tʃɔ^{55}ts‘iã^{53} ①找零，买者付给卖者的钱多于商品价格，卖者须将多余部分找给买者（借贷、还债中也会有此情况）：你还没～给我呢 ②寻找丢失的钱

劈钱 p‘i^{213}ts‘iã^{53} 大面额的钱兑换成小面额的钱

齐钱 ts‘i^{53}ts‘iã^{53} ①将每人或每家应付的钱款（或人情来往钱）筹集起来 ②索要多家赊欠的货款 ③向多人或多家索要或乞讨钱款

拔钱 pɑ^{53}ts‘iã^{53} 按份额筹集钱款：兄弟几个～给老人盖屋

撂钱 liɔ^{31}ts‘iã^{53} ①无价值的花钱 ②放下点钱款给别人 ③把钱抛过去

打钱 tɑ^{55}ts‘iã^{53} ①卖艺的人向观众收钱 ②寄钱：女儿月月给家里～

真钱 tʃẽ^{213}ts‘iã^{53} 国家正式发行的钱币

假钱 tɕiɑ^{55}ts‘iã^{53} 假币

短牵牛 tuã^{55}tɕ‘iã^{213}ȵiou^{53} 抵债或还债的方式 ①款物直接折抵：你欠我的钱，我牵走你一只羊，～算完吧 ②甲直接从丙处获取丙欠乙的债款，用以抵消乙欠甲的债款

短牵驴 tuã^{55}tɕ‘iã^{213}lu^{53}

打账 tɑ^{55}ʧɑŋ^{31} 计算在内：这些零碎东西就不～了，算是白送你的

三角债 sã$^{213-24}$tɕyə$^{213-24}$ʧɛ^{31} “角”音同“决” 一种连锁债务关系，通常为甲欠乙的债，乙欠丙的债，丙又欠甲的债

小钱儿 siɔ^{55}ts‘iɛr^{53} ①旧时制造的质量重于制钱的铜钱 ②泛指铜钱 ③数量少的钱：说大话使～ ④零用钱

块了八角 k‘uɛ$^{31-53}$lɑ· pɑ$^{213-24}$tɕyə^{213} “角”音同“决” 形容钱很少：少个～的俺就不在乎了

毛拉八分 mɔ$^{213-31}$lɑ· pɑ$^{213-24}$fẽ^{213}

票子 pʻiɔ$^{31-53}$tsɿ˙ ①纸币 ②泛指钱：现今没有～难办事

毛票儿 mɔ^{55}pʻiɔr^{31} 小面额纸币

毛戈儿 mɔ^{55}kər^{213} 小面额硬币

分戈子 fẽ$^{213-24}$kə$^{213-31}$tsɿ˙ 人民币硬币的统称

洋钱 iɑŋ^{53}tsʻiã^{53} ①旧硬币（银元） ②外币的通称

洋戈子 iɑŋ^{53}kə^{213}tsɿ˙ ①泛指硬币 ②旧中国的铜钱

　洋戈儿 iɑŋ^{53}kər^{213}

斤 tɕiẽ 即一市斤，五百克

两 liɑŋ^{55} ①五十克：一斤是十～

小两 siɔ$^{55-53}$liɑŋ^{55} 旧制重量单位，一斤为十六两，至解放初期还普遍使用，因其计算麻烦，后国家规定改为现在的“一斤为十两”

称 tʃʻəŋ^{213} 用秤称重

　称称 tʃʻəŋ$^{213-31}$tʃʻəŋ˙

衡衡 xuŋ$^{31-53}$xuŋ˙ “衡”音“红（去声）” 用秤称重量：你～这筐苹果有多少斤？

杆秤 kã^{55}tʃʻəŋ^{31} 由秤杆、秤砣、秤钩或秤盘等组合的木杆秤

钩秤 kou$^{213-24}$tʃʻəŋ^{31} 由秤杆、秤砣、秤钩等组合的木杆秤

盘秤 pʻã^{53}tʃʻəŋ^{31} 由秤杆、秤砣、秤盘等组合的木杆秤

秤杆子 tʃʻəŋ^{31}kã$^{55-31}$tsɿ˙ 秤杆

秤砣 tʃʻəŋ^{31}tʻuə^{53} 杆秤或磅秤衡量重量的砝码，一般为铁制

秤盘子 tʃʻəŋ^{31}pʻã$^{53-55}$tsɿ˙ 杆秤中盛放所称东西的盘状物，一般为圆形或方形

秤钩子 tʃʻəŋ^{31}kou$^{213-31}$tsɿ˙ 钩住吊起所称东西的钩子

秤星子 tʃʻəŋ^{31}ɕiŋ$^{213-31}$tʃɿ˙ 杆秤上作为衡量刻度的星花

秤毫系儿 tʃʻəŋ^{31}xɔ$^{53-55}$ɕier˙ 秤杆上用于提起的系子，多用麻绳、皮条、铁丝等做成

抹斗 mɑ^{213}tou^{55} “抹”音同“妈” 过去一种衡量粮食的方式，把粮食倒在斗里，用刮尺刮平斗口

秤平斗满 tʃʻəŋ^{31}pʻiŋ^{53}tou$^{55-53}$mã^{55} 用杆秤称东西时只要秤杆水平，就说

明重量足；用斗衡量东西时只要斗满了，就说明分量足，这里形容足斤足两

高高儿的 kɔ^{213}kɔr$^{213-55}$tï 用杆秤称东西时，悬挂秤砣的那一端高，说明称量的东西重量足

高房儿的 kɔ^{213}fãr$^{53-55}$tï

绵拉儿的 miã^{53}lɑr$^{53-55}$tï ①用杆秤称东西时，悬挂秤砣的那一端稍低，说明称量的东西重量不足 ②少于所要求的量：这碗米一斤～ ③能力稍差：这事叫他去办，～ ④油炸食物等因存放不当或时间过长而稍稍变软

低溜耷拉的 ti$^{213-31}$lou˙ tɑ$^{213-31}$lɑ˙ tï 用杆秤称东西重量时，秤砣一头稍低，说明另一头东西分量不足

低低拉拉的 ti$^{213-31}$tï lɑ$^{213-31}$lɑ˙ tï

长分量 tʃɑŋ^{55}fẽ$^{213-31}$liɑŋ˙ 重量增加：干辣椒一见潮气儿就～

涨秤 tʃɑŋ^{31}tʃʻəŋ^{31} 超出了起初称量时的重量：总称的东西零称点，只有折称，不会～

折秤 ʃə^{53}tʃʻəŋ^{31} "折"音同"舌" 因水分蒸发等原因货物的重量减少了：青菜买回来就可能～

折耗 ʃə$^{53-55}$xɔ˙ 损耗，减少

够秤 kou^{31}tʃʻəŋ^{31} 够重量

配秤 pʻei^{31}tʃʻəŋ^{31} 用散碎的货物或替代物来补足重量

压秤 iɑ$^{213-24}$tʃʻəŋ^{31} ①体积小分量重：这东西太暄，不～ ②故意设法把货物的重量压低，是生意中的坑骗行为：蒜薹卖给你，你可不能给俺～

打不起 tɑ$^{55-213}$pu˙ tɕʻi^{55} 货物重量大，衡器无法称量

涨码儿 tʃɑŋ^{31}mɑr^{55} ①超出原来的分量 ②超过预期的数目：这个月钱花～了

掐秤星子 tɕʻiɑ$^{213-24}$tʃʻəŋ^{31}siŋ$^{213-31}$tsʅ˙ 故意隐瞒秤星儿，减少数量，以达到短斤少两的目的

割耳朵 kɑ^{213}ɭə$^{55-213}$tɔ˙ "朵"音同"刀" 比喻经办人将款物暗中克扣

除皮 pfʻu^{53}pʻi^{53} 除去盛放物品的容器或外包装的重量：～之后就是净重

毛到 mɔ$^{53-55}$tɔ˙ 毛重

毛着 mɔ$^{53-55}$tʃə˙

净的 tsiŋ$^{31-53}$tï ①净重 ②纯利

缺 tɕ'yə^{213} ①差，少：还～三斤 | 还～几元就够了 ②残破

4. 交通

路 lu^{31} ①泛指各种道路 ②方向，途径：门～ | 生路 ③种类：他们是一～货色

公路 kuŋ$^{213-24}$lu^{31} 泛指各级各类公路

火车路 xuə^{55}tʃ'ə$^{213-24}$lu^{31} 铁路

大路 tɑ^{31}lu^{31} 路面较宽的路

小路 siɔ^{55}lu^{31} 路面较窄的路

山路 ʃã$^{213-24}$lu^{31} 山间的路

土路 t'u^{55}lu^{31} 没有铺设水泥、柏油、石子等路面的路

水泥路 fei^{55}ȵi^{53}lu^{31} "水"音同"匪" 用水泥铺设路面的路

洋灰路 iɑŋ^{53}xuei$^{213-24}$lu^{31}

油漆路 iou^{53}ts'i$^{213-24}$lu^{31} 柏油路

转盘路 pfã^{31}p'ã^{53}lu^{31} 交叉路口中间为环形，需要按逆时针方向行驶的路

水漫桥 fei^{55}mã^{31}tɕ'iɔ^{53} "水"音同"匪" 桥面较凹流水能漫过的桥

凹腰桥 uɑ^{31}iɔ^{213}tɕ'iɔ^{53} 桥面中段凹为倒拱形的桥，中间桥面利于涨水时水流过

水旱桥 fei^{55}xã^{31}tɕ'iɔ^{53} 有水、无水都可以通过的桥：这河道上有好几座～

趞桥儿 tʃ'ɔ$^{31-53}$tɕ'iɔr˙ "趞"音"超（去声）" 河中浅水处间隔摆放石块以起桥梁作用供人跨越式通过的"桥"：下游有个小～

发券桥 fɑ$^{213-24}$tɕ'yã^{31}tɕ'iɔ^{53} 拱桥

桥腿 tɕ'iɔ^{53}t'ei^{55} 桥墩

桥翅子 tɕ'iɔ^{53}tʃ'ʅ$^{31-53}$tsʅ˙ 桥两端的码头墙体

车 tʃ'ə^{213} 泛指各种车辆

火车 xuə^{55}tʃ'ə^{213} 泛指旧式火车和内燃机车

汽车 tɕ'i^{31}tʃ'ə^{213} 以汽油为主要燃料的车

轿子车 tɕiɔ$^{31-53}$tsɿ˙ tʃʻə^{213} 泛指各种轿车

小轿车儿 siɔ^{55}tɕiɔ^{31}tʃʻər^{213}

货车 xuə^{31}tʃʻə^{213} 载货为主的车

客车 kʻə^{31}tʃʻə^{213} 载客为主的车

面包车 miã^{53}pɔ$^{213-24}$tʃʻə^{213} 小型客车

农用车 nu^{53}yŋ^{31}tʃʻə^{213} 主要服务于农业的小型货车，有三轮、四轮等

救火车 tɕiou^{31}xuə^{55}tʃʻə^{213} 消防车

救护车 tɕiou^{31}xu^{31}tʃʻə^{213} 医院专门抢救病人的车

车匣子 ʧʻə^{213}ɕiɑ$^{53-55}$tsɿ˙ ①车斗 ②车厢

洋车 iɑŋ^{53}tʃʻə^{213} ①旧时城市里外国人乘坐的一种较大的两轮人力车（黄包车）或牲畜牵引的车 ②进口轿车

洋车子 iɑŋ^{53}tʃʻə$^{213-31}$tsɿ˙ 自行车

脚踏车 tɕyə$^{213-24}$tʃɑ$^{213-24}$tʃʻə^{213}

包袱撑儿 pɔ$^{213-31}$fu˙ tʃʻə̃r^{213} 自行车后面的货架

拐 kuɛ^{55} 自行车脚踏板连接的力臂

链瓦 liã^{31}uɑ^{55} 自行车链条的防护罩

手闸、脚闸 ʃou$^{55-53}$tʃɑ^{55}、tɕyə^{213}tʃɑ^{55} 自行车等车辆的手、脚制动部件

脚踏子 tɕyə^{213}tʃɑ$^{55-213}$tsɿ˙ “踏”音同“扎” 自行车的脚踏板

链子 liã$^{31-53}$tsɿ˙ 传送动力的链条

砂子 ʃɑ$^{213-31}$tsɿ˙ ①轴承中的滚珠 ②沙粒

气棒 tɕʻi^{31}pɑŋ^{31} 打气筒

气门芯儿 tɕʻi^{31}mẽ^{53}sier^{213} 车内胎气嘴的芯

小飞子 siɔ^{55}fei$^{213-31}$tsɿ˙ 带动轮子转动的小齿盘

牙盘儿 iɑ^{53}pʻɛr^{53} 带动链条的齿轮

来回载 lɛ^{53}xuei^{53}tsɛ^{31} ①车辆等来回都载着东西，往返负重：今天搞了个～，把粪送到地里，又拉了一车土回来 ②民间一种棋艺游戏（俗称“安六”）的专用

语，即一个棋子往返走动均可吃掉对方的棋子

撒空儿 sɑ$^{213-24}$k‘ũr^{213} ①放空：不能让车～回去 ②撒谎：那人好～

车辙沟 tʃ‘ə^{213}tʃə^{53}kou^{213} 车轮子压出来的较深的痕迹：那人溜到～去了

破不开辙 p‘ə$^{31-53}$pu˙ k‘ɛ^{213}tʃə^{53} ①过分堵塞、拥挤 ②事情繁杂，忙得不可开交

二十一　文化教育

学校 ɕyə^{53}ɕiɔ^{31} 泛指各级各类学校

学屋 ɕyə^{53}u^{213} ①学校 ②教室

　学堂 ɕyə^{53}t‘ɑŋ^{53}

私塾 si$^{213-24}$fu^{53} 旧时民间私立学校或教育机构

教室 tɕiɔ^{31}ʃʅ^{213} 学生学习的房间

灯学 təŋ^{213}ɕyə^{53} 夜校

上学 ʃɑŋ^{31}ɕyə^{53} ①入学：我五岁就～了 ②按时到学校上课

下学 ɕiɑ^{31}ɕyə^{53} ①放学 ②辍学 ③毕业

暑假 fu^{53}tɕiɑ^{55} 夏天炎热时的假期

不上了 pu$^{213-24}$ʃɑŋ$^{31-53}$lɑ˙ 辍学

大号 tɑ^{31}xɔ^{31} ①学名 ②型号大的：他穿～的鞋

小名儿 siɔ^{55}miə̃r^{53} 乳名

诨号 xuẽ^{31}xɔ^{31} 绰号

教桌儿 tɕiɔ^{31}pfər^{213} 讲桌

戒尺 tɕiɛ$^{31-53}$tʃ‘ʅ˙ 旧时体罚学生的一种木尺

教杆儿 tɕiɔ^{31}kɛr^{213} 教鞭

　指杆儿 tʃʅ$^{55-213}$kɛr˙

花名册儿 xuɑ^{213}miŋ^{53}tʃ‘er^{213} ①点名册 ②记录人员姓名等的簿册

记分册儿 tɕi^{31}fẽ$^{213-24}$tʃ‘er^{213} ①教师用以统计学生成绩的簿册 ②人民公社时期生产队会计用以记录社员劳动工分的账簿

书本子 fu^{213}pẽ$^{55-213}$tsɿ˙ “书”音同“夫” ①学生课本 ②书的统称

笔 pei^{213} 音同“杯” 泛指各种笔

钢笔 kɑŋ$^{213-24}$pei^{213} 一种书写工具，钢制笔尖，胶皮管灌墨水

蘸笔 tʃã^{31}pei^{213} 一种书写工具，钢制笔尖蘸墨水书写

毛笔 mɔ^{53}pei^{213} 一种书写绘画工具，用狼毫、羊毛等制作而成

铅笔 tɕʻiã$^{213-24}$pei^{213} 一种书写工具，铅制笔芯

圆子笔 yã^{53}tsɿ^{55}pei^{213} 圆珠笔

圆子油 yã^{53}tsɿ^{55}iou^{53} 圆珠笔芯

石板 ʃʅ^{53}pã^{55} ①一种矩形平面光滑的石片，有的四周镶嵌木制边框，以供低年级学生用粉笔或石笔在上面练字、写字等，此为旧时广大农村学生的学习用品之一，一直沿用到20世纪70年代初 ②石片、大的片状石头的统称

石笔 ʃʅ^{53}pei^{213} 用来代替粉笔在石板上写字的页岩石片儿

铅笔擦儿 tɕʻiã$^{213-24}$pei$^{213-24}$tsʻɑr^{213} 橡皮擦的统称

墨水儿 mẽ^{213}fer^{55} “墨水”音同“闷匪” 一种书写的用品，有红色、蓝色、黑色等

黑墨 xei$^{213-31}$mẽ˙ “墨”音同“闷” ①墨汁 ②墨块儿

玻璃尺 pə$^{213-31}$lï tʃʻʅ^{213} 有机玻璃尺

缉书机 tsʻi$^{213-24}$fu$^{213-24}$tɕi^{213} “缉”音同“七” 钉书机

卷子 tɕyã$^{31-53}$tsɿ˙ 试卷

钢板 kɑŋ^{213}pã^{55} 垫在蜡纸下面刻字的誊写钢板

过蓝纸 kuə^{31}lã^{53}tʃʅ^{55} 复写纸

洋蓝片儿 iɑŋ^{53}lã^{53}pʻiɛr^{31} 用以制作蓝色墨水的固体颜料

曲别针 tɕʻy^{213}piə^{53}tʃẽ^{213} 回形针

三角尺 sã$^{213-24}$tɕyə$^{213-24}$tʃʻʅ^{213} “角”音同“决” 三角尺

喝墨水儿的 xə$^{213-24}$mei^{213}fer$^{55-213}$tï ①有一些书本知识的人 ②知识分子 ③学生

一肚子墨水 i$^{213-24}$ tu$^{31-53}$tsɿ˙ mei^{213}fei^{55} 比喻掌握的知识很多

识字儿 ʃʅ^{53}tser^{31} “识”音同“石” ①认字 ②有文化：俺那口子不～ ③学习文化

识文解字儿 ʃʅ^{53}uẽ^{53}ɕiɛ^{31}tser^{31} “解”音同“械” 有一定或较高的文化水平：那人～的

跳级 t‘iɔ^{31}tɕi^{213} 因成绩好而向上越过一个年级学习

擦级 ts‘ɑ$^{213-24}$tɕi^{213} 留级，降级

砸级 tsɑ^{53}tɕi^{213}

蹲级 tuẽ$^{213-24}$tɕi^{213}

大路旁儿的字 tɑ^{31}lu^{31}p‘ɑ̃r$^{53-55}$tï tsʅ^{31} 很常见、常用的简单的字：我就认识些～

老字 lɔ^{55}tsʅ^{31} 繁体字

老写 lɔ$^{55-53}$siə^{55}

真写 tʃẽ^{213}siə^{55}

简写 tɕiã$^{55-53}$siə^{55} 简化字

单点人儿 tã^{213}tiã^{55}ʒer^{53} 汉字的一种偏旁部首，形如“亻”

双点人儿 fɑŋ^{213}tiã^{55}ʒer^{53} 汉字的一种偏旁部首，形如“彳”

禾木旁儿 xə$^{53-55}$mu· p‘ɑ̃r^{53} 汉字的一种偏旁部首，即“禾”字偏旁

双搭耳儿 fɑŋ$^{213-24}$tɑ^{213}lər^{55} 汉字的一种偏旁部首，形如“阝”

单搭耳儿 tã$^{213-24}$tɑ^{213}lər^{55} 汉字的一种偏旁部首，形如“卩”

竖心儿旁 fu^{31}sier^{213}p‘ɑŋ^{53} 汉字的一种偏旁部首，形如“忄”

提土儿 t‘i^{53}t‘ur^{55} 汉字的一种偏旁部首，形如“土”

提手儿 t‘i^{53}ʃour^{55} 汉字的一种偏旁部首，形如“扌”

绞丝儿旁 tɕiɔ^{55}sier^{213}p‘ɑŋ^{53} 汉字的一种偏旁部首，形如“纟”

三点水儿 sã^{213}tiã$^{55-53}$fer^{55} 汉字的一种偏旁部首，形如“氵”

两点水儿 liɑŋ$^{55-53}$tiã$^{55-53}$fer^{55} 汉字的一种偏旁部首，形如“冫”

牛字旁 ȵiou$^{53-55}$tsʅ· p‘ɑŋ^{53} 汉字的一种偏旁部首，形如“牜”

犬由旁儿 tɕ‘yã^{55}iou^{53}p‘ɑ̃r^{53} 汉字的一种偏旁部首，形如“犭”

反文儿 fã^{213}uer^{53} 汉字的一种偏旁部首，形如“攵”

宝盖头儿 pɔ^{55}kɛ^{31}t‘our^{53} 汉字的一种偏旁部首，形如“宀”

秃宝盖儿 tu^{213}pɔ^{55}kɛr^{31} 汉字的一种偏旁部首，形如“冖”

竹字头儿 pfu$^{213-31}$tsɿ˙ t‘our 汉字的一种偏旁部首，形如“⺮”

四点儿 sɿ^{31}tiɛr^{55} 汉字的一种偏旁部首，形如“灬”

草字头儿 ts‘ɔ$^{55-213}$tsɿ˙ tour^{53} 汉字的一种偏旁部首，形如“艹”

病字头儿 piŋ$^{31-53}$tsɿ˙ t‘our^{53} 汉字的一种偏旁部首，形如“疒”

走之儿 tsou^{55}tʃer^{213} 汉字的一种偏旁部首，形如“辶”

洋字码儿 iɑŋ^{53}tsi^{31}mɑr^{55} 指阿拉伯数字：她不认识那些～

洋话 iɑŋ^{53}xuɑ^{31} 外国语言

洋文 iɑŋ^{53}uẽ^{53} 外文

洋腔 iɑŋ^{53}tɕ‘iɑŋ^{213} ①外国话 ②泛指南腔北调

誊下来 t‘əŋ$^{53-55}$ɕi / ɕiɑ˙ lɛ˙ 抄写

刻钢板 k‘ei$^{213-24}$kɑŋ^{213}pã^{55} “刻”音同“剋” 用铁笔在铺有蜡纸的誊写钢板上刻字，以供油印

背诵 pi^{31}suŋ^{31} “背”音同“币” 默想着诵读

背书 pi^{31}fu^{213}

背课文儿 pi^{31}k‘ə^{31}uer^{53}

背书歌子 pi^{31}fu$^{213-24}$kə$^{213-31}$tsɿ˙ 默诵课文

念书歌子 ȵiã^{31}fu$^{213-24}$kə$^{213-31}$tsɿ˙ 无目的地大声读课文

默字儿 mẽ$^{213-24}$tser^{31} “默”音同“闷” 默写生字

甩笔 fɛ^{55}pei^{213} ①用手握住笔身向下甩动，以使墨水流出便于书写 ②洗刷钢笔或毛笔时用手甩动，以利尽快干燥

爬黑板 p‘ɑ^{53}xei^{213}pã^{55} 课堂上老师让学生到讲台黑板上做题

出卷子 pf‘u$^{213-24}$tɕyã$^{31-53}$tsɿ˙ 出试题

估题 ku$^{55-53}$t‘i^{55} 猜题，考试前预测考卷题目或内容：那老师真有教学经验，年年高考他～都很准

式字题 ʃʅ$^{213-31}$tsɿ˙ t‘i^{55} 数码符号表示出来的计算题

码字题 mɑ$^{55-213}$tsɿ˙ t‘i^{55}

文字题 uẽ$^{53-55}$tsɿ˙ t'i^{55} 数学应用题

打对号 tɑ^{55}tei$^{31-53}$xɔ˙ 画上“√”形符号表示正确、保留或同意等

打叉号儿 tɑ^{55}tʃ'ɑ$^{31-53}$xɔr˙ 画上“×”形符号表示差错、删除或不同意等

头名 t'ou^{53}miŋ^{53} 第一名

两个鸭蛋一棵葱 liɑŋ$^{55-213}$kə˙ iɑ$^{213-24}$tã^{31}i$^{213-24}$k'uə$^{213-24}$ts'uŋ^{213} 学习成绩得了100分，“0”像鸭蛋，“1”像一棵竖着的葱，因其形象而名

鸭蛋 iɑ$^{213-24}$tã^{31} 零分，“0”像鸭蛋，因其形象而名

坐红椅子 tsuə^{31}xuŋ^{53}i$^{55-213}$tsɿ˙ 最后一名。旧时考试结束后，张榜排名次，在最后一名的名字下用毛笔画上一个红色的“乙”字，故名

老末 lɔ^{55}mə / miə^{213} ①最后一名 ②最后一个、最后一位等：那几个人论年龄他是～ ③做事拖拉、行为迟缓的人：这人做什么都是～

住校 pfu^{31}ɕiɔ^{31} 在学校寄宿

跑校 p'ɔ^{55}ɕiɔ^{31} 走读

上操 ʃɑŋ^{31}ts'ɔ^{213} 出操

挨板子 iɛ^{53}pã$^{55-213}$tsɿ˙ ①被老师用戒尺体罚 ②被处罚、批评等

罚站 fɑ^{53}tʃã^{31} 体罚学生的一种方式，让学生长时间立正站立

跟上趟儿 kẽ$^{213-31}$ʃɑŋ˙ t'ɑ̃r^{31} ①学习成绩一直没有落下 ②行进中不掉队

才分 ts'ɛ$^{53-55}$fẽ˙ 知识，天赋：那孩子很有～

缉 ts'i^{213}音同“七” ①钉：～本子 ②密密地缝：～鞋口子

二十二　文体活动

1. 游戏

牌儿 p'ɛr^{53} ①扑克 ②泛指各种赌具

打牌儿 tɑ^{55}p'ɛr^{53} ①打扑克 ②赌博

　来牌儿 lɛ^{53}p'ɛr^{53}

洗牌儿 si^{55}p'ɛr^{53} ①把扑克搀和整理好，以便继续再玩：轮到你～了 ②行业用语，老的市场格局被打破，曾经占有巨大市场份额的企业失去优势，整个市场会

重新分配，通常在行业有技术革新的时候出现

发牌儿 fɑ^{213}p‘ɛr^{53}

打瓦 tɑ$^{55-53}$uɑ^{55} 过去农村一种青少年的娱乐游戏，将一块石板立起，在一定距离内各人用石块投掷，以是否击倒石板定输赢

打彩 tɑ$^{55-53}$ts‘ɛ^{55} 一种带赌博性质的游戏，以飞镖射中旋转的轮子格内的标底确定中彩与否

打拐 tɑ$^{55-53}$kuɛ^{55} ①一种二人参与的民间角斗活动，手托一条腿蜷在另一条腿的膝盖处，单腿弹跳，用托起的膝盖相斗，倒地或托起的腿落地为输 ②打交道：那人再不能给他～

咯噔趟儿 kə$^{53-55}$təŋ˙ t‘ãr^{31} 一种民间游戏活动，一腿弯曲蜷起，靠单腿跃进

腊梅牛 lɑ$^{213-31}$meï ȵiou^{53} 陀螺

抽腊梅牛 tʃ‘ou$^{213-24}$lɑ$^{213-31}$meï ȵiou^{53} 抽打陀螺旋转的游戏

打腊梅 tɑ^{55}lɑ^{213}mei^{53}

打腊子 tɑ^{55}lɑ$^{213-31}$tsɿ˙ 一种棒击游戏，用长木棍击打放在地上两头尖的小短木棍，待其弹起后紧接着再击出，以其落地远近定输赢

打崩儿 tɑ^{55}pə̃r^{213}

四蹦儿 sɿ^{31}pə̃r^{31} 一种在地面划线、布子、走子的游戏。另有“蹦蹲、老虎吃蚂蚱、砍秫秫、赶牛蛋、憋死猫儿”等

来四、来五、来六 lɛ^{53}sɿ^{31}、lɛ^{53}u^{55}、lɛ^{53}liou^{31} 民间游戏，在平面上横竖分别划有四、五、六条线组成的方格，双方分别交替在交叉点上布子，再按一定的规则走子、吃子比输赢

<u>泼谜</u> p‘ə$^{213-24}$mẽ^{213} “谜”音同“闷” 出谜面

猜谜儿 ts‘ɛ$^{213-24}$mer^{213} 猜谜语

拉呱儿 lɑ^{53}kuɑr^{55} 聊天讲故事

砌子儿 ts‘i^{31}tser^{55} 把小石块打磨成可供玩耍的近于球形的石子儿

拾子儿 ʃʅ^{53}tser^{55} 一种过去乡村小女孩抓石子儿玩耍的游戏

抓子儿 tʃuɑ^{213}tser^{55}

摔瓦捂儿 fei^{213}uɑ^{53}ur^{55} “摔”音同“飞” 一种儿童娱乐活动，用泥巴做成小碗状，口朝下用力猛摔，凭其中的空气冲击力使底部鼓出孔洞并发出声响，摔得孔大声响者为赢

弹杏仁儿 t‘ã^{53}ɕiŋ^{31}ier^{53} “仁”音同“银” 一种乡村儿童用手指弹耍杏仁的游戏

弹琉琉蛋儿 t‘ã^{53}liou$^{53-55}$li˙ tɛr^{31} 一种儿童用手指弹耍琉璃球的游戏

藏蒙蒙儿 ts‘ɑŋ^{53}məŋ^{213}mə̃r^{53} 捉迷藏

藏瞎蒙儿 ts‘ɑŋ^{53}ɕiɑ^{213}mə̃r^{53}

摸瞎窟儿 mə$^{213-24}$ɕiɑ^{213}kur^{213}

叼老揖儿 tiɔ^{213}lɔ$^{55-53}$ier^{55} 一种多人参与的儿童游戏

老鹰叼小鸡儿 lɔ^{55}iŋ$^{213-24}$tiɔ^{213}siɔ^{55}tɕier^{213}

翻棉单 fã^{213}miã$^{53-55}$tã / tɛ˙ 一种翻绳游戏，其花样很多，如“翻牛槽、翻拧锤子”等

挤粘馉 tsi^{55}ȵiã$^{53-55}$ku˙ 一种民间娱乐活动，数人靠墙用力挤在一起，挤重者告饶即输

溜筛子 lou$^{213-24}$ʃɛ$^{213-31}$tsɿ˙ 一种多人参与的青少年游戏

丢手绢儿 tiou^{213}ʃou^{55}tɕyɛr^{31}

踢毽子 t‘i$^{213-24}$tɕyã$^{31-53}$tsɿ˙ “毽”音同“倦” 一种男女老少皆宜的游戏，用脚或腿把毽子踢起来，并有各种花样

转迷悠转儿 pfã^{31}mi$^{53-55}$iou˙ pfɛr^{31} 原地转圈儿游戏

转迷娄转儿 pfã^{31}mi$^{53-55}$lou˙ pfɛr^{31}

放风筝 fɑŋ^{31}fəŋ$^{213-31}$tʃ‘əŋ˙ “筝”音同“成” 放风筝

打水漂儿 tɑ$^{55-53}$fei^{55}p‘iɔ^{213} 把小瓦片等片状物水平着向水面用力甩去，使之在水面连续跃进，使水面形成一连串圆圈状波浪

吹兀噜儿 pf‘ei^{213}u$^{31-53}$lour˙ 过去乡村一种少年儿童游戏，用麦秸秆或细竹管插入水里用力吹，使之一面冒出水泡，一面发出“兀噜儿、兀噜儿”的响声

2. 体育、武术

打球 tɑ^{55}tɕʻiou^{53} ①打篮球 ②泛指各种球类活动

拔河 pɑ^{53}xə^{53} 一种多人用绳索比力气的体育活动

拔绳 pɑ^{53}ʃəŋ^{53}

跳绳儿 tʻiɔ^{31}ʃə̃r ^{53} 泛指单人跳绳和多人组合跳绳

来棋 lɛ^{53}tɕʻi^{53} 下棋，一般指下象棋

别象眼 pie^{53}siɑŋ^{31}iã^{55} ①象棋术语，规则是“马走日字象走田”，专在田字格上走子，让棋子“象”难以走脱 ②比喻故意为他人做事设绊

打卯 tɑ$^{55-53}$mɔ^{55} 拍打一种小球或打篮球

打卯儿 tɑ$^{55-53}$mɔr^{55} 用工具在木料上凿出小孔洞，用以插榫

打滑叉 tɑ^{55}xuɑ^{53}tʃʻɑ^{31} 快速助跑，两腿前后分开，在滑面上（多指冰面）靠惯性向前滑动

打叉 tɑ^{55}tʃʻɑ^{31}

打劈叉 tɑ^{55}pʻi$^{213-24}$tʃʻɑ^{31} 体操、武术、舞蹈等的一种动作，两腿水平地向相反方向（前后或左右）伸直分开，裆部着地

劈叉 pʻi$^{213-24}$tʃʻɑ^{31}

鱼打挺儿 y^{53}tɑ$^{55-53}$tʻiə̃r^{55} 一种武术动作，像鱼在水中猛地挺身跃起翻滚

扫腿 sɔ$^{55-53}$tʻei^{55} 一种武术动作，一条腿下蹲支撑，另一条腿伸直横扫：那家伙叫他一个～撂倒了

扫荡腿 sɔ^{55}tɑŋ^{31}tʻei^{55}

二腿脚 ɭə^{31}tei^{55}tɕyə^{213} ①一种武术或打斗时的动作，两腿跃起，两脚接连踢打：给他来了个～ ②一种放在地面上燃放的爆竹，一次点燃，两次炸响

撗仗 xəŋ$^{213-24}$tʃɑŋ^{31} “撗”音同“哼” 摔跤

撗骨碌 xəŋ$^{213-24}$ku$^{213-31}$lou˙ ①双方搂抱摔跤 ②双方搂抱在地上翻滚

四把搂 sɿ^{31}pɑ$^{55-53}$lou^{55} 双方拦腰紧紧抱住

揽后腰儿 lã^{55}xou$^{31-53}$iɔr˙ ①一种摔跤的动作，从背后拦腰抱住 ②背地里专找别人的麻烦或专瞅别人错误的要害处

打别拉勾子 tɑ^{55}piə$^{53-55}$lɑ·kou$^{213-31}$tsʅ· ①一种摔跤动作，用腿勾住对方的腿或脚，使之跌倒 ②比喻对人从中使绊

使别拉勾子 ʃʅ^{55}piə$^{53-55}$lɑ·kou$^{213-31}$tsʅ·

打别腿 tɑ^{55}piə^{53}t‘ei^{213}

使别腿 ʃʅ^{55}piə^{53}t‘ei^{213}

打摽腿 tɑ^{55}piɔ^{53}t‘ei^{213}

使摽腿 ʃʅ^{55}piɔ^{53}t‘ei^{213}

翻跟头 fã$^{213-24}$kẽ / kuẽ$^{213-31}$t‘ou· 翻筋斗

打无底跟头 tɑ^{55}u^{53}ti^{55}kuẽ$^{213-31}$t‘ou· 空翻

翻无底跟头 fã^{213}u^{53}ti^{55}kuẽ$^{213-31}$t‘ou·

打旁连 tɑ^{55}p‘ɑŋ$^{53-55}$liã· 侧手翻

竖极立 fu^{31}tsi$^{53-55}$li· “极”音同“集” 倒立

蝎子倒爬墙 ɕiə$^{213-31}$tsʅ· tɔ^{31}p‘ɑ^{53}ts‘iɑŋ^{53} 双臂撑地靠墙倒立

泅水 ts‘iou^{53}fei^{55} “水”音同“匪” 游泳

凫水 fu^{31}fei^{55}

扒水 pɑ^{213}fei^{55}

踩水 tʃ‘ɛ$^{55-53}$fei^{55} 一种游泳方式，人直立深水中，两脚交替猛力向下踩，保持身体在水中悬浮不沉，并能前进、后退或左右行进

打澎澎 tɑ^{55}p‘əŋ$^{213-31}$p‘əŋ· 狗刨式游泳，即游泳时手脚并用，上下扑打，水花四溅，至不下沉且能前进

扎猛儿 tʃɑ^{213}mə̃r^{55} 游泳时头朝下钻入水中

栖猛儿 ts‘i^{213}mə̃r^{55} “栖”音同“七”

跑冻 p‘ɔ^{55}tuŋ^{31} 溜冰

滑冻 xuɑ^{53}tuŋ^{31}

3. 文艺

打场子 tɑ$^{55-53}$tʃ‘ɑŋ$^{55-213}$tsʅ· ①过去跑江湖的曲艺、杂技演员用敲锣打鼓、吆喝等方式把观众吸引来围成表演场地，若人多围成的场地小，演员们则用某些

表演动作使场地向外扩大 ②现为商界或建筑业界等占取或抢占地盘

开场子 k‘ε^{213}ʧ‘ɑŋ$^{55-213}$tsɿ˙ ①扩大进行某种活动的场地：玩把戏的用打旁练～ ②开张，开始：那地方新的集市今天～了

摆场子 pε^{55}ʧ‘ɑŋ$^{55-213}$tsɿ˙ ①设场地比试、比武等：听说他俩明天要～②摆谱，摆样子：他这人好～，到哪里都前呼后拥的 ③摆宴席：儿子结婚，听说他家明天就～请客了

大戏 tɑ^{31}ɕi^{31} ①京剧 ②场面较大的戏

小戏儿 siɔ^{55}ɕier^{31} ①地方戏 ②场面较小的戏

演戏 iã^{55}ɕi^{31} ①演唱戏曲 ②故意制造假象：那是～给别人看的

演节目 iã^{55}tsiə$^{213-31}$mu˙ 文艺表演

说书 fə$^{213-24}$fu^{213} “书”音同“夫” 表演评书、平话、弹词等

弹弦子 t‘ã^{53}ɕiã$^{53-55}$tsɿ˙ ①弹奏琵琶（柳琴） ②打交道：不能给那人～

肘鼓子 tʃou^{55}ku$^{213-31}$tsɿ˙ 一种地方戏曲

拉忽腔 lɑ$^{213-31}$xu / xuẽ tɕ‘iɑŋ ^{213}

影戏 iŋ$^{213-24}$ɕi^{31} 皮影戏

唱花相 ʧ‘ɑŋ^{31}xuɑ^{213}siɑŋ^{31} 在街上用“数来宝”的形式讨乞

二十三　色彩、味道、感觉

1. 色彩

红 xuŋ^{53} ①红色，七彩之一：～旗 ｜ ～花 ②得势，得宠：～人 ③象征喜庆的红布：披～戴花 ④象征顺利、成功：开门～ ⑤象征受欢迎、重视：有的歌星一夜就～了 ⑥红利：分～

通红 t‘uŋ^{213}xuŋ^{53} 颜色很红：那女的羞得脸～

大红 tɑ^{31} xuŋ^{53} 很红的颜色

二红 ɭə^{31}xuŋ^{53} 近于桃红的颜色

三红 sã^{213}xuŋ^{53} 粉红

洋红 iɑŋ^{53}xuŋ^{53} 一种红色颜料，以前靠进口，故名

红余的 xuŋ^{53}y$^{53-55}$tï　微红：脸上～

橘红 ʨy^{213}xuŋ^{53}　橙色，七彩之一：～色的晚霞

黄 xuɑŋ^{53}　黄色，七彩之一：～菊花

干黄 kã^{213}xuɑŋ^{53}　又瘦又黄

姜黄 ʨiɑŋ^{213}xuɑŋ^{53}　像生姜一样的黄色

蜡黄 lɑ^{213}xuɑŋ^{53}　像石蜡那样黄：他脸色～，病了吗？

焦黄 ʨiɔ^{213}xuɑŋ^{53}　颜色很黄：馒头烤得～

绿 lu^{213}　绿色，七彩之一：～树红花

魆绿 sy$^{213-24}$lu^{213}　颜色很绿：雨水洗过的树叶～～的

洋绿 iɑŋ^{53}lu^{213}　一种绿色颜料，以前靠进口，故名

青 ts'iŋ^{213}　①靛青色，七彩之一：眼又～又肿 ②黑色：我买了条～条子绒裤子。

魆青 sy$^{213-24}$ts'iŋ^{213}　①很绿：麦苗～ ②颜色很黑：这块布颜色～ ③青紫色：胳膊被碰得～

铁青 t'iə$^{213-24}$ts'iŋ^{213}　青黑色，多形容人的面色：那人～着脸

蓝 lã^{53}　蓝色，七彩之一：天～～的

魆蓝 sy^{213}lã^{53}　颜色很蓝：今天的天空～，万里无云

洋蓝 iɑŋ^{53}lã^{53}　一种蓝色颜料，以前靠进口，故名

学生蓝 ɕyə$^{53-55}$tʃ'əŋ˙ lã^{53}　一种较淡的蓝色布料，过去一般多用来做学生服，故名

紫 tsɿ^{55}　①紫色，七彩之一：你看那脸，涨得跟～茄子似的 ②比喻更得势受宠：这二年他红得发～

魆紫 sy^{213}tsɿ^{55}　颜色很紫：他的脸憋得～

黑 xei^{213}　①黑色，与“白”相对：～碗 ②歹毒：那人的心太～了 ③暗中捞取：当了几年工头，不知～了多少钱 ④私下的，秘密的，非法的：那东西是从～市上买的 ⑤比喻无路可走了：你认为俺在这地方真～天了！

黢黑 ts'y$^{213-24}$xei^{213} “黢”音同“蛆”　颜色很黑：脸叫晒得～

黑目胡眼的 xei$^{213-31}$mu˙ xu^{53}iã$^{55-213}$tï　①不明亮：天色还～你上哪里

去？②不鲜亮：你买的那块布～不能用

黑不溜秋的 xei$^{213-31}$pu· liou^{53}ts‘iou$^{213-31}$tï· 不白皙：那人的脸～不好看

一抹黑儿 i$^{213-24}$mɑ$^{213-24}$xer^{213} “抹”音同“妈” ①全部是黑色：他浑身上下穿得～ ②到处都是黑暗 ③在感情上或处理事情时公平对待，不偏向任何一方：他不管对谁都两眼～ ④对周围的人、环境、事物等都很陌生：我生来乍到，两眼～，请多关照

魒清 sy$^{213-24}$ts‘iŋ^{213} 很清澈：那河里的水～

白 pei^{53} ①白色，与“黑”相对：～布｜～毛巾 ②没有任何报酬：～干｜～出力 ③没有任何效果：～说 ④清楚：他心里明～ ⑤没有添加任何东西的：～开水 ⑥用眼瞪人：～瞪人 ⑦争吵：～嘴｜～文

煞白 ʃɑ^{213}pei^{53} 颜色很白：脸吓得～

月白 yə^{31}pei^{53} 含很淡的蓝色的白色：～褂子

白白唧唧的 pei$^{53-55}$peï tsi$^{213-31}$tsï tï ①皮肤因浸泡时间过长而泛白 ②物品在水里浸泡时间过长而失去本色

白干拉唧的 pei$^{53-55}$kã· lɑ$^{213-24}$tsi$^{213-31}$tï 人面色发白带有病态

一抹白儿 i$^{213-24}$mɑ$^{213-24}$per^{53} “抹”音同“妈” 全部是白色：这几十只鹅～，真好看

一抹色儿 i$^{213-24}$mɑ$^{213-24}$ʃer^{213} “抹”音同“妈” 颜色纯粹单一：他的衣服浑身～

花花哩哩的 xuɑ$^{213-31}$xuɑ· li$^{53-55}$lï tï 颜色过分鲜艳杂乱：那人穿得～，不好看

花花搭搭的 xuɑ$^{213-31}$xuɑ· tɑ$^{53-55}$tɑ· tï ①色彩不均匀、不一致：那块布染得～ ②斑斑点点：树下的荫凉～ ③大小、疏密不一致：玉米苗出得～

花里胡哨的 xuɑ$^{213-31}$lïxu^{53}ʃɔ$^{31-53}$tï 色彩过分艳丽：那女人穿的衣服～，真时髦

花拉胡哨的 xuɑ$^{213-31}$lɑ· xu^{53}ʃɔ$^{31-53}$tï

乌目皂眼儿的 u$^{213-31}$mu· tsɔ^{31}iɛr$^{55-213}$tï 色彩灰暗：你买的衣服～，给

八十老太太穿还差不多

素 su^{31} ①色彩淡雅单一，不浓艳：她就爱穿～ ②味道清淡，不油腻 ③不含动物脂油：吃～ ④白色：～服

素净 su$^{31-53}$tsiŋ˙ ①色彩淡雅：他穿的那件毛衣颜色怪～ ②味道清淡，不油腻 ③朴素干净 ④利索：事情已过去了，一切都～了

鲜亮 siã$^{213-31}$liɑŋ˙ ①色彩鲜艳明亮 ②因很少听见而刺耳：他骂人的话真～

剔亮 t‘i$^{213-24}$liɑŋ^{31} ①色彩很鲜亮。②很明亮：屋里被照得透明～

铮亮 tʃəŋ$^{213-24}$liɑŋ^{31}

铮明 tʃəŋ^{213}miŋ^{53}

2. 味道

苦 k‘u^{55} ①五味之一，与“甜”相对：世上都说黄连～ ②忧愁的表情：那人一脸的～相 ③痛苦：他日子很～ ④耐心，尽力：～口婆心 ⑤勤奋：勤学～练

歇苦 ɕiə^{213} / ɕiə^{53}k‘u^{55} 味道很苦：那杏仁没有浸好，～

稀苦 ɕi^{213}k‘u^{55}

歇卜子苦 *ɕiə^{213}pu˙ tsʅ˙ k‘u^{55}

苦聊的 k‘u^{55}liɔ$^{53-55}$ti˙ 味道稍苦：有的野菜～

苦不聊的 k‘u$^{55-213}$pu˙ liɔ$^{53-55}$ti˙ 味道稍苦：咸菜含盐量太大，～

甜 t‘iã^{53} ①五味之一，与“苦”相对。甘甜：那种苹果很～ ②心花怒放的样子：她笑得真～ ③幸福：小日子过得真～ ④说话讨人喜欢：孩子小嘴真～

稀甜 si^{213}t‘iã^{53} 味道很甜：柿子熟透了，～

甜丝的 t‘iã^{53}sʅ$^{213-55}$ti˙ 味道稍甜

甜木嗦嗦的 t‘iã$^{53-55}$mu˙ suə^{53}suə$^{53-55}$ti˙ 似甜非甜、不纯正的甜味

酸 suã^{213} ①五味之一，酸味 ②疲乏无力：我浑身发～ ③讽刺挖苦：你别再～我了 ④故作娇气：看她那～样！

酸了 suã$^{213-31}$lɑ˙ 饭菜馊了：这菜～，别吃了

歇酸 ɕiə$^{213-24}$ / ɕiə^{53}suã^{213} ①味道很酸：那杏没熟，～ ②非常疲乏无力：连着加了几个夜班，累得我浑身～

歇卜子酸 ɕiə^{213}pu˙ tsɿ˙ suã^{213}

酸溜儿的 suã^{213}liour$^{213-31}$tiˑˑ 味道稍酸

酸溜儿溜儿的 suã^{213}liour$^{213-31}$liour$^{31-55}$tiˑˑ 娇滴滴的：听她说话～，真让人受不了

辣 lɑ^{213} ①五味之一，辣味：湖南人真能吃～ ②狠毒：毒～ ③不娇气：那个女孩很泼～

酷辣 k‘u^{53}lɑ^{213} 味道特别辣

咸 ɕiã^{53} ①五味之一，食盐的味道：这道菜太～

齁咸 xou^{213}ɕiã^{53} 盐味很重：你做的菜～，一般人不能吃

酷咸 k‘u^{213}ɕiã^{53}

咸酊的 ɕiã^{53}tiŋ$^{213-55}$tiˑˑ 稍有咸味

齁 xou^{213} ①太咸或太甜的食品使口腔或喉咙不舒服：这菜盐太多了，～人 ②因吃了太咸或太甜的食品而使喉咙出现嘶哑、咳嗽等症状：他叫～着了

香 ɕiɑŋ^{213} ①气味好，与“臭”相对｜桂花真～ ②味道好：熬的肉真～ ③胃口好：他吃得真～ ④睡得踏实：小孙子睡得真～ ⑤讨人喜欢：俺孙子真～，谁都想抱抱 ⑥得势：那人会玩，在单位很吃～ ⑦用木屑加香料等做成细条，燃烧发出香气味：烧～｜蚊～

喷香 p‘ẽ^{31}ɕiɑŋ^{213} 味道特别香：刚出锅的红烧肉，～～的

香喷的 ɕiɑŋ^{213}p‘ẽ$^{213-55}$tiˑˑ “喷”音同“盆” 香气扑鼻：锅里的菜～

香不聊的 ɕiɑŋ$^{213-31}$pu˙ liɔ$^{53-55}$tiˑˑ 怪异的轻微香味

臭 tʃ‘ou^{31} ①与“香”相对，气味很难闻：他的脚丫子真～ ②名声很不好：那人的名声～了 ③很不高明：他那球太～了，连篮板没碰着 ④使人厌恶的：～美｜～架子 ⑤狠狠地：～骂一顿 ⑥子弹等失效：～弹

温臭 uẽ$^{213-24}$tʃ‘ou^{31} ①很臭，气味很难闻：脚丫子～ ②名声极坏：名声～

稀臭 ɕi$^{213-24}$tʃ‘ou^{31}

臭烘的 tʃ‘ou^{31}xuŋ$^{213-55}$tiˑˑ 有点臭味

稀面 ɕi$^{213-24}$miã^{31} 口感很好，食物很软且极易嚼

烂 lã^{31} ①腐烂变质：那～南瓜不能吃了 ②因过熟而松软：肉煮得太～了 ③破碎：一堆～纸 ④程度深：那篇文章我背得～熟

稀烂 ɕi$^{213-24}$lã^{31} ①菜、饭等加热到过熟：那南瓜都煮得～了 ②腐烂很严重：那筐子苹果都～了 ③完全破碎：盆子叫打得～ ④程度极深：今年的白菜～贱

腥 siŋ^{213} ①像鱼的气味：那鱼有点～ ②沾染：那点菜不够～嘴的

虾腥 ɕiɑ$^{213-24}$siŋ^{213} 腥味很浓：那鱼烂了～，太难闻了

酸帮味儿 suã$^{213-31}$pɑŋ˙uer^{31} 发酵或变质后散发的酸味

毛腥味儿 mɔ$^{53-55}$siŋ˙uer˙ 物品霉变发出的味道

土腥味儿 t'u$^{55-213}$siŋ˙uer^{31} 尘土、泥土的味道

急燎味儿 tsi$^{213-31}$liɔ˙uer^{31} 毛发等燃烧散发的气味儿

燎烟味儿 liɔ$^{55-213}$iã˙uer˙ 被烟熏过的味道或气味：一股子～

乔味儿 tɕ'iɔ^{53}uer^{31} 味道很难闻

嗞闹 sɿ$^{213-31}$nɔ˙ 饭、菜等馊烂变质

糖心 t'ɑŋ$^{53-55}$siẽ˙ 某些食品里面发霉变质糖化：地瓜干子～了就不好吃了

沤沫 ɣou$^{213-31}$mə˙ 因水浸时间过长而变质：这瓜～了，不能吃了

　沤沐 ɣou$^{213-31}$mu˙

沤沫味儿 ɣou$^{213-31}$mə˙uer^{31} 因水浸时间过长变质散发的味道

习蹬人 si$^{53-55}$təŋ˙ʒẽ^{53} ①食物等似甜非甜，吃起来有想呕吐的感觉 ②吃了不适当的药物、食品等胃里难受，有想呕吐的感觉

钻鼻子 tsuã^{31}pi$^{53-55}$tsɿ˙ 芥末、洋葱等浓烈的气味刺激鼻腔

筋道 tɕiẽ$^{213-31}$tɔ˙ 食品有适度的韧性，口感好

皮筋 p'i$^{53-55}$tɕiẽ˙ ①某些食品存放时间过长而变得硬且有韧性：煎饼都～了，不好咬 ②形容人疲沓：这孩子～了，很不听话

腥臊烂臭 siŋ$^{213-24}$sɔ^{213}lã^{31}tʃ'ou^{31} 又腥又臊又臭，十分难闻：门前有堆垃圾，～的真难闻

　腥臊拉臭 siŋ$^{213-24}$sɔ$^{213-24}$lɑ$^{213-24}$tʃ'ou^{31}

3．感觉

木拉吁吁的 mu$^{213-31}$lɑ˙ ɕy^{53}ɕy$^{53-55}$tï 麻木稍有疼痛感且感觉不灵敏

木个吱吱的 mu$^{213-31}$kə˙ ʧʅ^{53}ʧʅ$^{53-55}$tï

火处缕缕的 xuə$^{55-213}$p‘fu˙ ly^{53}ly$^{53-55}$tï 皮肤或伤口等疼痛伴有灼热刺激的感觉

火烧卜辣的 xuə$^{55-213}$ʃɔ˙ pu˙ lɑ$^{213-31}$tï 皮肤或伤口像火烧样疼痛伴有强烈刺激感

搓脚木滥的 *ts‘uə$^{213-24}$tɕyə^{213}mu$^{213-31}$lã^{31}tï 形容焦急、焦躁的样子：他急得～的

热乎燎燥的 ʒə$^{213-24}$xu^{213}liɔ^{55}tsɔ$^{31-53}$tï 形容天气闷热，使人烦躁

急拉咯躁的 tɕi$^{53-55}$lɑ˙ kə^{53}tsɔ$^{31-53}$tï 形容心急火燎，心神不安，浑身躁动：事情到现在还没有完成，我心里～

寒毛挓挲的 xã$^{53-55}$mɔ˙ tʃɑ$^{31-53}$ʃɑ˙ tï 形容身体有寒冷、惊怵的感觉：天乍冷，我觉得浑身都～｜我一到那地方就～

没拉没摸的 mu$^{53-55}$lɑ˙ mu^{53}mə$^{213-31}$tï 形容无所事事而感到寂寞、空虚：自己一个人家里～

刺刺挠挠的 ts‘ʅ$^{31-53}$ts‘ʅ˙ nɔ$^{213-24}$nɔ$^{213-31}$tï 形容皮肤发痒微微伴有刺扎的感觉：扬了一天麦，浑身～

刺挠 ts‘ʅ$^{31-53}$nɔ˙ ①皮肤感到刺扎发痒：我身上怪～，得赶快洗澡 ②讥讽、挖苦等：你就会说话～人

蛰辣 ʧə$^{213-31}$lɑ / lə˙ ①皮肤因汗渍等而红肿或发痒、微疼 ②伤口受盐分等刺激而产生疼痒的感觉

木痒痒 mu^{213}iɑŋ$^{55-213}$iɑŋ˙ ①瘙痒：我浑身上下～ ②内心的某些感觉：看人发财他心里～｜生怕别人看不见他穿的西服，心里～

妥当 t‘uə$^{55-213}$tɑŋ˙ ①舒服，舒适：今天他不大～ ②妥善：一切的事情都安排～了

二十四　名词

1. 具体事物

光 kuɑŋ^{213}　①物体发出的光明的东西：太阳～｜灯～ ②景物：春～明媚 ③荣誉，名声：～耀门庭 ④明亮：～明 ⑤露着：～膀子 ⑥一点不剩：钱用～了 ⑦敬辞：～临｜～顾 ⑧只是，总是：小孩子不教育，～娇惯不行啊 ⑨经常：他～肯找我玩

血 çiə^{213}　①血液 ②竭尽全力：～拼｜～干 ③地地道道的：～孬种一个

鳔 piɔ^{31}　①用魚鳔等熬制的一种黏合剂 ②黏牢：把凳子腿～上

行 xɑŋ^{53}　①行业：干一～爱一～ ②行列，成排的：树～子 ③弟兄姐妹的次第：他排～老三 ④营业场所：银～

碴儿 tʃʻɑr^{53}　破损或折断面：那树有刚折断的新～

眼子 iã$^{55-213}$tsɿ˙　①小洞，小窟窿：墙上有好几个窟窿～ ②比喻吃亏的人或事，得不到公平对待的人：没有光棍儿就没有～（俗语）

呈子 tʃʻəŋ$^{53-55}$tsɿ˙　①诉状 ②申请、请示报告等

系子 çi$^{31-53}$tsɿ˙　拴在器物上用以提起的绳索或像绳一样的东西

系儿 çier^{31}

窑子 iɔ$^{53-55}$tsɿ˙　隐语，妓女院

箍子 ku$^{213-31}$tsɿ˙　用铁皮、皮革、藤蔓等制成的能够紧紧套住东西外面的圈儿：扁担～

石橛子 ʃʅ^{53}tçyə$^{53-55}$tsɿ˙　冒出地面的石尖

咀子 tsuei$^{55-213}$tsɿ˙　①物体上形状或作用像嘴的部分：壶～｜烟袋～｜瓶～ ②形状或作用像嘴的物体：山～｜汪～

退槽子 tʻei^{31}tsʻɔ$^{53-55}$tsɿ˙　①别人用过或退下来的物品 ②隐指离异或被离弃的男女

油烟子 iou$^{53-55}$iã˙ tsɿ˙　油类物质没有完全燃烧所产生的黑色烟状物质

蛾拉网子 ɣə$^{53-55}$lɑ˙ uɑŋ$^{55-213}$tsɿ˙　蜘蛛网

蛾拉网儿 ɣə$^{53-55}$la· uãr^{55}

鞋坷埌 ɕiɛ^{53}k‘ə^{213}laŋ^{53} 鞋窝儿

鞋坷埌子 ɕiɛ^{53}k‘ə^{213}laŋ$^{53-55}$tsɿ·

脚坷埌 tɕyə$^{213-24}$k‘ə^{213}laŋ^{53} 较深的脚印

脚坷埌子 tɕyə$^{213-24}$k‘ə^{213}laŋ$^{53-55}$tsɿ·

盐阁拉 iã$^{53-55}$kə· la^{213} 衣服上因汗渍出现的不规则灰白色盐斑

虚窟儿 ɕy$^{213-24}$k‘ur^{213} 表面满了，内里还有许多空隙：这筐菜不重，下面是～

覆皮儿 fu^{31}p‘ier^{53} 表面，表层：把米汤～的那层沫撇去

标把儿 piɔ^{213}par^{55} ①标准，目标：干这种活没有个～不行 ②尺度，限度：他玩起来没个～，有时玩到半夜

捽把儿 tsuə$^{55-213}$par· “捽”音同“左” ①把柄，可以抓着的东西：车上连个～都没有，怎么往上爬？②比喻有被人要挟或攻击的过失或错误等：人家敢这样对待他，肯定他有什么～在人家手里攥着

底窝儿 ti$^{55-213}$uər· ①在竞技、角逐或争斗中等，处于受损、吃亏的劣势：他太笨，干什么都是～ ②最后一名：这次考试考了个～

挡杠儿 taŋ$^{213-24}$kãr^{31} 阻碍正常进行的因素或人

正座儿 tʃəŋ^{31}tsuər^{31} ①最主要的位次 ②主要负责人：等一会儿，～还没来呢

上座儿 ʃaŋ^{31}tsuər^{31} 首席

上首儿 ʃaŋ^{31}ʃour^{31}

上岗儿 ʃaŋ^{31}kãr^{55}

上席 ʃaŋ^{31}si^{53}

下岗儿 ɕia^{31}kãr^{55} ①宴席或其他聚会场合中最不重要的位次：酒席间晚辈要坐～ ②相对低凹的地方：站在～看不到远处

住家儿 pfu^{31}tɕiar^{213} 居住的人家：山上只有十几家～

住户儿 pfu^{31}xur^{31}

人形儿 ʒẽ^{53}ɕiə̃r^{53} 人的相貌、仪表、言行等：都快三十的人了，还连个～都没有

宁点儿 ȵiŋ^{213}tiɛr^{55} ①小的：那是俺的小～ ②很少：稀饭还有～

精点儿 tsiŋ^{213}tiɛr^{55}

小宁点儿 siɔ^{55}ȵiŋ^{213}tiɛr^{55} 很小的，最少的：咱不要那个～

小精点儿 siɔ^{55}tsiŋ^{213}tiɛr^{55}

相食儿 siɑŋ^{31}ʃer^{53} ①不需付出多少代价就可获得利益等：他这人是专门吃～的 ②没有任何付出，靠投机钻营或人际关系获取利益等：本事头儿不怎么样，就想吃～

野食儿 iə^{55}ʃer^{53} ①野生果实或鸟虫等 ②禽兽在野外找到的食物 ③比喻本分以外所得的财物等：真幸运，今天打了点～

札尤儿 tʃɑ$^{53-55}$iour· ①物体剩余的短而硬的部分：地上就剩点树～ ②作物收割后余留的短小残株 ③余留下的少量工作、任务等：办事要善始善终，不能留～

挡头儿 tɑŋ$^{31-53}$t‘our· ①阻挡、妨碍事物正常进行的人或其他因素：孩子的婚姻他们自己做主，父母不能当～ ②阻挡物：前边有个～，他推不上去｜车轮下边放个～，别让车滑下去

大头儿 tɑ^{31}t‘our^{53} ①数值、数量较大和较多的部分：这只是个～，小细账还没算在内 ②物体比较粗重的一端：我抬～，你抬小头 ③事情较重要的部分：这工作刚开头，～还在后头

大头 tɑ^{31}t‘ou^{53} ①吃亏较大的人：你这是想捉我的～ ②铸有袁世凯头像的银元的简称：他家收藏了不少～

大样儿 tɑ^{31}iɑ̃r^{31} ①成熟老练的形象：五十多岁的人啦，还没个～｜狗拉耩子——没～（歇后语） ②长者应该具备的形象

咬头 iɔ$^{55-213}$t‘ou· 指食物耐咀嚼：还是牛肉有～

嚼头 tsuə$^{53-55}$t‘ou·

熊事儿 ɕyŋ^{53}ʃer^{31} ①令人烦恼、厌烦的事：这些都是什么～ ②斥责语：你弄得什么～！

单数儿 tã$^{213-24}$fur^{31} 奇数

双数儿 fɑŋ$^{213-24}$fur^{31} 偶数

整头数儿 tʃəŋ^{55}t‘ou^{53}fur^{31} 没有零头的数：九百九十五了，再搁上五元，正

好凑了个～

坐窝水儿 tsuə^{31}uə^{213}fer^{55} ①积攒下的钱、财、物等：干了这么多年生意，家里肯定有不少～ ②原有的财富：他家有不少～

正经色儿 tʃəŋ$^{31-53}$tɕiŋ˙ ʃer^{213} 正常标准的色泽：他脸上没～，可能有毛病了

不炭火儿 pu$^{31-53}$t‘ã˙xuər^{55} ①柴草燃烧后剩余的没有火苗的火 ②形容遇事不急躁：事都到了眼前了，他还像睡在～里样不急不躁

死火儿 sɿ$^{55-53}$xuər^{55} 没有火苗的火

人言语儿 ʒẽ^{53}iã^{53}yer^{55} 人说话的声音：喇叭太响，听不清～

影杠儿 iŋ$^{53-55}$kãr˙ 痕迹

牙影杠儿 iɑ^{53}iŋ$^{53-55}$kãr˙ 咬过之后留下的齿痕：到现在胳膊上还有他咬的～

亚巴腰儿 iɑ$^{31-53}$pu˙ iɔr^{213} “巴”音同“卜” ①人体腰部或物体一周凹进去的部位②比喻弱点或把柄等：你这样一闹可叫人家捽着～了

子母壳儿 tsɿ$^{55-53}$mu^{55}k‘ər^{213} 子弹壳

子母壳子 tsɿ$^{55-53}$mu^{55}k‘ə$^{213-31}$tsɿ˙

扣榫 kou^{31}suẽ^{55} “榫”音同“损” ①榫头 ②榫眼

公伙 kuŋ^{213}xuə^{55} 大家伙的，大家所有：那钱是～的，个人不能随便动

公家 kuŋ$^{213-24}$tɕiɑ^{213} 国家或集体：～的钱不能随便糟踏｜那些救济款是～拨下来救助困难户的，不能糟踏一分

头项 t‘ou$^{53-55}$ɕiɑŋ˙ ①门路、生意、项目等：家里除了种了几个大棚，别的没什么～ ②收入，收入来源：今年没多少～，收入寥寥无几

正红 tʃəŋ^{31}xuŋ^{53} ①正当中，要害部位：村里修路时，他的宅子在路中间，摊个～ ②最好的部分：这块地你摊了个～ ③年富力强：他三十来岁，～ ④正得势：那家伙～，别惹他

瘪拾 piə^{213}ʃʅ^{53} ①弱者：他还想好事，其实到哪里他都是～ ②玩扑克、赌博术语，两张牌的点数相加等于十，这个点数根据牌的不同搭配则各有规则，如果搭配起来的点数叫～，那就必输无疑了

当庄 tɑŋ^{31}pfɑŋ^{213} 本村：～上的人，抬头不见低头见的

片量 pʻiã$^{31-53}$liɑŋ˙ 面积：那地方～很大

证家 tʃəŋ$^{31-53}$tɕi˙“家”音同“吉” 人证或物证

腰窝 iɔ$^{213-24}$uə^{213} ①腰部正中 ②丰腴的地方或部位：这块地是这片地方的～

当腰 tɑŋ$^{213-24}$iɔ^{213} ①物体的中间部分：他爬到～就下来了 ②人或动物的腰部：我割～那块肉 ③腰部正中：～一棍子打得他呲牙咧嘴

老二 lɔ^{55}ɭə^{31} ①排行第二：兄弟间他排行～ ②隐指男性生殖器

成分 ʧʻəŋ$^{53-55}$fẽ˙ ①过去的身份（地主、富农、贫农、中农、雇农等，现国家已予以取消）：过去当兵、上学等都讲～ ②个人身份：学生～｜工人～｜农民～｜干部～｜军人～

拖拉腚 tʻuə$^{213-31}$lɑ / lə˙ tiŋ^{31} ①物体基部的堆积部分：墙有～不好看，但牢固 ②人或某些动物的臀部向后突出且稍垂：那女人是个～，走起路来特难看

拖拉根 tʻuə$^{213-31}$lɑ / lə˙ kẽ^{213} ①物体基部的堆积部分：那柴垛有～ ②高等植物延伸的根

布拉就 pu$^{31-53}$lɑ˙ tsiou^{31} 绳索、布条等因拧得劲过大而形成的纠结

祖业货 tsu^{55}iə$^{213-24}$xuə^{31} 祖宗留传下来的或置办的可以流传下去的家产或器物等：这个花瓶可是个～

臭狗屎 ʧʻou^{31}kou$^{55-53}$ʃʅ^{55} ①很臭的狗屎 ②比喻东西很不好：你弄那些东西简直是一堆～ ③比喻为人处世极差，声名狼藉：那人是个～，谁见了谁躲

喇叭口 lɑ$^{55-213}$pɑ˙ kʻou^{55} 湖泊、河流等像喇叭状的衔接处：河下游有个～

问事儿的 uẽ^{31}ʃer$^{31-53}$ti˙ ①单位、团体中当家做主的人，主要负责人：那人是～ ②替人家招揽负责婚丧嫁娶等事务的指挥者：儿子快结婚了，得先找个～

笨工子活儿 pẽ$^{31-53}$kuŋ˙ tsʅ˙ xər^{53} ①笨重的活，粗活：这是～，没有什么大不了的技巧 ②费时费力的活：这是～，想一下子弄完是不可能的 ③没有技巧、粗制滥造的手工活

一刀礼 i$^{213-24}$tɔ^{213}li^{55} 乡村较重的礼品之一，指半爿猪肉中正处腰正中的部分且割得四四方方的那块肉，一般在订婚、下聘或重要节日时男方向女方家送的重要礼品之一

一刀肉 i$^{213-24}$tɔ$^{213-24}$ʒou^{31}

值钱的毛 tʃʅ^{53}tsʻiã^{53}tï mɔ^{53} 有一定价值的东西

四州八县 sɿ^{31}tʃou$^{213-24}$pɑ$^{213-24}$ɕiã^{31} 各处，周围各地：～没见过他这样好占便宜的人

2．抽象事物

招儿 tʃɔr^{213} 方法、措施等：高～｜妙～｜这事我实在没有～了

瘸儿 tɕʻyər^{53} 缺点、错误、把柄等：这回可逮他的～了

因由儿 iẽ$^{213-31}$iour˙ 原因，借口：看到重活他就找个～溜了

由头儿 iou$^{53-55}$tʻour˙

准气儿 pfẽ^{55}tɕʻier^{31} 准确性：别听那一套，他的话一点～都没有

准信儿 pfẽ^{55}sier^{31} 准确的信息：到这也没有个～，到底还来不来？

准头儿 pfẽ$^{55-213}$tʻour˙ ①准确性：他的枪法很有～ ②标准、尺度等：办事得有个～

准味儿 pfẽ^{55}uer^{31} 确切，有把握：那人办事没有一点～

准成味儿 pfẽ$^{55-213}$tʃʻəŋ˙ uer^{31}

死卡儿 sɿ$^{55-53}$tɕiɑr^{55} 固定不变的程序、公式、方法等：这是个～，一学就会

门道儿 mẽ$^{53-55}$tɔr˙ 做事情的诀窍，解决问题的途径，事物的隐情、内在联系等：这里面的～不少

小鞋儿 siɔ^{55}ɕiɛr^{53} 很小的鞋子。①比喻刁难或报复：我不怕你给我穿～ ②比喻施加的约束、限制

手把儿 ʃou$^{55-53}$pɑr^{55} 技术的熟练程度、动作的灵活程度等：每个人的～不一样，要因人派活

乐景儿 luə^{213}tɕiɔ̃r^{55} 快乐的情景：看耍猴的是个～

老底儿 lɔ$^{55-53}$tier^{55} ①原来的根底 ②不为人知的秘密、底细：他的～谁也摸不清

老本儿 lɔ$^{55-53}$per^{55} ①树木的主干 ②原始基金、财富等：这些可都是老祖宗撇下的～ ③原有的功勋：不要吃～，要立新功

下风儿 ɕiɑ^{31}fə̃r^{213} ①风吹向的地方：～头儿有臭味儿 ②风吹不到的地方：避风到～口 ③对立的双方中一方处于不利的地位：我们不能甘拜～

钟点儿 pfəŋ^{213}tiɛr^{55} ①小时 ②时间：上、下班是按～的，不能随随便便，说来就来说走就走

钟头儿 pfəŋ^{213}t‘our^{53} 小时：花了两个～的时间才干完

真相儿 tʃẽ$^{213-24}$siɑ̃r^{31} ①指出力不大，待遇优厚：他～，不出力还拿高工分 ②真实的面目 ③事情的原委：不要掩盖～

正形儿 tʃəŋ^{31}ɕiə̃r^{53} ①正确、端庄的形态 ②正经的样子：这么大的人啦，还没～

奔头儿 pẽ$^{31-53}$t‘our· 目标、方向、地点等：咱总得有个～ | 父母在，咱回家有个～

想头儿 siɑŋ$^{55-213}$t‘our· ①想法、念头：他心里有个～，就是想见见她 ②盼望：他唯一的～就是当工人

就手儿 tsiou$^{213-31}$ʃour· 无关要紧的东西：有个～也不感到无聊 | 喝茶拿筷子——是个～（歇后语）

老伙儿 lɔ$^{55-53}$xuər^{55} 原班人马等：这都还是～的人

荤呱儿 xuẽ^{213}kuɑr^{55} 低俗淫秽的故事或笑话：酒桌上往往好拉～

臊呱儿 sɔ^{213}kuɑr^{55}

心数儿 siẽ$^{213-24}$fur^{31} 心计：她是一个很有～的人 | 弟兄几个就他有～

心劲 siẽ$^{213-24}$tɕiŋ^{31} ①兴趣，精神：别看他看纪大了，可过日子还满～ ②发自内心的动力：一看到女朋友就来～了

闲心 ɕiã^{53}siẽ^{213} ①悠闲的心情 ②多余的精力：我没有～去管那些事

闲事 ɕiã^{53}ʃʅ^{31} ①与己无关的事：～能推不揽 ②无关紧要的事：那都是～，去不去无所谓

闲气 ɕiã^{53}tɕ‘i^{31} 不该招惹的生气：咱别生那个～

种气 pfəŋ^{55}tɕ‘i^{31} 胆量、勇气、骨气：他真有～，被揍得那么厉害，就是不开口

性气 siŋ^{31}tɕ‘i^{31} 性格，脾性：野鸡的～太大，一般养不活

气息 tɕ‘i$^{31-53}$si· 很难闻的气味：那地方有一股子～

辙消 tʃə$^{53-55}$ɕiɔ˙ 借口、因由儿：你不想去上学，这回下雨了，你更有～了

辙生 tʃə$^{53-55}$ʃəŋ˙

辙业 tʃə$^{53-55}$iə˙

耳性 ɭə$^{55-213}$siŋ˙ 记忆力：我～不好，一会就忘

能为 *nəŋ^{53}uei˙ 能力，本领等：那人办事真有～

力成 li$^{213-31}$ʧ'əŋ˙ 力气：那孩子才十多岁，～还不行

贱癖 tsiã^{31}p'i^{55} ①不自尊的人 ②不会享受自找苦吃的人 ③好惹是生非的人 ④责骂女子不检点：那女人～，凭好日子不过，到处胡作

贱肉儿 tsiã^{31}ʒour^{31}

动静 tuŋ$^{31-53}$tsiŋ˙ ①声音：别弄大～，惊醒孩子｜公路上车多，～太大 ②情况，消息：到现在老王还没有任何～

音讯 iẽ$^{213-24}$siẽ^{31} "讯"音同"信" 消息：他走了好几年了，至今连个～也没有

才坏 ts'ɛ$^{53-55}$xuɛ˙ ①毛病，毁坏之处：他的自行车出～了 ②缺点：这小孩～不少

辣害 lɑ$^{213-31}$xɛ˙ ①较为严重的损害、损失：他不听教育，早晚要吃～ ②严重后果：他不知道违法乱纪的～ ③深刻的教训：那事他可经～了

磕瘩 k'ɑ$^{213-31}$tɑ˙ 磨难，遭遇：他从小不知受了多少～，所以老了不会有好身体

颠险 tiã$^{213-31}$ɕiã˙ 那人一辈子可受～了啊！

不是 pu$^{53-55}$ʃʅ˙ 错误，过失

饥荒 tɕi$^{213-31}$xuɑŋ˙ ①灾荒：过去这地方年年闹～ ②饥饿：一天没吃，我肚子～了

巧假 tɕ'iɔ^{213}tɕiɑ^{55} ①技巧，微妙之处：这里头有～ ②猫腻：这件事有～

假局儿 tɕiɑ^{55}tɕyer^{53} 假象：他们是造～来糊弄你的

卯眼 mɔ^{53}iã^{55} 隐秘：他怕别人看出什么～

藏掖 ts'ɑŋ^{53}iə^{213} ①须掩藏遮盖的：这事很公开，没有什么～ ②藏起来

心眼子 siẽ^{213}iã$^{55-213}$tsʅ˙ ①内心：打～里高兴 ②心地：那人～好｜没有好～ ③心智，见识：到外面见识见识，长长～ ④心计：他～多，一般情况下

不会出错儿

心路子 siẽ$^{213-24}$lu$^{31-53}$tsɿ˙ 人的气量、度量：她的～很宽

野路子 iə^{55}lu$^{31-53}$tsɿ˙ 有失常规、常理的办事方法或途径：他办事净使～

笨法子 pẽ^{31}fɑ$^{213-31}$tsɿ˙ ①拙笨的方法：办事光用～不行，要巧妙灵活一些 ②陈旧古板的方法：办事还是～牢靠

拙法子 pfə$^{213-24}$fɑ$^{213-31}$tsɿ˙ ①笨拙的方式、办法等：你想得都是些～ ②不恰当、不适合、适得其反的方式、办法等

假码子 tɕiɑ^{55}mɑ$^{55-213}$tsɿ˙ ①作假，不诚实，过于谦让：别弄～了，让你去喝酒你就去吧 ②用假的、不实际的言论等进行哄骗：别信他的，他弄得都是些～

假充子 tɕiɑ^{55}pf‘əŋ$^{213-31}$tsɿ˙ 假充的，顶替的：看着怪好，原来他是个～

闲篇子 ɕiã^{53}p‘iã$^{213-31}$tsɿ˙ ①与正事无关的话题：我没工夫跟你扯～ ②与正事无关的事：那是～，等以后再说

下剩的 ɕiɑ^{31}ʃəŋ$^{31-53}$ti˙ ①剩余的：苹果只卖了一点点的，～全送人了 ②次要的：重要的事办完了，～以后再说

小九九 siɔ$^{55-53}$tɕiou$^{55-53}$tɕiou^{55} 比喻心中的盘算、计策等：各人心里都有个～

下马威 ɕiɑ^{31}mɑ^{55}uei^{213} 原指官吏刚到任时从马上下来就对下属显示的威风，现泛指开头就向人显示威风，以使人产生敬畏之心：先给她来个～

瘆人毛 ʃẽ^{31}ʒẽ^{53}mɔ^{53} 形容人身上似乎长有令人感到畏惧、可怕的毛发：那人身上有～，谁见了他都害怕

牙关劲 iɑ$^{53-55}$kuã˙tɕiẽ^{31} 嘴上发狠而没有实力：他也就是～，真要揍他，他得吓得冒跑

宽心丸儿 k‘uã$^{213-24}$siẽ^{213}uɛr^{53} 比喻让人解除心中的焦虑或忧愁的话语等：先给个～吃吃

过目眼儿 kuə$^{55-213}$mu˙ iɛr^{55} ①似有鬼神在作祟：这事怪出奇，肯定里面有～ ②猫腻，不能公开的：这事一定有～

转眼法 pfã^{31}iã^{55}fɑ^{213} 障眼法

绕眼法 ʒɔ^{31}iã^{55}fɑ^{213}

遮眼法 ʧə^{213}iã^{55}fɑ^{213}

行常里 ɕiŋ^{53}tʃʻɑŋ$^{53-55}$li˙ 平时：我们～就是一日三餐

二沟里 ɭə^{31}kou$^{213-31}$li˙ 私下里，暗地里：他～还有不少私房钱

暗地里 ɣã^{31}ti$^{31-53}$li˙ ①黑暗处：～做的事早晚得叫人知道 ②私下里，不公开的：他经常～给八路军送信

蔽地里 pei^{31}ti$^{31-53}$li˙ 不公开的，私下里：有话就说在当面，不要～瞎嘀咕

口头语儿 kʻou$^{213-31}$tʻou˙ yer^{55} ①口头禅：那人说话好带～ ②经常挂在口头上的话：老张的～是“人不能白活着”

虚哄谈 ɕy^{213}xuŋ^{55}tʻã^{53} ①虚情假意：朋友间不能玩～ ②说的话、做的事不真实：你别再弄～了行不行？③夸夸其谈，不着边际

坍木灰 tʻã$^{53-55}$mu˙ xuei^{213} 房顶常年积累的成团成串的灰尘：屋顶上掉下～了

火力头儿 xuə$^{213-31}$li˙ tʻour^{53} 高峰期，关键时候：他生气正在～上，你千万别再去惹他

火势头儿 xuə$^{213-31}$ʃʅ˙ tʻour^{53}

零蛋黄儿 liŋ^{53}tã^{31}xuãr^{53} ①物品或器具等非常不结实：那玩意给～似的，一动弹就毁 ②比喻事情还不确定，随时都会变化或失败：这事给～样，说不定怎么样

铃铛黄儿 liŋ$^{53-55}$tɑŋ˙ xuãr^{53}

雷个棱儿 lei$^{53-55}$kə˙ lə̃r^{213} 不正经的，不正规的，不正常的：你净弄些～

隐身草儿 iẽ^{55}ʃẽ^{213}tsʻɔr^{55} ①传说中一种可以隐身的神奇的草 ②比喻可以遮盖自己本来面目的借口等：他想找个～

抓耳挠儿 pfɑ$^{213-31}$ɭə˙nɔr^{53} 本事，本领等：那人有点～，不然他怎么混得那么好

爪爪挠儿 pfɑ$^{213-31}$pfɑ^{213}nɔr^{53}

眼视头儿 iã$^{55-213}$ʃʅ˙ tʻour^{53} ①视力：人一上了年纪，～就不好了 ②见机行事或看脸色办事的能力：干活没～，就是累死，队长也不喜欢你

眼面子活儿 iã^{55}miã$^{31-53}$tsɿ˙ xər^{53} 容易被主人或他人看得见的活，主人眼皮底下的活：他那人就好干～，队长喜他，大家烦他

歪心眼子 uɛ$^{213-24}$siẽ^{213}iã$^{55-213}$tsɿ˙ 不公正的心术：那人一肚子～

嘻噔场儿 çi$^{31-53}$tʻɑŋ˙ tʃʻãr ①开玩笑的场合 ②开玩笑的习惯:她们俩有～

哑巴亏 iɑ$^{213-31}$pu˙ kʻuei^{213} "巴"音同"卜" 吃了亏又无法说出来：干吃～

泥蛋子眼 ȵi^{53}tã$^{31-53}$tsɿ˙ iã^{55} "泥"音同"迷" ①视力差 ②洞察能力差，看不清事物的真相：他～，看不出里面的事

避讳人的事儿 pi$^{31-53}$xuei˙ ʒẽ$^{53-55}$ti˙ ʃer^{31} 非常隐秘怕人知道的事情：我们之间没有～

二十五 动词

1. 单音节词语

出 pfʻu^{213} ①与"入"相对：～来｜～笼｜～嫁｜～发 ②发生：～事了｜～问题了 ③显露：～名｜～色｜～丑 ④发出：种的小麦～芽了 ⑤漏，排出：～气了 ⑥出产：苍山～大蒜｜俺那里～铁矿 ⑦显得量多：～菜 ⑧参加：～席会议 ⑨支出，拿出：～力｜～钱 ⑩超过：～界 ⑪量词，原来戏剧的第×幕叫第×出，现在多叫做第×场，一"出"就是一场：一～戏

□ ɣɑŋ^{55}音"昂（上声）" 被火烧：那垛柴草～啦｜裤子～了个大窟窿

埲 pɑŋ^{31}音同"棒" ①尘土飞扬：一刮风尘土各处里～ ②被飞尘污染：到处～得都是土｜身上～了一层土

□ ɣɑ^{213}音"啊（阴平）" 灰尘扬起附在某物上：米汤里叫～了一层灰

憋 piə^{55}音同"瘪" ①因经济拮据而窘迫：这几天家里分文没有了，实在～急了 ②毫无办法：这事叫～住了 ③刁难、为难等：我是故意～他的

硌 kə^{53} ①凸起的东西撑在身体某部位下面，使人不舒服：沙拉疆～脚｜饭里的砂子～牙 ②垫起：把桌子腿～上

耗 xɔ^{31}音同"浩" ①水慢慢渗入（地下）：一池子水竟然～得剩了一点点 ②减损，消耗：锅里的水～干了 ③拖延，延误：～时间

渗 ʃɑ^{31}音“沙（去声）” 渗漏：铁壶～水了

埽 sɔ^{31}音同“臊” ①水快速旋转或慢慢地斜冲：河堤叫水～了一个大凹坑 ②蚂蚁、螃蟹等在河岸、堤坝等处做窝：堤坝上叫螃蟹～了很多洞 ③因走泥路等裤脚上沾了泥巴：～了一裤角子泥 ④因腿部流汗、潮湿或裤子的布料过于粗糙等，使大腿内侧的皮肤受摩擦而红肿并有瘙痒感

渍 tsɿ^{213} 汤水等在铁锅内放置太久而被氧化，颜色变黑：稀饭叫锅～得黢黑

折 tʃə^{55} ①抵消：你给我一只鸡，我给你一只鸭，咱俩～了 ②折合：大小一平均，～五角钱一斤

兑 tuẽ^{55}音同“吨” 扯平，抵消：他打了你，你又打了他，这回也算～了｜我欠你十块钱，给你一包烟，咱～啦

洇 iẽ^{213}音同“因” 水慢慢渗湿：棚顶叫雨水～透了｜纸叫～湿了

湆 tɕ‘i^{213}音同“期” 干燥、干爽的东西放在湿润的地方慢慢变得潮湿：坐在地上裤子被～湿了｜煎饼太干了，～～就软乎

暩 tɕ‘i^{213} 用干燥的沙土等吸去多余的水分：用干土把路上的水～～

溻 t‘ɑ^{213}音同“塔” 衣服被汗水湿透：天气太热，衣服被汗～透了

垽 iẽ^{31}音同“印” 某些植物的根茎在地下往周围衍生繁殖：竹笋～了一大片

尽 tsiẽ^{55} ①由着，任凭：先～他说完 ②让，使满足：那个地方先～他用｜卖羊肉汤的汤水～喝

缩 pf‘u^{213}音同“出” ①收缩，缩回：刚伸手又～回去了｜萝卜晒～了 ②勒：腰带～得太紧不好受｜那人是被人～死的 ③捆绑：把小猪～上

堑 tʃə^{53}音同“辙” ①塌陷：地面～了个大坑 ②陷入：汽车～泥里去了 ③粘连：馒头剂子～一块儿去了 ④揉制：～花生糖

聒 kuə^{213}音同“锅” 声音大震动耳膜：工地上声音太大，～得睡不着

2. 多音节词语

堑歪 tʃə$^{53-55}$uɛ˙ 塌陷并倾斜：地基没有夯实，墙～了

渍洇 tsɿ$^{213-31}$iẽ˙ 慢慢浸润，渗透：把豆子～一下磨豆浆

翻桄 fã$^{213-31}$kuɑŋ˙ ①上翘，上下或内外交换位置等：嘴唇肿得～着 ②左右晃

动，似要翻倒：今天风大，河里的小船光～ ③侧翻：不小心车子～沟去了

出杠 pfʻu$^{213-24}$kaŋ^{31} ①超出界限：你的球～了 ②超出规定、规范等：做事不能太～了

出水 pfʻu^{213}fei^{55} “水”音同“匪” ①露出水面 ②水流出：打的井终于～了

消水 siɔ^{213}fei^{55} 水位降低

消化 siɔ$^{213-31}$ xu· “化”音同“乎” 消化：油大的食物吃多了不～

长毛 tʃaŋ^{55}mɔ^{53} ①霉变后生出菌毛：馒头～了 ②长出毛发

掉色 tiɔ^{31}ʃei^{213} 褪色

该到 kɛ$^{213-24}$tɔ^{31} ①注定如此 ②巧合

延到 iã$^{55-213}$tɔ· 按顺序轮到：这回可～俺打水了

延着 iã$^{55-213}$tʃə·

临到 liẽ$^{53-55}$tɔ·

轮到 luẽ$^{53-55}$tɔ·

排到 pʻɛ$^{53-55}$tɔ·

圪颠 kə$^{213-31}$tiã· ①颠簸：这路不平，车跑起来～～的 ②物体因放置不牢等稍有颠动：桌子没放好，光～

隔断 kei$^{213-31}$ tuã· ①间断：就是下雨他也没有～来看他娘 ②间隔：这事已经～怪长时间了

滑丝 xua^{53}sɿ^{213} ①因螺丝纹平滑而拧不住螺母 ②玩笑隐指妇女滑胎

加楔 tɕia$^{213-24}$sa^{213} “楔”音同“仨” ①用专用楔子揳进石缝等将其撑开 ②土法榨油时，把木楔揳进油榨以加压榨出油。③把木楔子等揳进卯隙起加固作用：安镢头要～才结实 ④鼓动，催促 ⑤进一步施加压力：再一～他就开口了 ⑥排队时插队

加钢 tɕia$^{213-24}$kaŋ^{213} ①推波助澜，火上浇油 ②怂恿，唆使 ③为使铁制品锋利或坚固等，在其适当处加上钢的材料并淬火

抹光 ma$^{213-31}$kuaŋ· “抹”音同“妈” ①错过了时间或机会：你来晚了，吃饭时间～了 ②绳类从杠子等一端脱落：担子那头～了 ③越过：石头没打着狗，扔～了

破碎 pʻə$^{31-53}$sueï　绳子的端部、布匹等边缘处散开：打个结，别让绳子头～了

破劲 pʻə^{31}ʦiẽ^{31}　①反拧使松：那根绳子拧得劲太大了，得破～ ②拉倒车，使消极：人家光想进步，他一个劲地跟在后面～

司犯 sɿ^{213}fã^{53}　①相克：据说柿子与酒～ ②比喻有矛盾：舌头还跟牙～（俗语）

算完 suã^{31}uã^{53}　罢休：办不好这事我给你不～

稳拿 uẽ^{55}nɑ^{53}　①稳稳地拿住 ②稳操胜券：靴子里摸腿——～了（歇后语）

楦满 ɕuã^{31}mã^{55}　①用东西填满物体的中空部分：箱子里～了衣服｜被子里～了新棉絮 ②贬指吃饱：孬好总得～肚子吧

及赶 ʨi$^{31-53}$kã　①等到：～等你来到，黄瓜菜都凉了 ②在不佳的情况下愈加恶化：～家里穷，又摊了个花钱的事

压摞儿 iɑ^{31}luər^{31}　①叠加 ②隐指人或动物交配

单摆 tã^{213}pɛ^{55}　①把物品不叠加摆放：把那堆西瓜～更显得多 ②单独理论、打斗等：你要是不服，咱就～ ③众多宴席外单独摆设宴席：再～一桌招待贵客

烟人 iã^{213}ʒẽ^{53}　人受到烟的刺激

淹人 iã^{213}ʒẽ^{53}　①人被水淹没受到伤害 ②因为水深经常淹死人：小心，这地方经常～

引火 iẽ$^{55-53}$xuə^{55}　①用作引燃的火源 ②引燃：这几天光下雨，连～柴都没有了

在数 tsɛ^{31}fu^{31}　①在一定的数量、范围之内：今天我说的人都～ ②算数：我说过的话一定～

保准 pɔ$^{55-53}$pfẽ^{55}　保证，一定：明天我～去喝你的喜酒

不兴 pu$^{213-24}$ɕiŋ^{213}　①不准许：～你胡来 ②不流行，不合时宜：现在～这一套了 ③不能：小孩子～哭

串荒 pfʻã^{31}xuɑŋ^{213}　①田边、山场的枯草连片着火 ②旧时点油灯时，灯捻连带周围的油渍物一同引燃：灯～了，快弄灭 ③事物间相互掺杂：这几件事都弄～了

串气 pfʻã^{31}ʨʻi　①可消化、益气：吃萝卜～ ②串通，走漏风声

长毛 ʧɑŋ^{55}mɔ^{53}　①霉变后生出菌毛：馒头～了 ②长出毛发

碍眼 ɣɛ^{31}iã^{55}　①影响视觉：那东西放那～ ②让人看到不舒服 ③妨碍别人做事

等：你在那儿站着～，快走开

澄清 təŋ^{31}ts'iŋ^{213} 液体中的混浊物沉淀：这碗稀饭～了

平槽 p'iŋ^{53}ts'ɔ^{53} 河里的水面高达河岸或堤坝：昨晚雨下得太大了，河里～了

抓膘 pfɑ$^{213-24}$piɔ^{213} 人或动物容易肥胖：这小孩不管吃多好，就是不胖，光长个子不～

掉膘 tiɔ^{31}piɔ^{213} 人或动物消瘦：这孩子不好好吃饭，～了

略瞟 lyə^{213}p'iɔ^{55} ①稍微偏向某方向：他家～西南 ②用眼角轻瞄：～一下就知道他是什么人

得济 tei$^{213-24}$tsi^{31} 得到报答、恩惠等：养儿育女现在总算～了

冒沫儿 mɔ^{31}mər^{213} ①冒水泡 ②煮饭或煮莱时漂冒在表面上像沫的东西：煮肉时锅里肯～

撒气儿 sɑ^{55}tɕ'ier^{31} 气体漏出：车胎～

漏气儿 lou^{31}tɕ'ier^{31}

跑气儿 p'ɔ^{55}tɕ'ier^{31}

拔罐儿 pɑ^{53}kuɛr^{31} 拔出、脱落等：靴子～了 | 筐系子～了

撤裤儿 tʃ'ə^{31}k'ur^{31} ①某些器具的筒件过大，使安装进去的东西过于宽松：这铁镢～，镢杆安进去根本不管乎 ②漫无边际的大吹大擂：这事叫他侃～了

打弯儿 tɑ^{55}uɛr^{213} ①条状物出现弯曲：竹竿太瓤了，挂上东西容易～ ②因故使弯曲：路要修直，但遇到无法逾越的障碍物就得～

打滑儿 tɑ^{55}xuɑr^{53} 因平面等光滑或倾斜而站不稳、走不稳或放不住等：冰面上一走就～

擦滑儿 ts'ɑ^{213}xuɑr^{53}

沉底儿 tʃ'ẽ^{53}tier^{55} 沉到水或其他液体的底部

听风儿 t'iŋ$^{213-24}$fə̃r^{213} ①备用，待用，听候选用：那几个人是～的 ②探听消息：你去～，有情况来报告 ③听到风声：～就是雨

带数儿 tɛ^{31}fur^{31} 作数，计算在内：醉酒后说的话不～

兑崩儿 tuẽ^{55}pə̃r^{213} 扯平，抵消

滴鼻儿 ti^{213}pier^{53} ①针类的“眼儿”处断裂：大针～了 ②倒霉，运气差：今天真～，赔钱了

豁鼻儿 xuə^{213}pier^{53} ①器物上类似鼻子的部分断裂 ②绳扣儿断开 ③鼻子缺裂，唇腭裂

过杠儿 kuə$^{213-24}$kɑ̃r^{31} ①越过界限、规定 ②过分：玩笑开～了

截捻儿 tsiə^{53}ȵiɛr^{31} ①鞭炮的捻子或炸药包的导火索等因故熄灭 ②比喻事情进行中突然停止：正在唱着怎么突然～了

着实儿 pfə^{53}ʃer^{53} 结结实实地触到实底：刚竖起的石头还没～，你不能松手

出活儿 pfʻu^{213}xər^{53} 单位时间内出的产品多或做工多：这台机子很～ | 下午的时候不多了，不～了 | 家务活杂碎，显得不～

离地儿 li^{31}tier^{31} ①离开地面：那筐子东西太重了，四个人没抬～ ②儿童刚学会走路：他家那小孩刚～ ③儿童淘气，光让大人抱着不愿下来走路：那小孩不省事，整天让人抱着不～

离骨儿 li^{31}kur^{213} 肉与骨头、果肉与果核儿、树皮与木质等易剥离：肘子很熟了，用筷子一插就～了 | 嫁接的桃子不～

离仁儿 li^{31}ier^{53} “仁”音同“银” 果肉与果核儿易分离

挨帮儿 iɛ$^{213-24}$pɑ̃r^{213} 紧靠着：俺两个村～

挨着边儿 iɛ$^{213-31}$tʃɔ˙ piɛr^{213} 边缘紧靠着：他两家的地～

敞着头儿 tʃʻɑŋ$^{55-213}$tʃɔ˙ tʻour^{53} 头上或物的上面没有任何覆盖物：下雨没带伞，～淋的 | 场上的粮堆～露了一夜，都潮了

光着头儿 kuɑŋ$^{213-31}$tʃə˙ tʻour^{53}

了啦 liɔ$^{55-213}$lɑ˙ ①完结了，消除了 ②事情平息了：前些日子出的那事～ ③没有了，光了：家里的钱花～

屁儿了 pier$^{31-53}$lɑ˙ 没有希望了：你昨天说的那个事～

化了 xuɑ$^{31-53}$lɑ˙ ①没有希望了：看来这事～ ②融化了：河里的冰～

毁了 xuei$^{55-213}$lɑ˙ ①坏了：那个灯泡～了 ②弄坏了：他又～了个碗 ③表示程度深：喜～ | 累～ ④惋惜的语气：～，下雨了，没关电闸

可毁了 k‘ə^{213}xuei$^{55-213}$lɑ˙ ①终于坏了：那个破碗～了 ②非常惋惜的语气：～，仓库失火了

上论了 ʃɑŋ^{31}luẽ$^{31-53}$lɑ˙ 正像人们常说的那样：老子英雄儿好汉，老子孬种儿混蛋，～

没见了 mu^{31}tɕiã$^{31-53}$lɑ˙ 丢失了：他的自行车～

挤嘟了 tsi$^{213-31}$tu˙lɑ˙ ①捆、装柴草等物时，因挤压使柴草等从一端大量散落出来 ②建造土墙时墙体凸起散裂以至倒塌 ③黏稠物等因包装不好等故外泄

赶巧了 kã$^{55-53}$tɕ‘iɔ$^{55-213}$lɑ˙ 恰巧，正好赶上

延巧了 iã$^{55-53}$tɕ‘iɔ$^{55-213}$lɑ˙

超码儿了 ʧ‘ɔ^{213}mɑr$^{55-213}$lɑ˙ ①越过了范围、界限等 ②超出了计划：这月钱花得～

撅挭着 tɕyə$^{213-31}$kəŋ˙tʃə˙ ①翘起：扁担～｜嘴～ ②用棍子的一头挑背东西

撅扛着 tɕyə$^{213-31}$kɑŋ˙tʃə˙ “扛”音同“杠”

滴流着 ti$^{213-31}$liou˙tʃə˙ 欲滴未滴

滴搂着 ti$^{213-31}$lou˙tʃə˙ 悬挂着：墙上～几串干辣椒

没足子 mẽ^{31}tsu$^{213-31}$tsɿ˙ 不知足，没有满足的时候：他那人赚便宜～

不随 pu^{213}suei^{53} 不像，不相像：这儿子脾气～他爹｜这女儿长相～她娘

不撑 pu$^{213-24}$tʃ‘əŋ^{213} ①难以承受：这根木棒根本～ ②难以坚持：我饿得～了

不认头 pu$^{213-24}$ʒẽ^{31}t‘ou^{53} ①不承认：这笔账他就是～｜这个事，大家都～，看来不好办了 ②不接受：上山砍柴，队长说了半天，大家都～

不使闲 pu^{213}ʃʅ^{55}ɕiã^{53} 闲不住，整天忙活：他一天到晚～

不转圈儿 pu$^{213-24}$pfã^{31}tɕ‘yɛr^{213} ①轮子不转动：自行车～了 ②大脑反应迟钝：看书看得时间久了，脑子就～了 ③呆板，不灵活，不会随机应变：他是个死脑筋，～

不着家儿 pu^{213}pfə^{53}tɕiɑr^{213} ①经常不在家：他成天～，不知道干什么 ②在外忙碌很少回家

不沾手儿 pu$^{213-24}$tʃã^{213}ʃour^{55} ①因故沾不到手上去 ②不插手，不参与：

这样的事他从来～

不着手儿 pu$^{213-24}$tʃɔ^{213}ʃour^{55} “着”音同“招” ①不插手、不参与等 ②不动手劳作：这人太懒，家里的活他从来～

不沾边儿 pu$^{213-24}$tʃã$^{213-24}$piɛr^{213} ①边缘黏不住 ②接触不上，与其无关：这件事他～ ②不符合实际情况：他刚才说的这些都～

不理人儿 pu^{213}li^{55}ʒer^{53} 对人不热情、不理睬：他老婆架子大，～

不上人儿 pu$^{213-24}$ʃɑŋ^{31}ʒer^{53} 集市、会场、戏院等场所到场的人少或还没人到场：都八点多了，还是～

不入门儿 pu$^{213-24}$vu^{213}mer^{53} ①不进门 ②得不到窍门，学不会：学了这么多日子就是～

不让棒儿 pu$^{213-24}$ʒɑŋ^{31}pãr^{31} ①不让步，不退让：大人说他一句，他有两句等着，从来～ ②吃饭时候只顾自己夹菜，不顾别人：那人吃饭～

不开窍儿 pu$^{213-24}$k‘ɛ$^{213-24}$tɕ‘iɔr^{31} ①心智未开，领悟力差：这孩子到这还～，学习老跟不上 ②心里想不通，不明白：说多少遍了，他就是～

不觉么儿 pu$^{213-24}$tɕyə^{213}mər^{53} ①没得到满足：这么一点雨，地里～ | 吃了这么一点饭，肚子～ ②没有感到困难：就是花个十万八万的，他也～ ③不感到痛苦、苦恼：这点小伤，对他来说～ ④没有意识到严重或危险：到这地步了，他还～

不识好儿 pu$^{213-24}$ʃʅ^{53}xɔr^{55} “识”音同“时” ①对于别人的给予等不领情：整天家睛吃坐穿，还～ ②不知足：那人～，不能打交道

不带数儿 pu$^{213-24}$tɛ^{31}fur^{31} 不作数，不计算在内：这次～，再来一次

不餐浮儿 pu$^{213-24}$ts‘ã^{213}fur^{53} ①指鱼不吃诱饵，钓鱼的浮标不动 ②比喻人不愿上钩儿或上当：那人很精，一般～

不得闲 pu$^{213-24}$tei^{213}ɕiã^{53} 抽不出时间：这几天～，改日再说吧

　不得空儿 pu$^{213-24}$tei$^{213-24}$k‘ũr^{31}

不扬合 pu^{213}iɑŋ$^{53-55}$xə˙ 不张扬，不宣扬：这事只要你自己～出去，谁也不会知道 | 他为人做事很低调，从来～

不便的 pu$^{213-24}$piã$^{213-31}$tï “便”音同“边” 不能攀比，比不上：咱～人家，人家有钱盖大楼

就便的 tsiou^{31}piã$^{213-31}$tï 很希望：你～我光让着你

余着劲 y$^{53-55}$tʃɔ· tɕiẽ^{31} ①能力、本领、精力等还有剩余：尽管他出了不少力，看那样子他还～ ②大马拉小车 ③物等有剩余：那些木料就是再建十间屋也还～

有怕头儿 iou^{55}p‘ɑ$^{31-53}$t‘our· 有惧怕的人或物：小孩就必须～

有怕角儿 iou^{55}p‘ɑ$^{31-53}$tɕyər· “角”音同“诀”

一离眼儿 i$^{213-24}$li^{31}iɛr^{55} 一时脱离了视线（就会发生某种情况）：～这孩子他就不学习了｜这些人干活～就磨洋工

出漏子 pf‘u$^{213-24}$lou$^{31-53}$tsɿ· ①堤坝等出现漏穴 ②出差错，出事故：他一再叮咛，恐怕这事～

出一拐 pf‘u$^{213-24}$i^{213}kuɛ^{55} ①多出一部分 ②比喻横生枝节：人家都这样，就你～

招风 tʃɔ$^{213-24}$fəŋ^{213} 容易受到风吹：树大～

招蚂蚁 tʃɔ$^{213-24}$mɑ$^{55-213}$ï 招引蚂蚁：带甜味的东西容易～

招苍蝇 tʃɔ$^{213-24}$ts‘ɑŋ$^{213-31}$iŋ· 招引苍蝇：垃圾堆～

招招着 tʃɔ$^{213-31}$tʃɔ· tʃə· 片状物向前或周边伸展：帽檐子向前～

比下了势 pi^{55}ɕiɑ$^{31-53}$lɑ· ʃɿ^{31} 通过相比较而显现出劣势：这两种货物放在一块一比，那种就～了｜他的口才和人家比，一下儿就～

错错旁人儿 ts‘uə$^{31-53}$ts‘uə· p‘ɑŋ^{53}ʒer^{53} 假若换成另外一个人：这事幸亏是他干的，～老板轻饶不了

半把儿拿着 pã^{31}pɑr^{55}nɑ$^{53-55}$tʃɔ· 对事情成功与否没有把握，只有一半的希望：这事办好办不好～

天照应 t‘iã$^{213-24}$tʃɔ$^{213-31}$iŋ· ①遭到苍天报应：整天做坏事，早晚～｜不要良心的人早晚～ ②行为不端的人遭受了天灾人祸，认为这是老天在报应：他成天不做好事，昨天掉山下摔死了，活该，这是～

门儿没有 mer^{53}mu$^{31-53}$iou· 一点希望没有，一点可能都没有：想叫他出

钱，～

没有门儿 mu$^{31-53}$iou˙ mer^{53}

剔溜转儿 t'i$^{213-31}$liou˙ pfɛr^{31} ①转动很快 ②动作快，有眼色：她整天跟着老板后头～

踢娄转儿 t'i$^{213-31}$lou˙ pfɛr^{31}

崴进去 uɛ$^{55-213}$tsiẽ tɕ'ï “去”音同“弃” ①赔本：今天～不少 ②搭上：他连家底儿都～了 ③条状物插入他物中的部分因故断留在其中：钻头～了

二十六 形容词

1. 单音节词语

好 xɔ^{55} 与“孬”相对，是应用非常广泛的形容词，可以形容各种事物的各个方面。①合人心意的：老天爷真～，可下雨了 | 天气真～，不热不冷 ②漂亮，身材适中：那姑娘长得真～ ③理想的：孩子考得怪～ ④长势旺盛：今年小麦长得真～ ⑤俊美、乖巧等：他孙子长得真～ ⑥令人满意的：那块布颜色真～ ⑦心地善良：那人心眼真～ ⑧和善，随和：她脾气真～ ⑨综合评价高：那家子人家真～ | 现在的政策真～，都是为了老百姓 ⑩用作反语：你弟兄俩真～，连亲爹娘都不孝顺

快 k'uɛ^{31} ①赶紧，迅速，与“慢”相对：你跑～点 ②锋利：把刀磨～点，好砍柴 ③痛快：心里的话一吐为～ ④就要，接近：天～亮了 ⑤灵敏，爽利，直截了当：那人～言～语

净 tsiŋ^{31} ①不肮脏：干～ ②只是，单是，单为，专一：做梦娶媳子——～想好事儿（歇后语） ③经常：到外地出差～碰到老乡 ④偏巧，偏偏：他运气好，～遇好事儿

钢 kaŋ^{31} ①特指酒的浓度高：这酒很～ ②因加水少，使和好的面或泥有些硬：你和的面太～了 ③生硬：他说话太～ ④在刀口上加钢打造使之锋利：～刀 ⑤比试：如果不服气咱俩～～ ⑥碰撞：两辆车～一块去了

胎 t'ɛ^{213} ①和好的面、泥含水分过多而过软：这面和得～了 ②指刚出生不久的幼儿或幼雏、幼畜等柔嫩无力：小牛犊太～了，还不能起来走路 ③纺织物等过于

柔软：这布料太～了，不结实

熐 $xu\eta^{213}$ 音同“轰” 变软：树上的柿子～了 | 下了大雨，地泡～了

浓 $nu\eta^{31}$ 因含水量超过了一定限度而变软且黏：刚下完雨，地里太～，进不去人 | 煎饼烙得太～了

怪 $ku\varepsilon^{31}$ ①奇怪：这事可真是～了，怎么会这样 ②很怪，不能包容：那人脾气太～ ③责怪：这事不能～他 ④传说中的妖怪 ⑤很，非常：～气人 | ～好听 | ～踿 | ～高兴

巧 $tɕ\text{'}iɔ^{55}$ ①灵巧，灵活：他的手太～了 ②偶然意外，巧合、恰好：太～了，没想到在这里遇到你 ③万一，侥幸：再买一期彩票吧，～了碰上大奖呢

急 $tɕi^{53}$ ①生活极度贫困：他家里孩子多，这二年生活很～ ②故意使人羡慕、眼馋：专拿好吃的～她 ③故意刁难、出难题，使人急躁：这回咱得想办法～～他 ④没有办法，难以排解：平常不好好学习，临到考试了他可～了

满 mã ①充足盈溢：雨下得沟～河平 ②很多：那里～人 ③很：他心眼～好 ④全，全部，整个：～村里很热闹

滂 $p\text{'}ɑ\eta^{213}$ 音“旁（阴平）” 因受水分而膨大：豆子泡～了

散 $s\tilde{a}^{55}$ ①煎饼等食品因存放时间长变得松散，口感不好：煎饼～了不好吃 ②散乱，散开：他把那捆柴草弄～了

散 $s\tilde{a}^{31}$ ①分开，分离：～伙 | 解～ ②分布，分给：～布 | ～发 ③排遣：～闷

酽 $i\tilde{a}^{31}$ 音同“艳” ①茶水等浓度高：把茶泡～些 ②酒、茶等色味浓厚：这酒味道很～，可能很好喝

乖 $ku\varepsilon^{213}$ 听话、顺服等：这小孩很～

行 $ɕi\eta^{53}$ ①有权有势等：那家子人家就是怪～，咱惹不起 ②有本事，有能力：那人干什么都～ ③同意，可以：～，这事我同意 ④好了，有起色：这几年他家的日子～了

溜儿 $liour^{31}$ 速度极快：西北风很～

涩 $ʃei^{213}$ ①像吃明矾、生柿子时舌头感到的那种不适的感觉 ②很勉强，不太情愿：这事办得怪～乎 ③不润滑：轴承缺油了，很～

跩 ʧuɛ^{55} ①走路摇摇摆摆的样子：鸭子走路一～一～的 ②高兴、得意，忘乎所以：他可～了，刚逮了条大鱼

恶 ɣə^{213} ①与“善”相对：凶～｜～毒｜～果 ②罪过：你作的那些～，早晚得难看 ③猛、赶快等：咱得～走，要不就黑天了｜你～吃，人家都吃完了｜你～跑，别叫人赶上

乏 fɑ^{53} ①疲倦：干了一天活，身子怪～ ②器物被用得不能继续用了：网子用～了，一动就破

绡 ɕiɔ^{213} 纺织物或编织物的经纬疏而不密：～布

活 xə^{53} ①随机应变，灵活，应变能力强：那小伙子很～ ②过于灵活，随风倒，势利：那人～，见圈就跳 ③不固定，可移动 ④与“死”相对

陈 ʧ‘ẽ^{53} ①时间久的：酒是～的香 ②储存下来的：烧～柴｜吃～粮

紧 tɕiŋ^{55} ①与“松”相对：拧～｜捆～ ②时间少，不够用：时间怪～ ③传说某地方有妖魔鬼怪出没使人畏惧：听说那地方怪～，千万别去 ④皮肤或身体有绷紧的感觉等：浑身争～不好受

2. 双音节词语

搁抹儿 kə^{53}mər^{55} ①合适，恰到好处：安排他去办那事正～ ②合算：人家出钱咱经营，这事怪～

合抹儿 xə$^{55-53}$mər^{55} 恰到好处：他说的那话正～

保把儿 pɔ$^{55-53}$pɑr^{55} 稳妥可靠，有把握：这事可是不太～

入谱儿 vu^{213}p‘ur^{55} 言行等符合常理：这个说法还算～

敞壳儿 tʃ‘ɑŋ^{55}k‘ər^{213} ①完全放开，不加限制：今天咱大～地收购蒜薹 ②公开的：我们的关系是～的，没有什么隐私 ③无遮盖：这麦垛～叫雨淋了

趁早儿 tʃ‘ẽ^{31}tsɔr^{55} ①尽早：你～和她割断关系 ②抓紧时机：～动身，以免迟到了

单崩儿 tã$^{213-24}$pə̃r^{213} ①单个，不成双：两个人一组，还剩一个～ ②独自一人：没有人和他一起去，只好～

成总儿 tʃ‘əŋ^{53}tsũr^{55} ①一总，不是零星的：那钱你～还给我吧 ②成整数的，

成批的：等攒～一块给他｜～买东西便宜

凑手儿 tsʻou^{31}ʃour^{55} ①协调一致，配合默契：干活时几个人得～，否则干不出活来 ②帮助，帮手：大家都来～这活就干完了 ③充足：钱不～就不买了

得手 tei^{213}ʃou^{55} ①得时，时机已到：一旦～，一定会卷土重来 ②得势 ③手臂的活动或动作等无阻碍、顺畅：站在梯子上摘苹果～

巧鼻儿 tɕʻiɔ^{55}pier^{53} 巧合，正巧：真～，在这里遇到你了

掉鼻 tiɔ^{31}pi^{53} 倒霉、运气不佳：真倒霉，今天钱都输光了

惯鬼儿 kuã^{31}kuer^{55} 习以为常：他占便宜真是～了

麻爪儿 mɑ^{53}pfɑr^{55} ①因故而手脚发麻、哆嗦 ②因过分激动、兴奋而失态：那人看到漂亮女人就～ ③看到别人得利，自己也急于为之

毛包儿 mɔ^{53}pɔr^{213} 乱七八糟：房间里叫小孩弄得～

塌场儿 tʻɑ^{213}tʃʻãr^{55} 失面子，下不来台：今天的事很～

显眼儿 ɕiã$^{55-53}$iɛr^{55} 引人注目：把花瓶放在～地方｜她整天吃香的喝辣的就是怪～

招眼儿 tʃɔ^{213}iɛr^{55} ①引人注目：她穿着这么贵的衣服太～｜把广告贴在～的地方 ②引人注意：平时没有大的经济来源，可突然盖起了二层楼，太～了

重样儿 pfʻəŋ^{53}iãr^{31} 完全相同：你尽干些不～的事！

心兴儿 siẽ$^{213-24}$ɕiə̃r^{213} 心中一时高兴或突然产生兴趣而去做某事：那是他一时的～才去钓鱼的，平常里他连河边都不去

出圈儿 pfʻu$^{213-24}$tɕʻuɛr^{213} 言行等超出规范：她那人能～了

出数儿 pfʻu$^{213-24}$fur^{31} ①等量的物品显得体积大、数量多 ②产量高：这种蒜蒜头虽然怪大，但论产量不～

撑梗儿 tʃʻəŋ$^{213-24}$kə̃r^{213} ①数得着，算得上等（多指好的方面）：论家产，老王～，论出力，他也～ ②经得住折腾，承受能力强：他就算怪～，家里出了这些事，花了这么多钱，他还是刚邦硬气的

撑人儿 tʃʻəŋ^{213}ʒer^{53} 物能承载的住人不下陷、不断裂：刚下完雨，地里还不～｜这板子太薄，不～

撑饿 $t\int^{‘}\partial\eta^{213-24}u\partial^{31}$ “饿”音同“卧” ①忍受饥饿的能力强 ②食物消化慢，使人长时间没有饿感：吃锅饼～

附身儿 $fu^{213-24}\int er^{213}$ ①衣服正贴合身体 ②迷信指妖魔等附着在人身上

可身儿 $k^{‘}\partial^{55}\int er^{213}$ 衣服正适合身材穿用

可揹儿 $k^{‘}\partial^{55}k^{‘}er^{31}$ ①恰巧，正巧：你来得太～了 ②正合适：这鞋我穿正～ ③及时、得力：他亲戚有权有势，很～

可意 $k\partial^{55}i^{31}$ 如愿，满意：找了个儿媳妇很～

安顿 $\gamma\tilde{a}^{213-31}tu\tilde{e}$ ①安稳：你就不能叫人～一会 ②安置，安排，使有着落：先把人～下来再说

安眼 $\gamma\tilde{a}^{213}i\tilde{a}^{55}$ ①使人看了顺眼、舒服 ②心安理得：你做的那事能～吗？

吃火 $t\int^{‘}\eta^{213}xu\partial^{55}$ ①需要长时间地烧、煮等：炖老母鸡就是很～ ②有耐性、承受力强：那家伙真～，揍了一顿没觉着

吃紧 $t\int^{‘}\eta^{213}t\varsigma i\tilde{e}^{55}$ ①严重，紧要：这是～的地方，可要注意 ②告急：前方战事～了

吃劲 $t\int^{‘}\eta^{213-24}t\varsigma i\tilde{e}^{31}$ ①承受力强：建房子房梁很重要，它最～ ②操心费力：为了你，他可～不小 ③给予的支持很有力：这件事靠他～准能办成

吃重 $t\int^{‘}\eta^{213-24}pf\partial\eta^{31}$ ①承受的重量大：这根顶柱不～ ②担负的责任重 ③受伤的程度深：这点小伤不～

吃水 $t\int^{‘}\eta^{213}fei^{55}$ “水”音同“匪” ①吸收水分多：这袋子面潮乎的，不～ ②饮水：～不忘打井人 ③取用生活用水：住在山上～是个问题 ④专指供饮用的水：～很干净 ⑤船身入水的深度

吃心 $t\int^{‘}\eta^{213-24}si\tilde{e}^{213}$ ①很用心：为了你的事儿，他可～了 ②下工夫：学习不～就学不好

出心 $pf^{‘}u^{213-24}si\tilde{e}^{213}$ 全心全意：他给俺办事很～

出眼 $t\int^{‘}u^{213}i\tilde{a}^{55}$ ①特别引人注目：他贪得太～了 ②出色，出众：她人长得怪～，人见人爱

巴结 $p\alpha^{213-31}t\varsigma i\partial$ / $t\varsigma i\varepsilon$ / $t\varsigma\ddot{i}$ ①很勉强：他干这活很～ ②不宽裕：日子过得很～ ③奉迎，讨好

打拢儿 tɑ$^{55-53}$lũr^{55} ①符合实际：他说的这些话不～ ②触及：孔太大，这么细的螺丝插进去不～

打腰 tɑ^{55}iɔ^{213} 很关键，很重要：那是个～的差事，什么事都管着

打阵儿 tɑ^{55}tʃer^{31} 间歇性的：我的腰～疼｜这个人的脾气不正常，～好～孬

对家 tei^{31}tɕiɑ^{213} ①不相上下，性情相同：这亲家俩都不讲理，那真是～啦 ②打扑克、玩麻将的术语：咱俩打～

对路 tei^{31}lu^{31} ①合适：这种产品在农村正～｜他个子大，扛麻袋正～ ②性格相投

对门 tei^{31}mẽ^{53} ①邻里院门相对 ②打扑克、玩麻将的术语：他俩坐～

齐夫 ts'i$^{53-55}$fu˙ ①非常整齐一致：当兵的站队很～｜今年小麦长得很～ ②很齐全：今天干活人到的很～

齐整 ts'i$^{53-55}$tʃəŋ˙ 整齐

四齐 sɿ^{31}ts'i^{53} ①非常整齐：她的牙齿长得～，真好看 ②四面均整齐：那块地叫他整理得～

四平 sɿ^{31}p'iŋ^{53} 非常平整：水泥路修得～

活泛 xə$^{53-55}$fã˙ ①宽裕：这二年他手里很～ ②和蔼，随和，灵活：不论给谁处事都得～点 ③松动，不牢固：车轮子有点～，可能是螺丝没拧紧

活鲜 xə^{53}siã^{213} ①没有枯萎，很新鲜：这芹菜～ ②刚出现：这茬口～

见凡 tɕiã$^{31-53}$fã˙ 很轻松：这点活对他来说很～

见钧 tɕiã$^{31-53}$tɕyẽ˙ ①稀少，少见：这种蓝田玉我们这里很～ ②不宽裕：今年大旱，粮食可能要～

暖和 nuã$^{55-213}$xuŋ˙ / nɑŋ$^{55-213}$xuŋ˙ / nuã$^{55-213}$xu˙ 不寒冷：到春天了，该～了

清亮 ts'iŋ / ts'uẽ$^{213-31}$liɑŋ˙ ①清楚：这书上字太小，看不～ ②干净：屋里收拾得～的 ③明白：那事俺大伙心里都～的

净亮 tsiŋ$^{31-53}$liɑŋ˙ ①干净明亮 ②心情清净：孩子都成家立业了，这回可～了

静亮 tsiŋ$^{31-53}$liɑŋ˙ 安静敞亮

静班 tsiŋ$^{31-53}$pã˙ 心里没有杂念、忧虑等

偏亮 p‘iã$^{213-31}$liaŋ˙ 宽敞明亮，无遮挡：那个地方可怪～

利亮 li$^{31-53}$liaŋ˙ ①不杂乱，很干净：她把屋里拾掇得～的 ②心里清净无负担：儿女的事情都办完了，父母心里～多了 ③打扮得体、干净：她是个～人

利索 li$^{31-53}$suə˙ ①利落，不繁琐：他办事干净～ ②解脱，无牵挂：赶快把事情安排完就～了 ③干净，不杂乱：她把家里拾掇得很～ ④心里清净无负担：那件事情终于办完了，心里也～了 ⑤打扮得体、干净

宽敞 k‘uã^{213}tʃ‘ɔ˙ “敞”音同“朝” ①宽大敞亮：你的房间真～ ②心里没有杂念、忧虑等

　宽快 k‘uã$^{213-31}$k‘uɛ˙

窄筑 tʃei$^{213-31}$pfu˙ 住所等面积较小：住得很～

窝疯 uə$^{213-31}$fəŋ˙ 植物受病虫害后，造成枝叶畸形萎缩

窝风 uə$^{213-24}$fəŋ^{213} 风不能通畅地流动：山旮旯里～

窝憋 uə$^{213-31}$piə˙ ①地方狭窄：他家里真～ ②窝火，憋气：那事在我心里～了好几天

蜗缺 uə$^{213-31}$tɕ‘yə˙ ①长时间蹲在一处不动，身体感到不适：光这样蹲着，乔～得上 ②居住空间小，活动空间小：你住在这小屋里头太～了

现成 ɕiã$^{31-53}$tʃ‘əŋ˙ 原有的，现有的：你自己不做，光等吃～的｜儿子结婚，～的三间房子装修一下就很好

现乎 ɕiã$^{31-53}$xu˙ 已有，不用临时准备：他家的钱很～

现眼 ɕiã^{31}iã^{55} 出丑，丢脸，成为别人的笑柄：丢人～

消停 siɔ$^{213-31}$t‘iŋ˙ ①停止，消闲：整天忙，从来没有～过 ②安静，安稳：小两口整天吵吵闹闹没有～过

消闲 siɔ^{213}ɕiã^{53} 悠闲，清闲：别人忙得要命，他倒很～

直拓 tʃʅ$^{53-55}$t‘uə˙ 很直：这条路很～｜小树长得很～

直立 tʃʅ$^{53-55}$li˙

　直凡 tʃʅ$^{53-55}$fã˙

匀乎 yẽ$^{53-55}$xu˙ ①均匀，匀称：今年小麦长得很～ ②使均匀：把大大小小的地瓜放在一块～～再分，那样公平 ③均分，均摊：饭不多，大家～着吃

匀溜 yẽ$^{53-55}$liou˙ 非常均匀

暄乎 ɕuã$^{213-31}$xu˙ ①松软而有弹性：刚出笼的馒头挺～｜海绵垫子很～ ②软弱可欺：半夜里吃柿子——专拣～的捏（歇后语）

玄乎 ɕuã$^{53-55}$xu˙ ①危险：刚才真～，差点儿掉到河里去 ②没有把握：这事是否能成功，我看～ ③玄虚而难以捉摸：他说得那事也太～了

悬乎 ɕuã$^{53-55}$xu˙ 不可靠，不牢靠：叫他去办这事儿，可有点～

稀好 ɕi^{213}xɔ^{55} 很好：这件事你办得～｜他俩关系多年就～

稀浑 ɕi^{213}xuẽ^{53} 很浑浊：那水～，不能用

稀亮 ɕi$^{213-31}$liaŋ˙ ①植物的行距株距大：这种菜长得大，就得种～点｜树栽得太～了 ②稀疏，较少：下雨天集上的人很～

稀松 ɕi$^{213-24}$suŋ^{213} ①很松弛：草捆得～ ②软弱无能：别看他名声挺大，可实际上～ ③实际差于表面：别看他个子大，可干起活来～ ④量少：这生意本钱很大，可挣钱～

稀脏 ɕi$^{213-24}$tsaŋ^{213} 很不卫生：这东西～不能吃｜这地方～，得彻底打扫一下

恰衬 tɕʻia$^{213-31}$tʃʻẽ˙ ①缺很少一点或多很少一点：真～，就差半钱不足一斤 ②吝啬：那人办事太～ ③节俭：过日子得～点

差迟 tʃʻa^{213}tʃʻʅ^{53} ①差错：孩子年轻，有什么～你担待着点 ②失误等：万一有什么～不好交待 ③相差：我比他～得太多了

大迟 ta$^{31-53}$tʃʻʅ˙ ①过分：这玩笑开～了，她真的生气了 ②差，缺：现金还～一小部分 ③超过了一定限度：本来是小事，结果叫他弄～了

浅迟 tɕʻiã$^{55-213}$tʃʻʅ˙ ①十分巧合：真～，表姊妹俩同一天结婚 ②缺极少：真～，就缺一两不够一百斤 ③很不凑巧：真～，我到的时候车刚出站 ④粗俗：那人就说～话

喋迟 tiə$^{53-55}$tʃʻʅ˙

喋歪 tiə$^{53-55}$uɛ˙

当齉 taŋ$^{213-24}$naŋ^{31}　正值，正在关键时候：～的割麦，你还躺在家里懒着不动

当戗 taŋ$^{213-24}$ts'iaŋ^{31} “戗”音“抢（去声）”　①很关键，很重要：他来得太～了 ②作用很大，很管用：那根柱子很～ ③独当一面：全家人就他～

钢尖 kaŋ^{31}tsiã^{213}　“钢”音同“杠”　容器内盛放的东西较满，冒出的部分呈尖状：今早吃了～一碗米饭

　竖尖 fu^{31}tsiã^{213}

须尖 çy$^{213-24}$tsiã^{213}　①非常尖锐：那树橛子～，可要当心 ②锥体、刀具等的顶端非常尖而锋利：那把刺刀～

全环 ts'uã$^{53-55}$xuã　很齐全：今天不缺人，到得可～了｜手续办得～的

全占 ts'uã^{53}ʧã^{31}　各方面都具备（好坏两方面）：那青年不论学识、人才还是素养，～｜那人吃喝嫖赌～

贵贱 kuei^{31}tsiã^{31}　①货物或贵或贱：这东西～我都不买 ②无论如何：这事～不能往外说

主贵 pfu^{55}kuei^{31}　①天生富贵 ②因稀少而贵重：这东西怪～，得保管好

主贱 pfu^{55}tsiã^{31}　①天生贫贱 ②讨贱：这人～，什么事都想插手｜那女人～，自己的男人那么好，她还不老练

瞎卜 çia$^{213-31}$pu·　对不起，不好意思：我们是好朋友，没能参加你的婚礼，太～了

瞎轻 çia$^{213-24}$tç'iŋ^{213}　①重量很轻：这筐子柴草～｜这张桌子～ ②轻视，不当一回事：他把这事看得～ ③不放在眼里：有的年轻人把父母的话看得～

拔干 pa^{53}kã^{213}　①吸收或使水分挥发较多：红土地易～ ②吃了含水分较少或盐分过多的食物等感到口渴：今天吃花生饼太多了，嘴里～

白搭 pei^{53}ta^{213}　①白费精力、财力、物力等：养了个儿子～，不孝顺 ②能力、技能等低下：那人～，什么事都办不好

　白费 pei^{53}fei^{31}

憋火 piə^{213}xuə^{55}　①因憋闷、抑郁而窝火：一肚子～没处发 ②柴草等因潮湿而难以燃烧 ③车辆等熄火：车正开着突然～了

黑火 xei^{213}xuə^{55}　因灶内空间小或填入灶内的柴草过多等，使不能充分燃烧致

冒出的火苗呈黑色：这锅灶不好烧，肯～

瘪茄 piə^{55}tɕʻiə^{53} ①茄子因被霜打等而萎蔫 ②起初很强势，后因无能为力而垂头丧气：刚才还找理讲，这一会～了 ③因为漏气等而缩瘪：气球～了

垂肚 pfʻei$^{53-55}$tu˙ 物体侧表面因故下垂：他那棉裤裆～着｜他一身赘肉～着

瓷实 tsʻɿ$^{53-55}$ʃʅ˙ ①结实，扎实：小伙子长得很～ ②厚实，色调纯正：那人的脸黑得真～ ③坚硬：这瓦罐怪～ ④纺织品织得细密且厚实：这种布料很～，做衣服肯定很耐穿

刺棱 tsʻɿ$^{213-31}$ləŋ˙ ①使之惊恐、逃脱：那条鱼一把没有抓住，～啦｜那人整天给逮～的贼样 ②事没有办好：那件事叫我办～了

匆闲 tsʻuŋ$^{213-31}$ɕiã˙ ①指经济、住所、时间等宽裕：日子过得不很～ ②游刃有余：办这事他是～的 ③很宽松：他穿 38 号的鞋很～

蹿火 tsʻuã^{213}xuə^{55} ①比喻盛怒的样子：他正气得七窍～ ②上火儿的症状：感冒了，觉得鼻子眼里都往外～ ③火焰冒出：烟囱里往外～

到劲 tɔ^{31}tɕiẽ^{31} 接近极限的程度：这瓜熟～了

足劲 tsu$^{213-24}$tɕiẽ^{31} ①到了一定程度：酒喝～了｜那钟表上～了 ②因不满而厌烦：一提起他我就～

过劲 kuə$^{213-24}$tɕiẽ^{31} ①超过了限度：这价钱你撑～了 ②超越了目的地：开车去看丈母娘，一没注意走～了 ③用力过大：绳子拧～了

泄劲 siə^{31}tɕiẽ^{31} ①失去信心、劲头等：受了这么大的磨难，他还没～ ②泄气：打斗了一番，对方终于～了

多沉 tuə^{55}ʧʻẽ^{53} 重量很大：这东西～，你提不动

肥亏 fei$^{53-55}$kʻuei˙ 享用的过分宽裕：这些肉一顿吃了太～了｜两个人住这么多房子太～了

疯快 fəŋ$^{213-24}$kuɛ^{31} ①特别锋利：刀子磨得～ ②速度特别快：他走起路来～ ③货物畅销：这产品很受消费者欢迎，卖得～

付时 fu^{31}ʃʅ^{53} ①一丝不苟地按规定时间卖力去做：那人干活很～ ②多指孩子按时睡觉、吃饭等：小孙子睡觉很～

盖了 kɛ31−53lɑ˙ ①出类拔萃，技压群芳：他的手艺～ ②打篮球术语

快了 k‘uɛ31−53lɑ˙ ①马上，时间不长了：整天不做好事，我看离坐监狱～ ②走俏：萝卜～不洗泥（俗语）

干嗦 kã213−31suə˙ 干爽：小麦晒了两天，怪～了

硌棒 kə53−55pɑŋ˙ ①硬棒，扎实 ②能力强，本领过硬：那人～，放哪哪行

怪咒 kuɛ31ʧou31 ①运气不佳，时运不好：这段时间～，净碰倒霉事 ②压力大，负担重，责任大：那担子叫我挑，总感到～

官的 kuã213−31ti˙ ①官方的，官方确认的 ②光明的，公认的：你放心，咱这事是～ ③共用的：这地方是～，谁都可以用 ④合法的：人家登记了，婚姻是～ ⑤公开的：做生意过去叫“投机倒把”，现在是～

和闪 xə213−31ʃã˙ “和”音同“喝” ①因有弹性而颤动：这扁担弹性好，挑东西～～的②因为不牢固而颤动：小木桥一走人～～的

犟歪 tɕiɑŋ31−53uɛ˙ ①很勉强，很吃力：这活他干很～ ②性格有些倔强 ③过分谦让：别～了，吃饭去吧

孬好 nɔ213xɔ55 不论好与坏：事情到了这个地步，～都得将就了

捞害 lɔ31−53xɛ˙ ①程度很深：这场雨真～ ②很多、很重、很快等：他家的钱可～了 | 这船货可～了 | 他的长跑速度可～了 ③厉害至极，达到相当高的水平：那人的手段可～了

厘卜 li53−55pu˙ ①外行：对木工活他太～ ②差，不合常理：你讲的这个理太～了

力赖 li213−31lɛ˙ ①纠缠：你可别再跟着我后头～了 ②精神不振，软弱无力：那人干活太～ ③与“稠”相对，粥饭等熬制得太稀不黏稠：这米汤你烧得太～了

耐龌 nɛ31uə31 “龌”音同“卧” 耐脏：重色的衣服～

　耐污 nɛ31u213

蔫败 iã213−31pɛ˙ “蔫”音同“烟” ①植物叶片萎蔫 ②比喻无精打采

　蔫悠 iã213−31iou˙

偏沉 p‘iã213−31ʧ‘ẽ˙ ①两边或两端重量不均衡 ②待人不平等，偏向一方：父母对孩子个个都不～

欺天 tɕʻi$^{213-24}$tʻiã^{213} ①连老天都欺骗或欺负：能欺人，莫～（俗语） ②比喻大逆不道，伤天害理：这家伙太～了，早晚没有好下场 ③在享用等方面要求过高，尤其是在吃的方面过分挑剔：这狗太～了，连菜汤都不喝

曝晾 tɕʻi$^{213-31}$liɑŋ˙ 音同“期量” 稍湿润，将干未干的样子：下完雨刚出太阳，地里还不～

囚磨 tsʻiou$^{53-55}$mu˙ “磨”音同“目” ①囚禁折磨：他蹲了三年牢，已～得不像样子了 ②在狭小处活动受限而感到烦闷、急躁等，好似在受折磨一样：这活太～人了 ③受困扰，遭磨难：孩子多家务多负担重，可叫～死了

仁样 ʒẽ$^{53-55}$iɑŋ˙ ①谦和，有礼貌：那小青年吃饭很有～ ②俊俏、标准等：那孩子长得真～

如适 vu^{53}ʃʅ^{213} 合适，舒服：你给我买那件衣服穿着真～

散落 sã$^{55-213}$luə˙ 干湿度适中，不沾黏：地里的土～，正适宜播种

顺妥 fẽ$^{31-53}$tʻuə˙ ①干脆，利落：这事没想到他答应得那么～ ②顺利且妥善：没想到事情办得那么～

酸款 suã^{213}kʻuã^{55} ①不正规的，不切实际的，虚无缥缈的想法、办法等：别弄这些～了，人人心里都有数 ②言行轻浮

糖朗 tʻɑŋ$^{53-55}$lɑŋ˙ 专指大蒜糖化变质

头沉 tʻou$^{53-55}$ʧʻẽ˙ ①承受的钱、物等负担过重而感到困难、压力大等：叫我一下子拿出上万块钱，实在怪～ ②头部昏沉

突煳 tʻu^{213}xu^{53} 被火烤烧或在锅里等被煎烙过火而变得焦黑：地瓜烤得～了，不能吃了

拖拉 tʻuə$^{213-31}$lɑ˙ 行为散漫，落后：那人做什事都～

相宜 siɑŋ^{213}i^{53} ①适宜，合适：你这样做太不～了 ②划算：一包烟换了个打火机，不～

响名 ɕiɑŋ^{55}miŋ^{53} 扬名，出名，有名气：他儿子考上了北京大学，这下子可～了

压风 iɑ$^{213-24}$fəŋ^{213} 使风吹不起、吹不透：还是穿棉大衣～

严了 iã$^{53-55}$lɑ˙ ①遍及，普遍：他的事叫他到处败坏～ ②严格了：现在办事程

序要求更～

殃烂 iɑŋ$^{213-31}$lã˙ 腐烂朽坏：那根木头放得太久，都～了

腰粗 iɔ$^{213-24}$ts‘u^{213} ①腰围大 ②比喻有钱有势：你们谁都比我～

依挨 i^{53}ɣɛ^{53} 确定，不改变：这事咱可说～，不能反悔

准成 pfẽ$^{213-31}$tʃ‘əŋ˙ ①保准，有把握：看来，这事不～了 ②准确：他说话不～，你别信他的

硬棒 iŋ$^{31-53}$pɑŋ˙ ①坚硬：刚上好的水泥地面还不～ ②结实，有劲：这小孩身子还不～ ｜ 病刚好，身子还不～ ③有能力，有实力：那人很～，能干好村长 ④得势：他在单位里怪～ ⑤理直气壮：只要没有私心，说话就～ ⑥有分量：还是老同志说话～

冤枉 yã$^{213-31}$uɑŋ˙ ①冤屈：他把这事安在我的头上，真是～ ②不值得，不应当：这钱花得真～ ③得到不应该得到的：不干工作照拿高工资，都是吃国家～粮的

在行 tsɛ^{31}xɑŋ^{53} 很内行，很懂行：办这事他很～

扎人 tʃɑ^{53}ʒẽ^{53} “扎”音同“铡” 接触温度很低的水或其他物体，使肢体受到刺激，甚至难以承受：冬天河里的水冷得～

扎实 tʃɑ$^{213-31}$ʃʅ˙ ①实在，踏实：他办事很～，你不要担心 ②健壮、结实：这个小孩长得怪～ ③牢固：筐子编得很～

沾嫌 tʃã^{213}çiã^{53} ①有钱有势，霸气十足：人家～，咱惹不起 ②有能力等：我饭量还行，喝酒就不～了

着实 *tʃuə^{53}ʃʅ˙ ①实实在在的，毫无虚假的：刚才他打我那一拳真～ ②确实：他～是个老实人 ③程度深：今天天冷得真～

真管 tʃẽ^{213}kuã^{55} ①有能力，有能耐：那人～，什么都难不倒他 ②有作用，效果好：这种药～，药到病除。③讥讽语气：你～，什么人你都敢欺负

整奘 tʃəŋ$^{213-31}$pfɑŋ˙ ①很完整，无破碎：这捆粉条很～ ②整齐，个个顶用：家里人口很～，吃粮食多

嘴奘 tsuei$^{55-53}$pfɑŋ^{55} 人饭量大吃得多：你们家的人～，所以吃得多

兴时 çiŋ^{213}ʃʅ^{53} 时兴，流行：现在带手表不～了

挣紧 ʧəŋ^{213}tɕiẽ^{55} ①物体表面绷得很紧：箍得～ ②空隙小：鞋小点，穿在脚上～ ③很急：要得～ ④掩盖、隐瞒得很严密：那件事人家早就知道了，你还捂得～

中用 pfəŋ$^{213-24}$yŋ^{31} 顶用：孩子小，还不～

周溜 ʧou$^{213-31}$lou˙ 周全，顺当：事情考虑得很～

3. 多音节词语

拉拉儿湿 *lɑ$^{213-24}$lɑr$^{213-31}$ʃʅ^{213} 湿淋淋的：他叫大雨淋得～

呱呱儿湿 *kuɑ$^{213-24}$kuɑr$^{213-31}$ʃʅ^{213}

呱独儿湿 *kuɑ$^{213-24}$tur$^{213-31}$ʃʅ^{213}

纵角着 tsuŋ$^{31-53}$tɕyə˙ tʃɔ˙ "角"音同"决" ①四边形的四个角不是标准的直角：这块地～ ②角度不正：墙砌得～

纵样着 tsuŋ$^{31-53}$iɑŋ˙ tʃɔ˙，

篡角着 ts'uã$^{31-53}$tɕyə˙ tʃɔ˙ 形状、角度等不规则

弯弓着 uã$^{213-31}$kuŋ˙ tʃə˙ 弯曲着：你看那人～腰干什么的？

崭晚了 tʃã$^{55-53}$uã$^{55-213}$lɑ˙ 太晚了：今天～，明天再说吧｜早先不听话，你现在后悔～

就筋了 tsiou$^{31-53}$tɕiẽ˙ lɑ˙ 定型了，不可改变了：瘸子的腿——～（歇后语）

睛好了 ts'iŋ^{53}xɔ$^{55-213}$lɑ˙ "睛"音同"情" ①只管放心：这事你～，我保证办好 ②不治而愈：他那病还硬是～

睛管了 ts'iŋ^{53}kuã$^{55-213}$lɑ˙ 只管放心：孩子的婚事你～，我们一定让你满意

干店了 kã^{213}tiã$^{31-53}$lɑ˙ 卖光了、用光了、花光了等：家里的积蓄花～

花木了 xuɑ$^{213-31}$mu˙ lɑ˙ 事情半途而废，不成功了，办不成了：那事到底还是～

化了 xuɑ$^{31-53}$lɑ˙

提不得 t'i$^{53-55}$pu˙ ti^{53} ①很不满意，不想提起：唉，那事～，一说就想生气 ②很满意，令人激动：～，那朋友对咱太热情了｜～，那件子衣服太合适了

怪不得 kuɛ$^{31-53}$pu˙ ti˙ ①难怪：～他今天没来，原来是病了｜～她俩经常一起吃饭，原来是同学 ②不能埋怨、责怪：这事是你自找的，～别人

怨不得 yã$^{31-53}$pu˙ tï

差不离儿 *tʃ‘ɑ^{213}pu˙ lir^{53} 差不多：～就行，不要要求太高

高的矮的 kɔ$^{213-31}$tï iɛ$^{55-213}$tï 无论何人，不论高低：～他都一样看待

没大来去 mu$^{53-55}$tɑ˙ lɛ$^{53-55}$tɕ‘y˙ 没有大的区别，差别不大：他俩的学习成绩～

没大没小 mu^{31}tɑ^{31}mu^{53}siɔ^{55} 不分大人小孩，形容很不讲礼节

没老没少 mu^{31}lɔ^{55}mu^{53}ʃɔ^{31} 不分老人小孩，形容不讲礼貌，没有尊卑：他这人～的，太不像话了

明出尽道 miŋ^{53}pf‘u$^{213-24}$tsiẽ^{31}tɔ^{31} 有根有据，正大光明：说话办事要～，不能搞小动作

撑打听 tʃ‘əŋ^{213}tɑ$^{55-213}$t‘iŋ˙ 经得起调查了解：那家子人家忠厚老实，～

撑抹扯 tʃ‘əŋ^{213}mə$^{55-213}$tʃ‘ʅ˙ 衣服等耐污：这种颜色的衣裳～，小男孩穿正合适

剔溜圆 t‘i$^{213-31}$liou / lou˙ yã^{53} 很圆

大抹头 tɑ^{31}mə^{55}t‘ou^{53} ①大幅度砍价：要价太高，就得～地还价 ②不按具体情况而平均分摊利益等：～算账不合理

大溜事儿 tɑ^{31}liou^{31}ʃer^{31} ①大方面：～能过得去就行，不要太过分要求 ②较普遍：都到芒种了，～割麦了 ③高潮期：这几天人太忙，过～再说

大肝乎 tɑ^{31}kã$^{213-31}$xu˙ 心胸豁达，不拘小节，大大咧咧：那人是个～，你不要责怪他

齐截子 ts‘i^{53}tsiə$^{53-55}$tsʅ˙ 断截面很平齐：那棵树被大风～刮断了

巧吊聊 tɕ‘iɔ$^{55-53}$tiɔ^{55}liɔ^{53} 对偶然巧合感到意外、感叹或反感等：真是～，又遇到个吹牛皮的

面瓮儿样 *miã^{31}ũr^{31}iɑŋ˙ 像面粉一样细腻、柔软、光滑：这孩子的皮肉跟～｜菜畦里的土叫他弄得给～

面瓜儿样 miã^{31}kuɑr$^{213-31}$iɑŋ˙ 形容又柔软又细腻，常用来比喻小儿或年轻女子的胳膊或手背等：看她那小手给～

给娘俩样 kei^{31}ȵiaŋ^{53}liar^{55}iaŋ· ①比喻两女性间，年长的和年轻的长相很相像 ②关系融洽得像母女 ③比喻大腹便便，肚子像孕妇一样：看他那肚子挺得～

给麻籽儿样 kei^{31}ma^{31}tsier$^{213-31}$iaŋ· “麻籽”即蓖麻籽或苎麻籽。①一般常用来比喻人吃得很饱：看他吃得肚子～ ②隐指孕妇的肚子特别大

正当红 tʃəŋ^{31}taŋ^{213}xuŋ^{53} 正在关键时期，正在鼎盛期：那个歌星～

高方点儿 kɔ$^{213-31}$faŋ· tiɛr^{55} ①稍微高些：弟弟个子比哥哥还～ ②稍有超过：论武艺，哥哥比弟弟稍微～

老鼻子了 *lɔ$^{55-213}$pi$^{53-55}$tsɿ· la· 至极、很多等：今天逢会，来的人～

小打油儿 siɔ$^{55-53}$ta^{55}iour^{53} ①形容不大气，不大度：那人没多大出息，说话办事都是～ ②规模小：他做的几样生意都是～

对口味儿 tei^{31}kʻou$^{55-213}$uer· ①适合胃口儿：这菜不太咸，我吃正～ ②正符合心愿：你那样办对他来说正～

喘人气儿 pfʻã^{55}ʒẽ^{53}tɕʻier^{31} 意为有人性：他要是～的话，就不会丢下老婆孩子不管了

牒拉沿儿 tiə$^{55-213}$la· iɛr^{31} “牒”音同“爹” ①边沿不陡翘：山坡开荒造地不能～，否则水土容易流失 ②专指代盘子、碟子等边沿不陡翘的餐具：人说是盘子，咱就说是～

冰扎凉 piŋ^{213}tʃa^{53}liaŋ^{53} “扎”音同“铡” ①物体像冰一样凉：那水～，可不能下去洗澡 | 石头上～，不能坐 ②很冷：外面～，快到屋里来 | 手冻得～ ③形容非常寒心：真没想到他这么不要良心，我心里觉得～

白搭蜡 pei^{53}ta$^{213-24}$la^{213} ①毫无作用地搭进了（一根）蜡烛 ②比喻白费精力、财力、物力等：干了一冬天～，没挣到钱 ②能力、技能等低下：那人～，什么事都办不好

白费蜡 pei^{53}fei^{31}la^{213}

腿脚勤 tʻei^{55}tɕyə^{213}tɕʻiẽ^{53} 腿脚勤快，好动

急着乎儿 tɕi$^{213-31}$tʃɔ· xur^{213} 很急：房子装修好了，他们～搬家

铁揳样 tʻiə$^{213-24}$siə$^{213-31}$iaŋ· “揳”音“写（阴平）” ①比喻像揳进了铁楔那样结

实 ②比喻办事非常可靠：那人办事给～，你尽管放心 ③确定无疑：那事给～，你放心就是了

二型头儿 ɭə^{31}ɕiŋ^{53}t‘our^{53} 第二等次的：孩子的学习在全班属～

二番头 ɭə^{31}fã^{213}t‘ou^{53} 回过头来重做：他～又去喝了一场酒，还能不醉？

二来来 ɭə^{31}lɛ^{53}lɛ^{53} ①重复：要办就一次办好，可别弄个～ ②推翻原来的另行开始 ③病复发或再一次生同样的病：感冒刚好，昨晚受凉又来了个～

三调角儿 sã$^{213-24}$tiɔ^{31}tɕiɑr^{213} “角”音同“甲” 呈不规则的三角形：这块地～着｜我们几个人住得～着

两岔股儿 liɑŋ^{55}ʧ‘ɑ^{31}kur^{55} ①完全不同的两条路：本来说好一起去商店的，结果走～去了 ②完全不同的两件事或一件事的两个方面：咱们俩说～去了 ③河流、道路等分叉：这河流到那个地方就分～去了 ④底部连在一起的树叉等：找个～树枝做弹弓

自来熟 tsɿ^{31}lɛ^{53}fu^{53} 见到陌生人就像跟老熟人一样：她跟什么人都是～

毁了堆 xuei$^{55-213}$lɑ·tsuei^{213} ①坏了，失败了：那事～，办不成了 ②事情结果坏得出乎意料而惊叹：可～了，事情闹大了！

毁了腿 xuei$^{55-213}$lɑ· t‘ei^{55}

双保险 fɑŋ^{213}pɔ$^{55-53}$ɕiã^{55} ①在稳妥可靠的基础上还有另一套使之稳妥可靠的措施办法等：房门上安了两把防盗锁，这回真是～了 ②有两种以上生活来源或两种以上职业等：人家是～，保证生活没问题

屋上火着 u$^{213-31}$ʃɑŋ· xuə^{55}pfə^{53} 形容事情很紧急：就算是～，他照样不急不躁

从大末小 ts‘uŋ^{53}tɑ^{31}miə^{213}siɔ^{55} “末”音同“灭” ①先从年龄大的开始 ②先从数量、数字、个头等大的开始：这堆西瓜咱～分

一包在内 i$^{213-24}$pɔ^{213}tsɛ^{31}nei^{31} 全部包括在内，全部计算在内：今年收成不好，～打了不到二千斤粮食

三角六棱儿 sã$^{213-24}$tɕiɑ^{213}liou^{31}lə̃r^{31} “角”音同“甲” 形容物体的形状极不规则：这块石头～的，没大用

凉头皮 liɑŋ^{53}t‘ou^{53}p‘ier^{53} 因惊吓、意外等顿感头皮发凉：一听人家的回话，他就～了

凉定气儿了 liɑŋ^{53}tiŋ^{31}tɕ‘ier$^{31-53}$lɑ· ①温度降到了最低点：你还不吃，饭～ ②因受人以怨报德而寒心：我待他那么好，他反而恩将仇报，我这心里真是～

凉透气儿了 liɑŋ^{53}t‘ou^{31}tɕ‘ier$^{31-53}$lɑ·

活够了 xə^{53}kou$^{31-53}$lɑ· ①不想活下去了：生活日不聊生，子女也不孝顺，真是～，死算了 ②恐吓人的话：我看你是～！

听嘡二五 t‘iŋ$^{213-24}$t‘ɑŋ^{213}ɭə^{31}u^{55} 形容速度快、干净利落：那点活叫他们几个人～一阵子干完了

由风自便儿 iou^{53}fəŋ$^{213-24}$tsɿ^{31}piɛr^{31} 自由自在，不受拘束，不受限制：退休了，他整天家～，想干么就干么

随风自便儿 suei^{53}fəŋ$^{213-24}$tsɿ^{31}piɛr^{31}

稀烂贱 ɕi$^{213-24}$lã^{31}tsiã^{31} 商品价格很低：这东西～，可买多了也没有什么用

稀来易样 ɕi^{213}lɛ^{53}i$^{31-53}$iɑŋ· ①微不足道 ②很轻率：他给～样根本没当回事 ③很轻松：这事～，很好办 ④不牢靠，不牢固：这筐子编得～，一点不结实

现点现的 ɕiã^{31}tiã^{55}ɕiã$^{31-53}$ti· 当场兑现

差精点儿 tʃ‘ɑ$^{213-24}$tsiŋ^{213}tiɛr^{55} ①差一点点，几乎：～把这事给忘了 ②缺很少：～不到两万

成事儿了 tʃ‘əŋ^{53}ʃer$^{31-53}$lɑ· ①情况变得严重了：这个病他开始没当一回事，现在～ ②事情性质向不好的方面转化或小事发展成了大事：这件事还真～

倒出桥 tɔ$^{31-53}$pf‘u· tɕ‘iɔ^{53} 越来越不如以前：你怎么办事越来越～？

摁模儿去了 ɣẽ^{31}mur$^{53-55}$tɕi· lɑ· ①把要铸造或定型的东西按到模具里去了，不会再改变形状了 ②比喻已成定局：他当县长的事是～

齐乎梁子 ts‘i$^{53-55}$xu· liɑŋ$^{53-55}$tsɿ· 全部，一拥而上：大家～上阵，一会就把大街打扫得干干净净

齐大伙子 ts‘i$^{53-55}$tɑ· xuə$^{55-213}$tsɿ·

眼离筋了 iã^{55}li$^{53-55}$tɕiẽ· iɑ· 视觉一时错乱而产生幻象：那地方根本没有什

么，那是你～

直橛儿样 tʃʅ^{53}tɕyər$^{53-55}$iɑŋ· 形容像橛子那样直：他站在那里跟～

能大辖 nəŋ^{53}tɑ^{31}ɕiɑ^{53} 很大，那么大：～一块石头，他弯腰搬起来了

成分高 tʃʻəŋ$^{53-55}$fẽ· kɔ^{213} 土地革命时期被划为“中农”以上的成分：那时因为～，没能上大学

活受罪 xə^{53}ʃou^{31}tsuei^{31} 活着而遭受苦难：人家喝酒是享受，我喝酒是～ | 死要面子～

抓挣样 pfɑ$^{213-24}$tʃəŋ$^{213-31}$iɑŋ· ①形容勤快、能干：他家属整天给～，所以日子过得比别人好 ②手忙脚乱

掉不过腚来 tiɔ$^{31-53}$bu· ku· tiŋ$^{31-53}$lɛ· ①指住所等地方空间小，狭窄：你住这地方太窝憋了，～ ②指车尾等调转不过来

到几儿啦 *tɔ^{31}tɕier^{55}lɑ· ①已经超过了做某事的时间：～，你还不种麦？②到了一定的年龄：～，还搞网聊？

4. 反义词对比

大 tɑ^{31} ①与“小”相对：高楼～厦 ②傲慢，摆架子，不谦逊：那人太～，从不跟人说话 ③年长：他比我～五岁 ④排行在最前：老～

多大 tuə^{53}tɑ^{31} 较大：这西瓜个儿～

多大大 tuə^{53}tɑ^{31}tɑ$^{31-53}$ 很大

小 siɔ^{55} ①与“大”相对：～孩子 ②年龄小：他比我～几岁 ③排行老末：～儿子 ④辈分低：俺都是～的，您别客气 ⑤故作年龄小或辈分低：都快三十的人了，还整天～得了不得 ⑥小老婆：他有好几房～

宁点儿 ȵiŋ^{213}tiɛr^{55} 较小

精点儿 tsiŋ^{213}tiɛr^{55}

宁点儿点儿 ȵiŋ^{213}tiɛr^{55}tiɛr$^{55-53}$ 很小：这石榴子～

精点儿点儿 tsiŋ^{213}tiɛr^{55}tiɛr$^{55-53}$

宁尕儿 ȵiŋ^{213}kɑr^{53} 较小

精尕儿 tsiŋ^{213}kɑr^{53}

宁尕儿尕儿 ȵiŋ^{213}kɑr^{53}kɑr^{53} 很小：我要个～的

精尕儿尕儿 tsiŋ^{213}kɑr^{53}kɑr^{53}

长 ʧʻɑŋ^{53} ①与“短”相对：～远｜～度 ②特长，优点：取～补短

多长 tuə^{53}ʧʻɑŋ^{53} 较长，很长

多长长 tuə^{53}ʧʻɑŋ^{53}ʧʻɑŋ^{53} 很长：这根绳子～

短 tuã^{55} ①与“长”相对：长枪～棍｜ ②拦路抢劫：他遭到～路的了 ③阻断滞留：叫大雨～家里了 ④缺少：～款 ⑤缺点：咱别说人家的～处 ⑥电流不通过用电器，直接连通：电线～路了

宁短 ȵiŋ^{213}tuã^{55} 较短：褂袖子～

精短 tsiŋ^{213}tuã^{55}

宁短短 ȵiŋ^{213}tuã^{55}tuã$^{55-53}$ 很短

精短短 tsiŋ^{213}tuã^{55}tuã$^{55-53}$

宽 kʻuã^{213} ①与“窄”相对：路很～ ②宽度：这条路～十八米 ③宽大，不严厉：～容 ④平和：她心路子很～ ⑤使松缓：～心

多宽 tuə^{53}kʻuã^{213} 较宽

多宽宽 tuə^{53}kʻuã^{213}kʻuã$^{213-53}$ 很宽：门口的街道～

窄 ʧei^{213} ①横的距离小，与“宽”相对：跟韭菜叶子那么～ ②心胸不开朗，气度小：那人心路子～ ③居住处狭小：他住得很扁～

宁窄 ȵiŋ$^{213-24}$ʧei^{213} 较窄

精窄 tsiŋ$^{213-24}$ʧei^{213}

宁窄窄 ȵiŋ$^{213-24}$ʧei^{213}ʧei$^{213-53}$ 很窄：小巷子～

精窄窄 tsiŋ$^{213-24}$ʧei^{213}ʧei$^{213-53}$

高 kɔ^{213} ①与“低”相对：～山峻岭 ②与“矮”相对：个子很～ ③多：工资～ ④超过平均值或标准值：体温偏～ ⑤等级在上的：～级知识分子 ⑥能力等超出一般：～手 ⑦敬辞：～寿｜～龄

多高 tuə^{53}kɔ^{213} 较高

多高高 tuə^{53}kɔ$^{213-24}$kɔ$^{213-53}$ 很高：那人个子～

矮 $i\varepsilon^{55}$ 与“高”相对：个子～

宁矮 $ȵiŋ^{213}i\varepsilon^{55}$ 较矮

精矮 $tsiŋ^{213}i\varepsilon^{55}$

宁矮矮 $ȵiŋ^{213}i\varepsilon^{55}i\varepsilon^{55-53}$ 很矮：小媳妇～

精矮矮 $tsiŋ^{213}i\varepsilon^{55}i\varepsilon^{55-53}$

深 $ʧ‘ẽ^{213}$ ①与“浅”相对：山涧很～ ②深刻：那件事我印象很～ ③深奥：今年的高考题不～

多深 $tuə^{53}ʧ‘ẽ^{213}$ 较深

多深深 $tuə^{53}ʧ‘ẽ^{213-24}ʧ‘ẽ^{213-53}$ 很深：井水～

浅 $ʦ‘iã^{55}$ ①与“深”相对 ②浅显易懂：试题很～ ③浅薄：学问很～

宁浅 $ȵiŋ^{213}ʦ‘iã^{55}$ 较浅

精浅 $tsiŋ^{213}ʦ‘iã^{55}$

宁浅浅 $ȵiŋ^{213}ʦ‘iã^{55}ʦ‘iã^{55-53}$ 很浅：河里的水～

精浅浅 $tsiŋ^{213}ʦ‘iã^{55}ʦ‘iã^{55-53}$

胖 $p‘ɑŋ^{31}$ 与“瘦”相对：那个女的很～

多胖 $tuə^{53}p‘ɑŋ^{31}$ 较胖

多胖胖 $tuə^{53}p‘ɑŋ^{31}p‘ɑŋ^{31-53}$ 很胖

瘦 $ʃou^{31}$ 与“胖”相对：那只小鸡太～，杀了吃不着

宁瘦 $ȵiŋ^{213-24}ʃou^{31}$ 较瘦

精瘦 $tsiŋ^{213-24}ʃou^{31}$

瞎瘦 $ɕiɑ^{213-24}ʃou^{31}$

宁瘦瘦儿 $ȵiŋ^{213-24}ʃou^{31}ʃour^{31-53}$ 很瘦

精瘦瘦儿 $tsiŋ^{213-24}ʃou^{31}ʃour^{31-53}$

瞎瘦瘦儿 $ɕiɑ^{213-24}ʃou^{31}ʃour^{31-53}$

粗 $ʦ‘u^{213}$ 与“细”相对：他的腰～

多粗 $tuə^{53}ʦ‘u^{213}$ 较粗

多粗粗 $tuə^{53}ʦ‘u^{213-24}ʦ‘u^{213-53}$ 很粗

细 si^{31} 与“粗”相对：这木棍太～

宁细 $ȵiŋ^{213-24}si^{31}$ 较细

精细 $tsiŋ^{213-24}si^{31}$

宁细细 $ȵiŋ^{213-24}si^{31}si^{31-53}$ 很细

精细细 $tsiŋ^{213-24}si^{31}si^{31-53}$

厚 xou^{31} ①与“薄”相对：这床被子太～了 ②稠，浓度大，与“空”相对：这稀饭煮得太～了 ③密，密度大，与“稀”相对：菜苗太～了 ④不知道羞耻：那人脸皮真～ ⑤深厚：他俩交情很～ ⑥多：河里的鱼真～ ｜这地方钱真～ ⑦待人厚道：宽～仁慈

多厚 $tuə^{53}xou^{31}$ 较厚

多厚厚 $tuə^{53}xou^{31}xou^{31-53}$ 很厚

薄 $pə^{53}$ 与“厚”相对：的确良布很～

宁薄 $ȵiŋ^{213}pə^{53}$

精薄 $tsiŋ^{213}pə^{53}$

宁薄薄 $ȵiŋ^{213}pə^{53}pə^{53}$

精薄薄 $tsiŋ^{213}pə^{53}pə^{53}$

稀 $ɕi^{213}$ 与“厚、稠”相对： ①间距大，不稠密：～亮｜麦苗不～ ②浓度小，与“稠”相对：～饭 ③数量少：～罕 ④在形容词前表程度深：～烂｜～俊

宁稀 $ȵiŋ^{213-24}ɕi^{213}$ 较稀疏

精稀 $tsiŋ^{213-24}ɕi^{213}$

宁稀稀 $ȵiŋ^{213-24}ɕi^{213-24}ɕi^{213-53}$ 很稀疏

精稀稀 $tsiŋ^{213-24}ɕi^{213-24}ɕi^{213-53}$

空 $k‘uŋ^{213}$ 与“厚、稠”相对：这锅稀饭不～

宁空 $ȵiŋ^{213-24}k‘uŋ^{213}$ 较稀薄

精空 $tsiŋ^{213-24}k‘uŋ^{213}$

宁空空 $ȵiŋ^{213-24}k‘uŋ^{213-24}k‘uŋ^{213-53}$ 很稀薄：汤不厚，～

精空空 $tsiŋ^{213-24}k‘uŋ^{213-24}k‘uŋ^{213-53}$

挺硬 tʻiŋ^{53}iŋ^{31} 较硬

挺硬硬 tʻiŋ^{53}iŋ^{31}iŋ$^{31-53}$ 很硬：花生饼～

溜暄儿 liou$^{213-24}$ɕyɛr^{213} 较软

溜暄暄 liou$^{213-24}$ɕyã$^{213-24}$ɕyã$^{213-53}$ 很软：热馒头～

5 “xx 的、xy 的”等式

溜儿溜儿的 liour$^{213-24}$liour$^{213-55}$tï 容器里的液体或其他物质非常满：杯子里的茶水倒得～

吊吊儿的 tiɔ^{31}tiɔr$^{31-55}$tï 独独的，唯独：这次去北京怎么～把他剔下来了

见凡儿的 tɕiã^{31}fɛr$^{53-55}$tï ①形容很轻松：这车子我推～ ②稍有不足：这几个馒头我～吃了

匆闲儿的 tsʻuŋ^{213}ɕiɛr$^{53-55}$tï ①指经济、住所、时间等宽裕：日子过得不很～ ②游刃有余：办这事他是～ ③很宽松：他穿 38 号的鞋很～

瘦溜儿的 ʃou^{31}liour$^{213-55}$tï ①身材修长好看：那姑娘长得～，很迷人 ②行装、打扮、穿戴等很简洁：那小媳妇整天打扮得～ ③行囊、用品等很简洁：他用的杯子～，真好看

硬整儿的 iŋ^{31}pfə̃r^{55}tï 稍硬，软中带硬：这米饭还～，不到火候 | 这块饼～，不好咬

油汪儿的 iou^{53}uɑ̃r$^{213-55}$tï ①菜品、汤菜里油较多：菜里～，一看就有胃口 ②形容光亮润泽：他脸上～，面色很好

长凡儿的 tʃʻɑŋ^{53}fɛr$^{53-55}$tï 稍微长一些：锨把～好用

胀勾儿的 tʃɑŋ^{31}kour$^{213-55}$tï 胀鼓鼓的样子：小猪吃得肚子～

涩乎儿的 ʃei^{213}xur$^{213-55}$tï ①不润滑：眼睛～，不好受 ②很勉强，不太顺当等：这事托他去办，～ ③稍涩：这柿子没熟透，还～

稀溜儿的 ɕi^{213}liour$^{213-55}$tï ①粥汤等稍稀：粥～，正好喝 ②稀疏：把苗儿间得～，利于通风、高产

快当儿的 kʻuɛ^{31}tɑ̃r$^{213-55}$tï 快一点

臊当儿的 sɔ^{31}tɑ̃r$^{213-55}$tï 抓紧时间、动作快捷、利落：你要干就～的，别磨

磨蹭蹭的

臊啦儿的 sɔ^{31}lɑr$^{213-55}$tï

麻利的 *mɑ$^{213-24}$li$^{31-55}$tï

赶立的 *kã^{55}li$^{31-55}$tï

爽当儿的 *fɑŋ$^{55-213}$tãr$^{213-55}$tï ①干脆、利落、爽快：你要去就～去 ②快点：你～走

大铺儿的 tɑ^{31}p‘ur$^{31-55}$tï ①大大方方的：今天相亲，你可要～ ②放心：你～，这事我包了

干净儿的 kã$^{213-24}$tsiə̃r$^{31-55}$tï ①很卫生：厨房里打扫得～ ②没有了，一点也没剩余 ③清正廉洁

全环儿的 ts‘uã^{53}xuer$^{53-55}$tï ①齐全，齐备：过年的东西都～ ②很完整：那些文物埋在地下上千年，至今还～

消停儿的 siɔ^{213}t‘iə̃r$^{53-55}$tï 轻轻地，慢慢地，小心地：你～说话，别惊动了别人｜你～干，别累着

直杠儿的 tʃʅ^{53}kãr$^{31-55}$tï 挺直无弯曲：腿伸得～｜大路修得～

直立儿的 tʃʅ^{53}lier$^{213-55}$tï “立”音同“厘” 挺直：这棵树长得～

好好儿的 *xɔ^{213}xɔr$^{213-55}$tï ①没有损坏，完美无缺：这楼还～，怎么就拆了？②没有异常：这两口子刚才还～，怎么一会就打起来了？

好好儿的 *xɑŋ^{213}xãr$^{213-55}$tï “好”音同“夯” 认真地：你～过日子，别懒得了不得

没事儿的 mu^{31}ʃer$^{31-55}$tï ①若无其事的样子：这事就是他干的，他还装得给～样 ②无动于衷：人家的麦子都割完了，他还～

实罗儿的 ʃʅ^{53}luər$^{53-55}$tï 实实在在的：人要讲诚信，～，大家才信任你

一则儿的 i^{213}tser$^{213-55}$tï 一直，一直不停的：别人都下班了，他还～干起｜别人都不吭声了，他还～骂起｜就这样～改过来改过去，什么时候能完成？｜这雨下了一夜，天明了还～下起｜太阳都多高了，那两口子还～睡

酋酋的 *tɕ‘iou^{53}tɕ‘iou$^{53-55}$tï ①慢慢地，轻轻地，小心翼翼地：你～动一下，

别弄醒了小孩 ②稍微的，勉强的：过节了，我就～表示一下心意 ③差一点，险些：你～没把你娘气死

足足的 *tsy$^{213-24}$tsy$^{213-55}$tï ①绰绰有余：这些粮食吃一年～ ②对人很不满：看到他那样我就～

柴乎的 tʃ'ε^{53}xu$^{213-55}$tï ①由于纤维多或干瘦而不易嚼烂：这种萝卜～｜老牛肉嚼起来～ ②比喻人性格怪异，比较难以对付：那家伙～，不能打交道

潮乎的 tʃ'ɔ^{53}xu$^{213-55}$tï ①稍有些潮湿 ②比喻人稍有愣怔，言行不着边际：那个孩子～，或许长大了还好

拙乎的 pfə$^{213-24}$xu$^{213-55}$tï 不灵活、较笨拙：我～，不管学什么都慢

哼哈儿的 xəŋ$^{213-24}$xɑr$^{213-31}$tï 愤怒地或大声地说话：有话好好说，别动不动就～

光溜儿的 kuɑŋ$^{213-24}$liour$^{213-31}$tï ①一干二净，什么都没有：给他娘治病家里折腾得～ ②裸体：他身上脱得～

光油儿的 kuɑŋ$^{213-24}$iour$^{53-55}$tï ①很光滑很干净：那石头上～，你坐下吧 ②裸体

登登儿的 təŋ$^{213-24}$tə̃r$^{213-31}$tï ①塞得很满：挎包里塞得～ ②捆得很紧：勒得～ ③很拥挤：人挤得～

吭吭儿的 k'əŋ$^{213-24}$k'ə̃r$^{213-31}$tï ①很吃力的样子：累得～ ②吃得很饱：今天这顿饭吃得～ ③因哮喘等喘不开气的样子：一口气上了五层楼梯，累得我～ ④形容严厉地批评、斥责等：我叫他～熊了一顿 ⑤形容气得厉害：他叫儿子气得～ ⑥咳嗽得厉害：他有气管炎，整天～

撅撅儿的 tɕyə$^{213-24}$tɕyər$^{213-31}$tï ①走路很快很有力的样子：他整天忙得～ ②紧跟在他人后头献殷勤的样子：他整天跟在村长腚后头～

颠颠的 tiã$^{213-24}$tiã$^{213-31}$tï ①走得很快很有力：他整天忙得～ ②紧跟在他人后面献殷勤的样子 ③紧紧跟随：小狗跟后头～

屁颠儿屁颠儿的 p'i^{31}tiɛr^{213}p'i^{31}tiɛr$^{213-31}$tï

非儿非儿的 fer$^{213-24}$fer$^{213-31}$tï ①非常充实，非常满：筐子里的柴草按

得～ ②形容喘不开气而憋得厉害：他不能干活，走路都累得～喘 ③形容特别生气，气喘吁吁：你看他气得～

绷儿绷儿的 pə̃r$^{213-24}$pə̃r$^{213-31}$tï ①很坚硬：水缸里的水冻得～ ②绳索等拉得很紧

杠杠儿的 *kaŋ^{31}kãr^{31}tï 走起路来很有劲头的样子：一听说去逛超市，他～跟着就走了

杠不儿杠不儿的 kaŋ$^{31-53}$pur˙ kaŋ$^{31-53}$pur˙ tï

蛮蛮的 mã$^{53-55}$mã̈ tï 怪不得，原来如此，忽然明白了事情的原委和真相：～咪，原来是这么回事！| ～他家这么阔，原来早就做大生意

匀满儿的 yẽ^{53}mɛr$^{53-55}$tï ①到处都是：各处垃圾～，得赶快打扫 ②多而均匀：大礼堂里的人坐得～

犟玩儿的 tɕiaŋ^{31}uɛr$^{53-55}$tï ①人的性格有点倔强：他人各方面都好，就是脾气～ ②有点少、小、差等：鞋小点儿，穿在脚上～ ③有点勉强：再让我把这杯酒喝下去，实在感到～

咕嘟的 ku$^{213-24}$tu$^{31-53}$tï ①形容浓烟一下子冒出来：烟囱里烟～冒出来 ②形容人很生气：他心里气得～

实心儿的 *ʃʅ^{53}sier$^{213-53}$tï 里面没有空隙：铅球是～

急等的 tɕi^{213}təŋ$^{55-213}$tï ①急切 ②形容时间紧迫：她～上车，你快走

急等的 *tɕi^{213}təŋ$^{53-55}$tï

长就的 tʃaŋ^{55}tsiou$^{31-53}$tï 与生俱来，天生的：生就的骨头～肉（俗语）

不待犟的 pu$^{213-24}$tɛ^{31}tɕiaŋ$^{31-53}$tï ①没什么可说的，无可争辩：～，他的学问就是比你大 ②事先讲明白，到时不能犟嘴更不能耍犟脾气：咱先说好，到时候～

不离形儿的 pu$^{213-31}$lï ɕiə̃r$^{53-55}$tï 差不多，一般情况下：给孩子找对象别要求太高，～就行

大通套儿的 ta^{31}t‘uŋ$^{213-24}$t‘ɔr$^{31-53}$tï 普通的，平常的，一般的：这衣服也就是～，没有什么特别之处

大路旁的 tɑ^{31}lu^{31}p‘ɑŋ$^{53-55}$tï ①平常的，常见的：我说的都是些～事丨他就认识几个～的字 ②大路边的（东西等）

大不堂儿的 *tɑ^{31}pu˙ t‘ɑ̃r$^{53-55}$tï ①没有任何顾虑和顾忌：你～，我不会骗你 ②大摇大摆的：你～干，我支持你

及不早的 tɕi$^{53-55}$pu˙tsɔ$^{55-213}$tï 极早地：他～就下地了丨他～就把结婚的东西置办好了

无堡数儿的 u^{53}fɑ$^{53-55}$fur˙ tï 很多次或很多遍，接连不断的：孩子整天～要钱，也不知道节俭

年不幼儿的 ȵiã$^{53-55}$pu˙ iour$^{53-55}$tï 很年轻：你～，怎么什么活都不想干？

格得得的 kə^{213}tei^{53}tei$^{53-55}$tï 特别动听：这戏她唱得～，真好听

死趴趴的 sɿ^{55}p‘ɑ^{53}p‘ɑ$^{53-55}$tï ①发酵的面粉或蒸好的馒头等不松软、不膨松：面没有发好，蒸出的馒头～ ②耕耙后的土地等，土壤仍不膨松：这地里的土壤结构不好，无论怎么耕耙还是～ ③比喻办事不灵活、行为迟钝等

影影绰绰的 iŋ$^{55-213}$iŋ˙ pf‘ə$^{213-31}$pf‘ə˙ tï ①看得不清楚、不真切：离得太远，～看不清楚 ②印象不深：这人我～还有一点儿印象 ③萦念，牵挂：儿子出发好几天了，我心里～

咯咯泱泱的 kə$^{213-31}$kə˙iɑŋ$^{213-31}$iɑŋ˙tï 指一定范围内人或动物等十分密集并慢慢游动：那池子里的小鱼～，真多

抹抹刁刁的 mə$^{213-31}$mə˙ tiɔ$^{213-31}$tiɔ˙ tï ①形容行为异常、刁钻、油滑：那人整天～不正干 ②暗暗的，不声不响的：人家没有吭一声，～就买车了

溜溜擦擦的 liou$^{213-31}$liou˙ ts‘ɑ$^{213-31}$ts‘ɑ˙ tï 灰溜溜的：大家七嘴八舌说了他一顿，他～走了

粗粗拉拉的 ts‘u$^{213-31}$ts‘u˙ lɑ$^{213-31}$lɑ˙ tï ①处理问题不细致，办事草率：他干活总是～ ②脾气粗鲁，不拘小节：他这个人是个好人，就是办事～ ③粮食等粉碎不细、不均匀

星星点点的 siŋ$^{213-24}$siŋ^{213}tiã^{55}tiã$^{55-213}$tï ①数量少而分散：天上云彩～ ②事情很小：这些都是～小事，不要计较

哈拉八七的 xɑ$^{213-31}$lɑ˙ pɑ$^{213-24}$ts'i$^{213-31}$tï 全部，所有的：～都算上，这些货也不够装两车的

呃子怪呆的 ɣə$^{53-55}$tsɿ˙ kuɛ$^{31-55}$tɛ˙ tï ①味道极差：你炒的什么菜，～真难吃 ②唱歌等发音跑了调，字不正，腔不圆：他唱得～真难听

呃拉摆呆的 ə$^{53-55}$lɑ˙ pɛ$^{31-55}$tɛ˙ tï

猪吃狗叨的 pfu$^{213-24}$tʃ'ɿ^{213}kou^{55}tɔ$^{55-213}$tï ①猪也吃狗也吃 ②比喻把某些东西随便放置任其糟踏：他把地瓜搁在大门外，～，一点不心疼

瞎好老歹的 ɕiɑ^{213}xɔ^{55}lɔ$^{55-53}$tɛ$^{55-213}$tï ①不论孬好：到了这样了，～也得将就了 ②简单地应付、应对：～应付应付也就过去了

瞎好的 ɕiɑ^{213}xɔ$^{55-213}$tï

孬好的 nɔ^{213}xɔ$^{55-213}$tï

歪得胡茄的 uɛ$^{213-31}$tï xu^{53}tɕ'iə$^{53-55}$tï

没了好歹的 mu$^{53-55}$lɑ˙ xɔ^{55}tɛ$^{55-213}$tï 态度不好，动作不礼貌

㞞疯捭肚的 suə^{53}fəŋ^{213}pɛ^{55}tu$^{31-53}$tï

稀根拉毛儿的 ɕi$^{213-24}$kẽ$^{213-24}$lɑ^{213}mər$^{53-55}$tï 过于稀疏：他那头上～长了几根头发

稀稀拉拉的 ɕi$^{213-31}$ɕï lɑ$^{213-31}$lɑ˙ tï ①稀疏、不均匀的样子：庄稼苗子出得～ ②不紧凑、不热烈：会开得～的，效果不好 ③疲沓：这活干得～

蔫悠不呔的 iã$^{213-31}$iou˙ pu$^{213-24}$tɛ$^{213-31}$tï ①树木、瓜果、蔬菜等因太阳晒、干旱或长时间存放等因，失去水分而萎蔫：玉米苗被太阳晒得～ ②萎靡不振、无精打采的样子：那人整天～没有一点精神

鞣打屁松的 ʒou^{213}tɑ^{55}p'i^{31}suŋ$^{213-31}$tï "鞣"音"揉（阴平）" 萎靡不振，做事不认真，松松垮垮的样子：那人整天～，不能指望他办什么事

松皮拉乎的 suŋ^{213}p'i^{53}lɑ$^{213-24}$xu$^{213-31}$tï 很松弛，不紧凑，不结实：这孩子浑身～

烟熏火燎的 iã$^{213-24}$ɕyẽ^{213}xuə$^{55-53}$liɔ^{55}tï 烟熏着、火燎着：成天家～，家具颜色都变了

油之麻花的 iou$^{53-55}$tʃʅ̇ mɑ^{31}xuɑ$^{213-31}$ / xuɑ$^{31-55}$tï 到处沾满油污：你混身～是怎弄的？

严实合缝的 iã$^{53-55}$ʃʅ̇ xə^{53}fəŋ$^{31-53}$tï ①缝隙密合很好：门关得～ ②很周密，无漏洞 ③保守秘密好

锃明剔亮的 tʃəŋ^{213}miŋ^{53}tʻi$^{213-24}$liɑŋ$^{31-53}$tï ①非常光亮：小锅刷得～｜皮鞋擦得～｜晴空万里，太阳～｜刀子～

要紧要忙儿的 iɔ^{31}tɕiẽ^{55}iɔ^{31}mɑ̃r$^{53-55}$tï ①紧张、忙碌 ②紧张忙碌的同时抽出时间：～，得先把这事办了

数不到样儿的 fu$^{55-213}$pu̇ tɔ^{31}iɑ̃r$^{31-53}$tï 各种各样的：他家里～古董都有

零打碎敲的 liŋ^{53}tɑ^{55}suei^{31}tɕʻiɔ$^{55-213}$tï ①断断续续的：～干点活锻炼身体也好 ②零碎的，零星的：他也～做点小买卖

脏不来歪的 tsɑŋ$^{213-31}$bu̇ lɑ^{31} / lɛ^{31}uɛ$^{213-31}$tï 脏兮兮的样子：掏了一天粪，浑身弄得～

稀不拉脏的 ɕi$^{213-24}$pu̇ lɑ$^{213-24}$tsɑŋ$^{213-31}$tï 形容很脏：那地方～，你可别过去

小打小闹的 siɔ$^{55-53}$tɑ^{55}siɔ^{55}nɔ$^{31-53}$tï ①规模较小的：我搞加工只是～，比你不行 ②小矛盾，稍有摩擦：她俩整天～，别管他 ③动作轻微，用力小：这点活～累不着

泥哧澥苟的 mi$^{53-55}$tʃʻʅ̇ ɕiɛ^{31}kou$^{55-213}$tï 沾满泥水：身上弄得～的

泥哧胡澥的 mi$^{53-55}$tʃʻʅ̇ xu^{53}ɕiɛ$^{31-53}$tï

黏哧胡澥的 ȵiã$^{53-55}$tʃʻʅ̇ xu^{53}ɕiɛ$^{31-53}$tï 沾满了有黏度的东西

沽拽滥蛋的 *ku$^{31-53}$pfɛ̇ lã^{31}tã^{31}tï ①形容果树上的果子非常多：你看那棵柿树结得～满树都是 ②形容非常多：这东西～到处都是

哩嘞啦嘎儿的 li$^{53-55}$lï lɑ^{31}kɑr$^{213-31}$tï ①形容零散或断断续续的样子：这活～干了个把月 ②断断续续地洒落：一车子花生叫他路上～掉了一半 ③液体在运输中滴漏 ④撒尿缓慢不痛快：患前列腺的人撒尿往往～尿不净

跟帮随溜儿的 kẽ$^{213-24}$pɑŋ^{213}suei^{53}liour$^{55-213}$tï ①接近目标或要求：

不要太好，～就行 ②一般情况，中等水平：生活上比上不足，比下有余，～就不错了

滴娄无索的 ti$^{213-31}$lou˙u^{53}suə$^{31-53}$ti˙ ①悬挂的东西长短不齐，零乱：混身～，真难看 ②人群杂乱，无秩序：歌唱家一来，身后～跟着一大群人

梢梢光光的 ʃɔ$^{31-53}$ʃɔ˙ kuaŋ$^{213-31}$kuaŋ˙ ti˙ ①人身材瘦弱且过高，不协调：那人个子怪高，就是～不好看 ②某物既细又高：那垛柴草垛得～，好像要歪

浮尧浮尧的 *fu$^{213-31}$iɔ˙ fu$^{213-31}$iɔ˙ ti˙ 器皿的液体很满几近溢出：杯子里的茶～

覆沿儿覆沿儿的 fu$^{213-24}$iɛr^{31}fu$^{213-24}$iɛr^{31}ti˙ 形容汪塘河流里的水非常满：发大水了，河里的水～

明睁大眼的 miŋ^{53}ʧəŋ / ʧʅ^{213}ta^{31}iã$^{55-213}$ti˙ 明摆着，众人都看得很清楚：～是他说错了，可他还是不承认

急慌忙促的 tɕi$^{213-24}$xuaŋ^{213}maŋ^{53}ts‘u$^{213-31}$ti˙ 很急慌，很匆忙：我～就来了，忘了带手机

急急慌慌的 tɕi$^{213-31}$tɕi˙ xuaŋ$^{213-31}$xuaŋ˙ ti˙

疙瘩琅球的 kə$^{213-31}$ta˙laŋ^{53}tɕ‘iou$^{53-55}$ti˙ 形容凹凸不平或有许多块状物：这路～的，不好走｜他脸上～长了很多粉刺

挠皮伧痒的 nɔ^{53}p‘i^{53}ts‘aŋ^{31} / ts‘əŋ^{31}iaŋ$^{55-213}$ti˙ 办事浮躁，不认真，只做表面应付：那人干什么都～的，不是出力的人

浮皮伧痒的 fu^{53}p‘i^{53}ts‘aŋ^{31} / ts‘əŋ^{31}iaŋ$^{55-213}$ti˙

摸拉不透风的 mə$^{213-31}$la˙ pu$^{213-24}$t‘ou^{31}fəŋ$^{213-31}$ti˙ 悄无声息，不知不觉：～他家又盖了三间屋

6. “不 x、不 xy”等式

不就 pu$^{213-24}$tsiou^{31} ①不确定，不一定：这条路究竟在什么地方修，现在还说～ ②不就是：～那点事吗？好办

不离 pu^{213}li^{53} ①没有偏离正道：这孩子～，很孝顺 ②还行，不差：这事办得～

不睦 pu$^{213-24}$mu^{213} 有矛盾，合不来：他两个人～｜跟谁～，劝他打墙盖屋

（俗语，意为跟谁有矛盾，就劝他盖房子使他受累花钱）

不瓤 pu^{213}ʒɑŋ^{53} ①做得很好：他～，老的少的他都照顾到了 ②有能力：他～，考了第一｜他～，干活一个顶俩 ③有好转：这二年～，一年收入上万元 ④不简单、不一般：事情办得这样，～ ⑤很硬实：那木棒顶墙，～｜老人年纪大了，可身子骨～

不善 pu^{213}ʃã^{31} ①不简单，不一般：来者～，善者不来 ②不善良，作恶多端

不赖 pu^{213}lɛ^{31} ①技能、本领等超出一般：这个人的能力可～ ②认可、赞同：这事办得～

不碍 pu$^{213-24}$ɣɛ^{31} ①不妨碍，不要紧，不会引起或耽误什么事：这点小雨～，照常干活 ②客套语“没关系”之意：一方说“对不起，碰到你了”，另一方会说“～”

不拘一 pu$^{213-24}$tsy$^{213-24}$i^{213} 不同、不统一等：人多～，不能一样要求

不懂行 pu^{213}tuŋ^{55}xɑŋ^{53} ①外行，泛指不懂业务、技术等：他～，还在那里装模作样 ②不知内情：都怪我～，这次买卖赔大了

不到家 pu$^{213-24}$tɔ^{31}tɕiɑ^{213} ①在途中还没回到家 ②比喻没达到十分完美或所要求的程度或标准：他的手艺还～｜看来咱下的工夫还～

不由人 pu^{213}iou^{53}ʒẽ^{53} ①不以人的意志为转移：提起伤心的事，～的就想哭｜那病说犯就犯，～ ②自然而然的，下意识的：说是戒烟了，可看到人家吸烟～的就想吸两口

不松闲 pu$^{213-24}$suŋ$^{213-31}$ɕiã ①不宽裕（多指经济方面的）：日子过得～ ②住所较狭窄：五口人挤在两间小屋里，住得～ ③活计很紧、很重：今天这活～ ④紧张：今天的工作～ ⑤紧，空隙小：这衣服穿在我身上～

不夸堆 pu$^{213-24}$k‘uɑ$^{213-24}$tsuei^{213} ①不充裕，不够用：这么多人一百斤馒头～｜喜事这么大，我看您准备的饭菜～ ②不足数：他给咱的货我看～

　不夸台 pu$^{213-24}$k‘uɑ^{213}t‘ɛ^{53}

不上算 pu$^{213-24}$ʃɑŋ^{31}suã^{31} 不划算：做这种买卖出力大挣钱少，～

不合算 pu^{213}xə$^{53-55}$suã 弊多利少，划不来：咱这样做实在～

不样子 pu^{213}iaŋ$^{31-53}$tsɿ˙ ①形状、样式等不好看：这双鞋实在是～ ②不理想：这件事办得实在～

不管用 pu^{213}kuã^{55}yŋ^{31} ①没有效果，不起作用：这药吃了一点～ ②质量差，不耐用：这轮胎～，用不到一年就坏 ③没有用途：那些都是～的，扔了吧

不管筋 pu^{213}kuã^{55}tɕiẽ^{213}

不管乎 pu^{213}kuã^{55}xu^{213} ①没有效果，不起作用：这针打了一点～ ②不必在意：考得不好～，只要接受教训好好学就行

不在心 pu$^{213-24}$tsɛ^{31}siẽ^{213} 心不在焉：不管你怎样说他，他就是～

不上心 pu$^{213-24}$ʃaŋ^{31}siẽ^{213} 用心不专一：那孩子上学就是～

不上紧儿 pu$^{213-24}$ʃaŋ^{31}tɕier^{55} 不抓紧，没有紧迫感：这事都火燎眉毛了，他就是～

不得地 pu$^{213-24}$tei$^{213-24}$ti^{31} ①不被重用，本领不得施展 ②形容在某种特定环境中的处境不好

不得势 pu$^{213-24}$tei$^{213-24}$ʃʅ^{31} ①能力等因受限制难以施展：这些年他一直～ ②没有权势或权势者的眷顾：他这几年～ ③处境不好 ④没机会发挥作用：他有一肚子学问，可惜就是～

不得人儿 pu$^{213-24}$tei^{213}ʒer^{53} 得不到有权势者的庇护、关照等：因为～，这件事没办成

不得架儿 pu$^{213-24}$tei$^{213-24}$tɕiar^{31} ①活动受限制，所处的位置等不利于施展：站在这地方镶玻璃很～ ②得不到某种机会或条件

不得脚手儿 pu$^{213-24}$tei^{213}tɕyə$^{55-213}$ʃour˙

不得劲 pu$^{213-24}$tei$^{213-24}$tɕiẽ^{31} ①活动受限制：那个地方干活～ ②不被重用，本领不得施展 ③不好意思，碍面子：在儿媳妇面前说话总觉得～

不得法 pu$^{213-24}$tei$^{213-24}$fa^{213} ①不得要领，没有找到合适的好办法 ②没有办法：家里穷，～，只好娶了个二婚头

不怎么样 pu^{213}tsəŋ$^{55-213}$mu˙ iaŋ^{31} ①不理想：这事情办得～ ②不可靠，很差：那人就是～

不准猴儿 pu^{213}pfẽ^{55}xour^{53} 有悬念，不确定：他们订的那个计划还～

不准头儿 pu^{213}pfẽ^{55}t‘our^{53}

不起眼儿 pu^{213}tɕ‘i$^{55-53}$iɛr^{55} ①不值得重视，不引人注目 ②量或体积等很少或很小等，让人看不到眼里去：别看这些东西～，可值不少钱

不对脸儿 pu$^{213-24}$tei^{31}liɛr^{55} 性格有差异：他两口子～，怎么结的婚？

不断溜儿 pu$^{213-24}$tuã^{31}liour^{213} 经常，连续不间断：路上的行人来来回回地～｜他为人好，退休了，去看望他的人还～

不断头儿 pu$^{213-24}$tuã^{31}t‘our^{53}

不成个儿 pu$^{213-24}$ʧ‘əŋ^{31}kər^{31} ①物体散乱，难以成为一体：这一地割倒的麦子太干了，捆～ ②沾黏不到一起：糠饽饽团拿～

不撑派儿 pu$^{213-24}$tʃ‘əŋ$^{213-24}$p‘ɛr^{213} 不能长时间地坚持：那人身体不好，干活～，得勤休息

不撑摊儿 pu$^{213-24}$tʃ‘əŋ$^{213-24}$t‘ɛr^{213} ①软弱怯懦，一点不能支撑、坚持：他已经～了，得赶快换人 ②因为松软等不能堆起或成某种形状：泥太稀，做泥人～｜孩子太小，还～，不能坐

不撑梗儿 pu$^{213-24}$tʃ‘əŋ$^{213-24}$kə̃r^{213}

不撑劲 pu$^{213-24}$tʃ‘əŋ$^{213-24}$tɕiẽ^{31} ①力气等不能支撑：我累得～了 ②压力等使人不能忍受或坚持：我叫人排挤得～了

不澄渣儿 pu$^{213-24}$təŋ^{31}tʃɑr^{213} ①流质中的杂质不沉淀 ②比喻直言不讳（包括说话不留情面、说下流话等）：那人不论什么场合说话都～

不留渣儿 pu^{213}liou^{53}tʃɑr^{213} 心里有什么就说什么，没有任何保留：那人说话从来～，有什么说什么

不怵份儿 pu$^{213-24}$pf‘u^{31}fer^{31} 不害怕，不怕事：就凭他那两下子，咱还真～｜他不论到什么场合都～

不怵杠儿 pu$^{213-24}$pf‘u^{31}kãr^{31}

不打怵 pu^{213}tɑ^{55}pf‘u^{31}

不怵场儿 pu$^{213-24}$pf‘u^{31}ʧ‘ãr^{55} ①登台演出、演讲等不怯场 ②到任何地方

都不胆怯

不明气 pu^{213}miŋ$^{53-55}$tɕ‘ï ①不是光明正大的：他手里的钱挣得～ ②来历、来路不明：我越看越觉得那人～

不会玩儿 pu$^{213-24}$xuei^{31}uɛr^{53} ①不会玩耍：小孩自己还～ ②过于诚实，不会玩弄权术：他～，总是吃不开

不赶趟儿 pu^{213}kã^{55}t‘ɑ̃r^{31} ①不接续，断断续续：用煤球炉子煮饺子～，不如用煤气炉 ②赶不上节奏：他腿脚不好，走路～

不跟脚 pu$^{213-24}$kẽ$^{213-24}$tɕyə^{213} “脚”音同“决” ①鞋子穿着不合适，容易脱落 ②孩子不喜欢跟随大人：那小孩听话，从来～

不拐弯儿 pu^{213}kuɛ^{55}uɛr^{213} ①直行 ②性格直爽 ③愚钝，不灵活：我脑子有时候～

不翻闷儿 pu$^{213-24}$fã$^{213-24}$mer^{31} 不开窍，心智未通，领悟能力很差：这小孩上学就是～，真愁人

不对眼儿 pu$^{213-24}$tei^{31}iɛr^{55} ①孔洞与孔洞不相对，有偏差：两个螺母～拧不上 ②性格、思想、观点等迥异：他俩在工作上始终～ ③不和睦，有矛盾：他俩多年就～

不揍准儿 pu^{213}tsou^{31}pfer^{55} ①反应、活动等不由自主：你看他喝得连说话都～了 ②行为等没有准确性

不硌抹儿 pu$^{213-24}$kə^{213}mər^{55} ①不合适、不恰当等：这东西放这儿～ ②不能和睦相处，有隔阂：他俩～，别安排在一个办公室

不合群儿 pu^{213}xə^{53}tɕ‘yer^{53} ①牲畜不能在一起群居 ②因性格孤僻等不能与大家和睦相处

不怕人 pu$^{213-24}$p‘ɑ^{31}ʒẽ^{53} ①小孩或生性羞怯的人不再惧怕陌生人：那小孩～ ②贼人明目张胆地偷盗 ③动物不惧怕人类 ④艺高胆大不惧怕任何人 ⑤男女之间的隐私或不雅行为不怕让人知道或看见：现在小青年搞恋爱～了

不温不突儿 pu$^{213-24}$uẽ^{213}pu$^{213-24}$t‘ur^{213} ①性情温和，言行不急不躁 ②在处理或办理某事时，态度不积极，好像不放在心上，没有紧迫感：事情都到

跟前了，他还是～的，真急人

7. “一xy”式与“有（没有）xy”式

一溜眼儿 $i^{213-24}liou^{31}i\varepsilon r^{55}$ ①观察或察看不全面：他找什么就是～ ②眼睛只看一个地方，不左顾右盼

一顺头儿 $i^{213-24}f\tilde{e}^{31}t'our^{53}$ 首尾方向一致：大葱～放，整齐｜弟兄俩从小就～睡觉

一兜水儿 $i^{213}tou^{213-31}fer^{55}$ “水”音同“匪” 形容水果、菜蔬、豆腐等含水量多：这种梨～很好吃｜豆腐～，太压秤了

一包水儿 $i^{213-24}p\mathrm{ɔ}^{213}fer^{55}$

一溜腿儿 $i^{213-24}liou^{31}t'er^{55}$ 立场、观点等一致：他们是～的

一溜腿儿的 $i^{213}liou^{31}t'er^{55-53}t\ddot{i}$ 同伙、同盟等：那些人是～

一近的 $i^{213-24}t\mathrm{ɕ}i\tilde{e}^{31-53}t\ddot{i}$ 最近一段时间内：他～就来｜这是～事

一景儿 $i^{213}t\mathrm{ɕ}i\tilde{\mathrm{ə}}r^{55}$ ①对事物感到奇特而产生兴趣：这是常见的事，他还拿着它当～ ②对正常的事物感到了不起：出了一点力，他就觉得～

一奇景儿 $i^{213}t\mathrm{ɕ}'i^{53}t\mathrm{ɕ}i\tilde{\mathrm{ə}}r^{55}$

一屌景儿 $i^{213}ti\mathrm{ɔ}^{55-53}t\mathrm{ɕ}i\tilde{\mathrm{ə}}r^{55}$ 含轻蔑意

一头儿沉 $i^{213}t'our^{53}t\mathrm{ʃ}'\tilde{e}^{53}$ ①挑担子时两头的重量不均衡 ②桌子的一种样式，只一端有抽屉 ③偏向一方 ④负担由双方中的一方承担：现在结婚都时兴～了，嫁妆都得由男方买｜他是单职工，老婆没工作，生活是～

有讲儿 $iou^{55-53}t\mathrm{ɕ}i\tilde{\mathrm{ɑ}}r^{55}$ ①有来历，有依据：我这句话是～的 ②有道理，有讲究：这事情里头～ ③常用于反语，言行不讲究自己的身份：你都五六老十了，还跟小青年瞎嘻嘻，你真～

有哈儿 $iou^{55}x\mathrm{ɑ}r^{213}$ 一无所有：你说他家产很多，你打听打听，他～！

有门儿 $iou^{55}mer^{53}$ 有希望，有可能：他已经答应了，看来这件事～

有戏 $iou^{55}\mathrm{ɕ}i^{31}$ 有希望，有头绪，有可能：听他这一说，大家觉得这事～了

有红 $iou^{55}xu\mathrm{ŋ}^{53}$ ①有利可图：这个买卖～可赚 ②有股份

有限 $iou^{55}\mathrm{ɕ}i\tilde{a}^{31}$ ①很少：单靠打工，一年的收入～ ②很低：考的分数～ ③很

小：个子高可年龄～

有脸 iou$^{55-53}$liã^{55} ①有面子，有脸面：别人说不通，就你说通了，还是你～ ②好意思（反语）：你们自己都不干，还～说别人？

有论道 iou^{55}luẽ^{31}tɔ^{31} 言行符合伦理标准：跟小孩一般见识，你还～没有？

有道业儿 iou^{55}tɔ^{31}iər^{213} ①修炼精深，已达一定境界：那老和尚～了 ②老于世故，处事圆滑：这家伙可～了，不好对付 ③意为“成精了”：那只黄鼠狼子～了

有余头儿 iou^{55}y$^{53-55}$t‘our˙ 略有剩余：这月的工资除了花费，还有～

有使用 iou^{55}ʃʅ$^{55-213}$yŋ˙ 有用途（多指医用）：猪苦胆别扔了，留着～

有两下子 iou$^{55-53}$liɑŋ^{55}ɕiə$^{31-53}$tsʅ˙ 有一定的本领、能力：他在应付人上～ | 他在武功上～

有时候了 *iou$^{55-213}$ʃʅ$^{53-55}$xou˙ lɑ˙ 好长时间了：这菜炒好～，恐怕凉了吧

有窠儿有窝儿 iou^{55}k‘ər^{213}iou^{55}uər^{213} ①钱或物的来源或用途等很明确：这些钱都是～的，不能乱动 ②各自的责任、岗位很明确：这些人都是～的了，不能乱安排

有边儿有棱儿 iou^{55}piɛr^{213}iou^{55}lə̃r^{31} ①边缘、棱角分明：他虽然是个乍学手，可编的筐子～的 ②圆满、周到：事情办得～的

有多无少 iou^{55}tuə^{213}u^{53}ʃɔ^{55} 不论多少，不在乎数量多少：你～地给他一点儿就打发了

没讲儿 mu^{31}tɕiɑ̃r^{55} ①言行等与相应的素养标准等相差太远：一个大老爷们和小孩子计较，真～ ②词句等使用得不贴切：这句话放在这地方～ ③很平淡，很平常，不合道理，没讲究，没什么学问：这事～

没有走儿 mu$^{31-53}$iou˙ tsour^{55} 有绝对把握：让他办这件事～

没二味儿 mu^{31}ɭə^{31}uer^{31} 对待别人跟对待自己一样

够味儿 kou^{31}uer^{31} ①饭菜味道极佳 ②够朋友，够交情

没有够儿 mu$^{31-53}$iou˙ kour^{31} 痴迷，没有满足的时候：那孩子吃香蕉～ | 同学聚会拉起来～

没治了 mu^{31}tʃʅ$^{31-53}$lɑ˙ ①不可救药：那个小孩真～ ②到达极点：他的武艺在

这地方无人能比，简直是～ ③没有任何办法了：那件事情是～ ④疾病已经没有治愈的希望了：他那病～

没治 mu³¹tʃʅ³¹

真没治了 tʃẽ²¹³mẽ³¹tʃʅ³¹⁻⁵³la˙

没望了 mu³¹uaŋ³¹⁻⁵³la˙ 没有任何希望了

二十七　数词、量词

1. **数词**（以下数词，皆只列最小的整数一，二至九从略）

（1）基数

一 i²¹³

十一 ʃʅ⁵³i²¹³ 一十一

一百一 i²¹³⁻²⁴pei²¹³⁻²⁴i²¹³ 一百一十

九百一 tɕiou⁵⁵pei²¹³⁻²⁴i²¹³ 九百一十

一千一 i²¹³⁻²⁴ts'iã²¹³⁻²⁴i²¹³ 一千一百

一千一百一 i²¹³⁻²⁴ts'iã²¹³⁻²⁴i²¹³⁻²⁴pei²¹³⁻²⁴i²¹³ 一千一百一十

九千九百九 tɕiou⁵⁵ts'iã²¹³⁻²⁴tɕiou⁵⁵pei²¹³⁻²⁴tɕiou⁵⁵ 九千九百九十

一万一 i²¹³⁻²⁴uã³¹i²¹³ 一万一千

一万一千一 i²¹³⁻²⁴uã³¹i²¹³⁻²⁴ts'iã²¹³⁻²⁴i²¹³ 一万一千一百

一万一千一百一 i²¹³⁻²⁴uã³¹i²¹³⁻²⁴ts'iã²¹³⁻²⁴i²¹³⁻²⁴pei²¹³⁻²⁴i²¹³ 一万一千一百一十

一万九千九百九 i²¹³⁻²⁴uã³¹tɕiou⁵⁵ts'iã²¹³tɕiou⁵⁵pei²¹³tɕiou⁵⁵ 一万九千九百九十

（2）约数

十个八个 ʃʅ⁵³⁻⁵⁵kə˙ pa²¹³⁻³¹kə˙ 不足但接近十个：来的人不多，也就～的

十几 ʃʅ⁵³tɕi⁵⁵ 比十多，少于二十：村里来了～个人

十好几 ʃʅ⁵³xɔ⁵⁵⁻⁵³tɕi⁵⁵

好几十 xɔ⁵⁵⁻⁵³tɕi⁵⁵ʃʅ⁵³ 几十：一天走了～里路

一百儿 i$^{213-24}$pei$^{213-24}$tɕi^{55} 一百几十

一千儿 i$^{213-24}$ts‘iã$^{213-24}$tɕi^{55} 一千几百

一万儿 i$^{213-24}$uã^{31}tɕi^{55} 一万几千

百十 pei$^{213-31}$ʃʅ˙ 一百多：～个｜～斤｜～里｜～条｜～天

千把儿 ts‘iã^{213}pɑr^{55} 一千多一点

万把儿 uã^{31}pɑr^{55} 一万多一点

百拉八十 pei$^{213-31}$lɑ˙pɑ^{213}ʃʅ^{53} 将近一百：有个～元钱不撑花

千拉八百 ts‘iã$^{213-31}$lɑ˙pɑ$^{213-24}$pei^{213} 将近一千

万拉八千 uã$^{31-53}$lɑ˙pɑ$^{213-24}$ts‘iã^{213} 将近一万

成千上万 tʃ‘əŋ^{53}ts‘iã$^{213-24}$ʃɑŋ^{31}uã^{31} 表示非常多：今天～的人参加了大会

两 liɑŋ˙ ①若干，数目较少的：你在俺家过～天｜那事过～年就忘了 ②二：俺姊妹～个 ③重量单位：一市斤是十～

两个儿 liɑŋ$^{55-213}$kər˙ 量词，若干个：他整天就想人家～

二 ɭə˙ 若干，但数目较少：买～斤白糖走亲戚｜那是头～年的事

大约母儿 tɑ^{31}yə^{213}mur^{55} 大约估计的约数：究竟有多少我也弄不准，只是个～

（3）序数

初一 tʃ‘u$^{213-24}$i^{213} 农历每月上旬第一天的序号：今天是三月～

第一 ti^{31}i^{213} 数字排序最前的

老几 lɔ^{55}tɕi^{55} 弟兄姐妹等的排行：你们弟兄他是～？

2. 量词

（1）事物

骨娄儿 ku$^{213-31}$lour˙ ①段：一～木头 ②截成一段一段的圆柱形物品：准备几～木头做家具

串 pf‘ã^{31} ①用绳或线把东西穿起来：一～红辣椒 ②掺杂：～味 ③走动，去：～亲戚

棵 k‘uə^{213}音同"扩" ①用于植物株数的量：三～树 ②做名词词缀：菜～

埯 ɣã^{55} 音同“俺” ①农作物株数的量：压了几～子地瓜 ②名词，点种农作物时挖的小坑 ③动词，挖小坑点种农作物：～了几墩豆角

墩 tuẽ^{213} ①堆，从生或几株生在一起的植物株数的量：一～绵槐条 ②名词，植株矮小的植物：一～绵槐

印 iẽ^{31} ①传统大铁锅型号：八～锅｜十二～锅｜二十四～锅 ②动词，留下痕迹：～刷 ③名词，留下的痕迹：脚～ ④名词，图章：大～

张子 tʃɑŋ$^{213-31}$tsɿ· 传统小铁锅的型号，较“印”小：五～锅｜三～锅

单崩个儿 tã$^{213-24}$pəŋ$^{213-24}$kər^{31} 单个，独一个

滴答儿 ti$^{213-31}$tɑr· ①滴 ②动词，滴落

一撮子 i^{213}tsuə$^{55-213}$tsɿ· 一小撮：我的头发叫她薅下来～

一绺子 i^{213}liou$^{55-213}$tsɿ· 一缕：～丝线

一作子 i$^{213-24}$tsuə$^{213-31}$tsɿ· ①做豆腐时，一包豆腐称为“一作子” ②对无兄无弟的男孩的一种谑称：他娘就生了他这～ ③一摊，一堆：他儿惹这～可够他收拾的

一抾 i$^{213-24}$tɕ‘iɑ^{213} 两手十指张开，相向着抓起物品的数量：～柴禾｜～青菜

一大抾 i$^{213-24}$tɑ^{31}tɕ‘iɑ^{213} 两手十指尽量张开，相向着最大限度地抓起物品的数量：他给了俺～牛蒡

一围 i^{213}uei^{53} ①若干人围在一起吃饭：人太多，～坐不下 ②一桌。当地宴请习俗，一般是七人“一围”，也有八人、十人“一围”的不等 ③双臂合抱的粗度：那棵树有～多粗

一铺子 i$^{213-24}$p‘u$^{213-31}$tsɿ· 比较平坦的一小堆：～豆子｜～花生

一铺儿 i$^{213-24}$p‘ur^{31} ①在一个床铺上睡觉：咱俩今晚～睡觉，好好说说话 ②隐指同床：他俩没有结婚就～睡了

一蒲棱 i^{213}p‘u$^{53-55}$ləŋ· 多指茎蔓、枝叶茂盛的一株植物：～葡萄

一蒲藤 i$^{213-24}$p‘u$^{213-24}$t‘əŋ^{213} ①一堆、一摊等：那～是什么东西？②身体肥大，坐在地上像堆放了一堆东西

一提娄 i^{213}ti$^{53-55}$lou· 一串或一提：他买了～葡萄

一嘟娄 i^{213}tu$^{55-213}$lou˙ 成串或穿连在一起的东西：这～葡萄有二斤多

一截骨儿 i^{213}tsiə$^{53-55}$kur˙ 一段儿：这条沟需要～～地挖 | ～木头

一节骨儿 i$^{213-24}$tsiə$^{213-31}$kur˙ 一节：这链子是～～地接起来的

一窝儿 i$^{213-24}$uər^{213} ①一胎所生或一次孵出的动物：两头小猪是～的 ②堆聚在一起的东西：～石头蛋 ③同母所生：前～后一块

一型儿 i^{213}çiə̃r^{53} 一层：他们住在～楼上 | ～蒸笼 | ～小薄饼

一子儿 i^{213}tser^{55} ①线状物的一小撮 ②特指挂面的一小把：～面条

一葤子 i^{213}tʃou$^{55-213}$tsɿ˙ “葤”音同“肘” ①用于草绳捆扎的东西的量：～瓷碗 ②一束：～电线

一喷子 i$^{213-24}$p‘ẽ$^{31-53}$tsɿ˙ ①一茬：这种早熟的辣椒也就是结～ ②一阵子(形容很快)：一盆稀饭～就喝光了

一些 i^{213}siə^{55} 一部分，较多：上街买了～东西

一些子 i^{213}siə$^{55-213}$tsɿ˙ 很多

一服子 i^{213}fu$^{53-55}$tsɿ˙ 多指一份、一笔（买卖）等：你先照应着那～买卖 | 今天连～买卖都没有

一角子 i$^{213-24}$tɕyə$^{213-31}$tsɿ˙ ①多指一张煎饼的四分之一：我只吃了～煎饼 ②一少部分

一垡儿 i^{213}fɑr^{53} ①一代人或同龄人：我家小子和他家女儿是～人 ②一轮：这～客人吃完饭了

一幅 i$^{213-24}$fu^{31} 多指字画的数量：俺家有～唐代的字画

一副 i$^{213-24}$fu^{31} ①一剂：抓了～中药 ②一双、一对等：～筷子 | ～手镯

一合 i^{213}xə^{53} 多指门的数量：～门

一口 i^{213}k‘ou^{55} ①含满一嘴的量：～吃不成大胖子 ②一人：～人 ③一人的口：他们的话如出～ ④用于其他事物的量：～井 | ～缸 ⑤不更改：～咬定 ⑥满口：～的家乡话

一壶 i^{213}xu^{53} ①装满一壶的（水或酒等）量。②比喻一件不顺心的事：哪壶不开你提哪～ ③形容事情很严重：这回够那小子喝～的了

一磴 i$^{213-24}$təŋ^{31}　一级（台阶等）

一秤 i$^{213-24}$tʃ'əŋ^{31}　①一百市斤 ②木杆秤所能衡量的最大重量：那筐桃～打不起来

一挂 i$^{213-24}$kuɑ^{31}　一串或一幅（鞭炮、幛子等）

一卦 i$^{213-24}$kuɑ^{31}　占卜一次

一摞 i$^{213-24}$luə^{31}　把物品叠加摆放到一定数量：～碗

一沓子 i^{213}tɑ$^{53-55}$tsɿ˙　用于叠加起来的纸张及较薄的东西的量：～钱｜～煎饼

一盘 i^{213}p'ã^{55}　一卷（线或绳等）

一眼 i^{213}iã^{55}　①多指井类：～水井 ②看一下：看～就知道他是什么人了

一脬 i$^{213-24}$p'ɔ^{213} “脬”音同“抛”　特指撒一次尿：尿了～尿

一頯 i$^{213-24}$p'ɔ^{213} “頯”音“歪（上声）”　专指人、畜等一次大便：路边有～狗屎

一溜 i$^{213-24}$liou^{31}　①一带，一片：公路两旁那～全是栽的杨树 ②一行，一排：排队挨号的人要站成～｜把领东西的家什排成～ ③附近的一带：反正就在那～，我记不清了

一拉溜 i^{213}lɑ^{53}liou^{31}　接连不断的一排、一行等：～十几间瓦屋

一埌趟 i^{213}lɑŋ$^{55-213}$t'ɑŋ˙　一大堆、一大片、一长排等：山前有～卧牛石

一晃当 i$^{213-24}$kuɑŋ$^{213-24}$tɑŋ^{213}　面积很大、数量很多等：这～可了不得啦

一点子 i$^{213-24}$tiã$^{55-213}$tsɿ˙　比较少：那～饭不够吃的

一丁点儿 i$^{213-24}$tiŋ^{213}tiɛr^{55}　很少或很小

　一点点儿 *i^{213}tiã^{55}tiɛr^{53}

一寥子 i^{213}liɔ$^{53-55}$tsɿ˙　①东西很少：多年没回家了，带那～东西，真小气 ②时间很短：刚睡了～，就醒了

屌寥子 tiɔ^{55}liɔ$^{53-55}$tsɿ˙　很少或很小：费了那么大的劲才弄这一～东西

一老伙 i^{213}lɔ$^{55-53}$xuə^{55}　一大群：今天南湖里落了～大雁

（2）长度

一指 i^{213}ʧʅ^{55}　食指平着的宽度

一扁指 i^{213}piã$^{55-53}$ʧʅ^{55}　食指立着的宽度

二指宽 ɭə^{31}ʧʅ^{55}kʻuã^{213} 食指、中指并列的宽度

三指宽 sã^{213}ʧʅ^{55}kʻuã^{213} 食指、中指、无名指并列的宽度

四指宽 sɿ^{31}ʧʅ^{55}kʻuã^{213} 食指、中指、无名指、小指并列的宽度

一虎口 i^{213}xu$^{55-213}$kʻou· 张开拇指和食指两端之间的长度

一小拃 i^{213}siɔ^{55}tʃɑ^{213}

一拃 i$^{213-24}$tʃɑ^{213} 拇指和中指或食指张开时的最大距离：～没有四指近（俗语）

一大拃 i$^{213-24}$tɑ^{31}tʃɑ^{213} 拇指和中指尽量张开时的最大距离：腿上划的那道口子有～长

一庹 i$^{213-24}$tʻuə^{213} "庹"音同"脱" 两臂伸展，两手中指指尖所能达到的长度：那条蛇有～多长

一搂 i^{213}lou^{55} 两臂合围的长度，一人合围即～，二人合围即两搂，依此类推：门前那棵槐树足有～多粗

一步 i$^{213-24}$pu^{31} 成年人迈一步的距离：～赶不上，步步赶不上（俗语）

一杆子 i$^{213-24}$kã$^{213-31}$tsɿ· 旧时丈量土地时自制的一种量尺，其长度标准不一，多在1.8～2.2米

一里 i^{213}li^{55} 一华里，500米：俺两家相隔还不到～路

（3）时间

一春 i$^{213-24}$pfʻẽ^{213} 整个春天，春季：～没下过一场雨

一春天 i$^{213-24}$pfʻẽ$^{213-24}$tʻiã^{213}

一六月 i$^{213-24}$liou^{31}yə^{213} 整个夏季：她～没回娘家

一夏天 i$^{213-24}$ɕiɑ^{31}tʻiã^{213}

一秋 i$^{213-24}$tsʻiou^{213} 整个秋季：爸爸～没歇过一天

一秋天 i$^{213-24}$tsʻiou$^{213-24}$tʻiã^{213}

一寒天 i^{213}xã^{53}tʻiã^{213} 整个冬季：～下了好几场雪

一冬天 i$^{213-24}$tuŋ$^{213-24}$tʻiã^{213}

一寒 i^{213}xã^{53}

年年 ȵiã^{53}ȵiã^{53} 每一年：他～去文峰山给烈士扫墓

月月 yə$^{213-31}$yə^{213} 每一月：我的工资～不够用的

天天 t'iã$^{213-31}$t'iã· 每一天：他～跑步

时时 ʃʅ^{53}ʃʅ^{53} 每一时刻：你得～注意孩子的成长和学习

一阵子 i$^{213-24}$tʃẽ$^{31-53}$tsɿ· ①一段时间：干～再休息 ②一个时期：工作～紧～松

一盼儿 i^{213}p'ɛr^{31} "盼"音同"派" ①一个时段：这活太重了，要干～歇～才行｜那活叫他～干完了 ②动作或情形等持续的一段时间：他睡这～可不小

一盼子 i^{213}p'ã$^{31-53}$tsɿ· ①一段时间：天还早，咱再干～ ②行为动作或情况持续的时间长：这孩子叫她～惯坏了

一派儿 i$^{213-24}$p'ɛr^{31} ①一会儿：你们歇歇，我再干～ ②不间断的：他～干完才走 ③立场、观点一致的同伙：他们是～的

一霎 i$^{213-24}$ʃɑ^{31} 极短的时间：～的工夫小猫就不见了

一晰 i^{213}tʃã^{55} 极短的时间，一小会儿，马上：别急，你妈～就回来

一晰眼 i^{213}tʃã$^{55-53}$iã^{55} 眨眼工夫：馒头～就好熟了

一麻愣眼 i^{213}mɑ$^{53-55}$ləŋ· iã^{55} ①眨眼工夫 ②一时疏忽大意：～就出错了

一挤卜眼子 i^{213}tsi$^{55-213}$pu·iã$^{55-213}$tsɿ· 眨眼工夫，比喻时间很短：还没有歇～就喊着上班｜小孩刚睡～就醒了

一夹卜眼子 i^{213}tɕiɑ$^{55-213}$pu· iã$^{55-213}$tsɿ·

一屁哧眼子 i$^{213-24}$p'i$^{31-53}$tʃ'ʅ· iã$^{53-213}$tsɿ· 形容时间很短：那孩子刚睡～就醒了

一眨眼工夫 i$^{213-24}$tʃɑ^{213}iã^{55}kuŋ$^{213-31}$fu· 形容时间非常短：你先在这里等着，我～就回来

一宿二日 i$^{213-24}$su$^{213-24}$ɭə^{31}ʒʅ^{213} ①一夜两天 ②指较长的时间：他经常～地不回家

（4）动量

滚儿 kuer^{55} ①多指液体达到沸点的次数的量：水开了好几～了

滚子 kuẽ$^{55-213}$tsɿ· ①液体达到沸点的次数的量：水开了好几～了 ②名词，一

种用来压实地垄的农具 ③油坊里一种用来碾轧豆类的滚轮或滚筒 ④有对称轴并在垂直其轴心的任一平面内的横截面均呈圆形的滚动体的统称

落子 luə$^{213-31}$tsɿ̇ 次，遍：一天挨了三～

下儿下儿 ɕiɑr^{31}ɕiɑr^{31} 每一下：谁能做得～都正好，不出一点差错

回儿回儿 xuer^{53} xuer^{53} 每一回，每一次：他～迟到

好几火 *xɔ^{55}tɕi̇ xuə^{55} ①用水煮或用火烧了好几次：老母鸡煮了～还是不太熟 ②多次：这事我试了～了，不好办

一过儿 i$^{213-24}$kuər^{213} 一次：我们比赛，头～他就输了

一迂儿 i$^{213-24}$yer^{31} 宴席用语，多人多桌同时就餐：今天喜宴来的客人太多了，宴席已坐了～，还得再坐～

二十八　代词

1. 人称代词

我 uə^{55} 第一人称代词，单数：现在家里就～一个人

我们 uə$^{55-213}$mẽ̇ 第一人称代词，复数：～都要努力

你 ȵi^{55} 第二人称代词，单数：你去过故宫吗？

你们 ȵi$^{55-213}$mẽ̇ 第二人称代词，复数

他 t‘ɑ^{55} 第三人称代词，单数

他们 t‘ɑ$^{55-213}$mẽ̇ 第三人称代词，复数

俺 ɣã^{55} ①我：～是山东人 ②我们：～几个是从乡下来的 ③你，多用于对儿童说话：哦，好孩子，～不哭了 ④同时指代“我”和“我们”：～一家子都出动了 ⑤他，指代亲人：～一大家子很团结和睦

咱 tsã^{55} ①我，含疏远义：～才懒的去管那些闲事 ②我们，表示亲近：这是～嫂子 ③你，多用于讽刺意味：～多了不起！④同“俺”

咱们 tsã$^{55-213}$mẽ̇ 我们，表示很亲近：～都是苍山老乡

您 nẽ^{55} ①你，多为尊称：今天～上哪里去？②你们：～这些人去哪？③同时指代“你”和“你们”：～现在住哪里？④与“俺”相对：～再有钱有势也得讲理

众人们 pfəŋ^{31}ʒẽ$^{53-55}$mẽ˙ 大家：这是关系～的事，不能一个人说了算

大家伙儿 tɑ^{31}tɕiɑ^{213}xuər^{55} 大家

人家 ʒẽ$^{53-55}$tɕi^{213} “家”音同“吉” ①别人：那是～的事，咱管不着 ②住户：山上有几户～住了多少年了

郎当 lɑŋ^{53}tɑŋ^{213} ①上下，左右：那人也就是三十～岁 ②列举未尽：买了鸡蛋、大米什么～的

……朗望 *……lɑŋ^{53}uɑŋ˙ 指代零头儿：这块地也就有二亩～ | 那只鸡有三斤～

……伍的 ……u$^{55-213}$ti˙ 指代列举未尽的事物，相当于“等等，之类”等：拿着篮子到街上买点青菜～

2. 指示代词

这 tʃə^{31} 与“那”相对，可指代任何事物：～是我妈 | ～是他的家 |～是苍山人的性格

那 nɑ^{31} 与“这”相对，可指代任何事物：～是他爸爸 |～是苍山的特产 |～是老祖宗留下的宝贵财富

这个 tʃə^{31}kə^{213} ①指代人：～是我哥哥 ②指代物：～是他的家

那个 nɑ^{31}kə^{213} ①指代人：～是我姐姐 ②指代物：～是他的学校 |～是早已作废的通知了 ③表程度：她唱得～好听哟，就别提了

那个 nɑ$^{31-53}$kə˙ ①指代物（有时是不便直说的）：那是烧锅炉用的，你要～干什么？| 我来～（指月经）的时候就肚子疼 ②指代一些不便直说的形容词：你这话说得也太～了吧？| 把人头都给打破了，你做得也太～了吧！③指代动作、行为：你～了吗？④在一定的环境、语境中可以指代任何动作行为，如吃饭、睡觉、干杯、出牌、结婚、怀孕、退休、领工资、男女房事等

这合儿 tʃə^{31}xər^{213} 这地方：我坐在～就行

那合儿 nɑ^{31}xər^{213} 那地方：你就坐～吧

这块儿来 tʃə^{31}k‘uɛr$^{31-53}$lɛ˙ 这个地方：～是我护的摊位

那块儿来 nɑ^{31}k‘uɛr$^{31-53}$lɛ˙ 那个地方：～不卫生，别过去

怎么 *tsəŋ^{53}mu˙ “怎”音同“憎” 这么，指示代词，但也含有程度副词的意味：这地方原来～远啊！

能么 nəŋ$^{31-53}$mə˙ 那么，指示代词，但也含有程度副词的意味：这山～高啊！

这户儿的 tʃə^{31}xur$^{31-53}$tï 这样的：这么多人没有像你～

那户儿的 nɑ^{31}xur$^{31-53}$tï 那样的：这么多人没有像他～

这空儿里 tʃə^{31}k‘ũr$^{31-53}$lï 现在：～不兴那一套了

那空儿里 nɑ^{31}k‘ũr$^{31-53}$lï 那个时候：～都兴穿黄军装

这买塞 tʃə^{31}mɛ$^{213-24}$sɛ^{213} 这事儿，这种情况：都黑天了，～怎么办？

　这买卖 tʃə^{31}mɛ$^{213-31}$mɛ˙

　这买卖塞 tʃə^{31}mɛ$^{213-31}$mɛ˙ sɛ^{213}

这阵子 tʃə^{31}tʃẽ$^{31-53}$tsɿ˙ ①这个时候：～雨下得不小 ②这段时间：～太忙啦

那阵子 nɑ^{31}tʃẽ$^{31-53}$tsɿ˙ ①那段时间：刚解放～，大家的生活还不太富裕 ②那个时候：牙疼～，连死的心都有

这垡子 tʃə^{31}fɑ$^{53-55}$tsɿ˙ ①这段时间：～感冒的很多 ②这一代：～年轻人很挑剔，就知道享受 ③这一批：～货质量很好

那垡子 nɑ^{31}fɑ$^{53-55}$tsɿ˙ ①那段时间：～就时兴短发 ②那一代：～年轻人很本分，就知道干活 ③那一批：～电视机是原装货

这曚子 tʃə^{31}məŋ$^{213-31}$tsɿ˙ 这一段时间：他～没有来过

那曚子 nɑ^{31}məŋ$^{213-31}$tsɿ˙ 那一段时间：他～还来过

这些子 tsəŋ^{31}siə$^{55-213}$tsɿ˙ 这些、很多、好多等

那些子 nɑ^{31}siə$^{55-213}$tsɿ˙ 那些、很多、好多等：他给了俺～好东西

奉可外 fəŋ^{31}k‘ə^{55}uɛ^{31} 另外：这是～给你的，不要让别人知道了

如在外 vu^{53}tsɛ^{31}uɛ^{31} 除此之外：屋里只有几件陈旧的家具，～什么也没有了

各藻 kə$^{213-31}$tsɔ˙ ①个别，特殊：一喝就醉的也是～人 | 打针过敏的也是～人 ②分开：他俩早就～吃饭了 ③另外：你～给你妈买点羊肉吃

3．疑问代词

什么 ʃəŋ$^{53-55}$mu˙音同“绳谋”/ʃəŋ$^{53-55}$mɛ˙音同“绳买” 什么：那是～洋玩艺？

怎 $tsəŋ^{213}$ 音同“增” 怎么：你～知道的？

怎么 $tsəŋ^{55-213}$mu˙ 音同“增目”

怎着 $tsəŋ^{55-213}$tʃə˙ / $tsəŋ^{55-213}$tʃʅ˙ “着”音同“之” ①要怎么样：这事你看～办？②干什么：你还要～？难道你还敢打我？③无论如何：～也得让孩子上好学

怎的 $tsəŋ^{55-213}$tɛ˙ “的”音同“呆” ①用来询问原因，询问情况，相当于“怎么回事儿”：你就是不说话，到底是～？| 你说你近来身体不好，是～？②怎么着，干什么：你还想～？

怎弄 $tsəŋ^{213-24}nəŋ^{31}$ 怎么办、怎么做等：这事咱得～？| 这事是～的？

怎事儿 $tsəŋ^{213-24}ʃer^{31}$ 怎么回事：办这事时，你总是往后拖，到底是～？

多咱 $tuə^{53-55}$tsã˙ 什么时间：那是～的事？

早晚 $tsɑŋ^{53-55}$uẽ˙ 音同“脏问” ①什么时间：那是～的事啊？俺早已忘了 | 你打算～走？②指示代词，将来某个时候：你～到我家玩去

么的 mu^{53-55}tɛ˙ 音同“谋呆” ①表疑问，做什么的，干什么的：妈妈你去俺姥姥家～ ②表制止：你这孩子～？老实点儿

弄什么的 $nəŋ^{31}$ʃəŋ / $xəŋ^{53-55}$mu˙ $tɛ^{55}$ 音同“弄绳 / 横么呆” 干什么的：你在那里～？

谁 $ʃei^{55}$ 询问人的身份：那人是～？

谁个 $ʃei^{55-213}$kə˙ 谁：～把钱丢了？

哪合儿 $nɑ^{55-213}$xər˙ 疑问代词，哪里，什么地方：这桌子放～？

哪来 $nɑ^{55-213}$lɛ˙

哪里 $nɑ^{55-213}$lï˙

哪去 $nɑ^{55-213}$tɕʻï “去”音同“弃” 到哪里去：你～的？

二十九　副词

乔 $tɕʻiɔ^{53}$ 很、非常等，表示程度重：～冻得慌（很冷） | ～累得慌（很累）

崭 $tʃã^{55}$ ①太：这件子衣服～瘦，都箍在身上了 | 现在种豆角还～早，得到清明 ②很：这条裤子还～新

忒 t‘ei^{213} 音同“推” 很，太：这建议～好了，我同意

太 tɛ^{213} 音同“胎” 非常：那本书写得～好了

很 xẽ^{55} 非常：那个人～实在

怪 kuɛ^{31} 非常：～好｜～香｜～快｜～高兴｜～顺利

满 mã^{55} ①很：～行｜～好 ②全：～庄上都知道他儿当兵去了

合 xə^{53} 全：～村里没有一个人不同意

一抹儿 i$^{213-24}$mər^{213} 全部，所有的：这些东西你～都提着吧

一块儿 i$^{213-24}$k‘uɛr^{31} 一起，一齐，全部：这杯酒咱～干｜咱几个人的喜礼钱你～捎着吧

拢总儿 luŋ$^{55-53}$tsũr^{55} 全部计算在内：他～也没挣过那么多钱

总共 tsuŋ$^{55-53}$kuŋ^{31}

合共 xə^{53}kuŋ^{31}

喷 p‘ẽ^{31} 正在：他～吃饭

杭 xɑŋ^{53} ①正在：他～听着音乐就睡着了 ②一边：他～吃着饭～看电视

行 ɕiŋ^{53}

马 mɑ^{213} 音同“妈” 赶快：你～把那堆垃圾处理掉

刚 tɕiɑŋ^{213} 音同“江” 刚刚：他～走，你快去追

刚忙儿 tɕiɑŋ^{213}mɑ̃r^{53} 刚才：他～还在这里咪

刚才 tɕiɑŋ^{213}ts‘ɛ^{53}

老早 lɔ$^{55-53}$tsɔ^{55} ①很早：～就起床了 ②很久以前：～就有影戏

老会子 lɔ$^{213-24}$xuei$^{31-53}$tsɿ˙ 时间相对较长：他叫憋得～没喘上气来

老半天 lɔ$^{213-24}$pã^{31}t‘iã^{213}

老会儿 lɔ$^{213-24}$xuer^{31} ①很早：他～就来了 ②有些时间了：他已走～了

另晚儿 liŋ^{31}uɛr^{55} ①到底，最终：讲了半天价，～也没有少花钱｜复习了三年，～也没有考上大学 ②原来如此：我一直蒙在鼓里，～是这么回事

高低儿 kɔ^{213}tier^{55} 到底，最终，始终：等了半天，这人～没来

终久 pfəŋ^{213}tɕiou^{55} 终究，早晚：这件事～是要露馅儿的

早已 *tsɔ^{55}i· 很早就已经：你还想着那女人，人家～结婚了

久已 *tsiou^{55}i· “久”音同“酒”

由间 iou^{53}tɕiã· 这么早就：才刚到八月，你～穿棉袄了吗？

由咱 iou^{53}tsã·

由占 iou^{53}tʃã·

登时 təŋ^{31}ʃʅ^{53} 立刻：你们稍候，我～就到

巩总 kuŋ$^{55-213}$tsuŋ· 很长一段时间：我～不见那个人了

巩子 kuŋ$^{55-213}$tsɿ·

缠无儿的 tʃʻã^{53}ur$^{53-55}$ti· 偶尔：你～也来看看你大娘

缠翁儿的 tʃʻã^{53}ũr$^{53-55}$ti·

几工儿里 tɕi^{55}kũr$^{213-31}$li· 偶尔，断断续续的：你～也去看看你奶奶｜山上～才能看到一只野山猫

成会子 tʃʻəŋ^{53}xuei$^{31-53}$tsɿ· ①经常：那个女人～不在家 ②从来：那小媳妇～没给婆婆叫过娘

别 pɛ^{53}音“拜（阳平）” 不用，不能，不要：～再说了，我知道了

特为 tei$^{53-55}$uei· “特”音“德（阳平）” 有意，故意：请原谅，我不是～说你的

赶紧 kã$^{55-53}$tɕiẽ^{55} 赶快，抓紧等：你～走，要不就来不及了

仅到 tsiẽ$^{53-55}$tɔ· ①长时间：你～不去怕是要迟到了 ②及至，及赶：～临着我买车那就晚三秋了

及到 tsi$^{53-55}$tɔ·

禁 tɕiẽ^{213}音同“斤” 耐，需要较长时间：那是老牛肉，可～煮了

靠不断的 kʻɔ$^{31-53}$bu· tuã$^{31-53}$ti· 经常：我们几个人～在一起喝酒

八成儿 pɑ$^{213-31}$tʃʻə̃r· 很可能，十有八九：他～找人说情去了｜那孩子～上他姥娘家去了

八分儿 pɑ$^{213-31}$fer·

歇乎儿 ɕiə$^{213-24}$xur^{213} 险些，差一点：他～掉沟去

差歇乎儿 tʃʻɑ$^{213-24}$ɕiə$^{213-24}$xur^{213}

差抹溜儿 tʃ‘ɑ$^{213-24}$mɑ$^{213-24}$liour^{213}

不见起 pu$^{213-24}$tɕiã^{31}tɕ‘i^{55} 见得，不一定：他说得～都对

不犯于 pu$^{213-24}$fã^{31}y^{53} 不值得，没必要：咱～给那样的人一般见识

值当的 tʃʅ^{53}tɑŋ$^{31-53}$tï 很值得：这点小事，还～生气吗？

值过 tʃʅ^{53}kuə^{31} 值得，合算：你这样做不～｜全国我都逛严了，就是死了也～了

大不了 tɑ$^{31-53}$pu˙ liɔ^{55} 最大限度：他这点错误～给个警告处分呗

顶多 tiŋ^{55}tuə^{213}

最多 tsuei^{31}tuə^{213}

果不然的 kə$^{213-31}$pu˙ʒã$^{53-55}$tï “果”音同“各” 果然：人都说他怪坑人，～

亏来 k‘uei$^{213-31}$lɛ˙ 幸亏，多亏：这事～他帮忙

搓故 ts‘uə$^{213-31}$ku˙ 幸亏：～拿了雨衣，要不非得淋湿不可

或是 *xuei^{31}ʃʅ˙/ʃəŋ˙ ①也许，大概，可能：他喝醉了，～一时半会醒不过来 ②批评、埋怨语，相当于“应该”、“怎么不”：你不回家吃饭～说一声，让全家人都等着

沾一 tʃã$^{213-24}$i^{213} 稍微：玻璃～动就坏了

一再 i$^{213-24}$tsɛ^{31} 多次，反复：～向他说明原因｜～劝他，他就是不听

一准 i^{213}pfẽ^{55} 一定，必定：都这个时候了，他～不来了

挡不住 tɑŋ$^{31-53}$pu˙ pfu^{31} 可能，也许：他～不来了

天成 t‘iã$^{213-31}$tʃəŋ˙ 到底，确实：我～没有得罪他啊，怎么老跟我过不去？｜我～对他行啊，他还有意见

无怨 u^{53}yã^{31} 不怨，怪不得：也～人家生气，你算干的什么事？

剔剔 t‘i$^{213-31}$t‘ï 特别，格外：那孩子～肯生病

横竖 xuẽ^{31}fu^{31} 反正：他～就那样了，我也不管了

大略儿 tɑ^{31}luər^{213} ①大体，大致：只是～地算了一下 ②概况，梗概：那事我只知道个～

猛噔下子 məŋ$^{213-24}$təŋ^{213}ɕiə$^{31-53}$tsɿ˙ 突然，猛然：你一提醒，我～想起来了

忽忒儿 $xu^{213-24}t'er^{213}$ ①猛然，突然：我～下子吓醒了 ②形容心跳得剧烈：我吓得心里～～的

三十 拟声词

哧啦 $tʃ'ʅ^{213-24}la^{213}$ 形容撕裂的声音：裤子～划了一道口子

哧溜 $tʃ'ʅ^{213-24}liou^{213}$ 形容迅速划过的声音：那颗流星～下子不见了

泚溜 $ts'ʅ^{213-24}liou^{213}$ 形容某种声音：爆竹捻子～下子点着了

出溜 $pf'u^{213-24}liou^{213}$ ①形容速度极快：一把没抓住，他～一下子跑了 ②动词，毫无价值地把钱或物用光：挣了点钱，都叫他给～了 ③动词，把条状物插进其他物里面来回摩擦：把火棍插在炭灰里了～一下 ④动词，把某种食物放在火里略加烧烤：把小咸鱼搁到火里～一下就可以吃 ⑤动词，燃烧：衣服被火～个大窟窿

嘎崩 $ka^{213-24}pəŋ^{213}$ 形容声音很清脆：～一下咬碎了糖块

咯崩 $kə^{213-24}pəŋ^{213}$ 形容很清脆的声音：他狠得牙咬得～～的

嘎吱 $ka^{213-24}tʃʅ^{213}$ 形容某种声音：树枝～一声折断了

咯登 $kə^{213-24}təŋ^{213}$ ①形容颠动声音：车在路坎上～下子过去了 ②表示意外：一听那事，我心里～下子

咯吱 $kə^{213-31}tʃʅ^{213}$ 形容某种声音：我们在冰面上溜冰时，脚底下～～地响

咕咚 $ku^{213-24}tuŋ^{213}$ ①吞咽东西的声音：他～下子咽下去了，也不嫌烫 ②物体砸到地面上的声音：他～下子磕倒了

呱叽 $kua^{213-24}tsi^{213}$ ①很清脆的声音：他～下子打了孩子一巴掌 ②咀嚼食物或模仿别人吃东西时嘴里发出的声音：干～嘴 ③在平滑地面上重重摔倒在地的声音：～下子摔倒了

呼哧 $xu^{213-24}tʃ'ʅ^{213}$ 形容某种声音：～下子陷到泥里去了

呼哧下子 $xu^{213-24}tʃ'ʅ^{213}ɕiə^{31-53}tsʅ$

呼哧呼哧的 $xu^{213-31}tʃ'ʅ\ xu^{213-31}tʃ'ʅ\ tï$ 喘气声等：他累得～喘

呼隆 $xu^{213-24}luŋ^{213}$ 形容轰隆声等：那堵墙～下子歪了

咣当 kuɑŋ$^{213-24}$tɑŋ^{213} 形容碰撞声等：～下子摔了个仰背叉

刚当 kɑŋ$^{213-24}$tɑŋ^{213} 形容碰撞声等：那人的头～下子碰到墙上了

咔嚓 kʻɑ$^{213-24}$tʃʻɑ^{213} 形容霹雳声等：～打了一个响雷

嗑叭 kʻə$^{213-24}$pʻɑ^{213} 形容折断声等：～下子折了根树枝

嗑哧 kʻə$^{213-24}$tʃʻʅ^{213} 形容断裂声等：～，冰面裂了一大道口子

嗑喳 kʻə$^{213-24}$tʃʻɑ^{213} 形容清脆的断裂声等：～下子树枝被风刮断了

啪哧 pʻɑ$^{213-24}$tʃʻʅ^{213} 形容拍打声等：琉璃球打到门上～下子

扑腾 pʻu$^{213-24}$tʻəŋ^{213} 形容扑打声、心跳声等：心～～地跳

扑通 pʻu$^{213-24}$tʻuŋ^{213} 形容重物落地声等：他～跳到水里去了

咕嘟 ku$^{213-24}$tu^{213} 形容水涌出或沸腾的声音等：泉水～～地往外冒

听嘡噗出 tʻiŋ$^{213-31}$tʻɑŋ^{213}pʻu$^{213-24}$pfʻu^{213} ①形容声音嘈杂：他家夜里～的，不知道弄什么的 ②形容很快、利落：人多，～地一会就干完了

稀拉呼通 çi$^{213-24}$lɑ^{213}xu$^{213-24}$tʻuŋ^{213} 形容气势大、速度快：大家～地都来到了

稀拉呼隆的 çi$^{213-31}$lɑ·xu$^{213-24}$luŋ$^{213-31}$tï 形容声音沉闷嘈杂：人都～都跑了

唧拉刚当的 tɕi$^{213-31}$lɑ· kɑŋ$^{213-24}$tɑŋ$^{213-31}$ti 形容声音很大：门外头过车，～震得睡不着

叮叮当当的 tiŋ$^{213-24}$tiŋ^{213}tɑŋ$^{213-24}$tɑŋ$^{213-31}$tï 形容金属敲打声等：铁匠铺里整天～

呜呜的 u$^{213-24}$u^{213}tï ①哭得很痛，声音很大：两万块钱全丢了，他哭得～ ②风声等很响：西北风刮得～ ③形容干劲很足：那几个人干得～ ④形容跑得很快等：他～跑去了

叽啦呱唧的 tɕi$^{213-31}$lɑ·kuɑ$^{213-24}$tsi$^{213-31}$tï 泥水等粘连碰撞发出的声音：在稀泥里走，脚底下～

咿哩哇啦的 i$^{213-31}$lï uɑ$^{213-24}$lɑ^{213}tï 形容说话语音不寻常使人听不懂：南方人说话～咱听不懂

轰下子 $xu\eta^{213-31}$ɕiə˙ tsɿ˙ 形容某种声音迅速：人群～散开了

出啦下子 $pf'u^{213-24}l\alpha^{213}$ɕiə$^{31-53}$tsɿ˙ 形容速度极快的声音：他～就跑远了

吱歪下子 $t\int\gamma^{213-24}u\varepsilon^{213}$ɕiə$^{31-53}$tsɿ˙ 形容老鼠等动物的尖叫声：～，那老鼠就叫猫捉住了

呼通下子 $xu^{213-24}t'u\eta^{213}$ɕiə$^{31-53}$tsɿ˙ 形容倒塌声等：墙～倒了

啊嗡下子 $\gamma\alpha^{213-24}u\eta^{213}$ɕiə$^{31-53}$tsɿ˙ 形容猫扑食的声音等：猫～把小鸟叼住了

嘎根儿下子 $k\alpha^{213-24}ker^{213}$ɕiə$^{31-53}$tsɿ˙ 形容声音戛然而止：他正在唱着，～停住了

扔儿扔儿的 ʒə̃r$^{213-24}$ʒə̃r$^{213-31}$tï 形容极清脆且微小绵延的声音：银元一吹～响

揉儿揉儿的 ʒour$^{213-24}$ʒour$^{213-31}$tï 形容风吹的声音等：西北风～，真冷

吭呛儿的 k'əŋ$^{213-24}$ts'iãr$^{213-31}$tï 咳嗽的声音：他整天～

盎盎的 ɣaŋ$^{213-24}$ɣaŋ$^{213-31}$tï 人多，声音大而杂乱：会场里的人～

包儿包儿的 pɔr$^{213-24}$pɔr$^{213-31}$tï ①叩击声：老和尚敲木鱼～ ②严厉斥责：熊得～

啊涕 ɣa$^{213-31}$t'ï 打喷嚏的声音

哎了 ɣɛ$^{31-53}$la˙ 表示认可的应答声：～，你说得对

三十一 介词、连词、助词、叹词

自打 tsɿ^{31}ta^{55} 自从，从那时起：～去年，日子一天天地好起来了

打 ta^{55} 自从，从那时起：我～那没有见过她

打那 ta^{55}na^{31} 自从某时、某事以后：～不再给那人打交道

打这 ta^{55}ʧə^{31} 从此起，从此以后：～起我把酒戒了

拜 pɛ^{31} 把：你～牛拴到牛棚里

半 pã^{31}

卖 mɛ^{31}

曼 mã³¹
沿着 iã⁵³⁻⁵⁵tʃə˙ 顺着：你～滨河大道走看看风景
轮着 luẽ⁵⁵⁻²¹³tʃə˙
虏着 lu²¹³⁻³¹tʃɔ˙ ①按照某种路子、方法步骤等：你～这个办法去办，保证能成功 ②沿着：你～这条道走没错
巴达 pɑ²¹³⁻³¹tɑ / tsə / tɔ˙ 每逢，每当：～逢集就下雨，耽误事
要是 iɔ³¹ʃʅ³¹ 如果，如果是：～下雨就不去
已就的 i²¹³⁻²⁴tsiou³¹⁻⁵³ti˙ ①既然已经：～答应了，就得干 ②形容词，已经是事实了：反正～事了，咱就干吧
管怎着 kuã²¹³tsəŋ⁵⁵⁻²¹³tʃʅ˙ 无论如何：～我也不能做那样的事
不是焉 pu²¹³⁻³¹ʃʅ˙ iã˙ 要不是这样，不然的话：你给我说天气预报有大雨，～我就去赶集了｜他早恋，～早考上大学了
不闪 pu²¹³⁻³¹ʃã˙音近于"不是蔫"的连读
务早务晚 u³¹tsɔ⁵⁵u³¹uã⁵⁵ 不论早晚务必：今天～得回家
可罢了 k'ə²¹³⁻²⁴pɑ³¹⁻⁵³lɑ˙ ①表示后悔、惋惜的语气：～，我把喝喜酒的事忘得一干二净！②指责的语气：～，你给小孩一般见识！
噫唏 i⁵³ɕi²¹³ 表示很失望的语气：～！怎么考了这么点分数！
咦唏 *i⁵³ɕi˙ ①表示后悔的语气：～！早知道，不该去办这事｜～，我怎么忘了今天加班的事 ②表示不屑一顾：～，别理他
咦嗨 i⁵³xɛ²¹³ 表示后悔、惋惜、吃惊的语气：～！我把花根给挖断了｜～！没想雨下得这么大
哎嗨 ɣɛ⁵³xɛ²¹³ 表示意外、惋惜的语气：～，这事怎么会这样安排？
俺娘唻 ɣã²¹³ȵiɑŋ⁵³⁻⁵⁵lɛ˙ 表示惊讶的语气：～，两年没见面，你怎么变成这样了？
俺娘哎 ɣã²¹³ȵiɑŋ⁵³⁻⁵⁵ɣɛ˙
娘乎哉 ȵiɑŋ⁵³⁻⁵⁵xu˙ tsɛ˙
老天唻 lɔ⁵⁵t'iã²¹³⁻³¹lɛ˙

天乎哉 t‘iã^{213}xu· tsɛ·

俺的亲娘咪 ɣã$^{55-213}$ti·ts‘iẽ^{213}ȵiɑŋ$^{53-55}$lɛ· 惊讶的语气加重：～，你怎么从悬崖上下来的？

俺的亲娘乎哉 ɣã$^{55-213}$tï ts‘iẽ^{213}ȵiɑŋ$^{53-55}$xu· tsɛ·

老天乎哉 lɔ^{55}t‘iã^{213}xu· tsɛ·

老天爷乎哉 lɔ^{55}t‘iã^{213}iə$^{53-55}$xu· tsɛ·

老天爷乎咪 lɔ^{55}t‘iã^{213}iə$^{53-55}$xu· lɛ·

俺娘唠 *ɣã^{213}ȵiɑŋ$^{53-55}$lɔ· 疼痛、呻吟时的叫喊声：～，你慢慢地弄我的伤

俺的亲娘唠 ɣã$^{55-213}$tï ts‘iẽ^{213}ȵiɑŋ$^{53-55}$lɔ· 疼痛、呻吟时的叫喊声语气加重：～，可疼死我了

三十二 俗语

1. 一般俗语

一时耳艮了 i^{213}ʃʅ^{53}lə$^{55-213}$kẽ lɑ· "艮"音同"根" 一时忽略或忘记了：这件事都怨我～

一时忽略了 i^{213}ʃʅ^{53}xu$^{213-24}$luə$^{213-31}$lɑ· "略"音近"娄" 一时疏忽大意了：我～，壶里的水熬干了

一窝一块 i$^{213-24}$uə$^{213-24}$i$^{213-31}$k‘uɛ^{31} 指有血缘关系的兄弟姐妹等

一溜歪跩 i$^{213-24}$liou^{31}uɛ$^{213-24}$pfɛ^{213} 踉踉跄跄几乎要跌倒的样子

一溜狗抢屎 i$^{213-24}$liou^{31}kou$^{55-53}$ts‘iɑŋ$^{55-53}$ʃʅ^{55} 形容人猛地向前扑倒且因惯性前滑

一马二虎 i^{213}mɑ^{55}lə^{31}xu^{213} "虎"音同"呼" 言谈举止不严肃、不庄重，嘻嘻哈哈不认真的样子

一齐往来 i^{213}ts‘i^{53}uɑŋ^{55}lɛ^{53} 事情的来龙去脉：我～地给你说说这个事

一声儿不吭 i$^{213-24}$ʃə̃r$^{213-24}$pu$^{213-24}$k‘əŋ^{213} ①一言不发：开会时别人都争相发言，就他～ ②口里不发出任何声音：这孩子真有种，头磕破了，还～ ③悄无声息的：人家～就把事情办妥了

一声儿不响 i$^{213-24}$ʃə̃r$^{213-24}$pu^{213}ɕiaŋ^{55}

一声不离一声儿 i$^{213-24}$ʃəŋ^{213}pu$^{213-24}$li^{31}i$^{213-24}$ʃə̃r^{213} 一声接着一声（说、喊、叫、呼唤等）：一见面她就～说个没完

一时半会儿 i^{213}ʃʅ^{53}pã^{31}xuer^{31} 较短时间内：恐怕他～来不到

一分头诺 i$^{213-24}$fẽ^{213}t‘ou^{53} / t‘uŋ^{53}nuə^{53} 如果有一点办法：我～也不来麻烦你

一个来拐 i$^{213-31}$kə˙ lɛ^{53}kuɛ^{55} 一个往返

一火成功 i^{213}xuə^{55}tʃ‘əŋ^{53}kuŋ^{213} ①铁匠打铁时，淬一次火即可将原件打造或铸造成功 ②比喻一鼓作气地完成直到成功，一举成功：咱这次争取～

一街两巷 i$^{213-24}$tɕiɛ^{213}liaŋ^{55}ɕiaŋ^{31} 满街满巷：你闹得～人不得安

一板正经 i^{213}pã^{55}tʃəŋ^{31}tɕiŋ^{213} ①正规的，没有任何附加的：我俩是～的同学，从小学到高中一直在一个班 ②郑重其事，严肃认真：那人说起话来都是～的

一冲一挡 i$^{213-24}$pf‘əŋ$^{213-24}$i^{213}taŋ^{55} ①在双方发生冲突时，为一方冲挡在前：这事不关系他，他还～地谝能 ②能争先恐后地去办事，能独当一面：他遇事总是～的

一点就明 i^{213}tiã^{55}tsiou^{31}miŋ^{53} 稍微暗示、提点就明白：那人聪明，不论什么事，～

一蹦多高底 i$^{213-24}$pəŋ^{31}tuə^{53}kɔ^{213}ti^{55} 形容蹦得很高，多指吵架时气势汹汹、两脚频繁地跳起

一分钱不值 i$^{213-24}$fẽ^{213}ts‘iã^{53}pu^{213}tʃʅ^{53} ①身份很下贱、言行很下作：看他说话冠冕堂皇，可办起事来～ ②形容东西已经毫无价值：过去玉米秸、麦草等都当好东西，现在～了

一股子攮劲 i^{213}ku$^{55-213}$tsʅ˙ naŋ^{55}tɕiẽ^{31} 有猛劲、韧劲：这小伙子不论办什么事都有～

一撅两半截 i^{213}tɕ‘yə^{55}liaŋ^{55}pã^{31}tsiə^{53} ①把条状物折断成两段 ②平均分成两份

一去不回头 i$^{213-24}$tɕ‘y^{31}pu^{213}xuei^{53}t‘ou^{53} 离去之后就再不回来

一个扣儿没有 *i$^{213-31}$kə· k‘our^{213}mu^{31}iou· 穷得连一分钱都没有了：这两年做生意赔光了，家里～了

一抓一大把 i$^{213-24}$pfɑ$^{213-24}$i$^{213-24}$tɑ^{31}pɑ^{55} 形容很多、很普遍：现在的大学生～

一溜漫下沿儿 i$^{213-24}$liou^{31}mã^{31}ɕiɑ^{31}iɛr^{53} 坡度小且较长的下坡路

一亩三分地儿 i^{213}mu^{55}sã$^{213-24}$fẽ$^{213-24}$tier^{31} 比喻势力范围：这是我的～，还轮不到你指手画脚

一搁爪儿就忘 i$^{213-24}$kə^{213}pfɑr^{55}tsiou^{31}uɑŋ^{31} 形容记忆力很差，手里的东西一放下就忘记了：现在年纪大了，不论什么事～

一搁把儿就忘 i$^{213-24}$kə^{213}pɑr^{55}tsiou^{31}uɑŋ^{31}

搁爪儿就忘 kə^{213}pfɑr^{55}tsiou^{31}uɑŋ^{31}

搁把儿就忘 kə^{213}pɑr^{55}tsiou^{31}uɑŋ^{31}

搁下就忘 kə$^{213-31}$ɕï tsiou^{31}uɑŋ^{31} “下”音同“兮”

一个不怨一个 i$^{213-24}$kə^{31}pu$^{213-24}$yã^{31}i$^{213-24}$kə^{31} 双方或多方都有责任，谁也别责怪谁：别吵了，我看你们是～

一时等不得一时 i^{213}ʃʅ^{53}təŋ$^{55-213}$pu· tï i^{213}ʃʅ^{53} 形容时间紧急：他～，就要先吃饭

一会儿等不得一会儿 i$^{213-24}$xuer^{31}təŋ$^{55-213}$pu·tï i$^{213-24}$xuer^{31}

一把攥着两头不冒 i^{213}pɑ^{55}tsuã^{31}tʃə· liɑŋ^{55}t‘ou^{53}pu$^{213-24}$mɔ^{31} ①形容短小 ②形容人身材非常矮小

一句话打发一个主儿 i$^{213-24}$tɕy^{31}xuɑ^{31}tɑ$^{55-213}$fã· i$^{213-31}$kə· pfer^{55} “发”音同“凡”；“主”音“追（上声）” 指由于说话鲁莽、生硬或缺乏说话的技巧等，一说话就把对方回绝或得罪了：你说话能不能好听点儿？～

一家人不说两家话 i$^{213-24}$tɕiɑ^{213}ʒẽ^{53}pu$^{213-24}$fə^{213}liɑŋ^{55}tɕiɑ$^{213-24}$xuɑ^{31} 自家人不必客套，都应该说真心话

一下儿推得干净儿的 i$^{213-24}$ɕiɑr^{31}t‘uei$^{213-31}$tï kã^{213}tsiə̃r$^{53-55}$tï 把责任、义务等一下子推卸得干干净净：那件事你也有责任，不能～

不便人家 pu$^{213-24}$piã^{31}ʒẽ$^{53-55}$tɕiï 不能像人家那样，不能和人家相比：咱～有钱有势，就得勤勤恳恳地干

不腥不淡 pu$^{213-24}$siŋ^{213}pu$^{213-24}$tã^{31} ①轻描淡写，不痛痒：～地说了他两句 ②说风凉话：他就会说些～的话

不钧不沉儿 pu$^{213-24}$tɕyẽ$^{213-24}$pu^{213}tʃ'er$^{53-55}$ 形容不轻不重，可以承受：你就这样～的，每次搬五六块砖就可以

　不轻不沉儿 pu$^{213-24}$tɕ'iŋ$^{213-24}$pu^{213}tʃ'er$^{53-55}$

不扎尾巴 pu$^{213-24}$tʃɑ^{213}i$^{55-213}$pu˙ "尾巴"音同"乙卜" ①没有长尾巴 ②比喻没有好心眼，言行不好，不考虑后果：这是哪个～的做的事？

不招四邻 pu$^{213-24}$tʃɔ^{213}sʅ^{31}liẽ^{53} ①连邻居都不愿靠近，惹得周围邻居不安宁或反感：光着腚压屋脊——～（歇后语）

不知好歹 pu$^{213-24}$tʃʅ^{213}xɔ$^{55-53}$tɛ^{55} 不懂事理，好坏不分：他这人不～，别理他

不够人味儿 pu$^{213-24}$kou^{31}ʒẽ^{53}uer^{31} 没有人情味儿：我对他那么好，可他还当众骂我，太～了

不捣人粮食儿 pu^{213}tɔ^{55}ʒẽ^{53}liɑŋ$^{53-55}$ʃer˙ 贬指人像牲畜一样，不吃人吃的食物，比喻没有人性

不长人肠子 pu^{213}tʃɑŋ^{55}ʒẽ^{53}tʃ'ɑŋ$^{53-55}$tsʅ˙ 形容泯灭了人性，有违人之常情：他～，整天折腾老婆

大包大揽 tɑ^{31}pɔ^{213}tɑ^{31}lã^{55} 全部包揽、承担等：这事由你～，我就放心了

大偻的架儿 tɑ^{31}lou$^{53-55}$tiï tɕiɑr^{31} ①大方，不拘谨：你～上台演讲就是了 ②放心大胆地做：你～去干就是了 ③摆架子，自高自大：那人整天～，别人很难接近

大胆本恃的 tɑ^{31}tã^{55}pẽ^{55}ʃʅ$^{31-53}$tiï ①放心而大胆的：有大家给你撑腰，你～干 ②有恃无恐

打街骂巷 tɑ^{55}tɕiɛ^{213}mɑ^{31}ɕiɑŋ^{31} 形容在村里或邻里间骂骂咧咧地寻衅闹事：他那人喝完酒就～，谁见谁烦

打浆撸水 tɑ^{55}tsiɑŋ^{213}lu^{213}fei^{55} 做与水打交道的活计：这个女人真能干，下地劳坡、～样样都行

打水撸浆 tɑ$^{55-53}$fei^{55}lu$^{213-24}$tsiɑŋ^{213}

没记事钟儿 mu^{31}tɕi^{31}ʃʅ^{31}pfə̃r^{213} ①记忆力差：我就是没有～，听到的话一会就忘 ②不接受教训：你这个孩子怎么就是～？

没有神下了 mu$^{31-53}$iou˙ ʃẽ^{53}ɕiɑ$^{31-53}$lɑ˙ 形容没有任何办法了，没有什么本事可使了：这回他可真～

没有头㞘儿 mu$^{31-53}$iou˙ t‘ou^{53}tur^{213} “㞘”音“读（阴平）” ①没有开头也没有结尾 ②比喻乱糟糟的没有头绪：这事到现在还～

没病没癖儿的 mu^{31}piŋ^{31}mu^{31}p‘ier$^{55-213}$ti̤˙ 没有任何疾病

吃香的喝辣的 tʃ‘ʅ$^{213-24}$ɕiɑŋ$^{213-31}$ti̤˙xə$^{213-24}$lɑ$^{213-31}$ti̤˙ ①饮食富足：他们家很富有，整天～ ②形容人很得势，又有很多便宜可占：他能说会道，在村里～

吃饱了撑的 tʃ‘ʅ^{213}pɔ$^{55-213}$lɑ˙tʃ‘əŋ$^{213-31}$ti̤˙ ①吃得过饱而腹中难受 ②比喻无事生非，乱管闲事：我看你是～

有闲有忙 iou^{55}ɕiã^{53}iou^{55}mɑŋ^{53} ①有忙的时候，也有闲的时候：他一年四季～，倒也有滋有味 ②劳逸适度：那种活儿不累，～

有亏有盈 iou^{55}k‘uei^{213}iou^{55}iŋ^{53} ①有亏损也有盈余 ②做生意有赔有挣

有亏有应儿 iou^{55}k‘uei^{213}iou^{55}iə̃r^{213} ①有吃亏的就有赚便宜的：世间的事儿就是这样，～ ②有得有失

有眼视头儿 iou$^{55-53}$iã$^{55-213}$ʃʅ˙t‘our^{53} 善于看眼色办事，能随机应变，办事灵活，以讨得他人的喜欢：到一个生地方，要～，免得被人瞧不起

有活落儿 iou^{55}xə$^{53-55}$lour˙ “落”音同“娄” ①勤快，能干：那人真～，整天闲不住 ②技术精湛，办事能力强，办法多，效率高

有同行无同利 iou^{55}t‘uŋ^{53}xɑŋ^{53}u^{53}t‘uŋ^{53}li^{31} ①同样做一样的生意，而获得的利润等却不相同 ②同是一样的职业或岗位，得到的利益等不尽相同

当妖儿捉 tɑŋ$^{213-24}$iɔr$^{213-24}$pfə^{213} 比喻像捉拿妖怪一样严肃认真地当大

事对待：那件事你就得～才有把握

当猴儿耍 taŋ^{213}xour^{53}fa^{55} 比喻像耍猴一样耍弄人：别人都拿他～，他还不知不觉

当耳旁风 taŋ^{213}ɭə^{55}p‘aŋ^{53}fəŋ^{213} ①像耳边吹过的风吹过即了之 ②比喻听不进别人的劝告，自以为是：这话不知给他说了多少遍啦，他都是～，结果还是他自己错了

当场点现的 taŋ^{213}tʃ‘aŋ$^{55-53}$tiã^{55}ɕiã$^{31-53}$tï ①当面付给、兑现钱或物 ②当时予以回击或报复：你要想自找难看，咱就～

当时当忙的 taŋ^{213}ʃʅ^{53}taŋ^{213}maŋ$^{53-55}$tï 正是紧张而又忙碌的时候：～，哪有闲工夫问那个事

当着问事儿的 taŋ$^{213-31}$tʃə˙uẽ^{31}ʃer$^{31-53}$tï 当大事认真对待：他当了个小组长还～请了好几桌

挡挡旁人的眼儿 taŋ^{55}taŋ˙ p‘aŋ^{53}ʒẽ^{53}tï iɛr^{55} 故意做样子给人看，挡住别人的眼目

挡人眼目儿 taŋ^{55}ʒẽ^{53}iã$^{55-213}$mur˙

四脚八叉 sʅ^{31}tɕyə$^{213-24}$pa$^{213-24}$tʃ‘a^{31} “脚”音同“决” 四肢完全伸开仰面躺着的姿势

四个爪儿朝天 sʅ$^{31-53}$kə˙pfar^{55}tʃ‘ɔ^{53}t‘iã^{213} 谑称仰躺或向后跌倒时候四肢同时向上翘起的姿势

四蹼子着地 sʅ^{31}p‘u$^{213-31}$tsʅ˙pfə^{53}ti^{31} “蹼”音同“扑” ①向前跌倒时四肢同时着地 ②草棚房屋等四面倒塌着地：房梁断了，三间屋～了

心不在肝 siẽ$^{213-24}$pu$^{213-24}$tsɛ^{31}kã^{213} 心不在焉，心猿意马：那孩子上课就是～，所以学习成绩一直不好

心到神知 siẽ$^{213-24}$tɔ^{31}ʃẽ^{53}tʃʅ^{213} ①只要诚心敬重神，神就知道，不一定要很多的礼仪 ②只要在心里好心好意地想到，就不必有什么礼节

心可愿意的 siẽ^{213}k‘ə^{55}yã^{31}i$^{31-53}$tï 甘心情愿的：他两人结婚可都是～

话多劳神 xua^{31}tuə^{213}lɔ^{53}ʃẽ^{53} ①说话多了伤神：食多伤胃，～ ②没完没了

地说话：她遇到一点小事就～说起来没个完

话是话赶的 xuɑ^{31}ʃʅ^{31}xuɑ^{31}kã$^{55-213}$ti˙ 说的话是被对方的话逼出来的

话又说回来 xuɑ^{31}iou^{31}fə$^{213-31}$xu˙ lɛ˙ “回”音同“乎” 从另一个角度或不同方面辩证地看待或评论：他批评我，我有点不高兴，可～，那也是为我好

话还没落台儿 xuɑ^{31}xɛ^{55}mu^{31}luə^{213}t‘ɛr^{53} 话音未落：我～他果然就来了

耳朵卷刃 ɭə$^{55-213}$tɔ˙ tɕyã^{55}iẽ^{31} “朵”音同“刀”，“刃”音同“印” ①耳朵聋或听力差 ②比喻听而不闻，听不进别人的劝告或教育等

耳朵椎驴毛 ɭə$^{55-213}$tɔ˙pfei^{213}lu^{53}mɔ^{53} 耳朵里塞进驴毛了，比喻听不见或听而不闻：你～了？喊你半天不答应

耳朵塞驴毛 ɭə$^{55-213}$tɔ˙ sei^{213}lu^{53}mɔ^{53}

出力不讨好 pf‘u$^{213-24}$li$^{213-24}$pu^{213}t‘ɔ^{53}xɔ^{55} 虽然尽心尽力了，但得不到好的结果或别人的认可

趁水和泥 tʃ‘ẽ^{31}fei^{55}xə^{53}mi^{53} ①比喻利用某种条件做某事 ②比喻趁机进一步挑起是非

趁打格拉忙 tʃ‘ẽ^{31}tɑ^{55}kə$^{213-31}$lɑ˙ mɑŋ^{53} ①比喻趁着别人做事时，自己也跟着掺和参与：你哥哥结婚，你小孩子不要～ ②趁机捣乱

趁水格拉忙 tʃ‘ẽ^{31}fei^{55}kə$^{213-31}$lɑ˙ mɑŋ^{53}

调山厘乎计 tiɔ^{31}ʃã^{213}li$^{53-55}$xu˙ tɕi^{31} 诡计多端：小小年纪就～的，出产不出个人来

调天厘乎计 tiɔ^{31}t‘iã^{213}li$^{53-55}$xu˙ tɕi^{31}

挺腰凹肚儿 t‘əŋ^{55}iɔ^{213}uɑ^{31}tur^{31} “挺”音“腾（上声）” 腆起胸脯和肚子，形容因一时得势或富有而挺胸昂首、忘乎所以、目空一切的样子：穷人乍富，～（俗语）

手到擒来 ʃou^{55}tɔ^{31}tɕ‘iẽ^{53}lɛ^{53} 比喻做事有把握且轻而易举：锅台上摸饽饽（窝窝头）——～（歇后语）

手拿把攥 ʃou^{55}nɑ^{53}pɑ^{55}tsuã^{31} 就像已经握在手里一样非常有把握：办那事咱是～的

手拿把掐 ʃou^{55}nɑ^{53}pɑ^{55}tɕʻiɑ^{213}

趟大步儿了 *tʃʻɔ^{31}tɑ^{312}pur$^{31-53}$lɑ· 超出计划、限度或承受能力等：儿子结婚给盖了屋又买了车，～，该了一腚账

跟谁随谁 kẽ^{213}ʃei^{55}suei^{53}ʃei^{55} ①与什么样的人一起，其言行等就受其影响，越来越相像 ②收养或抚养别人的孩子，长期以往，其相貌、性情等与抚养人越来越相近

跟什么人随什么人 *kẽ^{213}ʃəŋ^{53}mu· ʒẽ^{53}suei^{53}ʃəŋ^{53}mu· ʒẽ^{53}

谁作败的谁当 ʃei^{55}tsuə$^{213-31}$pɛ· tï ʃei^{55}tɑŋ^{213} 谁做的坏事或遗留的问题就由谁来负责

精松一包糟 tsiŋ$^{213-24}$suŋ^{213}i$^{213-24}$pɔ$^{213-24}$tsɔ^{213} 没有什么财富、势力、本领、分量等：看她整天穿金戴银给多富有似的，其实家里～｜看他整天咋咋呼呼吹得跟有多大学问似的，其实真正办起事来～

壮得跟牛样 *pfɑŋ$^{31-53}$tï kei^{53}ȵiou^{53}iɑŋ· 比喻人身体魁伟、强壮

嘴没把大门的 tsuei^{55}mu^{31}pɑ^{55}tɑ^{31}mẽ$^{53-55}$tï 口无遮拦，说话毫无顾忌

敞不开包儿 tʃʻɑŋ$^{55-213}$pu· kʻɛ· pɔr^{213} ①事情不能完全公开：这事～，否则就露馅了 ②东西不能摆出来：下雨了，这货～

敞不开脸儿 tʃʻɑŋ$^{55-213}$pu·kʻɛ·liɛr^{55} ①受拘束，放不开面子：这小媳妇到现在还～ ②不好意思，难以沉下脸来：让我去给她谈话，我实在～

差老鼻子了 *tʃʻɑ^{213}lɔ$^{55-213}$pi$^{53-55}$tsɿ· lɑ· ①差距、悬殊很大：我的酒量跟他比～ ②还缺很多：就这几根木料想盖房子，～

草木狼林 tsʻɔ$^{55-213}$mu· lɑŋ^{53}liẽ^{53} 形容杂草丛生，脏乱无序：那地方到处～的，谁也不愿意去

脚踩滥绊 *tɕyə$^{213-24}$tʃɛ·lã^{31}pã^{31} “脚”音同“决” ①到处都有且乱：他屋里的东西～的到处乱放 ②碍手碍脚：路上的树枝～的耽误走路

脚踩腚挨的 tɕyə^{213}tʃʻɛ^{55}tiŋ^{31}iɛ$^{53-55}$tï 不爱惜，随意放置糟蹋

脚影儿不踩来 tɕyə^{213}iãr^{55}pu$^{213-24}$tʃʻɛ^{213}lɛ^{53} 从未来过：老人都那么大年纪了，儿子整天～，真差劲

倒三不着两 tɔ$^{31-53}$sã˙ pu^{213}pfə^{53}liɑŋ^{55} 说话不着边际，颠三倒四：人老了，说话～的，请担待

从头凉到脚 ts‘uŋ^{53}t‘ou^{31}liɑŋ$^{53-55}$tɔ˙ tɕyə^{213} 形容极度心寒意冷：一听那事没点希望了，我顿时～

现买现卖 ɕiã^{31}mɛ^{55}ɕiã^{31}mɛ^{31} ①当时买当时卖 ②拿刚学会的（知识、技术等）去教别人

活丧良心 *xə^{53}sɑŋ^{31}liɑŋ^{53}siẽ ①活着而遭受着很大的苦难：老人有病，身边又无人照顾，活着也是～ ②残忍地杀死、杀害等：他硬是用斧头把那头牛砍死了，真～ ③遭受不应该承受的苦难：小小年纪跟着大人一起干活，真是～

学人话头来 ɕyə^{53}ʒẽ^{53}xuɑ^{31}t‘ou$^{53-55}$lɛ˙ 就像别人说的那样：～，旧的不去，新的不来

下不来台 ɕiɑ$^{31-53}$pu˙lɛ˙ t‘ɛ^{53} ①在人前受窘难堪：被人当面说了一顿，真是～ ②比喻无法收场：那事闹得双方都～，真不值得

零碎八味儿的 liŋ$^{53-55}$sueï pɑ$^{213-24}$uer$^{31-53}$tï 断断续续的，零零碎碎的：这些钱都是老的～积攒的

零碎八物儿的 liŋ$^{53-55}$sueï pɑ$^{213-24}$ur$^{31-53}$tï

蹴脚后跟儿 ts‘y$^{213-24}$tɕyə$^{213-24}$xou$^{31-53}$ker˙ 比喻刻意在别人背后寻找把柄、错误等：只要心胸坦荡，就不怕有人～

碍事不拉脚的 ɣɛ$^{31-53}$ʃʅ˙ pu$^{213-31}$lɑ˙ tɕyə$^{55-213}$tï “脚”音同“决” ①妨碍：东西放那里～的，快弄走 ②妨碍别人做事：你别站那里～的

急得给齁儿样 tɕi$^{53-55}$tï kei^{53}xour^{213}iɑŋ˙ 形容穷困潦倒到极点：家里孩子多，又没收入来源，整天～

借得给破窝窝样儿 tsiə$^{31-53}$tï kei^{53}p‘ə^{31}uə$^{213-31}$uə˙iɑ̃r˙ 形容到处借贷，负债累累：家里有病人，为治病到处～

捽得挣紧 tsuə$^{55-213}$tï tʃəŋ^{213}tɕiẽ^{55} “捽”音同“左” ①收缩得很紧，特指家禽不该生蛋的时候，骨盆未开：老母鸡腚门子～，还不该下蛋 ②管得严，不放权：老婆把钱～，他不当家 ③紧紧握住：外出时把钱～，唯恐被偷了

巴三结四 pɑ$^{213-24}$sã^{213}tɕiə$^{213-24}$sɿ^{31} 很吃力，很勉强：父母～地凑齐了儿子上大学的费用

言差语错 iã^{53}tʃʻɑ^{213}y^{55}tsʻuə^{31} 言语稍有不当或失误之处：他没有文化，有点～的，大家都得担待些

浴沐汗流的 y$^{213-31}$mu˙xã^{31}liou$^{55-213}$tï “流”音同“柳” 形容大汗淋漓，汗流浃背

云山雾罩 yẽ^{53}ʃã$^{213-24}$u^{31}tʃɔ^{31} ①山间云雾弥漫 ②形容说话漫无边际，胡言乱语，使人摸不着头脑：他整天～地胡扯，说些没有用的

根儿上梢儿上 ker$^{213-31}$ʃɑŋ˙ ʃɔr$^{213-31}$ʃɑŋ˙ 比喻从上到下，全部过程：这事～没我一点关系

屋子底儿没有 u$^{213-31}$tsɿ˙ tier^{55}mu$^{31-53}$iou˙ 连房基都没有，形容非常贫穷：他家原来穷得连～，这几年大有好转

门里出身 mẽ$^{53-55}$lï pfʻu$^{213-24}$ʃẽ^{213} ①世袭、继承了某些传统等 ②有祖传的某种技艺、本领等

隔二片三 kei$^{213-31}$ɭə˙ pʻiã^{31}sã^{213} ①断断续续：山上～有几棵树 ②不经常：他～地来一趟

隔三差五 kei$^{213-31}$sã$^{213-24}$ʧʻɑ^{213}u^{55}

先来后到 siã^{213}lɛ^{53}xou^{31}tɔ^{31} ①按照到达的时间确定次序：咱总该讲个～吧 ②最先启程最后到达

留上搁下 liou^{53}ʃɑŋ^{31}kə$^{213-24}$ɕiɑ^{31} 存留着不舍得随便吃或用：妈妈总是把好东西～地给孩子吃

驴疯马拉 lu^{53}fəŋ^{213}mɑ^{55}lɑ^{31} ①比喻像驴马那样忘形地到处奔跑 ②比喻人整天毫无目的地到处遛逛：那人整天～地不着家

清汤赖水 tsʻiŋ$^{213-24}$tʻɑŋ^{213}lɛ^{31}fei^{55} “水”音同“匪” ①稀饭较稀薄或汤菜缺少油水：那桌酒席的菜～的，真难吃 ②稀饭等太稀且有沉淀

澄清拉水儿的 təŋ^{31}tsʻiŋ$^{213-24}$lɑ^{213}fer$^{55-213}$tï 稀饭等太稀且有沉淀

日娘八卦 ʒʅ$^{213-31}$ȵiɑŋ / ȵiã pɑ$^{213-24}$kuɑ^{31} 口出污秽言语，脏话连篇

日不聊生 ʒʅ$^{213-24}$pu^{213}liɔ^{55}ʃəŋ^{213} 生活艰难无聊

五花八门儿 u^{55}xuɑ$^{213-24}$pɑ^{213}mer^{53} ①比喻花样繁多或变幻多端 ②各种各样：世界上～的人都有｜他～的事都干过

紧头儿掐脑儿 tɕiẽ^{55}t'our^{53}tɕ'iɑ^{213}nɔr^{55} 勉强能满足或达到需要的数量、要求等：这块布料做裤子使不了，做褂子～的

像模像样儿 siɑŋ$^{31-53}$mu· siɑŋ^{31}iɑ̃r^{31} ①体面，好看等：这套旧家具一上漆也～的了 ②逼真：这孩子的表演还真有点～的

按着板眼的 ɣã$^{213-31}$tʃə· pã$^{55-53}$iã^{55}tï ①形容拘谨守旧、安分守己：咱得～地好好过日子 ②中规中矩：放学后他从来没～地去写过作业

蹴脚绊磕的 ts'y$^{213-24}$tɕyə^{213}pã^{31}k'ɑ$^{55-213}$tï 因黑暗或道路不平走路磕磕绊绊：夜里走山路，～不好走

绊绊拉拉的 pã$^{31-53}$pã· lɑ$^{213-31}$lɑ· tï 到处都是，碍手碍脚：满院子柴草～，没有个过日子样

梯陡竖崖的 t'i^{213}tou^{55}fu^{31}iɛ$^{53-55}$tï 形容非常陡峭：抱犊崮顶～，一般人上不去

坷埌拉巴的 k'ə^{213}lɑŋ^{53}lɑ$^{213-24}$pɑ$^{213-31}$tï 坑坑洼洼的：路上～，一点都不好走

叽拉咯吱的 tɕi$^{213-31}$lɑ· kə$^{213-24}$tʃʅ$^{213-31}$tï ①吵吵闹闹地拌嘴：那小两口整天～ ②饭菜半生不熟或有泥沙吃起来硌牙 ③拟声词，皮鞋踩在石子路上～

急拉滚蛋的 tɕi$^{213-31}$iɑ / liu / lou· kuẽ^{55}tã^{31}tï ①很多东西同时乱滚 ②形容物体滚动的混乱且速度快：山上的石头被大雨冲得～地往下掉 ③比喻连滚带爬逃去的狼狈相：吓得他～跑了

胡尔马约的 xu$^{53-55}$ɭə· mɑ^{55}yə$^{213-31}$tï ①马马虎虎的 ②敷衍了事的：这事～就算过去了

硌棱硌棱儿的 *kə$^{213-24}$ləŋ^{31}kə$^{213-24}$lə̃r^{31}tï ①很明显，特别不一样：这地方～高出一块 ②很突出，独树一帜：他的孩子学习成绩在班里～高出一大截 ③差异很大：一母所生，可兄弟俩长相～不一样

咕嘟狼烟的 *ku²¹³tu· laŋ⁵³iã²¹³⁻³¹tï 浓烟滚滚：柴垛着火了，～真吓人

本乡本土的 pẽ⁵⁵çiaŋ²¹³pẽ⁵⁵t‘u⁵⁵⁻²¹³tï 家乡的，本地的：咱都～，做事都应该有个讲究

亲戚道理的 ts‘iẽ²¹³⁻³¹ts‘ï tɔ³¹li⁵⁵⁻²¹³tï 相互间有或远或近的亲戚关系：咱都～，互相都讲究点

人五人六的 ʒẽ⁵³u⁵⁵ʒẽ⁵³liou³¹⁻⁵³tï ①道貌岸然的样子 ②穿戴很体面的样子：别看他打扮得～，就是不干正经事

粒生饹拉咽的 li²¹³⁻³¹ʃəŋ· kə²¹³⁻³¹la· iã³¹⁻⁵³tï ①饭菜半生不熟 ②比喻好多事物掺杂在一起

半生不拉熟的 pã³¹⁻⁵³ʃəŋ·pu²¹³⁻³¹la·fu⁵³⁻⁵⁵tï ①夹生，饭菜等有的生有的熟：这饭你做得～，怎么吃？②比喻事情等做得很不圆满

隙拉活得儿的 çi⁵³⁻⁵⁵la· xə⁵³ter²¹³⁻³¹tï "活"音同"和" ①不坚实，不牢固：这墙垒得～，眼看着要倒 ②关系不融洽，有隔阂：他俩整天～，早晚得散伙 ③不可靠：我总觉得那人办事～

瞎目定眼的 çia²¹³⁻³¹mu· tiŋ³¹iã⁵⁵⁻²¹³tï 斥骂人瞎眼：你怎么～往人身上撞？

瞎腚无眼儿的 çia²¹³⁻²⁴tiŋ³¹u⁵³iɛr⁵⁵⁻²¹³tï 斥骂言行不轨，心术不正：那人从小就～不干人事

辟拉泼剌的 p‘i⁵³⁻⁵⁵la·p‘ə⁵³⁻⁵⁵la·tï 极力否认，掩盖，推辞：他～不承认那事是他干的

眯眼儿不睁的 mi⁵³iɛr⁵⁵pu²¹³⁻²⁴tʃəŋ²¹³⁻³¹tï 昏昏沉沉的样子：那孩子发烧～

搁鼻子抗脸 tʃou⁵⁵pi⁵³⁻⁵⁵tsɿ· k‘aŋ³¹liã⁵⁵ "搁"音同"肘" 形容因有矛盾、有成见而面带仇视的表情：对门合户的，整天～，真别扭

扳着脖子搂着腰 pã²¹³⁻³¹tʃɔ·pə⁵³⁻⁵⁵tsɿ·lou⁵⁵⁻²¹³tʃɔ·iɔ²¹³ 形容关系过于亲密：她俩整天～，好得一个头

鼻子一把泪一把 pi⁵³⁻⁵⁵tsɿ· i²¹³pa⁵⁵lei³¹i²¹³pa⁵⁵ 痛哭流涕的样子：老

娘去世了，她哭得～

睛吃坐穿　tsʻiŋ^{53}tʃʻʅ^{213}tsuə^{31}pfʻã^{213}　坐享其成

跟大鱼上船　*kẽ$^{213-31}$tɑ^{31}y^{53}ʃɑŋ^{31}pfʻã^{53}　比喻小孩跟着大人学事：你年龄太小，不能～

边儿也不翘　piɛr$^{213-31}$iɛ˙pu$^{213-24}$tɕʻiɔ^{31}　不允许、不可能：劝说了他半天，白磨嘴皮子，～

撮撮不动　tsʻuə$^{213-31}$tsʻuə˙pu$^{213-24}$tuŋ^{31}　①没有办法使对方挪动 ②没有办法指使对方去做某件事情

屌蛋精光　tiɔ^{55}tã^{31}tsiŋ$^{213-24}$kuɑŋ^{213}　一无所有：那人一辈子不正干，最后落了个～

犯四大忌　fã^{31}sʅ^{31}tɑ^{31}tɕi^{31}　比喻各方面都合不来：他俩～，见面就吵

高一帽头儿　*kɔ$^{213-24}$ï mɔ^{31}tʻour^{53}　①在能力学识等方面超过他人 ②特别优待、关照：对待有才华的人就得～

高看一眼儿　kɔ$^{213-24}$kʻã^{31}i^{213}iɛr^{55}　特别优待、关照：对德才兼备的人就得～

囫囵半个　xu$^{53-55}$luẽ˙pã^{31}kə^{31}　①完整的和不完整的混杂在一起：这豆子碾得～的 ②不完整：苹果叫啃得～的 ③不彻底，不圆满：那件事他办得～的

指地没有　tʃʅ^{55}ti^{31}mu^{31}iou^{55}　连一指头大的地方都没有，比喻穷困潦倒

酌量着来　pfə$^{53-55}$liɑŋ˙tʃɔ˙lɛ^{53}　酌情办理：究竟该怎样处理，你～来就是了

　照量着来　ʧɔ$^{31-53}$liɑŋ˙tʃɔ˙lɛ^{53}

　母量着来　mu$^{55-213}$liɑŋ˙tʃɔ˙lɛ^{53}

足一够二　tsu$^{213-24}$i$^{213-24}$kou^{31}ɭə^{31}　①非常充足：今年的粮食是～的 ②分量足够：他做买卖不坑人，给的分量～的 ③非常厌恶：我看到那人就～的

原封不动　yã^{53}fəŋ$^{213-24}$pu$^{213-24}$tuŋ^{31}　①保持原来的样子，一点未动：人家送给他的东西，他都～地送回去了 ②不听别人的指使，不行动：喊了他好几遍了，他～

再三再四　tsɛ^{31}sã^{213}tsɛ^{31}sʅ^{31}　一次又一次，三番五次：～地嘱咐 |～地提出来

拍拍脯肋子 p‘ei$^{213-31}$p‘eï pu^{53}lei$^{213-31}$tsɿ˙ “脯”音“不（阳平）” ①拍拍自己的胸脯 ②扪心自问：我是真心待你的，你得～凭良心 ③发誓等时的动作：我～，这事如是我做的，天打五雷轰 ④表达堂堂正正，心怀坦荡：咱都～，不能做对不起人的事

沾亲带故 tʃã$^{213-24}$ts‘iẽ^{213}tɛ^{31}ku^{31} 有点亲朋关系：我们村里的人大都～的

长话短说 tʃ‘ɑŋ^{53}xuɑ^{31}tuã^{55}fə^{213} 用简短的话语概括

逞不起头儿来 *tʃ‘əŋ$^{53-55}$pu˙ tɕ‘i^{55}t‘our^{53}lɛ˙ ①处所的顶部和底部之间的距离小，使人抬不起头来：洞顶太矮，～，只好躬着腰前行 ②因受压制、受欺侮等而不能平等地生活 ③负担重、压力大而垂头丧气

传远不传近 pf‘ã^{53}yã^{55}pu^{213}pf‘ã^{53}tɕiẽ^{31} 在远处很有名气而在本地却不知名

尽早不尽晚 tsiẽ$^{55-53}$tsɔ^{55}pu^{213}tsiẽ$^{55-53}$uã^{55} 要尽早进行，不要等到太晚了才去做：这事不能拖，～

从根儿到稍儿 ts‘uŋ^{53}ker^{213}tɔ^{31}ʃɔr^{213} 从头到尾、从开始到结束的全过程：他把事情～讲了一遍

揎手撸胳膊 ts‘uã^{213}ʃou^{55}lu$^{213-24}$kə$^{213-31}$p‘eï “膊”音“培（轻声）” 扬起胳膊，捋起袖子，摆出要打架的样子：你～的想干什么？

对门儿合户儿的 tei^{31}mer^{53}xɑ^{53}xur$^{31-53}$tï “合”音同“哈” ①邻里相居，大门相对 ②泛指邻居：没有外人，都是～邻居

饿得给狼掏的样 uə$^{31-53}$tï kei^{53}lɑŋ^{53}t‘ɔ$^{213-31}$tï iɑŋ˙ ①狼吞虎咽的样子 ②比喻饿到极点

给屙丝似的 kei^{53}ɣə$^{213-31}$sɿ˙ ʃʅ$^{31-53}$tï “屙丝”系细碎且干爽的垃圾等。①形容密密麻麻难以分辨：今天赶会的人～ ②比喻多而普遍：现在有文化的人～

给抠瞎的姐留龟样 kei^{53}k‘ou$^{213-24}$ɕiɑ$^{213-31}$tïtsiə$^{55-213}$liou˙ kuei$^{213-31}$iɑŋ˙ 形容人弯腰驼背，相貌丑陋：那人长得～

脸迭歇得跟死爹的样 liã^{55}tiə$^{213-31}$ɕiə˙ tï kei^{53}sɿ^{55}tiə$^{213-31}$tï iɑŋ˙ 比喻人极度沮丧、严肃、不高兴的面部表情

脸迭歇得给驴脸样 liã^{55}tiə$^{213-31}$ɕiə˙ tï˙ kei^{53}lu^{53}liã^{55}iɑŋ˙ 比喻人因沮丧、苦恼而沉下脸，脸型拉长

脸瞌惺得给瓢碴儿样 liã^{55}k‘ə$^{213-31}$siŋ˙ tï˙ kei^{53}p‘iɔ^{53}tʃ‘ɑr$^{213-31}$iɑŋ˙ 比喻人因忧愁、烦恼等面部蹙起褶皱

督不动擦不动 tu$^{213-31}$pu˙ tuŋ^{31}ts‘ɑ$^{213-31}$pu˙ tuŋ^{31} 形容丧失了行走的能力：趁着能走动，勤转转，等～想转也没门了

跟玩儿的样 kẽ^{53}uɛr$^{53-55}$tï˙ iɑŋ˙ 跟玩耍一样轻松：这事放在他身上～

脖子粗上头 pə$^{53-55}$tsɿ˙ ts‘u$^{213-31}$ʃɑŋ˙ t‘ou^{53} 比喻次要的超过了主要的：装修的钱比盖房花的钱还多，真是～了

武艺头儿不济 u$^{55-213}$ï˙ t‘our^{53}pu$^{213-24}$tsi^{31} ①武功差 ②本领、能力不大：～还想当村长

眼视头儿不济 iã$^{55-213}$ʃʅ˙ t‘our^{53}pu$^{213-24}$tsi^{31} ①视力不好 ②看问题的能力差：及赶～，还净揽蠓虫子放（俗语）

样儿不济 iɑ̃r^{31}pu$^{213-24}$tsi^{31} 形象差，接近丑陋：长得～，还想说俊老婆，想得美！

喝风倒沫儿 xə$^{213-24}$fəŋ^{213}tɔ^{31}mər^{213} ①喝风饮露水：据说蝉靠～活着 ②形容不吃东西或没有东西吃：你不管老人的事，叫你老娘～啊？

护毛秃儿样 xu^{31}mɔ^{53}t‘ur$^{213-31}$iɑŋ˙ 比喻极力掩盖、呵护：他娇惯孩子给～，不兴别人说一句

焦干的实话 tsiɔ$^{213-24}$kã$^{213-31}$tï˙ ʃʅ^{53}xuɑ^{31} 说的话没有一点虚假，纯粹的实话

到家的实话 tɔ^{31}tɕiɑ$^{213-31}$tï˙ ʃʅ^{53}xuɑ^{31} 非常真实的话，内心深处的话：你说的这些都是～

两木粘子话 liɑŋ$^{55-213}$mu˙ ȵiã$^{53-55}$tsɿ˙ xuɑ^{31} 立场、态度等不明朗的话：他说了个～，咱不知他到底怎么想的

磨不开面子 mə$^{31-53}$pu˙ k‘ɛ^{213}miã$^{31-53}$tsɿ˙ 碍于情面：都是朋友，叫我给提意见，我实在～

抬头不见低头见 $t^{‘}ɛ^{53}t^{‘}ou^{53}pu^{213-24}tɕiã^{31}ti^{213}t^{‘}ou^{53}tɕiã^{31}$ 随时随地经常见面：大家都住在一个巷子里，～的

清眼儿看着 $ts^{‘}iŋ^{213}iɛr^{55}k^{‘}ã^{31-53}tʃɔ^{·}$ ①眼睁睁地看着：～自行车被小偷推走了 ②看得很明显：～要下雨，你还要上街

三七拉当央 $sã^{213-24}ts^{‘}i^{213-24}lɑ^{213-24}tɑŋ^{213}iɑŋ^{53}$ 取其中间

竖勺子不倒 $fu^{31}fə^{53-55}tsɿ^{·}pu^{213}tɔ^{55}$ 形容稀饭很稠，勺子插入能竖立不倒

摔碟子砸碗 $fei^{213}tiə^{53-55}tsɿ^{·}tsɑ^{53}uã^{55}$ “摔”音同“飞” 对人或事不满，为发泄而乱摔东西：有意见就提，别～的

噎得打嗝得儿 $iə^{213-31}tï\ tɑ^{55}kə^{213-31}ter^{·}$ ①因喉咙被食物等噎住而打嗝儿 ②因被人无理强硬的顶撞等，内心堵塞而打嗝：那人几句话把他～

长支出免辈儿 $tʃɑŋ^{55}tʃɿ^{213-24}pf^{‘}u^{213}miã^{55}pier^{31}$ 同宗族人中，长房那一支的后人辈分往往比较低

正在年纪上 $tʃəŋ^{31}tsɛ^{31}$ / $tɛ^{55}ȵiã^{53-55}tɕï\ ʃɑŋ^{·}$ ①正处在身强力壮的年龄阶段 ②老年人正在“旬头”上

　正搁年纪上 $tʃəŋ^{31}kə^{213}ȵiã^{53-55}tɕï\ ʃɑŋ^{·}$

二五中十的 $ɭə^{31}u^{55}pfuŋ^{213}ʃɿ^{53-55}tï$ 人正处在身强力壮的年龄段

看不透火色 $k^{‘}ã^{31-53}pu^{·}t^{‘}ou^{31}xuə^{55-213}ʃeï$ 不善于观察所处的氛围和事情发展的趋势：眼看村主任正在气头上，你还一个劲地说，真～

看不出眉眼高低 $k^{‘}ã^{31-53}pu^{·}pf^{‘}u^{213}mei^{53}iã^{55}kɔ^{213-24}ti^{213}$ 不善于察言观色，不善于揣摩别人的心理

啦不到一家去 $lɑ^{53-55}pu^{·}tɔ^{31}i^{213-24}tɕiɑ^{213}tɕ^{‘}ï$ 没有共同语言

　啦不到一块儿去 $lɑ^{53-55}pu^{·}tɔ^{31}i^{213-24}k^{‘}uɛr^{31}tɕ^{‘}ï$

　啦不到一伙儿去 $lɑ^{53-55}pu^{·}tɔ^{31}i^{213-24}xuər^{55}tɕ^{‘}ï$

　啦不到一起去 $lɑ^{53-55}pu^{·}tɔ^{31}i^{213-24}tɕ^{‘}i^{55}tɕ^{‘}ï$

一母生百般 $i^{213}mu^{55}ʃəŋ^{213-24}pei^{213-24}pã^{213}$ ①一个母亲生出的孩子却相貌、性格等各不相同 ②同样的条件却出了不同的人才

现时现报 $ɕiã^{31}ʃɿ^{53}ɕiã^{31}pɔ^{31}$ ①当时、当面回应 ②作恶或行善，当时就有好

或坏的报应

好好干媳子不愁 xɑŋ^{213}xɑŋ$^{213-53}$kã^{31}si$^{213-31}$tsɿ˙ pu^{213}tʃʻou^{53} “好”音同“杭” ①只要好好干就不愁娶不上媳妇 ②比喻只要表现好，积极努力，得到利益、好处等是没问题的

2．寓意性俗语

一盆糨子 i^{213}pʻẽ^{53}tɕiɑŋ$^{31-53}$tsɿ˙ ①“糨子”即浆糊，比喻稀里糊涂、不明白：那人心里就是～，什么数都没有 ②比喻事情繁乱、无头绪：这件事简直就是～

一推六二五 i$^{213-24}$tʻei^{213}liou^{31}ɭə^{31}u^{55} 什么事都推脱得干干净净：你～，谁来负这个责任？

一会儿一个点儿 i$^{213-24}$xuer^{31}i$^{213-31}$kə˙ tiɛr^{55} 过分精明，心眼变化快：那人～，谁也猜不透他的心思

一物降一物 i$^{213-24}$u^{31}ɕiɑŋ^{53}i$^{213-24}$u^{31} 某种事或物能够制约、降伏另一种事或物：俗话说，～，辣椒就降热豆腐｜狗怕棍子，牛怕鞭，真是～ ②比喻某种人专门制约、降伏另一种人：那人在外面趾高气扬，可一看到老婆就手足无措，可真是～

一枪攮俩眼儿 i$^{213-24}$tɕʻiɑŋ^{213}nɑŋ$^{55-53}$liɑ$^{55-53}$iɛr^{55} 比喻一箭双雕，一举两得

一手捂俩雀儿 i^{213}ʃou^{55}u$^{55-53}$liɑ^{55}tsʻuər^{213} 一只手捂住了两只雀鸟，比喻一个人身兼两职获得双份报酬，或一人占了两个位置、得了两份便宜等

一头碰南墙 i^{213}tʻou^{53}pʻəŋ^{31}nã^{53}tsʻiɑŋ^{53} 比喻固执己见，脾气倔强，不愿变通

一头拾到南墙上 i^{213}tʻou^{53}ʃʅ$^{53-55}$tɔ˙ nã^{53}tsʻiɑŋ$^{53-55}$ʃɑŋ˙

一锤子买卖 i^{213}pfʻei$^{53-55}$tsɿ˙ mɛ$^{55-213}$mɛ˙ 比喻不顾后果、不顾影响地干一件事：得给自己留条后路，不能干～｜反正就这～，顾不得那么多了

一肚子小鬼儿 i$^{213-24}$tu$^{31-53}$tsɿ˙ siɔ$^{55-53}$kuer^{55} 比喻心里坏点子很多：他那人～

一根绳上的蚂蚱 i^{213}kẽ^{53}ʃəŋ$^{53-55}$ʃɑŋ· tï mɑ$^{213-31}$tʃɑ· 比喻相互有牵连，谁也摆脱不了干系：咱俩是～，谁也别想跑

一刀割得四齐 i$^{213-24}$tɔ$^{213-24}$kɑ$^{213-31}$tï sɿ^{31}ts‘i^{53} “割”音同“嘎” 即“一刀切”，比喻不分具体情况，只按一种标准和模式办事：对这事，反正不能～，应该有区别地对待

一个巴掌拍不响 i$^{213-31}$kə· pɑ$^{213-31}$tʃəŋ· p‘ei$^{213-31}$pu· ɕiɑŋ^{55} “掌”音同“争” 孤掌难鸣。①比喻矛盾或纠纷不是一方的责任：你们不要互相指责，～，都想想自己的问题 ②比喻仅靠一个人难做成大事

一斧子劈到底儿 i^{213}fu$^{55-213}$tsɿ· p‘i$^{213-31}$tɔ· tier^{55} 比喻办事完全用一个标准、一种方式或举措等进行到底：你想～，哪能办得到？

一把圪针撸到底儿 i^{213}pɑ^{55}kə^{53}tʃəŋ^{213}lu$^{213-31}$tɔ· tier^{55} “圪针”即荆棘，“撸”即用手顺着荆棘杆往上或往下划，比喻办事完全用一个标准，绝不走样

一步赶不上一步 i$^{213-24}$pu^{31}kã$^{55-213}$pu· ʃɑŋ^{31}i$^{213-24}$pu^{31} 起始有了差距，差距将越来越大：这两年日子～

一人难称百人意 i^{213}ʒẽ^{53}nã^{53}tʃ‘ẽ^{31}pei^{213}ʒẽ^{53}i^{31} 形容一个人能力再强，办事再公道，也很难达到人人都满意：当炊事员不容易，～

一心不可二用 i$^{213-24}$siẽ$^{213-24}$pu^{213}k‘ə^{55}ɭə^{31}yŋ^{31} 心思不可同时顾及两个方面，即不可分心：～，你要用心学习

一个驴屎蛋儿不拉 i$^{213-31}$kə· lu^{53}ʃʅ^{55}tiɛr^{31}pu$^{213-24}$lɑ^{213} 比喻没做一点事情，没有一点贡献：你～，什么好处也别想得到

一个麻鸪油吃香了嘴 i$^{213-31}$kə· mɑ$^{53-55}$ku· iou^{53}tʃ‘ʅ$^{213-24}$ɕiɑŋ$^{213-31}$lɑ· tsuei^{55} “麻鸪油”是一种肉香味美的鸟，这里比喻得到了一次好处或尝到一次甜头还想继续得到：你是～，还想再去沾便宜？

一不沾亲二不带故 i$^{213-24}$pu$^{213-24}$tʃã$^{213-24}$ts‘iẽ$^{213-24}$ɭə^{31}pu^{213}tɛ^{31}ku^{31} 没有一点亲朋关系：别看我们关系那么好，可是萍水相逢，～

一个牛也牵两个牛也放 i$^{213-31}$kə· ȵiou^{53}iə^{55}tɕ‘iã^{213}liɑŋ$^{55-213}$kə· ȵiou^{53}iə^{55}fɑŋ^{31} 比喻答应办事或承担任务多了也就不在乎多一件少一件了：

反正～，这几个事我都办了

一个槽上拴不下两个叫驴 i$^{213-31}$kə· ts'ɔ$^{53-55}$ʃɑŋ· fã$^{55-213}$pu· ɕiɑ· liɑŋ$^{55-213}$kə· tɕiɔ$^{31-53}$lu· 比喻两个有性格的人不能在一起相处或共事等

一根弦儿拨拉到天明 i^{213}kẽ^{53}ɕiɛr^{53}pu$^{55-213}$lou· tɔ^{31}t'iã^{213}miŋ^{53} 比喻只要有可能即便就剩一个人也要坚持到底

一瓶子不满半瓶子洸荡 i^{213}p'iŋ$^{53-55}$tsʅ· pu^{213}mã^{55}pã^{31}p'iŋ$^{53-55}$tsʅ· kuɑŋ$^{31-53}$tɑŋ· 比喻学问、技能、本领等逊色，不过硬，但还想显露

一条腿插到墒沟里 i^{213}t'iɔ^{53}t'ei^{55}tʃ'ɑ$^{213-31}$tɔ· ʃɑŋ$^{213-24}$kou$^{213-31}$lï “墒沟”是耕地时犁开出的垄沟，喻农民身份。①比喻从事“半工半农”的职业（也称“亦工亦农”） ②比喻老黄牛精神，全心全意致力于某项工作或事业：凡是～的人老百姓都喜欢

一腚薄屎擦不净还管人糖稀几个钱 i$^{213-24}$tiŋ^{31}pə^{53}ʃʅ^{55}ts'ɑ$^{213-31}$pu· tsiŋ^{31}xɛ$^{55-53}$kuã^{55}ʒẽ^{53}t'ɑŋ^{53}ɕi^{213}tɕi$^{55-213}$kə·ts'iã^{53}“薄屎”即稀便，“糖稀”即熬制的稠状糖液，比喻自己一身的问题、缺点等还没有处理　　好，哪还能顾及别人的事

不肠子不肚子 pu^{213}tʃ'ɑŋ$^{53-55}$tsʅ· pu^{213}tu$^{55-213}$tsʅ· “肚”音同“读” 比喻态度不明朗，办事不决断：他既不说行，也不说不行，～的，真是气死人

不盖脚后跟儿 pu$^{213-24}$kɛ^{31}tɕyə$^{213-24}$xou$^{31-53}$ker· 比喻做事（多指坏事）时，毫不掩饰或不注意掩饰：那人做事～

不见兔子不撒鹰 pu$^{213-24}$tɕiã^{31}t'u$^{31-53}$tsʅ· pu$^{213-24}$sɑ$^{213-24}$iŋ^{213} 比喻不做没有把握的事：他办事从来是～

不入二十四节气 pu$^{213-24}$vu^{213}ɭə^{31}ʃʅ^{53}sʅ^{31}tsiə$^{213-24}$tɕ'i^{31} 比喻有失常规：他那人说话办事～

不图麸子不图面 pu^{213}t'u^{53}fu$^{213-31}$tsʅ· pu^{213}t'u^{53}miã^{31} 比喻不贪图任何名利、报酬等：俺几个人办这个事就是为了造福后人，自己～

不信羊不吃柳叶 pu$^{213-24}$siẽ^{31}iɑŋ^{53}pu$^{213-24}$tʃ'ʅ^{213}liou^{55}iə^{213} 比喻不信邪，敢于创新

不信猫不吃腥 pu$^{213-24}$siẽ^{31}mɔ^{53}pu$^{213-24}$tʃ‘ʅ$^{213-24}$siŋ^{213} 比喻不相信在名利等面前能不动心

给个甜枣儿吃 *kei^{53}kə˙t‘iã^{53}tsɔr^{55}tʃ‘ʅ^{213} 给点甜头、好处（以便拢住人心）

骑驴找驴 tɕ‘i^{53}lu^{53}tʃɔ^{55}lu^{53} 自己骑在驴身上还找驴在哪里，比喻人糊涂

靠山吃山 k‘ɔ^{31}ʃã^{213}tʃ‘ʅ$^{213-24}$ʃã^{213} 比喻要借助现有的条件生存、发展

隔行如隔山 kei^{213}xɑŋ^{53}vu^{53}kei$^{213-24}$ʃã^{213} 形容对自己行业外的行业就像隔着山一样，不懂或知之甚少

吃奶的劲 tʃ‘ʅ^{213}nɛ$^{55-213}$ti˙tɕiẽ^{31} 比喻全身的力气或所有的能力：他真是连～都使出来了

吃软不吃硬 tʃ‘ʅ^{213}vã^{55}pu$^{213-24}$tʃ‘ʅ$^{213-24}$iŋ^{31} 比喻与人交往时容易接受对方温和的方式不接受强硬的方式

吃钢不吃铁 tʃ‘ʅ$^{213-24}$kɑŋ^{213}pu$^{213-24}$tʃ‘ʅ$^{213-24}$t‘iə^{213} 比喻听不进别人好言相劝，反倒喜欢别人怂恿、鼓动

吃鱼不吐刺 tʃ‘ʅ^{213}y^{53}pu^{213}t‘u^{55}ts‘ʅ^{31} 比喻非常贪婪，贪得无厌：他是个～的人

吃肉不吐骨头 tʃ‘ʅ$^{213-24}$ʒou^{31}pu^{213}t‘u^{55}ku$^{213-31}$tou˙ ①比喻极度贪婪：那人～，千万离他远点 ②比喻极度凶残、凶狠

吃红肉拉白屎 tʃ‘ʅ^{213}xuŋ^{53}ʒou^{31}lɑ^{213}pei^{53}ʃʅ^{55} 原意指狼吃的肉是红色的，拉的屎是白色的，比喻忘恩负义，转眼间就忘掉别人对自己的好处或恩惠：～——转眼无恩（歇后语）

吃瞎眼不疼得上 tʃ‘ʅ$^{213-24}$ɕiɑ^{213}iã^{55}pu^{213}t‘əŋ$^{53-55}$ti˙ʃɑŋ / xuɑŋ˙ 比喻人非常大方、大度，毫不吝啬

转眼无恩 pfã$^{55-53}$iã^{55}u^{53}ɣẽ^{213} 比喻在很短的时间内，就把别人对自己的恩情忘掉了：千万不能和他这种人打交道，他是个～的人

脏心烂肺 tsɑŋ$^{213-24}$siẽ^{213}lã^{31}fei^{31} ①比喻一肚子坏点子、坏主意 ②从坏的方面去猜测别人，对别人不安好心 ③心胸狭窄，品质差：那人～的，不能跟

他打交道

吃煎饼不会倒把儿 tʃʻʅ$^{213-24}$ȵiɑ$^{213-31}$ȵiŋ˙ pu$^{213-24}$ xuei^{31}tɔ$^{55-53}$ pɑr^{55} 吃煎饼时不知道换手，形容人智力低下，古板，办事不灵活

吃煎饼不知道倒把儿 tʃʻʅ$^{213-24}$ȵiɑ$^{213-31}$ȵiŋ˙ pu$^{213-24}$tʃʅ$^{213-31}$tɔ˙ tɔ$^{55-53}$pɑr^{55}

吃了三天饱饭望不着南天门 tʃʻʅ$^{213-31}$lɑ˙ sã$^{213-24}$tʻiã^{213}pɔ^{55}fã^{31} uɑŋ^{31}pu˙ pfə^{53}nã^{53}tʻiã^{213}mẽ^{53} 比喻忘本，忘乎所以

吃柿子专拣暄乎的捏 tʃʻʅ^{213}ʃʅ$^{31-53}$tsʅ˙ pfã^{213}tɕiã^{55}ɕyã$^{213-31}$xu˙ tï ȵiə^{213} 比喻专欺负弱者

吃着碗里的看着锅里的 tʃʻʅ$^{213-31}$tʃɔ˙ uã$^{55-213}$lï tï，kʻã$^{31-53}$tʃɔ˙ kuə$^{213-31}$lï tï ①比喻贪心不足 ②比喻用心不专一

打发要饭的 tɑ$^{55-213}$fã˙ iɔ^{31}fã$^{31-53}$tï “发”音同“凡” 给乞丐东西使其走开，比喻应付、敷衍：你给我那点东西是～的？

打狗看主家 tɑ$^{55-53}$kou^{55}kʻã^{31}pfẽ$^{55-213}$tɕï “主家”音同“准吉” 打狗要看狗的主人，比喻对人对事要因人而异

打屈人骂不屈人 tɑ^{55}tɕʻy^{213}ʒẽ^{53}mɑ$^{31-53}$pu˙ tɕʻy^{213}ʒẽ^{53} 动手打人难免冤枉人，而无所指地谩骂则一般不会冤枉人

打着胳膊往外撇 tɑ$^{55-213}$tʃɔ˙ kə$^{213-31}$pʻeï uɑŋ^{53}uɛ^{31}pʻiə^{55} “膊”音同“陪” 比喻立场、做法等不向着自己人，反而向着别人：那人真怪，说话办事总是～

吹牛皮拉大蛋 pfʻei^{213}ȵiou^{53}pʻi^{53}lɑ^{53}tɑ^{31}tã^{31} 比喻漫无边际地胡乱吹嘘

吹炸了腰儿 pfʻei$^{213-24}$tʃɑ$^{31-53}$lɑ˙ iɔr^{213} 过分吹嘘或过分夸张，使事情败露，使自己受到损害：这回他算是～了

吹炸了壶喝凉的 pfʻei$^{213-24}$tʃɑ$^{31-53}$lɑ˙ xu^{53}xə^{213}liɑŋ$^{53-55}$tï ①比喻过分吹嘘夸张会引起不良后果 ②过分吹嘘夸张将要承担由其引起的不良后果：别再吹了，当心～

吹着埻土找裂纹儿 pfʻei$^{213-31}$tʃɔ˙ pu^{53}tʻu^{55}tʃɔ^{55}liə$^{213-24}$uer^{31} 吹着地上的尘土寻找裂缝，比喻故意吹毛求疵：你这是～，故意找俺麻烦

　吹着垺土找裂么缝儿 pfʻei$^{213-31}$tʃɔ˙ pu^{53}tʻu^{55}tʃɔ^{55}liə$^{213-31}$ mu˙ fə̃r^{31}

见圈儿就跳 tɕiã^{31}tɕʻyɛr^{55}tsiou^{31}tʻiɔ^{31} 像猴儿一样，看见有圈就跳过去，比喻人过于灵活、圆滑：那人太精明，～

闻缝儿就钻 uẽ^{53}fə̃r^{31}tsiou^{31}tsuã^{213} 比喻善于钻营，只要有漏洞或可乘之机就不放过：他是个～的人，这几年发了

　有缝儿就钻 iou^{55}fə̃r^{31}tsiou^{31}tsuã^{213}

　见缝儿就钻 tɕiã^{53}fə̃r^{31}tsiou^{31}tsuã^{213}

有鼻子有眼 iou^{55}pi$^{53-55}$tsɿ˙ iou$^{55-53}$iã^{55} 形容把不存在的事说得很逼真，活灵活现：他说得～，其实没有那回事

有货穷不客 iou^{55}xuə^{31}tɕʻyŋ$^{53-55}$pu˙ kʻei^{213} “客”音同“剋” 只要有货物，顾客就会来，比喻只要有东西，就可以应酬来的客人

有狼子剥了 iou^{55}lɑŋ$^{213-31}$tsɿ˙ pə$^{213-31}$lɑ˙ 比喻将会有许多麻烦

找狼子剥 tʃɔ^{55}lɑŋ$^{213-31}$tsɿ˙ pə^{213} 比喻自找麻烦

有毛儿不算秃儿 iou^{55}mər^{53}pu$^{213-24}$suã^{31}tʻur^{213} 有一点头发就不算是秃子，比喻只要有一点点就算数

有枣无枣撸一竿儿 iou$^{55-53}$tsɔ^{55}u^{53}tsɔ^{55}lu$^{213-31}$ï kɛr^{213} “撸”即用杆子打，比喻不论成功与否，不论愿望能否实现都要试一试：不论钱借到借不到，你都得到他家去试试，～

想到初一就是年儿 siɑŋ$^{55-213}$tɔ˙ pfʻu$^{213-24}$i^{213}tɕiou^{31}ʃʅ^{31}ȵiɛr^{53} 比喻随意性大，想到哪里算哪里，没有计划考虑：你是～，平时一点谱气都没有

想到什么是什么 ɕiɑŋ$^{55-213}$tɔ˙ ʃəŋ$^{53-55}$mu˙ ʃʅ^{31}ʃəŋ$^{53-55}$mu˙ 平时不去深思熟虑，根据突然产生的想法去做，形容随意性大，缺少主见和计划性

　想起什么是什么 ɕiɑŋ$^{55-213}$tɕʻï ʃəŋ$^{53-55}$mu˙ ʃʅ^{31}ʃəŋ$^{53-55}$mu˙

　想到哪出是哪出 ɕiɑŋ$^{55-213}$tɔ˙ nɑ^{55}pfʻu^{213}ʃʅ^{31}nɑ^{55}pfʻu^{213}

　想起哪出是哪出 ɕiɑŋ$^{55-213}$tɕʻï nɑ^{55}pfʻu^{213}ʃʅ^{31}nɑ^{55}pfʻu^{213}

眼不见为净 iã^{55}pu$^{213-24}$tɕiã^{31}uei^{53}tsiŋ^{31} ①不亲眼看到脏，就认为是干

净的 ②眼睛看不见，心里就清净

眼馋肚子饱 iã^{55}tʃʻã^{53}tu$^{31-53}$tsɿ˙pɔ^{55} 看到好吃的东西还想吃，可肚子已经很饱吃不下去了，比喻看到便宜还想沾，可自己已经不缺什么了

眼里出火腚里冒烟 iã$^{55-213}$lï pfʻu^{213}xuə^{55}tiŋ$^{31-53}$lï mɔ^{31}iã^{213} 比喻气愤至极

半路出家 pã^{31}lu^{31}pfʻu$^{213-24}$tɕiɑ^{213} 比喻不是行里出身，是半道上才学来的：我是～，好多事情还不明白

笨鸭先行 pẽ^{31}iɑ^{213}siã^{213}ɕiŋ^{53} 比喻没有能力或能力差的人做事要提前准备提前行动，免得被人落下：咱自己的本事自己知道，～吧

拔不出腿来 *pɑ$^{53-55}$pu˙ pfʻu˙ tʻei^{55}lɛ˙ ①比喻因事务缠身而不得脱身：这事很难处理，一时半会～ ②比喻陷得很深，难以自拔：叫人拉下水了，这回他是～了

头插蜂窝儿去 tʻou^{53}tʃʻɑ^{213}fəŋ$^{213-24}$uər^{213}tɕʻi ①形容想要马上达到某种目的而急于去做：一听说有什么好事儿，他就～ ②好奇心强，热衷于某事：看到人家打扑克，他就～

逮刺棱的贼 tɛ^{55}tsʻi$^{213-31}$ləŋ˙ tï tsei^{53} 没被捉住的贼吓得惊恐万状。①比喻受过惊恐，听到一点动静就特别害怕的人 ②比喻人过于好动，不稳重：你整天跟～样，就不能安顿一会？

白手拿魚 pei^{53}ʃou^{55}nɑ^{53}y^{53} 比喻没有任何付出就得到了便宜、好处等：一点力没出，想～，真差劲

鸡毛蒜皮的 tɕi^{213}mɔ^{53}suã^{31}pʻi$^{53-55}$tï 比喻事情很小，不值得计较：都是些～小事，别再计较了

攠量腚裁褯子 mi$^{53-55}$liɑŋ˙ tiŋ^{31}tsʻɛ^{53}tsiə$^{31-53}$tsɿ˙ 比照着儿童的屁股大小裁定尿布，比喻根据客观条件办事：给儿子婚事准备的酒宴，我可是～，没有多少剩余

好心当了驴肝肺 xɔ^{55}siẽ^{213}tɑŋ$^{213-31}$lɑ˙lu^{53}kã$^{213-24}$fei^{31} 比喻好心好意，却被人误解：咱本来是想帮他办好这件事的，没有想到～

强一百帽头子 *tɕʻiaŋ^{53}i$^{213-24}$pei^{213}mɔ^{31}tʻou$^{53-55}$tsʅ˙ 形容要好很多倍：我的货比他的～

强没把子 tɕʻiaŋ^{53}mu^{31}pa$^{55-213}$tsʅ˙

不知玩什么猴儿的 pu$^{213-24}$tʃʅ^{213}uã^{53}ʃəŋ$^{53-55}$mu˙xour$^{53-55}$ti 不知道要耍什么花招：他今天这样说，明天那样说，～

不怕不识货就怕货比货 pu$^{213-24}$pʻa^{31}pu$^{213-24}$ʃʅ$^{213-24}$xuə^{31}tsiou^{31}pʻa^{31}xuə^{31}pi^{55}xuə^{31} 不怕不能识别事物好坏，只要进行比较就能分辨清楚

摔打摔打头死算了 fei$^{213-31}$ta˙fei$^{213-31}$ta˙tʻou^{53}sʅ^{55}suã$^{31-53}$la˙ “摔”音同“飞” ①懊恼至极，不如把脑袋碰地死了算了 ②谴责人的狠话：你三天两头到处惹祸，不如～

高的高答应低的低答应 kɔ$^{213-31}$ti˙ kɔ$^{213-24}$ta$^{213-31}$iŋ˙ ti$^{213-31}$ti˙ti$^{213-24}$ta$^{213-31}$iŋ˙ 比喻人很随和，说话办事从不计较

少了龙磺配不成疥药 ʃɔ$^{55-213}$la˙luŋ^{53}xuaŋ^{53}pʻei$^{31-53}$pu˙tʃʻəŋ^{53}tɕiɛ$^{31-53}$yə˙ 没有硫磺就难以配成治疥疮的药，比喻少了某个人的参与或支持就办不成事

贼三年不打自招 tsei^{53}sã^{213}ȵiã^{53}pu^{213}ta^{55}tsʅ^{31}tʃɔ^{213} 偷东西的人你就是不去审问拷打，三年后他也会自己说出来，指时间久了，就会将以前做过的坏事自我吐露出来

跑了猪跑不了圈 pʻɔ$^{55-213}$la˙pfu^{213}pʻɔ$^{55-213}$pu˙liɔ˙tɕyã^{31} 跑了和尚跑不了庙，比喻有问题，想逃脱是逃脱不了的

该到挨㧐跑不出秫秫棵 kɛ$^{213-24}$tɔ^{31}iɛ^{53}liə^{55}pʻɔ$^{55-213}$pu˙pfʻu^{213}fu$^{53-55}$fu˙kʻuə^{213} “棵”音同“扩” “挨㧐”隐意“被奸”，“秫秫棵”即高粱地，比喻该倒霉难以逃避

该到挨肏跑不出秫秫棵 kɛ$^{213-24}$tɔ^{31}iɛ^{53}tsʻɔ^{31}pʻɔ$^{55-213}$pu˙pfʻu^{213}fu$^{53-55}$fu˙kʻuə^{213}

脱了初一脱不了十五 tʻuə$^{55-213}$la˙pfʻu$^{213-24}$i^{213}tʻuə$^{55-213}$pu˙liɔ˙ʃʅ^{53}u^{55} “脱”音同“妥” 比喻早晚逃脱不了

脱了三枪脱不了一马叉 tʻuə$^{55-213}$la˙sã$^{213-24}$tsʻiaŋ^{213}tʻuə$^{55-213}$

puˑ liɔˑ i^{213}ma^{55}tʃʻa^{213}　枪为古代兵器，形似近代的梭标，马叉也是古代带有三齿的兵器，比喻逃脱了这一种惩罚，也逃脱不了另一种惩罚，意即早晚逃脱不了应得的惩罚

稀泥里拔棵葱　*ɕi^{213}mi$^{53-55}$lï pa^{53}kuəˑ tsʻuŋ^{213} “棵”音同“扩”　在很稀的泥巴里拔葱，比喻很轻松，不费力气：这事好办，给～样

看人吃豆腐牙快　kʻã^{31}ʒẽ^{53}tʃʻʅ^{213}tou$^{31-53}$fuˑ ia^{53}kʻuɛ^{31}　比喻看到别人干什么事似乎很容易，因此羡慕嫉妒

看人拉屎腚痒痒　kʻã^{31}ʒẽ^{53}la^{213}ʃʅ^{55}tiŋ^{31}iaŋ$^{55-213}$iaŋˑ　比喻看到别人做什么事，自己就有想法或欲仿效

揭尾巴根子　tɕiə^{213}i$^{55-213}$puˑ kẽ$^{213-31}$tsʅˑ “尾巴”音同“乙卜”　比喻揭短，揭要害处：那人不仁义，对朋友还～

揭人疮疤儿　tɕiə^{213}ʒẽ^{53}tʃʻuaŋ$^{213-24}$par^{213}

穿连裆裤子　pfʻã^{213}liã^{53}taŋ^{213}kʻu$^{31-53}$tsʅˑ　①比喻相互串通、沆瀣一气：这事不能给他们说，他们是～的 | 那几个人～，整天在一起叽咕

出棵蒿子　pfʻu$^{213-24}$kʻuə$^{213-24}$xɔ$^{213-31}$tsʅˑ “棵”音同“扩”　“蒿子”是一种植株较高大的蒿草，比喻家族中出了有名气、有地位的人：他家祖辈没有读书人，这回总算～，孙子考上名牌大学了

插上一杠子　tʃʻa$^{213-31}$ʃaŋˑ i$^{213-24}$kaŋ$^{31-53}$tsʅˑ　比喻在别人谈话或做事时 横加干涉：俺正在商量事，你不要再～

磕头跪炉子　kʻə^{213}tʻou^{53}kuei^{31}lu$^{53-55}$tsʅˑ　①下跪叩首乞求 ②形容获取或得来极不容易：俺就是～，也要供孩子上大学

七肠子八肚子　tsʻi^{213}tʃʻaŋ$^{53-55}$tsʅˑ pa^{213}tu$^{55-213}$tsʅˑ “肚”音同“读”　①比喻说话啰嗦、乱七八糟：他～地说了那些 ②牢骚满腹，喋喋不休：让他干点活，他就～地发牢骚

数落黄瓜道茄子　fu$^{55-213}$louˑ xuaŋ$^{53-55}$kuəˑ tɔ^{31}tɕʻiə$^{53-55}$tsʅˑ “数落”音同“斧娄”　比喻没完没了地唠叨

放屁添风　faŋ^{31}pʻi^{31}tʻiã$^{213-24}$fəŋ^{213}　①比喻随别人说些轻淡的话 ②起到

微不足道的作用：我不作大用，只能～吧

发疟子脾气 fɑ$^{213-24}$yə$^{213-31}$tsɿ˙ p‘i$^{53-55}$tɕ‘i˙ 比喻性情不正常，像发疟疾一样忽冷忽热、时好时坏：那人～，说不定明天又会怎么样

赶着是个当 kã$^{55-213}$tʃɔ˙ ʃʅ^{31}kə^{31}tɑŋ^{31} ①主动给予的好处却被误解为欺骗而不被接受 ②送上门的好生意却被当做坏事拒绝

听风就是雨 t‘iŋ$^{213-24}$fəŋ^{213}tsiou^{31}ʃʅ^{31}y^{55} 听到风声便认为是下雨了，比喻听到一点消息就当做真事

当面点钱不薄人 tɑŋ$^{213-24}$miã^{31}tiã^{55}ts‘iã^{53}pu^{213}pə^{53}ʒẽ^{53} 当面点清钱账不是对人不信任，比喻只要当面说清问题，就不算得罪人

隔手不认账 kei^{213}ʃou^{55}pu$^{213-24}$ʒẽ^{31}tʃɑŋ^{31} 只要不是当面查出钱账错误，别人一旦经手就不认账了，事过之后就不承认

甩手不沾泥 fɛ$^{55-53}$ʃou^{55}pu$^{213-24}$tʃã^{213}mi^{53} 比喻想彻底摆脱干系：本来这事就是他从中操纵的，追究起来，结果他最后来了个～

　攞手不沾泥 ʃɛ$^{55-53}$ʃou^{55}pu$^{213-24}$tʃã^{213}mi^{53} “攞”音“晒（上声）”

狗吃不了日头 kou^{55}tʃ‘ʅ$^{213-31}$pu˙ liɔ˙ ʒʅ$^{213-31}$t‘ou˙ 比喻实事谁也抹杀不了，真相终究会水落石出

　狗吃不了太影 kou^{55}tʃ‘ʅ$^{213-31}$pu˙ liɔ˙ t‘ɛ$^{31-53}$iŋ˙

鼻梁骨朝天 pi$^{53-55}$liɑŋ˙ ku^{213}tʃ‘ɔ^{53}t‘iã^{213} 仰脸朝天，比喻高傲、看不起人：家里有了两个臭钱，走起路来就～不认人了

财迷转了向 ts‘ɛ^{53}mi^{53}pfã$^{31-53}$lɑ˙ ɕiɑŋ^{31} ①人过分爱财，迷失方向：他是～，不知道东西南北了｜人家救命的钱他也去讨要，真是～

管头不顾腚 kuã^{55}t‘ou^{53}pu$^{213-24}$ku^{31}tiŋ^{31} 比喻办事考虑不周全，不顾及后果：他办事毛毛糙糙，总是～

直了龟腰子 tʃʅ$^{53-55}$lɑ˙ kuei$^{213-24}$iɔ$^{213-31}$tsɿ˙ ①比喻原来穷困潦倒，忽然发了财而昂首挺胸：一下子挣了十几万，可～啦 ②比喻从压抑和负担中解脱出来：他总算～

渣毛六豆腐 tʃ‘ɑ^{213}mɔ^{53}liou^{31}tou$^{31-53}$fu˙ ①形容说话咋咋呼呼，声音高

而不文雅 ②形容办事不稳重、很杂乱的样子：他～的什么事也办不好

沾毛赖小秃儿 tʃã^{213}mɔ^{53}lɛ^{31}siɔ^{55}t'ur^{213} 比喻只要有一点接触就被赖上了：那事我可没插手，你可别～

醉人不醉心 tsuei^{31}ʒẽ^{53}pu$^{213-24}$tsuei^{31}siẽ^{213} 比喻故意假装糊涂，其实心里很明白：你是～，别认为我看不出来

秤是良心杠儿 *tʃ'əŋ^{31}ʃʅ^{31}liɑŋ^{53}siẽ˙ kãr^{31} 比喻人心要像秤一样公平

路不平众人踩 lu^{31}pu^{213}p'iŋ^{53}pfəŋ^{31}ʒẽ^{53}tʃ'ɛ^{55} 比喻是非自有公论：你放心，～，人们都知道他的品性

卖狗皮膏药 mɛ^{31}kou^{55}p'i^{53}kɔ$^{213-31}$yə˙ 比喻到处说谎骗人

满脸大花鞋 mã$^{55-53}$liã^{55}tɑ^{31}xuɑ^{213}ɕiɛ^{53} 比喻很圆满、很周到、很有光彩：这事办得那么好，你可是～

面糊子耳朵 miã^{31}xu$^{53-55}$tsɿ˙ ɭə$^{55-213}$tɔ˙ "朵"音同"刀" ①比喻耳朵像面糊一样软 ②比喻没有主见，容易轻信别人的话：那人～，谁说什么他都信

比人小三辈儿 pi^{55}ʒẽ^{53}siɔ^{55}sã$^{213-24}$pier^{31} 比喻在人家面前表现得很卑贱：因为求人家办事，见到人家就好像～

踩人头上拉屎 tʃ'ɛ$^{55-213}$ʒẽ˙ t'ou$^{53-55}$ʃɑŋ˙ lɑ^{213}ʃʅ^{55} 比喻非常欺负人，侮辱人：你再行也不能～啊！

骑人头上拉屎 tɕ'i$^{53-55}$ʒẽ˙ t'ou$^{53-55}$ʃɑŋ˙ lɑ^{213}ʃʅ^{55}

丑话说在头里 tʃ'ou^{55}xuɑ^{31}fə$^{213-31}$tsɛ˙ t'ou$^{53-55}$li˙ 把可能发生的不理想结果或不中听的话先说出来，以免事后扯皮落埋怨：这个事咱得先～，免得到时候说不清

挡活人眼目儿 tɑŋ^{55}xə^{53}ʒẽ^{53}iã$^{55-213}$mur˙ 原意是对死人做的一切都是做给活人看的，比喻某些言行是为了遮挡别人的视线

等白了眼支毛 *təŋ^{55}pei$^{53-55}$lɑ˙ iã^{55}tʃʅ˙ mɔ^{53} "眼支毛"即睫毛，其颜色永远是黑的，意为永远不可能实现：这事你～也办不成

肩膀头儿窄窄的 *tɕiã^{213}pɑŋ$^{55-213}$t'our^{53}tʃei$^{213-24}$tʃei$^{213-55}$ti˙ 比喻没有权势，地位低下：咱～，不担得是非

先给个枝子扛着 siã^{213}kei^{53}kə· tʃʅ$^{213-31}$tsɿ· k‘ɑŋ$^{31-53}$tʃə· 原意为先给个树枝子扛着，引申为先给点压力，给个责任担着

锯响就有沫儿 tɕy^{31}ɕiɑŋ^{55}tsiou^{31}iou^{55}mər^{213} 比喻只要有付出就会有回报，只要有行动就会有结果

念经少不了经钱 ȵiã^{31}tɕiŋ^{213}ʃɔ$^{55-213}$pu· liɔ· tɕiŋ$^{213-31}$ts‘iã· 比喻只要有付出，就会有相应的回报

口攒肚子挪 k‘ou$^{55-53}$tsã^{55}tu$^{31-53}$tsɿ· nuə^{53} 为了积攒钱财，嘴里少吃肚子挨饿，形容特别省吃俭用：他一辈子～才盖了这几间屋

拉裤子盖脸儿 lɑ$^{213-24}$k‘u$^{31-53}$tsɿ· kɛ^{31}liɛr^{55} 比喻极力掩盖：明明是自己做错了，还想～，真不害臊！

揽胡萝卜蒿儿 lã^{55}xu^{53}luə$^{53-55}$p‘ə· xɔr^{213} 比喻招揽闲事，自找麻烦

零割肉儿不疼 liŋ^{53}kɑ$^{213-24}$ʒour^{31}pu^{213}t‘əŋ^{53} 比喻零星地做某事或付出等，心理上负担小：欠账俺慢慢还，～

溜车辙沟去了 liou$^{213-24}$tʃ‘ə^{213}tʃə^{53}kou^{213}tɕ‘i$^{31-53}$lɑ· 比喻本想拍马溜须得好处，反而栽了跟头

拿不出大市场儿 nɑ$^{53-55}$pu· pf‘u· tɑ^{31}ʃʅ^{31}tʃ‘ãr^{55} ①比喻不能公开，不能摆在大庭广众面前：他办的那些事～去 ②羞怯、矜持，不能见大场面：他小架子气，～

破棉单先伸腿 p‘ə^{31}miã$^{53-55}$tɛ· siã$^{213-24}$tʃ‘ẽ^{213}t‘ei^{55} “单”音同“袋”；“伸”音“嗔（阴平）” 比喻事情还没有开始就先退却了

掐破耳朵嘱咐 tɕ‘iɑ$^{213-24}$p‘ə^{31}ɭə$^{55-213}$tɔ· pfu$^{213-31}$fu· “朵”音同“刀” 比喻狠狠地再三地叮嘱

仨核桃俩枣 *sɑ^{213}xə^{53}t‘ou· liɑ$^{55-53}$tsɔ^{55} “桃”音同“头” 比喻很少的东西：你拿那～的，人家根本看不到眼里

敲着鞋帮过 tɕ‘iɔ$^{213-31}$tʃɔ· ɕiɛ^{53}pɑŋ$^{213-24}$kuə^{31} 形容生活悠闲，自由自在：儿女都已成家立业，又孝顺，老两口小日子那是～的

三下五除二 sã$^{213-24}$ɕiɑ^{31}u^{55}pf‘u^{53}ɭə^{31} ①珠算口诀之一 ②比喻办事果

断利落：你看，人家～就把事情办完了

车耳对眼镜 tʃʻə^{213}ɭə^{55}tei^{31}iã^{55}tɕiŋ^{31} 比喻情投意合（含贬义）：他俩是～，王八看绿豆——对眼了（歇后语）

树大了自直 fu^{31}tɑ$^{31-53}$lɑ· tsɿ^{31}tʃʅ^{53} 比喻人长大成人后，许多缺点和毛病自然会改掉

杀倒树摸老鸹 ʃɑ^{213}tɔ^{55}fu^{31}mə^{213}lɔ$^{55-213}$ku·“鸹”音同“咕” 比喻做事牢靠，有把握，无风险：你放心，咱这事是～，没有一点风险

拾坷垃砸坷垃 ʃʅ^{53}kʻə$^{55-213}$lɑ· tsɑ^{53}kʻə$^{55-213}$lɑ· 比喻不做投入，不付成本，只利用他人提供的条件去赚取利益：这买卖咱是～，反正赔不了本

张口填个蚂蚱儿 *tʃɑŋ^{213}kʻou^{55}tʻiã^{53}kə· mɑ$^{213-31}$tʃɑ· 比喻别人一开口说话就插话辩白：这孩子不听话，大人一说，他就～

找底起子磨推 tʃɔ$^{55-53}$ti^{55}tɕʻi$^{53-55}$tsɿ· mə^{31}tʻei^{213} 底层磨盘是不能推动的，比喻自讨苦吃，自找难堪

找底起子磨拉 tʃɔ$^{55-53}$ti^{55}tɕʻi$^{53-55}$tsɿ· mə^{31}lɑ^{213}

小心没有过余的 siɔ$^{55-213}$siẽ mei$^{31-53}$iou· kuə$^{31-53}$y· ti̤ 说话办事、为人处事时时刻刻小心谨慎是不多余的

小心没有多余的 siɔ^{55}siẽ^{213}mei$^{31-53}$iou· tuə^{213}y$^{53-55}$ti̤

鸭子的儿会浮水 iɑ$^{213-31}$tsɿ· ti̤ ɭə^{53}xuei^{31}fu^{31}fei^{55} ①比喻人或动物的本能 ②比喻行里出身，技能传承

老鼠生来会打洞 lɔ$^{55-213}$pfʻu· ʃəŋ^{213}lɛ^{53}xuei^{31}tɑ^{55}tuŋ^{31}

向理难向情 ɕiɑŋ^{31}li^{55}nã^{53}ɕiɑŋ^{31}tsʻiŋ^{53} ①向着有理的就难以顾及感情 ②抛开感情，坚持原则，向着有理的一方：处理这事我是～，请谅解

牙齿子𨭉地 iɑ^{53}tʃʻʅ$^{55-213}$tsɿ· kuɛ^{53}ti^{31}“𨭉”音“拐（阳平）” 说话时牙齿几乎划着地面，形容及其狂妄高傲，说话生硬蛮横：他家有钱有势，说起话来～

牙齿子划天 iɑ^{53}tʃʻʅ$^{55-213}$tsɿ· xuɑ^{53}tʻiã^{213}

托死狗上墙头 tʻuə^{213}sɿ$^{55-53}$kou^{55}ʃɑŋ^{31}tsʻiɑŋ^{53}tʻou^{53} 比喻怂恿他人做坏事或利于怂恿者的事：你千万别听他的，他那是～

戳弄小鬼儿上吊 pf'ə53－55luŋ˙ siɔ55－53kuer55ʃɑŋ31tiɔ31 比喻教唆别人去做坏事，引诱别人上当：你千万别信他那一套，他是～

网子帽子地说 uɑŋ55－213tsɿ˙ mɔ31－53tsɿ˙ ti˙ fə213 毫无根据、漫无边际、不顾及影响地乱说：他就是～，也不顾及影响

窝狗子行食 uə213kou55－213tsɿ˙ ɕiŋ53ʃʅ53 像一窝狗抢食物吃一样，比喻人多势众一哄而上：他家不讲理，遇到事就～一齐上阵

无理辩三分 u53li55piã31sã213－24fẽ213 强词夺理，无理狡辩：她是～的人，谁也说不服她

顺着毛拨拉 fẽ31－53tʃɔ˙ mɔ53p'ə53－55lɑ˙ "拨"音同"婆" 按动物的毛发顺向梳理使其驯服。①比喻要征服一个有个性的人，要先顺其脾性来，然后再慢慢使其改变、顺服 ②顺着别人意思去做，就不会出问题

说半截漏半截 fə213－24pã31tsiə53lou31pã31tsiə53 "半截"即一半，意即要说的话只说了一半，要表达的意思表达了一部分：他～的，谁知道他到底想的什么

说半截留半截 fə213－24pã31tsiə53liou53pã31tsiə53

半含不露 pã31xã53pu213－24lou31

说人话不做人事儿 fə213ʒẽ53xuɑ31pu213－24tsuə31ʒẽ53ʃer31 "做"音同"揍" 说话像正常人一样，做事就不像正常人做的了：那人～，不能理他

说人话不干人事儿 fə213ʒẽ53xuɑ31pu213－24kã31ʒẽ53ʃer31

摊点儿碰时气儿 t'ã213tiɛr55p'əŋ31ʃʅ53－55tɕ'ier˙ ①比喻存侥幸碰运气：这彩票能不能中奖，就～了 ②赌博用语，意思是有没有运气就看抓的牌的点数多少了

打点儿碰时气儿 ta55－35tiɛr55p'əŋ31ʃʅ53－55tɕ'ier˙

添言添不钱 t'iã213iã53t'iã213－31pu˙ ts'iã53 ①只能在话语上帮助，不能在钱财上帮助 ②只能精神上帮助，不能在物质上帮助

坑死人不带抵偿的 k'əŋ213－31sɿ˙ ʒẽ53pu213－24tɛ31ti55tʃ'ɑŋ53－55ti˙ 坑死别人还不用偿命，形容哄骗坑害人的手段高超隐蔽，让人至死察觉不到

常吃豆腐眼是秤 ʧʻaŋ^{53}ʧʻʅ^{213}tou$^{31-53}$fu· iã^{55}ʃʅ^{31}ʧʻəŋ^{31} 经常买豆腐吃，一眼就能看出一块豆腐的大体重量，比喻经常做某事各方面就会看得很准确

这头儿擦了那头儿抹了 ʧə^{31}tʻour^{53}tsʻa$^{213-31}$la·na^{31}tʻour^{53}ma$^{213-31}$la· “抹”音同“妈”“擦”和“抹”都是脱落的意思。挑担子时，一端的物品脱落，另一端的物品也会脱落，比喻错过了两次甚至更多的机会：大学没有考上，当兵又超过了报名时间，真是～

打盆儿撸盆儿打罐儿撸罐儿 ta^{55}pʻer^{53}lu^{55}pʻer^{53}ta^{55}kuɛr^{31}lu^{55}kuɛr^{31} 比喻是什么事就说什么事，不要乱牵扯

拿个棒槌当成针 na$^{53-55}$kə· paŋ$^{31-53}$pfeï taŋ^{213}ʧʻəŋ^{53}ʧẽ^{213} 形容把小事当成大事，假事当做真事，过分认真：人家也就是随便说说，他可是～了

没有闲钱补笊篱 mei^{31}iou^{55}ɕiã^{53}tsʻiã^{53}pu^{55}ʧɔ$^{31-53}$lï 笊篱本来不用补，比喻没有用不着的钱去做不必做的事情，没有闲空去管多余的事情：我实在太忙，～

忙得给没三十儿的样 maŋ$^{53-55}$tï kei^{53}mu^{31}sã^{213}ʃer^{53}tï iaŋ· 每逢农历十二月为小月，只有二十九天，人们备年货等显得很忙乱，比喻非常急慌忙碌的样子：他整天～，不知干些什么

忙得给钻杆样 *maŋ$^{53-55}$tï kei^{53}tsuã^{31}kã^{55}iaŋ· 钻井的钻杆始终不停地快速转动，比喻人非常忙碌的样子

哪眼看着哪眼够 na$^{55-53}$iã^{55}kʻã$^{31-53}$ʧɔ· na$^{55-53}$iã^{55}kou^{31} 形容非常讨厌某人、某事、某物等：那人心术不正，我～

孬种多了扛歪墙 nɔ^{213}pfəŋ^{55}tuə$^{213-31}$la· kʻaŋ^{31}uɛ^{213}tsʻiaŋ^{53} ①坏人多了也能把墙推倒 ②比喻正不压邪：真是～，那帮家伙到底把几个好人欺负走了

捏着半个强充紧的 ȵiə$^{213-31}$ʧɔ· pã^{31}kə^{31}tɕiaŋ^{31}pfʻəŋ^{213}tɕiẽ$^{55-213}$tï ①比喻没有能力或能力差却硬要装模作样 ②比喻冒充积极，假装谦虚

盘子喝水一漫子来 pʻã$^{53-55}$tsʅ· xə^{213}fei^{55}i$^{213-24}$mã$^{31-53}$tsʅ· lɛ^{53} ①比喻有些事情不用着急，要有条不紊地进行 ②比喻做事不分轻重缓急，行动迟缓：这

事很急，咱不能再～

煞白的馍馍没的说 ʃɑ^{213}pei$^{53-55}$tï mə$^{53-55}$mə˙ mu$^{53-55}$tï fə^{213} 看着白馒头不能再有什么意见或要求，比喻无可挑剔：人家招待得那么周到，咱是～

起个早五更赶个晚集 tɕʻi$^{55-213}$kə˙tsɔ^{55}u$^{55-213}$tɕiŋ˙kã$^{55-213}$kə˙ uã^{55}tsi^{53} 虽然早晨起得很早，但到达集市的时间却晚了，比喻办事本想积极 表现，却还是落在了别人后面

干净得给屎壳郎似的 kã$^{213-31}$tsiŋ˙ tï kei^{53}ʃʅ^{55} kʻə^{213}lɑŋ^{53}ʃʅ$^{31-53}$tï 讽刺、嘲笑人貌似讲卫生，其实不卫生

干净得给屎壳郎样 *kã$^{213-31}$tsiŋ˙ tï kei^{53}ʃʅ^{55}kʻə˙ lɑŋ^{53}iɑŋ˙

干屎抹不到身上来 kã^{213}ʃʅ^{55}mə$^{55-213}$pu˙ tɔ^{31}ʃẽ$^{213-31}$ʃɑŋ˙ lɛ^{53} 干的粪便是无法涂抹到人身上去的，比喻只要自己清白，别人就无法栽赃

干屎抹不到身上去 kã^{213}ʃʅ^{55}mə$^{55-213}$pu˙ tɔ^{31}ʃẽ$^{213-31}$ʃɑŋ˙ tɕʻï "去"音同"弃"

没逮着黄鼠狼子惹了一腚臊 *mu^{31}tɛ$^{55-213}$tʃɔ˙ xuɑŋ$^{53-55}$pfʻu˙ lɑŋ^{53}tsʅ˙ ʒə$^{55-213}$lɑ˙ i$^{213-24}$tiŋ^{31}sɔ^{213} 比喻想得到不但没得到，反而招惹了一身麻烦

就人腿上搓麻绳 tsiou^{31}ʒẽ^{53}tʻei$^{55-213}$ʃɑŋ˙ tsʻuə^{213}mɑ^{53}ʃəŋ^{53} 比喻借助别人的力量或条件办自己的事

摔不破的燕毡帽 fei$^{213-31}$pu˙ pʻə$^{31-53}$tï iã$^{55-53}$tʃã^{55}mɔ^{31} ①比喻过分老实甚至窝囊：俺那死老头子，就是个～ ②比喻人无精打采，拖拉散漫

睡不着觉怨床歪 fei$^{31-53}$pu˙ pfə^{53}tɕiɔ^{31}yã^{31}pfʻɑŋ^{53}uɛ^{213} 比喻故意找借口：你这是～，净找理由

顺着人家的杆子爬 fẽ$^{31-53}$tʃɔ˙ ʒẽ$^{53-55}$tɕï tï kã$^{213-31}$tsʅ˙ pʻɑ^{53} "家"音同"吉" 顺着别人的意思说话或按着别人的意愿做事：他都是～，免得得罪人

随的方方就的圆 suei$^{53-55}$tï fɑŋ$^{213-24}$fɑŋ^{213}tsiou$^{31-53}$tï yã^{53} 比喻能迁就，能让步，很随和：那人总是～，从不肯给别人过不去

提上裤子骂光腚 tʻi$^{53-55}$ʃɑŋ˙ kʻu$^{31-53}$tsʅ˙ mɑ^{31}kuɑŋ$^{213-24}$tiŋ^{31}

①自己刚提上裤子，接着就指责别人光着屁股 ②比喻五十步笑百步：你刚偷了人家的苹果，就来说我拿人家的桃，真是～

偷牛逮着拔橛儿的 t‘ou^{213}ȵiou^{53}tɛ$^{55-213}$ʧɔ˙ pɑ^{53}tɕyər$^{53-55}$ti˙ ①没有逮着偷牛的，却逮住了拔拴牛橛的 ②比喻没有抓住主要的，却冤枉了无关紧要的

提鞋也嫌手指头粗 t‘i^{53}ɕiɛ^{53}iə^{55}ɕiã^{53}ʃou^{55}ʧʅ$^{213-31}$t‘ou˙ ʦ‘u^{213} 不喜欢，不稀罕：人家～，你趁早别再巴结人家

挑水多打罐子多 t‘iɔ^{213}fei^{55}tuə^{213}tɑ^{55}kuã$^{31-53}$ʦɿ˙ tuə^{213} 比喻做的事情越多，失误就会越多

偷鸡摸狗拔蒜苗儿 t‘ou$^{213-24}$tɕi$^{213-24}$mə^{213}kou^{55}pɑ^{53}suã^{31}miɔr^{53} ①比喻小偷小摸 ②比喻一些不正经的小勾当

黑碗蒜臼子 xei^{213}uã^{55}suã^{31}tɕiou$^{31-53}$ʦɿ˙ 比喻是一路货色：～——一个窑里的货（歇后语）

陈芝麻烂豆子 ʧ‘ẽ^{53}ʧʅ$^{213-31}$mu˙ lã^{31}tou$^{31-53}$ʦɿ˙ 泛指过去的无关紧要的琐碎事情：你别～地说起来没有完

陈谷子烂芝麻 ʧ‘ẽ^{53}ku$^{213-31}$ʦɿ˙ lã^{31}ʧʅ$^{213-31}$mu˙

碗大勺子有则儿 uã^{55}tɑ^{31}fə$^{53-55}$sɿ˙ iou^{55}tser^{213} 碗里的东西是由勺子舀进去的，碗再大，勺子是有标准的，比喻不论发生什么情况，自己都要心中有数，处理起来要有具体的标准

当地不养货郎 tɑŋ^{31}ti^{31}pu^{213}iɑŋ^{55}xə$^{31-53}$lɑŋ˙ “货”音同“喝” 货郎在当地很难维持生计，比喻当地人不认可当地人的货物、技艺等

喂不饱的饿皮虱子 uei$^{31-53}$pu˙ pɔ$^{55-213}$ti˙ uə^{31}p‘i^{53}ʃʅ$^{213-31}$ʦɿ˙ 比喻贪得无厌的人

给饿皮虱子样 kei^{53}uə^{31}p‘i^{53}ʃʅ$^{213-31}$ʦɿ˙ iɑŋ˙

先看后买知道好歹 siã$^{213-24}$k‘ã^{31}xou^{31}mɛ^{213}ʧʅ$^{213-24}$tɔ^{31}xɔ$^{55-53}$tɛ^{55} 买东西时先认真观察好后再买，这样才能辨别货物的好坏，比喻遇事要先观察了解，然后就知道怎么去做了

先尝后买知道好歹 siã$^{213-24}$ʧ'ɑŋ^{53}xou^{31}mɛ^{213}ʧʅ$^{213-24}$tɔ^{31}xɔ$^{55-53}$tɛ^{55} 买食品时先亲口尝一尝再买，这样才能辨别食品的好坏，比喻遇事要先深入了解，然后就清楚了

巧买哄不了拙卖的 tɕ'iɔ$^{55-53}$mɛ^{55}xuŋ$^{55-213}$pu·lɔ· pfə$^{213-24}$mɛ$^{31-53}$tï 再精明的买主也骗不了拙笨的卖主

敲锣卖糖各管一行 tɕ'iɔ^{213}luə^{53}mɛ^{31}t'ɑŋ^{53}kə^{213}kuã^{55}i^{213}xɑŋ^{53} 敲锣的和卖糖的各人管各人的行当，互相没有牵连，比喻各行其是，各负其责

十八个水牛拉不回来 ʃʅ^{53}pɑ$^{213-31}$kə· fei^{55}ȵiou^{53}lɑ$^{213-31}$pu· xuei^{53}lɛ^{53} “十八”不是确数，意即那么多的牛都拉不回来，比喻固执己见：他认准的理，～

八十老嬷嬷没叫狼躖着 pɑ^{213}ʃʅ^{55}lɔ$^{55-53}$mɑ$^{55-213}$mɑ· mẽ^{31}tɕiɔ^{31}lɑŋ^{53}tuã$^{31-53}$tʃə· “嬷”音同“马”，“躖”音同“段” 即使是八十岁的老太太，要是被狼追赶，也会跑得飞快，比喻没被逼到危急时刻

老天饿不死瞎鹰 lɔ^{55}t'iã^{213}uə$^{31-53}$pu· sʅ^{55}ɕiɑ$^{213-24}$iŋ^{213} 瞎眼的老鹰，老天也不会让它饿死。①比喻大自然会眷顾那些遭受苦难的人 ②比喻人各自会有各自的生活门路

逮不尽的虱子拿不尽的贼 tɛ$^{55-213}$pu· tsiẽ$^{31-53}$tï ʃʅ$^{213-31}$tsʅ· nɑ$^{53-55}$pu· tsiẽ$^{31-53}$tï tsei^{53} 比喻坏人坏事难以灭绝

尿不到一个壶里 ȵiɔ$^{31-53}$pu· tɔ^{31} i$^{213-31}$kə· xu$^{53-55}$lï 形容立场、观点、性格等不相容，不能在一起共事：他俩～，根本不能一起搭当

两边儿摸嘞光滑墙 liɑŋ^{55}piɛr^{213}mə$^{53-55}$lɑ· kuɑŋ$^{213-31}$xuɑ· ts'iɑŋ^{53} 原意是把墙的两面都抹得很光滑，比喻两面讨好，都处得很圆滑：那人真精，想～

仨钱的不给俩钱的玩儿 sɑ^{213}ts'iã$^{53-55}$tï pu^{213}kei^{53}liɑ^{55}ts'iã$^{53-55}$tï uɛr^{53} 钱多的人不跟钱少的人打交道，比喻强势的人不跟弱势的人打交道，势利眼：哼！那个人是～，咱攀不来

五门儿不干干六门儿 u^{55}mer^{53}pu$^{213-24}$kã^{31}kã^{31}liu^{31}mer^{53} 比喻什么不正经的事都做

半斤八两 pã^{31}tɕiẽ$^{213-24}$pɑ^{213}liɑŋ^{55} 旧制一斤为十六两，半斤即八两，比

喻彼此完全一样，没有区别

地上席上狗皮上塑料布上 ti$^{31-53}$ʃaŋ˙ si$^{53-55}$ʃaŋ˙ kou^{55}p‘i$^{53-55}$ʃaŋ˙ su^{31}liɔ^{31}pu$^{31-53}$ʃaŋ˙ 席子、狗皮、塑料薄膜都很薄，放在它们上面跟放在地上没有什么差别，比喻差别很微小：你们俩谁也别说谁差劲，谁也别说谁孬种，我看是～

瞎猫碰着死老鼠 ɕia^{213}mɔ^{53}p‘əŋ$^{31-53}$tʃɔ˙ sɿ$^{55-53}$lɔ$^{55-213}$pf‘u˙ “鼠”音同“处” 比喻侥幸得到：那不是你的真本事，你是～

瞎子磕到屄上去 ɕia$^{213-31}$tsɿ˙ k‘a$^{213-31}$tɔ˙ pi$^{213-31}$ʃaŋ˙ tɕ‘ï “去”音同“弃” 蔑指偶然或侥幸得到

现鼻子现眼 ɕiã^{31}pi$^{53-55}$tsɿ˙ɕiã^{31}iã^{55} ①比喻势利小人的一种行为：平时没有任何来往，人家刚当了村长，他就跟人家套近乎，真是太～了 ②丢人现眼：经常说别人坏话，自己反倒落了个坏名声，真是～

现安鼻子现安眼 ɕiã^{31}ɣã^{213}pi$^{53-55}$tsɿ˙ ɕiã^{31}ɣã^{213}iã^{55} 比喻极端势利

现上轿现扎耳朵眼儿 ɕiã^{31}ʃaŋ^{31}tɕiɔ^{31}ɕiã^{31}tʃa^{213}ɭə$^{55-213}$tɔ˙iɛr^{55} “朵”音同“刀” 旧时姑娘出嫁前要在耳垂扎小孔以便戴耳环，到了出嫁该上轿子才想起 耳垂扎眼的事已经来不及了，比喻事到临头才做准备、想办法等：你早干什么去了？～

羊群里跑出驴来 iaŋ^{53}tɕ‘yẽ$^{53-55}$lï˙ p‘ɔ$^{55-213}$pf‘u˙ lu^{53}lɛ˙ ①比喻优势明显 ②比喻自以为比别人高明，故意张扬显示自己

鹰赖不吃蛙子 iŋ$^{213-24}$lɛ^{31}pu$^{213-24}$tʃ‘ʅ^{213}uɛ$^{53-55}$tsɿ˙ “蛙”音“歪（阳平）” 老鹰即使缺少食物也不吃青蛙。①比喻即使经济上很拮据也不降低生活标准 ②比喻爱面子，不轻易降低自己的身份

水皮儿打一棍儿 *fei^{55}p‘ier^{53}ta^{55}ï kuer^{31} “水”音同“匪” 比喻轻描淡写地应付，敷衍塞责：做什么事都要认真，不能～

心事到了水也甜 *siẽ$^{213-31}$ʃʅ tɔ$^{31-53}$la˙ fei^{55}iə˙ t‘iã^{53} 只要心意尽到了，即使喝清水也会感到甘甜，比喻只要情真意切，尽到了心意，礼物再微薄也感到心满意足

依碗儿碗儿就碗儿碗儿 i$^{55-53}$uɛr$^{55-213}$uɛr· tsiou^{31}uɛr$^{55-213}$uɛr· ①形容懒惰，得过且过：你就会～，不打算过好啦？②原地原样做，穷将就：你刚垒的这墙给原来的差不多，真会～

又吃肉又撇清 iou^{31}tʃʻʅ$^{213-24}$ʒou^{31}iou^{31}pʻiə$^{213-24}$tsʻiŋ^{213} ①吃了肉反而说没有吃或说肉不好吃，想把自己撇得清白 ②比喻占了便宜还极力掩饰，假装自己清白：那人～，算是什么人！

赚了相应还卖乖 pfã$^{31-53}$lɑ· siɑŋ$^{213-24}$iŋ^{213}xɛ^{55}mɛ^{31}kuɛ^{213} 赚了便宜还说怪话，甚至还认为吃了亏

赚了相应还耍乖 pfã$^{31-53}$lɑ· siɑŋ$^{213-24}$iŋ^{213}xɛ^{55}fɑ^{55}kuɛ^{213}

远了香近了殃 yã$^{55-213}$lɑ· ɕiɑŋ^{213}tɕiẽ$^{31-53}$lɑ· iɑŋ^{213} 亲近的人居住越远来往较少反而越感到亲近，居住得很近来往频繁，反而感到不亲近，甚至有疏远的感觉

这山巴着那山高 tʃə^{31}ʃã^{213}pɑ$^{213-31}$tʃɔ· nɑ^{31}ʃã$^{213-24}$kɔ^{213} 比喻对自己所处的环境或从事的职业等不满意，总认为别的地方各方面更好

这山望着那山高 tʃə^{31}ʃã^{213}uɑŋ$^{53-55}$tʃɔ· nɑ^{31}ʃã$^{213-24}$kɔ^{213}

这山看着那山高 tʃə^{31}ʃã^{213}kʻã$^{31-53}$tʃɔ· nɑ^{31}ʃã$^{213-24}$kɔ^{213}

针尖儿对麦芒儿 tʃẽ$^{213-24}$tsiɛr^{213}tei^{31}mẽ^{213}uãr^{53} “麦芒”音同“闷王” “针尖”和“麦芒”都是很尖的东西，二者相对，比喻针锋相对

自己扇自己的嘴 tsʅ^{31}tɕi^{213}ʃã$^{213-24}$tsʅ^{31}tɕi$^{213-31}$tï tsuei^{55} “扇”音同“山” 言而无信，比喻自相矛盾：你自己刚说完，自己就不遵行，不是～？

俗沐头儿粘沐语儿 su$^{53-55}$mu· tʻour^{53}ȵiã$^{53-55}$mu· yer^{55} 唠叨、啰嗦，说起话来反反复复没完没了

粘沐头儿俗沐语儿 ȵiã$^{53-55}$mu· tʻour^{53}su$^{53-55}$mu· yer^{55}

亲戚换篼儿邻居换碗儿 *tsʻiẽ$^{213-31}$tsʻï xuã^{31}yɛr^{55}liẽ^{53}tɕy· xuã^{31}uɛr^{55} 民间礼俗，亲戚间经常用“篼子”盛着礼物互送，邻居间用碗盛着饭菜互送，比喻亲朋间的礼尚往来

人喜有的狗咬丑的 ʒẽ^{53}ɕi$^{55-53}$iou$^{55-213}$tï kou$^{55-53}$iɔ$^{55-53}$tʃʻou$^{55-213}$tï

比喻势利

虱子多了不咬，账多了不愁 ʃʅ$^{213-31}$tsɿ· tuə$^{213-31}$lɑ· pu^{213}iɔ^{55}，tʃɑŋ^{31} tuə$^{213-31}$lɑ· pu^{213}tʃʻou^{53} 比喻事情多了、磨难多了、欠债多了等，反而麻木不在乎了

蒸不熟煮不烂 tʃəŋ$^{213-31}$pu· fu^{53}pfu$^{55-213}$pu· lã^{31} 比喻软硬不吃难以教化：那个小孩子～的，真难教育

煮不熟蒸不烂 pfu$^{55-213}$pu· fu^{53}tʃəŋ$^{213-31}$pu· lã^{31}

睁只眼闭只眼 tʃəŋ$^{213-24}$tʃʅ^{213}iã^{55}pi^{31}tʃʅ^{213}iã^{55} 比喻没有原则性，容忍迁就：办事要认真对待，不能～

左也不是右也不是 tsuə$^{55-53}$iə^{55}pu$^{213-24}$ʃʅ^{31}iou^{31}iə^{55}pu$^{213-24}$ʃʅ^{31} 无所适从，左右为难：看到小两口拌嘴，当婆婆的真是～

这也不是那也不是 tʃə^{31}iə^{55}pu$^{213-24}$ʃʅ^{31}nɑ^{31}iə^{55}pu$^{213-24}$ʃʅ^{31}

搢着不长长拽着不团团 tɕiŋ$^{213-31}$tʃɔ· pu^{213}tʃʻɑŋ$^{53-55}$tʃʻɑŋ· pfɛ$^{31-53}$tʃɔ· pu^{213}tʻuã$^{53-55}$tʻuã· “搢”音同“金” 拉也拉不长，拽也拽不圆，比喻人性格疲沓懒惰，无法指使，无法改变

抠抠腚门子咂砸手指头 kʻou$^{213-31}$kʻou· tiŋ^{31}mẽ$^{53-55}$tsɿ· tsɑ$^{213-31}$tsɑ· ʃou^{55}tʃʅ$^{213-31}$tʻou· 贬指过分吝啬的人

抠抠腚门子舔舔手指头 kʻou$^{213-31}$kʻou· tiŋ^{31}mẽ$^{53-55}$tsɿ· tʻiã^{55} tʻiã· tsɑ· ʃou^{55}tʃʅ$^{213-31}$tʻou·

路上说话草里有人 lu$^{31-53}$ʃɑŋ· fə$^{213-24}$xuɑ^{31}tsʻɔ$^{55-213}$li· iou^{55}ʒẽ^{53} 在路上说话，说不定草丛里就会有人听见，比喻说话时要处处小心，否则时刻可能会有人听见

拨一拨转一转儿 pə$^{213-31}$i· pə^{213}pfã^{31}i· pfɛr^{31} 比喻呆板懒惰，被动应付：他那人～，一点不灵活

钉是钉卯是卯 tiŋ$^{213-24}$ʃʅ^{31}tiŋ^{213}mɔ^{55}ʃʅ^{31}mɔ^{55} 比喻什么事就是什么事，非常认真

一是一二是二 i$^{213-24}$ʃʅ^{31}i^{213}lə^{31}ʃʅ^{31}lə^{31} 比喻是怎么回事就是怎么回事，

不能混淆是非，颠倒黑白

摆到桌面儿上 pɛ$^{55-213}$tɔ· pfə$^{213-31}$miɛr· ʃaŋ· 比喻把问题摆到大家面前，说话办事光明磊落

翻过来糊了调过来没了 fã$^{213-31}$ku· lɛ· xu$^{53-55}$lɑ tiɔ$^{31-53}$ku· lɛ· mu$^{53-55}$lɑ· “过”音同“骨” 指人说话行事出尔反尔，不守信用：你这人怎么这样？～，没有一点准味

东说东溜西说西溜 tuŋ$^{213-24}$fə^{213}tuŋ^{213}liou^{55}si$^{213-24}$fə$^{213-24}$si^{213}liou^{55} 人说向东就随之向东，人说向西就随之向西，比喻没有主见，谁说听谁的，随风倒

够不着天捞不着地 kou$^{31-53}$pu· pfə^{53}t‘iã^{213}lɔ$^{31-53}$pu· pfə^{53}ti^{31} 形容愣愣怔怔，不着边际地胡说八道：他那人说话～，不能搭理

光见鱼喝水不见鱼尿尿 kuɑŋ$^{213-24}$tɕiã^{31}y^{53}xə^{213}fei^{55}pu$^{213-24}$ tɕiã^{31}y^{53}n̥iɔ^{31}suei^{213} “水”音同“匪” ①比喻只见别人的收入，看不见别人的支出 ②比喻只看见人家得的利益，看不见人家的付出

含着冻冻化不出水来 xẽ$^{53-55}$tʃɔ·tuŋ$^{31-53}$tuŋ·xuɑ$^{31-53}$pu·pf‘u$^{55-53}$fei^{55}lɛ· “含”音同“痕” 嘴里含着冰块化不出水，比喻办事能力和语言表达能力极差

喝涳山水打顺风旗 xə$^{213-24}$k‘uŋ^{31}ʃã^{213}fei^{55}tɑ^{55}fẽ^{31}fəŋ^{213}tɕ‘i^{53} 喝山上渗流的水，顺着风向举旗子，比喻总是顺着别人的意思说话办事，无主见，无原则性：他那个人就会～，自己没有一点立场

喝口凉水凉到腚门儿 xə$^{213-31}$k‘ou· liɑŋ^{53}fei^{55}liɑŋ$^{53-55}$tɔ· tiŋ^{31} mer^{53} 比喻性格直爽，说话直率，无任何隐瞒

萝卜快了不洗泥 luə$^{53-55}$pə· k‘uɛ$^{31-53}$lɑ· pu^{213}si^{55}mi^{53} “快”即卖得迅速，意即萝卜不是什么稀罕物，但如果遇到好的行情，即使萝卜上沾的泥土不洗掉也照样卖出去，比喻只要有好的机遇等，即使各方面差点也会有较理想的结果：收麦大忙季节缺人力，剩余劳动力都会有人高价雇用，真是～

二十四块坯抹完不和泥 ɭə$^{31-53}$ʃʅ· sʅ^{31}k‘uɛ^{31}p‘i^{213}mɑ^{213}uã^{53}pu^{213} xə^{53}mi^{53} “抹”音同“妈” “抹坯”即用和好的泥巴做成土坯，此句意为就只有做

二十四块土坯的任务，做完后就不再和泥了（不再另加任务了），比喻完成任务不再附加：大家干快点，就这些活，～

剜到篮子就是菜 uã$^{213-31}$tɔ˙ lã$^{53-55}$tsɿ˙ tsiou^{31}ʃʅ^{31}ts‘ɛ^{31} 不管挖到什么菜，只要放到菜篮里就认为是好菜，比喻不分辨东西好坏只要得到手就行：买东西要仔细看看，别～

金阁拉银阁拉不如自己的穷阁拉 tɕiẽ$^{213-24}$kə$^{213-31}$lɑ˙ iẽ^{53}kə$^{213-31}$lɑ˙ pu^{213}vu^{53}tsɿ^{31}tɕi$^{213-31}$ti˙ tɕ‘yŋ^{53}kə$^{213-31}$lɑ˙ 比喻别的地方再 好，在感情上也觉得不如自己的家（家乡）好

腰粗得跟筲桶样 iɔ$^{213-24}$ts‘u$^{213-31}$ti˙ kei^{53}ʃɔ^{213}t‘uŋ^{55}iɑŋ˙ ①形容人腰围很粗 ②比喻人有权有势

腰细得跟蚂虾样 iɔ$^{213-24}$si$^{31-53}$ti˙ kei^{53}mɑ^{53}ɕiɑ$^{213-31}$iɑŋ˙ ①形容人腰围很细 ②比喻人无权无势

看谁的羊吃谁的麦 kã^{31}ʃei$^{55-213}$ti˙ iɑŋ^{53}tʃ‘ʅ^{213}ʃei$^{55-213}$ti˙ məi^{213} 同样是羊吃了麦，但要看羊是谁家的，麦是谁家的，再区别对待，比喻同样的事情，对不同的人有不同的处理：那搬迁钉子户还就是怪硬，上级也没把他怎么样，这真是～

家鸡打得团团转野鸡不打傍天飞 tɕiɑ$^{213-24}$tɕi^{213}tɑ$^{55-213}$ti˙ t‘uã^{53}t‘uã^{53}pfã^{31}iə^{55}tɕi^{213}pu^{213}tɑ^{55}pɑŋ^{31}t‘iã$^{213-24}$fei^{213} ①家养的鸡打它，它也只是团团转，不至乱飞；野鸡即便你不打它，它也会漫天飞去 ②比喻自己的老婆你即使对她不好，她也会在你身边，外面的女人虽然一时与你好，即便你不打她，她迟早也会像野鸡一样漫天飞去 ③比喻亲近的人你待他再怎么不好，他也还是亲近你；不亲近的人你待他好他也不亲近你，甚或离你而去

家鸡打得团团转野鸡不打满天飞 tɕiɑ$^{213-24}$tɕi^{213}tɑ$^{55-213}$ti˙t‘uã^{53}t‘uã^{53}pfã^{31}iə^{55}tɕi^{213}pu^{213}tɑ^{55}mã^{55}t‘iã$^{213-24}$fei^{213}

第四章　语　法

苍山方言的语法与普通话的语法大同小异，本章共分五节描述苍山方言语法的特点。

一　构词语素

（一）构词语素的数量

1. 苍山方言的一些单音节词，普通话是多音节的，例如：

爹——爸爸	娘——妈妈	叔——叔叔
哥——哥哥	姐——姐姐	客——客人
眼——眼睛	馍儿—乳房	腚——屁股
泼——泼辣	鞭——爆竹	园——菜园
菜——青菜	麦——小麦	米——大米
面——面粉	茶——开水	筲——水桶
谝——炫耀	怎——怎么	汪——池塘

2. 苍山方言的一些三音节或多音节词，普通话是双音节词，例如：

额拉盖——额头	脖拉颈——颈部
下巴颏——下巴	胳拉肢——腋窝
胳肢毛——腋毛	脊仰骨——后背
肋巴骨——肋骨	玉秫秫——玉米
蚂各得——蚂蝗	小秫秫——高粱
泥拉沟——泥鳅	出蝼传——蚯蚓
屎壳郎——蜣螂	老老雕——老鹰
花大姐——瓢虫	光光蜓——蜻蜓
扫帚星——彗星	晌午饭——午饭

（二）构词语素的成分

1. 都是双音节词，其中一个构词成分不同，例如：

太影——太阳　天河——银河　石刀——菜刀
洋火——火柴　洋蒜——洋葱　上年——去年
昨来——昨天　明来——明天　打春——立春
叫驴——公驴　伢狗——公狗　男猫——公猫
女猫——母猫　鸣鸭——公鸭　草鸭——母鸭
贼星——流星　牙屎——牙垢　炭球——煤球
草鱼——鲫鱼　晌午——中午　河沿——河岸

2. 都是双音节词，构词成分完全不同，例如：

大爷——伯父　大婶——伯母　姥婶——外婆
老爷——外公　馍馍——馒头　秫秫——高粱
山芋——甘薯　长果——花生　糖球——山楂
趴牯——公牛　趴蛋——公猪　洋灰——水泥
咧泻——涎水　老鸹——乌鸦　清清——早晨
擴仗——摔跤　涮嘴——漱口　当央——中间

二　名词语缀

（一）名词后缀

1. 苍山方言“子”缀名词丰富，苍山的“子”缀名词普通话不带“子”的名词如：

冷子——冰雹　牙花子——牙龈　坷垃头子——土块
妗子——舅母　儿媳子——儿媳　突娄堆子——土堆
媳子——老婆　宰不子——屠夫　下巴颏子——下巴
棒子——玉米　吞眼子——喉咙　胳拉拜子——膝盖
蛙子——青蛙　肩膀子——肩膀　肚脐眼子——肚脐
虮子——虱卵　脑门子——前额　蛇出律子——蜥蜴

茅子——厕所　驴驹子——驴驹　蛾拉蛛子——蜘蛛
障子——篱笆　腚帮子——屁股　草鱼壳子——鲫鱼
盐粒子——霰　鹁鸽子——鹁鸽　檐蝙乎子——蝙蝠
獾狗子——貉　鹌鹑子——鹌鹑　黄鲶鳡子——鳡鱼
黑瞎子——熊　土蛰子——蟋蟀　洗脸盆子——脸盆
毛猴子——狼　叫乖子——蝈蝈　糊豆汤子——稀饭
家雀子—家雀　鲹鲦子——鲹鲦　窗户棂子——窗棂
土鳖子—土元　腻虫子——蚜虫　油盐卷子——花卷
野狸子—豹猫　蝎虎子——壁虎　电棒子——手电筒
牛犊子—牛犊　猪秧子——仔猪　洋车子——自行车
骡騉子—骡驹　边麻子——蓖麻　夜猫子——猫头鹰
羊羔子—羊羔　葱须子——葱根　胶车子——手推车
豆角子—豆角　榆钱子——榆钱　胳膊曲子——胳膊肘
黏饯子—苍耳　狗奶子——枸杞　脑木勺子——后脑勺
手布子—毛巾　抓秧子——马唐　喳咯腊子——灰喜鹊
面条子—面条　葱花子——葱花　鲤鱼胡子——小鲤鱼
辣椒子—辣椒　门楼子——门楼　雾露毛子——毛毛雨
粪箕子—背筐　门槛子——门槛　栀槿桃子——凤仙花
八棍子—木棍　顶针子——顶针　黄鼠狼子——黄鼠狼
拄棍子—拐杖　花子——金银花　蛤蟆蝌蝭子——蝌蚪

另对一些有生理缺陷的人称、某些人的称谓带“子”缀，有的职业称谓用“匠子”，常常含有贬义，例如：

秃子　瘸子　瞎爪子　齁包子　疤眼子　街滑子
瞎子　瘫子　半哑子　瘫跛子　蹒迟子　带犊子
聋子　豁子　罗锅子　豁鼻子　碎嘴子　咬舌子
憨子　傻子　豁牙子　迷沫子　宰不子　二愣子
甩子　料子　北侉子　南蛮子　气包子　姑姑子
烂红眼子　鸡脯肋子　外来户子　二道贩子

货郎鼓子　　锢漏锅子　　剃头匠子　叭喇匠子

2. 其他名词后缀

苍山方言“子”缀以外的名词后缀有：

头　犟筋头　厘不头　二婚头　王八头　扒灰头
养汉头　怡子头　难缠头　败坏头　夹根头

头子　鞋头子　袄头子　袜头子　布头子　筐头子
锨头子　铲头子　绳头子　瓜头子　葱头子
镰刀头子　火棍头子　男人头子　女人头子
娘们头子　萝卜头子　煎饼头子　烧饼头子
馍馍头子　黄瓜头子　地瓜头子　扫帚头子

货　瞎货　笨货　坏货　孬货　骚货　浪货
贱货　破货

种　坏种　孬种　贼种　瞎种　杂种　晕种
憨种　傻种

黄子　什么黄子　熊黄子　贱黄子　瞎黄子

（二）名词前缀

苍山方言的名词前缀有“老”、“二”（有些含贬义）等：

老　老祖　老大　老岳　老三　老王　老小
老本儿　老油子

二　二皮脸　二把刀　二愣子　二叶子　二半吊子

三　动词重叠式

（一）单音节动词重叠“AA”，后一音节读轻声，表示动作轻微或含尝试义，相当于普通话的“AA”或“A-A”。详见下表：

单音节动词	方言重叠词	例句
消	消消	你吃点儿药消消肿
说	说说	你说说还有什么不乐意
看	看看	你看看这件衣服合不合身儿
尝	尝尝	你尝尝这菜有没有盐味儿
想	想想	你仔细想想到底该不该去
听	听听	当官的要时常听听老百姓的呼声
试	试试	你试试到底是什么毛病
薅	薅薅	我去薅薅地里的草
扫	扫扫	你赶快扫扫院子
晾	晾晾	今天晾晾衣服

（二）单音节动词加后缀“巴”形成“A 巴”式，“巴”音同“不”，轻声；也可重叠，形成“A 巴 A 巴”式，表示动作轻微短暂。详见下表：

动词	“A巴”式	“A巴A巴”式	例句
打	打巴	打巴打巴	你～自己身上的尘土
砸	砸巴	砸巴砸巴	你把那些大的石头～
搓	搓巴	搓巴搓巴	我得赶快把衣服～洗出来
擦	擦巴	擦巴擦巴	你赶快把餐桌～
扫	扫巴	扫巴扫巴	那院子孬好～就行了
洗	洗巴	洗巴洗巴	你～你那小脏手儿
揉	揉巴	揉巴揉巴	你～那盆里泡的被单
薅	薅巴	薅巴薅巴	把那地里的荒草～
拣	拣巴	拣巴拣巴	把豆子里的砂子～
剔	剔巴	剔巴剔巴	把还能用的～
弄	弄巴	弄巴弄巴	你快点～
按	按巴	按巴按巴	那事你～就没事了

动词	“A巴”式	“A巴A巴”式	例句
撕	撕巴	撕巴撕巴	把菜～就能下锅
握	握巴	握巴握巴	把废纸～扔了吧
刮	刮巴	刮巴刮巴	把肉上的猪毛～
刺	刺巴	刺巴刺巴	他走路腿～的
抹	抹巴	抹巴抹巴	把窗子玻璃～
折	折巴	折巴折巴	把垃圾～清出去
择	择巴	择巴择巴	把芹菜叶子～
剁	剁巴	剁巴剁巴	把菜叶子～喂鸡

（三）单音节动词其他后缀，详见下表：

词缀	动词	构成词	例句
拉	扒	扒拉	小孩可别到处胡～
	婆	婆拉	你赶快把床上～平放孙子睡觉
	掘	掘拉	你看你把土～得到处都是
	搁	搁拉	水都叫你给～浑了
	搅	搅拉	把稀饭～～，别叫糊锅
	画	画拉	作业本上叫你～得稀脏
	摩	摸拉	慢慢～着孙子的头叫他睡觉
乎	吹	吹乎	你可别听他整天瞎～
	嘘	嘘乎	小事也叫他～大了
	吆	吆乎	你～几个人把地浇浇
	咋	咋乎	你小声～，别吵醒了孩子
	喊	喊乎	你听村委的喇叭上～的什么
悠	握	握悠	那张纸叫你～碎了
	搓	搓悠	洗衣服要用洗衣粉～～才干净
	晃	晃悠	那棵树～～地要倒

词缀	动词	构成词	例句
搂	提	提搂	她～着一大嘟噜葡萄
	胡	胡搂	那些东西他都～着啦。
打	搋	搋打	和面要使劲～蒸馒头才劲道
	鞣	鞣打	你把铺上～干净好休息
	拍	拍打	你自己把身上的土～～
跶	蹦	蹦跶	秋后的蚂蚱没有几天～头
	跳	跳跶	小孩不住地～也不觉得累

（四）双音节动词“AX”式重叠，形成“AXAX”式，表示轻松的语气。详见下表：

普通话	方言词语	例句
复习	复习复习	明天就要考试了，你赶快～
打扫	打扫打扫	客人就要来了，你～院子
打听	打听打听	咱得仔细～那家子的底细
商量	商量商量	咱仔细～明天的事该怎么办
讨论	讨论讨论	咱赶快～县长上午的工作报告
考虑	考虑考虑	你～这件事到底该怎样答复
整理	整理整理	你～你自己的房间
修理	修理修理	你把自行车～
处理	处理处理	我把垃圾～
消化	消化消化	吃晚饭走走～食儿
遛达	遛达遛达	咱到河沿上～
休息	休息休息	天太热，咱～再干吧
盘算	盘算盘算	你～这笔生意能挣多少钱
合计	合计合计	咱～这活能不能揽下来
磕磨	磕磨磕磨	咱～办喜事需要用多少钱

四　形容词生动形式

（一）“FA”或“FAB”式

由形容词前加副词构成，表示程度深。苍山方言常用副词如“透、忒、太、怪、满”等，相当于普通话的“很、非常、特别”等。详见下表：

副词	“FA”式或“FAB”式例词					
透	～好	～香	～俊	～甜	～利亮	～热乎	～凉快
忒	～好	～坏	～高	～累	～窝囊	～小气	～差劲
太	～热	～傲	～冷	～脏	～邋遢	～大方	～浪费
怪	～丑	～瞎	～酸	～矮	～漂亮	～小心	～蜗憋
满	～好	～行	～高兴	～受看	～场面	～合适	～透丝

（二）“XA”或“XAB”式

由形容词加前缀构成，表示程度深。这些前缀虽然具有程度副词的作用，但其与形容词的结合是有限定的，下表表示哪些前缀可以修饰那些形容词。

前缀	“XA”式或“XAB”式例词					
挺	～硬	～湿	～潮	～干	～直	～热
溜	～薄	～细	～滑儿	～暄儿	～空阴平，稀：米粥～	
精（或宁）	～瘦	～矮	～短	～稀	～薄	～细
魆	～蓝	～绿	～紫	～清	～尖	～青
稀	～丑	～俊	～漂亮	～聪明	～烂	～甜
焦	～黄	～粘	～干	～酥		

前缀	“XA”式或“XAB”式例词					
风	～快	～脆				
邪	～苦	～酸				
酷	～辣	～咸				
滚	～热	～烫				
通	～红					
黢	～黑					
煞	～白					
瞎	～腥	～黑	～瘪	～轻		
温	～臭					

（三）“AX”式

由单音节形容词加后缀“乎”等构成，一般语气较弱，并带有喜爱、厌恶等不同感情色彩。详见下表：

后缀	“AX”式例词						
乎	热～	软～	粘～	湿～	潮～	暄～	涩～
乎的	高～	俊～	累～	困～	冷～	饿～	甜～
溜的	空～	细～	尖～	瘦～	稀～	酸～	
丝的	甜～						
喷的	香～						
烘的	臭～						
不叽的	苦～	酸～	甜～	能～	水～		
不拉叽的	甜～	酸～	软～	苦～			
不燎的	苦～						
不酊的	咸～						
木嗦的	甜～						
朴儿的	矮～						
整儿的	硬～						

以上后缀含喜爱色彩的有“丝的、喷的”，含厌恶色彩的有“不叽的、不拉叽的、不燎的、木索的”，感情色彩不明显的有“乎、乎的、溜的、烘的、朴儿的、整儿的”。

（四）“（乔）A得慌”或“（乔）AB得慌”式

由某些表示心理感受的形容词后加“得慌”构成，相当于普通话的“A得很”或“AB得很”，如果在前面再加“乔”，表示程度更深。例如：

（乔）冻～　（乔）累～　（乔）困～　（乔）窝囊～
（乔）气～　（乔）急～　（乔）吓～　（乔）拿扭～
（乔）笑～　（乔）嗔～　（乔）渴～　（乔）委屈～
（乔）饿～　（乔）喜～　（乔）热～　（乔）憋堵～

（五）“AA的”式

由单音节形容词重叠加“的”构成，相当于普通话的“的”或“地”，有加强语气、强调的作用。详见下表：

单音节词	“AA的”式例词	例句
慢	慢慢的	炖老母鸡要用小火～炖
好	好好的	该考试了，你要～复习
轻	轻轻的	孩子睡了，你～走动
狠	狠狠的	他被老爷子～批评了一顿
长	长长的	他～出了一口气
高	高高的	那人～个子，真魁伟
快	快快的	你～赶到你村里
薄	薄薄的	她～嘴唇
白	白白的	他～跑了一趟
清	清清的	～河水流淌着

单音节词	“AA的”式例词	例句
满	满满的	酒灌得～
饱	饱饱的	肚子吃得～
足	足足的	钱～够花的

（六）“AABB 的”式

由双音节形容词“AB”重叠加“的”构成，表示程度略深、语气较强。详见下表：

双音节形容词	“AABB的”式例词	例句
漂亮	漂漂亮亮的	去婆家要打扮得～
干净	干干净净的	过春节得打扫得～
明白	明明白白的	上节课他听得～
清楚	清清楚楚的	老师傅给讲得～
急忙	急急忙忙的	下了班她～往家赶
糊涂	糊糊涂涂的	老爷爷八十二了，～
慌张	慌慌张张的	做贼心虚，人一说，他～跑了
了巧	了了巧巧的	那人干什么都～，不像男人
结巴	结结巴巴的	十几岁的半大人了，说话还～
高兴	高高兴兴的	孙子～去上大学了
痛快	痛痛快快的	老人家～答应了
轻松	轻轻松松的	他～走了
啰嗦	啰啰嗦嗦的	他～说个没完
简单	简简单单的	咱～吃点就行
愚陋	愚愚陋陋的	那人缺心眼儿，～

双音节形容词	“AABB的”式例词	例句
急着	急急着着的	那人脾气～
窝囊	窝窝囊囊的	俺那男人～
愣乖	愣愣乖乖的	这小孩～不准成

（七）反义形容词前缀

“多”和“宁（精）”构成“多 xx 式”和”宁（精）xx 式”，详见下表：

例词	多 xx 式	例句	例词	宁（精）xx 式	例句
长	多长长	这根绳子～	短	宁(精)短短	褂袖子～
宽	多宽宽	门口街道～	窄	宁(精)窄窄	小巷子～
高	多高高	那人个子～	矮	宁(精)矮矮	小媳妇～
深	多深深	井水～	浅	宁(精)浅浅	河水～
胖	多胖胖	那女人～	瘦	宁(精)瘦瘦	小鸡～
粗	多粗粗	他的腰～	细	宁(精)细细	模特儿腰～
厚	多厚厚	那床棉被～	薄	宁(精)薄薄	的确良布～
厚	多厚厚	白菜苗～	稀	宁(精)稀稀	麦苗～
厚	多厚厚	鸡蛋汤～	空	宁(精)空空	稀饭～
大	多大大	西瓜个儿～	点儿	宁(精)点儿点儿	石榴籽～
大	多大大	孙子的个子～	尕儿	宁(精)尕儿尕儿	我要个～的

五 句式

(一)单句

1. 被动句

苍山方言被动句的介词大多用“叫”，相当于普通话的“被”，常用句式有四种：

（1）受事＋叫＋VP　例如：

衣服叫划破了。　杨树叫刮倒了。

（2）受事＋叫＋给＋VP　例如：

衣服叫给划破了。钢笔叫给弄丢了。

（3）受事＋叫＋施事＋VP　例如：

衣服叫树枝划破了。　大桥叫洪水冲垮了。

（4）受事＋叫＋施事＋给＋VP　例如：

衣服叫树枝给划破了。街道叫环卫工人给打扫净了。

2．处置句

苍山方言处置句的介词（相当于普通话的“把”）有以下四个读音：

pɛ³¹（音“拜”）：你～牛牵过来套上。

pã³¹（音“半”）：你～鸡圈到鸡栏里去。

mɛ³¹（音“卖”）：你～俺的衣裳都给泼湿了。

mã³¹（音“曼”）：我～那事给忘了。

3．进行式

苍山方言表示进行式的句子用“行”、“杭”、“喷”等。相当于普通话的“正在”。例如：

“行”（音 ɕiŋ⁵³）：我们行上着课，忽然听到集合铃响了。

“杭”（音 xɑŋ⁵³）：俺一家子杭吃着饭，他突然不吃了。

“喷”（音 p‘ẽ³¹）：小王喷专心背单词，咱不能打扰他。

（二）复句

1．并列复句

（1）“一门……一门”，相当于普通话的“一边……一边”。例如：

他一门啃着馒头，一门看电视。

那人一门放鸭子，一门哼着《沂蒙山小调》。

（2）“一晰……一晰”，相当于普通话的“一会儿……一会儿”。例如：

这孩子一晰写作业，一晰又跑出去玩。

你一晰叫我扫地，一晰叫我打球，我真不知道怎么办。

2．递进复句

“不光……还”、“不光……连……也”、“光都……不说，还……”，相当于普通话的“不但……而且”。例如：

那孩子不光文化课学得好，还是学校里的篮球队员。

他不光孝敬爹娘，连敬老院里的老人也照顾得很好。

沉溺于网吧光都耽误学习不说，还会使孩子学坏。

3．假设复句

“要是……的话，就……”、“要是……的话，也……”，相当于普通话的“如果……（的话），就……”、“如果……（的话），也……”。例如：

明天要是不下雨的话，咱就去临沂进货。

你要是真想下学打工的话，我也不能硬勉强你上学。

4．条件复句

“但凡……也……”、“别问……都（也）……”。例如：

我但凡有一点办法，也不想来麻烦你。

但凡我有一点时间，也一定帮你办。

别问谁来说，我都不会答应。

别问费多大的工夫，我也得把事情办好。

5.承接复句

“才得……又……”，相当于普通话的“刚刚……又……”。例：

才得暖和了几天，又刮起了西北风。

才得修好这条路，那条路又该修了。

第五章　语料记音

一　歇后语

1．pɑ^{213}ɭə$^{55-213}$tsɿ˙ tʃɑŋ^{55}mɔ^{53}——lɔ$^{55-53}$ʃou^{55}。

巴　耳　　子　长　毛　——老　　手。

2．pɑ$^{213-31}$lɑ˙ iã^{55}tʃɔ^{31}tɕiŋ$^{31-53}$tsɿ˙——tsɿ^{31}ts‘ɔ^{55}nã^{53}k‘ã^{31}。

疤　　拉眼 照　镜　　子 ——自　找　难　看。

3．t‘iə$^{213-31}$tɕiɑŋ˙ tï ɭə^{53} —— tsiou^{31}tʃʅ$^{213-31}$tɔ˙ tɑ^{55}。

铁　　匠　的儿 ——　就　知　　道 打。

4．t‘iə$^{213-31}$tɕiɑŋ˙ tï kuẽ $^{213-31}$ȵy˙ —— xẽ^{55}tɕ‘iã$^{53-55}$tsɿ˙ lɑ˙。

铁　　匠 的 闺　　女 —— 狠　钳　　子 了。

5．pei^{31}sier^{213}kɛ^{55}vu^{55}tʃɔ^{31}—— uei^{31}tʃʅ^{53}kəŋ^{31}pfəŋ^{31}iɔ^{312}。

背　心儿 改 乳 罩 ——　位　置 更　重　要。

6．ts‘ɛ$^{53-55}$fɑŋ˙ tiɔ^{31}tsiã$^{55-213}$tsɿ˙—— tsiou^{31}luə^{213}tʃ‘ʅ$^{213-31}$lɑ˙。

裁　　缝 掉 剪　　　子 —— 就　落　尺（吃）了。

7．pɔ$^{31-53}$tʃɔ˙ yã^{53}pɔ^{55}t‘ɔ^{31}xə^{53}—— ʃə^{55}miŋ^{31}pu^{213}ʃə^{55}ts‘ɛ^{53}。

抱　　着 元 宝　跳 河 —— 舍　命　不　舍　财。

8．ts‘ɑŋ$^{213-31}$iŋ˙ tsuə^{31}yə$^{213-31}$tsɿ˙ —— pɔ^{31}ts‘y^{213}。

苍　　　蝇 坐　月　　子 —— 抱　蛆（屈）。

9．t‘i$^{53-55}$tʃɔ˙ ts‘u^{31}p‘iŋ$^{53-55}$tsɿ˙ iɔ^{31}fã^{31}—— tɕ‘yŋ^{53}suã^{213}。

提　　着 醋　瓶　　　子要 饭——　穷　　酸。

10．tʃ‘ɑŋ^{55}p‘əŋ$^{53-55}$lï fei^{312}tɕiɔ^{312}——mə^{213}pu˙ tʃuə^{53}mer^{53}。

敞　棚　　里睡　觉　—— 摸　不　着　门儿。

11．tsou^{55}tʃə˙ lu^{31}lɑ^{213}ʃʅ^{55}—— pu$^{213-24}$siɑŋ^{31}ʒẽ^{53}。

走　着 路 拉　屎 —— 不　　像　人。

12. t‘i^{31}t‘ou^{53}tɕiaŋ^{31}tiˑ t‘iɔ$^{213-24}$tsʅˑ —— i^{213}t‘ou^{53}ʒə^{213}。

剃头匠的挑子——一头热。

13. t‘uŋ^{53}liŋ$^{53-55}$taŋˑ ta^{55}t‘ɑŋ^{53}luə^{53}——iẽ$^{213-24}$uɛ^{31}iou^{55}iẽ^{213}。

铜铃铛打镗锣——音外有音。

14. pf‘u$^{213-3124}$iɔ$^{53-55}$t‘iˑ pfã^{213}—— t‘iŋ$^{31-5113}$ɕiŋ^{53}laˑ。

出窑的砖——定型了。

15. t‘u$^{213-24}$tsʅˑ ta$^{55-53}$sã^{55}—— u^{53}fa^{213} u^{53}t‘iã^{213}。

秃子打伞——无发(法)无天。

16. t‘u$^{213-24}$tsʅˑ tsi^{55} liã^{55}—— mẽ$^{31-53}$iouˑ piɛr^{213}。

秃子洗脸——没有边儿。

17. t‘u^{55}ti^{31}lɔ$^{55-213}$ iˑ p‘ɑ^{53}ʃã —— p‘fu$^{213-3124}$ʃẽ^{53}li^{213}laˑ。

土地老爷爬山——出神力了。

18. ta^{55}ʃəŋ$^{53-55}$tiˑ pɛ$^{55-53}$ʃou^{55} —— tɔ$^{31-5113}$tɕiẽ$^{31-53}$laˑ。

打绳的摆手——到劲了。

19. ta^{213}kuẽ$^{213-31}$ȵyˑ iɔ^{312}fã^{312} —— sʅ^{55}siẽ^{213}iɛr^{55}。

大闺女要饭——死心眼儿。

20. ti^{31}kua^{213}iaŋ$^{213-31}$p‘a^{53}fu^{31} —— p‘ã$^{213-24}$kɔ$^{213-24}$tʃer^{213}。

地瓜秧爬树——攀高枝儿。

21. tiɔ^{31}sʅ^{55}kuei$^{55-213}$tsʅˑ iɔ^{312}tʃaŋ^{312}—— xə^{53}kɛ^{213}。

吊死鬼子要账——活该。

22. la$^{213-31}$yəˑ pf‘ã^{213}tɕ‘yẽ$^{53-55}$tsʅˑ —— mẽ^{55}li^{31}tuŋ^{31} ʒẽ^{53}。

腊月穿裙子——美丽冻(动)人。

23. tei$^{31-53}$tʃɔˑ tɕi$^{213-24}$uə^{213}faŋ^{31}p‘i^{31}——ts‘ʅ$^{213-24}$tɕi^{213}。

对着鸡窝放屁——刺鸡(激)。

24. t‘uã^{53}y^{53}tiˑ p‘i$^{31-53}$kuˑ —— kuei$^{213-24}$tiŋ^{312}。

团魚的屁股——龟(规)腚(定)。

25. tʃẽ^{31}piã$^{55-213}$tɛˑ fei^{31}tɕiɔ^{312} —— siaŋ$^{55-213}$tiˑ k‘uã^{213}。

枕扁担睡觉——想得宽。

26. pfəŋ$^{31-53}$tɔ˙ ti$^{31-53}$lï pu$^{213-24}$fɑ^{213}iɑ^{53} —— xuɛ^{31}pfəŋ^{55}。
种到地里不发芽——坏种。

27. pfu$^{213-24}$pɑ$^{213-24}$tɕiɛ^{31}tʃʻʅ$^{213-24}$tʻiə^{213}——nei^{31}siou^{312}。
猪八戒吃铁——内锈（秀）。

28. kã^{213}uə$^{213-31}$uə˙ kuẽ^{55}tʃʅ^{213}mu˙ ——tuə^{213}ʃɔ^{55}tʃã^{213}tiɛr^{55}。
干窝窝滚芝麻——多少沾点儿。

29. kɔ$^{213-24}$ʃə^{31}pʻɔ^{312}ʃɑŋ^{31}tsʻʅ^{53}tɔ^{213}——yã^{55}tɕiẽ^{31}tou^{213}ɕiŋ^{53}。
高射炮上刺刀——远近都行。

30. tʃɑŋ^{55}ɕiɛ^{53}pu^{213}yŋ^{31}pfei$^{213-31}$tsʅ˙——tʃẽ^{213} xɔ^{55}。
掌鞋不用锥子——针（真）好。

31. kou^{55}tʃʻʅ$^{213-24}$fu$^{213-31}$tsʅ˙ —— pu^{213}tɕiã^{31}miã^{312}。
狗吃麸子——不见面。

32. kou^{55}tʃʻʅ$^{213-24}$ȵiou^{53}ʃʅ^{55} —— tʃʅ^{213} tʻu^{53}tuə^{213}。
狗吃牛屎——只图多。

33. kuɑ$^{55-213}$fu˙ sʅ$^{55-2135}$ ɭə^{53} —— mẽ^{53}pʻã$^{31-53}$tʻou˙ lɑ˙。
寡妇死儿——没盼头了。

34. tʃã$^{31-53}$tʃə˙ lɑ^{213}ʃʅ^{55}——tɑ^{31}tɕiɑr$^{31-53}$tï。
站着拉屎——大架儿的。

35. tsɔ^{55}xu$^{53-55}$tsʅ˙ tɕiɛ^{55}pã^{55}—— mẽ^{31}lɑ$^{53-55}$tʻou˙。
枣核子解板——没拉（啦）头。

36. iou^{55}ʃʅ^{55}pu$^{213-24}$lɑ^{213}——kẽ^{213}kou^{55}ɣou^{31}tɕʻi^{312}。
有屎不拉——跟狗怄气。

37. xə$^{53-55}$tʃʻəŋ˙ tɔ$^{31-5113}$tɕiɑ$^{213-31}$lɑ˙—— miɔ$^{31-53}$tsɛ˙！
和尚到家了——庙（妙）哉！

38. i^{213}tiŋ^{31}tsuə^{31}tsɛ^{31}xuə^{55}tsiã$^{31-53}$ʃɑŋ˙——tsʻuã$^{213-31}$lɑ˙。
一腚坐在火箭上——窜了。

39. iɔ^{31}fã^{312}tï tɕʻi^{55}u$^{55-213}$tɕiŋ˙ —— tɕʻyŋ^{53}mɑŋ$^{53-55}$xu˙。
要饭的起五更——穷忙乎。

40. tɕi$^{213-24}$tã^{31}k'ə^{213}t'iɔ^{213}fei^{55} —— pu^{213}ʃʅ^{31}xɔ^{55}ʃɔ^{213}。
鸡 蛋 壳 挑 水—— 不 是 好 筲(烧)。

41. tɕiã$^{31-53}$lɑ˙ tɕiẽ$^{31-53}$tsʅ˙ tɑ^{55}tɕiŋ^{31}li^{55} —— tɕiɑŋ^{55}tɕiou^{312}。
见 了 妗 子 打 敬 礼 —— 讲 舅(究)。

42. iɔ^{31}fã^{312}ti˙ k'ɔ^{55}si^{53}luŋ$^{53-55}$tsʅ˙——tɕ'yŋ^{53}ʃɔ$^{213-24}$pɔ^{213}。
要 饭 的 烤 席 笼 子——穷 烧 包。

43. tsiə$^{55-213}$liou˙ xou$^{53-55}$tsʅ˙ p'ɑ^{53}ts'iɑŋ^{53}——mẽ^{31}iou^{55}fu^{312}。
姐 留 猴 子 爬 墙 ——没 有 树(数)。

44. iɑ$^{55-213}$pu˙ tɛ^{55}tsei^{53} ——kã^{213}uɑ$^{213-31}$uɑ˙。
哑 巴 逮 贼—— 干 哇 哇。

45. ɕiɛ^{53}pɑŋ$^{213-31}$tsʅ˙tsou^{31}mɔ^{31}iɛr^{53}—— kɔ$^{213-24}$ʃəŋ^{213}。
鞋 帮 子 做 帽 檐儿—— 高 升。

46. pɑ$^{55-213}$lɑ˙ tiɔ^{31}tsiŋ$^{55-213}$li˙—— siɑŋ$^{55-213}$bu˙ tɕ'i^{55}lɛ^{53}lɑ˙。
叭 喇 掉 井 里——响(想) 不 起 来 了。

47. ɕiə$^{213-31}$tsʅ˙ lɑ^{213}ʃʅ^{55} ——ɣə^{213} tu^{53}。
蝎 子 拉 屎 ——屙(恶) 毒。

48. xə^{53}mɑ^{213}tʃ'ʅ^{213}uã^{55}tʃ'ɑr^{213} —— tsiŋ^{31}lɑ^{213}miŋ^{53}ts'ʅ^{53}。
蛤 蟆 吃 碗 碴儿 —— 净 拉 名 瓷(词)。

49. siɔ^{55}t'ou^{213}tʃɔ^{31}tɕiŋ$^{31-53}$tsʅ˙ —— i^{213}liã^{55}tsei^{53}siɑŋ^{312}。
小 偷 照 镜 子—— 一 脸 贼 相。

50. lɔ$^{55-53}$xu^{55}lɑ$^{213-24}$tʃ'ə^{213}—— mẽ^{31}ʒẽ^{53}kã^{55}。
老 虎 拉 车 —— 没 人 赶(敢)。

51. lɔ^{55}mu$^{55-213}$tɕi˙ fã^{213}kẽ$^{213-31}$t'ou˙——uã$^{53-55}$lɑ˙ tã^{312}。
老 母 鸡 翻 跟 头 ——完 了 蛋。

52. lɔ$^{55-213}$ȵiŋ˙ sʅ$^{55-213}$lɑ˙ ɭə^{53}—— mẽ^{31}tɕiou^{312} lɑ˙。
姥 娘 死 了 儿 —— 没 舅(救) 了。

53. lɔ$^{55-213}$tʃ'u˙ k'ẽ^{55}fu^{213}per^{55} —— iɔ^{55}uẽ^{53}tsuə^{53}tsʅ^{31}。
老 鼠 啃 书 本儿 —— 咬 文 嚼 字。

54. lɔ$^{55-213}$tʃ‘u˙ k‘ẽ^{55}tiə$^{53-55}$tsɿ˙——k‘ou^{55}k‘ou^{55}ʃʅ^{31}ts‘ʅ^{53}。
老 鼠 啃 碟 子——口 口 是 瓷（词）。

55. luə^{53}kuə$^{213-31}$tsɿ˙ k‘ɔ^{31}ts‘iɑŋ^{53} —— pu^{213}i^{55} tiŋ^{312}。
罗 锅 子 靠 墙 —— 不 依（一）腚（定）。

56. lu$^{55-213}$tʃɔ˙ xu$^{53-55}$tsɿ˙ tsuə^{31}iɔ^{53}lã^{53}—— pfɑŋ$^{213-24}$suẽ^{213}。
捋 着 胡 子 坐 摇 篮 —— 装 孙。

57. mɑ^{55}tɛ^{31}p‘iã$^{31-53}$ʃɑŋ˙ siou^{31}xuɑ^{213}——ti$^{55-213}$tsɿ˙ tʃ‘ɑ^{213}。
麻 袋 片 上 绣 花 —— 底 子 差。

58. mɛ^{31}iã^{53} ti˙ xuə$^{55-213}$tɕi˙ —— tou^{213}ʃʅ^{31}ɕiã^{53} ʒẽ^{53}。
卖 盐 的 伙 计 —— 都 是 咸（闲）人。

59. mɛ^{31}tʃ‘ɑ^{53}ti˙ tʃɔ^{213}ʃou^{55}—— xu^{31} lɛ^{53}lɑ˙。
卖 茶 的 招 手 —— 壶（胡）来 了。

60. mɛ^{31}tɕi^{213}tser^{55}ti˙ t‘əŋ^{53}yã$^{55-213}$tsɿ˙ —— tɔ^{55} tã^{312}。
卖 鸡 子儿 的 腾 筦 子 —— 倒（捣）蛋。

61. mɔ^{53}fɑŋ$^{53-55}$li˙ fɑŋ^{31}piã$^{213-24}$p‘ɔ^{312}——tʃẽ^{31} tiŋ^{312}。
茅 房 里 放 鞭 炮 —— 震（镇）腚（定）。

62. mɔ^{31}xou$^{53-55}$tsɿ˙ tʃ‘ʅ$^{213-24}$suə$^{213-31}$i˙—— mẽ^{31}ʒẽ^{53}uer^{312}。
毛 猴 子 吃 蓑 衣 —— 没 人 味儿。

63. mɔ$^{31-53}$tsɿ˙ lã$^{31-53}$lɑ˙ piã^{213} —— tiŋ^{55}xɔ^{55}。
帽 子 烂 了 边 —— 顶 好。

64. mə^{31}iã$^{55-213}$li˙ tʃɑŋ^{55}ts‘ɔ^{55} —— xuɑŋ$^{213-31}$lɑ˙ t‘ɑŋ^{53}。
磨 眼 里 长 草 —— 荒 了 膛（唐）。

65. ȵiã^{53}pã^{31}ti˙ ȵiou^{53}tu^{53} —— ʃɑŋ$^{31-53}$lɑ˙ ʃəŋ^{53}。
年 半 的 牛 犊 —— 上 了 绳。

66. ȵiɔ^{31}suei^{213}ts‘ʅ^{213}k‘u$^{31-53}$tsɿ˙—— i^{213}ku$^{55-213}$siə^{53}tɕiẽ^{312}。
尿 尿 泚 裤 子 —— 一 股 斜 劲。

67. ȵiou^{53}tɕiɑ^{213}ʃɑŋ˙ mə^{55}iou^{53}——iou^{31}tɕiã^{213} iou^{31}xuɑ^{53}。
牛 角 上 抹 油 —— 又 尖（奸）又 滑。

68. pʻi^{53}fɑŋ^{213}pã^{31}tɑ^{31}suã^{312}—— iou^{31}tu^{53}iou^{31}lɑ^{213}。

砒霜拌大蒜——又毒又辣。

69. uɑŋ$^{53-55}$pu· tʃʻʅ^{213}ʃɛ$^{213-24}$tsɿ· —— siẽ^{213}iɛr^{55} pu^{213} ʃɔ^{55}。

王八吃筛子——心眼儿不少。

70. pu^{53}lei$^{213-31}$tsɿ· ʃɑŋ· kuɑ^{31}yə$^{213-31}$tʃʻʅ·——kʻɛ$^{213-24}$siẽ^{213}。

脯肋子上挂钥匙——开心。

71. mɑ$^{55-213}$ï tɛ^{31}iã^{55}tɕiŋ^{31} —— tsɿ^{31}tɕyə^{213}liã^{55}pu^{213}siɔ^{55}。

蚂蚁戴眼镜——自觉脸不小。

72. tsʻiɑŋ^{53}tʻou$^{53-55}$ʃɑŋ· fei^{31}tɕiɔ^{312}——nã^{53}fã$^{213-24}$ʃẽ^{213}。

墙头上睡觉——难翻身。

73. kou^{55}ɕiã^{213}mẽ$^{53-55}$liã· —— tsʻuã^{53}tʃʅ$^{55-213}$uɑŋ· tsuei^{55}。

狗掀门帘——全指望嘴。

74. sã$^{213-24}$tʃʻʅ^{213}tï tʻi$^{213-31}$tsɿ· ——tɑ$^{213-24}$ pu· ʃɑŋ^{31}iã^{53}。

三尺的梯子——搭(答)不上檐(言)。

75. ʃɔ^{213}xuə^{55}kuẽ$^{31-53}$tsɿ· tɑ^{55}lu^{53}——ʃɔ$^{55-213}$i$^{213-24}$pã^{312}·。

烧火棍子打驴——少一半。

76. ɕiɑ$^{213-31}$tsɿ· tɑ$^{55-53}$tuẽ^{55} —— pu^{213}ɕiã$^{55-53}$iã^{55}。

瞎子打盹——不显眼。

77. u$^{213-24}$kuei^{213}tʻɛ^{53}tɕiɔ$^{31-53}$tsɿ· —— iŋ^{31}tiŋ^{55}。

乌龟抬轿子——硬顶。

78. si$^{213-24}$kuɑ^{213}pʻi^{53}tsʻɑ$^{213-24}$tiŋ^{31}—— mẽ^{31}iou^{55}uã^{53}。

西瓜皮擦腚——没有完。

79. uɑŋ^{53}mɑ$^{53-55}$tsɿ· tʃɔ^{31}tɕiŋ$^{31-53}$tsɿ·——kə^{31}ʒẽ^{53}kuã^{213} tiã^{55}。

王麻子照镜子——个人观点。

80. uɑ^{213}ɭə^{55}fə^{53}tʃʻɔ^{55}tʃʅ$^{213-24}$mu· —— siɔ^{55}tɑ^{55}iou^{53}。

挖耳勺炒芝麻——小打油。

81. suã^{31}tʻɛ^{53}tiŋ^{55} mẽ^{53} —— tʃʻəŋ$^{213-24}$pu· pfu^{312}。

蒜薹顶门——撑不住。

82. t‘ei^{55}taŋ^{213}tɕia$^{213-24}$ts‘uə^{213}pã^{55} —— tsiŋ^{31}tɔ$^{31-53}$tɔr˙。
腿 裆 夹 搓 板—— 净 道 道儿。

83. ʃʅ^{55}k‘ə^{213}laŋ^{53}pã$^{213-24}$tɕia^{213}——kuẽ^{55}tã^{312}。
屎 克 郎 搬 家 —— 滚 蛋。

84. ʃʅ^{55}k‘ə^{213}laŋ^{53}tɛ^{31}iã^{55}tɕiŋ^{31} —— tɕiaŋ^{31}pfəŋ^{213}ɕyə$^{53-55}$
屎 克 郎 戴 眼 镜 —— 犟 充 学
uẽ˙ʒẽ^{53}。
问 人。

85. ʃʅ^{55}k‘ə^{213}laŋ^{53}p‘a$^{213-31}$tsɛ˙ʃaŋ$^{213-24}$kou^{213}lï—— tɕiaŋ^{31}
屎 克 郎 趴 在 墒 沟 里—— 犟
pfəŋ^{213}ta^{31}xei$^{213-24}$tɕiã^{213}。
充 大 黑 犍。

86. ts‘ɛ^{53}ʃẽ^{53}iə^{53}t‘ou$^{53-55}$ʃaŋ˙tʃaŋ^{55}kə$^{213-31}$ta˙ —— pɔ$^{55-213}$
财 神 爷 头 上 长 疙 瘩 —— 宝
peï tã^{312}。
贝 蛋。

87. tʃ‘ou$^{53-55}$tsʅ˙pu$^{31-53}$ʃaŋ˙siou^{31}mu$^{55-213}$tã˙ ——tɕiẽ$^{55-213}$
绸 子 布 上 绣 牡 丹 ——锦
ʃaŋ˙t‘iã$^{213-24}$xua^{213}。
上 添 花。

88. pf‘ã$^{213-31}$tʃɔ˙suə$^{213-31}$ïpa^{213}ti^{31}kua^{213} ——ts‘ʅ^{213}mɔ^{53}
穿 着 蓑 衣 扒 地 瓜 —— 刺 毛
tɕyə$^{213-24}$tiŋ^{31}。
撅 腚。

89. pf‘ã$^{213-31}$tʃɔ˙suə$^{213-31}$ï pf‘ei^{213}k‘ou^{55}ʃɔ^{31}—— tsuei^{55}
穿 着 蓑 衣 吹 口 哨 —— 嘴
tsiã^{213}mɔ^{53}tʃ‘aŋ^{53}。
尖 毛 长。

90. pfʻei^{213}tɕʻi ^{31}tɕʻiə$^{53-55}$tsʅ· pfʻu$^{213-24}$ʃẽ^{213}—— kʻou$^{55-213}$
吹 气 茄 子 出 身 —— 口
tɕʻï tɑ^{31}·。
气 大。

91. ɭə^{31}ʃʅ^{53}i^{213}tʻiã^{213}pu$^{213-24}$tsʻã$^{213-24}$tsiɛr^{213}—— xuɛ^{312}
二 十一 天 不 喰 尖儿 —— 坏
tã^{312}。
蛋。

92. lã^{31}xə^{53}mɑ^{213}tiŋ$^{31-53}$ʃɑŋ· tʃʻɑ^{213}tɕi^{213}mɔ^{53}——pu^{213}ʃʅ^{31}kə·
癞 蛤 蟆 腚 上 插 鸡 毛 —— 不 是 个
xɔ^{55}ȵiɔ^{55}。
好 鸟。

93. suã^{31}tʻɛ^{53}pã^{31}ɣou^{55}pʻiɛr^{31}——kuɑŋ$^{213-31}$kuẽ tï kuɑŋ$^{213-31}$
蒜 薹 拌 藕 片儿 —— 光 棍的 光
kuẽ，iã$^{55-213}$tsʅ· tï iã $^{55-213}$tsʅ·。
棍，眼 子 的眼 子。

94. uɑŋ$^{53-55}$pu· tʃʻʅ$^{213-24}$təŋ$^{213-24}$pʻɔ^{213} —— siẽ$^{213-24}$li·
王 八吃 灯 泡 —— 心 里
miŋ$^{53-55}$peï。
明 白。

95. uɑŋ$^{53-55}$pu· tʃʻʅ$^{213-24}$si$^{213-24}$kuɑ^{213}—— kuẽ$^{55-213}$tï kuẽ^{55}
王 八吃 西 瓜 —— 滚 的滚
pʻɑ$^{53-55}$tï pʻɑ^{53}。
爬 的 爬 。

96. uɑŋ$^{53-55}$pu· tu$^{31-53}$tsʅ· tʃʻɑ$^{213-24}$tɕi ^{213}mɔ^{53}——kuei$^{213-24}$
王 八肚 子 插 鸡 毛 —— 龟（归）
siẽ^{213}sʅ^{31}tsiã^{312}。
心 似 箭。

97. p‘i^{53}tɕ‘iou^{53}tiɔ^{312}mi^{55}t‘ɑŋ^{213}lï—— pfu$^{53-55}$lɑ˙ xuẽ^{53}
皮 球 掉 米 汤 里—— 除 了 混
tã^{31}, xɛ^{53}iou^{55}i^{213}tu$^{31-53}$tsʅ˙ tɕ‘i ^{312}。
蛋，还 有 一 肚 子 气。

98. tʃʅ$^{213-31}$tʃɔ˙ xuɑŋ^{53} liã^{53}xəŋ^{213}siɔ$^{55-53}$tɕ‘yer^{213}——
吃 着 黄 连 哼 小 曲 儿 ——
k‘u$^{55-53}$pfəŋ^{213}ts‘y^{55}luə^{213}。
苦 中 取 乐。

99. ts‘ʅ^{31}fə$^{55-213}$lï k‘ɛ^{213}mɛ^{312}p‘u^{312}—— tsiŋ^{31}pɛ^{55}tʃ‘ou^{31}
厕 所 里 开 买 铺 —— 净 摆 臭
tɕiɑ$^{31-53}$tsʅ˙ 。
架 子。

100. pã^{31}iə$^{31-53}$lï k‘u^{213}tɕiẽ$^{31-53}$tsʅ˙—— siɑŋ^{55}tɕ‘ï lɛ˙ i^{213}
半 夜 里 哭 妗 子 —— 想 起 来一
tsẽ$^{31-53}$tsʅ˙ 。
阵 子。

101. ʃɑ^{213}xu$^{53-55}$lï pfu^{55}tɕiɔ$^{55-213}$tsʅ˙——iou^{55}zuei^{55}tɔ$^{31-53}$
沙 壶 里 煮 饺 子 ——有 嘴 倒（道）
pu˙ pf‘u˙ lɛ^{53}。
不 出 来。

102. tɕ‘iɔ$^{53-55}$mẽ˙ p‘i^{53}tɑ^{55}tɕiɑŋ$^{31-53}$tsʅ˙ —— pu$^{213-24}$tʃã^{213}
荞 麦 皮 打 浆 子 —— 不 沾
pã^{55}。
板。

103. liə$^{213-31}$lɑ˙ fə̃r^{31} tï piã$^{55-213}$tɛ˙ —— tʃ‘əŋ$^{213-31}$pu˙ pfu^{31}
裂 了缝儿 的扁 担 —— 撑 不 住
liɑŋ^{55}t‘ou^{53}iɑ^{213}。
两 头 压。

104. tɕʻi$^{53-55}$tʃɔ· luə$^{31-53}$tʻuə· kã^{55}iɑ$^{55-213}$tsɿ· —— kɔ$^{213-24}$
骑 着 骆 驼 赶 鸭 子 —— 高
ti$^{213-24}$tou^{213}ɕiŋ^{53}。
低 都 行。

105. lɔ$^{55-213}$tʃʻu· kei^{53}mɔ^{53}kuɑ^{55}xu$^{53-55}$tsɿ· —— pʻiẽ$^{213-24}$
老 鼠 给 猫 刮 胡 子 —— 拼
miŋ^{31}ti· pɑ$^{213-31}$tɕiə· 。
命 地 巴 结。

106. lã^{31}xə^{53}mɑ^{213}tuã^{31}tʻu$^{31-53}$tsɿ· —— i$^{213-24}$bu^{31}kã$^{55-213}$
癞 蛤 蟆 蹓 兔 子 —— 一 步 赶
bu· ʃɑŋ· i$^{213-24}$bu^{312}。
不 上 一 步。

107. pɑ$^{55-213}$lɑ· xɔ$^{31-53}$tsɿ· i$^{213-31}$kə· tiɔ^{312}—— siɑŋ$^{55-213}$
叭 喇 号 子 一 个 调 —— 响（想）
i$^{213-24}$kʻuɛr^{31}lɑ· 。
一 块儿 了。

108. kʻə$^{213-31}$lɑ· sã$^{213-31}$kə· tʻou^{53}, fɑŋ$^{31-53}$lɑ· liou$^{31-53}$kə·
嗑 了 三 个 头，放 了 六 个
pʻi^{312}—— ɕiŋ^{53}xɔ^{55}mẽ$^{31-53}$iou· tsuə$^{213-24}$ɣə$^{213-24}$tuə^{213}。
屁 —— 行 好 没 有 作 恶 多。

109. iɑ$^{213-31}$xuã· nɑ^{53}yə$^{213-24}$tʃʻʅ^{213}—— tɑŋ$^{213-24}$tɕiɑ^{213}
丫 环 拿 钥 匙 —— 当 家
pu$^{213-24}$tsuə^{213}tʃu^{55}。
不 做 主。

110. kʻə^{31}kuɑ^{213}tser^{55}kʻə^{31}tʃʻu· tʃʻou^{31}pfʻəŋ^{53}lɛ· ——ʃəŋ$^{53-55}$
嗑 瓜 子儿 嗑 出 臭 虫 来 —— 什
mu· ʒẽ^{53} tou^{213}iou^{55}。
么 仁（人）都 有。

111. iɔ³¹fã³¹²tiɣã³¹mẽ⁵³liŋ⁵³—— tɕʻyŋ⁵³⁻⁵⁵ti tiŋ²¹³⁻²⁴daŋ²¹³
要饭 的按门 铃 —— 穷 得叮 当
ɕiaŋ⁵⁵。
响。

112. tɕiə²¹³pu tsɿ ta⁵⁵ia⁵⁵⁻²¹³bu —— i²¹³⁻³¹kə fə²¹³⁻³¹pu
结 巴 子 打 哑 巴 —— 一 个 说 不
tsʻiŋ²¹³ i²¹³⁻³¹kə tɔ³¹⁻⁵³bu miŋ⁵³。
清，一 个 道 不 明。

113. xuə²¹³pi⁵³luə⁵³⁻⁵⁵tsɿmɛ³¹⁻⁵³la kə lu⁵³⁻⁵⁵tsʻiã——
豁 鼻 骡 子 卖 了 个 驴 钱 ——
tʃʻʅ²¹³⁻²⁴kʻuei²¹³tsɛ³¹tsuei⁵⁵⁻²¹³ʃaŋ。
吃 亏 在 嘴 上。

114. xuɛ⁵³⁻⁵⁵ li pfʻɛ⁵⁵⁻²¹³pa⁵⁵tʃɔ³¹⁻⁵³li —— siẽ²¹³⁻³¹li
怀 里 揣 把 笊 篱 —— 心 里
kuaŋ²¹³siaŋ⁵⁵⁻²¹³tʃɔ lɔ⁵³。
光 想 着 捞。

115. xə²¹³⁻³¹tʃɔ tsʻu³¹tʃʻaŋ³¹²ɕi³¹²——suã²¹³⁻²⁴tɕʻiaŋ²¹³
喝 着 醋 唱 戏 —— 酸 腔
suã²¹³⁻²⁴tiɔ³¹。
酸 调。

116. kuaŋ²¹³⁻³¹tʃɔ tiŋ³¹ia²¹³⁻²⁴u²¹³⁻²⁴tsi²¹³—— pu²¹³⁻²⁴tʃɔ²¹³
光 着腚 压 屋 脊 —— 不 招
sɿ³¹liẽ⁵³。
四 邻。

117. kua³¹²li³¹²pɔ²¹³tʻu⁵³piɛr³¹—— xua³¹ pfəŋ²¹³iou⁵⁵
挂 历包 图 片儿 —— 画（话）中 有
xua³¹。
画（话）。

118. kei$^{213-31}$tʃɔ˙ ts‘ɔ^{55}mɔ^{31}tou^{31}tsuei^{55}——tʃ‘ɑ$^{213-24}$ i$^{213-24}$
隔 着草帽 逗嘴——差 一
pei$^{213-24}$kə$^{213-31}$lɑ˙。
百 阁 拉。

119. fei$^{213-24}$tɕi$^{213-31}$ʃɑŋ˙ tɑ^{55}tɕyã^{53}——pf‘u$^{213-31}$ti˙ tou$^{213-24}$
飞 机 上打拳——出 的都
ʃʅ^{31}kɔ$^{213-24}$tʃɔ^{213}。
是高 招。

120. fei$^{213-24}$tɕi$^{213-31}$ʃɑŋ˙ fɑŋ^{312}p‘i^{312}—— siɑŋ$^{55-213}$ti˙
飞 机 上放 屁—— 响（想）得
pu$^{213-24}$ti^{213}。
不 低。

121. fei$^{213-24}$tɕi$^{213-31}$ʃɑŋ˙ pf‘ei^{213}pɑ$^{55-213}$lɑ˙ —— siɑŋ$^{55-213}$
飞 机 上 吹 叭 喇—— 响（想）
ti˙ kɔ^{213}。
得高。

122. pfu$^{213-24}$pɑ$^{213-24}$tɕiɛ^{31}ti˙ tsi$^{213-31}$ȵiɑŋ˙ ku^{213}——u^{53}
猪 八 戒 的脊 梁 骨—— 悟（无）
nəŋ^{53}tʃʅ$^{213-24}$pei^{31}。
能 之 背（辈）。

123. pfu$^{213-24}$pɑ$^{213-24}$tɕiɛ^{31}tʃɔ^{31}tɕiŋ$^{31-53}$tsʅ˙ —— li^{55}uɛ^{31}
猪 八 戒照 镜 子——里外
pu$^{213-24}$ʃʅ^{31}ʒẽ^{53}。
不 是人。

二 谜语

1. sã^{213}sʅ^{31}u^{55}siɑŋ^{31}pɑ^{55}kuŋ^{213}, ʃʅ^{53}u^{55} liou^{31}tʃəŋ^{31}uei$^{213-24}$
三 四五 像 把 弓， 十五 六 正 威

fəŋ^{213}, ʒẽ^{53}ʒẽ^{53}fə^{213}t‘ɑ^{55}sã^{213}ʃʅ^{53}ʃou^{312}, ɭə^{31}ʃʅ^{53}pɑ^{213}tɕiou^{55}
风，人人说它三十寿，二十八九
tsiou^{31}suŋ^{31}pfəŋ^{213}。 yə$^{213-24}$liɑŋ^{31}
就送终。（谜底：月亮）

2. pɑ^{213}tɕiou^{55}suei^{31}ʃʅ^{53}pu$^{213-24}$tʃã^{213}ɕiã^{53}, ʃʅ^{53}u^{55}liou^{31}
八九岁时不沾闲，十五六
suei^{31}tʃəŋ^{31}tɑŋ$^{213-24}$ȵiã^{53}, ɭə^{31}ʃʅ^{53}ɭə^{31}sã^{213}iɔ^{213}lei^{31}uã^{213}, sã^{213}
岁正当年，二十二三腰累弯，三
ʃʅ^{53}suei^{31}ʃʅ^{53} uã$^{53-55}$lɑ˙ tã^{31}。 yə$^{213-24}$liɑŋ^{31}
十岁时完了蛋。（谜底：月亮）

3. iou^{55}kə˙ lɔ^{55}kuŋ$^{213-31}$kuŋ˙, t‘iã$^{213-24}$liɑŋ^{31}tɕiou^{31}pf‘u$^{213-24}$
有个老公公，天亮就出
kuŋ^{213}, i$^{213-24}$ʒʅ^{213}pu$^{213-24}$tɕiã^{31}t‘ɑ^{55}, pu^{213}ɕiɑ^{53}y^{55}tsiou^{31}
工，一日不见他，不下雨就
kuɑ$^{213-24}$fəŋ^{213}。 t‘ɑi$^{31-53}$iŋ˙
刮风。（谜底：太阳）

4. k‘ã$^{31-53}$pu˙ tɕiã^{31}lɛ˙ mə$^{213-31}$pu˙ tɔ^{31}, sɿ^{31}miã^{31}pɑ$^{213-24}$
看不见来摸不到，四面八
fɑŋ^{213}tɔ$^{31-53}$pf‘u˙ p‘ɔ^{55}, lu^{31}kuə^{31}tɕiɑŋ^{213}xə^{53}fei^{55}ʃəŋ$^{213-24}$pə^{213},
方到处跑，路过江河水生波，
pf‘ã$^{213-24}$kuə^{31}ʃẽ^{213}liẽ^{53}fu^{31}xu$^{213-24}$ɕiɔ^{31}。 fəŋ^{213}
穿过森林树呼啸。（谜底：风）

5. ʃẽ^{213}t‘i^{55}tuə^{55}tɕ‘iŋ^{213}ʒou^{53}, siɔ^{213}iɔ^{53}mã^{31}t‘iã^{213}iou^{53},
身体多轻柔，逍遥漫天游，
fəŋ^{213}lɛ^{53}t‘ɑ^{55}tsiou^{31}tuə^{213}, y^{55}lɛ^{53}t‘ɑ^{55}tɛ^{31}t‘ou^{53}。 yẽ^{53}
风来它就躲，雨来它带头。（谜底：云）

6. ʃəŋ$^{213-31}$tsɛ˙ fei^{55}pfəŋ^{213}, tɕ‘yə^{213}p‘ɑ^{31}fei^{55}pf‘əŋ^{213},
生在水中，却怕水冲，

fɑŋ$^{31-53}$tsɛ˙ fei$^{55-213}$li˙, u^{53}iŋ^{55}u^{53}tsuŋ^{213}。 piŋ^{213}
放 在水 里，无影无踪。（谜底：冰）

7. fei^{55}ʃəŋ^{213}fei$^{55-53}$iɑŋ^{55}tɕiou^{31}p‘ɑ^{31}fei^{55}, p‘ɔ^{31}tsɛ^{31}fei$^{55-213}$
水生水养就怕水，泡在水
li˙ piã^{31}tʃ‘əŋ^{53}fei^{55}。 piŋ^{213}
里变成水。（谜底：冰）

8. xuɑ$^{213-24}$ʃei^{213}pei^{53}, u^{53}ʒẽ^{53}tsɛ^{213}, i$^{213-24}$iə^{31}xã^{53}fəŋ^{213}
花色白，无人栽，一夜寒风
piã^{31}ti^{31}k‘ɛ^{213}, u^{53}kẽ^{213}u^{53}tʃʅ^{213}iou^{31}u^{53}iə^{213}, ts‘ʅ^{53}xuɑ^{213}yã^{53}
遍地开，无根无枝又无叶，此花原
ts‘uŋ^{53}t‘iã$^{213-24}$ʃɑŋ˙ lɛ^{53}。 suə^{213}
从天上来。（谜底：雪）

9. tɑ^{31}kə^{213}tɑ^{31}ʃəŋ^{213}tɕiɔ^{312},ɭə^{31}kə^{213}pɑ^{31}təŋ^{213}tʃɔ^{312},sã$^{213-24}$
大哥大声叫，二哥把灯照，三
kə^{213}liou^{53}iã^{55}lei^{31}, sʅ^{31}kə^{213}tɔ$^{31-53}$pf‘u˙ pɔ^{55}。
哥流眼泪，四哥到处跑。
lei^{53}tiã^{31}y^{55}fəŋ^{213}
（谜底：雷电雨风）

10. tʃɑ^{31}k‘ã^{312}pei^{53}mɑŋ^{53}mɑŋ^{53}, si^{31}k‘ã^{312}iou^{55}xə^{53}pf‘ɑŋ^{53},
乍看白茫茫，细看有河床，
mẽ^{31}iou^{55}y$^{53-55}$ɭə˙ iou^{53}, pu^{213}tɕiã^{31}pf‘ã^{53}lɛ^{53}uɑŋ^{55}。
没有魚儿游，不见船来往。
iẽ^{53}xə^{53}
（谜底：银河）

11. siɔ^{55}lɛ^{53}siŋ^{213}tiã^{55}tɑ^{312}, tɑ^{31}lɛ^{53}mã^{55}ʃã$^{213-24}$p‘ə^{213}, nəŋ^{53}
小来星点大，大来满山坡，能
pfã$^{213-24}$ts‘iã^{213}ʃã^{213}liŋ^{55}, pu^{213}nəŋ^{53}kuə^{31}siɔ^{55}xə^{53}。 xuə^{55}
穿千山岭，不能过小河。（谜底：火）

12. i$^{213-24}$li^{213}xuŋ^{53}p‘i^{53}ku^{213}, pã^{31}liɑŋ^{55}xɛ^{55}pu$^{213-24}$tsu^{213},
一粒红皮谷，半两还不足，
t‘ɑŋ^{53}ts‘iã^{53}pɛ^{55}i^{213}pɛ^{55}, pfɑŋ^{213}mã^{55}sã$^{213-24}$tɕiã$^{213-24}$u^{213}。
堂前摆一摆，装满三间屋。
pfu$^{213-24}$kuɑŋ^{213}
（谜底：烛光）

13. ʒẽ^{53}ʒẽ^{53}iou^{55}kə˙ xɔ^{55}p‘əŋ$^{53-55}$iou˙, u$^{213-24}$xei^{213}ʃẽ^{213}t‘i^{55}
人人有个好朋友，乌黑身体
u$^{213-24}$xei^{213}t‘ou^{53}, təŋ^{213}ts‘iã^{53}yə$^{213-24}$ɕia^{31}p‘ei^{53}pã^{31}ȵi^{213},
乌黑头，灯前月下陪伴你，
tsiou^{31}ʃʅ^{31} iɑ$^{55-213}$pu˙pu$^{213-24}$k‘ɛ^{213}k‘ou^{55}. iŋ$^{55-213}$tsʅ˙
就是哑巴不开口。（谜底：影子）

14. tɕ‘i$^{53-55}$kuɛ˙ tɕ‘i$^{53-55}$kuɛ˙ tʃẽ^{213}tɕ‘i$^{53-55}$kuɛ˙, t‘ou$^{53-55}$ʃɑŋ˙
奇怪奇怪真奇怪，头上
tʃɑŋ$^{213-31}$pf‘u˙xu$^{53-55}$tsʅ˙ lɛ^{53}, t‘uə$^{213-31}$lɑ˙ i$^{213-31}$ʃɑŋ˙ ɕiɑ^{31}i^{213}
长出胡子来，脱了衣裳吓一
t‘iɔ^{31}, xuẽ^{53}ʃẽ^{213}ʃʅ^{31}iɑ^{53}lou$^{31-53}$pf‘u˙ lɛ˙. y^{31}mi^{55}
跳，浑身是牙露出来。（谜底：玉米）

15. tsʅ^{55}fu^{31}tsʅ^{55}xuɑ^{213}tɕiə^{213}tsʅ^{55}kuɑ^{213}, tsʅ^{55}kuɑ^{213}tu$^{31-53}$lï
紫树紫花结紫瓜，紫瓜肚里
tɕiə^{213}tʃʅ$^{213-24}$mɑ˙, pɛ^{53}k‘ã^{31}mu$^{53-55}$iɑŋ˙ tʃɑŋ$^{55-213}$tï tʃ‘ou^{55}, tɑ^{31}
结芝麻，别看模样长得丑，大
ʒẽ^{53}siɔ^{55}xɛ^{53}tou$^{213-24}$ɣɛ^{31}t‘ɑ^{55}。 tɕ‘iə$^{53-55}$tsʅ˙
人小孩都爱它。（谜底：茄子）

16. ʃẽ$^{213-31}$tsʅ˙ pei^{53}iou^{31}p‘ɑŋ^{312}, ʃəŋ^{213}lɛ^{53}ȵi$^{53-55}$lï ts‘ɑŋ^{53},
身子白又胖，生来泥里藏，
tu$^{31-53}$lï lei^{55}fəŋ$^{213-24}$uə^{213}, t‘ou^{53}tsiã^{213}t‘ei^{55}tɕyə^{213}tʃ‘ɑŋ^{53}.
肚里垒蜂窝，头尖腿脚长。

ɣou^{55}

（谜底：藕）

17. ti$^{31-53}$ɕyŋ˙ xɔ$^{55-53}$tɕi^{55}kə^{312}, uei$^{53-55}$tʃə˙ pfu$^{31-53}$tsɿ˙

弟 兄好 几个， 围 着柱 子

tsuə^{312},ʒẽ^{53}və^{213}iɔ^{31}yŋ^{312}t‘ɑ^{55}, siã^{213}pɑ^{31}t‘ɑ^{55} i$^{213-24}$ʃɑŋ˙ t‘uə^{213}。

坐， 人若 要 用 它， 先 把 它 衣 裳 脱。

tɑ^{31}suã^{31}

（谜底：大 蒜）

18. ʃẽ$^{213-24}$tsɿ˙ tʃ‘ɑŋ^{53}, kər^{55}pu^{213}tɑ^{31}, xuẽ^{53}ʃẽ^{213}tʃɑŋ$^{55-53}$

身 子 长， 个儿不 大， 浑 身 长

mã^{55}siɔ^{55}kə$^{213-31}$tɑ˙, tʃ‘ʅ$^{213-31}$tɔ˙ tsuei$^{55-213}$li˙ tʃou^{31}mẽ^{53}t‘ou^{53},

满 小 疙 瘩，吃 到 嘴 里 皱 眉 头，

iã^{31}tɔ^{31}tu$^{31-53}$li˙ uei$^{213-24}$li^{213}tɑ^{312}。 k‘u^{55}kuɑ^{213}

咽 到 肚 里 威 力 大。（谜底：苦 瓜）

19. kə$^{213-24}$tɑ˙ u^{213}, kə$^{213-24}$tɑ˙ pei^{31}, kə$^{213-24}$tɑ˙ siɔ^{55}xɛr^{53}li^{55}

疙 瘩 屋，疙 瘩 被， 疙 瘩 小 孩儿里

miã^{31}fei^{312}, iɔ^{31}siɑŋ^{55}tʃɔ$^{55-213}$tɔ˙ kə$^{213-24}$tɑ˙ xɛr^{55}, siã^{213}tsɑ^{53}

面 睡， 要 想 找 到疙 瘩孩儿，先 砸

kə$^{213-24}$tɑ˙ u^{213}, tsɛ^{31}ɕiã^{213}kə$^{213-24}$tɑ˙ pei^{312}。 xə^{53}t‘ou˙

疙 瘩 屋，再 掀 疙 瘩 被。（谜底：核 桃）

20. ɭə$^{55-213}$tɔ˙ tɑ^{31}, tsuei$^{55-213}$pɑ˙ tʃ‘ɑŋ^{53},^{53} tu^{31}tɑ^{31}iɔ^{213}yã^{53}

耳 朵大， 嘴 巴 长， 肚 大 腰 圆

ʃẽ$^{213-31}$tsɿ˙ p‘ɑŋ^{312}, siɔ$^{55-213}$ti˙ ʃʅ$^{53-55}$xu˙ fei^{31}lã^{55}tɕiɔ^{312}, tʃɑŋ^{55}tɑ^{31}

身 子 胖， 小 的 时 候 睡 懒 觉， 长 大

i^{213}xou^{31}tɕiã^{31}iã$^{53-55}$uɑŋ˙ 。 pfu^{55}

以 后 见 阎 王。（谜底：猪）

21. suei^{213}kuã$^{31-53}$tsɿ˙ t‘ou^{53}, liɑŋ^{55}ɭə^{55}tʃɔ^{213}, ts‘u^{213}t‘ei^{55}tɑ^{31}

尿 罐 子 头， 两 耳 招， 粗 腿 大

pɑŋ^{31}suã^{31}pã^{31}tɕyə^{213}, tɕiã$^{31-53}$lɑ· fu^{53}ʒẽ^{53}iɔ^{53}i$^{55-213}$pu·, i^{213}tɕiã^{31}
棒 蒜 瓣 脚，见 了 熟 人 摇 尾 巴，一 见
ʃəŋ^{213}ʒẽ^{53}tsiou^{31}kʻuɑŋ^{53}tɕiɔ^{53}。 kou^{55}
生 人 就 狂 叫。（谜底：狗）

22. iou$^{55-53}$tʻei^{55}pu$^{213-24}$xuei^{31}tsou^{55}, iou$^{55-53}$iã^{55}pu$^{213-24}$
有 腿 不 会 走，有 眼 不
xuei^{31}tʃʻou^{55}, tʃəŋ^{55}tʻiã^{213}kuŋ$^{213-31}$tʃə· iɔ^{213}, tsʻɑŋ$^{53-55}$tsɛ· fei^{55}
会 瞅，整 天 弓 着 腰，藏 在 水
li$^{55-213}$tʻou· 。 ɕiɑ^{213}
里 头。（谜底：虾）

23. fei^{55}piã^{213}ʃʅ^{31}tʻɑ^{55}tɕiɑ^{213}, fə$^{213-24}$xuɑ^{31}kuɑ$^{213-24}$
水 边 是 他 家，说 话 呱
kuɑ$^{213-24}$kuɑ^{213}, siɔ^{55}ʃʅ^{53} u^{53}tɕyə^{213}iou^{55}uei^{55}, tɑ^{31}ʃʅ^{53}u^{53}uei^{55}
呱 呱，小 时 无 脚 有 尾，大 时 无 尾
iou^{55}tɕyə^{213}。 tsʻiŋ^{213}uɑ^{53}
有 脚。（谜底：青 蛙）

24. fə^{213}tʻɑ^{55}sʅ^{31}pu^{213}siɑŋ^{312}, pu$^{213-24}$ʃʅ^{31}sʅ^{31}pu^{213}siɑŋ^{312},
说 它 四 不 像，不 是 四 不 像，
pu^{213}suei^{53}tiə$^{213-24}$tï siŋ^{312}, pu^{213}siɑŋ^{31}ȵiɑŋ$^{53-55}$tï iɑŋ^{312},
不 随 爹 的 姓，不 像 娘 的 样，
lɑ$^{213-24}$tʃʻə^{213}iou^{31}lɑ$^{213-24}$li^{31}, tou^{213}pʻi^{55}tiə^{213}ȵiɑŋ^{53}tɕʻiɑŋ^{53}。
拉 车 又 拉 犁，都 比 爹 娘 强。
luə$^{53-55}$tsʅ·
（谜底：骡 子）

25. ʃəŋ^{213}lɛ^{53}tɕi$^{55-213}$xuã pfʻã$^{213-24}$xuɑ$^{213-24}$i^{213}, tsʻuŋ^{53}tsɔ^{55}
生 来 喜 欢 穿 花 衣，从 早
tɔ^{31}uã^{55}tsɛ^{31}ti$^{31-53}$lï, pu^{213}xuei^{31}tɑ^{55}tʃẽ^{213}pu$^{213-24}$tʃʻʅ$^{213-24}$yə^{213},
到 晚 在 地 里，不 会 打 针 不 吃 药，

tɕ'yə^{213}ʃʅ^{31}pfɑŋ$^{213-31}$tɕiɑ·xɔ^{55}xu$^{31-53}$ʃʅ·。 p'iɔ^{53}pf'əŋ^{53}
却 是 庄 稼好 护 士。（谜底：瓢 虫）

26. tʃʅ^{213}iɔ^{31}tɕ'i^{55}fei^{213}tsiou^{31}tʃ'ɑŋ^{31}kə^{213}, ʃəŋ^{213}lɛ^{53}pfã$^{213-24}$
只 要 起 飞 就 唱 歌，生 来 专
xə^{213}ʒẽ$^{53-55}$ti· ɕiə^{213}, tɑ^{31}t'iã^{213}pei$^{53-55}$li· pu^{213}tuŋ$^{31-53}$t'ã·,
喝 人 的 血，大 天 白 里 不 动 弹，
uɑŋ$^{55-213}$ʃɑŋ· uŋ$^{213-24}$uŋ^{213}tɔ$^{31-53}$pf'u· luə^{213}。 uẽ$^{53-55}$tsɿ·
晚 上 嗡 嗡 到 处 落。（谜底：蚊 子）

27. p'u^{53}t'i^{53}sɑ$^{213-24}$iɑr^{213}, tsiou^{31}ɕi^{55}kuɑ$^{213-31}$kuɑ·, tsou^{55}
蹼 蹄 撒 丫儿，就 喜 呱 呱，走
lu^{31}luã^{31}pfɛ$^{55-213}$lɑ·, fei^{55}xã^{31}tou^{213}iou^{55}tɕiɑ^{213}。 iɑ$^{213-31}$tsɿ·
路 乱 跩 拉，水 旱 都 有 家。（谜底：鸭 子）

28. tsiã^{213}t'ou^{53}tsiã^{213}iɑ^{53}tsiã^{213}tsuei$^{55-213}$pɑ·, tsei^{53}mẽ^{53}
尖 头 尖 牙尖 嘴 巴，贼 眉
tsei^{53}iã^{55}tsei^{53}pfɑ$^{55-213}$pfɑr·, t'ou^{213}uã^{53}tuŋ$^{213-24}$tɕiɑ^{213}t'ou^{213}
贼 眼贼 爪 爪儿，偷 完 东 家 偷
si$^{213-24}$tɕiɑ^{213}, ʒẽ^{53}ʒẽ^{53}tɕiã$^{31-53}$lɑ·tou^{213}xã^{55}tɑ^{55}。 lɔ$^{55-213}$fu·
西 家，人 人 见 了 都 喊 打。（谜底：老 鼠）

29. ʃəŋ^{213}lɛ^{53}xu$^{53-55}$tsɿ· i^{213}tɑ^{53}pɑ^{55}, kuei$^{31-53}$tʃə· tʃ'ʅ^{213}nɛ^{55}
生 来 胡 子一 大 把，跪 着 吃 奶
xã^{55}mɑ$^{213-24}$mɑ·, pu$^{213-24}$tʃ'ʅ^{213}liɑŋ$^{53-55}$ʃʅ· kuɑŋ$^{213-24}$tʃ'ʅ^{213}
喊 妈 妈，不 吃 粮 食 光 吃
ts'ɔ^{55}, lɑ^{213}ʃʅ^{55}tou$^{213-24}$ʃʅ^{31}xei^{213}kə$^{55-213}$tɑ· 。 iɑŋ^{53}
草，拉 屎 都 是 黑 疙 瘩。（谜底：羊）

30. ʃəŋ^{213}lɛ^{53}tɑ^{31}ts'ɔ^{55}pɔ^{213}, ɕi^{55}pf ã^{213}tɑ^{31}xuɑ$^{213-24}$p'ɔ^{31},
生 来大 草 包，喜 穿 大花 袍，
tʃəŋ^{55}t'iã^{213}pf'ɑŋ^{53}t'ou^{53}t'ɑŋ^{55}, fei^{31}tɕiɔ^{312}li$^{31-53}$pu· liɔ^{55}。
整 天 床 头 躺，睡 觉 离 不 了。

tʃẽ$^{31-53}$t‘ou˙

（谜底：枕　头）

31. kə$^{55-53}$liɑ^{55}tʃ‘əŋ^{53}pfɑŋ^{213}li$^{31-53}$ pu˙ k‘ɛ^{213},tsuŋ^{55} ʃʅ^{31}

哥　俩　成　双　离　不开，总　是

tʃã$^{31-53}$tsɛ˙mẽ^{53}liɑŋ^{55}piɛr^{213}, i^{213}tu$^{31-53}$tsʅ˙ xɔ^{55}xuɑ^{31}fə$^{213-31}$pu˙

站　在门　两　边儿，一肚　子好　话　说　不

tɕiẽ^{312}, i^{213}iou^{55}ɕi^{55}ʃʅ^{31}t‘ɑ^{55}tɕiou^{31}lɛ^{53}。 tuei^{31}liã^{53}

尽，　一　有　喜　事　他　就　来。（谜底：对　联）

32. ʃẽ$^{55-213}$tsʅ˙ ʃou^{31}, t‘ei^{55}tɕyə$^{213-24}$tsiã^{213}, tɑ^{31}kɛ^{31}mɔ$^{31-53}$

身　子　瘦，腿　脚　尖，大　盖　帽

tsʅ˙ tɛ^{31}ʃɑŋ^{31}piã^{213},tʃʅ$^{213-24}$iɔ^{31}pf‘ei$^{53-55}$tsʅ˙ i$^{213-24}$tɕ‘iɔ^{213}tɑ^{55},

子　戴　上　边，只　要　锤　子一　敲　打，

tsiou^{31}ʃʅ^{31}sʅ^{55}iə^{55}uɑŋ^{53}li^{55}tsuã^{213}。 tiŋ$^{213-31}$tsʅ˙

就　是　死　也　往　里　钻。（谜底：钉　子）

33. iou^{55}miŋ^{53}iou^{31}iou^{55}siŋ^{312}, pã^{31}ʃʅ^{31}xẽ^{55}tsiŋ^{213}miŋ^{53}, u^{53}

有　名　又　有　姓，办　事　很　精　明，无

t‘ou^{53}iou^{31}u^{53}tɕyə^{213}, tɕ‘yə^{213}nəŋ^{53}tɑŋ^{213}tʃəŋ^{31}miŋ^{53}。

头　又　无　脚，却　能　当　证　明。

t‘u^{53}tʃɑŋ^{213}

（谜底：图　章）

34. i^{213}iɑŋ^{31}liɑŋ^{55}tʃɑŋ^{213}liã^{55}, tsuŋ^{55}ʃʅ^{31}miã^{31}tei^{31}miã^{31}, iɔ^{31}

一　样　两　张　脸，总　是　面　对　面，要

tsou^{55}tsiou^{31}tou^{213}tsou^{55}, iɔ^{31}piã^{31}i^{213}k‘uɛ^{31}piã^{312}。

走　就　都　走，要　变　一　块　变。

tɕiŋ$^{31-53}$tsʅ˙

（谜底：镜　子）

35. tsuei^{55}tɑ^{31}tu$^{31-53}$tsʅ˙ siɔ^{55}, tsiou^{31}ʃʅ^{31}tʃ‘ʅ$^{213-31}$pu˙ pɔ^{55},

嘴　大　肚　子　小，就　是　吃　不　饱，

pu^{213}yŋ^{31}tʃʻəŋ^{31}tou^{55}liɑŋ^{53}, tʻɑ^{55}tɕʻyə^{213}tsuei^{31}kuŋ$^{213-24}$tɔ^{312}。
不 用 秤 斗 量，它 却 最 公 道。

lou^{31}tou^{55}
（谜底：漏 斗）

36. tsiə^{55}liɑ^{55}i^{213}pã^{55}tʃʻɑŋ^{53}, pfʻu$^{213-24}$vu^{213}tsuŋ^{55}tʃʻəŋ^{53}
姐 俩 一 般 长，出 入 总 成
fɑŋ^{213}, yŋ^{31}ʃʅ^{53}siã^{213}si^{55} tsɔ^{55}, u^{55}uei^{31}tʻɑ^{55}siã^{213}tʃʻɑŋ^{53}。
双，用 时 先 洗 澡，五 味 她 先 尝。

kʻuɛ$^{31-55}$tsɿ˙
（谜底：筷 子）

37. ʃəŋ^{213}lɛ^{53}γɛ^{31}tsuã^{213}kə$^{213-31}$tʃʅ˙ uər^{213}, siẽ$^{213-31}$lï iou^{55}
生 来 爱 钻 胳 肢 窝儿，心 里 有
fu^{31}tsuŋ^{55}pu$^{213-24}$fə^{213}, tʃʅ^{213}iɔ^{31}tʻɑ^{55}lɛ^{53}i$^{213-24}$tʃʻẽ^{213}ʃou^{55},
数 总 不 说，只 要 他 来 一 伸 手，
tsiou^{31}tʃʅ^{213}tʻɑ^{55}ləŋ^{55}xə^{53}ȵi^{55}ʒə^{213}。 tʻi^{55}uẽ$^{213-24}$tɕi^{31}
就 知 他 冷 和 你 热。（谜底：体 温 计）

38. iou$^{55-53}$iã^{55}u^{53}pfu^{213}ʃẽ$^{55-213}$tsɿ˙ kuɑŋ^{213}, iã$^{55-213}$tsiŋ˙
有 眼 无 珠 身 子 光，眼 睛
tʃɑŋ$^{55-213}$tsɛ˙ pʻi$^{31-53}$ku˙ ʃɑŋ˙, nɔ$^{55-213}$tɛ˙ tsiã$^{213-24}$tsiã^{213}i$^{55-213}$bu˙
长 在 屁 股 上，脑 袋 尖 尖 尾 巴
tʃʻɑŋ^{53}, tʃʅ$^{213-24}$iɔ^{31}tɕiã^{31}pu^{31}tʻɑ^{55}tsiou^{31}nɑŋ^{55}。 tʃẽ^{55}
长，只 要 见 布 它 就 攮。（谜底：针）

39. tu^{31}tɑ^{31}iɔ^{213}yã^{53}pfʻei^{213}ȵiou^{53}pʻi^{53}, iɔ^{31}siɑŋ^{55}yŋ^{31}tʻɑ^{55}
肚 大 腰 圆 吹 牛 皮，要 想 用 它
tɕʻiɔ^{213}tʻou^{53}pʻi^{53}, tɕʻiɔ$^{213-31}$tï pfəŋ$^{31-53}$lɑ˙ tuŋ$^{213-24}$tuŋ^{213}ɕiɑŋ^{55},
敲 头 皮，敲 得 重 了 咚 咚 响，
tɕʻiɔ$^{213-24}$tï tɕʻiŋ$^{213-31}$lɑ˙ xã^{55}ʃəŋ^{213}ti^{213}。 ku^{55}
敲 得 轻 了 喊 声 低。（谜底：鼓）

40. siɑŋ^{31}ȵiɔ^{55}pu$^{213-24}$xuei^{31}tɕiɔ^{312}, siɑŋ^{31}iŋ^{213}mẽ^{31}iou^{55}

像 鸟 不 会 叫，像 鹰 没 有

mɔ^{53},tsiou^{31}ɕi^{55}tiŋ^{55}t‘ou^{53}fəŋ^{213}, tsuei^{31}p‘ɑ^{31}y^{55}lɛ^{53}tɕiɔ^{213}。

毛，就 喜 顶 头 风，最 怕 雨 来 浇。

fəŋ$^{213-24}$ʧ‘əŋ^{213}

（谜底：风 筝）

41. ʃɑŋ^{31}ɕiɑ^{312}tou$^{213-24}$ʃʅ^{31}mɔ^{53}, pfəŋ$^{213-24}$tɕiã^{213}xei^{213}p‘u^{53}

上 下 都 是 毛，中 间 黑 葡

t‘ɔ^{53},vu^{53}kuə^{55}ts‘ɛ$^{213-31}$pu· pfẽ^{55}, pɑ^{31}uə^{55}ts‘iɔ^{53}ï ts‘iɔ^{53}。 iã^{55}

萄，如 果 猜 不 准，把 我 瞧 一 瞧。（谜底：眼）

42. kɔ$^{213-24}$ʃã^{213}tiŋ$^{55-213}$ʃɑŋ· i^{213}p‘əŋ^{53}mɑ^{53}, pu^{213}ʧɑŋ^{55}

高 山 顶 上 一 蓬 麻，不 长

iə$^{213-31}$lɛ· pu$^{213-24}$ k‘ɛ$^{213-24}$xuɑ^{213},t‘iã$^{213-24}$t‘iã^{213}ʧɑŋ$^{55-213}$lɛ·

叶 来 不 开 花，天 天 长 来

yə$^{213-24}$yə^{213}kɑ^{213}, pu^{213}ʧɑŋ^{55}pu$^{213-24}$kɑ^{213}ʧ‘ou$^{55-213}$sɿ· lɑ·。

月 月 割，不 长 不 割 丑 死了。

t‘ou$^{53-55}$fu·

（谜底：头 发）

43. k‘u^{213}luŋ$^{53-55}$li· tsuə^{31}kə· xuŋ^{53}ku$^{213-31}$ȵiɑŋ·, k‘u^{55}t‘iã^{53}

窟 窿 里 坐 个 红 姑 娘，苦 甜

suã$^{213-24}$lɑ^{213}t‘ɑ^{55}siã^{213}ʧ‘ɑŋ^{53}, iou^{55}ʧɔ^{213}i$^{213-24}$ʒʅ^{213}ʧ‘ɑŋ$^{53-55}$pu·

酸 辣 她 先 尝，有 朝 一 日 尝 不

pfẽ^{55}, pu^{213}ʃʅ^{31}iou^{55}piŋ^{31}tsiou^{31}ʃʅ^{31}ʃɑŋ^{213}。 ʧ‘ə$^{53-55}$t‘ou·

准，不 是 有 病 就 是 伤。（谜底：舌 头）

44. i$^{213-31}$kə· xu$^{53-55}$lou· ts‘i$^{213-31}$kə· iã^{55}, t‘iŋ$^{213-31}$tï

一 个 葫 芦 七 个 眼，听 的

t‘iŋ$^{213-31}$lɛ· k‘ã$^{31-53}$tï k‘ã^{31}, ʧ‘ʅ$^{213-31}$tï ʧ‘ʅ$^{213-31}$lɛ· pf‘ã$^{55-213}$ti ·

听 来 看 的 看，吃 的 吃 来 喘 的

pf‘ã^{55}, ȵi^{55}fə^{213}ts‘uã$^{53-55}$xuã˙ pu^{213}ts‘uã$^{53-55}$xuã˙。 t‘ou^{53}
喘，你说 全 环不 全 环。（谜底：头）

45. u$^{55-213}$kə˙ ti$^{31-53}$ɕyŋ˙ tʃã^{31}i^{213}tɕ‘i^{55}, miŋ$^{53-55}$tsɿ˙ pu^{213}t‘uŋ^{53},
五 个弟 兄站一起，名 字不 同，
kɔ^{213}iɛ^{55}pu^{213}ts‘i^{53}。 ʃou^{55}tʃʅ^{213}
高 矮不 齐。（谜底：手 指）

46. tsuə^{55}iou^{31}liɑŋ^{55}piã^{213}fẽ$^{213-31}$k‘ɛ˙ kuə^{31},kei$^{213-31}$tʃə˙ mɔ^{53}
左 右 两 边 分 开 过，隔 着 毛
ʃã^{213}k‘ã$^{31-53}$pu˙ pfə^{53}, ti$^{31-53}$ɕyŋ˙ liɑŋ$^{55-213}$kə˙ u^{53}yã^{213}tʃ‘ou^{53},
山 看 不 着，弟 兄 两 个无冤 仇，
ts‘uŋ^{53}lɛ^{53}mẽ^{31}iou^{55}lɛ^{53}uɑŋ^{55}kuə^{31}。 ɭə$^{55-213}$tɔ˙
从 来没 有 来 往 过。（谜底：耳 朵）

47. tʃ‘ɑŋ^{53}ʃə$^{53-55}$t‘ou˙,tsiã$^{213-24}$tsiã$^{213-31}$ti˙ tsuei^{55}, fə^{213}tɕ‘i^{55}
长 舌 头，尖 尖 的 嘴，说 起
xuɑ^{31}lɛ^{53}liou^{53}k‘ou^{55}fei^{55}, mɑ$^{213-24}$lɑ˙ mɔ$^{31-53}$tsɿ˙ ts‘ɛ^{53} kã^{31}ʃʅ^{31},
话来 流 口 水，抹 了帽 子才 干事，
tɛ$^{31-53}$ʃɑŋ˙ mɔ$^{31-53}$tsɿ˙ tsiou^{31}siɑŋ^{55}fei^{312}。 kɑŋ$^{213-24}$pei^{213}
戴 上 帽 子 就 想 睡。（谜底：钢 笔）

48. ɭə^{31}ʒẽ^{53}pɑ^{31}iɔ^{213}ȵiŋ^{312}, xɔ^{55}siɑŋ^{31}iɔ^{31}p‘iẽ$^{213-24}$miŋ^{312},
二 人 把 腰 拧，好 像 要 拼 命，
ȵi^{55}lɑ^{213}uə^{55}tsiou^{31}t‘ei^{213}, tʃʅ^{213}uei^{53}i^{213}tɔ^{31}fə̃r^{312}。 lɑ^{53}tɕy^{31}
你 拉 我 就 推，只 为 一 道缝儿。（谜底：拉 锯）

49. u^{55}tʃʅ^{213}liŋ^{55}piŋ^{213}tɔ^{31}tʃ‘ɑŋ^{53}ʃɑ^{213}, tʃ‘ɑŋ^{53}ʃɑ^{213}piŋ^{213}mɑ^{55}
五指 领 兵 到 长 沙，长 沙 兵 马
luã^{31}vu^{53}mɑ^{53}, p‘iŋ$^{213-24}$p‘iŋ^{213}pɑ$^{213-24}$pɑ^{213}luã^{31}fɑŋ^{31}ɕiɑŋ^{55},
乱 如 麻，乒 乒 啪 啪 乱 放 响，
kə^{31}kə^{31}lei$^{31-53}$ti˙ tʃɑŋ^{213}tsuei$^{55-213}$pɑ˙ 。 tʃ‘ɔ^{55}tou$^{31-53}$tsɿ˙
个个 累 得张 嘴 巴。（谜底：炒 豆 子）

50. ȵiaŋ$^{53-55}$ tsɿ˙ mẽ˙ si^{55}tsɔ^{55}tʃẽ$^{213-24}$pfʻu^{213} tɕʻi^{53}, kə^{31}kə^{31}

娘子们洗澡真出奇，个个

pu^{213}yŋ^{31}ɕiaŋ^{213}i$^{53-55}$tsɿ˙, pʻiɔ$^{53-55}$li˙ si^{55}uã^{53}pʻẽ$^{53-55}$li˙ si^{55},

不用香胰子，瓢里洗完盆里洗，

si^{55}pei^{53}ʃẽ$^{213-24}$tsɿ˙ tsuã^{213}kuə$^{213-31}$li˙。 tʻɔ^{53}mi^{55}

洗白身子钻锅里。（谜底：淘米）

51. lu^{53}tsʻiã^{53}pɛ^{55}lei^{31}tʻɛ^{53}, tiŋ$^{213-24}$taŋ^{213}ta^{55}tɕʻi^{55}lɜ˞^{53}, xuŋ^{53}

炉前摆擂台，叮当打起来，红

liã^{55}ta^{55}tʃʻəŋ^{53}xei^{213}, pu^{213}ta^{55}pu^{213}tʃʻəŋ^{53}tsʻɛ^{53}。 ta^{55}tʻiə^{213}

脸打成黑，不打不成材。（谜底：打铁）

52. i$^{213-24}$iẽ^{213}i^{213}iaŋ^{53}, i^{213}tuã^{55} i^{213}tʃʻaŋ^{53}, i$^{213-24}$tʃou^{31}

一阴一阳，一短一长，一昼

i$^{213-24}$iə^{31}, tɛ^{31}lɛ^{53}liaŋ^{31}kuaŋ^{213}。 miŋ^{53}

一夜，带来亮光。（谜底："明"字）

53. tʃa^{31}kʻã^{31}ʃʅ^{31}ɭə^{31}ʒẽ^{53}, si^{31}kʻã^{31}iə^{55}xɔ^{55}fẽ^{213}, ʃʅ^{31}fu^{213}

乍看是二人，细看也好分，是夫

pu$^{213-24}$pfʻu^{213}tʻou^{53},tsiou^{31}siaŋ^{55}taŋ^{213}kuŋ^{213}ʒẽ^{53}。

不出头，就想当工人。

tʻiã^{213}

（谜底："天"字）

54. ʃaŋ^{53}pa^{213}tei^{31}ɕia^{31}pa^{213}, tɔ^{31}pa^{213}tei^{31}tʃəŋ^{31}pa^{213},

上八对下八，倒八对正八，

ʃʅ$^{53-55}$tsɿ˙ pfəŋ$^{213-24}$tɕiã^{213}tɕia^{312}, ʒẽ^{53}ʒẽ^{53}sy^{55}iɔ^{31}tʻa^{55}。

十字中间架，人人需要它。

mi^{55}

（谜底："米"字）

55. sɿ$^{31-53}$kə˙ ʃã^{213}, ʃã^{213}kʻɔ^{31}ʃã^{213}, sɿ$^{31-53}$kə˙ pfʻã^{213}, pfʻã^{213}

四个山，山靠山，四个川，川

t‘ɔ^{31}pf‘ã^{213}，sɿ$^{31-53}$kə˙k‘ou^{55}, k‘ou^{55}tuei^{31}k‘ou^{55}, sɿ$^{31-53}$kə˙ʃʅ^{31}，
套 川， 四 个 口， 口 对 口， 四 个 十，
tiã^{213}tɔ^{31}tiã^{213}。 t‘iã^{53}
颠 倒 颠。（谜底：“田”字）

三 谚 语

1. iou^{55}ʧʅ^{31}pu$^{213-24}$tsɛ^{31}niã^{53}kɔ^{213}，u^{53}ʧʅ^{31}uaŋ^{31}xə^{53}pei$^{213-24}$
有 志 不 在 年 高，无 志 枉 活 百
suei^{31}。
岁。

2. miŋ^{53}ʒẽ^{53}pu$^{213-24}$tsuə^{31}ɣã^{31}ʃʅ^{31}，tɕyə$^{213-24}$ ʧəŋ^{31}pu$^{213-24}$
明 人 不 做 暗 事，脚 正 不
p‘a^{31}ɕiɛ^{53}uɛ^{213}。
怕 鞋 歪。

3. iaŋ^{55}ɭə^{53}ʧʅ$^{213-24}$tɔ^{31}pɔ^{31}niaŋ^{53}ẽ^{213}，ʧ‘ʅ^{213}fei^{55}pu$^{213-24}$
养 儿 知 道 报 娘 恩， 吃 水 不
uaŋ^{31}ta^{55}tsiŋ^{55} ʒẽ^{53}。
忘 打 井 人。

4. ʃʅ^{53}ȵiã^{53}xə^{53}tuŋ^{213}pfã^{55}xə^{53}si^{213}，pɛ^{53}siɔ^{31}tɕ‘yŋ^{53}ʒẽ^{53}
十 年 河 东 转 河 西， 别 笑 穷 人
pf‘ã^{213}p‘ə^{31}i^{213}。
穿 破 衣

5. ʒʅ$^{213-24}$tsiẽ^{31}fẽ^{213}uẽ^{53}，tɕ‘iaŋ$^{53-55}$ʃaŋ˙tsuə^{31}ʧ‘ʅ^{213}
日 进 分 文， 强 上 坐 吃
ʃã$^{213-24}$k‘uŋ^{213}。
山 空。

6. uã^{55}fei^{31}tsɔ$^{55-53}$tɕʻi^{55}，kɑŋ$^{213-31}$lï iou$^{55-53}$mi^{55} 。
晚睡早起，缸里有米。

7. ʧʻuẽ^{213} u^{55} tsʻiou$^{213-24}$tuŋ^{31}，mẽ^{31} tsɛ^{213} mẽ^{31}piŋ^{31}。
春捂秋冻，没灾没病。

8. fã^{31}xou^{31}pei$^{213-24}$pu^{31}tsou^{55}，xə^{53}tɔ^{31}tɕiou^{55}ʃʅ^{53}tɕiou^{55}。
饭后百步走，活到九十九。

9. pfəŋ^{31}ti^{31}pu$^{213-24}$yŋ^{31}uẽ^{31}，tsʻuã^{53}kʻɔ^{31} kuŋ$^{213-31}$fu˙ fẽ^{31}。
种地不用问，全靠工夫粪。

10. tɕiou^{55}tsʻiŋ^{53}tɑ^{31}u^{31}iẽ^{213}，tɕiou^{55}iẽ^{213}tɑ^{31}u^{31}tsʻiŋ^{53}。
久晴大雾阴，久阴大雾晴。

11. pfʻẽ$^{213-24}$u^{31}fəŋ^{213}，ɕiɑ^{31}u^{31}y^{55}，tsʻiou^{213}u^{31}liã$^{53-55}$lẽ˙
春雾风，夏雾雨，秋雾连阴
tuŋ$^{213-24}$u^{31}suə^{213}。
冬雾雪。

12. xã$^{31-53}$ lɑ˙tuŋ$^{213-24}$fəŋ$^{213-24}$pu$^{213-24}$ɕiɑ^{31}y^{53}，lɔ$^{31-53}$
旱了东风不下雨，涝
lɑ˙ si$^{213-24}$ fəŋ$^{213-24}$pu^{213}tsʻiŋ^{53} tʻiã^{213}。
了西风不晴天。

13. kuɑ$^{213-31}$lɑ˙ tuŋ^{213}nã^{53}fəŋ^{213}，pu$^{213-24}$iɔ^{31}uẽ^{31}siã$^{213-31}$ʃəŋ˙。
刮了东南风，不要问先生。

14. pfʻəŋ^{53}iɑŋ^{53}pu$^{213-24}$ɕiɑ^{31}pã^{31}ʃʅ^{53}sã^{213}，ʃʅ^{53}sã^{213}pu$^{213-24}$
重阳不下盼十三，十三不
ɕiɑ^{31}i$^{213-24}$tuŋ$^{213-24}$kã^{213}。
下一冬干。

15. ʧʻɑŋ$^{53-55}$fẽ˙ kuə^{31}lu^{31}，pi^{53}tiŋ^{31}iou$^{55-53}$y^{55}。
长蟒过路，必定有雨。

16. mɑ$^{213-31}$ï pã$^{213-24}$tɕiɑ$^{213-24}$tʻiã$^{213-24}$pu^{213}xɔ^{55}，iã$^{31-53}$
蚂蚁搬家天不好，燕

tsɿ˙ ti$^{213-24}$fei^{213}y^{55}lɛ^{53}tɔ^{31}。

子低 飞 雨来到。

17. i^{213}tʃ'ɑŋ^{53}pf'ẽ^{213}y^{55}i^{213}tʃ'ɑŋ^{53}nuã^{55}，i^{213}tʃ'ɑŋ^{53}ts'iou^{213}

一场 春 雨一场 暖，一场 秋

y^{55}i^{213}tʃ'ɑŋ^{55}xã^{53}。

雨一 场 寒。

18. liou$^{31-53}$yə˙ y^{55}，kei$^{213-24}$lu^{31}y^{55}。

六 月雨，隔 路雨。

19. pei$^{53-55}$lu˙ ɕiɑ^{31}y^{55}t'iã^{213}，pã^{31}yə^{213}lu^{31}pu$^{213-24}$kã^{213}。

白 露下雨天，半月路不 干。

四 儿歌

1. kuɑŋ$^{213-24}$kuɑŋ^{213}t'iŋ^{213}，lɛ^{53}kuə^{31}xə^{53}，i^{213}sɔ$^{31-53}$pfu˙，

光 光 蜓，来过河，一扫 帚，

p'u^{213}liɑŋ$^{55-213}$kə˙，ȵi^{55}i$^{213-31}$kə˙，uə^{55}i$^{213-31}$kə˙，sɔ$^{31-53}$pfu˙

扑两 个，你一 个，我一 个，扫 帚

ti$^{55-213}$ɕï xɛ^{55}i$^{213-31}$kə˙。

底 下还一 个。

2. tʃʅ^{213}iɔ^{312}kuɛ^{55}，lɑ^{53}tou^{31}tʃ'ɛ^{55}，tsou^{31}tou$^{31-53}$fu，ts'iŋ^{55}

吱吆 拐，拉豆蹅，做 豆 腐，请

nɛ$^{55-213}$nɛ˙，nɛ$^{55-213}$nɛ˙ mei^{31}tɛ^{55}tɕiɑ^{213}，ts'iŋ^{55}nẽ^{55}tsɿ$^{55-213}$mẽ˙

奶 奶，奶 奶没在家，请您姊 妹

sɑ^{213}，tsɿ$^{55-213}$mẽ˙ sɑ^{213}mẽ^{31}k'u$^{31-53}$tsɿ˙，tɕ$^{53-55}$tï kã^{213}mə$^{53-55}$

仨，姊 妹仨没裤 子，急 得干摸

lɑ˙ tu$^{31-53}$tsɿ˙。

拉肚 子。

3. xuɑ^{213}ɕi$^{55-213}$tsʻuə·, i$^{55-213}$pu· tʃʻɑŋ^{53}, tsʻu$^{55-213}$lɑ·
花 喜 鹊，尾 巴 长，娶 了
si$^{213-31}$tsɿ· uɑŋ$^{31-53}$lɑ· ȵiɑŋ^{53}。
媳 子 忘 了 娘。

4. tɕiou$^{55-213}$tsʻɛ· iə^{213}, tʃʻɑŋ^{53}iou^{31}tʃʻɑŋ^{53}, siɔ^{55}xɛr^{53}fei^{31}
韭 菜 叶，长 又 长，小 孩儿 睡
tɕiɔ^{31}tʃɔ^{55}tʻɑ^{55}ȵiɑŋ^{53}, ȵiɑŋ^{53}lou$^{55-213}$tʃə·, tiə^{213}kʻã$^{31-53}$tʃə·,
觉 找 他 娘，娘 搂 着，爹 看 着，
mɑ$^{55-213}$xu· tsɿ· lɛ$^{53-55}$lɑ· tsã^{55}xu$^{31-53}$tʃə·。
马 虎 子 来 了 咱 护 着。

5. tɕiẽ^{213}ku^{55}pɑŋ^{312}, iẽ^{53}ku^{55}pɑŋ^{312}, iə$^{53-55}$iə· tɑ^{55}pɑŋ^{213}
金 箍 棒，银 箍 棒，爷 爷 打 梆
nɛ$^{55-213}$nɛ· tʃʻɑŋ^{312}, i^{213}tʃʻɑŋ^{31}tʃʻɑŋ$^{31-53}$tɔ· tɑ^{31}tʻiã^{213}liɑŋ^{312}, nəŋ^{312}
奶 奶 唱，一 唱 唱 到 大 天 亮，弄
kə· siɔ^{55}xɛr^{53}mẽ^{31}uər^{213}kə^{213}, i$^{213-24}$kə^{213}kə$^{213-24}$tɔ· kuə^{213}tʻɛ$^{53-55}$
个 小 孩儿 没 窝儿 搁，一 搁 搁 到 锅 台
ʃɑŋ·, siɔ^{55}xɛr^{53}siɔ^{55}xɛr^{53}i$^{213-24}$tʃʻẽ^{213}tsuei^{55}, tsɿ$^{55-213}$liou· tsɿ$^{53-213}$
上，小 孩儿 小 孩儿 一 伸 嘴，滋 溜 滋
liou· xə^{213}mi^{55}tʻɑŋ^{213}。
溜 喝 米 汤。

6. siɔ^{55}xuɑŋ^{53}tɕier^{213},liɑŋ^{55}tʻiɔ^{53}tʻer^{55}; siɔ^{55}xuɑ^{213}kou^{55},sɿ^{31}
小 黄 鸡儿，两 条 腿儿；小 花 狗，四
tʻiɔ^{53}tʻei^{213}; kuɑŋ$^{213-24}$kuɑŋ· tʻiŋ^{213}, liou^{31}tʻiɔ^{53}tʻei^{55}; siɔ^{55}pʻɑŋ^{53}
条 腿；光 光 蜓，六 条 腿；小 螃
ɕiɛ^{55}, pɑ^{213}tʻiɔ^{53}tʻei^{55}; mɑ$^{55-213}$i· ɕiɑ^{31}ʃəŋ^{213}ʃʅ^{53}tʻiɔ^{53}tʻer^{55};
蟹，八 条 腿；蚂 蚁 下 生 十 条 腿儿；
pʻfu$^{213-24}$liou· pfʻã^{53}xuei^{31}tsou^{55}mẽ$^{31-53}$iou· tʻuei^{55}。
出 蝼 传 会 走 没 有 腿。

7. siɔ^{55}lɔ$^{55-213}$pf‘er˙, ʃɑŋ^{31}təŋ^{213}t‘ε^{53}, t‘ou^{213}iou^{53}ʧ‘ʅ^{213} ,

小 老 鼠儿，上 灯 台，偷 油 吃，

ɕiɑ$^{31-53}$pu˙ lε^{53}, i^{213}tɕiã^{31}lɔ^{55}mɔ^{53}lε^{53}tɔ$^{31-53}$lɑ˙, tɕi$^{213-31}$lɑ˙

下 不来，一 见 老 猫 来 到 了，急 拉

kuẽ^{55}tã^{31}tiɔ$^{31-53}$ɕi˙ lε˙。

滚 蛋 掉 下 来。

8. siɔ^{55}pɑ^{213}kou^{55}, ʃɑŋ^{31}nã^{53}ʃã^{213}, tɕ‘i^{55}ʃʅ$^{53-55}$t‘ou˙ , lɑ$^{213-24}$

小 巴 狗，上 南 山，起 石 头，拉

tɕiẽ$^{213-24}$pfã^{213}, lɑ^{213}lε^{53}tɕiẽ$^{213-24}$pfã^{213}kε^{31}uɑ^{55}u^{213}, kε$^{31-53}$lɑ˙

金 砖，拉 来 金 砖 盖 瓦 屋，盖 了

uɑ^{55}u^{213}ts‘y^{55}si$^{213-31}$fu˙。

瓦 屋 娶 媳 妇。

9. u$^{213-31}$lou˙ ȵiou^{53}, siã$^{213-24}$pf‘u$^{213-24}$tɕiɑ^{213}, xou^{31}pf‘u^{213}

乌 娄 牛，先 出 角，后 出

t‘ou^{53}, sʅ$^{31-53}$kə˙ t‘i$^{53-55}$tsʅ˙ fẽ$^{213-24}$pɑ$^{213-24}$pεr^{31}, i$^{55-213}$pu˙

头，四 个 蹄 子 分 八 瓣儿，尾 巴

ʧɑŋ$^{53-213}$tsε˙ tiŋ^{31}xou$^{31-53}$t‘ou˙ 。

长 在 腚 后 头。

10. pf‘ou$^{213-31}$lou˙ pf‘ã^{53}, ɕiɑ$^{213-24}$pɑ$^{213-24}$xuər^{213}, t‘ε$^{31-53}$iŋ˙

出 蝼 传，瞎 扒 豁儿，太 阳

pf‘u$^{213-31}$lε˙ ʃε^{31}ȵi^{55}kã^{213}tou^{31}ɕyər^{213}。

出 来 晒 你 干 豆 角儿。

11. tɕi$^{213-24}$tã^{31}k‘ər^{213}, iɑ$^{213-24}$tã^{31}k‘ər^{213}, li^{55}miã^{31}tsuə$^{31-53}$

鸡 蛋 壳儿，鸭 蛋 壳儿，里 面 坐

kə˙ uɑŋ^{53}ɭə^{31}kə^{55}, uɑŋ^{53}ɭə^{31}kə^{55}tɕ‘i^{31}mε^{55}ts‘ε^{31}, li^{55}miã^{31}tsuə$^{31-53}$

个 王 二 哥，王 二 哥 去 买 菜，里 面 坐

kə˙ li^{55}nε$^{55-213}$nε˙, nε$^{55-213}$nε˙ pf‘u$^{213-31}$lε˙ tɕ‘i^{31}ʃɔ$^{213-24}$ɕiɑŋ^{213},

个 李 奶 奶，奶 奶 出 来 去 烧 香，

li^{55} miã^{31}tsuə$^{31-53}$kə· xuɑ^{213}ku$^{213-31}$ȵiɑŋ·, ku$^{213-31}$ȵiɑŋ· pfʻu$^{213-31}$
里 面 坐 个 花 姑 娘，姑 娘 出
lɛ· iɔ^{31}fu^{213}tʻou^{53}, li$^{55-213}$tʻou· tsuə$^{31-53}$kə· tɑ^{31}mɑŋ^{213}ȵiou^{53}.
来要 梳 头，里 头 坐 个大 牤 牛。

12. lɔ$^{55-213}$pfʻu· tï siɔ$^{55-53}$iɛr^{55}siɑŋ^{31}xuɑ$^{213-24}$tsiɔ^{213}, lɔ^{55}
老 鼠 的 小 眼儿 像 花 椒，老
ȵiou^{53}kəŋ$^{213-24}$ti^{31}iou^{55}kuŋ^{213}lɔ^{53}, lɔ$^{55-53}$xu^{55}ɕiɑ^{31}ʃã^{213}iɔ^{31}
牛 耕 地 有 功 劳，老 虎 下 山 要
ʧʻʅ^{213}ʒẽ^{53}, i$^{213-24}$uə^{213}tʻu$^{31-53}$tsʅ· kʻẽ^{55}siɔ$^{55-53}$ tsʻɔr^{55}, ɭə^{31}luŋ^{53}
吃 人，一 窝 兔 子 啃 小 草儿，二 龙
ɕi^{31}pfu^{213}ʧẽ^{213}xɔ^{55}kʻã^{312}, ʧʻɑŋ$^{53-55}$pfʻẽ mẽ^{31}tʻei^{55}iɛ^{55}xuei^{31}pʻɔ^{55},
戏 珠 真 好 看，长 虫 没 腿 也 会 跑，
mɑ^{55}liɔ^{31}tʻi$^{53-55}$tsʅ· sɑ$^{213-31}$lɑ· xuɛr^{213},siɔ^{55}miã^{53}iɑŋ^{53} tï pʻi$^{53-55}$
马 尥 蹄 子 撒 了 欢儿，小 绵 羊 的 脾
tɕʻï xɔ^{55}, siɔ^{55}xour^{53}ʃɑŋ^{31}ʃã^{213}tɕʻi^{31}tʻou^{213}tʻɔ^{53}, kuŋ$^{213-31}$tɕï i^{213}
气 好，小 猴儿 上 山 去 偷 桃，公 鸡 一
tɕiɔ^{31}tʻiã^{213}miŋ$^{53-55}$liɔ·, siɔ$^{55-53}$kour^{55} tɕʻi$^{31-53}$tï uɑŋ$^{213-24}$
叫 天 明 了，小 狗儿 气 得 汪
uɑŋ$^{213-24}$tɕiɔ^{312},ʧʅ^{213}iou^{55}lɔ^{55}pfu^{213}fei^{31}lã^{55}tɕiɔ^{312}。
汪 叫，只 有 老 猪 睡 懒 觉。

13. tuŋ$^{213-31}$sï tɕiɛ^{213}, nã$^{53-55}$peï tsou^{55}, kʻã$^{31-53}$tɔ· iou^{55}kə·
东 西 街，南 北 走，看 到 有 个
ʒẽ^{53}iɔ$^{55-53}$kou^{55}, ʃʅ$^{53-53}$ ɕï kou^{55}lɛ^{53}tɑ^{55}pfã$^{213-31}$tʻou·, iou^{31}tɕiɔ^{312}
人 咬 狗，拾 起 狗 来 打 砖 头，又 叫
ʃou^{55}ʧʅ^{213}iɔ$^{55-213}$lɑ· kou^{55}。
手 指 咬 了 狗。（倒倒语儿）

14. mə$^{213-24}$mə· tʻou^{53}, piã^{31}siɔ^{55}xour^{53}, mə$^{213-24}$mə· pər^{53},
摸 摸 头，变 小 猴儿；摸 摸 脖儿，

piã^{31}siɔ^{55}ȵiour^{53}, mə$^{213-24}$mə˙ kə$^{213-31}$tʃʅ˙ uə^{213}, piã^{31} kə˙ siɔ^{55}

变 小 牛儿，摸 摸 胳 肢窝，变 个 小

xuɑ^{213}kour^{55}

花 狗儿。

15. i^{213}ɭə^{31}sã^{213}sɿ^{31}u^{55}, ʃɑŋ^{31}ʃã^{213}tɑ^{55}lɔ$^{55-53}$xu^{55}, lɔ$^{53-53}$

一二 三 四 五，上 山 打 老 虎，老

xu^{55}mẽ^{31}tɑ$^{55-213}$tʃə˙, tɑ^{55} uə˙ siɔ^{55}lɔ^{53}pfʻu^{55}, lɔ^{55}pfʻu^{55}iou^{55}

虎 没 打 着，打 窝 小 老 鼠，老 鼠 有

tɕi^{55}kə^{31}? uə^{55}lɛ^{31}fu^{55}i˙ fu^{55},fu^{55}lɛ^{53}iou^{31}fu^{55} tɕʻy^{31}, xɛ^{55}ʃʅ^{31}

几 个？我 来 数一数，数来 又 数 去，还是

i^{213}ɭə^{31}sã^{213}sɿ^{31}u^{55}。

一 二 三 四 五。

16. ʃei^{55}kei^{53}uə^{55}uɐr^{53}, tɑ^{55}xuə^{55}liɐr^{53}, xuə^{55}liɐr^{53}mɔ^{55}

谁 给 我 玩儿，打 火 镰儿，火 镰儿 冒

xuɑr^{213}, mɛ^{55}kə^{31}tʻiã^{53} kuɑ^{213},tʻiã^{53}kuɑ^{213}ɕi^{213}kʻu^{55}, mɛ^{55}kʻuɑi^{31}

花儿，买 个 甜 瓜，甜 瓜 稀 苦，买 块

tou$^{31-53}$fu˙, tou$^{31-53}$fu˙ ɕiə$^{213-24}$suã^{213}, mɛ^{55}kʻuɑi^{31}xuŋ^{53}pfã^{213},

豆 腐；豆 腐 血 酸，买 块 红 砖，

xuŋ^{53}pfã^{213}tʻiŋ^{55}iŋ^{312}, ʃei^{53}pu^{213}kei^{53}uə^{55}uɐr^{53}, tsiou^{31}tsɑ^{53}

红 砖 挺 硬，谁 不 给 我 玩儿，就 砸

tʻɑ$^{55-213}$ti˙ tiŋ^{312}。

他 的 腚。

17. siɔ^{55}tɑ^{31}tsiə^{55}, siɔ^{55}ɭə^{31}tsiə^{55}, ȵi^{55}lɑ^{213}fəŋ$^{213-31}$ɕiã˙ uə$^{55-53}$

小 大 姐，小 二 姐，你 拉 风 箱 我

tɑ^{55}tʻiə^{213}, tʃəŋ$^{31-53}$lɑ˙ tsʻiã^{53}, iɔ$^{213-31}$li˙ iə^{213}, mɛ^{55}kə^{31}ʃɔ$^{213-31}$

打 铁，挣 了 钱，腰 里 掖，买 个 烧

piŋ˙ kʻã^{31}tsã^{55}tiə^{213}。

饼 看 咱 爹。

18. iou^{55}kə^{31}tɑ^{31}tsiə^{55}tʃəŋ^{31}ʃʅ^{53}ts‘i^{213}, kuə$^{31-53}$lɑ˙ sɿ^{31}ȵiã^{53}
有 个 大 姐 正 十 七， 过 了四 年
ɭə$^{31-53}$ʃʅ˙ i^{213}, siẽ$^{53-55}$lɑ˙ kə˙ nã^{53}ʒẽ˙ ts‘ɛ^{53}ʃʅ^{53}suei^{312}, t‘ɑ^{55}p‘i^{55}nã^{53}
二 十一， 寻 了个男 人 才 十 岁， 她 比 男
ʒẽ tɑ^{31}ʃʅ^{53}i^{213}, liɑŋ^{55}ʒẽ^{53} tsiŋ^{55}t‘ɛ^{53}tɕ‘i^{31}tɑ$^{55-53}$fei^{55}, iou^{55}ʒẽ^{53}
人大十一， 两 人 井 台 去 打 水， 有 人
kei^{53}tɑ^{55}ɕiɑ^{213}li$^{53-55}$ɕi˙: ȵi^{55}tʃə^{31}tɑ^{31}sɔ^{55}tsẽ^{55}ʃə$^{55-213}$tï, tɕiɔ^{31}ȵi^{55}
跟 她 瞎 哩 戏：你 这 大 嫂 真 舍 得，叫 你
xɛ$^{53-55}$tsɿ˙ t‘ɛ^{31}fei^{55}tʃ‘ʅ^{213}。
孩 子抬 水 吃。

19. ts‘iɑŋ$^{53-55}$ʃɑŋ˙ kuɑ$^{31-53}$lɑ˙ i$^{213-31}$kə˙ ku^{55}, ku$^{55-213}$ʃɑŋ˙
墙 上 挂 了一 个 鼓， 鼓 上
xuɑ$^{31-53}$kə˙ tɑ^{31}lɔ^{55}xu^{55}, lɔ^{55}xu^{55}pfɑ^{213}p‘ə$^{31-53}$lɑ˙ ku^{55}, tsiə^{53}
画 个 大 老 虎，老 虎 抓 破 了 鼓， 截
k‘uɛ^{31}pu^{31}liɔ^{312}lɛ^{53}pu^{55}ku^{55}, pu^{55}lɛ^{53}iou^{31}pu^{55}tɕ‘y^{31}, pu$^{213-24}$
块 布 料 来 补 鼓， 补 来 又 补 去， 不
tʃʅ^{213}ʃʅ^{31}ku^{55}pu^{55}pu$^{31-53}$lɛ˙ pu^{31}pu^{55}ku^{55}。
知 是 鼓 补 布 来 布 补 鼓。（绕口令）

20. liou$^{31-53}$ʃʅ˙ liou^{31}suei^{31}siɔ$^{55-53}$lɔ^{55}t‘our^{53}, kɛ$^{31-53}$lɑ˙
六 十 六 岁 小 老 头儿，盖 了
liou$^{31-53}$ʃʅ˙ liou^{31}tsuə^{31}lou^{53}, uei$^{31-53}$lɑ˙ liou$^{31-53}$ʃʅ˙ liou^{31}t‘ou^{53}
六 十六 座 楼， 喂 了六 十 六 头
ȵiou^{53},mɛ$^{55-213}$lɑ˙ liou$^{31-53}$ʃʅ˙ liou^{31}lou^{55}iou^{53}, lɛ$^{53-55}$lɑ˙ i$^{213-24}$
牛， 买 了 六 十 六 篓 油， 来 了一
tʃẽ^{31}tɑ^{31}ts‘uã$^{53-55}$fəŋ˙, kuɑ$^{213-24}$uɛ^{213}liou$^{31-53}$ʃʅ˙ liou^{31}tsuə^{31}lou^{53},
阵 大 旋 风，刮 歪 六 十 六 座 楼，
tsɑ$^{53-55}$sɿ˙ liou$^{31-53}$ʃʅ˙ liou^{31}t‘ou^{53}ȵiou^{53}, xuə$^{213-31}$lɑ˙ liou$^{31-53}$ʃʅ˙
砸 死六 十 六 头 牛， 攉 了六 十

liou^{31}lou^{55}iou^{53}, tɕʻi$^{31-53}$sɿ· liou$^{31-53}$ʃʅ· liou^{31}suei^{31}siɔ^{55} lɔ^{55}tʻour^{53}。

六 篓 油，气 死六 十六 岁 小 老 头儿。

21. ȵi^{31}fei^{213}tsiaŋ^{31}, pfu^{31}tsʻɔ^{55}faŋ^{53};tʃʅ^{213}si$^{53-55}$tï·, fei^{31}

泥 水 匠，住 草 房；织 席 的，睡

kuaŋ^{213}pfʻaŋ^{53}; tɕʻiɔ^{55}tsʻɛ$^{53-55}$faŋ·, mẽ^{31}i$^{213-31}$ʃaŋ·; pfəŋ^{31}ti$^{31-53}$

光 床；巧 裁 缝，没衣 裳；种 地

tï·, kuaŋ$^{213-24}$tʃʻʅ$^{213-24}$kʻaŋ^{213}; ua^{213}mẽ$^{53-55}$tï·, tʃaŋ^{55}tuŋ^{31}pfʻaŋ^{213};

的，光 吃 糠，挖 煤 的，长 冻 疮，

mɛ^{31}iã$^{53-55}$tï· lɔ$^{55-213}$pʻə· xə^{213}tã^{31}tʻaŋ^{213}。

卖 盐 的老 婆 喝 淡 汤。

五 故事

fu^{213}tʃʅ^{53}

1. 叔 侄

tsʅ$^{53-55}$tsʅ· kʻɔ^{31}tsʻɛ$^{53-55}$xuɛ· liaŋ$^{55-213}$kə· fu^{213}:ɣã^{55}ta^{31}fu^{213},

侄 子靠 咪 坏两 个 叔：俺大叔

kʻaŋ$^{31-53}$tɔ· pfʻu^{53}, ɕia^{31}xu^{53}pʻaŋ^{55}fu$^{53-55}$fu·, y$^{31-53}$ tɔ· i^{213}xuə^{55}

扛 着 锄，下 湖 榜 秫 秫，遇 到一 伙

siɔ^{55}lɔ$^{55-213}$pfʻu·, tʃaŋ^{55}siɔ^{55}pa^{213}kuer^{31} i^{213}pfʻə^{53}, pfʻu$^{213-24}$

小 老 鼠，找 小 八 棍儿 一 戳，出

liou^{213}ɕiə$^{31-53}$tsʅ·, tiɔ^{31}fei$^{55-213}$tɕʻï la·。

溜 下 子，掉 水 去 了。

ɣã^{55}ɭə^{31}fu^{213}, kʻɔ^{31}kʻã^{31}fu^{213}, tɕʻiə^{213}fu^{31}ti$^{55-213}$ɕï kʻã^{31}

俺 二 叔，靠 看 书，趄 树底 下 看

tʃʻaŋ^{31}fu^{213}, xə$^{213-31}$tɔ· fei^{55}, iaŋ$^{55-213}$peï tɔ· iar^{53}, ȵi^{55}kʻã^{31}

唱 书，喝 着 水，仰 背着牙儿，你 看

tʻa· fu$^{213-31}$fu· pu^{213}fu$^{213-31}$fu·。

他 舒 服不 舒 服。

liaŋ$^{55-213}$kə˙ fu^{213}iɛ^{55}xɔ^{31}tɕ‘iɔ$^{213-31}$p‘iã˙ fu^{213}tɛ$^{213-31}$tsɿ˙
两 个叔 也 好 敲 谝 书 呆 子
ʧer^{53}: tsou^{31}xəŋ$^{53-55}$mu˙ tɛ^{55}? tɛ$^{31-53}$tɔ˙ mẽ$^{213-24}$ʃei^{213}iã^{55}tɕiŋ^{31},
侄：做 什 么 的？戴 着 墨 色 眼 镜，
ʃaŋ^{31}piã^{213}pf‘ã$^{213-31}$tɔ˙ pã^{31}tsiə^{53}pãr$^{55-213}$ti˙ siɔ^{55} pei^{31}sier^{213},
上 边 穿 着 半 截 帮儿 的小 背 心儿，
ɕia^{31}piã^{213}pf‘ã$^{213-31}$tɔ˙ k‘u^{31}ʧa$^{53-55}$tsɿ, sa$^{213-31}$la˙ tɔ˙ ɕiɛ^{53}
下 边 穿 着 裤 衩 子，靸 拉 着 鞋
kua$^{213-31}$ta˙ tsɿ, kɔ$^{213-24}$pfəŋ^{213}ȵi^{55}lɔ^{31}tɕi^{55}ʧ‘a^{53}lɛ˙ ? liã^{53} kə˙
呱 嗒子，高 中 你 捞儿 茬 唻？连 个
pfã$^{213-24}$t‘ou˙ t‘our^{53}tou^{213}mẽ^{31}k‘ɔ$^{55-213}$ʃaŋ, pa^{31}nẽ^{55}tiə^{213}
砖 头 头儿 都 没 考 上，把 您 爹
ȵiaŋ^{53}k‘əŋ$^{213-31}$ti˙ iaŋ$^{55-213}$^{5}per$^{53-55}$ti˙, fã$^{213-24}$ i^{213}tsiou^{31}
娘 坑 得 仰 背儿 的，反 一 就
ʃer$^{31-53}$la˙, iɛ^{55}pu$^{213-24}$taŋ^{213} ʒʅ$^{213-31}$tsɿ˙ kuə$^{31-53}$la˙, p‘ə^{31}
事儿 了，也 不 当 日 子 过 了，破
kuã$^{31-53}$tsɿp‘ə^{31}fei^{213}, ts‘uei^{53}t‘a^{55}tɕ‘i$^{31-53}$pa˙ 。
罐 子破 摔，随 他 去 吧。

kuaŋ^{31}tɕiɛ^{213}

2. 逛 街

ʧ‘əŋ^{53}xuei$^{31-53}$tsɿ˙ mẽ^{31}pf‘u^{213}mẽ^{53}, ts‘iã^{53}mer˙ kuaŋ^{31}tɕiɛ$^{213-31}$
成 会 子没 出 门，前 每儿 逛 街
lɛ˙, ma$^{55-213}$sa˙ lɔ^{213}p‘ã$^{31-53}$tsɿ˙, kei^{31}tɕia$^{213-24}$li˙ mɛ$^{55-213}$la˙ kə˙
来，码 撒 老 盼 子，给 家 里 买 了 个
mã^{31}t‘ou^{55}mar^{213}, xuei^{31}tɕia^{213}i^{213}mi$^{53-55}$liaŋ˙, xuei$^{55-213}$la˙,
漫 头 抹儿，回 家 一 攠 量，毁 了，
ʧẽ^{213}tɕ‘iã$^{55-213}$ʧ‘ʅ, ʧəŋ^{31}ta$^{31-53}$ʧ‘ʅ i^{213}kə$^{213-31}$la˙, xɛ^{55}xu$^{31-53}$
真 浅 迟，正 大 迟一 阁 拉，还 护

pu˙ ku˙ tu$^{31-53}$ʧ‘ʅ iã$^{55-213}$tsʅ˙, tɕi^{53}kã^{55}ɕi^{31}xuã^{31}, nɑ^{31}ʃʅ$^{31-53}$kə˙
不 过 肚　脐 眼　子，及　赶 去 换，那 是　个
liou$^{213-24}$ɕiɑŋ$^{213-31}$tï, lɔ$^{213-24}$xuei^{31}tsiou^{31}tsou^{55}mẽ^{31}iŋ$^{55-213}$lɑ˙,
遛　乡　的，老　会　就　走　没　影　了，
kuã^{213}tsəŋ$^{55-213}$ʧə˙ mẽ$^{31-53}$pf‘u˙ tuã$^{31-53}$lɑ˙, tɕiɔ^{31}siɔ^{55}xɛr^{53}ȵiɑŋ^{55}
管　怎　着 没　处 蹦　了，叫　小 孩儿 娘
tu$^{55-213}$nɑŋ˙ lɑ˙ i^{213}uɑŋ$^{55-213}$ʃɑŋ˙, fə^{213}uə^{55}mɛ^{55}pu^{213}ʧʅ^{53}mɛ^{31}
嘟　囔 了 一　晚　上，说　我　买　不　值　卖
pu^{213}ʧʅ^{53},tsou^{31}i$^{213-24}$pf‘u^{213}pɛ^{31}i$^{213-24}$pf‘u^{213}, ɣã^{55}ɣɑ$^{213-31}$tsɑ˙ tï
不　值，做　一　出　败　一　出，俺　腌　臜　得
liɔ$^{55-213}$pu˙ ti^{53}, ʧẽ^{213}ʃʅ^{31}xɔ^{55}siẽ^{213}tɑŋ$^{213-24}$lɑ˙ lu^{53}kã^{213}fei^{31}。
了　不得，真　是　好　心　当　了 驴 肝　肺。

kã^{55}tsi^{53}

3. 赶 集

tɕi$^{213-31}$mer˙ ts‘iŋ$^{213-31}$ts‘iŋ˙ tɕ‘i$^{55-213}$lɑ˙ kə˙ u$^{55-213}$tɕiŋ˙ tɕ‘i^{31}
今　每儿 清　清　起　了 个 五　更　去
kã^{55}tsi^{53},t‘iã^{55}xɛ^{213}xei^{213}lũr$^{53-55}$tï, i^{213}ʃʅ^{53}mẽ^{31}uɑŋ^{53}ts‘uẽ^{213},
赶　集，天　还　黑　笼儿　的，一　时　没　望　清，
tuẽ$^{213-31}$lɑ˙ i$^{213-31}$kə˙ lɔ^{55}ȵiɑŋ$^{53-55}$mer˙ tï tɕyə^{213}, tɑ^{55}k‘ə^{213}
趸　了 一　个 老　娘　们儿 的 脚，她　可
liɔ$^{55-213}$pu˙ ti$^{53-55}$lɑ˙, mẽ^{31}təŋ$^{55-53}$ɣã^{55}fə^{213}xuɑ^{53}, t‘ɑ^{55}tsiou^{31}
了　不得　了，没　等　俺 说　话，她　就
ɕiɑ$^{213-24}$iɔ^{213}mə^{213}k‘uɛ^{31}k‘ə$^{55-213}$lɑ˙ t‘ou$^{53-55}$tsʅ˙ ʧɔ$^{31-53}$ɣã˙ ʃẽ$^{213-31}$
虾　腰　摸　块　坷　垃 头　子 照　俺 身
ʃɑŋ˙ tsiou^{31}tsɑ^{53}, ȵi^{55}fə^{213}tɕ‘iɔ^{55}pi^{53}pɑ^{55}, ʧəŋ^{31}tsou$^{31-53}$uə˙ ɣə$^{213-24}$
上　就　砸，你 说　巧　鼻　吧，正　揍　我 额
lɑ˙ kɛ^{31}, tɑŋ^{213}ʃʅ^{53}tsiou^{31}xu$^{213-24}$xu^{213}t‘ɑŋ$^{55-2135}$ɕiə$^{213-31}$lɑ˙,
嘞 盖，当　时　就　呼　呼　淌　血　了，

t‘ɑ^{55}sɑ^{213}t‘ei^{55}tsiou^{31}p‘ɔ$^{55-213}$lɑ˙, uə^{55}mẽ^{31}tɕ‘i^{55}i^{31}tɕ‘i^{31}tuã^{31},
她 撒 腿 就 跑 了，我 没 起 意 去 躖，
ts‘uã^{53}suã^{31}tsã^{55}mẽ^{31}ʃʅ$^{53-55}$tɕ‘ï˙, tei^{213}kã^{213}li^{53}tï˙ tɕ‘i^{31}pɔ^{213}
全 算 咱 没 时 气，得 赶 立 地 去 包
t‘ou^{53}, tsi^{53}ʃʅ^{31}kã$^{55-213}$pu˙ tʃ‘əŋ^{53}lɑ˙。
头，集 是 赶 不 成 了。

xuei^{53}ȵiɑŋ$^{53-55}$tɕi˙

4. 回 娘 家

uɑŋ^{53}lɔ^{55}t‘our^{53}tï˙ tɑ^{31}kuẽ$^{213-31}$ȵy˙ tɕiɑ$^{31-53}$tɔ˙ lɑ˙ liẽ^{53}ts‘uẽ^{213},
王 老 头儿 的 大 闺 女 嫁 到 了 邻 村，
ʒʅ$^{213-31}$tsʅ˙ kuə$^{31-53}$tï˙ pu$^{213-24}$ts‘uə^{312}. tʃə^{31}pu^{213}, i$^{213-24}$ tɕiɑ$^{213-24}$
日 子 过 得 不 错。这 不，一 家
sã^{213}k‘ou^{55}suŋ^{31}li^{55}lɛ$^{31-55}$lɑ˙。
三 口 送 礼 来 了。

kuẽ$^{213-31}$ȵy˙: “tɑ^{213}, ȵiɑŋ^{53}, ɣã^{55}lɛ^{53}kei^{53}nẽ^{55}suŋ^{31}li$^{55-213}$tï˙.”
闺 女：“答，娘，俺 来 给 您 送 礼 的！”

uɑŋ^{53}lɔ^{55}t‘ɛ^{31}: “lɔ^{55}t‘iã^{213}iə$^{53-55}$xu˙ lɛ˙, uə^{55}tʃə^{31}pã^{31}t‘iã^{213}
王 老 太：“老 天 爷 乎 来，我 这 半 天
xɛ^{55}p‘ẽ^{31}tɔ$^{213-31}$ku˙ lɛ˙, tsəŋ$^{31-53}$mu˙ k‘uɛ^{31}tsiou^{31}lɛ^{53}tɔ$^{31-53}$lɑ˙.”
还 喷 叨 咕 唻，这 么 快 就 来 到 了。”

ȵy$^{213-31}$su˙: “tɑ$^{31-53}$ȵiŋ, tɑ$^{31-53}$ï, tʃ‘ʅ^{213}fã$^{31-53}$lɔ˙ mɛ˙ ？”
女 婿：“大 娘，大 爷，吃 饭 了 吗？”

uɑŋ^{53}lɔ^{55}t‘ɛ^{31}: “ts‘iŋ$^{213-31}$ts‘iŋ˙ ʃɔ$^{213-31}$tiã xə$^{213-31}$t‘our˙, ɣã^{55}
王 老 太：“清 清 烧 点 喝 头儿，俺
ku$^{213-31}$mẽ˙ liɑ^{55}i^{213}ʒẽ^{53}ɕy^{213}lou˙ lɑ˙ liɑŋ$^{55-53}$uã^{55}, ts‘ɛ^{53}tɕiɑŋ^{213}
公 母 俩 一 人 嘘 喽 了 两 碗，才 刚
kə$^{213-31}$ɕï uɛr^{55}。”
搁 下 碗儿。”

uɑŋ^{53}lɔ^{55}t‘our^{53}: “ȵi^{55}fə$^{213-31}$fə·, t‘uei$^{213-24}$tuə^{213}i$^{31-53}$lɑ·,
王 老 头儿:“你 说 说, 忒 多 意 了,
kɑ^{213}nəŋ$^{53-55}$mu· tɑ^{31}kuɛ· ʒou^{31}tsou^{31}ʃəŋ$^{53-55}$mu· tɛ, tsɔ$^{213-31}$t‘ɑ·
割 那 么 大 块 肉 做 什 么 的, 糟 蹋
ts‘ã^{312}! mɑ^{213}li$^{53-55}$tï nɑ^{53}ʃou$^{55-53}$pu$^{31-53}$tsʅ· mɑ$^{213-31}$mɑ· liã^{213},
钱! 麻 利 地 拿 手 布 子 抹 抹 脸,
t‘ɑŋ$^{55-2135}$nɑ^{31}ɕiə$^{55-213}$tsʅ· xã^{312}。”
淌 那 些 子 汗。”

ȵy$^{213-31}$su·: “tɕi$^{213-31}$ȵiã pfəŋ$^{31-5113}$ɭə^{31}mu^{55}tɑ^{31}p‘əŋ^{53},
女 婿:“今 年 种 二 亩 大 棚,
kuɛ^{31}kuã^{55}, nəŋ$^{31-5113}$ɕi^{213}xɔ$^{55-213}$liɑŋ$^{55-213}$kə·, xɛ^{55}siɑŋ^{55} ʧ‘əŋ^{213}
怪 管, 弄 稀 好 两 个, 还 想 秤
ɭə^{31}tɕiẽ^{213}kuə$^{55-213}$tsʅ· lɛ·, fã^{213}tɕyə$^{213-31}$tï t‘ã$^{213-31}$tï ʃer^{31},
二 斤 果 子 唻, 反 觉 得 担 得事儿,
ti$^{53-55}$lou· ʧɔ· ts‘iou^{31}mɑŋ^{53}xuə^{53}tï lɛ$^{53-55}$lɑ· 。”
提 溜 着 就 忙 活 地来 了。”

uɛ^{31}suẽ^{213}: “lɔ$^{55-213}$lɔ·, lɔ$^{55-213}$ï, ɣã^{55}iou^{55}t‘ɑŋ^{53}kə$^{213-31}$tɑ·,
外 孙: “姥 姥, 姥 爷, 俺 有 糖 疙 瘩,
si^{213}t‘iã^{53}, kei^{53}nẽ^{55} i^{213}ʒẽ^{53} i^{213}k‘uɛ^{31}mu$^{213-31}$lou· mu$^{213-31}$lou·。”
稀 甜, 给 您 一人 一 块 沐 喽 沐 喽。”

liẽ$^{53-55}$jyə·: “tɑ^{31}ʃẽ$^{55-213}$tsʅ·, tɕiɑ$^{213-31}$lï lɛ^{53}k‘ei$^{213-31}$lɑ· ?”
邻 居:“大 婶 子, 家 里来 客 啦?”

uɑŋ^{53}lɔ^{55}t‘ɛ^{31}: “ʃʅ^{31}tɑ^{31}iɑ$^{213-31}$t‘ou· i^{213}mã^{55}tɕiɑ$^{213-31}$tsʅ·
王 老 太:“是 大 丫 头 一 满 家 子
lɛ$^{53-55}$tï. t‘ɑ^{55}sɔ$^{55-213}$tsʅ· pɛ^{53}kə^{213}tɑŋ$^{213-24}$t‘iã$^{213-31}$tɕiŋ· ʧã^{31},
来 的。他 嫂 子 别 搁 当 天 井 站,
ʃɑŋ^{31}u^{213}ʧɔ^{55}pã$^{55-213}$t‘əŋ· tsuə$^{31-53}$ɕï, lɑ$^{53-55}$lɑ· kuɑ^{55}, kuŋ$^{55-213}$
上 屋 找 板 凳 坐 下, 拉 拉 呱, 巩

tsɿ˙ pu^{213}kuə$^{31-53}$lɛ˙。”
子不 过 来。”

liẽ$^{53-55}$tɕy˙: “kei^{53}nẽ^{55}fə$^{213-31}$kə˙ ʃʅ^{31},tsuə$^{31-53}$mer˙ kei^{53}ɣã^{55}
邻 居：“给 您 说 个 事，昨 每儿给 俺
ɭə$^{31-53}$fer˙ tï siɑŋ^{213}lɑ˙ kə˙ t‘our^{53}, siɔ^{55}ȵi$^{213-31}$tsɿ˙ liã$^{55-213}$ʃɑŋ˙
二 份儿的 相 了 个 头儿，小 妮 子 脸 上
pu$^{213-24}$tʃʅ^{213}mə$^{55-213}$tï ʃəŋ$^{53-55}$mu˙ xuɑŋ$^{53-55}$ tsɿ˙, ʃɑ^{213}pei^{53},
不 知 抹 的 什 么 黄 子，煞 白，
sã$^{213-24}$pɑŋ$^{213-31}$tsɿ˙ ʒã$^{55-213}$tï t‘ou^{213}xuŋ^{53}, t‘ou$^{53-55}$fu˙ tɕiɔ^{213}
腮 帮 子 染 得 通 红，头 发 焦
xuɑŋ^{53}, xɛ^{53}tɕyã$^{55-213}$kou˙ tʃɔ˙, i^{213}k‘ã^{31}tsiou^{31}ʃʅ^{31}kə˙ siɔ^{55}mu$^{213-24}$
黄，还 绻 勾 着，一 看 就 是 个 小 木
ʒour^{31}, pu^{213}siɑŋ^{31}ʃʅ^{31}kuə$^{31-31}$ʒʅ^{213}tsɿ˙ ʒẽ$^{53-55}$tɕi˙, ɭə^{31}xuɑŋ$^{53-55}$
肉儿，不 像 是 过 日 子 人 家，二 黄
tsɿ˙ xɛ^{55}i$^{213-31}$kə˙ tɕiẽ$^{31-53}$tï fei^{213}k‘u^{213}xã$^{55-213}$tʃɔ˙ iɔ^{31}yã$^{55-213}$ï,
子 还一 个 劲 地非 哭 喊 着要 愿 意，
nẽ^{55}fə^{213}tsəŋ$^{55-213}$tʃʅ^{31}!”
您 说 怎 治！”

uɑŋ^{53}lɔ^{55}xã^{31}: “pɛ^{53}tɕi$^{213-31}$xuɑŋ˙, siɔ^{213}t‘iŋ$^{53-55}$tï lɛ^{53}。
王 老 汉：“别 急 慌，消 停 的来。
t‘iŋ$^{213-24}$fə^{213}ȵi^{55}ts‘iɛr$^{53-55}$meï fei$^{213-31}$tʃɔ˙ lɑ˙, kə$^{213-31}$lɑ˙
听 说 你 前儿 每 摔 着 了，胳 拉
pɛ$^{31-53}$tsɿ˙ xɛ^{55}t‘əŋ^{53}pɑ˙ ？”
拜 子还 疼 吧？”

liẽ$^{53-55}$tɕyə˙: “t‘uə$^{55-213}$tɑŋ˙ tuə$^{213-31}$lɑ˙, tsiou^{31}ʃʅ^{31}ɣə$^{213-31}$lɑ˙
邻 居：“妥 当 多 了，就 是 额 拉
kɛ^{31}xɛ^{55}ʃəŋ^{213}t‘əŋ^{53}, tou$^{213-24}$ʃʅ^{31}tɑ$^{31-53}$fer˙ tï tɕ‘i$^{31-53}$tï, tɕiɔ^{31}
盖 还 生 疼，都 是 大 份儿的 气 的，叫

t‘ɑ^{53}ɣə$^{53-55}$sɿ˙ lɑ˙, kuɑŋ^{213}tɕyə^{53}ʒẽ^{53}, tʃə^{31}mɛ$^{55-213}$sɛ˙ tsəŋ$^{55-213}$
她讹死了，光嘶人，这买腮怎
nəŋ^{31}!xɛ^{55}ʃʅ^{31}iɑ$^{213-31}$t‘ou˙ pɑr^{53}xɔ^{55}, ȵi^{55}k‘ã^{53}ȵi^{55}tuə^{55}tei^{213}tsi^{31}!
弄！还是丫头妭儿好，你看你多得济！
pu^{213}tsɔ$^{55-213}$lɑ˙, tei$^{213-24}$tɕiɑ^{213}tsou^{55}!”
不早了，得家走！”

uɑŋ^{53}lɔ^{55}t‘ɛ^{31}:“t‘ɑ^{55}sɔ$^{55-213}$tsɿ˙, pɛ^{53}tsou$^{55-213}$lɑ˙, tsɛ^{31}tʃə^{31}
王老太：“他嫂子，别走了，在这
tʃ‘ʅ^{213}sɑŋ$^{55-213}$uẽ˙ fã^{31}。”
吃晌午饭。”

liẽ$^{53-55}$tɕy˙:“pu$^{213-31}$lɑ˙, tei^{213}mɑ^{213}li$^{53-55}$tï tɕiɑ^{213}tɕ‘i^{31}tʃ‘ou^{55}
邻居：“不了，得麻利地家去瞅
tʃ‘ou˙, ɣã^{55}k‘ə^{213}sɑŋ^{31}liɑŋ^{53}siẽ^{213}lɑ˙, t‘ɑ^{55}tiə^{213}mə$^{31-5113}$ iɔ^{213}lɑ˙,
瞅，俺可丧良心了，他爹磨腰了，
xɛ^{55}fei$^{31-53}$tsɛ˙ u$^{213-24}$tɑŋ^{213}mẽ$^{53-31}$lï, tʃ‘ʅ$^{213-24}$yə^{213}iɛ^{55}pu$^{213-24}$
还睡在屋当门里，吃药也不
tɕiã^{31}kuŋ^{213}, uə^{55}k‘ã^{31}t‘uə$^{55-213}$pu˙ liɔ^{55}iɔ^{31}xuei^{55}tsuei^{213}.”
见功，我看脱不了要毁堆。”

ts‘uei$^{213-24}$kuŋ^{213}liɑŋ^{53}
5. 催公粮

ʒẽ^{53}miẽ^{53}kuŋ^{213}sə^{31}nɑ^{31}tʃẽ$^{31-53}$tsɿ, i^{213}kə˙ ts‘uẽ^{213}kã$^{31-53}$
人民公社那阵子，一个村干
pu˙ tsɛ^{31}pɑ$^{55-213}$lɑ˙ t‘ou$^{53-55}$tsɿ˙ ʃɑŋ˙ xã$^{55-213}$xu˙ ts‘uei^{213}kuŋ^{213}
部在叭喇头子上喊呼催公
liɑŋ^{55}:“lɔ^{55}ʃɔ^{31}ɕyŋ^{213}ti^{31}iə$^{53-55}$mer˙ mẽ, tsɿ$^{213-31}$meï ȵiɑŋ$^{53-55}$
粮：“老少兄弟爷们儿们，姊妹娘
mer˙ tou$^{213-24}$t‘iŋ^{213}ts‘iŋ$^{55-213}$lɑ˙, kuŋ^{213}liɑŋ^{53}fu^{31}tɑ^{31}ts‘iɛr$^{53-55}$
们儿都听清了，公粮数大前儿

meiˑ tsiou^{31}fẽ$^{213-24}$ɕiɑˑ tɕ'iˑ lɑˑ, ʒẽ$^{53-55}$tɕiˑ tuŋ$^{213-24}$pfɑŋ$^{213-31}$ʃɑŋˑ
每 就 分 下 去 了，人 家 东 庄 上
tou^{213}tɕiɔ$^{213-3124}$pei$^{213-24}$fẽ^{213}ʧʅ$^{213-24}$i^{213}pɛr$^{31-53}$lɑˑ, tsã^{55}xɛ^{55}
都 交 百 分 之 一半儿 了，咱 还
pf'u$^{213-24}$iɔ^{213}piə^{55}tu^{53}tiˑ kei^{53}mu^{53}ʃer$^{53-55}$tiˑ ʃʅ$^{31-53}$tiˑ, tsiŋ^{31}nəŋ^{31}
出 腰 憋 肚 的 给 没 事儿 的似 的，净 弄
siə^{55}ku$^{53-55}$kuˑ iou^{53}, tsəŋ$^{53-55}$iɑŋˑ pu^{213}kuã^{53}, tsã^{55}tei^{213}sɔ^{31}
些 鸪 鸪 油，怎 样 不 管，咱 得 臊
lɑ$^{53-55}$tiˑ, pɛ^{53}təŋ$^{55-213}$ʧɔˑ lɑ$^{213-24}$kuɑ^{213}iɑŋ$^{213-31}$lɑˑ tsɛ^{31}tɕiɔ^{213},
啦 的，别 等 着 拉 瓜 秧 了 再 交，
nəŋ$^{53-55}$iɑŋˑ tɔ^{31}iɛ$^{213-31}$lɑˑ ɕyŋ^{53}, iɛ^{55}ʃɔ^{55}tɕiɔ$^{213-31}$puˑ liɔ^{55}.tsɛ^{31}
那 样 倒 挨 了 熊，也 少 交 不 了。再
tsɛ$^{213-31}$p'ɛi^{213}i ^{213}ɕiə$^{31-53}$tsʅˑ, ʧə^{31}tɕier^{31}kuŋ^{213}liɑŋ^{53}t'uŋ^{55}kuŋ^{31}
栽 派 一 下 子，这 季儿 公 粮 统 共
sã$^{213-24}$iɑŋ^{31}, mei^{55}ʒẽ^{53}xə^{53}y^{31}fu$^{53-55}$fuˑ i^{213}ʧ'əŋ^{31}, fu^{55}
三 样，每 人 合 玉 蜀 黍 一 秤， 薯
kã$^{55-213}$tsʅˑ sã$^{213-31}$ʃʅˑ tɕiẽ^{213}, kuə$^{55-213}$tsʅˑ ʃʅ^{53}tɕiẽ^{213}, tou^{213}
干 子 三 十 斤， 果 子 十 斤， 都
nəŋ$^{31-53}$tiˑ kã^{213}tsiə̃r$^{31-55}$tiˑ. tɔ^{31}liɑŋ^{53}k'u^{55}tiˑ lu^{31}pu^{213}xɔ^{55}tsou^{55},
弄 得 干 净儿 的。到 粮 库 的路 不 好 走，
tou^{213}ʃʅ^{31}ɕyŋ^{53}ʃã^{213}lu^{31}, tɕ'y$^{213-31}$louˑ kuɛ^{55}uɛr$^{55-213}$tiˑ, tɕ'i$^{31-53}$
都 是 熊 山 路， 曲 娄 拐 弯儿 的，去
tiˑ ʃʅ$^{53-55}$xuˑ siɔ^{213}t'iŋ$^{53-55}$ tiˑ, pɛ^{55}tɕiɔ^{31}ʃʅ$^{53-55}$puˑ tã^{31} ts'y$^{213-31}$
的时 候 消 停 的，别 叫 石 卜 蛋 蹴
ʧɔˑ tɕyə^{213}, iɔ^{31}ʃʅ^{31}k'ɑ^{213}tɔ^{55}lɑˑ, k'ə$^{213-24}$pu^{213}ʃʅ^{31}siɔ^{55}uɛr$^{53-55}$
着 脚， 要 是 磕 倒 了，可 不 是 小 玩儿
tiˑ. tsiou^{31}nəŋ^{53}iɑ̃r$^{31-53}$pɑˑ 。”
的。就 那 样儿 吧。”

ʧ'ʅ^{53}t'ɑŋ^{53}piã^{213}

6. 池 塘 边

tɑ^{31}ʒə$^{213-31}$tiˑ t'ã^{213},ɕiɑŋ^{213}tɕ'iŋ^{53}, tɑŋ^{213}ʃɑŋ$^{55-213}$uẽ tiŋ$^{55-213}$
大热 的天，响 晴，当 晌 午顶
tsɿˑ, tu^{53}t'ɛ$^{31-53}$iŋˑ, i$^{213-31}$kəˑ p'i$^{53-55}$lɑˑ siɔ$^{55-213}$tsɿˑ t'uə$^{213-31}$lɑˑ
子，毒太 影，一 个皮 啦小 子脱 了
kuɑŋ^{213}tiŋ^{31},tsɛ^{31}uɑŋ$^{213-31}$liˑ mə^{213}y^{53}. i^{213}ʧã^{55}iã^{55}, t'ɑ^{55}iə$^{53-55}$
光 腚，在 汪 里摸 鱼。一眨 眼，他 爷
iəˑ lɛ^{53}lɑˑ, tɑ^{55}lɔ$^{55-53}$yã^{55}tsiou^{31}ʧɑ$^{213-31}$xuˑ k'ɛ$^{213-31}$lɑˑ: "ȵi^{55}kəˑ
爷来 了,打 老 远 就 咋 呼 开 了："你 个
piə^{213}kɔ$^{213-31}$tsɿˑ, tɑŋ^{213}ʃɑŋ$^{55-213}$uẽ tiŋ$^{55-213}$tsɿˑ, tsəŋ$^{31-53}$muˑʒə^{213},
鳖 羔 子,当 晌 午顶 子，这 么热，
ȵi^{213} p'ɔ$^{55-213}$tɔˑ uɑŋ$^{213-31}$liˑ tɑ^{55}mi^{31}! pə^{53}mi^{53}lɑ^{213}ʧ'ɑ$^{55-213}$tiˑ,
你 跑 到汪 里打泥！薄 泥 拉 蹅 的，
xuẽ^{53}ʃẽ^{213}ku$^{31-53}$ʧã tiˑ kei^{53}ȵi$^{53-55}$muˑ xour^{53}ʃʅ^{31}tiˑ, mɑ^{213} li$^{53-55}$
浑 身 沽 沾得 给 泥 模 猴儿似 的，麻 利
tiˑ kei^{53}uə^{55}kuẽ$^{55-213}$ʃɑŋˑ lɛˑ!"
地给 我 滚 上 来！"

siɔ^{55}xɛr^{53}t'ou^{53}i^{213}kəŋ$^{31-53}$kəŋˑ: "iə$^{53-55}$iəˑ, uə^{55}pu$^{213-24}$
小 孩儿 头 一 梗 梗："爷 爷，我 不
ʒə^{213}!"
热！"

"xɛ^{55}pu$^{213-24}$ʒə^{213}? t'ɛ$^{31-53}$iŋˑ ʧə$^{31-53}$kəˑ tu^{53}tɕiẽ^{31}tiˑ,
"还 不 热？ 太 影这 个 毒 劲 的，
mɑ$^{213-31}$tsɿˑ ts'ɛ^{31}tou^{213}tɕiɔ^{31}ʃɛ^{31}iã$^{213-31}$iouˑ lɑˑ, y^{31} fu$^{53-55}$ fuˑ
马 子 菜 都 叫 晒 蔫 悠 了,玉 蜀 黍
iə$^{213-31}$tsɿˑ tou^{213}liou$^{55-213}$lɑˑ lɑˑ, tsiə$^{213-31}$liouˑ tou$^{213-24}$pu^{213}
叶 子 都 绺 拉 了，姐 留 都 不

tɕiɔ$^{31-53}$la·，fei^{55}tou^{213}tɕiɔ^{31}ʃɛ$^{31-53}$ti· t‘u^{213}ʒẽ^{53}。”
叫 了，水 都 叫 晒 得突 人。”

“iə$^{53-55}$iə·, uə^{55}kuaŋ^{213}siaŋ^{55}tɛ^{55} y^{53}。”
“爷 爷，我 光 想 逮 鱼。”

“tɛ^{55}ʃəŋ$^{53-55}$mu· y^{53}? iou^{55}y^{53}xɛ^{55}nəŋ^{53}tɔ$^{31-53}$la· ȵi^{55}?
“逮 什 么 鱼？有 鱼 还 能 到 了你？
pf‘u$^{53-55}$la· mi$^{53-55}$la· kou^{213},tsiou^{31}ʃʅ^{31}kə$^{213-24}$tʃʅ· iɛ^{31}、tʃʅ$^{213-24}$
除 了迷 拉 狗， 就 是 咯 吱唉、支
xəŋ· p‘i$^{31-53}$tsʅ、lã^{31}xə^{53}ma^{213}、u$^{213-31}$lou· ȵiou$^{53-55}$tsʅ·, xɛ^{55}
横 皮 子、癞 蛤 蟆、 乌 娄 牛 子，还
iou^{55}fei^{55}tʃ‘aŋ$^{53-55}$pf‘ẽ、ma$^{55-213}$kə· tei^{213}ʃəŋ$^{53-55}$mu· ti·, ȵi^{55} k‘uɛ^{31}
有 水 长 虫、 蚂 各得 什 么的，你 快
tãr$^{53-55}$ti· ʃaŋ$^{31-53}$lɛ·!”
当儿 地 上 来！”

“pu^{213}, na^{31}siə$^{55-213}$tsʅ· siɔ^{55}xei^{213}yer^{53}, tou$^{213-24}$ʃʅ^{213}siɔ^{55}
“不，那 些 子 小 黑 鱼儿，都 是 小
ȵiŋ^{213}kar^{53}, xɛ^{55}tʃaŋ$^{55-213}$tʃɔ· siɔ^{55}i$^{55-213}$pu·。”
宁 尕儿，还 长 着 小 尾 巴。”

“ʃəŋ$^{53-55}$mu· siɔ^{55}xei^{213}yer^{53}! na^{31}ʃʅ^{31}xə$^{53-55}$mu· k‘ə$^{213-31}$
“什 么 小 黑 鱼儿！那 是 蛤 蟆 蝌
siŋ· tsʅ·。”
鯹 子。”

“ȵi^{55}tou^{213}fə$^{213-31}$ti· ʃəŋ$^{53-55}$mu· t‘u^{55}xua^{31}? ɣã^{55}fu^{213}pẽ$^{55-213}$
“你 都 说 的 什 么 土 话？俺 书 本
tsʅ· ʃaŋ· k‘ə^{213}mu^{31}iou^{55}。”
子 上 可 没 有。”

“ʃəŋ$^{53-55}$mu· xua$^{31-5113}$? tɕi^{55}pi$^{31-53}$tsʅ· tou^{213}tsəŋ$^{31-53}$mu·
“什 么 话？ 几 辈 子 都 这 么

fə^{213}, ȵi^{55}k'uɛ^{31}tãr^{53}tï ʃaŋ$^{31-53}$lɛ˙, iɔ^{31}pu^{213}, uə^{55}tsiou^{31}na^{53}
说，你 快 当儿地 上 来，要 不，我 就 拿
k'ə$^{55-213}$la˙ tã^{31}p'əŋ^{213}ȵi$^{55-213}$la˙ xa˙ 。"
坷 垃 蛋 澎 你 了 哈！"

siɔ^{55}xɛr^{53}tɕiã^{31}iə$^{53-55}$iə˙ tʃẽ^{213}ʃəŋ$^{213-3124}$tɕ'i$^{31-53}$la˙, pu^{213}
小 孩儿 见 爷 爷 真 生 气 了，不
kã^{55}tsɛ^{31}fã^{213}tsuei^{55}tiɔ^{31}ʃər$^{53-55}$la˙, maŋ^{53}xuə$^{53-55}$tï ʃaŋ$^{31-53}$
敢 再 反 嘴 调 舌儿 了，忙 活 的 上
lɛ˙, sa^{213}pəŋ^{31}tsiou^{31}p'ɔ^{55}, ʒəŋ$^{213-24}$pəŋ^{213}ɭə^{31}pei^{213}pa^{213}ɕia$^{31-53}$
来，撒 蹦 就 跑，迈 蹦 二 百 八 下
tɕ'ï la˙ 。
去 了。

iə$^{53-55}$iə˙ iou^{31}tʃa$^{213-31}$uɛ˙ k'ɛ$^{213-31}$la˙: "pɛ^{53}p'ɔ^{55}, uə^{55}
爷 爷 又 咋 呙 开 了："别 跑，我
kei^{53}ȵi^{55}si^{55}sï, k'ã^{31}ȵi^{55}pfa$^{55-213}$tsʅ、t'i$^{53-55}$tsʅ、tiŋ$^{31-53}$
给 你 洗 洗，你 看 爪 子、蹄 子、腚
ʃaŋ˙、liã^{55}tʃ'a$^{213-31}$tsʅ ʃaŋ˙、pu^{53}lei$^{55-213}$tsʅ ʃaŋ˙、tsi$^{213-31}$ȵiaŋ˙
上、脸 碴 子 上、脯 肋 子 上、脊 梁
ku$^{55-213}$ʃaŋ˙ tou^{213}ʃʅ^{31}mi^{53}! tʃə$^{31-53}$kə˙ nɔ^{213}pfəŋ^{55}tsʅ$^{55-213}$ tsʅ!"
骨 上 都 是 泥！这 个 孬 种 子 子！"

i$^{213-31}$mẽ˙ tu$^{213-31}$naŋ˙ tʃɔ˙, i$^{213-31}$mẽ˙ iou^{31}ts'y$^{213-24}$tɕyə^{213}
一 门 嘟 囔 着，一 门 又 蹴 脚
pã^{31}k'a$^{55-213}$tï ɕiaŋ^{31}suẽ$^{213-31}$tsʅ˙ tuã$^{31-53}$tɕ'ï la˙ 。
绊 磕 地 向 孙 子 蹓 去 了。

ta^{55}mei^{213}tʃ'aŋ$^{53-55}$ʃaŋ˙
7. 打 麦 场 上

taŋ$^{213-24}$mei^{213}k'ou$^{55-213}$lï, tʃ'aŋ$^{53-55}$lï tï ʒẽ^{53}tou^{213}
当 麦 口 里，场 里 的 人 都

maŋ$^{53-55}$tï kei^{53}tsuã^{31}kã$^{55-213}$ʃʅ˙ tï t‘i$^{213-31}$lour˙ pfɛr^{31}，k‘ə^{213}
忙 得给钻杆 似的提 溜儿转儿，可

taŋ$^{213-24}$tɕia^{213}tï tɕ‘yə^{213}uɛ$^{55-213}$k‘uɛ˙ tsɛ^{31}tuə^{31}kẽ$^{213-31}$lï
当 家的却歪 快在垛根 里

xu$^{213-31}$lou˙ xu$^{213-31}$lou˙ tï fei^{31}pfə$^{53-55}$la˙。t‘a^{55}tɕia$^{55-213}$lï tï
呼 噜呼 噜地睡着 了。他家 里的

tɕ‘i$^{31-53}$tï pei$^{53-55}$təŋ˙ la˙ t‘a˙ tɕi$^{55-53}$iã^{55}，mə^{213}tɕ‘i^{55}sɔ$^{31-53}$pfu˙
气 得白 瞪了他几 眼，摸起扫 帚

pfa$^{31-53}$tsʅ˙ xu^{53}luã^{31}pfa$^{53-55}$la˙ la˙ tɕi^{55}ɕiə^{31}tsʅ˙，iou^{31}ʃʅ^{53}tɕ‘i^{55}
摣 子胡乱摣 拉了几下子，又拾起

mu$^{213-24}$ɕiã^{213}ʃʅ^{55}tɕiẽ^{31}tï tɕyə$^{53-55}$la˙，pɛ^{31}na^{31}siə$^{55-213}$tsʅ˙
木 锨使劲地掘 拉，把那些 子

mei$^{213-24}$k‘aŋ^{213}tou^{213}paŋ$^{31-53}$tɔ˙ t‘a˙ nã^{53}ʒẽ˙ ʃẽ$^{213-31}$ʃaŋ˙，k‘ə^{213}
麦 糠都埲 到她男人身 上，可

t‘a^{55}na^{31}k‘ou$^{55-213}$tsʅ˙ tsiou^{31}ʃʅ^{31}mei^{31}siŋ$^{55-53}$tuer^{55}。
她那口 子就是没醒 盹儿。

si$^{213-24}$pei$^{213-31}$ʃaŋ˙ u^{213}yẽ^{53}tou^{55}ɣã$^{53-55}$tï tɕ‘i$^{55-213}$la˙ lei$^{53-55}$
西 北 上乌云陡暗 地起 了雷

pu˙ y^{55}，ʒẽ$^{53-55}$tɕï tou^{213}maŋ$^{53-55}$tɔ˙ ts‘iaŋ^{55}tʃ‘aŋ^{53}，xɛr$^{53-55}$t‘a˙
暴雨，人 家都忙 着抢场，孩儿 他

ȵiaŋ^{53}i^{213}ɕiə$^{31-53}$tsʅ˙ fa^{213}tʃa$^{213-31}$la˙，tʃɔ^{31}nã^{31}ʒẽ˙ tiŋ$^{31-53}$ʃaŋ˙
娘一下 子发扎 了，照男人腚 上

pəŋ^{213}pəŋ^{213}p‘ɛ$^{55-213}$la˙ tɕi^{55}tɕyə^{213}：“fei$^{31-53}$sʅ˙ la˙ ʃʅ^{31}pa˙？iã^{55}
嘣嘣踹 了几脚：“睡 死了是吧？眼

ɕia$^{213-31}$la˙，ɭə$^{55-213}$tɔ˙ iɛ^{55}pfei^{213}lu^{53}mɔ$^{53-55}$la˙？”
瞎 了，耳 朵也椎驴毛 了？”

si²¹³⁻³¹tsɿ˙ tʃə³¹i²¹³⁻²⁴tɕʻiɑŋ²¹³xɛ⁵⁵tʃẽ²¹³kuɛ³¹kuã⁵⁵xur²¹³，
妻 子这一 腔 还 真 怪 管 乎儿，
tʻɑ⁵⁵tɕy²¹³⁻²⁴liã²¹³ɕiə˙ tsɿ˙ pʻɑ⁵³tɕʻi̤ lɛ˙，pʻu⁵³⁻⁵⁵lou˙ tɔ˙tʻou⁵³⁻⁵⁵fu˙
他 蛆 蠊 下 子 爬 起 来，扑 搂 着 头 发
ʃɑŋ˙ ti̤ mei²¹³⁻²⁴kʻɑŋ²¹³，tɕiɑŋ²¹³⁻²⁴iɔ³¹xuã⁵³iã⁵³，kʻə²¹³kʻã³¹tɔ³¹
上 的 麦 糠， 刚 要 还 言， 可 看 到
si²¹³⁻³¹tsɿ˙ lu²¹³⁻³¹lɑ˙ tɔ˙ liã⁵⁵，ɕiɑ³¹⁻⁵³ti̤ tʻɑ⁵⁵liã⁵³kə˙ pʻi³¹iɛ˙ mẽ³¹
妻 子 撸 拉 着 脸， 吓 得 他 连 个 屁 也 没
kã⁵⁵fɑŋ³¹，tsiou³¹mə²¹³⁻³¹tɕʻi̤ pfɑŋ³¹⁻⁵³pã˙ tsɿ˙ uɑŋ⁵³i²¹³⁻²⁴kʻuɛr³¹
敢 放， 就 摸 起 撞 板 子 往 一 块儿
tɕyã³¹mei²¹³tɕʻi̤ lɑ˙。
圈 麦 去 啦。

附 录

《金瓶梅》中至今还鲜活在苍山民间的方言

我们在编写《苍山方言志》时，便很自然地联想到中国四大奇书之一《金瓶梅》，目前学界已公认本书使用的方言是“山东土白”。苍山人读《金瓶梅》，便有一种与那数百年前的文学大师兰陵笑笑生熟悉而亲切的感觉。虽然我们还不知这位大师真正姓啥名谁，却好似在聆听身边一位老者向我们讲述一个遥远的、发生在山东某地的故事。故事中鲜活生动的方言俗语，至今生活在乡村的老少皆耳熟能详。

熟悉浓郁的地域特色才能体味方言所表达的真正内涵，也只有这样才能真正理解作品所表达的思想和情感。鲜明独特的方言，并非人人都能品出个中滋味。相信我们所编写的《苍山方言志》，对于读懂、认识、研究《金瓶梅》中的方言俗语能起到一定的辅助作用。鉴于此，我们从《金》书各章回中摘取部分至今还鲜活在苍山民间的词语，参考部分《金》学研究者们的有关文献，并结合苍山方言予以释例，谨供乡亲、贤达鉴赏。

自家骨肉，又不服事了别人。 第一回 77 页

【服事】伺候、照顾。该词语现仍流行甚广。例如：～病人｜～老的｜你还怪难～唻！

妇人见他不应，匹手便来夺火筯。 第二回 82 页

【匹手】今多写作“劈手”，形容伸手的动作快而猛。

讨得一张半张卓面，到是正景。 第三回 126 页

【正景】应为“正经”的谐音，即正规、正当、正经事。例如：那人不干～事。

继娶这个贱累，又常有疾病，不管事。第三回 130-131 页

【**贱累**】即“贱内”，是对妻子的谦称。

【**不管**】现今苍山人把“不行、不允许、不管用、不可以”等说成“不管”，把“不顶用、不管事”等说成“不管乎”，其意思与文中相符。

婆子面把门拽上……当路坐了。 第四回 136 页

【**当路**】路的中间。今苍山方言还有“路当央、路当中”等说法，用“当”组合的方言词还有“当地、当门、当街”等。

你敢高则声，大耳刮子打出你去。 第四回 148 页

【**耳刮子**】巴掌，耳光。“大耳刮子”即重重地用手掌打。

当下那妇人干号了半夜。第五回 167 页

【**干号**】现作“干嚎”，原文中已有解释：“无泪有声谓之号。”孩子用哭声淘气，或者不亲近的人死了，因感情不深，故前往吊唁随大家一起哭泣时，光有哭声没有泪流，也说“干哭、干咧咧”。

灵床子前点一盏琉璃灯。 第六回 174 页

【**灵床子**】停放尸体的床。

【**琉璃**】旧时带釉的瓷器。“琉璃灯”系旧时一种带有瓷釉的陶瓷灯具，多以植物油为燃料，20 世纪 70 年代初乡村农家中仍使用。现“琉璃”指玻璃，乡村人把玻璃瓶叫“琉璃瓶”、“琉璃棒子”等。

房子里住的孙歪头。 第七回 187 页

【**歪头**】因颈病等原因，造成头部歪向一边，此为绰号，现苍山城乡人群中称此绰号的人很多。

老身便是他亲姑娘。第七回 191 页

【**姑娘**】①姑母。②闺女、女儿。本文中是“姑母”意。

院内摆设榴树盆景，台基上靛缸一溜。第七回 194 页

【靛缸】印染作坊中用来盛放染料、印染布料的大缸，有陶、瓷两种，农村人把用来盛水或盛放粮食的大缸也叫“大～”。

【一溜】①一排。②某地方。例如：这～没有这种草。

妻大两，黄金日日长。妻大三，黄金积如山。第七回 197 页

【妻大两】妻子比丈夫年长两岁。

【妻大三】妻子比丈夫年长三岁。这是至今苍山城乡人广为使用的规劝语，意为娶比自己年龄大的妻子有好处，能发大财。

奶奶说来，这人家不嫁，待嫁甚人家。第七回 199 页

【来】语气助词，在《金》书中出现频率极高，现在苍山境内使用人群仍很广，使用频率也很高。尤其用在称谓后，可大大增加亲近、亲密、亲切感。例如：娘～、哥～、妹～、嫂子～。

诚恐去到他家三窝两块……惹气怎了？第七回 202 页

【三窝两块】现也说“前一窝，后一块”，即不是一个妻子生的子女，本文意思是说西门庆妻妾多、儿女多。

如何一向不来傍个影儿。第八回 215 页

【傍个影儿】“傍”指靠近、接近。“影”即身影。意为从未到这儿来过。今苍山方言说“不傍影”、“不傍边儿”。

我若负了你情义，生碗来大疔疮，害三五年黄病。第八回 223 页

【疔疮】病名，毒性很大的疖子。发誓时常用此语。例如：我要借钱不还，叫我长～。

【黄病】病名，肝炎。患者因体内黄疸扩散，皮肤呈黄色，故名。

到午斋往寺中歇晌回来。第八回 233 页

【歇晌】午休。让耕畜午间休息也这样说。

瞧见帘子里一个汉子和婆娘影影绰绰并肩站立。 第八回 234 页

【**影影绰绰**】似看见非看见，晃来晃去看不太清楚。

这妇人一抹儿多看在心里。 第九回 241 页

【**一抹儿**】“全部、所有、一切”等。此语现苍山城乡使用人群很多，频率也很高。例如：这杯酒在座的客人我～都敬了。｜这些东西我～都买下来。

他来了多少时，便这等惯了他。 第九回 242 页

【**惯**】溺爱、娇惯。现为苍山人常用语，例如：孩子硬叫他两口子～坏了。

看见迎儿小女在楼穿廊下撵线。 第九回 243 页

【**撵线**】“撵”，现作“捻”。“撵线”即把棉絮等用“线砣子”或“线锤子”捻成粗细不等的线。这是过去乡村人织围巾、袜子等的主要取线形式之一。

不要说起，今早倦倒了不得。 第十一回 276 页

【**倦**】困倦、劳累。

【**了不得**】不得了。例如 “困得～、饿得～”等等。

金莲当下只在月娘面前只打了个照面儿。 第十一回 279 页

【**打了个照面**】打招呼，见了一面，相互看了一眼。例如：我过去给他～就回来。

你如何不溺泡尿把你自家照照？ 第十一回 282-283 页

【**溺泡尿把你自家照照**】此语现说“你也不尿泡尿（音同“虽”）照照自己”，意为你自己看看自己，别自不量力。这是一句用来斥责、嘲笑人的常用语。

桂姐道：“多咱去？” 第十一回 291 页

【**多咱**】什么时间、什么时候。现在苍山北部一带的人还说“早晚（音同‘藏文’）”。

应伯爵推斗桂姐亲嘴。 第十二回 305 页

【**亲嘴**】接吻。现乡村人仍常用，也说“逗嘴”。

他屋里丫头亲口说出来，又不是俺们葬送他。 第十二回 309 页

【**葬送**】诽谤、陷害、糟蹋等义。现方言还说“糟猜、糟听”等。例如：我硬叫他～毁了。|那家伙不知～了多少人。

那个不逢好死的嚼舌根的淫妇。 第十二回 313 页

【**嚼舌根**】编造坏话、谎话败坏他人。也说“嚼舌根子、嚼舌头、嚼血舌头”等。

常言道，家鸡打的团团转，野鸡打的贴天飞。 第十二回 319 页

【**家鸡打的团团转，野鸡打的贴天飞**】此语本意是：家养的鸡打它，它也只是团团转，不至乱飞；野鸡即便你不打它，它也会漫天飞去。用来比喻自己的老婆你即使对她不好，她也会在你身边，外面的女人虽然一时与你好，即便你不打她，她迟早也会像野鸡一样漫天飞去。也说“家鸡打得团团转，野鸡不打满天飞”。

他再三咬群儿口嘴伤人。 第十二回 322 页

【**咬群儿**】原意指驴马等牲畜相互啃咬争斗，比喻某人常与周围的人闹纠纷或陷害中伤同伙。例如：那人好～，千万别和他共事。

到家里只剪下一料子头发，拿来我瞧。 第十二回 322 页

【**料**】现为“绺”，与“料”音似。今方言仍常说“一～子头发、一～韭菜”等。

妇人见他有酒了。 第十二回 323 页

【**有酒了**】酒喝多了，有点醉了，也说“有酒意了”、“觉酒了”等。现为酒席上常说的一句话。例如：他～，别让他再喝了。

只拿钝刀子锯处我教奴怎生吃受。 第十二回 324 页

【**钝刀子**】刀刃极不锋利的刀子。

【**锯处**】像拉锯一样来来回回地划、割。此语的意思是慢慢

折磨我。现说成“拿钝刀子零锯拉”。

西门庆忽下席来外边更衣解手…… 第十三回 342 页

【**解手**】县境内至今大部分人大小便均叫“解手”，大便叫“解大手”，小便叫“解小手”。

你安下人标在他汉子在院里过夜。 第十三回 351 页

【**标**】盯梢或不离其左右地盯着、盯随，紧跟等。例如：～上那家伙，别让他溜了。|～住他，看看他到底和谁接头。

使丫头替了吴家的样子去了。 第十三回 353 页

【**替…样子**】多用硬纸等照着“样子”的尺寸、式样等复制。例如“替鞋～、替帽～”等。

来家还问老婆找起后账儿来了。 第十四回 368 页

【**找后账儿**】事后计较、找麻烦等，现也说“算后账”。例如：咱先把事儿说清了，免得你～。

未曾过子虚五七就买礼坐轿子。第十四回 372 页

【**五七**】当地丧俗之一，是对死者的一种祭奠活动，时间为死者逝世后五个星期左右，此时间因死者情况的不同而不同，如死者有多个儿子，则每有一个儿子就减去一天，如逢春节等重大节日，则“五七不过年”，距离节日多少天就是多少天。

如今一二年不见出来，落的这等标致了。第十四回 392 页

【**标致**】相貌、姿态美丽。

巴不的来总好。 第十六回 413 页

【**巴不的**】求之不得、恨不得。例如：他～明天就结婚。|他～明天就发大财。

这物件你就不右道了。 第十六回 414 页

【**物件**】指较贵重的一件东西。例如：这～很值钱。

西门庆那日封了三钱银子人情。 第十六回 421 页

【**封……人情**】现又叫“行人情、封礼”等。

把蒋竹山倒踏门招进来。 第十七回 448 页

【**倒踏门**】女娶男。现也说"倒插门、倒顶门、招养老婿"等。

并西门大姐四个，在前厅天井内。 第十八回 460 页

【**天井**】院内的地面空间，现也说"当天井、当院子"。

你是个当家的人，你不上心谁上心。 第十八回 464 页

【**上心**】费心、放在心上。今城乡人的常用口语。例如：这事你可～给俺办。| 孩子光贪玩，就是学习不～。

险不到栽入洋沟里。 第十九回 489 页

【**洋沟**】现写作"阳沟"，庭院里用于排水的水沟。至今人们常说："大江大海都闯过来了，～里还能翻了船？"

为何借了鲁华银子不还，反行毁打他？ 第十九回 490 页

【**毁**】打，用手打。例如：再不听话～你一顿。

直撅儿跪在地下。 第十九回 492 页

【**撅**】现作"橛"，短木棍或短铁棍等。这句话的意思是双膝跪在地上，直挺着上身。现还说"站在那里给直橛样"、"站在那里给橛子样"。

会胜也得半个月出不来做买卖。 第十九回 494 页

【**会胜**】也许、大概、可能等义。例如：这怪病找个明白医生～还能治好。

见灯光昏暗，起来剔灯。 第十九回 499 页

【**剔灯**】旧时的灯是用一种器皿放入植物油，器皿边缘放上捻子，点燃后用于照明。油灯燃烧一段时间，捻子顶端会焦化变短，灯光会逐渐变暗，需人不时把捻子焦化的部分剔掉，同时把捻子从器皿边缘再拨出一部分。这种油灯延续到 20 世纪 70 年代初才被煤油灯代替。

卖萝葡的跟着盐担子走——好个闲嘈心的小肉儿！ 第二十回 510 页

【**卖萝葡的跟着盐担子走——好个闲嘈心……**】这是苍山人

现在常说的一句歇后语，一般说成“卖萝卜的跟着挑盐的走……咸（闲）操心”。

他参军两日，隔二骗三的，也甚是没意思。 第二十回 517 页

【**隔二骗三**】“骗”应为“偏”，断断续续、不连贯或不接续。例如：他～地来一趟。

【**没意思**】没有什么意义。

在他根前那等花丽狐哨。 第二十回 518 页

【**花丽狐哨**】颜色过分艳丽而且杂乱，现也说“花花绿绿、花啦胡哨”。

你这里再教一个和天福儿轮着晚餐上宿就是。 第二十回 522 页

【**上宿**】现人们把鸡等禽类晚间进窝睡眠叫～。文中是晚间睡觉休息的意思。

你量我不敢进去。 第二十回 524 页

【**量**】认为、估量。例如：你～我不敢揍你？

与姐姐递个钟儿，陪不是哩。 第二十一回 553 页

【**钟**】现作“盅”。

【**陪不是**】“陪”应为“赔”，赔礼道歉。

不知涎缠到多咱时候。 第二十一回 566 页

【**涎缠**】拖延、磨蹭。今苍山方言多说“蔫缠”。例如：你别～啦，快走吧。

【**多咱时候**】什么时候、什么时间。例如：你儿子～结婚？

止是吴月娘同众姊妹陪西门庆掷骰猜枚行令。 第二十一回 568 页

【**掷骰**】现叫“掷色子”，一种赌博方式。

【**骰**】为一种赌具，是用骨头等做的小方块，四面刻有一至六个凹点。玩法是先摇动后抛掷，最后以停在上面的点数多少论先后或论输赢。

【**猜枚**】①猜谜语，也叫“泼谜”。②过去的一种游戏，将硬币（旧时为铜币）从空中抛下，然后持币人迅即用手捂

住，让别人猜硬币向上的那一面是“字儿”还是“闷儿”（正面为“字儿”，背面为“闷儿”）。

五娘怎就知道我会烧猪头，巴巴的裁派与我替他烧。第二十三回 591 页

【巴巴的】说话且声音响亮。例如：这孩子不听话，大人说说他，他小嘴～给你吵。

【裁派】嘱咐、支使等。例如：妈妈临出门～我看好门。

我到屋里搭搭头就来。第二十四回 619 页

【搭头】一种长方条头巾，用时横搭在头上，两头下垂至腰间，或交叉系在脑后或下巴下，特别是青年女子外出或遇见生人时，往往将两头拉紧系在下巴下面遮住面容，犹如穆斯林妇女。这里前一个“搭”字为动词，后面“搭头”是一个名词。意思是搭上～就来。直到现在农村的老年妇女仍用这种方法裹头，也叫“顶头、顶头巾、髦头巾”等。

跟着人走百病儿去了……说有人剜开他房门……又不见了些东西。第二十四回 624 页

【走百病】为民俗之一，即每年正月十六日早，老人领着孩子们走到野外，或山根、或河边，然后用大米、小米、高粱、绿豆、大枣等煮饭吃，吃前要进行一番祷告，认为孩子们这样吃了可百病去除，女孩子吃了心灵手巧。

【剜】（用铲、刀等）挖，如“～菜、～地”等。

【不见了】丢失了，现也说“没见了”。例如：那只小猫刚才还在这儿，一会儿就～。

宋家的丫头若把脚略趄儿把宋字儿倒过来。第二十五回 643 页

【宋家】姓氏的称呼。至今乡村人仍称某姓人或人家为“张家、李家”等。宋姓历史上在苍山是四大旺族之一，至今宋姓人口仍占全县总人口的百分之六左右。

【把宋字倒过来】发誓用语，意即“我就不姓宋了”。以自己的姓氏发誓是十分严肃认真的，这是至今苍山人发誓时的常用语。

见了俺每意意似似的，待起不起的。 第二十五回 651 页

【俺每】即“俺们”。

【意意似似】应为“意意思思”，含含糊糊、犹犹豫豫，例如：你甭～的，有事儿快说。

【待起不起】不情愿地、勉强地起身。今苍山方言里还有“待答不理、待问不问、待管不管”等。

心中甚是疑影。 第二十六回 691 页

【疑影】疑惑。今苍山方言中的“疑影”还表示“讨厌、厌恶、厌烦”等义。例如：那家伙整天串女人行，真～人。也说“硌影、疑歪”等。

我不是你那可意的，来缠我怎的？ 第二十七回 710 页

【可意】中意，满意，如愿。

【缠】此字在《金》书中使用频率很高，在今苍山方言中因语境不同而有着不同的含义：①代表打架。例如：有种的过来咱～～！②纠缠（本句即为此意）。③小孩儿淘气。例如：这小孩怪～人。④喝、干杯。例如：这杯酒咱一口～了吧。⑤训斥、批评、指责。例如：刚才叫队长～了一顿。⑥隐指奸淫。

你到明日与大爹做个干儿子罢，弟过来就是个儿干子。
第三十二回 838 页

【弟过来】“弟”现为“掉”，翻过来，倒过来。

【儿干子】应为“二杆子”的谐音，即“二百五”。

平白噪刺刺的抱什么空窝。 第三十三回 863 页

【平白】无缘无故，例如：我和你无冤无仇的，为什么～地说我的坏话？

【抱…窝】母禽孵小禽。“抱空窝”指母禽无卵而孵。此文指没生孩子，还睡在床上和坐月子一样。

我若不把奴才的腿卸下来也不算。 第三十五回909页

【不算】不罢休。今方言又说“不算完、不了事”。

你是属面筋的，倒且是有靳道。 第三十五回923页

【倒且】的确、到底。例如：我～没得罪他，他就是跟我过不去。

【靳道】应为“筋道”。例如：用鸡蛋和面擀出的面条吃起来就是～。

到明日房子也替你寻得一所，强如在这僻格刺子里。 第三十七回977页

【僻格刺子】偏僻之处。现方言说“僻旮旯子”，另有“背地里”的意思。例如：他好在～说人家的坏话。

这里无人，你若与他凹上了，愁没吃的、穿的、使的、用的！ 第三十七回977页

【凹上】这是苍山兰陵一带至今使用范围较小且较特殊的一个用语，此语专指男女性行为，别无他意。

【愁】文中的“愁”实为“不愁”之义。

他少下我的，我有法儿处……打着我的旗儿在外边东诓西骗。” 第三十八回992页

【有法儿处】即有办法、有对策去对付。

【旗儿】旗号。

【东诓西骗】到处说谎话骗人。

你只顾放心，但有差起，我就来对哥说。 第三十八回993页

【但】但凡，只要是。

【差起】应为“差池”，偏差、差错、失误等。

【哥】兄、哥哥。这是苍山人对哥哥的独特称呼，据哥哥的排行依次称呼“大哥、二哥……”很少有人称呼“大哥

哥、二哥哥”的。对姐姐的称呼也如此。

成精鼓捣来听什么经。 第三十九回 1049-1050 页

【**成精**】成天、整天、经常、长期等义。

【**鼓捣**】捣鼓、摆弄。例如：他成天～收音机。

只见月亮地里……穿着红衣服进来。 第四十回 1064 页

【**月亮地**】①月光。例如：趁着～也能走路。②月亮。③月光照射的地方。

俺们一个一个，只像烧糊了卷子一般。 第四十一回 1076 页

【**卷子**】一种面食，制作方法与馒头相似，但形状各异，种类很多，至今仍是城乡人经常食用的面食之一。

做亲也罢了，只是有些不搬陪。 第四十一回 1085 页

【**做亲**】结亲，结为儿女亲家。

【**搬陪**】应为“般配”。指双方人才相貌、年龄、身高及家庭条件等相称。

我嫌他没娘母子，是房里生的，所以没曾应承他。 第四十一回 1086 页

【**应承**】答应、承认、承诺。例如：不能办的事你就别～。

你今日忒多余了。 第四十二回 1109 页

【**忒**】太。这是至今苍山人说话常用的口语字。例如：这人心眼～好了。｜那姑娘长得～俊了。

唐胖子吊在醋缸里，把你撅酸了。 第四十二回 1109 页

【**撅酸**】“撅”应为“作”，即发酵、沤酸、泡酸的意思。苍山兰陵一带的人至今把发酵处理都叫做“作、作酸”。

吃了一大深碗八宝赞汤……只留了一个包儿压碟儿。 第四十二回 1111 页

【**大深碗**】又大又深的碗，也叫“海碗、大海碗”。

【**压碟儿**】现又叫“压盘子”，即把食物等故意留在盘子里。“压碟儿”的一般是客人把盘子里的菜要吃得少剩一点，

本文用的是包子。按照习俗，请客吃饭时，客人不能把饭菜吃光，一定要把馒头和菜故意剩下一些，以表示主人准备得充足，客人吃不尽，否则被认为没礼貌、没修养。此俗至今在乡村老年人中仍十分讲究。

你两个铜盆撞上铁刷帚。 第四十三回 1131 页

【刷帚】 用脱去籽粒的高粱穗扎成，专用来洗刷锅碗瓢勺等的用具。此用具使用地域虽很广，但名称不同。苍山人叫“刷帚”，而东面临沂则叫“涮帚”，因而有明显的区域性。

【铜盆撞上铁刷帚】 此为俗语，至今民间仍广泛沿用，即针锋相对、旗鼓相当的意思。

你老人家摸量着惜些情儿。 第四十八回 1255 页

【摸量】 考虑、酌情。今方言还有“约莫、照乎、照量”之说。例如：这事你～着办就是了。

我还把他当好人看成，原来知人知面不知心。 第五十一回 1330 页

【看成】 看待、对待。今方言又说“待诚”。例如：他从来都是把咱当自家人～。

【知人知面不知心】 此为俗语，至今县境人群中使用非常广泛，可以说妇孺皆知。例如：俗话说，人心隔肚皮，虎心隔毛尾，真是～。

想必两个不知怎的有些小节不足，哄不动汉子，走来后边戳无路儿，没的拿我垫舌根。 第五十一回 1335 页

【戳无路儿】 即“吹兀噜儿”，这是过去乡村少年儿童玩耍的一种游戏，用麦秸杆或细竹管等插入水中用力吹，使之一面冒出水泡，一面发出“兀噜儿、兀噜儿”的响声。此处比喻专门戳弄是非。

【垫舌根】 说诬陷人的话。

家里有个人牙儿。 第五十一回 1341 页

【人牙儿】幼儿、小孩，今作“人芽儿”，方言又称“孩芽儿”。例如：那场大火把他家烧得连个～没留下。

头里吃了些蒜，这回子倒友帐儿，恶泛泛起来了。 第五十二回 1394 页

【头里】刚才、先前。今方言又说“先会、先前、头先会”等。

【蒜】即大蒜，亦称葫或葫蒜。东汉崔实所著《东观汉记》中有明确记载。苍山大蒜种植历史已逾千年，它是在苍山特定的生态环境条件下，经过长期的自然选择和人为定向培育而形成的苍山特有品种，为山东传统名特蔬菜之一，其皮白而薄，头大规整，多为四瓣、六瓣 ，黏辣清香，营养丰富。苍山，亦被中国特产委命名为“中国大蒜之乡”。《金》书中多次出现有关记述，很值得揣究。

【这回子】这会儿、这时候。例如：你怎么～才来?

【恶泛泛】（肚子里）翻腾、作呕。

他佯打耳睁的不理我。 第五十八回 1581 页

【佯打耳睁】“佯”或为“徉”， 今方言也作“徉打二睁”或“佯打二睁”，洋洋不睬、心不在焉。例如：他整天～的，不像个正经人!

今日你只当脱不了打这条路儿去了。 第五十九回 1618 页

【脱不了】免不了。现又说“妥不了、避不了、避不住、挡不住”。例如：开会又来晚了，～得挨熊。

有那些儿不是，说来好改。 第六十三回 1369 页

【不是】不足之处。例如：在他眼里，我一点好处没有，浑身都是～。

这咱才三更天气，门也还未开，慌的什么，都来大坐回儿。 第六十三回 1786-1787 页

【这咱】这时候。

【大坐回儿】多坐一会儿。

那女婿陈经济跪在柩前摔盆。 第六十五回 1817 页

【摔盆】又叫“摔老盆”、“顶老盆”。地道的苍山丧葬习俗，人死后出殡，待行完“路祭”，在棺材即将抬起时，由死者的长子（若死者无子嗣，可由最亲近的晚辈或亲属男子代替）将一用作焚烧冥纸的瓦盆举过头顶后再重重地摔向地面，该盆称为 “老盆”。此俗一是表示摔盆者对死者的去世极度悲痛，二是摔盆者可作为死者的财产继承人。文中陈经济为岳母李瓶儿摔盆，正符和这一丧俗。

当日林氏被文嫂这篇话说的迷留摸乱，情窦已开。 第六十九回 1955 页

【迷留摸乱】心迷神往、神魂颠倒。意为文嫂摇唇鼓舌，说动了林太太，使她春心荡漾，神魂颠倒，不知所措。

他不与把棒槌匹手夺下了。 第七十二回 2056 页

【棒槌】洗衣服时用来捶打衣服的短木棍，至今农妇在河边洗衣时仍使用。现在有的叫“棒锤”，除洗衣用，还可用来拿在手里作为防身或攻击的工具。

题起他来，就疼的你这心里格地地的。 第七十三回 2115 页

【你这心里】实为我这心里，这是人称代词“你”的一种特殊用法，实为“我”。

【格地地】形容程度达到了极点。此语至今仍在苍山西南部民间老年人中使用，如某歌手唱得好，就说“唱得～的”。

何太监侄儿何千户……任事儿不知道。 第七十二回 2061 页

【任事儿】无论什么事，任何事。

又进房来，用倒口斜撩缝儿，甚是细法。 第七十三回 2102 页

【撩】现为“缭”，用针斜着缝，一种手工缝纫方法。

【细法】细致、精细、仔细。今方言又说“细夫、细发”。例

如：这人办事很～。

咱两家子轮替着管茶。 第七十四回 2163 页

【**轮替**】轮流、替换。今方言又说“临换、倒换”等。例如：两个儿媳妇～着伺候婆婆，真孝顺。

【**管茶**】负责提供茶水。现还说“管烟、管酒”等。

尿管中犹如刀子犁的一般，溺一遭疼一遭。 第七十九回 2422 页

【**犁**】现写作“剺”，用刀割、划，如用刀割叫“用刀剺”，手割破了或划破了一道口叫“剺了一道口子”。

你家老婆在家里仰扇着挣了，你在这里合蓬着丢。 第八十一回 2475 页

【**仰扇**】仰卧。现方言中说“仰背”，即人仰面朝上躺倒。

【**合蓬着**】趴着、俯卧。现方言说“哈蓬着”，即面朝下俯卧。文中为典型的、地道的苍山方言隐语，它形象地表达的意思是：你老婆在家卖淫挣钱，你却在这里嫖娼花钱。

我娘自来人前会撇清，干净暗里养着女婿。 第八十三回 2517 页

【**自来**】从来、原来。

【**撇清**】假装正经、极力表白自己清白。此为现今城乡人中的常用语。例如：那人是又吃肉又～。丨别～啦，大家伙心里都给明镜似的。

睡在炕上，教春梅按在身，只情揉揣。 第八十三回 2559 页

【**情**】任凭。今方言同时兼表“尽管”之义。

【**揉揣**】揉搓、按摩、连揉带揣。

薛嫂也没争兢，就兑了银子。 第九十四回 2808 页

【**争兢**】争执、计较。例如：这点小事你给他～什么？

如今四外好不盗贼生发。 第九十六回 2848 页

【**四外**】四面八方、到处。今方言又作“四下里、八下里、各处”等。

一人说，倒相个二尾子。 第九十六回 2863 页

【二尾子】阴阳人，两性人。今方言说“二尼子、二叶子”等。

王六儿……被刘二向前一脚，跺了个仰八叉。 第九十九回 2922 页

【仰八叉】仰面朝天的样子。“仰八”今方言又叫 “仰背”。“仰八叉”今又说“仰背叉、四爪朝天”，指人仰面摔倒时，手脚上翘的狼狈相。

后韩二与王六儿成其夫妇，情受何官人家业田产。 第一百回 2957 页

【情受】“情”现写作“睛”。①无代价、无付出的继承（遗产）等。今方言仍广泛使用。例如：他家几辈子的家产都叫别人～了。②没有任何付出，只等着享用。例如：她真有福气，什么活不干，光在家里～着吃。

摘引版本：《全本金瓶梅》（香港太平书局一九八二年八月第一版　一九九八年第十五次印刷）

大家读罢《金瓶梅》中至今还鲜活在苍山民间的方言俗语，相信会更进一步地认同一些专家学者的考证，他们认为：作为化名的兰陵笑笑生，其中的“兰陵”应该是作者的郡望。两千多年来一直被称为“兰陵”的就是今苍山县兰陵镇,作者“兰陵笑笑生”，极可能是“兰陵萧氏后生”的谐音。

萧氏为历史名门望族，自萧何之孙萧彪免官迁居兰陵后，经名流萧望之而后日渐兴旺。萧氏以儒学传家，数代不辍，萧氏历代子孙皆通史晓经，人才辈出。因此注重研究兰陵萧氏文化，便有望解开《金瓶梅》作者迷津。

后记

苍山方言是中华民族语言文化的一部分，是百万苍山人的母语，是苍山人民一笔宝贵的财富。

苍山方言地域特点明显，词语丰富多彩。俗话说“一方水土一方人”，在苍山县域内，人们之间的交流语言基本上相差不大，而在与其他地区（如邳州、枣庄等）相邻的边缘地带，即使居住村庄相近，甚至仅距一沟一壑，其语言从发音到意思表达却截然不同。苍山方言中的词语大多来自生活中活生生的口语，最能使人随心所欲地使用，其精细微妙之处还在调侃中、幽默里、詈骂时，都有着普通话无法表达的意味。把苍山方言与普通话词语加以对照，你就会发现苍山方言比普通话中的词语要丰富和生动得多。

有人认为，“方言只不过是一个地方的土话，难登大雅之堂”、“土气”、“难听”，这是一种偏见。我们看到国内许多描绘领袖人物的影视剧中，让主人翁使用地道的方言，使伟人自身的形象和性格特征凸显，给人们留下了极为深刻的记忆；许多电视媒体的“地方”栏目，“用老百姓的话说老百姓的事”，办得红红火火；更有许多使用方言编写的文学著作名扬海内外。因此有专家断言：“方言可贵，因为它最能表现人的神理，要让人物‘自然流露’，就需要使用方言”；联合国教科文组织《文化多样性宣言》中说：“捍卫文化的多样性与尊重人的尊严是密切不可分的。每个人都有权利用自己选择的语言，特别是用自己的母语表达思想、进行创作和传播自己的作品。”各地的方言各有特色，都蕴涵着丰富的本土文化，是一笔宝贵的文化遗产，所以不论它好不好听，都值得本土人引以为荣!

方言的意义有很多方面，笔者体会较深的是方言给人们的认同感和归属感。从感情上说，乡音是最令人魂牵梦萦的，当远在他乡耳闻乡音时就像见到了亲人，远离故乡的游子最想听到的就是韵味十足的乡音。久处外地，偶遇乡人，乡音数语，即便不曾相识，距离会迅即拉近，亲近感油然而生。

方言涉及百姓生产、生活的诸多层面，它不仅仅是语言上的认同，更是对文化根源的追溯。方言延续的不仅仅是语言，因为它记载着一个地区的历史、地理、社会、民俗等诸多地域文化。方言是构成文化多样性的前提条件，离开方言来谈文化的多样性几乎是不可能的。试想，方言没有了，那些依附于方言而存在的辉煌的地域文化怎么可能生存呢？

正如本书《苍山方言志序》中所述，随着开放程度的提高，许多乡人走出家门，奔向天南地北，加之普通话的推广、普及，苍山方言也毫无例外地受到冲击。大家稍为留心便不难发现，年龄大一些的苍山人大都还能流利地使用方言交流，而年轻人能说纯正苍山话的就明显地减少，而幼儿园的小朋友对方言就大都听不懂了，现实、现象足以说明苍山方言正从渐渐淡化中走向流逝。方言也是一种资源，是弥足珍贵的非物质文化，一旦失去便不可再生，也将会给后人留下不可弥补的损失，悠久的人文地理，丰富多彩、耐人寻味的民间文艺，大量生动的生活用语、成语、谚语，辉煌的本土文化，等等，都将趋于萎缩、“变老”，直至被淘汰。因此，我们应该为我们的方言现状担忧。

推广普通话无疑有其历史意义，但从文化多样性、文化遗产保护角度，面对各地方言流逝的现实，许多文化历史领域的有识之士，早已喊出了“保护方言”的口号，如今也确已到了应该保护的时候了。所以，我们在大力推广普通话的前提下要倍加珍视自己的方言。对于现代人来说，不仅要研究和懂得过去的语言和方言，还应该研究和懂得新出现的语言和方言。我们在文化方面总希望看到多彩而不是单一的面孔，因此，在强调推广普通话的同时，应注意尊重方言，学好普通话，不忘地方话，最好是普通话和方言都会说。

综上所述，保护方言、保护本土文化意义重大。所幸有几位乡人对家乡语言特别钟爱，便不约而同地自发组成了编写组。大家用心、用情地对本土方言进行调查、搜集、记录、整理。苍山方言历经几千年延续，可以说浩如烟海，加之县内此方面的资料较少，即便少数书刊偶有登载，也只是只言片语，多数处于“人人嘴上有，大都笔下无”。因此，如何填补这方面的不足，把苍山方言进行系统的归纳整合，不能不说是一个难度较大的课题。

从现实角度看，某些方言已从人们的生活中淡出，编写《苍山方言志》，旨在引起乡人的关注，从而增强对方言的传承和保护意识。本着去粗取精的精神，书中虽然记录了近万条方言词语，但也只不过是冰山一角，但愿能为苍山语言文化的研究与传播提供一点有益的帮助。

《苍山方言志》力求实用性、研究性和趣味性相结合，多视角全方位地记录、研究与传播苍山语言文化。使之做到：读者可以用来查考方言词语的意义，语言工作者可以据此从事专题研究，文学、历史等方面的学者可以取用其中的语料。希望这盘苍山风味的“土菜”，不但成为乡人茶余饭后的“天然调味品”，更能成为后人研究、了解苍山个性特征文化基因的基本材质，希望它能成为“会讲苍山话的人有兴趣看，不会讲苍山话的人想要看，在外地的苍山人惦记着看”的文化珍品，让我们的本土文化代代相传，后继有人，让世人共享苍山古朴浓郁的文化气息。

《苍山方言志》一书，得到了县有关领导的关心支持，得到了中外著名语言学家钱曾怡教授、山东大学岳立静教授的精心具体的指导和社会各界的关注、出版部门的帮助，加之各位同仁的竭诚努力，历时三载余方得以面世，在此一并致谢。

由于时间仓促，更因为我们文化知识水平有限，尤其是对苍山方言的丰富性、多样性和区域性了解不甚深透，再加上我们驾驭语言文字的能力限制，故本书一定会存有遗漏、疏忽，甚或谬误，对此，恳请各位领导、专家、同仁、乡贤不吝赐教，谢谢！

田家成

2012 年 3 月

山东方言志丛书已出书目

钱曾怡主编

1.利津方言志	杨秋泽	语文出版社 1991.3
2.即墨方言志	赵日新 沈　明 扈长举	语文出版社 1991.3
3.德州方言志	曹延杰	语文出版社 1991.12
4.平度方言志	于克仁	语文出版社 1992.9
5.牟平方言志	罗福腾	语文出版社 1992.10
6.潍坊方言志	钱曾怡 罗福腾	潍坊市新闻出版局 1992.12
7.淄川方言志	孟庆泰 罗福腾	语文出版社 1994.6
8.荣成方言志	王淑霞	语文出版社 1995.2
9.寿光方言志	张树铮	语文出版社 1995.1
10.聊城方言志	张鹤泉	语文出版社 1995.8
11.新泰方言志	高慎贵	语文出版社 1996.4
12.沂水方言志	张廷兴	语文出版社 1999.4
13.金乡方言志	马凤如	齐鲁书社 2000.11
14.诸城方言志	钱曾怡 曹志耘 罗福腾	吉林人民出版社 2002.12
15.宁津方言志	曹延杰	中国文史出版社 2003.2
16.临沂方言志	马　静 吴永焕	齐鲁书社 2003.3
17.莱州方言志	钱曾怡 太田斋 陈洪昕 杨秋泽	齐鲁书社 2005.6
18.汶上方言志	宋恩泉	齐鲁书社 2005.8
19.定陶方言志	王淑霞 张艳华	时代文艺出版社 2005.8
20.郯城方言志	邵燕梅	齐鲁书社 2005.11
21.沂南方言志	邵燕梅 刘长锋 邵明武	齐鲁书社 2010.10
22.章丘方言志	高晓虹	齐鲁书社 2011.1
23.苍山方言志	王晓军 田家成 马春时	齐鲁书社 2012.12

图书在版编目(CIP)数据

苍山方言志/田家成等著.—济南:齐鲁书社,2012.12(山东方言志丛书/钱曾怡、岳立静主编)

ISBN 978-7-5333-2669-2

Ⅰ.①苍… Ⅱ.①田… Ⅲ.①北方方言—方言研究—苍山县 Ⅳ.①H172.1

中国版本图书馆CIP数据核字(2012)第187729号

苍山方言志

钱曾怡 岳立静主编

王晓军 田家成 马春时著

出版发行	齊魯書社
社　　址	济南市英雄山路189号
邮　　编	250002
网　　址	www.qlss.com.cn
电子邮箱	qilupress@126.com
印　　刷	山东临沂新华印刷物流集团
开　　本	850mm×1168mm　1/32
印　　张	18.25
插　　页	2
字　　数	430千
版　　次	2012年12月第1版
印　　次	2012年12月第1次印刷
标准书号	ISBN 978-7-5333-2669-2
定　　价	68.00元